国家出版基金项目
NATIONAL PUBLICATION FOUNDATION

总 主 编 ◎ 田 玄

本卷主编 ◎ 林汉青

田 玄

湘江战役史料文丛 第三卷

GUANGXI NORMAL UNIVERSITY PRESS
广西师范大学出版社
· 桂林 ·

本卷编辑说明

一、关于本卷资料的编排顺序。依照发展过程分为若干阶段，每个阶段拟定一个标题作为一个部分。

二、关于本卷辑录史料的时间起止。湘江战役作为中国工农红军第一方面军长征中的重要组成部分，为厘清事件缘由及其深远影响，本卷所辑史料做适当的上溯（1931年国民党军"围剿"中共苏区）及下延（1935年1月中央红军召开遵义会议）。

三、关于本卷史料的处理。本卷辑录的资料尽量保持资料原貌，在内容上不做改动。需要说明的是，本卷史料皆为国民党文献，其中有不少对中国共产党、中共领导人、红军等的攻击、污蔑、丑化的词句，本卷本着客观反映史料原貌的态度，未做改动，望读者以批判的态度予以甄别使用。个别与主要事件明显无关部分，酌予删节，在标题上注明"（节录）"，在文内用"……"标出。对于史实错误，如时间、人名、地名或史料之间相互矛盾等问题，一般采取页下加注释的方式予以说明。各篇资料均标明来源或出处，置于该篇资料末尾。

四、关于具体编辑规范。本卷使用国家统一颁布的简化字排印。由于资料来源多样，原有编辑规范不统一，现全部按照一般通行标准重新修订，具体如下：

1.关于数字用法。记数词：一律用汉字。时间数字：遵照原材料用法，年份、月份和日期用汉字；表示民国纪年的，除用汉字表述外，以"（　）"标注公元纪年。部队番号：统一用汉字。"廿""卅"等字不做改动。

2.关于混用字词。字如"底（的、地、得）""他（她、它）""那（哪）""象（像）""分（份）""待（呆）""据（踞）"等，词如计画（计划）""争斗（斗争）""发见（现）""连络（联络）""枪枝（枪支）""控置（控制）"等，均按照当时用字，不做修改。

3.关于标点符号。本卷标点符号一律按照现行标准规范使用。对于原资料无标点的，由编者加上。

　　4.关于文字错衍漏等，审慎校勘。错别字改正用〔　〕标出；漏字填补用［　］标出；辨认不清的字用□号代替；衍文或多余符号用〈　〉标出。

本卷目录

国民政府军事委员会、国民党军文献

──────── 中国国民党"剿灭"苏维埃运动的基本国策 ────────

──────── 国民党军对于红六军团长征的"追剿" ────────

国民党军追堵中央红军长征作战

附　录

中国国民党"剿灭"苏维埃运动的基本国策

蒋介石关于攘外必先安内
基本国策的告全国同胞书

（一九三一年七月二十三日）

我全国同胞当此赤匪军阀叛徒，与帝国主义者联合进攻，生死存亡，间不容发之秋，自应以卧薪尝胆之精神，作安内攘外之奋斗，以忍辱负重之毅力，雪党国百年之奇耻。惟攘外应先安内，去腐乃能防蠹。……故不先消灭赤匪，恢复民族之元气，则不能御侮。不先削平粤逆，完成国家之统一，则不能攘外。

（此件引自秦孝仪主编《总统蒋公大事长编初稿》卷 2，中国国民党中央委员会党史委员会 1978 年版。编者作了删节）

剿匪技能之研究

⊙ 蒋介石

（一九三三年四月二十五日）

今天各位的意见，统统很不错，很有研究的价值，最好大家都能写出来，然后汇集成为整个有系统的意见，大家再加以精密讨论作个决定，我的意思觉得现在我们要研究剿匪的战术，普通一些空泛的道理不必谈，最重要的是要研究土匪长处和短处，与我们自己的长处和短处，这些实际的特殊情况，我们先研究好了，就可从中想出种种法子来补我之短，用我之长，再来破敌之长，攻敌之短，我们现在和赤匪打仗，并不是打军队数目的多寡，也不是打枪炮弹药的精粗和饷械粮服的接济，如果是打这几项，那么，我们都胜过赤匪，我们早就应当剿灭赤匪了！须知我们和他打的，第一是组织，尤其是军队的编制和民众的组织；第二是训练，就是训练士兵和民众的方法；第三是宣传，就是宣传主义来鼓动军民的精神；第四是纪律，就是使官兵用命，不怕死，不扰民；第五是战术，就是如何运用原则因地制宜，相机应变，知彼知己，取长补短，夺得最后的胜利。大概土匪比我们长的地方也就在这几点，我们之所以到现在还不能将土匪消灭，也就是因为这几点赶不上敌人。现在我们可以就这几点来研究我们今后剿匪的战术和战略。

首先我们来研究组织，过去土匪无论是军队的组织（编制），政治的组织，和民众的组织，都很严密，尤其是民众的组织，我们最不及他，匪区的民众他们都尽量的组织并武装起来，成为各种各样的别动队，如赤卫队、慰劳队、童子团、少年先锋队等都是。他们因为组织比较来得普遍而严密，所以整个社会无论是政治、经济、教育、民众生活各方面；差不多统统都能军事化，又因为组织严密，所以一切行动很秘密，很灵敏，尤其是他的侦探来得很确实，很快当！通信网、递步哨、号炮以及其他种种侦探的标志和手段统统都能奏效，其实他的侦探和通讯联络的方法，譬如放几个号炮，摇几下红旗子，都是极简单的，但是因为得力于组织的严密，这是简单的侦探通讯方法，毕竟也来的迅速确实，因而发生很大的效用，土匪之能得力于组织，使匪区民众和他们伪政府与匪军协同一致的动作的情形是如此，反观我们的情形，则远不如赤匪，政府自政府，人民自人民，军队自军队，各不相谋，甚至省政府和县政府之间，也不能十分联络得好，所以土匪一个人能当十个人用，我十个人不能当一个人用！我们三十万兵打不过他们三万兵！以后我们要是不能补救这个缺乏组织的短处，剿匪实在不易成功。

关于政府和军队方面，最近已经有所改进；今后我们最应努力的，就是民众的组织。曾国藩说过："用兵不如用民"，就我们现在剿匪的情形而论，这话实在很重要！以后我们剿匪不要再专门依赖兵！在我们有把握能够照正式计划来进攻土匪的时候，当然要用正式的兵力！若在其他任何情形之下，最好能够统统用民，用民就是要组织各地方的保卫团，要把各县保甲办好，使各地民众都有组织、都能武装起来！足以自卫，足以帮助剿匪！这个工作一时或因种种原因不能普遍地做好，但我们很可以就要紧的地区内，选定几个最关重要的地点先行试办，俟有成效，我们要尽快地将他推广，使全省民众能够普遍地组织起来，武装起来，共同努力剿匪！我们可以先就防地地带选定十个重要的处所来试办，这个地方就可以叫做"试验区"，这些试验区，也就是我们战争的据点，大概从南丰到宜黄之间至少要修两三个据点；其距离一定要一天工夫可以来回，这一条路非常重要，如果早设定了据点，这次五十二师和五十九师不会吃亏，再则从南丰到南城，从抚州到宜黄，从宜黄到乐安，从乐安到永丰，各路都要筑两三个据点，把这一条线先弄巩固了，成功我们的防守地带，无论如何，不许他们土匪进来一步！

其次我们办理团队的方针，要改变从前那种空疏放任的态度，我们现在要直接管理实在掌握起来！所以除规定各该试验区团队的最少限度经费由政府设法补助外，我们还要发给最少限度的枪支，比方十个试验区共发三千支枪，一个团队可以有三百支枪，仍旧可以将他分开来，一百支枪作一中队，三十几支枪作一分队，各团队有了这几枪支就很厉害，他们随时可以守御，那里再会像现在这样各地民众毫无自卫的力量，往往使土匪偷偷摸摸一冲进来就是几十里，就没有办法来对付他！我们若是已经把各地民众都武装了，如其要进来几十里路的地方，那是不容易的，或者有人以为现在各地的民众很靠不住，我们若是发了枪，难免不贻害更大，我看这并不要紧，起初不放心的时候，我们可以派一两团人驻防，将试验区内什么东西都组织好，并且把必要的交通道路也修好，碉楼、堡垒、围墙等等守备一概筑好，同时把团队也训练好，我想政府这样示以诚心，给予枪支经费，又代他们修好守备，如能再加以教育，启发一般民众的知识，我想民众一定都可以听命自卫的。经过一两个月，我们就将这个地方完全交给他们，并且订出军民合力守御的办法，以及严格的赏罚章程出来；以后如果这地方发现有土匪时，或是土匪来攻不拼死抵御或不迅速报告，就惟团队保长甲长是问，就要同纵匪通匪的一样连坐办罪！还有关于团队的训练，以后再不要用普通训练军队的方法，来教他开步走、站队、数一二三四了！团队训练总要简单，总要适用，只要告诉他几件紧要的技术和勤务就行：第一就是要教他侦探敌情的方法，等〈第〉二就是要教他通信联络的方法，第三就是要教他知道打枪能够射击就行了！射击也不一定要讲什么严格的规矩，更不要什么托枪，只要告诉他很简单的瞄准的方法，怎么运用标尺，怎么可以命中目标就行了。我们要先就这几项东西，各样编好一个最简要而适用的教程，最多不要超过三十条，使他们容易学习，而且能背诵得出来最好！

凡关于试验区内办理保甲的人员和事权，我想这些事统统由省政府派保安团的官兵去负责，现在我们先要找十个有忠贞干练的确可以负责办理保甲的人，这十个人另外自己去找几个靠得住的助手分发到各地去，先组织十个团队，办好十个保甲的试验区，以后再逐渐普及到全省。我想我们马上就要把试验区的地点，团队的经费、枪支、编制、训练和负责去办理的人，以及驻防守备和赏罚的办法等等事情，统统要精密计划好，确定下来，赶紧努力去做！还有附带的一点，就是各地方如果办得很好，确有成绩表现出来的保卫团，我们要好好扶植他，并尽可能限度内，加以扩充，最后总要使他力量充实可以把这个地区的责任完全交给他。以上是论我们今后组织民众最紧要的事情。

再论到我们军队的编制，我看还是剿匪部队的编制，都要重新确定改编才好，现在并不是兵怎么不够，而实在是我们的兵有种种缺点，兵多起来格外没有用！即就编制而言，就此改良，要使单位增多才好，土匪就用这个办法。我们现在每一个单位比土匪每一个单位的人数超过三倍乃至五倍，我看以后我们单位人数最多只可超过土匪的兵力三分之一！譬如土匪三团制，我们最多四团制，土匪三连当作一团，营还没有，我们就不好三连当作一营，三营当作一团。我们以后改良编制，总是以三三制的原则，有许多六七团一师的，可以改编为二师，我们改编以后，估计大约有十六个师以上；单位比较以前就多了，从前兵士心目中觉得只有三师一路，现在有五师一路，无形中士气也可以增加起来，大家不要以为编制不要紧，实在关系作战的影响最大，我从前自广东出师北伐，就是用三个东西，消灭了全国所有的军阀。第一件东西就是主义，第二件东西乃是饷额，第三件东西就是编制。从前军阀军队的饷额，每人每月只有八块钱，我们在广东，比他们加两元，合成十元，这就是利用普通士兵的心理，我们饷额一多，军阀的士兵一定随时高兴过来；再则我们军队的单位比军阀的军队要多，士气也就比他旺盛些，作战调度也有许多地方便于运用；所以我能拿这三个东西，打败一切军阀。所以这剿匪编制最为重要。编制改正确定了，我们就要尽早实行改编。只要这一次将匪的主力驱逐到宜黄乐安以南之后，我们就可规定某几师集中于某几个据点来改编，改编之后，我们再要轮流抽调三分之一的官长到后方，加以特别训练，大概每个官长训练半月至一月就行，在六七八这三个月之内，全部官长训练好了；等到九月我们就可以将这种新编练的十六七个师，照正式计划，来向匪区进剿！前面所讲办理民团保甲，以及刚才说的改订编制，这些都是要补救我们组织上的缺点，我们在组织方面，不及土匪的地方还多，不过要是能首先把这两件事做好，其余也就没有什么多大困难了！

其次，我们要论到军队的教育方面，土匪比我们长的处所，就是他教士兵非常简易，注重实用；仅是爬山、射击、埋伏、游击、夜间袭击那些本事，其他什么新的繁杂的战术，完全不讲；土匪就是以行军迅速、爬山敏捷、惯于埋伏袭击和夜间作战，几项很简单的本事，来打我们繁琐呆笨不适用的教育！结果我们一定打不过他们！所以我们以后剿匪军队的教育，不要再照普通很繁杂的典范令呆呆板板来训练，总以"简易""轻快""适用"为原则，各个兵种或各种勤务，我们只要选几项最紧要最适用的东西来教练，求一般士兵熟练就行了！再不要照着全部的典范令来教他开步走与数一二三四那些没有什么用的麻烦东西了！否则如现在的情形，土匪的兵士训练，最多一个月就可以，我们的兵士训练三个月还不能用，那怎么行？所以我们以后教练剿匪部队，要另外编出一些特别简要适用的新教程出来照着实施，编的时候当然要参考旧有的各种教程操典，以及军事方面种种法令规章，就剿匪作战的需要来汇集编订；但是各种旧的典范令中，一切不适用的麻烦的东西都要删除，再参酌我们各师长军长历来由实际作战所得的新经验新战术，以及匪区一切军事情形和我们所得到土匪的一切命令、编制、战术、决议案之类。还有我们自己历年以来研究之所得也统统要拿来比照参考，加之精刻的研究，然后编出各种简要适用的新教程出来，其中最要紧应当尽先编出来的就是战术的教程、交通的教程、侦探的教程和通讯的教程，这些教程，越简单越浅明越好！决不可抄袭旧有的教程，多至百多条使人不容易看懂！只要择其最重要的编好几条或二三十条，印成薄薄的一本东西，并且要装订的好一点，使他们高兴揣带翻阅。又要人人一看就懂；并且容易记得。我想最好能编成几句口诀，如同从前曾国藩做的得胜歌、爱民歌、水军歌、陆军歌那些东西一样。并且事实上他那些歌诀，包含了很多战术的原则，即如游击、山地战、隘路战、收容战、伏兵、尖兵、后卫、侧卫、搜索、卫锋、侦探搜索，警戒联络，观察掩护，宿营筑垒，这种种勤务他都讲到了，我们现在都还可以拿来参考；其他如曾胡治兵语录中间，也有很多可以启发我们的地方，编这些教程的时候，都应当拿来参考。像这些口诀一样的教程编出之后，我们一定要一般官员熟习，以便随时实用。以后我们派几个参谋轮流到各师去考察，随便见到一个官长就可以根据这些新教程考问他们，比如问他侦探教程第三条怎样？如果答不出，或是我们再问第一条第十条他都是答不出来，那就是没有看，就可用行营的名义处罚他！这几个参谋，除考察监督部队的教育以外，还可以暗中调查各官长品学，这样一来，我想各官长的精神，以及军队的教育一定可以长足进步。

现在为改进军队的教育，并挽回一般官长怠惰的习气超见，我觉得马上要下一个通令：叫他们各师各团的官长，一定每一星期要有一个定期的会议，无论关于部队教育、内务、卫生、经理、战术各项问题，统统可以在这一个定期的会议之中来研究，凡是排长以上的军官都要参加这个会议，会议之中，上中级官长还要种种考察一般下级干部和程度与其各部的军风纪如何？各师长团长每月要将研究及考察所得的呈报一次。这些都是以后改进军队教育的最要注意的地方，须要求切实做到。

再讲战术方面，关于剿匪战术，我以为现在要照从前曾胡剿灭洪杨的办法，"以守为主，以攻为客"这个攻势防御的战术，一定要定下来，做我们剿匪的原则了。这个原则，我前次致前方各将士的电讯中，已经讲过，大家可以看一看。还有一个原则，我们也要确定下来，即所谓"纵深配备"与"梯队序列"。再则土匪是惯于夜间行军，与黑夜袭击埋伏，与游击战，我们以后关于战术的研究，也要注意这几项，尤其是夜间战守、联络、搜索、警戒等项，格外要注意周到！

还有，我们以后无论行军作战总要轻装，总要竭力避免笨重沉滞的弊病，各高级司令部总要不断的研究，怎么使得军队能够轻装。稍微笨重一点的行李，无论官兵一律不许携带，这当然不待说；就是弹药，有时候也不宜多带。只要我们不浪费，打匪并不在乎多用子弹，然而充饥的粮食，因为匪区作战的特殊情形，倒要多带才好！至少一个人要自己携带预备吃三天的东西，并且这东西一方面要可以比较经久不坏，一方面要携带很轻便，还要清爽。我们带的干粮，普通炒米煨盐，或者煨盐之外给点糖果，或是拿米饭包紧来做成饭团，带着来吃，也是一个办法，不过这要用在凉天，如现在的热天很容易腐坏，当然不行。比较起来，还是炒米这个东西相宜一点；或由行营整个的发给各部队，或是储存在什么地方，等军队经过时发给都可以。至于携带的方法，实在更要各高级司令部悉心研究。譬如讲盐这东西，既要绝对防止外面的水分打湿，又要防止他本身发潮，所以纸包就不行，我想用竹笋包起来，或许最好。又如带饭，我们要是用饭盒子，那很麻烦，并且现在也办不出这许多饭盒子；我们本乡那边有用茅草打盛饭的叫"蒲柳包"，这类简便的东西，或许有利用的可能。一个地方，每每有一个地方特殊很经济又很简便适用的东西，我们总要随时调查清楚拿他来运用，以利行军或作战，这一点是大家应当留心研究的。

还有关于各地方军队的配备，我们以后要按照各个部队的性能与各个地方的情形，订出一个整个的比较固定的计划。首先我们要就各地方的情形分为各种各样的地区，譬如治安很好，保甲已经办好的地方，我们可以划为保甲地带（或称自卫地点）；治安情形比较保甲地带差一点，间有匪徒出没，保甲还没有办好的地方，我们就叫他清乡地带；清乡地带前面的地方，治安时时可虞，土匪随时有窜扰侵犯进来的地方，我们必设堡防御，这地方就叫防御地带；再到前面，匪徒较多或飘忽不定出没无常的地方，需要我们的军队搜剿游击，这种地方就可叫搜缴地带（或游击地带）；再前面就是土匪的防地——叫匪区，我们想要一切的方法来破坏他，这就叫破坏地带；破坏地带过去为我们剿灭土匪所应争取的地方，就叫进剿地带。其次我们再按军队的性能，予以不同的任务，而分为防堵部队，清乡部队，游击部队，进剿部队，守御部队，或者还特别派定技术部队，专门从事建筑碉堡修缮守备。军队就性能和任务而可分这许多种，若再拿系统而分，现在江西剿匪部队大概不出三种，一个就是地方团队，一个就是省保安队，一个是国军。地方团队当然还有各种各样的东西，如游击队、壮丁队、铲共义勇队，消防队等等，我们以后一定要就各地区的特殊情形和清剿的需要来配备适当的部队，这样才是所谓"因地制宜"，"因时制宜"！才格外可以收到清剿的功效！

再次讲到宣传，这是非常要紧的一种精神上的战争，也就是战斗精神之所由生，照现在的情形来看，在这一点来看，土匪宣传实胜过了我们。他们一方面能够把他们那些幼稚兽化的共产主义思想，再装上富于煽动性的东西，利用或制造种种的情势，想出种种的方法，甚至很强暴的手段来灌输给一般士兵和民众；使得他们在极悲惨的黑暗生活之中，憧憬着一种和神话一样不可靠的骗人的幸福，竟使他精神兴奋战斗勇敢！另一方面他们又能利用一般士兵民众的愚暗、近视和种种浮薄浪漫的劣根性，而做出种种假仁假义的行为，或诡称自由平等来迎合他们的心理，或故意施点小恩惠让点小便宜给一般民众，使得兵士和民众完全迷惑，说他们好，于是跟着他们来杀人放火，到处帮他们的忙。反转来看我们自己的情形，空洞的宣传工作何尝没有做，但是奏效太少，士兵对于主义谈不上什么信仰，因此战斗的精神强不起来，而民众也往往对于军队没有好感，所以我们历年的剿匪往往要吃无谓的亏，受无谓的损失。而我们以后对于宣传上的缺点之补救，真是刻不容缓，当然宣传应以主义为中心，一方面应于新闻、教育方面妥为适用，一方面应从军纪方面、社会方面、政治方面作种种事实上之宣传，以增长军民普遍的敌忾心，而增加我们精神上的战斗力！这些都要我们详细规划实施，而目前我以为最急要的，是对匪区民众的宣传工作，一定要想种种方法转变他们的心理，不仅使他们不倾向匪化，而且要倾向我们，能够帮我们一同做剿匪工作！为事实的需要，我们也不妨用土匪的方法！譬如部队里可以组织特别的贩卖队，拿些物品到匪区贩卖，就此给些小便宜把匪区的民众；这一类事情多做一点，使得匪和匪区的民众，只觉得我们的好处！这些实际的特殊的宣传方法，我们大家简直要当作战术一样注意来研究！

再讲到军纪方面，土匪因为监督的方法很严，无论官兵，纪律还是很好。所以在战场上能勇敢作战，而对于匪区一般民众，还是不十分骚扰。我们的情形老实说起来，是不如他们！不仅对民众有侵扰的事情，而且作战也常常有不肯牺牲，越趑不前的现象，一切监督的方法不如土匪来的严，而各种赏罚令，或因为事实的障碍，或因为繁琐不切实用，多半未能实行，所以现在要整顿军纪，没有旁的，最要紧的就是要实行赏罚令，尤其是要重申实施连坐法，这次五二师五九师的师长死了，而师长以下一般官兵被俘虏过去，再有面孔回来，可谓廉耻扫地！照连坐法为马上就要枪毙，所以五二师番号就要取消，五九师不能存在，并且要下命令通告各师，来明耻辱重赏罚。关于处置逃回的被俘官兵的办法，现在已经成为一个严重的问题，大家要研究，我以为只有两个办法，一个是能够带枪回来的，这种就仍旧是好官兵，仍可以用；如果他空手由匪放回，我们应当一律拿来枪毙，如果有收容这种官兵的，不论什么人，一定要以擅自编土匪论罪，严格的来处办他们！这样一来，固然有逼兵为匪的可能，但是不如此办，更将坏事，我们只好两害权之取其轻，现在顾不得许多。

还有一点也是与纪律大有关系，就是以后各部队，补充兵额的事情应有行营来办，不能由各部队随处擅自招兵补充，将来进剿大概分三路或四路，那么现在至少要练三四团补充团。或叫补充大队，现在先在南昌、抚州、樟树，这三个地方各训练一团，预备将来随时补充前方各部队，这样一来，补充的事权既统一，部队的素质也就可以一天一天好起来。

最后讲到我们参谋处的工作，大家都知道：参谋处是我们各司令部一个最重要的组织，也就是我们全军一个神经中枢；军队一切活动都要靠这个神经中枢来研究计划好了，再由高级司令官来指挥，全般战局的胜负可以说最大部分就是决于参谋处的能力如何，工作如何。所以我们参谋处工作人员，特别要勤劳奋勉！总要自处长以至科长科员，一天到晚没有一个人不是在那里研究工作，在那里不停的动！现在参谋处有一个最要紧的工作，就是研究土匪过去和现在的情形，以推断他将来的行动。这好像普通做生意的人一样，他们常常要研究过去几年以来商品的价格高下，和现在的行情，制成许多统计，从而明白将来的趋势，我们现在对于这个工作当然更要紧，最要紧的，当然是最近三年来的情形，比方说他们过去打吉安以前与其以后的行动怎样？打长沙时的行动怎么样？退出长沙以后的趋向是怎样？他们历年来在赣南西前后来往活动的情形又是怎样？还有三年以来我们许多部队打败的情形怎样？吃亏在什么地方？许多部队打败土匪的情形又怎样？所胜的地方是什么？再如土匪第一个月在那里，第二个月到什么地方？到什么地方之后，再窜什么地方？这些匪情我们都研究出来之后，就可以推想他以后的行动，不至于再受土匪的骗，并且可收"知己知彼百战百胜"之功！这个问题最为紧要，各级司令部参谋长及其以下的各参谋，皆应彻底研究，方能成一个参谋的好手。参谋处每天有日记，其用意就是天天把前后的各种情况记录下来，以供研究的资料，这些材料在判断战术上是最有价值的！

其次，参谋处还要绘印一个详备的行军路图来，图中要将敌我能进战退守的小道路统统画好，而且要将敌我兵力的配备，工事修筑和沿途的地形以及其他一切与军事有关的事物，敌情之种种可能变化，统统都能以极简明的符号一一指示出来；这样的图，他们外围的参谋人员，统统都备的，我们现在更是非常需要。我想如果绘得适当的时候，可以说全般战况都可了如指掌，那么，无论土匪怎样变幻莫测，我们都可以早预备好种种方法，看他怎么变化，我们就怎制伏，司令官只要看了这个图就可以随时指挥若定！而且不要再花多的功夫研究。这种图现在最需要，我想自己画，实在没工夫，希望参谋处能够早一点替我画好；并且要画的精致一点，能够引起美感，使人一看就清楚明白。

还有一件紧要的本能：就是现在科学时代的一切学术，尤其是战术，没有旁的，就是数目！所以我们现在最紧要的就是要知道关于敌我一切的数目字！尤其是敌人的人数。我们知道：土匪打来打去，其主力始终不过伪一、三、五的三个军团，而我们的人数却超过几倍，所以过去要是各方面的军队稍微能够协同动作，或是战略上稍微得当一点，我们早将他消灭了，何至有今天这一个局面！他们的人数少，只能走一条路，顾及一方面，我们只要把相当的兵力来防堵他，使他不能进展，其余的从其他方面直捣匪窟，破坏他后方一切的基础，我想无论如何，他是要被我们消灭的！所以无论战况怎么危险，我们只要想到敌我的数目字，就可毫不顾虑！就格外能奋发有为！孙子说："地生度，度生量，量生数，数生称，称生胜"，这几句话照旧的注释就是度德，量力，数其军实，权其利害，然后应敌制胜的意思。不过我们不一定要这样呆解，我们可以说：用兵第一件事情就是要拿做一个地图来详细研究；有了地图，然后可以算他地区的"尺度"大小，知道某地方多少大，某地方与某处地方多少距离，某地方到某地方要多少时间，这就是"地生度"的道理，有了这个度数之后，就可以计划作战要分几路，各路要配备多少兵力；于是一切分量、多寡、轻重，都可以知道了。这就是"度生量"的道理。既知道分量的轻重与大小了，就可以规定兵力的"数目"，这就是"量生数"的道理。敌我双方的兵数，既然知道了，就可以知道彼此战斗力的大小，地形的优劣，以及其他一切有形无形的数目：从而"制衡"一个高低强弱：这就是"数生称"的道理。这个称字，就是权衡轻重之秤一样的意思，既经明白了轻重比例之后，当然可以决定最后的胜负，此即"称生胜"的道理。从这几句话看来，我们当然可以证明我刚才说的那种地图之重要：而尤其可以证明，作战没有旁的，就是数目字！数目字弄得清楚，记得牢确，就可得到最后的胜利，孙子这几句话的道理我是最服膺的，所以我们参谋人员研究战术的时候，特别要注重双方一切的数目字！

还有，要使各个参谋处的人员有进步，并且整个参谋处的工作能够增加效能起见，我们无论是科长、参谋，无论是科员，统统要轮流常有三分之二的人到前方去实地考察调查研究一切。不好大家专是坐在后方司令部里面不做事，或凭一点书本子上的知识和自己的脑筋来空想一切计划，闭门造车！比方三个科长只要有一个在司令部里工作就行了；其余两个就要派出去，这样于私于公都有莫大的益处！关于军事实在非常重要！

我关于改进我们的组织、战术、纪律、宣传，各项意见和希望参谋处做到的几件事，现在都说了一个大概，今天晚上各位所陈述的意见，也有很多可行的，以后我们共同决定一个大纲之后，大家就分工赶快将他一件一件做到！而要注意的就是现在这个科学时代，我们无论做什么事，总要有一个科学方法，而所谓科学方法的基本就是"实事求是，精益求精"这两句话！现在我们中国人不如外国，军队不如土匪，也就是由一切不能照这两句话来做！怎样才是"实事求是，精益求精"呢？大学上所谓"人心之灵，莫不有知；而天下之物，莫不有理；惟于理有未穷，故其知有不尽也。是以大学始教，必使学者即凡天下之物，莫不因其已知之理而益穷之，以求至乎其极。至于用力之久，而一旦豁然贯通焉，则众物之表里精粗无不到，而吾心之全体大用无不明矣"的道理相通。尤其是大学首章所说的"物有本末，事有始终，知所先后，则近道矣"这一段意思，更为切要，所以吾人总不要以表面上已见已闻已知的为满足，必须就已知的更来穷究其所不知不识之理以求至乎其极。这就是所谓"实事求是，精益求精"的道理。

现在我们来打土匪，很希望各位对于各人的职责、工作，能够实事求是，精益求精，如果我们一般参谋不能够做到这两句话，军队就不能制胜！无论什么事都一定有个道理，有个实在的真是处。我们不去研究就不会明白，愈研究，就愈能透达。如今我们和土匪作战的时候如果土匪和我们亦一样模糊，不肯研究，那我们还有胜利的可能；反之，如果敌人研究而我们不肯研究或研究不如他们之精益求精，那么他们就比我们高明，他们就"知"我们，而我们"不知"他们，当然要败！所以我们只要肯研究，研究得比土匪精深，那末无论土匪怎么神奇莫测，诡计多端，我们"可以前知"决没有什么玄妙不可测知的！所以中庸"莫见乎隐，莫显乎微"这两句话拿到军事方面来格外好讲，即我们如果悉心研究无论什么秘密隐蔽都没有不能展示出来的！你越是微细的东西，我越容易看见！这并不是讲什么神学，或预言家有先知之名，而是根据科学的道理，什么事物我们都可研究而得！我从前做参谋长的时候，如果我们精细研究，敌人的行动一定可以料到。总理常说我"料敌如神"，实在很惭愧。我自知并没有什么本能，就是只有将敌人前后行动，一丝一毫不放松的研究注意罢了。所以我很希望各位研究能以细密的脑筋，事事特别研究，"因其已知之理，而益穷之，以求至乎其极。"然后达到"众物之表里精粗无不到，而吾心之全体大用无不明矣"的地步！而用功之处，尤在乎专心致志，巧用灵机，诸葛亮所谓"宁静致远，淡泊明志"，就是这个道理，后人说"诸葛一生惟谨慎"，也就是由专心致志去研究一切，做到"戒慎恐惧"的境地。由此可见古人对于修身、求知、处事、用兵，都有异常精到的地方！可是现在中国一般青年军人对于古人所讲的话，即算是军事上都用得着的也一概不去注意；同时对于外国人所讲究的科学方法，也不肯学习，因此一切没有进步，一切不能做好！我们大家以后一方面要研究我们古人的教训；一方面要运用现代的科学方式来立身处世，那么，今后大家的进步一定很多！也有很大的事业可以成功的！

（此件引自《蒋总统集》，台北"国防研究院"1960 年印行）

国民政府颁布

《军事委员会委员长南昌行营组织大纲》

（一九三三年六月二十日）

第一条　军事委员会委员长为处理赣、粤、闽、湘、鄂五省剿匪军事及监督、指挥剿匪区内各省党、政事务之便利起见，特设南昌行营。其组织如系统表。

第二条　本行营设委员长办公厅，置主任、副主任各一人、秘书长一人、侍从高级参谋一人，襄助委员长，分别处理行营一切事物。

第三条　办公室秘书长室设秘书若干，侍从高级参谋室设侍从参谋、侍从秘书、侍从副官各若干人，承长官之命，分别助理办公厅事务。

第四条　办公厅设人事、文书、机要、调查四课，各设课长一人、课员若干人，承长官之命，分别办理各该课事务。

第五条　本行营设第一、第二两厅，各设厅长一人，承委员长之命，依其职务，分别受办公厅主任或秘书长之指导，综理各该厅一切事物。

第六条　第一厅分设二处，各设处长一人、副处长一人，承长官之命，分别掌理各该处事务。其职掌之分配如左：

第一处：掌理作战、情报、碉寨及编纂等事项。第二处：掌理后方勤务诸事项。

第七条　第二厅分设三组，每组设组长一人、副组长一人，承长官之命，分别掌理各该组事务。其职掌之分配如左：

第一组：掌理保卫、清产、感化；民众之组织、训练；收复区之特种教育、政治训练、宣传、军法及其他关于民政、教育等政务之指导事项。第二组：掌理振济、收容、封锁、屯垦、土地处理、农村善后、残废军人工厂、散兵游勇习艺所及其他关于财政、建设等政务之指导事项。第三组：掌理本厅文书、会计、庶务及其他不属于一、二两组等事项。

第八条　第一、第二两厅所辖各处、各组，得按事务之繁简，分设各科，每课设课长一人、课员若干人，分别承长官之命，办理各该课事务。

第九条　本行营设审核处、训练处、经理处、总务处，各设处长一人，承委员长命，分别受办公厅主任或秘书长之指导，办理左列各项事务，其组织规程另定之：

审核处：办理审核各机关工作报告及会计事项。训练处：办理各部队之检阅、官兵之补充及其招募训练事项。经理处：办理剿匪各部队之经费、被服等事项。总务处：办理本行营一切之警卫、交际、会计及庶务事项。

第十条　前条以外行营所属各处、院、局、厂、队、班、室、所等各机关，应分别受第一、第二两厅指导。

第十一条　本行营之编制及各厅办事细则另定之。

第十二条　本大纲由军事委员会委员长核定施行。

（此件引自《军事委员会委员长南昌行营组织大纲》，中国第二历史档案馆藏中国银行档案。蒋介石于1933年2月8日，决组委员长南昌行营，以统一指挥各省"剿匪"军事并监督指挥各省党政工作。4月27日，《国民政府军事委员会委员长南昌行营组织大纲》经由蒋介石核定后公布。南昌行营指挥苏、浙、皖、赣、闽、湘、鄂、豫、粤、陕、晋、川、黔、甘共14个"剿匪"省份的"剿匪"军事和政治，并对未列为"剿匪"区域的省区亦有指挥控制权力。国民政府军事委员会委员长南昌行营实际上成为这一时期国家政治权力的首要重心和军政主宰。该行营1935年2月16日结束，改设武昌行营继续行使军政权力）

庐山军官团训练的要旨和训练的方法

⊙ 蒋介石

（一九三三年七月十一日）

各位来参加剿匪军官团训练的工作，对于土匪的情形与此次训练所应特别注意各点，自当有详确的研究。关于前者，刚才陈总指挥已经向大家详细报告，现在我想就后者再向大家扼要地讲一讲。

第一、此次训练唯一的目的，就是要消灭赤匪，所以一切的设施，皆要以赤匪为对象。因此，在这个训练期间，一切训练的方式、动作以及各种战术，统统要适合剿匪战术的需要，统统要针对土匪的实际情形与匪区的实地的地形来作想定并实施训练，使得受训练的一般军官，不是仅仅了解战术上几个名词，知道一些空疏的理论而已。所以我们这次训练，并不在乎学理高深，战术新奇，而是专要就现时实地剿匪战事所最适用的东西，拿来实地演习熟练，并于实地演习之中来讲评证明。总之，我们这次训练的方式是要从勤苦的演习中，研究实用的动作，训练必需用的技能。这就是此次军官训练一个要旨，希望大家格外注意。

第二、剿匪战术的原则，与普通战术的原则本来没有什么两样，而且是完全相同的，但是因为敌情和地形有特殊的地方，所以决不好拿普通战术一成不变地来应用，有许多地方，一定要因应特殊的敌情和地形，来变通运用。所以我在未讲剿匪战术的基本原则以前，要将敌情和匪区地形先说几句：关于敌情，今天也不暇详细来讲，现在提出实际上和战术关系最大的武器一项来说，请大家特别注意。在武器方面，他们现在所最多的就是步枪和机关枪；其余轻机关枪虽有，但数目很少；迫击炮也没有炮弹。总之：土匪最厉害的武器，就是机关枪，其次就是步枪，此外并没有什么。至于匪区的地形，可以一言以蔽之，即赣南作战的地区，多为山地：所以剿匪的战争，也可以说是山地战。因此，我们此次训练，对于山地战术格外要注意。山地战术在普通战术中都已讲过，现在应用于剿匪，也并没有什么不同，只要我们能使一般军官彻底了解运用熟练就行。在训练期间，你们一定要能根据山地战的原则，随时随地向他们讲明，格外用心来指导他们，总要使剿匪军各部队过去所有的缺点和错误的地方，统统能在这次演习的时候，由我们指点明白并且改正过来！关于山地战的原则，大家当然都很有研究，但是为增进此次训练的效能起见，最好在开始训练以前重新研究一遍。

第三、剿匪战术的基本原则。大家都知道：战术这个东西，是随时代环境和武器而天天在演变进化之中的，原则上我们打仗当然要能运用最新式最进步的战术；但是现在剿匪却有许多场合不能如此。简直可以说：我们现在剿匪与其用新式的战术还不如用旧式的战术！与其用进步的战术，还不如用过去的战术！具体的说：欧战以后的新战术固有许多地方用不着，即日俄战后所规定的战术，现在剿匪，也不适用。甚至一千八百七十一年，普法战争以后的战术，都不能用。而我们现在以剿匪所最用得着的，乃是十八世纪末与十九世纪初期拿破仑战争时代所用的战术。就中国而言，就是咸同时代湘军淮军打长毛剿捻匪所用的战术。这并不是我们自己要落后，而实在是剿匪军事之客观环境所决定的事实，我们不好不顾客观事实而只知道要用最新的战术，一定要能因应客观情势而找出最适宜的战术来运用。所以大家以后指导一般军官的时候，凡讲到战术时，一定要分别和他们讲明：现在最新的战术是怎么样？而他们现在剿匪所适用的战术又是怎样的？如此才可以使他们了解明白而能运用得宜。

第四、我要提出现代的战术和旧时的战术几个根本不同之点，并且说明剿匪战术应当如何运用旧式的战术。简单地说：旧的战术主取守势，而新的战术主取攻势；旧的战术多用密集队形，而新的战术侧重疏散队形；旧的战术多用纵深配备，而新的战术注重正面配备。但是我们现在剿匪，就要攻守兼重，如果说要以攻为主，还不如说以守为主。关于攻守的运用，我近来研究出两句话，即战术上要取守势即以守为攻，战略上要取攻势即以攻为守。这个剿匪的基本原则，我想决不会错的。详细说起来，就是各部队与土匪主力接战时，大都要取守势，即攻势防御，初始要稳扎稳打暂取守势，一俟土匪攻击不下，或发现土匪的弱点破绽时，便要猛力反攻；而全般部队的运用，则除有力的一部分防备土匪的主力以外，其余的统统要四出活动，向土匪侧后方尽力积极的进扰。因为现在土匪的兵力最大的只有一、三、五军团，其实力最多抵得我军六团制的三个师，他这三个军团因为武器和训练不良的关系，合则有相当的力量，分则不堪一击，所以他们向例总是集结于一处来用的。这种以全力突破一点的战术，可以说是土匪向来的惯技。所以我们的部队如果遇到赤匪主力时，起初一定要取攻势防御，集结兵力，修筑工事，利用地形，坚持固守。只要我们能这样固守一个城池堡垒，土匪因为攻击的武器没有，弹药缺乏，一定攻不下的。待他久攻不克，师老无功的时候，或是发现了他们有什么其他破绽，我们就可以猛力反攻，予以最猛烈的逆袭。这一点很重要，所谓攻势防御与专取守势不同的地方就在此，而我们所谓战术上的以守为攻的要旨也在此。以往我们各部队的毛病，就是不注意这一点，只知道死守一个地方，听土匪来攻，并没有俟其疲惫，乘机出击的时候，这种打呆仗的办法，是最要不得的！所以以后剿匪的动作，我们一方面固然要能固守，但是一方面尤其要准备猛攻。所以各位在这个训练期间，一定要把修筑工事与攻势防御的要点，特别和他们讲明。大家都知道以攻势为原则的战术，乃是日俄战争以后才发生的，在日俄战争以前，中外一切的战争，差不多都是研究取守势的，都是主张先守后攻的。可见取攻势防御并不是什么坏的战术，也不是什么弱势。晓得了这个道理，便格外可以懂得以守为攻的作用。这一点你们在训练指导的时候，要特别注意。至于所谓以攻为守，就是凡非土匪主力所在的地方，我们要积极活动去进攻，大则铲除其巢穴，小则破坏其组织和扰乱其后方，这样然后可以使他被动，使他自救不遑，于是我们的地区，才不会被土匪游击队来扰乱，也才可以安全固守，否则既不能攻，便不能守。所以胡林翼说："军旅之事，与其守于境内，不如战于境外"，也就是这个道理。总之，我们剿匪的战术，以守为主，以攻为客。而战略是以攻为主，以守为客。攻与守既相辅而行，战略战术亦得交互运用。

其次，讲到队形，大概在许多场合，我们还是要用密集队形，要这样，才可以防御土匪的集团突击，而我们此时也才可以作有效的突击。再讲配备的方式，大概现在剿匪，总要以纵深配备为原则，过去我们吃亏的地方，都是由于违反这个原则，正面展开太宽，所以只被土匪突破一点，乃至全线动摇。这次训练的时候，各位一定要注意这点。

第五、这次训练与今后无论何时何地行军作战，最要注意的有六件事情：

（一）侦探，（二）搜索，（三）警戒，（四）掩护，（五）观测，（六）联络。关于这些我已在剿匪部队训练要旨中扼要讲明，今天也不必多讲。但是搜索警戒要来得严密，对于侦探的组织和运用就要格外讲究。此次军官团里面将特别组织侦探队，大家要格外注意这件事情，关于侦探队的一切动作和运用的方法，一定要详细指导。讲到联络，就是要特别注意通讯的方法，如信号、标志、旗语、电报、电话、递步哨……等等，总要想种种方法以求通讯的简捷、确实和秘密。通讯的方法，愈多愈好，愈用的熟练愈好。联络这个东西，实在关系于全军的生死太大了，这次演习的时候，一定要做好。再讲掩护，这就是说我们各部队无论纵横进退，前后左右总要彼此互相掩护，互相协助。至于观测尤其是射击观测，可说是要紧中之最要紧的，现在土匪每人只有五十颗子弹，而我们各军的子弹，比他多过几倍，但是用起来，还要说不够，这种浪费子弹的不良习惯，完全是我们一般军官，平时只知道凭空的说要节省子弹，而不能注意到瞄准射击及射击观测等实际方法的训练所致。所以我们以后除普遍地注意瞄准射击的训练以外，更要特别训练射击观测手，随时观测射击之目标，检查并指导一般士兵射击的方法，总要使得我们军队再不像从前一样的无的放矢，一定要放一颗子弹，能打死一个敌人！所以在演习射击的时候，大家一定要照着射击教范切实指导。总之：侦探、搜索、警戒、掩护、观测、联络，是今后无论何时何地行军作战的六个要点，此次受训练的自师长以至连排长，一定要个个人懂得清，记得熟，随时随地要做好这六件事。每次行军作战在未开动之前，一定要先检查这六件事齐备没有，统统准备齐全妥当，然后可以安心前进。这一点也是大家这一次训练要特别注意的。

第六、大家这次要指导详切，一定自己先要研究看书。我这次到南昌督剿，单是关于剿匪战术先后就写了几本书，这几本书籍，就要发给你们，都是很薄的小本子，而且很容易看的。其内容一半是根据现实的敌情和过去失败的教训写的，一半是从前人的著述尤其是曾胡的著述中抄下来的，希望大家都能研究研究。如果在这几天以内恐怕看不完，那么，曾胡治兵语录一定要看，其中"兵械"和"战守"两章，格外要用心研究一番才好。还有，我最近写的剿匪部队训练要旨这一本薄薄的小册子，就是此次训练的原则，当然要格外详细研究才好。

第七、这次军官训练每期只有两个星期，以这样短促的时间，要想收到最大的效果，实在不是一件容易的事情。所以我们一定要从种种方面来增进训练工作的效能，以补救时间之短促。据我所想到的，大概有四件事最要紧：（一）设计务须完备。（二）注意实地指导。（三）增多会议时间。（四）多用公开的讲评。古人说："凡事预则立，不遇则废"，就是说什么事情总要事先设计完备才做到好，我们此次训练能否成效，也就全看我们能否事先设计完备，所以这一点格外要紧。整个训练的设计，在未开始训练以前要准备周到，每一个星期的训练，也要在前一个星期六日准备完妥，同样，第二天要做什么事，也要先一天准备好。关于设计最要紧的是地形的利用，什么地方适于什么演习，我们一定要在这几天内设计出来，并实地去观测，如果有什么不妥当的地方随即改正，以免以后实地演习时再费周折。其次，讲到实地指导：现在我们的编制已经订好，即全团分三营，每营三连，每连的人数约计总在二百以上，各连除连长和顾问以外，附一个教官，连教官更带三个教官分配于各排，所有训练的事情，各位教官都要辅助连排长来实施。在实施训练的期间，一定要和受训练的人一样辛苦，每次演习，必须一样穿草鞋跟上前敌随时随地详细确实的指导，将所有的错误一一改正过来。这样辛苦几星期下来，我相信受训练的人固然能得到实益之外，就是各位大家自己的精神和体格，也一定有很大的进步。再则除各教官要实地指导之外，每天演习完毕，每营的教官要集合起来报告演习的经过，评论各连各排演习的优点缺点，然后召集全营的军官，公开讲评一次。同样，全团的教官也将组织一个教官团，最好每天晚饭后召集全体教官，首先各营报告本营当日演习的情形，共同评论各营的优点和缺点，然后再召集全团的军官公开作一次总讲评，使每一个军官对于当日全团演习的情形和优劣，以及改正之处，统统可以知道。这样我相信所收到的效益，一定将比普通在讲堂上讲讲，在操场上操操所得到的要大得多。所以我们以后一定要多用公开讲评，同时为注重讲评与设计完备起见，一定要增加会议的时间。一连一营有一连一营的会议，全团有全团的会议，一天有一天的会议，一周也有一周的会议。以后各位派到那一营那一连，统统由杨校长分配，分配以后，希望大家就能振作精神照这个办法来实行。

我所见到的，大概就是这几件事情最要紧，希望大家能本此数点，想出切实妥当的具体办法来注意做到。这一次要各位来是要大家来辛苦几个星期，预备第一期训练两周，休息一星期，再来训练第二期，两周以后再休息一个星期，然后再训练第三期，也是两周先毕。在训练的期间，大家一定要和一般受教育的军官一样吃苦，然后这次训练才不致落后，各位自己身心也才可以获益无量，否则我们太不上算了！由南京调来各位顾问^①和教官，统统由杨校长指导进行一切工作。各教官将来要组织一个教官团，大家必须和衷共济来做事，虚心静气来研究！如此共同努力做事，我相信这次训练，一定可以收到很大的效果！

（此件引自《蒋总统集》）

---

① 顾问：指德国驻国民政府军事顾问团顾问。

剿匪战略与战术

⊙ 蒋介石

（一九三三年十月二日）

刚才我已将在此次进剿之前，各位将领所应有的觉悟和新的精神讲完了，现在再要就此次进剿所用的战略和战术，分别提出几个重要的原则来说明，希望大家能够彻底领会，并随时随地留心研究，切实遵行，以求尽其巧用。

我们剿灭赤匪所用的战略，大概可以归纳为四项。

第一、就是要严密封锁，可以叫作"封锁政策"。严密封锁是我们剿匪最重要亦最能减少牺牲的一种战略，因为现在土匪一切物质，由日常必需的生活资料（如米粮食盐）以至作战的基本要件（如弹药器材），统统是异常缺乏，不仅匪区一般民众已被土匪搜括净尽，就是他们匪军也普遍的恐慌到万分，所以今日匪区不仅是一个政治恐怖，而又是经济恐慌的非人世界，而其匪部亦是一个无衣无食，形消骨立的饥军。总之，从物质方面来看，土匪正在最后挣扎于饥饿与死亡线之间，以如此困乏饥疲的土匪，我们要消灭他，实在非常容易，简直可以说用不着几多血来和他拼，只要大家勤劳刻苦，能多出点汗，来切实贯彻严密封锁的战略，真能做到"使敌无粒米勺水之接济，无蚍蜉蚁蚁之通报"，则土匪于最短期间，势必总崩溃，不战而自亡，未剿而先灭。所以严密封锁是最能针对土匪的弱点，发挥我们的长处，也是最能减少自己的牺牲，收到剿匪的奇效的一个方法，只要我们切实去做就比增加两三倍的兵力来剿匪，还要厉害。反之，若是我们不能贯彻封锁政策，任意放纵一般奸商，以各种方法将生活资源来接济土匪，甚至自己的军队不小心，便将许多好的枪械弹药粮秣器材来遗弃送给他，那这样就无异来养活土匪，补充匪军，那么，剿匪不仅要增加许多的困难，还要格外增多无谓的牺牲，所以土匪多一分接济，就是我们多一分牺牲，封锁不能严密，就不能断绝土匪接济，这无异养活土匪来消灭我们自己，换句话说，不能严密封锁匪区的，就是帮助土匪来消灭革命军，这种人就是我们革命军的敌人，所以你们知道这封锁政策，必要贯彻的道理，以及不能严密封锁的害处，既然如此，我们以后对一切封锁的命令，就再不能有阳奉阴违，偷惰敷衍，和不切实不严密的毛病，对于这封锁业务，一定要视同冲锋陷阵，以杀敌致果的决心，来完成这一件事。

　　要如何才能做到"严密封锁"呢？最要紧的，就是要我们一般高级将领，能够负起责任来，第一要能勤劳，第二要能严正。所谓勤劳，就是我们在前面所讲的，要"心到"，"目到"，"口到"，"手到"，对于巡查封锁，尤其是要"脚到"。现在一般下级官兵，知识不够，办事不力，全要靠我们高级官长，能够格外勤劳，切实教导，昼夜查巡，来指导他们，监督他们，然后他们才知道如何去做，更不敢不实在去做，所以我们高级将领一定要昼夜不断的分区分时，亲到封锁地带，或封锁线上巡查，而巡查的时候，特别要在一般官兵普通所不及提防而极易偷漏的地点和时候（如半夜拂晓或大雨大雪的时候），总要查到普通人所不注意的处所，走到普通人所不走的小路，必须如此，乃可得到真正的效果，这是讲在事前我们要勤劳要吃苦来严密防范。至于所谓"严正"，如果发现有偷漏、放纵、或其他作弊的人，一定要很严厉很公正的处罚，就是要铁面无私，因为封锁匪区的事情，对于剿匪军事的关系，实在太重大，所以犯了其他的纪律，或许还有可原之情，若是私通土匪，违犯封锁的规条，来放纵奸商，那是绝无可赦的罪恶，这种人比土匪还要凶险可恨，我们绝对不可放松一点，一定要比对待敌人还严厉的方法来办他，不论他是奸商土民或者是不良的官兵，也不论他是自己的同乡、同学、或部下、子弟，在法律之前绝无私情可讲，犯了罪的就只有一概军法从事。过去我们封锁不能真正严密，固然还有其他的原因，但是最重要的一点，就是一般的高级将领，不能负责监督，贯彻到底，事前既不能勤于防范，事后更不能执法无私，老实告诉你们，我随时有人派到各地查访，知道过去至少有一半军官是如此不能尽到职责的，不过不一定是你们自己有意犯过，所以我不愿意一下子统统指出来，加以处罚，今天只将这个毛病告诉你们，希望你们自己从此要能切实负责，本着勤劳严正四字确实将匪区严密封锁，如此，这种土匪，就可在最近期间被我们彻底消灭。

　　第二、就是要发展交通，可以叫作"交通政策"。交通政策刚刚和封锁政策相对的。反转来说，就是要消极的阻止敌人的交通，而积极的发展我们自己的交通。我常讲战争就是争取时间，谁能节省时间，行动迅速，谁就胜利。换句话说，作战全靠机动，谁能机动，谁就成功。简单的讲，就是一切行动要能迅速敏捷。如何能使我们军队行动，迅速敏捷呢？这全恃交通之发达。所以我们交通政策，就是要机动敏捷，这就是剿灭赤匪的一个主要战略。因此我们对于公路通讯和运输一切工作人员，要格外的重视和保护他们。并且要想种种方法来帮助他们，使他们能极顺利的推进他们的工作，达成他们的任务，关于"交通剿匪"的意义与效果，想必大家早已于实际经验中认识得非常清楚，而我前面所述赵军长（观涛）所条陈的意见，即努力修筑公路，以愚公移山的方法来剿灭赤匪，更是阐明交通政策的重要，所以现在不必再详细来讲，只希望大家特别注意，切实进行。

第三、就是要注重机动——挺进游击。我在前面已就时势的要求，军人的责任以及土匪崩溃的道理详细和大家讲明，要大家彻底打破怕匪的心理，而养成一种奋发有为勇敢进取的新精神，现在所要讲的机动游击战，就是因为我们剿匪真面目的作战，或主力决战的机会很少，无论清剿协剿和进剿，差不多都是小部队的战斗。同时赤匪的战术又以游击战术为主，所谓"出其不意""声东击西""避实击虚""旋磨打圈""旁抄侧击""埋伏突击"……这都是我们过去吃亏的地方，因为一不小心戒备，就中了土匪的埋伏，遭受意外的攻击，所以我说赤匪根本不用正规战术，其长处就在于跑路、伺机、侦探、化装、袭击而已。现在我们要剿匪，也要能善于此道，以赤匪的战术才能消灭赤匪。胡林翼曾根据他剿匪的经验说过："与其守于境内，不如战于境外。"意思是说，我们剿匪哪怕是取守势，也要以攻为守，总要不时出击，使赤匪应接不遑，弄得他再无余力来扰乱我们，亦使他无从侦知我们究有几多力量，这是就守而言；若就攻而言，则出击更为重要，更为致胜的必要手段。因为你若是只求稳当，不求变化，那便成为死硬的守势，最后一定要失败。所以我们现在剿匪必须随时随地，找到敌人的弱点。一有可乘之机，马上就要出击进攻，易守为攻，出奇制胜。比方土匪的主力第一、第三、第五军团前次集中于宜黄、乐安，现在在闽北及建宁、泰宁、广昌这一方面，这时赣西赣南的匪区，我们明明白白知道他非常空虚，何以我们的军队不能乘机出击呢？吉安、南礼、永礼这些地方的军队，为什么不敢派两团兵力，大胆地到匪区机动游击呢？我想当时如果能派两团兵力去进剿，来干这些游击的小生意，至少可以扰乱土匪的后方巢穴，牵制他不少兵力，可是这种"一本万利"的小生意，你们偏偏没有人敢做。要知道现在赤匪的崩溃正在一天一天加紧，他们之所以将主力抽到广昌以北，就是要想在我们的军队，未集中开始进剿以前，找一个机会来冲打几下，讨点小便宜，使我们的军队士气受挫，不能依照预定的计划推进，那时只要我们在广昌以北黎川一带的部队，稳住下来，其他赣南迫近匪区各部队，乘赤匪后方空虚，积极进捣匪巢，就可以根本消灭赤匪，你们有这种好的机会都不能利用，那如何能剿清赤匪呢？难道你们还是怕匪区民众有组织吗？要知道匪区的民众，为赤匪所毒辣压迫，早已痛恨入骨，他们的壮年儿子没有一个不是被压迫拉去当匪，现在十之八九都已死完了，他们一切的财产，亦都已被赤匪劫掠敲剥殆尽了，赤匪最近还要发三百万公债强迫他们认购，但是无论赤匪如何压迫，他们也无钱可出，不能再忍受下去了，以这样人心叛离，势穷力竭的赤匪，我们只要调动少数的军队，迫近匪区，乘机出击，他就要立即崩溃，被我们完全消灭。还有一点，要在这里特别告诉你们，希望大家注意的，就是我们以后剿匪，不仅要勇于出击，而且将赤匪打退的时候，更要予以猛烈的追击，必须如此，然后才可以真正消灭赤匪，获得最后的胜利。据最近许多俘虏供称，现在匪军一般官兵都已不堪其苦，大多数都想找一个机会逃出匪区，来投降我们。所以每次作战，只希望我们国军能猛力跟追一下，他们便好乘机缴械，逃过我们这方面来。但是我们的军队却不知道这种情形，往往打败土匪之后，最多追五里十里路，就不敢再追，结果赤匪退了二十里川里以后马上又可以停下米集合整理，随时再来反攻，这真是最可痛的事。所以以后只要赤匪一经被我们打退，马上就要猛追，使他得不到一个稍舒喘息的机会，而继续予以歼灭。

总之，现在要剿灭赤匪，一定要靠我们大家人人有决心有勇气，能随时随地侦查到他可乘之机，积极出击，运用机动游击战术的原则，尽量发挥我们军队的效能，关于机动游击战术，行营已经印发一本小册，大家要切实研究，但是我曾经将游击战术简括四句口号，即"轻装急进，便装远探，秘密敏捷，夜行晓袭"，大家一定要特别体会力行。

第四、争取主动，我们从事一切战争，都有一个最要紧的基本原则，就是要主动。关于争取主动地位的意义极其重要（主动意义），我在剿匪要领中，已经讲得很详细，大家可以参阅。大概所谓立于主动地位者，就是要使整个战局的演变处处要操之于我，即我们定下一个计划来，使敌人不得不跟着我们的计划来走，我们要他东，他就不能到西，我们要他守，他就不能来攻，我们要他进，他就不能后退，主动的真义就是如此，并不是许多人所误会的，以为先动的就是主，后动的就是客，更不是进攻的就是主，退守的就是客。须知时无论先后，地无分险夷，兵力不问大小，军队不管进退，凡能依自己的计划，支配调整战局的演变者便是主，便谓之立于主动地位。反之，凡受制于敌，不得不随着敌人的计划，跟着他尾巴来转移；这便陷于被动地位了。凡能居于主动，便常是胜者，陷于被动，便只有失败。所以争取主动乃为一切战略战术之基本原则，我们无论何时何地，如欲克敌制胜，总以争取主动地位为唯一要旨。

以上就是我们此次进剿战略方面几个要点，我今天讲过，以后大家不仅要时时记着，而且要常常研究，只要肯研究，一定可以进步，能有心得。比方最近罗副军长（卓英）研究拿破仑当日所用的战术，并且将书本子所得的知识，与实地经验互相印证，就有更大的心得，他已经将他研究拿破仑战术之所得，用几千字整理出来，这就是非常有价值的东西。尤其是其中有几句话，可以说是今后剿匪一定不移的战术，颇值得介绍，并且与我那天所提出的几点，差不多完全相合。

第一句就是"封锁围进"——与我刚才所讲的"严密封锁"的意思相同。

第二句就是"连合迫近"——与我所讲的"协同一致"的道理相同。

第三句就是"稳固推进"——与我所讲的"稳扎稳打"的道理相同。

第四句就是"乘机突进"——也就是我所讲的"争取主动"的意思。

他这四句话虽然意思不如我刚才所讲的完备，但是已经包含了四个主要的意旨，大家以后一定要记住，并且本此原则妥为运用，剿匪战役，我相信在半年之内可收大效。

以上已将我们剿匪战略的要点讲明了，现在再继续将剿匪战术的原则具体的说明一下。大概除刚才已提过的游击战术的原则以外，关于剿匪战术还有十一个要点，应当研究与熟练的。

第一、就是以静制动——这是根据稳扎稳打的原则，以争取主动的战术，现在赤匪唯一的本领，就是钻隙打圈，审来审去，总想逃避我们的实力所在，再找一个机会，寻一点空隙，来讨点小便宜。我们要剿灭这种飘忽狡黠的赤匪，在战术上有两个要诀，就是一方面要使我们的军队，尽量增加机动的能力，找到可乘之机，挟其疾雷闪电之势予以扑灭。而在另一方面，我们必须处处"先求稳当"，不要跟着赤匪尾巴去走，必须使赤匪来依我们的计划来行，所谓"善战者致人而不致于人"。胡林翼曾说："驭天下之至纷者以静"，就是这个道理。"以静制动"，就是"以主待客"和"以逸待劳"，不过此处所谓"静"，乃指"宁静""镇静""安静"而言,乃是"实质的",充满着生动的精神的,不可误为"寂静""清静"等空虚寂灭毫无生意之静,这层精义认识以后,才可以知道以静制动的真谛及其妙用。

第二、就是要以拙制巧——懂得以静制动的道理,就很容易明了以拙制巧的精义,大概说起来,就是赤匪以很巧妙的方法来扰乱我们,我们要以很坚忍、很实在、很稳当的方法来制服他,这就是叫"拙",也可说是"诚"。比方说赤匪很机巧,会钻隙,我就用很笨拙的方法,将他封锁得蚊蚁不通;再如赤匪出没无常,飘忽不定的来袭击我们,我们就不惮烦劳,处处坚筑工事,时时严密戒备,步步为营,节节推进;又如我前面所介绍的赵军长(观涛)的意见,以愚公移山的方法,努力修筑公路来剿匪,也可以说是以拙制巧的一个实例,大家准此推求,以一反三,就必有所得。

第三、就是以实击虚——这个原则与刚才所讲的两点也是相通的。不过就地位而言,则曰"以主待客",就态势而言,则曰"以静制动",就方法而言,则曰"以拙制巧"。现在更就力量而言,则曰"以实击虚"。所谓"以实击虚",就是要发挥我们的实力,击破赤匪的弱点,集结我们的实力,战胜赤匪虚张声势的宣传,扫荡匪区虚伪的组织。大家都晓得,现在的赤匪,虽然不能说他一点没有实力,但他的实力,决不足以和我们相比。他之所以能够苟延残喘至于今日,大半都靠他虚伪的宣传。这一点在战术表现得最明白,比方说"声东击西","旋磨打圈"的战术,摇旗呐喊,虚声恫赫〔吓〕的方法,都不外是"虚诈"。当然在战术上,所谓"兵不厌诈",但是我们从赤匪的战术,正可以看透他完全是一个虚伪的东西,毫无实力。既看透了,我们就该不再为他的虚声所慑,更可发挥我们的实力,来消灭他了。

第四、就是要以迂为直(曲线行动)。所谓以迂为直,就是说我们今后剿匪的时候,无论行军、进攻、或追击,都要采曲线行动,避走正路大道,特别不要循着正常的方向前进,比方讲,我们要到东,或许先要向西走,我们目的要到甲处,或许先要向乙地。简单说,就是我们不要贪近便,怕劳苦,有时宁可不走易走的大路,而却要另寻小径山路来走,甚至有路的地方不走,偏要从没路的地方绕转过去。如此不怕崎岖,不怕吃苦。然后才可以使敌人觉得神奇莫测,而我们才可以出奇制胜,不会被共匪埋伏袭击的惯技所算。过去匪军惯于旋磨打圈,即采以迂为直的曲线行动,而使我们觉得他出没无常,飘忽不定,往往偶一失慎,便吃他的大亏。现在我们也要运用这个古人早已发明以迂为直的战术，来制伏赤匪，不仅是行军、进攻为然，就是追击土匪的时候，也要多采曲线行动。我在剿匪要诀歌中讲追击的要诀，"打散土匪四山逃，追贼专从两面抄，逢屋逢山搜埋伏，队伍切莫乱分毫。"第二句就是要采曲线行动的意思。过去我们追击，因为不知道这个道理，专走最近的正当大路一直追去，所以往往要中匪的埋伏。以后就因噎废食，不敢勇往追击，以至土匪虽败犹存，我们始终不能获得决定胜利。这都是我们自己犯了绝大的错误所致，所以我们以后一定要注重彻底追击，尤其要照追击的要诀，采取曲线行动来追击。总理曾说，我们中国在文化方面，要"迎头赶上"西洋各国。这句话若是移到剿匪战术上来用，就是一个最好的战术，比方我们要追击敌人，我们一定不好专从他后面去跟追，这样一定难得追上，或反易吃亏，而必须采取曲线行动，从两侧或远处找路子来抄袭，去迎头赶上来痛击他，那才是剿匪追击战的办法。这个道理虽很简单，但是大家偏偏不能照做，原因就是偷懒，怕吃苦，只想选择近而大的路来走，结果总是欲速不达，若不是中了土匪的伏兵，就要给土匪一个逆袭的机会，自己不但不能追击土匪，反而更受到土匪的反击。所以今后我们一定要不怕路远，不避艰险，只求其如何能达成追击的任务。我在庐山的时候，曾根据曲线行动的意义，向军官团一般学员讲明，我们一个有脑筋、有双腿、更有旺盛的企图心、和革命精神的人，绝对不可为死的地形，和死的道路所限制，一定要运用我们灵活的脑筋来支配一切地形，要使用我们强健的双腿，选择便捷的道路，来追击，来进剿。如此才可以称为革命军人，才可以剿灭赤匪。最近我又研究出一个原则，就是以后在山区剿匪，必要依据山地的棱线，向前踏进，如此居高临下，我们既可以瞭望各方匪情，更可以据高屋建瓴之势，控制一切，不致中土匪的埋伏。即土匪有埋伏在山麓或山腹，也因无法袭击，不能发生什么作用。如果发现了埋伏之后，也就很容易将他打退或消灭，即使寡众不敌，我们也可以居高临下，就地固守。所以我们以后行动，能用有力的一部，甚至主力，依据棱线前进，不畏难，不怕苦，这样赤匪虽狡，亦无所用其技了。这亦是"以拙制巧"的一个例子。

　　第五、就是独立作战。我们现在剿匪，务须求其协同一致，当然要互相策应。但是在赣南剿匪，多是山地战，因为地形的复杂，交通的不便，以及土匪的诡诈百出等各种原因，我们各个部队，无论是一军一师，甚至一旅一团，都要随时随地有独立作战的准备，我们遇到土匪的时候，自己有充足力量，就可以找到机会猛烈进击，如果自己的兵力不及赤匪就要能独立撑持，站住脚跟，稳定阵基，总要能凭自己的力量，先立于不败之地，不可专靠友军快来援应，亦不可徒怪友军迟不救援，从前湘军打长毛的时候，就以约期打仗为戒，也就是于实际经验中，感觉部队的联络不易，策应不能如期，动作难于一致，因而约期会战往往误事。我们现在剿匪的通信设备进步，虽然有许多地方，比较当日的湘军各部联络要方便得多，但我们只能利用这些方便，尽量增进协同动作的效能，却不可因此而轻忽了独立作战的决心和准备，养成互相依赖，互相推诿，互相怨慝的恶习。

第六、就是要全力决战。怎么叫全力决战呢？就是在决战之前，我们一定要集结我们所有的兵力，务使一兵一卒，同时皆能用于决战的一点，必须如此用兵，才能算是最经济的使用兵力，才能发挥其军队最大的效用。过去我们一般军官，有一个毛病，就是开进到前线以后，他只要听到前面有枪声，或是得到一个土匪迫近的报告，他心里就着急起来，因而一切处置亦多错误了。比方讲，他带了一团兵力做前卫，他遇了土匪，便慌忙起来，乃不顾他全团的九连兵力有否集结，亦不管他集结几多兵力，只看见手下有几多兵，他就带着几多兵去冲。他这种勇气，固然不错，但是这种不沉着、无计划的战斗，实在是不智之至，你当一个军官，若是单有一些血气之勇，而无出奇制胜的智谋，结果只有徒然牺牲，贻误全局。过去这种例子很多，就是这一次军官团在庐山演习的时候，也会发现这种毛病。以后我们一定要留心改正，各人一定要记得曾国藩所讲的："打仗不慌不忙，先求稳当，次求变化。"这句格言。无论遇着多少土匪，我们总不要慌忙，凡到一个地方，我们总要先将手下所有兵力集结拢来，看好地形、勘定阵地，只要我们自己的阵脚站稳了，再不怕土匪来攻，并且我们要等他来攻，只要他攻了几天，攻不下，我们看破他的弱点，找到了出击机会，就可以马上拿全力来和他决战。如此最后胜利，一定是属于我们的。胡文忠曰："若前头部队遇敌，先战非必胜之道也，应于近敌之处，饬前茅（即前卫），后劲（即后卫），中权（即本队）会齐并力，乃可大胜。"也就是讲全力决战的道理。你们还要晓得赤匪的惯技，就是集结全力，猛攻一点。所以他每次进攻的时候，总是使用很大的兵力，因之我们担任前卫的部队，遇着他决不好随便带着一部军队，冒失向前去冲，再把其余的兵力，逐渐增加上来，这个战术，旁的战争固用不得，尤其是剿匪战争，更是绝对不行的。我们全般部队的住用，固然要采取纵深配备，但是各个单位，自一营、一团、乃至一师、一军，道理要和土匪的主力正式决战的时候，一定要先集结兵力，全部使用，方有把握，这是最重要的一点，切勿疏忽。

第七、就是注重工事。我们现在所采的战略，既是稳扎稳打，工事在战术上的重要，当然不言可喻。所谓稳扎稳打，就是要做到我们军队进据一个地方以后，这个地方就再不可失陷，我相信唯有如此逐渐推进，才可以根本致匪的死命。这两年来，日军和我们作战，他就有这个本领。凡是一个地方，他的军队不占领则已，如果已被他们占领，那无论你用多大的兵力，也不易夺取回来。我们研究他何以能够如此呢？没有旁的，他就是武器好射击精，而尤其是他勤于做工，使用兵力布置阵地，无不合于原则。所以他每到一个地方，只要几点钟，最多半天以后，所有的防御工作，无论是战壕、电网、和其他种种，都已全部完成。尤其是他们射击技术的精练，枪炮位置的适当，更能尽量发扬火力。这样，我们当然不容易夺回了。现在我们剿匪也要有这种本领。我们和土匪比起来，武器好得多，这是不成问题。至于射击，一般的也要比土匪精良，但是我们还觉得不够，更要加紧熟练。至于勤做工事，使我们每进据一点，就要使这个据点不再沦陷，那是目前剿匪工作中最重要的急务。我们一定要记得：多流一点汗，就可以少流一点血。所以做工事的器材，要随时随地携带，做工事的训练，要特别加紧，普遍实施。至于构筑工事的基本要点，我在剿匪要领中所说两点，就是（一）工事要与兵力适度，宁使阵地缩小兵力有余，不可工事过广，兵力不敷。（二）工事构筑，必须形成强固的据点，务使各个工事能互为猗角，相与策应，并要特别注意到防御。这两点最为重要，各位想必已经都很明白，今天毋庸再讲。不过另外一点，要提出来希望各位能特别注意的，就是以后我们做工事，决不可只靠近城廓附近做工，要知道只注重城市防御，而放弃四乡的战法，实在是我们过去最大的一个错误。只因为每一个城市，差不多都有城墙，这城墙原是前人所已做好的防御工事。我们尽可以利用，以现在土匪器械的窳劣，哪怕他打到那一个县城来，我们凭着城墙防御就可以固守无虞。不必再要在城廓附近，另外花费许多金钱，构筑很多工事，而又没有兵力来守，甚至反为敌人利用。所以专就守城而言，不必再要在城廓附近构筑许多不必要的工事，这就是我们过去错误之一。其次，我们真要强固城市使其万无一失，那就不能专靠城郊附近几个碉堡，一定要在四乡要点以及其通县城的各要路口，择险构筑工事，然后才能巩固城防，这就是古人所谓"固四乡以守城"的道理。我们过去没有照这个道理做到，这是错误之二。这还是专就守城而言，其实我们要进剿或清剿，哪里是只守着几个城市就够了呢？普通一个城市，不过一两万人，周围也不过几里，而全县的地方比城市要大几十百倍，四乡的民众，亦比城市要多几百千倍，我们要剿匪，要救民，哪里可放弃四乡而专守孤城呢？这是我们过去偏重城厢附近工事错误之三。还有最重要的一点，就是过去我们每派许多军队去收复一县，他们只知道防守那个县城，只将城厢附近的工事修筑完备，以为就算尽了他的人事，于是视工事以内为安全地区，乐于株守自卫；工事以外的地区，便不敢越雷一步，任凭土匪如何扰乱，亦不敢出去清剿。结果士气衰颓，攻击的精神完全丧失，师老城孤，四乡皆匪，清剿之功，永无完成之日。这是我们过去偏重城市附近工事错误之四。基此四点错误，我们今后必须切实改进，以后一切工事，就再不要专在城厢附近做工，一定要在离城四五十里，至少也要在离城二三十里以外的要点或路口择险构筑，并要逐渐推广，限期要将全县境内四乡的土匪肃清，实行"固四乡以守城"的原则。

第八、就是要就地固守。这就是根据稳扎稳打的原则而定下来的要领。所谓"稳扎稳打"，就是无论何时何地，无论行军宿营与作战，总要谨慎小心，严密戒备，依照战术的意义讲，就是随时随地要斟酌敌我的实际情况，采取攻势防御或主动的后退配备，讲到战术上攻守的原则，虽然依现代的战术是主张取积极的攻势，但亦不能不顾到敌情地形和兵器各种条件如何，决不能一概而论，而且过去中外战史，论战术者守多于攻，可见攻守原是利害相参，长短互用，总是因时因地与因敌制宜。守势战术，不是可以完全弃置不讲，更以今日中国的国情而论，从有效的国防着眼，守势的作战实在还是必要，所以我在步兵操典草案纲领第五条中，曾有"取守势者，无论何时，不可不有出击之企图与准备"，我研究古今的战略战术，斟酌今日中国的情势，觉得必须如此规定，不好专抄袭外国单纯的攻势战略和战术，不过究竟要如何规定才能尽善尽美，以后大家还要根据国防的观点，和现在剿匪的实际经验来详细研究，现在我们讲稳扎稳打的战术，就是根据这纲领第五条。关于守势的作战，其精义完全要有奋发充沛的攻击精神，与随时出击的准备，和旺盛的企图。换句话说，即使作战采取守势，仍要用攻势防御，切不可采取单纯的防御作战，因此更要特别注意的一点，就是要将最后出击的方向和道路，亦要同时想定，而且要注意多方面的出击，关于守势战术大家更要记住我常说的一句话，就是"防守不要忘了进攻"，换句话说"防守是为了进攻"，简言之"防守是手段，进攻是目的"，如果只知防守而忘了出击，不为出击的准备和想定，那就只是困守待毙而已，所以我们必定要有出击的想定，很迅速的能完成各种准备，这样我相信不怕土匪来得怎么多，也不怕他攻得怎样凶，我们有一团人，就可以很坚固的守住一个阵地，最多不过一两天，我们必能找到他的弱点，随时可以出击致胜，否则我们援军亦当可及时赶到，土匪一定就要溃退，那时我们更可以乘机出击，猛力穷追，将他完全消灭了。

第九、就是纵深配备。关于纵深配备的重要，我在剿匪手本"战机"一篇中已扼要讲明，我们剿匪要以此为原则，前面与敌作战的正面愈狭愈好，我们要留二分之一，最好三分之二的兵力，摆在后面作预备队，随时可以相机增援，这是讲作战配备的原则，若是行军或游击时，那就要用扇形配备，即左右侧卫，愈到前面愈是要广要远，而搜索正面，更是愈宽愈好，遇到敌人主力作战的时候，就可依照纵深配备的原则，来和土匪决战，至于行军的时候，要用梯次序列，交番踏进，我在剿匪手本及剿匪部队训练要旨那本书里面，已经讲得很明白，各位想必已经研究了，以后务希照着这几项原则切实遵行。

第十、就是机动配备。这机动配备的方法，古今中外都早已有的，不过其名词或有不同而已。所谓机动配备者，简单的说，就是要根据他指挥官卓越的才识，以冒险的精神与英明果断的决心来活用兵力，至于活用兵力的要诀，就是"进退无常，多寡不一，分合得当，攻守咸宜"四句话。比方说我们带了一师兵，负一百里以内防匪之责，当然在此百里以内，我们都要构筑工事，分兵防守，并相机出击，依普通情形来看，只一师兵力，如要防守一百里的阵地，兵力实嫌单薄，如何可以再有余力出击呢？这话固然不错，因为你若必将兵力分布于百里以内各个要点，处处皆要求全，不敢稍有移动，只要呆板的摆开到各处死守着，结果当然一师兵力，还感觉不够分配，哪里还能抽调多余的兵来向敌人出击？但是善用兵者，决不致于如此呆笨，他在这种情形之下，很可以想出办法抽出大部分兵力来相机出击。如何可以抽调呢？这就是靠能运用机动配备的方法，将自己兵力的配备，不时加以调整，不要某一处老是某一部分的兵来防，也不要某一处老是用几多兵呆守，只要这样活用兵力的时候，我们自然可以抽兵来相机出击了，或许有人以为各处如此抽调兵力，不是很危险吗？当然，我们不能自信一定是稳当，但是你能运用机动配备的原则，经验越多，胆量越大，决不怕有什么危险。总之，你果能将兵力抽调得法的时候，那你危险性就会减少，成功的把握亦就越大。但是唯一要诀，就是要严守秘密，不要被匪窥破。如果你真能秘密的时候，无论敌人的侦探如何厉害，他到底没有法子可以窥测你的虚实。若不是找不到你主力的所在，就是感觉他处处都碰到你的主力，使他莫测神奇，而我们自己的真实主力，却可以今天到东，明天调西，忽南忽北，时往时来，使敌人找不到我的主力所在，而我却能找到敌人空虚的一点来攻，如此一次，两次，三反四覆，积极不断的机动运用，当然可以使敌人全线动摇，进而予以整个的歼灭。你们要晓得，一切战术的基本，就是"分合"两个字，所谓"奇正"亦是由此"分合"二字出来的。所以只要分合得宜，便能战无不胜，所以机动配备实为用兵最精微的要诀，最高深的战术，也就是我们高级将领最重要的本领，其方法虽不外我在前面所提的四句话，而运用之妙则完全存乎一心，如要能体会心得，只有平常努力研究，不断学习，尤其要宝贵自己从前所得的经验，详细检讨。总之，将领最要胆大心细，切勿粗疏，亦勿求万全，须知天下事，每每兼众长者无一长，求万全者无一全，"凡事过于求全，转多不全之处"，而"军事之要，必有所忍，乃能有所济，必有所舍，乃能有所全，若处处设备，即十万兵亦无尺寸之效。"（胡林翼语）我们要做一个带兵的好手，成一个优越的将才，一定要懂得这个道理，一定要善用配备的方法，大胆抽调兵力。果能如此机动活用，则一个兵至少可以当作三个兵用，一师兵就可以发挥三师兵的效力。我们要看一个将领的本领如何，就要看他能不能将兵力机动活用，又看他抽调兵力的胆量和能力如何。我自问平生作战并无长处，只是能体会这个机动配备的要领，尤其是十九年在陇海路作战时，一则以因为自己的经验所得，　则当时战局严重，我就屡次运用这个机动配备原则，抽调大部的军队来活用。后来西北军许多将领对人家说，当时他们作战，到东也是遇到我们主力，到西也是遇到我们主力，实在莫测神奇。其实我没有旁的妙法，不过敢大胆运用机动配备的原则而已。现在我们在江西剿匪，这土匪非常狡黠，我们要消灭他，格外要能运用这个机动配备的战术。我相信只要你们能信仰我的战术思想，能接受我的革命精神，严格照到我的命令来做，一定可以在半年之内，将土匪大部歼灭，只要你们是服从我的命令，就是失败了，亦由我完全负责。希望大家明白了这个意思，以后一切要照着我的命令实行。我们所有的军队，都依照机动配备的方法活用起来，一个兵至少可以作三个兵使用，三十万兵就不难发挥百万兵的效果。果能以此剿匪，何匪不灭？以此戡乱，何乱不平？

第十一、就是六项要务。所谓六项要务，就是侦探、搜索、警戒、联络、掩护、观察。这六项要务，我们无论是行军宿营或作战，无论何时何地，都要切实检点。侦探、警戒务求严密，搜索、掩护必须周到，联络必须确实，观察必须精敏，关于这六项要务，我在《剿匪部队训练要旨》《军官训练团训练的要旨和训练的方法》《时间为一切事业与生命之母》《革命今日要成功立业之道》，这几本小册子里面，都曾说过很多，今天不必重复再讲，希望大家用心研究，照着我所讲的切实做到。

以上这十一点，就是我们今后剿匪战术的主要原则，这十一项原则，和前面所讲的三项战术，是相辅相成的。希望大家要分别研究，洞悉其精义，更要整个的融会贯通，妥为运用。关于剿匪战略和战术的运用，大家可以从我今天所讲的道理中体会出来，现在我可以归纳出一个基本原则，作为今天讲述剿匪战术的结论，就是"战术上要取守势，要以静制动，以守为攻；战略上要取攻势，要以实击虚，以攻为守"。

（此件引自《蒋总统集》）

剿匪规条

⊙蒋介石

（一九三三年）

一、战争前一日与战争后一日，各级主管长官，必须召集其所部直属长官会议，讨论战守方略。

二、平时训练，每间一日，亦必须会议一次，讨论剿匪战术与训练方法。

三、行军日之夜间八时亦必须召集会议，讨论当日经过与次日工作。

现在江西剿匪情形，其地形、交通、敌情，均与十九世纪曾胡时代无甚差异；而今日我国之兵器与经济，则又与拿破仑时代不相上下；若不审时度势，因地制宜，而徒思仿效现代积极攻势战术，未有不败也。固今日剿匪战术，仍须如曾胡时代以守为主，以攻为客；以今日之兵语言之，即攻势防御是也。且今日赤匪之所特长之战术，亦不过射击命中，侦探敏灵，行动轻捷，伏兵要击，与其隘路战、山地战、夜间战数者而已。顾其术甚简，而其技甚粗，非有过于我者也。且其无重兵器之机炮与高兵器之飞机，则皆不及我矣。顾其战术虽多用游击方式，以攻为守，盖其不能守也。然其无重兵器，则攻坚非其所长，故其主力，不得不用内线作战，集结兵力，乘我瑕隙，而以密集部队，突击于我阵地之一点，此几为其不易之惯技，吾人若于此推讨而研究之，当不难得其制胜之道矣。

（一）多筑据点，勤修碉卡。曾文正云："扼要立营，加高加深，惟须约束士兵，不得滋扰；又须不时操练，使技艺精熟，应战应守，皆能有备。"又云："扎营宜深沟高垒，虽仅一夜，亦须为坚不可拔之计"者是也。

（二）隘路战。曾文正云："隘路打胜仗，全在头敌（即前卫），若头敌站脚不住，后面虽有好手，亦被挤退。"故军队通过隘路之序列，其前卫兵力，必须精强而加厚也。

（三）纵深配备。曾文正云："凡用兵须蓄不竭之气。留有余之力。"又云："用兵无他巧妙，长存有余不尽之气而已。"又云："有进战之营，必须留营作守，假如十营作前茅为战兵，即须留五营作后劲为守兵，其留后之兵，尤须劲旅，其成功一也。不可争目前之微功而误大局。"此其言总预备队之重要，若非由经验得来，其言决不能深切至此。我江西剿匪各将领，又须深切研讨，而应切实仿效也。胡文忠云："军队分起行走，相隔二日；每起二千人，若前头遇敌先战，非必胜之道也。应于近敌之处，饬前茅（即前卫）、后劲（即后卫）、中权（即本队）会齐并力，乃可大胜。"以此推之，可知当时战略单位，其兵力为二千人，即今日一团之数，而其行军相隔距离，约一百华里，是其注重梯次序列与纵深配备也。

（四）侦探战。侦探为军队之耳目，如无侦探，或侦探不确不速，则行军作战，无异于盲者之入五里雾中。唯侦探人才，不易多得，不仅具有各种相当之技术与能力，而且必须备有坚忍冒险之牺牲精神，与其忠贞不二，及至死不变之高尚人格，方足以当选。是以使间之道，至微至深。故孙子云："非微妙不能得间之实。"又云："微哉微哉，无所不用间也！"又云："凡军之所欲击，城之所欲攻，人之所欲杀，必先知其守将左右谒者门者舍人之姓名，令吾间必先索知之。"胡文忠云："侦探须确，须勤，须速。"今日赤匪组织之精，侦探之密，远胜前人，故吾军将士，更应于此深切研究其训练与使用之法也。孙子云："三军之事，莫亲于间，赏莫厚于间，事莫密于间；不亲不得其心，不赏不得其命，不密不得其成。"知此，则知所以使用间谍之道矣。否则盲者与明者相争，聋者与聪者相较，安得而不败耶？

（五）伏兵战。匪区内之作战，匪部组织，侦探较密，故我军设伏不易，而匪部则甚易也。故在匪区作战，与其言设伏，则无宁严防其伏匪而慎察之为宜也。惟在非匪化或在半匪化区内，我军应注重设伏，多方运用，以期制胜。此次匪部深入永乐宜黄以北地区，为时足有一月之久，而未闻我军有一设伏诱匪之部队，此实为我军之耻也。惟伏兵之法，无固定方式，或在一面，或在周围，或节节布置，或先进后退，诱匪深入，奇袭而狙击之，而于森林隘路与山谷间，尤为易也。

（六）游击战。乃为剿匪中最重要之战术，而其性质，则出没无从，飘忽不定，以寡击众，以零击整，所谓独往独来，如入无人之境者，此匪部之所长，而我军之所短也。中正间常以四诀示之曰："便装速探，轻装急进，秘密敏捷，夜行晓袭"，可以概括游击战之要矣。惟望我军于此积极熟习，急起运用，则勿为匪部所困矣。总理对于游击战术之研究，不遗余力，故其心得亦深。其遗教曰："游击战术，有五种技能，为南方战术中，最可采取者。一曰命中，二曰隐伏，三曰耐劳，四曰走路，五曰吃粗。何谓命中？军队之有无战斗力，以能杀敌与否为断。故命中第一要件。官兵须视子弹如生命，非必中者，不轻施放，游勇作战如有五十颗子弹便已十分满足；以现在军队论，每一士兵，至少二百颗子弹，何以一言北伐，犹以为少，岂命中之技，尚不及游勇耶？诸君须知子弹之接济与补充，有在后方者，有在前方者，游勇之重视子弹，因其子弹只有此数，非遇敌人，则无补充之机会，故不在后方接济，而在取诸前方。此不独游勇为然，即如粤军自援闽以至回粤，其子弹皆取自敌人为多，而不专恃后方接济，其明征也。若在无枪炮而用弓箭之时代，射箭比放枪更难，而古时有百步穿杨者，即在于能命中。否则临阵之际，最多携带三四十枝箭矢，若无命中能力，即不审无的而发矢，只须数分钟间，矢尽而已亦就擒，又焉能战。枪炮亦然，不能命中，则子弹之消耗多，而杀敌之效力微。前者北京天坛之战，段祺瑞军耗去三百万子弹，而张勋之兵死伤，合计不过一百七十人。此则由于不能命中之故。由是观之，子弹之效，在能命中，若不能命中者，子弹虽多，皆赘物。近时兵士，往往轻于放枪，不问命中与否，放枪时，常有高抬两手，或紧闭眼睛者，此何异于无的而发矢。须知子弹至为宝贵，中国既无若干大兵工厂，不宜学欧洲战术，以子弹为遮障。宜学游勇战术，视子弹如生命，竭力节省。但平时须练习射击，务求命中，不使虚发，此为军人之勇，有恃无恐之第一要件也。何谓隐伏？即避弹方法，但此种避弹，非义和团之用符咒，乃系利用地形，为人身之屏蔽。余在安南时，尝、常以此询诸一般游勇，彼云：人立地上，靶子颇大，敌人一望即知，故须借地形以为埋伏之所，或藏在石头后，仅露其首，以使靶子（即目标）缩小，敌人无标的可寻，故我尚可从容窥探其举动。即在子弹如雨之际，犹可深自闭藏，勿庸惊窜，因此前后左右必无敌人踪迹也。游勇之所述者如此，盖彼得诸经验，而与操典中所谓用地形或地物者，却相暗合。（地形属于天然的，如石头是。地物属于人工的，如一切建筑物是）故隐伏亦为技能之一。何谓耐劳？此与隐伏相关者。我亦常闻诸游勇，彼谓：隐伏秘诀，只是不动二字。至少须能耐十二小时之劳，直至夜深始可潜行。因子弹速力异常快捷，人虽有追风之绝足，必不能过于子弹。走避易为所中，不如耐心隐伏，较为安全也。此尚有实例可证：前次黄克强在钦廉起事时，有一次仅剩四人，逃在山上，敌之围攻者，约六百人，然彼实不知仅有四人也，来攻时，皆用三十人为前锋。而此四人者，如何抗御？据其事后所述，敌人未来时，则避伏不动，俟彼来袭近，在五十步左右始行开枪。每开一排必死敌二三人，连开三四排，敌人之死者十余人，卒以脱险。此一役也，即全在有命中、隐伏、与耐劳之技能，否则以四人敌六百人，宁有幸耶？何谓走路？现时中国尚未有完全铁道，行军之际，专恃走路。练习之法，只须日行二十里，十日以后，每日还加五里，如此则不觉劳顿，而脚力自健。彼游勇战术，亦即以善走称。尚有实例可证：北军一到南方，每日以山岭崎岖为苦，南军则如履平地，快捷异常，是为我之所长，敌之所短，故曰走路一端，亦为技能之必要，不可不注意也。何谓吃粗？游勇所恃之粮食，即此炒米一种，每人携带十斤，可支六七日，不至苦饥。遇有作战时，且无须费造饭时间。此亦为游勇之特长，胜于正式军队者。去年湖南援鄂之役，其始占据地方不少，卒因后路补充缺乏，乃至于败。粮食亦为补充之一，倘能如游勇之吃粗，则于行军极为简便，既免飞刍挽粟之苦，而给养亦不患烦难也。""游击战术"总部已印有专书，亦望研究而实施之。

（七）山地战术。专书甚多，故不赘述，惟须知赤匪之所以能负隅持久者，全赖据山凭险，得以自固，惟其对平坦开阔之地，虽得亦不能守也。故我各级将士，对于山地战及隘路行军，尤应特加讲究和考验之，期毋为匪所算也。

（八）夜战与夜行军。夜行军与夜战为匪部之惯技，而夜行军尤为我军游击袭匪之基本动作。湖南前年之匪患，尤甚于今日之江西。其后我第四路军卒能练习夜行军与强行军。每日竟能行军至百里以上之行程。乃得肃清匪患，恢复原状，此其夜行军、强行军之效也。望江西各军亦熟练习而实施之。

总之，今日剿匪战术，仍不能脱离十九世纪之原则。特引蔡松坡论曾胡之语以证之，望我将士崇奉而师法之，则消灭赤匪无复难事矣。

蔡松坡之论曾胡兵机篇云："曾胡之论兵，极主主客之说，谓守者为主，攻者为客，主逸而客劳，主胜而客败，尤戒攻坚围城。其法与普法战争前，法国兵学家所主张者殆同（其时俄土二国亦盛行此说）。其论出师前之准备，宜十分周到，谓一械不精，不可轻出，势力不厚，不可成行。与近今之动员准备，用意相同，其以全军破敌为上，不以得土地城池为意，所见尤为精到卓越，与东西各国兵学家所倡导者，如出一辙。临阵分枝宜散，先期合力宜厚，二语尤足以概括战略战术之精妙处。临阵分枝者，即分主攻助攻之军，及散兵援队，与预备队之配置等是也。先期合力者，即战略上之集中展开，即战术上之开进等是也。所论诸端，皆从实行后经验中得来，与近世各国兵家所论，若合符节，吾思昔贤，不能不馨香崇拜之矣。"

蔡松坡之论曾胡战守篇云："曾胡论兵极重主客之见，只知守则为主之利，不知守反为客之害，盖因其所对之敌，并非节制之师，精练之卒，且其人数众多，常倍于我，其兵器亦未如今日之发达，又无骑炮两兵之编组，耳目不灵，攻击力复甚薄弱，故每拘泥于地形地物，攻击精神未由兴奋，故战术偏重于攻势防御，盖亦因时制宜之法。近自普法与日俄两大战役之后，环球之耳目一新，攻击之利，昭然若揭。各国兵学家，凡战略战术皆极端的主张攻击，苟非兵力较弱，或地势敌情有特别之关系，无复有以防守为计者矣。然战略战术，须因时以制宜，审势以求当，未可稍有拘滞。若不揣其本，徒思仿于人，势将如跛者之竞走，鲜不蹶矣。"

吾于松坡之论战略战术与今之剿匪方略，诚无间然，尚何言哉！惟胡文忠之"战守机宜，不可分心，心分则气不专，神不一"之语，则不得不为之补述，亦以冀我军将士有以知"治心即为治兵之本"之意之所在，以立今日剿匪御寇、革命立国之基者也。

（此件引自《蒋总统集》）

战斗秘诀

⊙蒋介石

（一九三三年）

古兵法云："凡临阵时，散开于数里之中，须一息而定。列阵时，勿使敌见尤妙，列阵完毕，火器在前，排列而进。或寇来冲我，或其列阵待我，俟到五十步内（现在应到二百步至三百步之间）听官长命令，火器齐发，只有一次，兵士乘此火烟如云时，一齐拥进。须似飞走，密布刺刀，如蜂丛蚁附，一齐拥上，不可毫发迟疑！短兵救之（刺刀直冲），无有不胜，此非击杀之力，乃火烟之势，跃进之雄，夺其心目，径前交锋，敌自靡矣。"兵法谓势险节短，始如处女，敌人开户，终如脱兔，敌不及拒，不其然乎？我们列阵既毕，如敌来冲，我们总要排列不动，稳定如山。待其到三百步以内，认定目标，瞄准射击，百发百中，必可制胜。

因为我们射击速度，每分钟有十二发子弹可放；而敌军前进，每分钟最多只能走一百七十步。我们射击，尚有二分余钟时间，我们还有二十余发子弹可放。如果此时瞄准稳定，在此二分钟以内，我们一枝枪还可击死二十个敌人，何必怕他逼近冲来，仓皇失措呢？

我们果能稳扎稳打，敌人来到一二百步以内，早已为我们击死了。即使其逼近一二百步以内，他最少还有一分钟，方才可以到我们前面；此时我们还有一排子弹，可以射死五六个敌人。况且我们有刺刀，等他走近我们面前，我们稳定如山，用刺刀刺去；而他奔上前来，气息奔喘，手忙脚乱，心动目眩的敌人，岂有不被我们刺死的道理呢？

所以只要我们心定气定，手稳脚稳，藏稳瞄准，大胆击敌，未有不胜也。你们千万不要忘掉"我一分钟有十二发子弹可放，而只有一百七十步路可以走"

的一句话。我拿十二发子弹，去打一百七十步可走的敌人，哪有不打胜的道理？反转来说，就可知阵头上是逃跑不了的，如果你逃跑，每分钟只有一百七十步路可走，而敌人有十二发子弹可以打你；可知你没有逃跑到一百七十步以外，早就被敌弹中着你的背脊。

胜利的条件是：

一、全部工作人员的友爱，在火力下倔强，务期达到预定目标。

二、动作的坚决、迅速、果敢、忍耐。

三、地形的利用与观察。

四、会使用自己的武器。

剿匪要诀歌

一、此歌专供剿匪军队习唱之用，由官长教导士兵，随时练习，期于纯熟，并须以了解全部歌意为主。

二、此歌所列各种要诀，无异一部剿匪战术，兼及训练纪律各项，语语皆真切重要，望各部队遵照切实应用，不仅视作普通军歌习唱而已。

三、此歌先列三种歌谱于前，任选一种歌词填入，歌词虽长，继续用原谱反复唱之可也。

目录

（此件引自《蒋总统集》）

革命军连坐法

⊙ 蒋介石

（一九三三年）

现在军队不知节制，所以上下不相连系，以致前进者徒死而无赏，虽欲赏之，无从查考；退后者偷生而无罚，虽欲罚之，亦无从考查。今定有节制矣：如一班同退，只杀班长。一连同退，只杀连长。一营同退，只杀营长。一团同退，只杀团长。一师同退，只杀师长。以上皆然。如此看来，所杀不过三五人，似与兵士无涉，还可退步。然你们要仔细思忖，此法一行，便是百万士兵，一时进前退后，也都有考查，所杀虽只几个人，不怕你百万人，都退不得。听我说这个缘故：比方一团人齐退，必杀团长。团长但见他一团人退时，他决不退，若是他团长一个人不退，必不能够支敌，必要阵亡在前方，我便将他部下三个营长都杀了，来偿你团长之命。营长见团长不退，恐阵亡了团长，就该他自己偿命，便是营长亦不敢退。他的部下连长，见营长不退，恐阵亡了营长，他的连长怕要偿命，就护着营长，亦不敢退。连长不退，若被阵亡，他部下的排长都该杀；排长怕杀，便不敢退。他的部下班长，怕阵亡了排长，必被司令官拿问枪毙，他亦不敢退，就护着排长站住了。班下士兵，恐怕阵亡班长，其全班士兵都该枪毙，便都护着班长，站住不退。如此，不是所死的止于阵亡的部下三五个人，便是百万人也要同心，那个还敢轻先退走？这个连坐法一行，就是全军之中，人人似刀架在头上，似绳子缚着腿跟，一节一节，互相顾膽，连坐牵扯，谁亦不能脱身。兵法云："强者不得独进，弱者不得独退。"又云："万人一心"，"万人齐力"。真是要得这个成效，非实行这连坐法不可。从今以后，革命军即行此连坐法，仰各将士奉行无违，勿视此为普通具文也。

第一条　本军以遵循先总理遗嘱，完成国民革命，实现三民主义为目的。

各官兵应具牺牲精神，与敌交战时，无论若何危险，不得临阵退却。

第二条　本军连坐法即适用于战时临阵退却之各官兵。

第三条　连坐法之规定如左：

一、班长同全班退，则杀班长。

二、排长同全排退，则杀排长。

三、连长同全连退，则杀连长。

四、营长同全营退，则杀营长。

五、团长同全团退，则杀团长。

六、师长同全师退，则杀师长。

七、军长亦如之。

八、军长不退，而全军官兵齐退，以致军长阵亡，则杀军长所属之师长。

九、师长不退，而全师官兵齐退，以致师长阵亡，则杀师长所属之团长。

十、团长不退，而全团官兵齐退，以致团长阵亡，则杀团长所属之营长。

十一、营长不退，而全营官兵齐退，以致营长阵亡，则杀营长所属之连长。

十二、连长不退，而全连官兵齐退，以致连长阵亡，则杀连长所属之排长。

十三、排长不退，而全排官兵齐退，以致排长阵亡，则杀排长所属之班长。

十四、班长不退，而全班官兵齐退，以致班长阵亡，则杀全班兵卒。

第四条　各级党代表也适用本连坐法。

第五条　本连坐法自公布日施行。

（此件引自《蒋总统集》）

中国国民党四届四中全会宣言

（一九三四年一月二十五日）

　　本党此次举行第四次中央全体会议于首都，检阅过去之工作，审察将来之
方针，于疾痛警惕之中，深觉自第三次全体会议，以迄于今之一年间，实为内忧
外患备极艰虞之时期。而此一年中，本党与全国国民之应付此等纷起迭乘之事
变者，亦历尽未有之艰苦。然此困苦奋斗之过程，足使吾人获得一重要之启示，
即民族意识之伟力，将支配一切国事之前途，本党革命之使命，已与举国民众之
祈求相符合，此全体会议同人所引为奋兴，尤不能不引为策励之资者也。溯自日
军横占东三省以来，去年一年有榆关之惊，继则有热河之失，喜峰冷口古北口诸役，
我将士冒飞机重炮之威力，浴血奋战，支持阵地，死伤者四万余人，民命牺牲，
更不可计。此种英勇惨烈之苦战，实为我国历史之仅见。于此足证我国家所以未
能达御侮雪耻之目的者，实由国力之未充，而士气实大有可用。然所以造成此英
勇之战绩，则以死卫国之民族意识，为之策动也。当北方战事紧张之时，剿匪部
队，兼程抽调，至垂烬之赤匪，乘机窜突，重肆猖狂。然自围剿计划，继续实施，
全体将士，义愤奋发，作战意气倍于常时，迭破溃匪之上力，收复重要之地区，
歼灭之效，可期旦夕。而全国国民对剿匪军事之期待与鼓励，亦为前此所未有，
此亦足证赤匪利用外患危害民族之阴谋，适以加强我全国军民深厚的民族意识之
反应也。剿匪军事之胜利，本已达克竟全功之候，而福建 × × 诸逆，忽于此时
丧心病狂，起毁党弃国之叛变，期于骇惑人心，动摇国本，乃叛帜甫扬，举国声讨，
福州伪府不旬日而危，未匝月而溃，倡乱极未有之离奇，而戡平亦奏空前之神速。
国军收复福州之日，青天白日之国徽，飞扬遍于全市，民众欢呼狂热之诚，真有
重见光明之概。此尤足见唯总理遗垂之救国的三民主义，乃为整个民族生命真实
之寄托。苟有昧于此义，而妄冀为自残自裂之图者，一与蓬勃炽烈之民族意识相

接触，未有不披靡覆灭者也。综观一年以来，国家每遭遇一度存亡呼吸之危机，全国潜在之民族意识，必一度发挥其伟力。国人对于御侮剿匪戡乱诸役，为国牺牲之将士，愿致最高之荣敬与哀思，而抚循往事，弥觉此一年间全国国民意志之沉着坚定，认识之明晰正确，能于国运艰危农村衰落之状态下，整齐步骤，克保秩序，而为坚苦之迈进，允足为我国家复兴之保障。此一结论，尤愿特别提示于全党全国，以为奋发兴起之资也。

救国图存之大计，条目万端，要之，可提以下列二条之纲领，一曰非集中国力不足以救亡图存；二曰非充实国力不足以救亡图存。此全国有识之士所公认，亦为本党历年所致力。而近察国事之推移，纵观国际之趋势，尤确认此二大前提，绝对有实现之必要。盖近世立国之要素，第一必要使此国家首尾呼应枝干连系成为一组织坚密之机体，第二必须使此国家血脉调畅肌体充盈成为一表里健全之机体，二者缺一，或虽有组织而无力量，或虽有力量而无组织，则将外不足以自立于国际之林，内不适为保障人民利益之工具。是以由国家政治言，则统一与建设，俱为绝对必要也。凡妨害统一与建设者，即为妨害救亡图存之大计。由构成国家之分子言，无论在本党为全体之党员，在中国为全体之国民，团结与努力，均为绝对的必要也。凡不能实践团结与努力者，即为稽延救亡图存之大计。中国国家之危殆至矣，失土未复，而谋我者近更假借帝制余孽，妄称名号，吾人苟不急起直追，以巩固国家之统一，完成一切之建设，以立御侮之根本，则国家必将陷于破碎支离而不可救。况乃国际风云，已有时不我待之势乎，是以本会议深思熟虑，认为此日所应揭□者，厥为有关国本之荦荦大纲，凡全国所确认为无可移易之途径，皆为全党同志全国同胞所应团结一致，并力以赴之目标。举国之所望于本党者，固不在乎多言，本党之所以痛自惕警，引为己责者，亦唯期于实践。本会议认为在此时期，吾人唯当以不骄不讳之精神，克己合群，以努力巩固革命之基础，确立救国之根本。至于上届会议所决策，或因中梗稽阻而未行，或已在进行而未竟，以及本会议关于政治军事经济教育党务各种设施方案，誓必一以贯之精神，与确实之步骤，尽力推行，所望由全党同志之精诚团结，以造成全国国民与本党之精诚团结，以全党同志之刻苦力行，感到〔动〕全国国民，而相期以加倍之努力，自靖自献，毕效精诚，一德一心，挽回危局。国家民族之生存发展，革命救国大业之完成，必于全国一致之赤诚与努力中求之。谨此宣言。

（此件引自中国第二历史档案馆编《中华民国史档案资料汇编》，第五辑，江苏古籍出版社 1994 年版）

剿共的经过与征兵的方法

——白副总司令对桂林中等以上学校教职员、学生训话

（一九三四年十一月十六日）

共产党在江西，由民国十六年到现在，已经有了七年。剿共的军队，统计不下百万以上。在江西、福建的，共有六十个师，四川也有三十几万人。共匪朱、毛，起初不过七百多杆枪，这几年来，逐渐繁荣滋长，总计江西、福建的共匪，虽不能确定他究竟有多少，但剿共的部队被他缴枪的共有好几师，师长也牺牲了几个。四川的徐向前也是由长江中部西窜出去的，起初不过八千枝枪，现在已有五、六万了。这些力量都是在这七年内增加的。江西的共匪，到现在已经过五次的围剿，一、二、三、四次都是失败。失败的原因：第一，是轻视共匪；第二，是军队纪律太坏；第三，是从无统一的指挥（并不是无统一的机关，但事实上未切实统一）。四川也差不多，照我个人的观察，四川比江西还要危险。因为四川有七千万人口，土地面积很大，所谓地险民富，沃野千里，天府之国，加以境内军队复杂，政治腐败，很容易造成共匪势力，这是四次围剿以前失败的原因。经过四次围剿失败之后，中央负责军事责任的当局，得到失败的经验，五次围剿才采用堡垒政策，得到一个地方，便把防卫工事及后方交通做好再行前进，步步为营，节节进取，共匪突围不象〔像〕从前容易得手。自堡垒战术实行后，一天一天向匪区压迫，从前共匪盘踞的地方，共有四、五十县，现在渐渐缩小，只有五、六县了，同时，又加以经济的封锁，断绝共匪的接济，匪区内，食盐、粮食、布匹以及子弹、铜钱等必需之物，都感到异常缺乏，足以制共匪的死命。计自去年十月围剿起，共匪虽然死死挣扎，到现在已不能支持，逼着于十月廿二日突围西窜。他们的口号是"突破封锁线，另造新赤区"。在

未突围前，先令肖克西窜，做他们主力西窜的前卫，原来共匪在江西，主张极不一致，有所谓立三路线，主张赤化农村；有所谓罗明路线，主张夺取都市；有所谓国际路线，这一派彭德怀主张最力，所谓国际，系指打通道路与第三国际联络的意思。后来采取赤化农村政策，在江西蹂躏了六、七年，现在站不住了，不得不向国际路线逃窜，想得四川为根据，再由青海、甘肃入新疆，谋与苏俄接近。江西在长江中部，地方关系重要，为国军势所必争，当然站不住脚，四川地方偏僻，地险民富，如果共匪赤化四川，那是我国家民族今后一个很严重的问题。共匪想到四川，不是入四川困难，而是要经湘、桂边境的困难，所以令肖克西窜试一试。肖匪西窜的路线，本来不入广西的，因为我们令周师长用车运兵入驻永州，肖匪不能窜过，才改向道州，又不能通过，才由永安向清水关窜到灌阳的文市。我们因为料不到肖匪窜入广西，事前没有准备，被他用避实击虚的策略，逃窜过广西境界，这是我们广西很大的耻辱。当时，外间的报纸很多讥诮我们，说我们天天唱剿共，现在共匪窜到自己的家里，都不肯打。讲，固由人家讲，我们不必去争论。事实甚〔胜〕过雄辩，我们只拿事实来做证明。

我们前年派王师①入江西剿共，远成三年，打过了好几仗。此次派周师②入湖南，又派廖军③入贵州，和肖匪在广西打过三仗，在贵州打过八仗，便把肖匪的主力消灭，伪师长龙云被我军打伤，藏匿民间，日前接到王主席电报，已经把他拿获。肖匪仅残余一千几百人，三百多杆枪，跑去和贺龙联合。若非我们把廖军长调回，不独肖匪可以完全消灭，就是贺匪也可以把他消灭。肖匪最慓悍，在赣、湘边境蹂躏五、六年，现在，我们不到一个月，便把他的主力消灭了，可见我们事先虽被人讥诮，事后是有事实来作证明的。我们派兵入贵州，又有人说我们有乘机侵占贵州的野心，这种心理，相信贵州省的人是没有的，贵州省外的人，就有多少揣测了。其实，我们派兵入贵州，蒋委员长、何部长④、贵州的王主席⑤，以及贵州民众团体与贵州剿共后援会等，都有来电请

---

① 王师，即国民党桂军军系第四十四师，师长王赞斌。
② 周师，即国民党桂军军系第四十九师，师长周祖晃。
③ 廖军长，即国民党桂军军系第七军军长廖磊。
④ 何部长，即国民政府军政部部长何应钦。
⑤ 王主席，即国民政府贵州省主席王家烈。

我们不分畛域的穷追。廖军长入黔后，王主席待遇太厚，曾经电令黔东十一县民、财两政为廖军长整顿，以便给养，廖军长立即电复感谢。我军入黔，除饮贵州的水不要钱外，其余一切，都是我们在广西带饷银区供给的。最近，我们把廖军长调回，黔省军、政当局以及代表七百万民众的全省剿共后援会，曾打了好几封电来挽留，可见我们黔、桂两省的交谊，足以证明三年来亲仁善邻的主张贯彻了。本省不过十几团人。入赣、入黔，共使用十团之多，都是带起钱去，拿小洋来换大洋，吃亏不少；临时费的增加，陆、空两军物质上、器械上的牺牲为数极大。即以此次入黔而论，空军牺牲了三架飞机，价值卅万元以上，两个机师更为可怜，七军损失更大。我们所以如此，完全是本着亲仁善邻之旨，负起救国救民之责。我们看到肖匪入黔，必与贺龙联合，黔未统一，必难剿灭，七军如不入黔，黔省恐怕有赤化之忧、黔省赤化不独是西南的问题，而是整个国家民族的问题。所以，我们派兵入黔，固然是救黔省，也是救我们的国家民族。共匪在五次围剿以前，声势很大，一般人几乎谈共色变。经过此次追剿肖匪之后，已知道共匪力量不大，毫不足惧。以前的失败是剿共的军队有些战斗力薄弱，并不是共匪如何厉害的。

这次共匪主力西窜，是由前月廿二日突围，经过廿八天，他的先头部队已窜到宜章以西、临武以东，近几日来没有前进，今天尚未收到报告，不知前进了没有？预料他们经过的路线，或者仍旧是跟着肖匪逃窜的路线前进，沿都庞、萌渚、越城、南〔五〕岭干脉以北西窜，由湘西入四川边境。现在，何总司令已率廿师人进剿，我们广西军队负的责任，是沿五岭以南，在恭城、平乐、灌阳、全县一带防堵。我们希望能在湘江以东地区把他消灭，如果大家能够努力，要消灭他也不见得很困难，退一步说，如果不能全数消灭，被他们窜过湘西入四川，若能跟踪穷追，使他没有时间整理，造不成赤区，窜来窜去。因沿途的散失和战争的死亡，终久也要归于消灭。若是大家不于此时穷追，让他从容过去，赤化四川成功，那便成了我们整个国家民族很严重的问题了。因为我国东北数省已被日本夺去，西北如再入共匪之手，赤、白两帝国主义双管齐下，向着我们夹攻，国家危险程度更加严重了。共匪在中国，照理应该要归于消灭，因为中国的社会，还是旧式农村的社会，有些偏僻的地方还是原始的社会，没有大地主、大资本家，社会上没有阶级的对立，共产党没有客观的成功条件。我们所需要的，不是阶级斗争，而是民族革命。我们唯一的需要，是要民族能够站得起来。共匪在江西六、七年，都是中国政治内的矛盾，和以前江西执政者的贪污、军队的腐败，都是短时间我们制造出来的。如果政治能够清明，军队纪律良好，使共匪没有发扬、滋长的机会，区区共匪，早就把他消灭了。以上所说的，是几年来剿共的经过。

（此件引自《创进月刊》一九三四年六至七月期，本文为节录）

国民党军对于
红六军团长征的"追剿"

（一）堵截红六军团长征

刘建绪关于防堵红六军团突围给
王东原、彭位仁、陶广、陈光中的命令

（一九三四年七月二十六日）

限即到。

砻市王师长、永新彭师长、敖城陶师长、莲花陈师长[①]：

极密。命令：

一、据报萧匪[②]主力现由坳头、大旺、新江口进攻衙前甚急。其一部已由五斗江、上镜窜到长隆，有乘虚窜过黄坳、遂川间继续西窜之势。我黄、遂线[③]上及其西南广大地区仅有少数团义[④]分守。我遂城至雩田[⑤]线上罗[⑥]师之一团现无出剿之力。我鲍刚[⑦]旅敬日方由安福首途，取道吉、泰[⑧]，正向遂川前进中。

二、为紧急侧制萧匪西窜，首先巩固湘防再行围剿计，在马、衙、息锣[⑨]

---

① 收电人，指王东原、彭位仁、陶广、陈光中。王时任国民党军第十五师师长；彭时任国民党军第十六师师长；陶时任国民党军第六十二师师长；陈时任国民党军第六十三师师长。各师均属湘军系统，每师辖三旅六团。砻市，今江西省宁冈县属地。

② 萧匪，是国民党对以萧克为军团长的红六军团的污蔑之称。

③ 黄、遂，指江西省遂川县属黄坳及遂川县城。

④ 团义，即民团和义勇队一类地主武装的简称。

⑤ 雩田，今江西省遂川县北部之田镇。

⑥ 罗，指罗霖，时任国民党军第七十七师师长。该师属湘军系统，辖三旅六团。

⑦ 鲍刚，时任国民党军独立第四十六旅旅长，属"赣粤闽湘鄂剿匪军"北路第三路军第八纵队序列。

⑧ 吉、泰，指江西省吉安（今为市）、泰和两县。

⑨ 马、衙、息锣，指江西省泰和县境内的马家洲、遂川县属衙前、息锣等地。

封锁南线友军尚未完成以前，决为如下之部署。

三、着彭师长位仁除留一旅以主力火速完成莲花坪至天河（不含）碉线各守备所筑沿河各碉，以一部留守所占禾山各要点，均限艳日完成交防外，迅率两旅驰赴宁冈①，接收王师行州（含）以北沿汪洋界、七溪岭、寒江及沿砻市北至下倒坪，南至瓜寮、源头各线防务，限卅日接收完竣。

四、王师长东原一面将行州以北防务交由彭师接替，一面集结全师于黄坳、息锣附近相机侧剿，阻止萧匪越过黄、遂线西窜，切实巩固湘防为要。

五、着陈师长光中迅遵漾戌电令继续搜剿禾山全部，并首先打通蔡家坪至黄江之线，于艳日以前将彭师留守禾山各点防务接替完竣。

六、着陶师长广火速完成天河至永阳碉线，一面集结主力待命交防。

上六项。除呈报外，仰即遵照具报，勿得延误。

刘建绪②。宥酉参机③

（此件引自《赣粤闽湘鄂剿匪军西路第一纵队二十三年度七月份剿匪工作军事报告书》，中国人民解放军历史资料丛书《红军长征·参考资料》，解放军出版社1992年版）

---

① 宁冈，原县城在今江西省宁冈县东部新城镇，当时称永宁镇。

② 刘建绪，时任国民党军第二十八军军长兼"赣粤闽湘鄂"西路第一纵队司令，该纵队辖第十五、十六、二十三、五十三、六十二、六十三、七十二、七十七等师。

③ 这是发电报的日期（用韵目代日表示）、时间（用地支代时表示）以及发电报机关单位的简称。本书收录的文电档案，有的还在日、时后面加有发电报的地点（用简称或地名的第一个字表示）；有的在地名后面加电报序号（用发电机关规定的某个字表示）；有的在最后面加个"印"字，表示在电报原稿上有发电人加盖的印章。

刘建绪关于赶筑碉堡封锁线致
王东原、陶广、彭位仁、陈光中电

（一九三四年七月二十八日）

限即到。

王师长、陶师长、彭师长、莲花陈师长：

一、奉总座何①俭巳西参机电开：综合各方情报，伪十七、〔十〕八师及独立团急图向遂川西南方向窜扰。本路军原定对该匪之包围封锁计划，除遂、衙、五、息②之线已令二十八师③及鲍④旅两部进驻赶筑碉堡外，陶、彭两师在禾水下游沿岸筑碉以来已成多座，全部即可完成。陶师并沿州湖、梅溪、举州、官田、江背、淡边、牛田、敖城之纵线，并增筑碉堡卅余座。本部为抽调彭、陶两师迅速西移，进剿萧匪计，特重申前令如下：（一）禾水下游碉堡封锁线，自永新至敖城（含）段着五三师⑤，敖城（不含）至永阳镇段着廿三师⑥克日分别接守，均限本月底以〔前〕交接完毕具报，不得延误。（二）陶、彭两师在未交防以

---

① 何，指何键，时任国民党军第四路军总司令、湖南省政府主席、"赣粤闽湘鄂剿匪军"西路总司令。

② 遂、衙、五、息，指江西省遂川县城及所属衙前、五斗江、息锣等地。

③ 二十八师，师长王懋德。原属湘军刘建绪第一纵队。1934年9月调归"赣粤闽湘鄂剿匪军"北路第六路军第八纵队序列。

④ 鲍，指鲍刚。

⑤ 五三师，属国民党军第十六军，该军只此一个师，辖两旅六团。原系湘军，但不是何键嫡系，军长兼师长李韫珩。

⑥ 廿三师，属国民党军第二十七军，该军只此一个师，辖两旅六团。原系湘军，但不是何键嫡系。军长兼师长李云杰。

前，漏夜增筑，益使严密。已交防者即由刘①司令统筹部署，随令西移。上二项。
等因。

二、着陶师长迅速完成天、永②碉线准备交防，并于交防后迅速开赴龙源口、峨岭仙之线集中待命。

三、彭师留守石莲、禾山之一旅交防后，迅速归还建制。该师除担任宥戌参机电所规定各防务外，以主力集结川峰坳、茨坪③之线待命。

上三项。

刘建绪。勘西参机

（此件引自《赣粤闽湘鄂剿匪军西路第一纵队二十三年度七月份剿匪工作军事报告书》，中国人民解放军历史资料丛书《红军长征·参考资料》，解放军出版社 1992 年版》）

---

① 刘，指刘建绪。
② 天、永，指江西省永新县属天河镇及吉安县属永阳镇。
③ 茨坪，今江西省井冈山市属地。

国民党西路军第一纵队刘建绪部
关于追增红六军团军事报告书

（一九三四年八月）

（一）肖匪克因我层层封锁，节节攻剿，势难恃巢幸存，于本（八）月阳夜，率全部约四千余，人数倍之，由永遂边境之横石、上境、南北坑一带离巢出窜，歌午围攻衙前，庚晚抵藻林，围攻该处碉堡未逞，即向西南奔逃。适湘南军团分防各县筑碉，清剿兵力分散，调集费时，该匪以后卫破坏沿途交通，滞我王、彭两师①追击部队，复冒称我军番号，欺骗民众，遇碉迂回，如水流隙，经桂东西南之增口、沙田，从汝北资南，篆日窜抵郴州东南之王仙岭、五盖山一带，以一部犯郴城，当经段旅②刘团迎头痛击，斩获甚多。巧日拂晓以前，匪之大部于万会桥附近突过，郴宜公路出桂阳、新田，梗夜到达零陵东北端一带，即以一部攻犯零城（伪五二团团长在此向我投诚），企图以大部由蔡家埠渡湘江北窜，因我江防严密不逞，折入阳明山，我王师张旅有夜在分水坳侧击，毙匪数百，夺枪数十支。我章师③（即十六师师长易人）宥、感等日，亦由常宁兼程赶向阳明山，仅截击匪之后卫，获枪二十余支，毙匪百余名。待我王师折回新田堵截，而该匪从上下营盘逃窜嘉禾、宁远以南地区，世日从道州南四十里之下茶园偷渡沱水，窜祥霖铺、新车渡向桂境灌阳、文村逃奔，我章师尾后赶到，即协同桂军周师④在蒋家岭、文村与匪激战，毙匪七八百，夺获甚多，击散枪匪三四百，向界首渡河西窜城步。

---

① 王、彭两师，指"赣粤闽湘鄂剿匪军"西路军王东原的第十五师和彭位仁的第十六师。
② 段旅，指段珩，湖南保安旅旅长。
③ 章师，指新任第四十六师师长章亮基。
④ 周师，指桂军第七军第十九师师长周祖晃。

（二）肖匪此次西窜经过湘南各县时，每多日夜强行百余里，被我节节追击截剿，及沿途溃散携械投诚者甚多，匪方实力损失计达三分之一。

（三）李宗保一股，枪约三百余，随肖匪窜抵郴州东南时（本月十七日），曾奉肖令率郁护解伤病匪兵回赣边老巢，本（八）月下旬在汝城西南及资兴东北等处经我军兜剿击溃，窜入黄泥潭深山中。

（四）肖匪率伪十七师出巢西窜后，残留于牛田、津洞匪巢者，计有伪湘赣省区党军政最高负责匪首任弼时、陈洪时统率伪军区及省苏工兵、被服厂、后方医院等机关及独立第五团、政治保卫局、各游击队等股，约有匪枪五百余支，固守巢穴一带天险及碉堡工事，抗我进剿。

（此件引自《赣粤闽湘鄂剿匪军西路第一纵队二十三年度八月份剿匪工作军事报告书》，中国人民解放军历史资料丛书《红军长征·参考资料》，解放军出版社1992年版》）

刘建绪致王东原电令

（一九三四年八月二日）

限即到。

王师长[1]东午电告各情敬悉：

肖匪徘徊坳头、横石一带，或将乘隙突围西窜，请兄迅以主力移置息、黄线上，并注意息、遂间空隙匪情，机动堵剿。对于构筑息五碉堡部队，尤须确实掩护，免为匪袭为要。

刘建绪。冬酉参机

（此件引自《赣粤闽湘鄂剿匪军西路第一纵队二十三年度八月份剿匪工作军事报告书》）

---

① 王师长，指王东原。

刘建绪致王东原等电令

（一九三四年八月六日）

泰和王师长、鲍旅长①：

　　据罗师霖鱼午电称：顷据胡旅长②电话：肖匪主力歌午围攻衙前团队，碉堡一个被陷，保安第三队颇有损失，情况紧急。现衙前团队粮弹均缺，不能持久，此间兵单，无法抽动，请火速派队救援等语。希旭、纪两兄③就近派队驰往援剿，随时电告为盼。

刘建绪。麻申参机

（此件引自《赣粤闽湘鄂剿匪军西路第一纵队二十三年度八月份剿匪工作军事报告书》）

---

① 王师长、鲍旅长，指王东原和鲍刚。
② 胡旅长，指湘军湖南长沙警备司令、独立第三十二旅旅长胡达。
③ 尚不详。

刘建绪关于向息锣集结兵力给
王东原、彭位仁、陶广的命令

（一九三四年八月七日）

即到。

王师长东原、彭师长位仁、陶师长广：

极密。命令：

一、据报萧匪因我赶筑息、马①碉线，以其主力窜动于五斗江、上镜、衙前一带，企图阻我筑碉或更乘机南窜。我王懋德师三营及鲍②旅五营虽在上横、高陂附近正向百牛岭、衙前赶筑，然因病兵过多，实力减少，不易达成任务。

二、兹遵奉上令为迅速完成息、马碉线，阻匪南窜计，部署如下：

三、着王东原师迅以全部推进息锣（不含）、五斗江之线，先迅速完成息、五碉线，再继续向东延筑至含上镜为止，但须随时集结兵力，对筑碉部队切实掩护为要。

四、着彭位仁师除以兵力三团主守息锣（含）至汪、七③碉线，仍任全宁及寒江原防外，其余推进黄坳、息锣之线机动策应王师，并严督遂川穆县长火速绵密完成息锣至遂城封锁碉线。

五、着陶广师暂在龙源口、峨岭仙之线策应各方。

上命令五项。除呈报外，迅即遵照办理具报。

---

① 息、马，指江西省遂川县属息锣及泰和县属马家洲两地。

② 鲍，指鲍刚。

③ 汪、七，指江西省宁冈县属汪洋界、七溪岭两地。

刘建绪。阳巳参机

（此件引自《赣粤闽湘鄂剿匪军西路第一纵队二十三年度八月份剿匪工作军事报告书》）

刘建绪致王东原电令

（一九三四年八月七日）

限即到。

王师长东原：

　　奉总司令何鱼戌西参机电开：顷接罗师长①鱼午电转遂川胡旅长②电称：肖匪主力自昨午围攻衙前团队，碉堡一个被陷，保安第三队队长阵亡，颇有损失。匪势凶猛，情况紧急，此间兵单，无法救援等语。除飞电王师长懋德③速抽兵两团及鲍旅全部星夜驰援外，即希转饬王东原师相机派兵应援，勿使衙前陷于匪手，至增尔后困难为要。等因。希即查照办理为要。

刘建绪。虞酉参机

（此件引自《赣粤闽湘鄂剿匪军西路第一纵队二十三年度八月份剿匪工作军事报告书》）

---

① 罗师长，指湘军唐生智系改编的国民党军第七十七师师长罗霖。

② 胡旅长，指胡达。

③ 王师长懋德，指原陕军改编的国民党军第二十八师师长。

刘建绪致王东原、彭位仁电令

（一九三四年八月七日）

即刻。

王师长东原、彭师长位仁：

　　据罗师长鱼巳电节称：据胡旅长电话，围攻衙前之匪现尚未退，我保安团全力抵抗，因兵力过薄，已失陷碉堡五个，现粮弹已尽，危在旦夕，恳饬王东原师大坑、息锣部队火速驰援等语。请王师长侦明匪情，相机集结应援。但须切实堵匪，勿由遂、息间向西南穿窜，兼顾湘防，是为至要。请彭师长迅遵阳巳参机电令，接收息黄防线，切实机动，策应王师为要。

刘建绪。阳西参机

（此件引自《赣粤闽湘鄂剿匪军西路第一纵队二十三年度八月份剿匪工作军事报告书》）

刘建绪致罗霖、王东原、李云杰电令

（一九三四年八月七日）

即到。

罗师长、王师长、李指挥官：

　　罗师长虞巳电告衙前紧急情形已悉。已电黄坳王东原师迅速设法驰援。惟王师长懋德由高陂至衙前筑碉部队，预计当已距衙前不远。希饬就近驰援，双方夹击，当易奏效，并请李指挥官派机侦炸，随时电告，至盼。

刘建绪。阳西参机

（此件引自《赣粤闽湘鄂剿匪军西路第一纵队二十三年度八月份剿匪工作军事报告书》）

刘建绪关于严堵红六军团入湘给
王东原、彭位仁、陶广的命令

（一九三四年八月九日）

限一小时到。

王师长东原、彭师长位仁、陶师长广、段司令珩并转胡指挥凤璋^①、罗师长霖、李指挥官云杰并转王师长懋德、鲍旅长刚：

极密。命令：

一、综合罗师长齐午齐戌，王师长东原齐未齐戌齐亥各电，萧匪全部（枪四五千）由衙前向东南逃窜，现在溪口、下长隆、枫树坳、官坑、茶亭坳、藻林线上。其先头枪匪千余，正围攻藻林守碉团队，后尾尚在溪口。判断该匪确实离巢南窜，并有折入湘边模样。

二、为应付紧急事机，侧击该匪，并严堵窜入湘边计，特定部署如下。

三、着王东原师火速集结全部，采取机敏动作对该匪痛予侧击，勿使匪西窜，是为至要。

四、着彭位仁师以息、黄^②集中之部队三团，取捷径兼程星夜开赴大汾，限灰晚赶到，督同团队切实阻匪并相机迎剿，随时连〔联〕络王师，机敏动作为要。其余以极少兵力分守原防并接收陶、王两师所遗碉堡。

五、着陶广师火速取捷径兼程开赴黄坳集中，尔后着暂归彭师长位仁指挥。

---

① 段珩，时任国民党军第十九师五旅旅长兼湖南保安第五区司令，辖保安第十四、十五、十六、十七、十八、十九、二十团；胡凤璋，时任湖南保安第十八团团长、保安第五区第三守备区指挥。

② 息、黄，指江西省遂川县属息锣、黄坳两地区。

六、着段司令珩并指挥胡凤璋部，迅以湘东南军团全力火速布置桂东、酃县、汝城湘边防务，阻匪西窜。

七、遂城以东至赣江西岸沿线防务，着罗师长霖并指挥二八师之一团及鲍旅，统筹配备防务，勿令匪由此线穿窜。但遂、泰 ① 交通仍应切实维持。

八、请李指挥官派机飞往匪窜线路切实侦炸。

上八项。除呈报外，特电遵照。

刘建绪。佳辰参机

（此件引自《赣粤闽湘鄂剿匪军西路第一纵队二十三年度八月份剿匪工作军事报告书》）

---

① 遂、泰，指江西省遂川、泰和两县。

刘建绪关于火速向桂东增援给
王东原、彭位仁电

（一九三四年八月十一日）

即到。

王师长、彭师长：

据胡凤璋^①真辰电称：萧匪先头部队已于真日拂晓窜抵距桂东二十五里之寨圩，桂城兵力单薄，危急万分，等语。除饬扼要坚守待援外，着该师长等火速驰剿，至要。

刘建绪。尤未参机

（此件引自《赣粤闽湘鄂剿匪军西路第一纵队二十三年度八月份剿匪工作军事报告书》。红六军团突破国民党军封锁线之后，突然进入国民党军兵力空虚的湖南东部桂东县境内，这使湖南军阀大为恐慌，急忙调兵向桂东增援；8月12日巳时、午时、亥时又连发三电，急催王、彭两师向桂东增援，切实防堵红六军团进入湘境）

---

① 胡凤璋，时任湖南保安部队指挥官。

刘建绪致彭位仁、王东原电令

（一九三四年八月十二日）

不准片延。

彭师长、王师长：

    彭师长真酉电悉。贵各师由大汾取捷径火速向桂东、汝城驰剿，并联络该地军团，切实堵匪窜入湘境至要。

刘建绪。文已参机

    （此件引自《赣粤闽湘鄂剿匪军西路第一纵队二十三年度八月份剿匪工作军事报告书》）

刘建绪致王东原、彭位仁、陶广电

（一九三四年八月十二日）

限一小时到。

王师长、彭师长、陶师长：

　　据胡指挥真巳电称：肖匪真辰进犯寨前，汝城交通断绝等情。王、彭两师火速向桂、汝兼程驰剿，毋稍延误为要。

刘建绪。文午参机

　　（此件引自《赣粤闽湘鄂剿匪军西路第一纵队二十三年度八月份剿匪工作军事报告书》）

刘建绪致彭位仁、王东原电

（一九三四年八月十二日）

限一小时到。

彭师长、王师长：

一、着彭师长位仁指挥十五、十六两师，专觅肖匪主力截剿、堵剿，而歼灭之，并切实阻围越汝、桂内窜。

二、各该师对于肖匪主力务采出奇超径各手段，迎头拦腰实行堵剿，不得尾随追击，致令漏网。上二项。

刘建绪。文亥参机

（此件引自《赣粤闽湘鄂剿匪军西路第一纵队二十三年度八月份剿匪工作军事报告书》）

蒋介石令西路军加强碉堡封锁线
以防制红六军团西征电

（一九三四年八月十三日）

查碉堡原系以控置城镇要区者，碉堡线系所以封锁或突破匪区以制匪流窜者，如前此令筑匍川至大汾横线碉堡，即系防制赣西股匪南北流窜，当时果能切实完成，周密其防守，则此次伪十七、十八师，即不能轻易南窜营前等处。各处常以碉堡线多耗兵力财力，难于构筑，每不免事先畏难，致未切实选筑其实在。实际上构成碉堡线，并不需要大量之经费，经年余北路之经验，即可证明。须知构筑碉堡线，确为制匪流窜之一良法，能确实构成，正可以少数之兵力，期收最大之效果。其取材即就驻地附近，或半匪区内之废祠庙宇之砖石。如缺砖石，则改筑土堡，或竹木堡亦可，所费者只人工耳。此不难征派民丁与士兵构筑。每碉相隔两里，则步枪火力可交叉封锁，依单线计算，每班控置二里，每团九个步〔兵〕连，即可守一百六十里，机关枪扼要配置如〔于〕中间，再加地方团队与加紧壮丁队之组织训练，以为补助，则一团即可封锁较广之地段，较之集团使用者，当大可节省矣。反是，若不成线，或疏散构筑，则与不筑等耳。兹特重申前旨，务望转饬各部注意于构筑碉堡线时，力求绵密有效为要。

（此件引自《赣粤闽湘鄂剿匪军西路第二纵队司令部二十三年度八月份剿匪工作概况报告书》，以元戊行战六电发出）

刘建绪关于与南路军"会剿"红六军团给
彭位仁、汪之斌、段珩的命令

（一九三四年八月十三日）

限一小时到。

彭师长并转汪代师长^①、衡阳段司令：

极密。命令：

一、据报萧匪主力尚在遂、犹^②西部之高坪圩附近。其一部已于文申到达沙田，似有继续西窜之势。我南路军^③已派六团正向上犹以西堵剿该匪。

二、为防止该匪入湘北窜并绝对阻其西窜计，决压迫该匪于桂、资^④以南地区与南路军会剿而歼灭之。

三、着彭师长位仁指挥十五、十六两师暂以主力控置桂东附近，首先酌派兵一部驱逐沙田附近之匪，固守沙田，再觅该匪主力向南痛剿。

四、着段司令珩督率湘东南全部军团、义勇扼守彭公庙、青要圩、渡头司、涤口、文明司之线，严密堵匪西窜，并控置兵力四团于适当地点，以备觅机截剿。另须指派得力部队固守汝城。

注意：

一、在沙田圩未占领以前，槽里、新坑洞、龙罩洞之线均由彭师长酌情派兵扼堵，防匪北窜。

二、须督同各县地方总动员，努力实行坚壁清野，并于封锁线前方、后方、

---

① 汪，指汪之斌，时任国民党军第十五师四十五旅旅长，临时代理师长职。

② 遂、犹，指江西省遂川、上犹两县。

③ 南路军，指国民党"赣粤闽湘鄂剿匪军"南路军，陈济棠任总司令。

④ 桂、资，指湖南省桂东、资兴（今为市）两县。

分组、行坐、明秘各侦探组成严密侦探网。

上命令四项，注意二项。

刘建绪。元戌参机

刘建绪致彭位仁电

（一九三四年八月十四日）

彭师长：

　　据报肖匪元午逼近汝城，一部窜黄草坪等语。希兄进占沙田后，侦明匪情，迅速进剿，以免蔓延。切要。

刘建绪。寒未参机

　　（此件引自《赣粤闽湘鄂剿匪军西路第一纵队二十三年度八月份剿匪工作军事报告书》）

刘建绪转发何键关于在湘粤边境消灭红六军团给陶广、王东原、彭位仁等的命令

（一九三四年八月十四日）

陶师长、王师长、彭师长并转胡指挥、莲花陈师长、茶陵成主任[①]：

密。奉总座灰午长行参电命令开：（衔略）

命令：

一、综合情况，伪十七、[十]八师全部及其他部人约万余，枪四五千，机枪二三十挺，被我军压迫，于庚日倾巢南窜后，刻窜至桂东西南之沙田附近，有扰乱湘边及在湘粤赣边境之深山中营谋新巢之企图。其残留老巢之匪仅有少数杂部而已。我王、彭两师现已尾踪匪后。南路军派兵两团在上犹附近准备堵击，并请陈[②]总司令继续派兵协剿中。

二、本路军为迅歼该匪毋使蔓延计，拟即以大部转移于湘粤赣边觅匪进击，就一部在赣西原区肃清残匪并防止窜去，免匪回窜老巢。

三、第一纵队以彭、王、陶三师及补充第一、二两团转移于湘粤赣边区，由该司令统率，觅匪主力进剿，协同友军迅速将其歼灭。其原清剿区域内残匪，以其余部队分别负责肃清。

四、袁水以南，莲、安[③]间大道（不含）以北，着归第二纵队[④]负责。莲、

---

① 收电人，指陶广、王东原、彭位仁、胡凤璋、陈光中、成铁侠。成时任国民党军第四路军总指挥部补充总队第一队主任，辖补充一、二两团。

② 陈，指陈济棠。

③ 莲、安，指江西省莲花、安福两县。

④ 第二纵队，即国民党"赣粤闽湘鄂剿匪军"西路第二纵队，第四路军参谋长刘膺古兼纵队司令。

安大道（含）以南，砻、宁、永①（不含）以北，金、永②线（不含）以西之地区，着归六十二师负责。金、安③线（不含）以东，自莲花坪起至禾水下游（含）以北之地区，着归二十三师负责。安福、金田、永新、宁冈、茨坪、黄坳、息锣线及莲花坪至永新线着五十三师负责。大汾至遂川碉堡线由罗④师长，大汾以西由胡指挥分派兵力负责固守。以上各部均须努力将其区域内或其线之附近残匪肃清。二十八师及鲍⑤旅尤须将衙前、五、息⑥之碉堡线星夜完成。五十三师须置重点于息锣附近，协同严密防匪回窜老巢。

五、第一纵队原区所筑之各碉堡线均由现驻各指挥官分别负责督饬各县府广组义勇队看守，并各段指派部队轮流梭巡监视，毋得任意放弃为匪破坏。

六、湘东南自攸县起及湘南各县边境防务，仍由李⑦代保安司令统筹负责办理。平、浏⑧及他处大部保安团与原归指挥之段珩旅、陈子贤⑨旅严密部署，派员分段指挥，毋得任匪窜入湘境。在湘东及湘南之各防守部队、团队因缓急，刘⑩纵队司令得随时指挥之。

上六项。仰即分别妥为部署，切实施行，随时具报为要。等因。除分电并转请总座迅令五十三师接收陶师全防，及湘南部队接收成部防务外，特电遵照。

再，永西、梅花、寒江一带防务并请陈师长遵令火速派队接替，均随时具报为要。

刘建绪。愿未参机

（此件引自《赣粤闽湘鄂剿匪军西路第一纵队二十三年度八月份剿匪工作军事报告书》）

---

① 砻、宁、永，指江西省宁冈县属砻市（今井冈山市砻市镇）及宁冈县（今井冈山市）、永新县。
② 金、永，指江西省安福县属金田及永新县。
③ 金、安，指江西省安福县属金田及安福县城。
④ 罗，指罗霖。
⑤ 鲍，指鲍刚。
⑥ 五、息，指江西省遂川县属五斗江、息锣。
⑦ 李，指李觉，时任国民党军第四路军第十九师师长兼代湖南保安司令。
⑧ 平、浏，指湖南省平江、浏阳（今浏阳市）两县。
⑨ 陈子贤，时任国民党军第六十三师一八八旅旅长。
⑩ 刘，指刘建绪。

刘建绪致彭位仁、汪文斌、段珩电令

（一九三四年八月十五日）

限即到。

彭师长、汪代师长、段司令：

彭师长删辰电悉。

一、在杜旅未到桂东以前，彭师长应派兵一团进占沙田、新坑洞、寒口之线而固守之。其余应即由彭师长率领尾匪猛追。杜旅迅速跟进。

二、王师^①到达资兴后，如匪有窜郴、宜企图，应即取捷径于郴、宜方面，觅匪截击。

三、王师尔后归予直接指挥。

四、予准于明铣晨由茶经衡进驻郴县督剿。

上四项。

刘建绪。删酉参机

（此件引自《赣粤闽湘鄂剿匪军西路第一纵队二十三年度八月份剿匪工作军事报告书》）

---

① 王师，指王东原所部湘军第十五师。

刘建绪关于向郴州、宜章方向寻找红六军团主力给彭位仁、汪之斌、段珩电

（一九三四年八月十六日）

限三小时到。

彭师长、汪代师长、衡阳段司令：

删酉参机电①计达。

一、据胡凤璋电报：沙田、田庄、汝城一带现均无匪迹。顷接郴州②电话：东江删窜到匪千余，枪数百。本申有匪小部西窜，距郴城约十余里。其主力现窜何处不明。

二、我段珩旅大部在郴城，一部在良田、宜章之线。唐季侯③团本晚可达永兴。段人范④团现在资兴县渡头司之线。欧冠⑤、徐名淑⑥团现由桂东彭公庙向郴开拔。

三、希彭师长速经汝境向郴、宜⑦方面觅匪主力穷追猛剿。汪代师长速经资兴向郴、宜方面觅匪主力截击，毋得延误。干咎。

---

① 删酉电，指刘建绪1934年8月15日给彭位仁、汪之斌、段珩的电令。其主要内容是令第十六师"派兵一团进占沙田、新坑洞、寒口一线而固守之。其余应即由彭师长率领尾匪猛追"。令第十五师"如匪有窜郴、宜企图，应即取捷径，于郴、宜方面截击"，并归刘建绪直接指挥。

② 郴州，指今湖南省郴州市。

③ 唐季侯，时任湖南保安第二十团团长。

④ 段人范，时任湖南保安第十六团团长。

⑤ 欧冠，时任湖南保安第三区副司令、保安第十九团团长。

⑥ 徐名淑，时任湖南保安第十七团团长。

⑦ 郴、宜，指湖南省郴县（今郴州市）、宜章两县。

四、予本申抵衡，尔后匪情及各部逐日到达地点盼逐日电告。

上四项。

刘建绪。铣申参机

（此件引自《赣粤闽湘鄂剿匪军西路第一纵队二十三年度八月份剿匪工作军事报告书》）

刘建绪致段珩电令

（一九三四年八月十六日）

限即到。

衡阳段司令：

命令。

一、肖克匪部被我军迭在赣西痛剿，狼狈不堪，残余枪支不满二千，现已踪追穷剿，当易肃清。仰该司令迅即飞令所辖备文武机关部队，切实训练民众，毋为匪诱，集中粮食，毋为匪用，多派侦探步哨，毋为匪袭。

二、查湘东南地区广漠，际此残匪窜扰时，着该司令迅即统筹。对于所有城镇，指派得力军团分区负责严密守备，如有疏失，军法从事。并挑派得力兵力三团，专任截击，限十八日集中郴城待命。

上二项。

军长兼司令刘建绪。铣西参机

（此件引自《赣粤闽湘鄂剿匪军西路第一纵队二十三年度八月份剿匪工作军事报告书》）

刘建绪致茶陵彭参谋长电令

（一九三四年八月十七日）

限即刻到。

茶陵彭参谋长飞转郊县陈旅长、桂东彭师长、汝城胡指挥、衡阳段司令：

命令。

一、肖匪主力铣日窜抵郴州附近。我大军正在围攻中。桂东、沙田、汝城、彭公庙、青要圩一带毫无匪踪。

二、着陈旅长迅派相当兵力星夜开赴龙罩洞、新坑洞、温家洞之线切实扼守，防匪流窜。

三、着胡指挥所部切实扼守桂东、汝城两城，并派兵兼顾大汾、沙田，不得遗误。

四、各部详细部署，统限电到两日内办妥，勿稍延误，并电复为要。

军长兼司令刘建绪。篠辰参机

（此件引自《赣粤闽湘鄂剿匪军西路第一纵队二十三年度八月份剿匪工作军事报告书》）

刘建绪关于湘东南各保安团守备任务的命令

（一九三四年八月十七日）

一、查萧匪残部窜扰湘边。我十五、十六、六十二各师正在赶回追剿。所有湘东南各保安团队任务分别规定如后，仰各遵照，兼程移动，毋稍延误。但现有任务在接替部队尚未到达时，非有命令绝对不许轻擅空防。

二、着蒋声①团以二连守备零陵②城；二连守备祁阳城；二连守备常宁城；二连守备新田城；二连守备阳明山。唐季侯团以二连守备道县城；一连守备永明③城；二连守备江华④城；三连守备蓝山城；三连守备嘉禾城。欧冠团派兵二连守备宁远城。所有以上十县暂划定为保安第五区第一守备区，派蒋声为守备指挥，唐季侯为副指挥。

三、着徐名淑团以三连守备郴县城；三连守备桂阳城；三连守备资兴城；一连守备永兴城；一连守备酃县城。欧冠团派兵二连守备宁远城归蒋守备指挥声指挥外，余悉分守宜章、临武两城。所有以上七县暂划定为保安第五区第二守备区，派欧冠为守备指挥。

四、着胡凤璋指挥所部除酌派兵分驻大汾、沙田外，余悉分守桂东、汝城两城。所有以上两县暂划定为保安第五区第三守备区，派胡凤璋为守备指挥。

五、着王炽昌⑤团分守茶陵、衡山、衡阳、耒阳⑥四城；曹湘澜⑦团酌派兵

---

① 蒋声，时任湖南保安第二十一团团长。

② 零陵，今湖南省永州市。

③ 永明，今湖南省江永县。

④ 江华，今湖南省江华瑶族自治县。

⑤ 王炽昌，时任湖南保安第五区副司令兼保安第十四团团长。

⑥ 耒阳，今湖南省耒阳市。

⑦ 曹湘澜，时任湖南保安第十五团团长。

分守攸县、安仁两城。所有以上六县暂划定为保安第五区第四守备区，派王炽昌为守备指挥。

六、着段人范团集中郴县、王见龙①团集中耒阳为总预备队，归保安第五区段司令直接指挥；着朱邦纪②团开茶③接替黄新④团防务，归王⑤副司令指挥。

七、各县义勇队归守备指挥官指挥之。

八、在股匪未犯境之时，各守备部队仍应四出乡间搜捕散匪以维地方，不得坐守城内。

九、各守备区情况及事变处置，尔后应逐日具报段司令请示办法，再由段司令汇报本部备查。

右⑥九项。令段司令。各团长、成⑦主任。

军长刘建绪

（此件引自《赣粤闽湘鄂剿匪军西路第一纵队二十三年度八月份剿匪工作军事报告书》）

---

① 王见龙，时任湖南保安第八团团长。

② 朱邦纪，时任湖南保安第一团团长。

③ 茶，指湖南省茶陵县。

④ 黄新，时任国民党军第四路军总指挥部补充总队第一团团长。

⑤ 王，指王炽昌。

⑥ 原件系直书，行文由右至左，故称"右九项"。本书横排，"右九项"实为"上九项"。本书保持资料文字原貌，"右九项""如左"等字样一律照旧。

⑦ 成，指成铁侠。

何键关于到宝庆集结给胡达、何平的命令

（一九三四年八月十九日）

命令：

一、萧匪枪约二三千，人倍之，于巧晚窜至桂阳附近，本晨继续向新田方向急窜，似有经湘西窜川、黔之企图。我王、彭[1]两师正尾匪追击。段[2]旅之一团及祁阳、零陵保安团，正在祁、零之线扼河部署堵击中。

二、本路军为制止该匪西窜计，拟以一部集结宝庆方面，觅匪主力截击。

三、着独立三十二旅[3]（缺一营）、补充第一团（酌留一、二连在茶[4]防守）及第三、四两团，均归胡司令达指挥，克日车运或途〔徒〕步至宝庆待命。

四、着教导总队全体学员兵由该教育长妥为分配，克日前往长沙要塞及岳洲[5]（车运）、萍乡（车运）等处，接替独立三十二旅防务。

五、开往宝庆各部，均须一面迅速移交防务，一面陆续将已交防部队用汽车及列车运至易家湾，改用汽车或徒步至宝[6]。补充第三、四两团尤须随交随开，不得稍延[7]。

六、着本部交通处迅速在长沙、萍乡、醴陵各准备火车二列，茶、醴、萍、

---

① 王、彭，指王东原、彭位仁。

② 段，指段珩。

③ 独立第三十二旅，旅长胡达，兼湖南长沙警备司令。

④ 茶，指湖南省茶陵县。

⑤ 岳洲，即岳州，今湖南省岳阳市。

⑥ 宝，指湖南省宝庆县，今称邵阳市。

⑦ 补充第三、四团，指国民党军第四路军总指挥部补充总队第三、第四团。该两团为补充总队第二队，主任何平，第三团团长谭有恩，第四团团长欧阳烈。8月18日，何键即电刘膺古，令"补充三、四两团及十九师之一团，迅速集结易家湾转〔湘〕潭、宝〔庆〕附近待命，俾便相机处置"。

万、潭、宝①路各汽车，应扫数作为军运，由该处长妥为计划实施，毋使运输迟滞为要。

上六项。仰即分别遵办具报。

（此件引自《赣粤闽湘鄂剿匪军西路第一纵队司令部二十三年八月份剿匪工作概况报告书》，以皓酉行参电发出）

---

① 茶、醴、萍、万、潭、宝，指湖南省茶陵、醴陵（今为市），江西省萍乡（今为市）、万安，湖南省湘潭（今为市）、宝庆（今邵阳市）等县。

刘建绪关于速到湘江上游防堵红六军团渡江给段珩等的命令

（一九三四年八月十九日）

衡州①段旅长、常宁归阳探送袁团长建谋②、衡州探送朱团长邦纪：

命令：

一、萧匪残部人约四五千，枪约二三千，巧日窜抵桂阳附近，有经新田向祁阳、零陵偷渡湘水西窜之样。我王、彭③两师及湘南团队正跟踪穷追中。桂军一路由龙虎关出道州④，一路由全州⑤出零陵截击。

二、本军以聚残〔歼〕该匪于湘水右岸地区之目的，拟即派兵一部赶赴湘水上游防匪西窜。

三、着朱邦纪团速沿老埠头、蔡家埠、木瓜埠、冷水滩⑥、七里坪、高溪市、红木头等地湘水左岸之线分派兵力布防，并以冷水滩、高溪市为重点。

四、着王见龙速沿窑头埠、黄阳司、曾家湾、滴水岩、牛皮州、老山湾、浯溪、祁阳城等地湘水左岸之线分派兵力布防，并以黄阳司、祁阳城两地为重点。

五、袁建谋团除一小部暂行固守常宁城，候蒋声团派兵接防再开外，余着速沿棠湾、观音滩、木埠头、石坝、白水、河埠塘、归阳市、河州等地湘水左

---

① 衡州，即衡阳县，今湖南省衡阳市。

② 袁建谋，时任国民党军第四路军总指挥部补充总队第二团团长。

③ 王、彭，指王东原、彭位仁。

④ 道州，今湖南省道县。

⑤ 全州，属广西壮族自治区，1912 年改称全县，1959 年又改名全州县。

⑥ 冷水滩，今湖南省永州市冷水滩区。

岸之线分派兵力布防，并以祁阳附近、白水两地为重点。

六、着段珩旅即由郴州用汽车运至洪桥，开赴祁阳集中，策应各方。

七、所有以上各部队限马日到达，统归段旅长指挥，统筹布置，并星夜构筑沿江要点碉堡具报。

八、予在衡州。

注意：

一、河中船只一律搜集我岸，阻绝交通。

二、未驻兵地段互相派兵游弋联络。

三、沿江各地民众，应督促严密组训。匪来时，应勒令迁避。

四、各部应组织游击队，远出河右岸，迟滞匪之前进。

上命令八项，注意四项。

军长兼司令刘建绪。皓酉参机

（此件引自《赣粤闽湘鄂剿匪军西路第一纵队二十三年度八月份剿匪工作军事报告书》）

刘建绪致彭位仁电令

（一九三四年八月十九日）

限三小时到。

彭师长：

　　皓酉电悉。肖匪皓晨由桂阳附近向新田方向西窜。王师追剿本日可达桂阳。望兄部兼程取捷径直趋高亭司待命，至于汝城毋庸留兵。

刘建绪。皓戌参机

（此件引自《赣粤闽湘鄂剿匪军西路第一纵队二十三年度八月份剿匪工作军事报告书》）

刘建绪致王见龙电令

（一九三四年八月十九日）

限即到。

祁阳王团长见龙[①]：

命令。

一、据报匪有由新田向祁阳、零陵偷渡湘水西窜之样。我王、彭两师正跟追中。桂军一路即出道州，一路即出零陵截击。朱邦纪团已饬即开冷水滩至高溪市一带布防。袁建谋团已饬即开常宁至祁阳一带布防。

二、着该团长即率所部星夜开赴祁阳城、黄阳司两地，速沿窑头埠、黄阳司、曾家湾、滴水岩、牛皮州、老山湾、语溪、祁阳城等地湘水左岸之线分派兵力布防，并以祁阳、黄阳司两地为重要地点，紧要场所，星夜构筑碉堡为要。

军长兼司令刘建绪。皓酉参机

（此件引自《赣粤闽湘鄂剿匪军西路第一纵队二十三年度八月份剿匪工作军事报告书》）

---

① 指湖南保安第十五团团长王见龙。

刘建绪致段珩电令

（一九三四年八月二十日）

命令：

    着段旅长珩迅即派兵一营，兼程星夜赶赴零陵固守城池，并赏洋壹千元。此令。

军长刘建绪

（此件引自《赣粤闽湘鄂剿匪军西路第一纵队二十三年度八月份剿匪工作军事报告书》）

刘建绪致段珩电令

（一九三四年八月二十一日）

限二小时到。

祁阳段司令：

　　顷得零陵电话，肖匪先头已抵柏家坪。零、祁间江防极关重要。朱邦纪团尚未到齐，仅有王营布防冷水滩之线，必难胜任。请饬刘建文团飞向黄阳司、高溪、冷水滩、蔡家埠之线迅速布防妥当，俟朱团接防守备后，再将刘团集结为要。

刘建绪。马戌参机

　　（此件引自《赣粤闽湘鄂剿匪军西路第一纵队二十三年度八月份剿匪工作军事报告书》）

刘建绪致段珩电令

（一九三四年八月二十二日）

限即到。

祁阳段司令并飞转危营长：

一、桂军先头部队本晚可抵零城。

二、范营迅将零陵防务移交桂军后，火速渡河，即在老埠头之蔡家坪严密布防扼堵，勿误。

上二项。

刘建绪。养已参衡

（此件引自《赣粤闽湘鄂剿匪军西路第一纵队二十三年度八月份剿匪工作军事报告书》）

刘建绪关于速到井头圩等地布防给
胡达、晏国涛电

（一九三四年八月二十三日）

限三小时到。

宝庆胡司令、晏^①区司令：

一、萧匪主力本漾午已窜抵铲子坪，一部已达菱角塘，或由零陵上游偷渡潇水再越湘江西窜。再 越 湘 江 西 窜。

二、请胡司令所部星夜兼程取捷径开赴盘鸾圩、井头圩一带堵剿，限有晨赶到，并指挥晏司令所部何、谭^②两团担任老埠头（不含）至渌埠头湘江左岸防务。限敬日布防完妥，兼顾东安、新宁两城守备。

三、段司令所部五团并指挥彭师之一团^③，仍担任老埠头至归阳湘江左岸及零、常、祁^④三城守备。

上三项。

刘建绪。漾申参机

（此件引自《赣粤闽湘鄂剿匪军西路第一纵队二十三年度八月份剿匪工作军事报告书》）

---

① 晏，指晏国涛，时任湖南保安第六区司令。
② 何、谭，指湖南保安第二十二团团长何金鹏、第二十三团团长谭有晋。
③ 彭师之一团，指彭位仁第十六师四十七旅九十三团，团长唐肃，
④ 零、常、祁，指湖南省零陵（今永州市）、常宁（今为市）、祁阳三县。

蒋介石关于增筑纵横碉堡线给何键电

(一九三四年八月二十四日)

　　查各路构筑碉堡向匪区挺进及碉堡线封锁制匪窜扰均已有成效。惟半年来，为预防匪军西窜计，除令筑沿赣江至信丰、安远、定南封锁线外，特规定构筑赣西南及湘粤边各纵横线，以期严密，并由西、南两路组织参谋团百余人，竟能由凤冈北窜①。伪独立第六团由王田渡偷渡赣河，护送伪指挥人员前赴赣西。伪十七、〔十〕八两师先越过遂、大横线②，继又越过汝、桂直〔纵〕线③西。勘查督筑，又令余幄奇④纵队暂时不必急进，长谋巩固防地，严密封锁部署，并通令各部增固各封锁线各在案。而近来伪独立第二团枪匪窜。由此可见，各线之构筑与守备均未严密。对小股如此，则对封锁匪之主力将更属空谈。言念及此，殊堪痛心。此后对于已成之碉堡线，务须增筑绵密，使能以枪火交叉封锁。未成者，务须绵密构成，分段负责，周密其防守，尤以赣粤湘边区前空之纵横各碉线，应速完成其工事，严行其守备，倘能增加纵横碉线更利。否则再有疏虞，任匪主力西窜，则后患更大。尚望兄等严饬所属一体力行之。

　　(此件引自《赣粤闽湘鄂剿匪军西路第二纵队司令部二十三年八月份剿匪工作概况报告书》，以敬酉行战六电发出)

---

① 原文如此。

② 遂、大横线，指遂川至大汾东西向碉堡封锁线，是国民党军的重要碉堡干线之一。

③ 汝、桂纵线，指汝城至桂东县南北向碉堡封锁线，是国民党军的重要碉堡干线之一。

④ 余幄奇，即余汉谋，时任国民党军第一集团军第一军军长兼"赣粤闽湘鄂剿匪军"南路第一纵队司令，属粤军系统。

（二）堵截红六军团抢渡湘江作战

刘建绪致第四十八旅刘参谋长电令

（一九三四年八月二十五日）

电话守拍。

常宁四八旅刘参谋长并飞转章旅长、郭付师长：

一、匪敬反窜桐子坪，有由阳明山窜模样。我王师[①]敬西追达分水坳、铲子坪一带，将匪四九团击破，本日向零、祁间续进中。

二、十六师（缺唐团）着星夜进扼肖家村、花延江防匪东窜，并派得力游击队深入昌公洞、白果市、咀山口、荒塘等地扼守，勿延为要。

刘建绪。有未参机

（此件引自《赣粤闽湘鄂剿匪军西路第一纵队二十三年度八月份剿匪工作军事报告书》）

---

① 王师，指王东原第十五师。

刘建绪关于到邮亭圩附近"游剿"红六军团给段珩电

（一九三四年八月二十五日）

即到。

祁阳段区司令：

一、王[①]师长敬亥电称：敬未追抵铲子坪，探知匪一部向永州，主力悉经分水坳窜罗家坪，因不能渡河，本日反窜桐子坪，并派伪四九团扼守分水坳阻我进剿，当向该匪追击。我章[②]旅西刻到达分水坳，击退阻我之匪，颇有斩获。现匪主力仍向〔在〕桐子坪。职俟部队到齐即行进剿。判断该匪，如不窜赴祁阳以下企图偷渡，则将窜入阳明山。并据派驻王师特务员有晨电：匪在桐子坪，现以三团阻我正面进攻，另有三团向我左右翼活动。王师现在分水坳之线准备进剿。各等语。

二、已令章旅长率兵三团赶赴萧家村、花延江之线截剿，约于宥日可到。

三、请兄派兵一营，速赴祁、零大道[③]以东蔡家田、邮亭圩附近机动游剿。

上三项。

刘建绪。有午参机

（此件引自《赣粤闽湘鄂剿匪军西路第一纵队二十三年度八月份剿匪工作军事报告书》）

---

① 王，指王东原。

② 章，指章亮基。

③ 祁、零，指湖南省祁阳、零陵（今永州市）两县。

王家烈复胡羽高有未参电

（一九三四年八月二十五日）

长沙胡代表羽高兄鉴：

　　某密。某电奉悉。肖匪窜湘，深为忧虑，已饬周芳仁部向湘边防堵。至用侪①主政，负责剿贺②，烈督师湘边，事实上恐办不到。肖匪情形，希时见告。

弟王家烈叩。有未参

（此件引自胡羽高编《共匪西窜记》，贵州羽高书店 1946 年印行）

---

① 用侪，犹国才号。
② 贺，指中国工农红军第三军（后改红二军团）的总指挥贺龙。

刘建绪关于集合民团"围剿"红六军团致
欧冠、蒋声、唐季侯电

（一九三四年八月二十六日）

限三小时到。

郴县欧副司令、零陵蒋团长、道县唐团长：

　　极密。欧副司令宥午电、唐团长有电均悉。欧副司令派队堵剿、警戒荒塘、百家坪；唐团长分防已妥，派兵警戒扼守潇水，甚慰。萧匪有晨由庙门口、桐子坪向黄柏洞窜逃。已饬王 [1] 师除留一小部扼守铲子坪外，余悉兼程赶赴百家坪、永安圩、新田之线堵截。彭 [2] 师五团扼守花延江、雷公洞之线，觅匪攻剿。胡达指挥本旅及段珩旅一小部搜剿庙门口一带散匪，其余集中大忠桥候命进剿。钟旅长光仁 [3] 指挥所部及十六师唐肃团在耒阳待命。段 [4] 司令指挥袁、王、朱 [5] 三团仍担任江口塘、祁阳、老埠头沿河守备。晏 [6] 司令指挥何、谭 [7] 两团仍担任老埠头、石期站、渌埠头沿河守备，均星夜筑碉。并请桂军担任零陵、菱角塘及沿河至道州守备。粤军即进郴、宜 [8] 堵截。着该副司令、该团长等饬

---

① 王，指王东原。

② 彭，指彭位仁。

③ 钟光仁，任国民党军第六十二师一八四旅旅长。

④ 段，指段珩。

⑤ 袁、王、朱，指袁建谋、王见龙、朱邦纪。

⑥ 晏，指晏国涛。

⑦ 何、谭，指何金鹏、谭有晋。

⑧ 郴、宜，指湖南省郴县（今为郴州市）、宜章两县。

桂、新、嘉、宁、道、零、祁、常^①七〔八〕县团队、义勇一律集合围剿，断绝交通，封锁粮食，禁止赎肥^②，并与王、彭、胡^③各部切取连络，共歼该匪，以树殊勋。

刘建绪。宥戌参机

（此件引自《赣粤闽湘鄂剿匪军西路第一纵队二十三年度八月份剿匪工作军事报告书》）

① 桂、新、嘉、宁、道、零、祁、常，指湖南省桂阳、新田、嘉禾、宁远、道县、零陵（今永州市）、祁阳、常宁（今为市）八县。
② 赎肥，指用钱赎回被保安团队扣压、拘留的人。
③ 胡，指胡达。

刘建绪致王东原、郭持平、胡达、段珩电

（一九三四年八月二十六日）

守拍。限三小时到。

王师长、郭代师长、胡旅长并转晏司令、祁阳段司令、宝庆东安晏司令、安仁钟旅长：

匪有晨由桐子坪、庙门口向阳明山之黄柏洞逃窜。着王师东原所部除留一小部扼守铲子坪外，余悉兼程转移于平田、永安圩、新田之线截堵，并选派一部到石家洞、荒塘咀、山口游剿。着郭代师长持平率所部五团扼堵花延江、吕公洞之线，觅匪攻剿。着胡旅长达指挥本旅及段珩旅，除派一小部搜剿桐子坪、庙门口一带散匪外，余悉限感日兼程赶赴大忠桥待命。着段司令珩指挥袁建谋、王见龙、朱邦纪三团，担任江口塘、祁阳至老埠头（含）湘江左岸守备，并赶筑沿河调堡。着晏司令国涛指挥所部何、谭两团，担任老埠头、石期站、渌埠头湘江左岸守备，并沿河赶筑碉堡。着黄新团开赴冷水滩待命。

上七项。

刘建绪。宥午参机

（此件引自《赣粤闽湘鄂剿匪军西路第一纵队二十三年度八月份剿匪工作军事报告书》）

刘建绪关于向白果市方向"进剿"红六军团给
王东原、郭持平、章亮基电

（一九三四年八月二十七日）

王师长、郭代师长^①、章旅长：

一、章旅长率部感子由花延江向白果市进剿，甚慰。

二、判断该匪向东南逃窜之公算较多。

三、王师长应遵前电，在新田、永安、平田之线向北堵剿，并须火速攻占石家洞向白果市会剿。至〔于〕铲子坪、大麻江一带，酌留小部游击足矣。

四、郭代师长、章旅长应遵前电，除以一小部扼守花延江、吕公洞外，火速向南猛剿。此间已令胡达部由大忠桥策应，俭可到达。

五、各进剿部队特须注意防止匪向东窜，并遵前电查明匪向东窜出之道路要点，火速电告。

六、钟^②旅长俭晚可到耒阳。

上六项。

刘建绪。感酉参机

（此件引自《赣粤闽湘鄂剿匪军西路第一纵队二十三年度八月份剿匪工作军事报告书》）

---

① 郭，指郭持平，时任国民党军第十六师副师长、"赣粤闽湘鄂剿匪军"西路军参谋长。原师长彭位仁因"追剿"红六军团不力被撤职。

② 钟，指钟光仁。

刘建绪关于向南追击红六军团给
王东原、郭持平、章亮基等的命令

（一九三四年八月二十八日）

王师长、郭代师长、章师长、耒阳钟旅长并转唐团长、零陵胡旅长、晏区司令、祁阳段区司令并转刘代旅长①：

命令：

一、据报，萧匪急向南窜，其先头伪十七师已于俭寅窜到新田以南之石古圩、广发圩。

二、为图与粤、桂军合围并防该匪东西窜扰，以期迅速净灭计，决以一部控置耒、郴②公路及零陵附近，以主力向南猛剿，堵截该匪而歼灭之。

三、着十五师跟匪主力踪匪穷剿，并注意压迫该匪，防止其向东折窜。

四、着十六师迅出新田以南地区连络十五师向南堵剿。如匪折向东窜，该师即向东截剿。如匪折向西窜，该师即向西截剿。

五、着钟旅长光仁指挥所部及唐肃团即日赶到高亭司、郴县之线待命。

六、着刘代旅长建文指挥五五旅及黄新团于卅日赶到耒阳待命。

七、着胡旅长达率所部即开零陵防匪反窜，并派小部搜剿分水坳、桐子坪、庙门口、花延江一带散匪。

八、着晏、段两区司令仍妥布原任湘江左岸防务。

上八项。

---

① 收电人，指王东原、郭持平、章亮基（新任国民党军第十六师师长）、钟光仁、唐肃、胡达、晏国涛、段珩、刘建文（国民党军第十九师五十五旅一〇九团团长、代五十五旅旅长）。

② 耒、郴，指湖南省耒阳县（今为市）、郴县（今郴州市）。

刘建绪。俭参机

（此件引自《赣粤闽湘鄂剿匪军西路第一纵队二十三年度八月份剿匪工作军事报告书》）

刘建绪致段珩、胡达、蒋声、唐季候电

（一九三四年八月二十九日）

限即日到。

祁阳段司令、零陵胡旅长、蒋指挥、道县唐副指挥：

匪窜嘉、蓝，桂军周师全部转移道县以南沿潇水至江华方面，由道县沿渭水至零陵，请胡旅长指挥本旅及蒋、唐两保安团布防堵截，部署情形盼告。

刘建绪。艳午参机

（此件引自《赣粤闽湘鄂剿匪军西路第一纵队二十三年度八月份剿匪工作军事报告书》）

刘建绪关于向宁远方向截击红六军团给王东原、章亮基电

（一九三四年八月三十日）

即到。

王师长、章师长：

匪在楠木圩有经下灌向道县、江华西窜之样。王师应速跟剿。章师应向冷水铺、宁远方面觅匪截剿为要。

刘建绪。卅午郴参

（此件引自《赣粤闽湘鄂剿匪军西路第一纵队二十三年度八月份剿匪工作军事报告书》）

刘建绪致郭持平、章亮基、王东原电令

（一九三四年八月三十一日）

限三小时到。

字远电局飞转郭代师长、章师长、王师长：

　　匪有由四眼桥经永明、道县间西窜入桂，再转湘西之样。着王师长跟匪追剿，章师长竭尽全力迅出道县以西，会同桂军务须压迫该匪勿窜灌阳、全州，至为切要。

刘建绪。世

　　（此件引自《国民党军独立第三旅胡达部关于追堵红六军团战斗详报》，中国第二历史档案馆编《中华民国史档案资料汇编》第五辑，第一编，军事四，江苏古籍出版社 1999 年版，第 652—665 页）

刘建绪第一纵队所属暂归指挥各部队团以上剿匪战斗经过

六日，成主任铁侠东晨支西电：东日职遵令抽兵两营，向路江东南源头、曾田、大岭一带搜期，及抵曾田时已入夜，遇匪伪军事部长刘巍率伪茶陵第兰曹及伪游击大队，枪约二百余支，机枪一挺，人倍之。匪预伏曾田西南深山，乘我部队初到，即袭击我第八连阵地，幸我官兵奋勇应战，沉着射击，当场毙匪十余名，伤匪数十名，匪向凿坑（呈寨附近）老巢溃窜。时已半晚，未便穷追。职侦察地形，决心痛则。支寅率部向凿坑围剿，拂晓右侧卫进至唐冲附近，匪即向我射击，同时左翼部队到达凿坑对面山腹。职分令各部取迅速手段接近匪阵地，猛烈冲锋，匪凭碉堡工事数处顽抗，用机枪扫射，因万山绵接，地势天险，苦战半日，肉搏数次，匪势不支，向凿坑西南丛山中溃窜，比追至卅六坳日暮而止。是役，捣毁匪碉一座、堡垒三，伪军事部、伪茶陵苏府、伪财判部多所，毙匪廿余，俘匪十余名，获步枪三支，子弹数百颗。我方伤亡士兵数名。

七日，陈师长光中鱼巳电：据汤团长宏怀支西成电称：一、职于支辰率第二营全部由驻地向暖水江、井窝游击，行抵石陂、井窝时，即遇伪十九师，枪匪三四百与我接触，初犹凭险顽抗，旋经分途夹击，匪不支，纷向高天崖方面溃窜。是役伤匪数名。二、江亥有伪军区指挥部、独立师、安福独立团及伪十七师残部，约共有步枪三四百支，机枪二挺，人数倍之，由官田、陈山、毛立岭经蔡上对冲分三路进攻横江桥碉及联保办公处、义勇队等，经职团第三连协同当地义勇队猛击，激战约二小时，匪不得逞，仍，向原路退窜。是役毙匪四名，伤匪甚多。

二十四日，王师长东原养亥电：本师今拂晓由楼市经打鼓坳向新田进剿，我前卫汪旅先头养日午刻进抵打鼓坳时，发现枪匪约三四百人扼险顽抗，经我先头李团击溃，毙匪五十余，夺获匪步枪十余支。匪一面抵抗，一面向西方窜走，并烧毁桥架阻我进击，我旅于酉刻到达新田县城，正派队追击中。

二十六日，王师长东原有酉电：本日拂晓令张旅向白泥坳之匪攻击，匪即分两路占据左右高地顽抗，激战数小时，匪犹死力抵御，经我张旅王团往返冲突，毙匪百余名，夺获枪三十二支。

二十八日，章师长亮基俭辰电：肖匪全部先头，于宥辰抵石家洞，其后续部队感午始到齐。经职率部兼程猛进，于感申与匪在分水岭、土地塘接触，约二小时，毙匪百余名，获枪四十五支。钟团负伤官兵二十四员名。匪全部向新田方向溃走。

三日，章师长亮基江戌电：职师本（江）日协同桂军周师经永安关向灌阳属之文村前进，江未周师进抵文市，与肖匪接触，职师大部于申刻赶到，加入战斗，协同桂军将匪击溃。是役，毙匪及夺获甚多，我军亦伤亡不少。详情另报。

二十日，陶师长广洽午电：李匪宗保枪匪六七千，盘踞鄙南黄泥潭，业经袁、张两团于元、寒、删等日向黄泥潭、斗米湖、红水江等处夹剿，将其击溃，向遂边逃走。

二十四日，李指挥云杰文未电：据泰和李旅长必蕃转据一三四团团长李森报称：据第二连连长孙永堂报称：职连本月八日奉令派廖连附率兵一排，会同永阳义勇队向官田方向游击，在阳瓦村与匪遭遇，接触约一小时，匪不支，向栋头庙背退窜。是役，毙匪三名，伤匪一名，夺获步枪四支。

二十七日，陈师长光中宥巳宥午电：一、据李团长伯蛟报称：敬日令罗营长玉书率第九连附机关枪一排及路江义勇队一部。游击陈山、山草坪一带，巳刻到达陈山附近，遇伪游击队人百余，枪二十三支，当被我击溃，毙匪二名。二、据谭团长谟圣转该团第二营乐营长报称：敬戌伪独立一团人三百余，枪二百余支，由马夹屋进犯象形，比抽派第五连大部抄袭匪之左翼，以机枪扫射，并令附近各守碉兵相机截击，相持约一小时，匪因四周被我围击，旋退窜深山中。是役，毙匪三名，伤匪颇多。

三十日，陶师长广艳辰电：据王旅长感酉电称：永新南枫林坳匪碉，三七二团方、王两营自有晚秘密接匪包围，黎明后，乘大雾猛冲数次，终以四周断崖，竹钉遍地，未能奏功。午后大雾稍收，一面以枪火集中一点射击，一面令步四连拔刺攀崖向上，匪手榴弹投掷数十枚，驳壳齐放，我官再奋不顺身，一拥先登，遂将匪碉攻破，夺获匪枪二十四支，驳壳两支，手榴弹一枚，俘匪特务员一、管理排长一、文书一、匪兵三十一名，并当场击毙伪大队长杨士贵一名。我方、主两营阵亡士兵十余名，阵伤连长黄秀涂、排长邓谙伯等二员，士兵二十一名。

国民党军独立第三十二旅胡达部
关于追堵红六军团战斗详报

（一九三四年八月至十一月）

一、匪军编组实力及其企图

甲、编组

伪指挥官中国工农红军第六军团长肖克。

伪第十七师师长肖克自兼，辖四九、五〇、五一三团及警卫连、侦探连等，团辖步兵连三、机枪连一。（每连步枪七八十支不等，机枪连有机枪两挺至三挺。）

伪第十八师师长龙云，辖五二、五三、五四等团。

红军分校学生队及游击、赤卫队等杂色部队。

乙、实力

1. 人数近万（因以欺骗手段裹胁民众）。

2. 步枪约三四千，机枪约三十余挺，驳壳约二百，动枪、大刀、手榴弹均有。

3. 大小无线电机两架。

丙、企图

该匪于八月中旬由赣西之遂川、永新等县倾巢西窜，图与湘川边境之贺龙匪部联络，苟延残喘，为害地方。

二、战前友军及匪军之行动

甲、匪军行动

该匪迭经我西路军围剿压迫，不能立足，由赣西窜抵湘南之桂阳，其大部向新田窜走，似有经新田、祁阳一带继续西窜模样。

乙、友军行动

我第十五师王东原部及第十六师章亮基部，由赣西跟踪追抵湘南。

丙、本旅行动

宝庆之集中

八月十九日，奉湖南保安司令部皓申参机电令，要旨如下：

1. 肖匪经我军在郴南剿击后，刻已窜抵桂阳，其大部向新田窜去，似有经新田、祁阳一带继续西窜模样。

2. 本部为阻止该匪西窜计，特为如下之调遣。

A. 着省会胡警备司令达，迅将守要塞部队抽出一团，由长沙运至易家湾转湘潭集中宝庆待命。

B. 现驻岳州之省会警备部之一营，着乘车开回长沙待命。

C. 所遗各处防务，请教导组队派学员接替。此令。等因。

奉到上项命令后，于同日午后四时下命令如下：

1. 匪情及友军情况同保安部皓申保参机电令。

2. 着王副旅长率领六九四团第一营及六九五团第一、第三两营，于本日午后五时乘车开赴宝庆待命。

3. 岳州之六九四团第三营，俟教导总队接防后，即开回长沙待命。

4. 长沙市区警戒勤务，着六九四团第二营担任。

5. 东西两岸要塞，着暂交教导总队接替。

上五项。此令。

八月二十日，复奉总司令何命令节开：着胡司令即率所部两团（缺一营）并指挥补充第一团，限即日集中宝庆待命。此令。等因。

本部奉令后，即令六九四团第三营及驻萍乡之六九五团第二营，于二十一日集中宝庆待命。八月二十一、二十二两日，各部队均陆续到达宝庆集中完毕。

飞沙界至老埠头之线布防

八月二十三日，奉军长漾申电令如下：

1. 肖胆主力本（漾）午已窜抵铲子坪，一部已达菱角塘，有由零陵上游偷渡潇水，再越湘江西窜之模样。

2. 请范苏兄率所部星夜兼程，取捷径开赴盘童圩、并头圩一带堵剿，限有晨赶到，并指挥晏区司令所部何、谭两团，担任老埠头、渌埠头湘江左岸防务，限敬日布防完妥，兼顾东安、新宁西城守备。

3.楚尚兄所部两团，并指挥彭师之一团，仍担任老埠头至归阳湘江左岸防务及零、祁、常城守备。等因。本都在宝庆奉令后，于同日午后九时卅分，下达命令，要旨如下：

1.匪情及我军情况，同军长刘漾申电令。

2.请晏区司令所部何、谭两团，于明（二十四）日到达老埠头、渌埠头之线布防。我黄新团已电令由湘潭乘汽车开宝，集中后，即开芦洪司待命。

3.着王副旅长埙率领六九四团第一、第二两营及六九五团第二营，于明（二十四）晨出发，经五峰铺、老桥、芦洪司开驻井头圩，到达后，须与晏部何、谭两团切取联络，并设法与段区司令联络，侦察敌情、地形，准备堵击。

4.余率六九五团（缺第二营）准六九四团行进路跟进。

注意行军时，须严守军纪，不准落伍，对民众务须秋毫无犯。

上命令四项，注意一项。此令。

八月二十四日到达五峰铺，下达如下之布防命令：

1.匪情本日尚无所得。

2.着六九四团担任有自飞沙界、渌埠头、大江口、梅花木，左至老埠头之线，沿河扼守，阻匪渡河之任务。

3.着六九四团担任右自飞沙界经渌头埠，左至大江口之线，沿河扼守，右与桂军联络，左与晏部何团联络。

4.请晏区司令将右翼河防务移交六九四团接替后，即缩短正面，右与六九四团联络，左与段区司令所部联络，但须控置有力预备队于相当位置。

5.着六九五团（缺一营）经芦洪司开驻永安桥、五里堆之线，为预备队，归手副旅长指挥。

6.着补充第一团黄团长新所部经芦洪司、山口铺兼程开赴白芽市待命。

7.予率本部位置永安桥附近。

8.野战医院在东安县城永安桥附近开设。

9.各部队到达位置后，即速加设电话互相联络。

10.各部队到达指定地点后，均须侦察地形，构筑据点，多派便探渡河侦察，匪如来犯，抵死拒守，并将一切情形随时具报。为要。此令。

八月二十五日到达指定地点布防。

集结零陵

八月二十六日，奉军长电令：以肖匪大部向蓝山、嘉禾方面回窜。着本部兼程推进至零陵集结，防匪返窜等因。

八月二十七日，全部赶到零陵，此时该匪大部向蓝山方面回窜，一部尚逗留阳明山。八月二十八、二十九等日，先后乃令六九四团第三营移驻铲子坪，搜剿该处附近散匪。六九五团第三营移驻桐子坪、庙门口一带搜剿散匪，并派队在马鞍岭、自泥坳、分水坳等处游击，其余集结零城待命。

八月卅日，奉军长刘艳午电开：匪窜嘉、蓝一带。桂军周师全都转移道县以南沿潇水至江华方面，由道县沿潇水至零陵之线，请范苏兄指挥该旅及唐、蒋两保安团布防，以便堵截等因。

奉到上项电令后，于同日午后七时下达如下之命令：

1. 匪情及友军情况同军长电令。

2. 由道县沿潇水至麻滩铺之线，仍由唐保安团布防据守。

3. 着大九四团第一营及六九五团第二省接替桂军防务，担任由零陵沿潇水左岸至麻滩铺之线布防，并须与唐团切取联络。

4. 着六九五团第一营担任零陵城区警备任务。

5. 仍将配备及所得匪情，随时具报为要。此令。

八月卅日各部队于午前均先后达到指定地点布防。

黄沙河至渌埠头之线布防

八月卅一日，复奉军长刘世西参电令要旨：肖匪由江华、道州之间偷渡沱江，有经广西全、兴、灌西窜之势。着胡部迅速开赴东安，就渌埠头至黄沙河之线沿河布防等因。

刘建绪关于迅赴黄沙河、石期站防堵红六军团给胡达等的命令

（一九三四年九月二日）

限二小时到。

东安胡旅长，晏司令并飞转何、谭两团长，零陵袁补充团长，祁阳衡阳段司令并飞转朱、王两团长[①]：

命令：

一、匪今（冬）晨有突过高明桥北窜之样。我王、章[②]两师仍在继续追截中。

二、着胡旅长达率所部星夜兼程开赴黄沙河，限江午以前到达，协同桂军乘其渡河机动截剿。

三、着袁团长建谋星夜开赴东安，归胡司令达指挥，限江日到达。

四、着晏区司令迅以何、谭两团在渌埠头（含）至石期站（含）沿河左岸之线严密布防堵剿，并分兵守备东安城。

五、着朱邦纪团即刻移至石期站至老埠头之线严密布防，限江午到达。

六、着王见龙团以一营进驻零城[③]，以两营集结石期站策应，限支晨到达。

上七〔六〕项。

刘建绪。冬西参

（此件引自《赣粤闽湘鄂剿匪军西路第一纵队二十三年度九月份剿匪工作军事报告书》，中国人民解放军历史资料丛书《红军长征·参考资料》，解放军出版社 1992 年版）

---

① 收电人，指胡达、晏国涛、何金鹏、谭有晋、袁建谋、段珩、朱邦纪、王见龙。

② 王、章，指王东原、章亮基。

③ 零城，指湖南省零陵县（今永州市）。

贵州全省剿匪后援会复胡羽高东电

（一九三四年九月一日）

长沙 胡代表羽高先生勋鉴：

敬电奉悉。肖匪窜湘，企图在黔，警耗频来，群情震怖。先生关怀桑梓，建议当道，采取外线战略，高瞻远瞩，至深佩感。除电陈、王军长 [①] 立决大计，力筹防剿外。特电奉复。后情如何，仍乞时告为荷。顺颂勋祺。

贵州全省剿匪后援会叩。东印

（此件引自胡羽高编《共匪西窜记》）

---

① 王军长，指贵州省政府主席兼第二十五军（黔军）军长王家烈。

刘建绪致胡达、晏国涛并何金鹏、谭有晋电令

（一九三四年九月二日）[①]

限二小时到。

东安胡司令、晏司令并飞转何、谭两团长、祁阳段司令并转朱、王两团长、零陵袁团长：

冬酉参电令计达。胡司令冬申电悉。判断该匪在黄沙河上流渡河之公算为多，下流为少，不出东安之白沙、大庙口趋新宁，便出梅溪口趋城步。着胡司令集结该旅并袁团于黄沙河附近，乘机一举击破，建此殊勋，并指挥朱、王、何、谭各团向东安、庙头之线移动，予已电桂军在黄沙河至全州、兴安汽车大道及湘江沿河堵剿，并饬王、章两师跟踪飞追矣。

刘建绪。冬戌参

（此件引自《独立第三十二旅胡达部关于追堵红六军团战斗详报》）

---

① 此时间为编者标注。

刘建绪致胡达电

（一九三四年九月三日）

限即到。

东安胡旅长：

冬亥电悉。闻匪已窜文村（全州、灌阳间），由庙头至黄沙河之线渡河公算甚少，万不可沿河布防，望集结贵旅及袁建谋团于黄沙河附近，匪如向白沙、大庙口北窜，请即迎头痛剿，匪如向梅溪口逃窜，请从腰截剿，总以觅匪击破为主。周、章、王三师均尾匪跟追中，湘江防务桂军亦已布置晏区司令，江防已缩短石期站、渌埠头。

刘建绪。江辰参

（此件引自《独立第三十二旅胡达部关于追堵红六军团战斗详报》）

刘建绪关于向全州、兴安追击红六军团致
王东原、章亮基电

（一九三四年九月三日）

限即到。

王师长、章师长：

一、匪如确经文村向全州、兴安逃窜，王师长部即在现地停止；匪如经瓦子冈向黄沙河、零陵方向逃窜，王师长仍须继续跟追。望侦确匪情，处理具报。

二、章师长部应跟匪尾追，进出全、兴①，务须痛击该匪，勿[使其]向新宁、东安方向逃窜，协同桂军围歼之。

三、胡②司令指挥三团，限江午到达黄沙河附近堵剿，望与联络。

上三项。

刘建绪。江午参机

（此件引自《赣粤闽湘鄂剿匪军西路第一纵队二十三年度九月份剿匪工作军事报告书》）

---

① 全、兴，指广西省（今广西壮族自治区）全州、兴安两县。

② 胡，指胡达。

刘建绪致晏国涛转胡达电

（一九三四年九月三日）

限即到。

东安晏司令飞转胡旅长：

今（江）晨匪窜文村，被桂军及章师击溃，毙匪五六百，分向全州、灌阳逃窜，黄沙河江面已无顾虑。目下全州告急，望即飞派一营进驻全州，并盼机动觅匪痛剿，即盼电复。

刘建绪。江戌参

（此件引自《独立第三十二旅胡达部关于追堵红六军团战斗详报》）

刘建绪致王东原、章亮基电

（一九三四年九月三日）

限即到。

道县王师长、章师长：

匪今（江）晨窜文村，被桂军及章师击溃后，分向全州、灌阳逃窜。望章师趁此时机，派兵沿湘桂边境堵剿散匪为要。

刘建绪。江戍参

（此件引自《独立第三十二旅胡达部关于追堵红六军团战斗详报》）

刘建绪致王东原电

（一九三四年九月四日）

守拍。限即到。

道县王师长：

匪窜文村，被桂军及章师击溃后，不能西窜，闻在湘边境之蒋家岭、清水关、永安关等处及萧湘两水河套内，为最好歼灭之良机，望该师火速继续进剿，以竞全功为要。盼速复。

刘建绪。支辰参

（此件引自《独立第三十二旅胡达部关于追堵红六军团战斗详报》）

刘建绪关于截击红六军团西渡湘江致
陈恩元、周祖晃、章亮基电

（一九三四年九月四日）

限即到。

全州陈^①指挥官，请飞令周^②师长、章师长：

据报：匪在兴、全^③边境有渡湘江之势。着章师长亮基归周师长敬生^④指挥，截匪西渡，应速尾追猛剿。

刘建绪。支辰参

（此件引自《赣粤闽湘鄂剿匪军西路第一纵队二十三年度九月份剿匪工作军事报告书》）

---

① 陈，指陈恩元，时任广西省（今广西壮族自治区）桂林区民团指挥。
② 周，指周祖晃，时任国民党军第四集团军第七军第十九师师长，该师辖步兵三团。
③ 兴、全，指广西省（今广西壮族自治区）兴安、全州两县。
④ 敬生，即周祖晃。

刘建绪关于在新宁、城步地区追堵红六军团给章亮基等的命令

（一九三四年九月四日）

限即到。

东安胡旅长并转袁团长、东安飞送晏司令、零陵成主任、刘代旅长并转黄团长、章师长、王师长、零陵祁阳衡阳段司令、邵阳武冈何主任①：

命令：

一、据报，萧匪已在兴、全②间之界首、咸水附近渡河，正向西北逃窜。

二、着章师长亮基迅遵支辰电，由周师长敬生指挥，踪匪追剿。

三、着胡旅长达迅率该旅及袁建谋团，由黄沙河赶出新宁、梅溪口之线截剿。

四、着晏区司令国涛指挥何、谭③两团，除酌留一部完成所任渌埠头至老埠头湘水左岸碉线外，迅率主力驰赴新宁、城步方面防剿。

五、着成主任铁侠率黄新团并指挥刘代旅长建文所部驰赴新宁堵剿。

六、着王东原师暂在道州附近清剿。

七、着段司令珩指挥朱、王④两团完成所任老埠头（含）至江口塘湘水左岸碉线。

八、着何主任平率部速赴武冈待命。

注意：

---

① 收电人，指胡达、袁建谋、晏国涛、成铁侠、刘建文、黄新、章亮基、王东原、段珩、何平（时任国民党军湘军第四路军总指挥部补充总队第二队主任，该队辖步兵两团）。

② 兴、全，指广西省（今广西壮族自治区）兴安、全州两县。

③ 何、谭，指何金鹏、谭有晋。

④ 朱、王，指朱邦纪、王见龙。

一、黄新、袁建谋两团到新宁会合后，应仍归成主任铁侠指挥。

上八项，附注意一项。

刘建绪。支巳参

（此件引自《赣粤闽湘鄂剿匪军西路第一纵队二十三年度九月份剿匪工作军事报告书》）

何键关于"追剿"红六军团行动部署给各纵队的命令

（一九三四年九月四日）

命令：

　　一、萧匪江晚由兴安方面渡河，沿桂湘边境向湘黔边地［区］逃窜。赣西及鄂南少数残匪尚在各该地区滋扰。

　　二、本路军拟以一部追剿萧匪，以主力防堵赣南股匪西窜，并肃清赣西及鄂南残匪，构筑各碉堡线。

　　三、着李①代保安司令率领十九师段②旅之两团，补充总队何、成③两主任所部四团，胡④旅（欠一营），迅速觅萧匪追击西进。到达湘西后，并督率新三十四师⑤及湘〔湖〕南保安第二、三、四、六区保安团⑥，协同友军将该匪迅速完全歼灭，毋使蔓延。

　　四、着第一纵队刘⑦司令即督率所部以大部固守赣江，协同南路军努力阻止赣南股匪西窜。一面肃清袁水以南地区残匪，以一部并督率湖南保安第五区司令所部迅速完成湘南及湘赣边区各碉堡线与飞机场。

---

① 李，指李觉。
② 段，指段珩。
③ 何、成，指何平、成铁侠。
④ 胡，指胡达。
⑤ 新三十四师，师长陈渠珍，是湘西土匪武装改编的地方部队，该师辖三旅九团。
⑥ 第二区司令刘运乾，辖保安第六、七、八、九、十团；第三区司令陈渠珍兼；第四区司令杨石松，辖保安第十一、十二、十三团；第六区司令晏国涛，辖保安第二十一、二十二、二十三、二十四团。
⑦ 刘，指刘建绪。

五、第二纵队刘①司令仍督率所部并督率湖南保安第一区司令②所部，迅将袁水（含）以北、修水（含）以南及湖南保安第二区地区内之残匪肃清，并将其区域内各碉堡线增筑严密，但须设法抽十九师之一团控置长萍铁路线③，策应各方。

六、着陈④纵队司令速将修水（不含）以北地区之残匪肃清，并赶将各碉堡线完成。

上六项，仰各该司令遵照，妥为统筹部署，分别切实施行具报为要。

此令。

（此件引自《赣粤闽湘鄂剿匪军西路第二纵队司令部二十三年九月份剿匪工作概况报告书》，以支午长行参电发出。蒋介石见到此命令后，于九月八日复庚未电："所拟追堵萧匪及兼顾湘南、赣西防剿部署，尚属妥善。萧匪主力，仍希饬属不分畛域，越境穷追，务期歼灭为止，免遗后患。赣西老巢剿办不得松懈，并应饬属加紧清剿，期在捣毁，使匪逃无所归，并不使留巢未去之余烬待机复燃。"）

---

① 刘，指刘膺古。
② 保安第一区司令罗树甲，辖保安第一、二、三、四、五团。
③ 长萍铁路线，指湖南省长沙至江西省萍乡的一段铁路线。
④ 陈，指陈继承，时任国民党军第一军军长兼"赣粤闽湘鄂剿匪军"西路第三纵队司令。

刘建绪致王东原电

（一九三四年九月五日）

即到。

道县王师长：

 命令：

 着该师长留兵一旅在道县肃清湘桂边境散匪，即率其余部队自取捷径开到郴县待命。此令。

刘建绪。歌巳参机

（此件引自《独立第三十二旅胡达部关于追堵红六军团战斗详报》）

刘建绪致李韫珩、李云杰、王东原电

（一九三四年九月六日）

永新李军长、吉安李指挥官、太和王师长并转鲍旅长、砻市、郴县陶师长、钟旅长、莲花陈师长、道县、郴县王师长、全州章师长、衡阳段司令、汝城胡指挥、鄢县陈旅长：

歌午参电转总司令支午行长参电，命令六项计达。除五十三师仍守备原定各线，并请于各县附近尽量清剿，及二十八师完成马箭、五息与遂黄碉线待命外，规定部署如下：

一、原定赣江防务，自良富（含）以迄仁和圩（含）全线仍请李指挥官指挥二十三、七七两师及独立第四十六旅督同各县团队、义勇队负责守备，并由二十三师派队督同地方团义队肃清安永线（不含）以东禾水下游以北地区散匪，由七十七师派队督同地方团义队完成，并守备大汾（不含）、遂川至吴坑（不含）封锁碉线。以独立第四十六旅之主力，督同地方团义队守备马箭、五息（息锣不含）及遂黄（两端均不含）封锁碉线。

二、着陈师长光中以该师（欠陈旅）督同地方团义队，除守备陆公陂至梅花、分水坳之干线外，肃清袁水（不含）以南莲永线以北永安线（不含）以西及莲花全境以东地区散匪，特于莲安公路及莲永公路之交道维护最须注意。

三、着陶师长广指挥该师（欠李旅）及陈子贤旅胡凤璋部，除留派一部督同地方团义队火速肃清牛田、津洞、坳头一带残匪，及砻永线（宁冈以东不含）以北莲永线（不含）以南田心、三湾、高坑之线（含）以东地区，并大汾特别区全境散匪外，以大部督同各县局团义勇队火速周密完成分水坳（不含）经蔡家田、砻市、瓜寮、南流、牛屎坪、江西坳、大坳背、石门岭、大汾、烟筒隘、长义桥、头寒口、寨前、沙前寨、岭坳、集龙圩（与粤军上犹江碉线衔接）、热水坪、八丘田至新桥（与粤军仁化碉线含接）口之封锁碉线，并负责守备，特于汝、桂、汾、酃段之补筑与守备，最须严密注意。

四、着章师长亮基、王师长东原、段司令珩所部候追剿任务告终后，另分任湘东南清剿及兴筑纵横碉堡线与汝、安、耒、郴、资、祁、零各公路、衡、郴各机场。

上四项。除呈报外，希即遵照，切实办理具报。

刘建绪。鱼午参

（此件引自《独立第三十二旅胡达部关于追堵红六军团战斗详报》）

刘建绪致王东原、章亮基、段珩等电

（一九三四年九月六日）

道县、郴县王师长、全州章师长、衡阳段司令并转朱团长、王团长、武冈，新宁、宝庆晏司令：

鱼午参电规定部署四项计达。致规定湘东南军团任务如下。

一、着王师长东原一面肃清郴县、宜章、桂阳、临武各县残匪枪匪，一面督率衡阳、耒阳，永兴、郴县、宜章各县长完成沿衡宜公路之碉堡封锁线，必要时衡宜段沿线上之团队、义勇归王师长指挥调遣。

二、着段司令珩一面督率湖南各保安团、义勇队肃清各县散匪、组训民众，一面指挥朱邦纪，王见龙两团及晏区司令所部现在东安之团队，火速完成衡、祁、零、东至渌埠头湘江上游之碉堡封锁线。以上衡、零、东沿河及衡宜公路之碉线完成后，概归段司令统筹守备。

三、衡、郴两飞机场之修筑，仍着段司令督限完成。

四、着章师长亮基仍遵前令，协同桂军追剿肖匪。上四项，除呈报外，仰即切实分别办理，并将部署进剿情形，随时具报。

刘建绪。鱼未参

（此件引自《赣粤闽湘鄂剿匪军西路军第一纵队二十三年九月份剿匪工作军事报告书》）

何键转发蒋介石关于增强碉堡封锁线电

（一九三四年九月十六日）

刘^①司令：

奉委员长元未行战六电开：查此次萧匪连越遂大及汝桂两线^②窜过，并在桂东毁我碉堡三百余座。似此情形，原有碉堡线既不强固，期以达到主力防匪西窜之目的，殊属可虑。兹特定两项原则如下：

（甲）完成并巩固原有之重要碉堡；（乙）增筑战略上之重要碉堡线。属于甲项者：一、由赣江两岸沿线至信丰、安远之一纵线；二、由萍乡、莲花、大汾、桂东、汝城、仁化至曲江之第二纵线；三、由万安、遂川至大汾之第一横线。以上三线均须严密增筑，并确定部队守备，毋得再事疏忽。属乙项者：一、以沿湘水由衡阳至桂林为第三纵线；二、由莲花、茶陵、安仁至衡阳为第二横线。上两线构成后暂派团队防守，至必要时加派大军，万一第一、二两纵线未能防堵，必于此线内将匪完全歼灭之，再不可任其渡窜；三、沿吉安、泰和、遂川、赣县、南康、大庾、南雄之公路线及衡、耒、郴、宜^③、乐昌、曲江之公路线，分别筑护路堡以维南北交通，而便运输。以上甲、乙两项，希饬属赶办，限期完成具报。等因。

查该纵队辖关于赣西南区域内之纵横碉堡线应迅速督饬完成并增加强渡〈度〉；关于湘南区内者亟应限于最短期间构筑完成。除电复遵［照］外，希即分别饬属认真赶办迅速完成，并将办理情形具报为要。

何键。铣戌长行参印

（此件引自《赣粤闽湘鄂剿匪军西路第一纵队二十三年度九月份剿匪工作军事报告书》）

---

① 刘，指刘建绪。

② 遂大及汝桂两线，指江西省遂川至大汾、湖南省汝城至桂东两条碉堡封锁线。

③ 衡、耒、郴、宜，指湖南省衡阳（今为市）、耒阳（今为市）、郴州（今为市）、宜章四县。

李觉转发何键关于湘军各部进入贵州
追堵红六军团电

（一九三四年九月十七日）

一、奉总司令何铣西长行参电令要旨：据报萧匪于删日由绥宁①向通道②西南地区急窜。判断其必经黔东北窜，图与川匪会合无疑。该匪经我湘、桂军追剿月余，逃散死亡甚钜，疲困已达极点。我军与桂军各部应即乘此时机穷追入黔，协同黔军设法将其歼灭。除电廖③军长及王④主席分途追［剿］堵击外，李⑤代司令应查明当面情况，迅率全部或大部绕道入瓮洞、怀沅、三流进入黔边，觅匪主力截击。仍由李代司令统筹指挥进剿，毋得使匪向西北流窜。等因。

二、本军拟即经广平、远口进至锦屏截击。

三、胡⑥旅长应率所部并指挥谢明强⑦团，于明（十八）日进至广平。

上三项。此令。

（此件引自《陆军独立第三十二旅民国二十三年八月至十一月追剿萧匪克战斗详报》，以筱亥保行参机电发出，中国人民解放军历史资料丛书《红军长征·参考资料》）

---

① 绥宁，原县城在今湖南省绥宁县西南部寨市镇。

② 通道，原县城在今湖南省通道侗族自治县西北部县溪镇。

③ 廖，指廖磊，时任国民党军第四集团军第七军军长。

④ 王，指王家烈，时任国民党贵州省政府主席、第二十五军军长、贵州"剿匪"总指挥。

⑤ 李，指李觉。

⑥ 胡，指胡达。

⑦ 谢明强，时任湘黔边区"剿匪军"第一团团长。

西路军总司令部关于李觉部新厂战斗统计

（一九三四年九月十八日）

我军部署进剿概要

我李①代司令当令何②主任率部跟追，次日抵新厂马路口之线，与该匪全部遭遇。激战竟日，匪恃险顽抗。经我迭次冲击，匪卒不支，即向黔之梨〔黎〕平方向窜走。

战斗结局

是役毙匪三四百，夺获步枪百余枝〔支〕。我阵亡营长汪鲁、伤营长杨镇各一员，亡连、排长以下二三百员名。

年　月　日

九月十八日起止。

（此件引自《赣粤闽湘鄂剿匪军西路自二十三年十一月间止所有剿匪较著战役统计表（湘西南新厂之役）》，中国人民解放军历史资料丛书《红军长征·参考资料》）

---

① 李，指李觉。
② 何，指何平。

李觉关于向锦屏推进给胡达电

（一九三四年九月十九日）

一、萧匪后卫在马路口及新厂附近与我何平部接触后，已向贵州平茶、黎平方向窜去。

二、本部以堵剿该匪之任务，向贵州锦屏县推进。着本部先进。

（此件引自《陆军独立第三十二旅民国二十三年八月至十一月追剿萧匪克战斗详报》）

国民党军独立第三十二旅胡达部
关于追堵红六军团战斗详报

（一九三四年九月）

一、本月匪情

本纵队管区本月份匪情综合情报如次：

甲、肖匪西窜情形

（一）肖匪自上月经过湘南境内被我军团堵截剿受创极钜，本月冬、江两日复经我章师及桂军周师在蒋家岭、文村一役，斩获六七百，其残部枪约二千，人数倍之，支夜于全州、兴安间界首附近过滴水，经洛江圩西延，企图北出梅溪口入新宁，经我胡达旅赶到迎击，章师何旅由全州向西北侧击，匪乃折逃车田，另图由城步绥宁西窜，文午被我何平，晏国涛两部在丹口痛击，匪狼狈向长安营、临口奔逃，铣过通道，何平部两团尾匪踪剿，巧日于黔边新厂山激战数小时，毙匪四五百，夺枪百余支，至斯匪已窜入平茶、潭溪。我李代保安司令觉指挥湘军十团左右，协同桂省廖军长所部，不分畛域，仍继续尾匪踪追，务期尽灭，以除后患。

（二）肖匪溃散于湘南各县之匪，枪数百，当令饰王东原师及湘南各保安团队分区负责清剿，截至本（九）月底止，已渐告肃清，正赶建衡宜公路封锁碉线。章师亦于本月中旬，由东安开驻祁阳，担任完成衡阳至东安湘河左岸封锁碉堡任务。

乙、清剿残匪情形〔略〕

二、作战命令

本部奉令后，即将徐、何两营由阳明山撤回零陵集中。

九月一日午前五时，由零陵折回东安，二日午后到达。是晚十时许，因情况甚急，比令六九五团第二营夜兼程进占全属之庙头沿湘江左岸布防，南至黄沙河起，北至渌埠头之线止。

九月三日晨，本旅全部赶到，防务更形巩固。

黄沙河之集中及梅溪口之防堵

九月四日晨，奉军长刘电令：以肖匪于二日午后二时在广西灌阳文村附近，经我十五、十六两师及刘建文部之一团将其击为两股，一股向桂阳逃窜，已为我击散一股，有向黄沙河或全州方面窜走之样。请范苏兄星夜兼程移驻黄沙河堵击等因。本部奉令后，即将沿河防务移交补充第二团接替，当日移驻黄沙河。是晚八时许，复奉军长刘电令：以肖匪已由兴安、全县间之械水、界苗等处偷渡湘水直窜西延，并有向梅溪口方向急进模样。着本部并指挥补充第二团向梅溪口堵剿，限鱼日到达等因。

本部奉令后，即于四日午后九时下达命令，要旨如下：

一、匪情同军长刘电令。

二、本旅及补充第二团奉令六日赶到梅溪口，向该匪截击。

三、着李团长相琳率领该部于明（五）日午前四时，由现地出发，经歌陂渡——水口庙——长坪——夹口——枫木山——八十里山向梅溪口警戒前进。

四、着王团长率领该团准李团进路跟进。

五、着袁团长建谋于明（五）午前五时，在现驻地集结出发，在本部后跟进。

六、余率本部在王团后行进。

上六项。此令。

九月五日午后十时，到达枫木山宿营，得知匪情，并下达命令如下：

一、顷接兴安、全州两处电话，肖匪大部尚在楼田、鲁塘、洛江一带，一部已达大埠头，有向梅溪口窜走模样。我十六师及桂军周师现界首、咸水一带向匪追剿。

二、本部有占领梅溪口堵剿该匪之任务。

三、着六九五团为先头，于明（六）晨六时由现驻地出发，经八十里山向梅溪口搜索前进，但须先派一营挺进速占梅溪口，并由该团第三营派兵数小队，于进路两侧山上择要点驻止掩护，候本部后尾通过后，撤收跟进。

四、其余按六九四团、司令部、补充第二团之次序跟进，行军长径务须缩短，无论列兵及行李，一概不准落伍。

五、各部队均须携带午餐。

六、押解行李人员，务须约束伕役，即在枪林弹雨之下，不准有丝毫喧哗纷乱情事。

上六项，除分令外，仰即切实遵照为要。此令。

九月六日午后五时，先头部队已达梅溪口，匪部先头之一部仅隔二十余里，闻我军至退去。是日午后九、十时，我全部陆续到达梅溪口布防，并侦察匪情。

九月七日，全部在梅溪口侦察阵地、构筑工事、架设浮桥，并派探远侦匪情。本日午后五时，据探报，匪之主力仍在大埠头、合铺坪及油榨坪一带骚扰。

九月八日拂晓，遂以主力经资水右岸，以一部经资水左岸，齐头并进，向大埠头、合铺坪之匪进攻。是日午后一时卅分，达到合铺坪时，该匪已向车田方向窜去，遂与桂军周师会合，分途追剿。

九月九日宿营瓜里。

九月十日宿营车田。

九月十一日，本部及补充第二团，在蓬洞附近露营，其余六九四及六九五两团，因桂军将蓬洞附近村落占驻，毫无隙地，均在距蓬洞数里之附近山上露营。

九月十二日，一部已达城步县，其余宿营横水、青草圩一带。

九月十三日，全部到达城步县。近数日来，经由车田、七子田、蓬洞至城步一带，均被匪蹂躏洗劫一空，并惨杀民众，横尸遍地。且高山峻岭，居民极少，以致军食无从采买，赖瓜果薯粥充腹者凡两日。是晚奉代司令李电令：以肖匪有经通道窜黔之势，其一部在绥宁、通道间之龙塘、小水与何平部接触，受创甚大。我军获枪数十支，俘匪数十名。着该部即开绥宁转移靖县等因。

本部奉令后，即于九月十四日晨，由城步出发，到达梅溪口宿营。

九月十五日午后七时左右，全部到达绥宁宿营。

九月十六日，宿营乐安铺附近。

九月十七日午后六时，继续到达靖县宿营。是晚十一时，奉代司令李篠亥保行参机电令：1.奉总司令何铣西长行参电令要旨：据报肖匪于删日由绥宁向通道西南地区急窜，判断其必经黔东北窜图与川匪会合无疑，该匪经我湘桂军追剿月余，逃散死亡甚巨，疲困已达极点。我军与桂军各部应即乘此时机穷追入黔，协同黔军设法将其歼灭。除电廖军长及王主席分途追堵击外，李代司令应查明当面情况，迅率全部或大部绕道入瓮洞、怀沅、三流进入黔边，觅匪主力截击，仍由李代司令统筹指挥进剿，毋得使匪向西北流窜等因。2.本军拟即经广平、远口进至锦屏截击。3.胡旅长应率所并指挥谢明强团，于明（十八）日进至广平。上三项。此令。等因。

九月十八日晨，遵令向广平推进，晚六时许达到该处。

九月十九日，仍宿营广平。午后六时奉李代司令命令要旨：1.肖匪后卫在马路口及新厂附近，与我何平部接触后，已向贵州平茶、黎平方向窜去。2.本部以堵剿该匪之任务，向贵州锦屏县推进，着本部先进。等因。奉此。本部遵令向贵锦屏推进。

入黔追剿战斗经过

九月二十日，进入黔属之远口、分县宿营。

九月二十一日午后四时，本部率剿匪第一团由远口出发，陆续到达锦屏县，沿清河防堵。

九月二十二日，仍在锦屏县构筑工事，并远派侦探侦察匪情。

（三）阻截红六军团与红三军会师作战

李觉关于向滥洞司推进给胡达的命令

（一九三四年九月二十二日）

一、据报：匪大部已窜抵瑶光，似有由南嘉堡渡河向镇远、青溪①方向窜走模样。

二、请兄率部于明（二十三）日向滥洞司推进扼险堵击。

三、弟率五五旅及行营，拟明（二十三）日推进汉寨。

（此件引自《陆军独立第三十二旅民国二十三年八月至十一月追剿萧匪克战斗详报》，于一九三四年九月二十二日二十四时收到）

---

① 青溪，该县已撤销，原县域在今贵州省镇远县东部青溪镇。

黄烈侯关于大、小广战斗情况的通报

（一九三四年九月二十六日）

萧匪自宥晨九时，经湘、桂友军围剿于大、小广后，即向八卦河溃窜。又被三省联军围剿于八卦河。萧匪又突围西窜，至剑河县属之斗武地方，顽劣抵抗。三省军队跟追，晨间以迄现在，尚在激战中。该匪因粮食缺乏，派匪数百往三穗、瓦寨一带征发，被我李维亚①团联合军团兜剿，仍溃回斗武。现桂军覃②师长及我周③旅由大、小广向斗武包围；王指挥天锡④率五、六⑤两团，由瓦寨向匪进击，亦在激战中。烈侯⑥率金祖典⑦团并联络王区指挥道炽⑧各部，由施洞口顺清江河东下，击匪侧面。特闻。

参谋长黄烈侯。宥印

---

① 李维亚，时任国民党黔军军系第二十五军五团团长。

② 覃，指覃连芳，时任国民党军第四集团军第七军第二十四师师长。

③ 周，指周芳仁，时任国民党军第二十五军第一师第七旅旅长。

④ 王天锡，时任国民党贵州省警务处处长兼贵阳公安局局长，贵州第七路"剿匪"指挥。

⑤ 第六团，团长刘鹤鸣。

⑥ 烈侯，即黄烈侯，时任国民党军第二十五军镇远行营参谋长。

⑦ 金祖典，时任国民党第二十五军十五团团长。

⑧ 王道炽，时任贵州省炉山（该县已撤销，今属凯里市）、麻江、黄平、台拱（今台江）县区"剿匪"指挥。

李觉关于到镇远、施秉截击红六军团给胡达的命令

（一九三四年九月三十日）

　　萧匪本（三十）午窜到达新城，有继向西北窜之样。军长廖①已到三穗，明（一）日可到镇远。覃②师及成③旅仍跟追中。着胡旅长达率所部并指挥谢明强团明（一）日推进镇远、施秉间之刘家庄附近侦匪截击。本部明日进至镇远。

　　此令。

　　（此件引自《陆军独立第三十二旅民国二十三年八月至十一月追剿萧匪克战斗详报》）

---

① 廖，指廖磊。
② 覃，指覃连芳。
③ 成，指成铁侠。

国民党军湘军独立第三十二旅胡达部
关于追堵红六军团战斗详报

（一九三四年九月三十日）

九月二十三日午后三时，奉代司令李[①]昨（二十二）晚十二时命令，要旨如下：

1.据报匪大部已窜抵瑶光，似有由南嘉堡渡河向镇远清溪方向窜走模样。

2.请兄率部于明（二十三）日向滥洞司推进，扼险堵击。

3.弟率五五旅及行营，拟明（二十三）日推进汉寨。

上三项。此令。等因。

本部奉令后，由锦屏出发，即于是晚八时赶至汉寨宿营，当下达命令，要旨如下：

1.匪情本日无所得。

我五五旅今晚宿营小江，桂军周师[②]宿营锦屏。

2.本部以堵剿该匪之目的，明（二十四）晨向滥洞司推进。

3.着六九四团为先头，明晨二时出发，经埠孟休向滥洞司搜索前进，达到滥洞司后，即派兵一连向南嘉堡方向推进相当距离，侦察、警戒、隐匿、配备，其余就滥洞司附近对南嘉堡河岸侦察阵地，构筑工事。

着六九五团于明晨相继出发，达到滥洞司后，接六九四团右翼，对南嘉堡河岸侦察阵地、构筑工事，须多派侦探从右翼达到河岸，并须控制有力预备队

---

① 代司令李，指湘军湖南省代理保安司令李觉。

② 周师，指国民党军桂军第十九师师长周祖晃师。

于右翼后。

着剿匪第一团准六九五团进路跟进，达到滥洞司后，接六九四团左翼，对南嘉堡侦察阵地、构筑工事。

4.余率本部在六九五团之后跟进。

上四项。此令。

九月二十四日，按时出发，六九四团即于是日拂晓到达滥洞司，其余各团亦于午前陆续达到，侦察地形构筑工事，严阵以待。

九月二十五日午前二时，接便探飞报，匪部以便衣队为先头，由八卦河向我前进等语。当电告李代司令，并饬各部注意。拂晓以前该匪果与我扼守凯寨之六九四团第三营第七连接触，当被击退。同时孟有方面又与我五五旅之连接触，经李代司令派该部之一营增援，同时桂军由汉寨方面分途向八卦河匪后出击，遂被击溃，纷向剑河，巴野、梁上方面逃窜。是日本部即在滥洞司附近搜剿散匪。

九月二十六日午前十时，奉代司令李命令以该匪被我军击溃后，即向瓦寨、三穗方面逃窜。着该部即经顺洞、瓦寨、三穗堵剿。等因。奉此。即遵令推进，除以王团随行营宿营顺洞外，其余于是晚十时陆续赶至瓦寨宿营。

九月二十七日，继续向王穗推进，午正到达三穗后，奉电令据报，该匪拟回窜汉寨、南洞司，饬本部率剿匪第一团于是日午后仍撤回瓦寨布防，五五旅及王团一部，亦开回顺洞，桂军回驻南洞司、汉寨之线堵剿。等因。遂于午餐后，仍开瓦寨布防。

九月二十八日午前一时二十分，奉代司令李命令：以该匪被击溃后，向巴野、梁上溃窜，极为狼狈。请兄先派兵一部取捷径直达矮子央、长吉之线防堵。等因。本部奉令后，即派六九五团之一营，限于是晨四时以前赶到矮子央，协同该处团队扼守，其余随本部于是日午前陆续到达矮子央布防，并选择阵地、构筑工事，王团全部亦于午后一时到达该处。

九月二十九日，匪仍避战，潜向岭松、黄平方向窜去，并有向镇远北窜模样。本部奉令向镇远推进，是日达到滚马宿营。

九月三十日晨，由滚马出发，午后四五时陆续达到镇远宿营。是晚十一时二十五分,奉代司令李命令要旨:萧匪本(三十)午窜到新城,有继向西北窜之样。

军长廖已到三穗，明（一）日可到镇远，覃师①及成旅②仍跟追中。着胡旅长达率所部并指挥谢明强团，明（一）日推进镇远、施秉间之刘家庄附近侦匪截击，本部明日进至镇远。

此令。等因。

---

① 覃师，指国民党桂军第二十四师师长覃连芳。
② 成旅，指国民党湖南省补充第二总队主任成铁侠。

王家烈关于筑堡设哨防堵红六军团的通令

（一九三四年十月二日）

贵州省政府通令

（令北南东路各县县长）

为通令遵办事。照得赤匪窜黔，全省震动，政府现已派选劲旅驰前线堵剿，并令各县县长督饬民团协助防剿各在案。惟查共匪飘忽无常，避实就虚，化整为零乃其惯技，并运〔用〕游击方法，远离其本队数十百里，专以扰乱为目的。尤应督饬民团防堵隘口，多设哨棚，修筑碉堡，以资防御。同时并设置递步哨，灵通消息，一旦发现匪警，即通知邻近区团暨防军，合力堵剿，使该匪进退失据，毒焰难逞，庶可短期肃清。凡此种种，实为剿赤有效之善策。该县长守土有责，务须仰体时艰，迅速布置完善。幸勿因循贻误，致干撤惩。并将遵办情形，详细具报备查。除通令外，合亟令仰该县长遵照。

切切此令。

中华民国二十三年十月二日

主席　王家烈

（此件引自中国人民解放军历史资料丛书《红军长征·参考资料》）

贵州省政府关于封锁乌江的训令

（一九三四年十月三日）

贵州省政府训令

（令乌江沿江各县政府）

为训令事案。据前方电报：共匪萧克经我五、六两团东坡、滥桥带截堵痛击后，即向老黄平[①]逃窜；现正会同湘、桂各军跟踪追剿中。等语。查该匪部既由老黄平方面溃窜，诚恐避实就虚，窜扰黔北。除分令乌江沿江各县，督饬民团多设哨卡，昼夜防堵，盘查匪探，并将大小船只概行拉过北岸外，合行令仰该县长遵照。仍将遵办情形及探获匪情，随时具报备查。

切切此令。

中华民国二十三年十月三日

（此件引自中国人民解放军历史资料丛书《红军长征·参考资料》）

---

① 老黄平，今贵州省黄平县旧州镇。

王家烈关于在木黄附近与红三军激战的通电

（一九三四年十月三日）

　　贺匪 [①] 经我军第四路军击溃于川边甘龙口之后，因鉴萧匪被我湘、桂、黔三省联军围剿，歼灭在即，忽于俭日集其全力，由右翼火烧场窜至木黄附近之夕阳坝，企图寻空南窜，接应萧匪。当经我李 [②] 指挥率二、三、九、十六各团 [③] 合围兜剿，战自午至亥，匪不支，向平洞口、红石板溃退。是役计毙匪四百余名。现柏、蒋、李 [④] 等路正追击中。

王家烈。江参印

（此件引自中国人民解放军历史资料丛书《红军长征·参考资料》）

[①]　贺匪，是国民党对以贺龙为军长的红三军的污蔑之称。

[②]　李，指李成章，时任国民党军第二十五军第二旅旅长。

[③]　第二团团长戴玉党，第三团团长周相魁，第九团团长罗习斌，第十六团团长曹永兴。

[④]　柏，指柏辉章，时任国民党军第二十五军第二师师长；蒋，指蒋在珍，时任国民党军第二十五军暂编第八师师长兼务川、后坪（该县已撤销）、沿河三县"剿匪"指挥；李，指李成章。

王家烈发布防堵红六军团、红三军的通令

（一九三四年十月四日）

　　为通令事。查共匪贺龙、萧克先后窜扰黔东各县，迭经派遣部队，严饬民团，分头会同湘、桂友军积极堵击，并由本职亲出督师进剿，期早殄灭，以安地方。业将剿匪各情形分别饬知布告在案。兹将最近剿匪胜利情形录列如下：（一）萧匪众约八千，枪约五千，于东晨由翁谷陇、王坳、旁海等处，窜至黄平、施秉间之东坡、滥桥一带。我军五、六团由施秉西上，东日午正十二时与匪激战于滥桥一带，该匪向我三面包围，均被我击溃。战至冬日拂晓，萧匪一部北窜老黄平。（二）本职东晨亲率一、特两团①驰赴五里桥附近，由下午三时起，我五、六两团东西向匪夹击，激战至冬日拂晓，萧匪不支，向老黄平方面狼狈溃窜。是役萧匪伤亡七八百名，我军伤亡二百余名，俘虏二十余名，夺获迫击炮两门、机关枪一挺、步枪二百支。（三）现本职已率一、五、六、特务团，经老黄平、瓮安、余庆一带向匪跟踪追击。已电令李②指挥、柏③师长痛剿贺匪，截堵萧匪；并令蒋④指挥、侯⑤指挥等驰赴乌江北岸截堵萧匪，以收夹击歼灭之效。除呈报中央，通报邻省，布告民众并通令外，合行令仰一体知照。

　　此令。

中华民国二十三年十月四日

省主席　王家烈

（此件引自中国人民解放军历史资料丛书《红军长征·参考资料》）

---

① 第一团团长江荣华，特务团团长赵兴鉴。

② 李，指李成章。

③ 柏，指柏辉章。

④ 蒋，指蒋在珍。

⑤ 侯，指侯之担，时任国民党军第二十五军副军长兼教导师师长、川南边防司令，负责守备乌江防线。

王家烈关于甘溪战斗后防堵红六军团的部署

（一九三四年十月九日）

限即刻到。

思南并转石阡、印江①、德江、凤冈，遵义②并转湄潭，重安③转瓮安、余庆、黄平，镇远并转施秉、岑巩、玉屏、青溪，铜仁④并转江口、松桃、省溪⑤各县县长钧鉴：

　　贵密⑥。顷接廖⑦军长虞酉电：本日未刻在甘溪与匪遭遇，激战四时，被我冲作两段，向珑马坪折窜；判断其必东窜大地方，以出铜仁、江口。现我周、江两团⑧跟踪猛进。此役毙匪约三百余人，获枪六七十支。匪确疲极，全无战斗力。

---

① 印江，今贵州省印江土家族苗族自治县。

② 遵义，原县城在今贵州省遵义市。

③ 重安，今贵州省黄平县重安江镇。

④ 铜仁，今贵州省铜仁市。

⑤ 省溪，今贵州省万山特区。

⑥ 贵密，指本电文使用贵密码发出。贵，密码名称。本书后面电文中的"克密""力密"等，均指密码名称。

⑦ 廖，指廖磊。

⑧ 查廖磊第七军中当时无周、江两团。应为"周师、张团"。见胡羽高编《共匪西窜记》第67页："桂军廖军长磊虞电：虞日，在甘溪与匪遭遇，激战四时，被我冲作两段，向走马坪折窜，我周师张团跟踪猛追。此役毙匪约三百人，获枪五六十支。此匪全无斗力，疲敝已极。磊率两团，准备齐寅折回大地方一带截击，李师由本庄、白沙向走马坪，覃师及成旅由余庆，一部由骂溪截击，免匪南窜。"其中周指周祖晃，张即国民党军第十九师（周祖晃师）第五十七团团长张光玮。

磊①率两团拟齐寅折回大地方一带截击；云波②部由本庄、白沙出走马坪；覃③师及成④旅由余庆，一部由马溪⑤截击。为免匪西南窜，请绍武⑥兄饬部严密截击。等语。查该匪迭受重创，拴鹿急兔，势必乱窜图逃，亟应防堵北渡乌江，东联贺匪。除饬王指挥天锡督率八、十三各团⑦尾匪猛追，联络湘、桂友军协剿防堵北窜，并令东北各驻军联络截击外，望即督饬军团协助各军，扼要堵击，勿任突窜，是为至要。

家烈。佳子参印

（此件引自中国人民解放军历史资料丛书《红军长征·参考资料》）

---

① 磊，指廖磊。
② 云波，即李觉。
③ 覃，指覃连芳。
④ 成，指成铁侠。
⑤ 马溪，当时出版的地图上称骂溪。
⑥ 绍武，即王家烈。
⑦ 第八团团长万式炯，第十三团团长袁锦文。

蒋介石关于赶筑碉堡防范红六军团、红三军会师电

（一九三四年十月九日）

近来萧匪西窜与贺匪联合发展之企图亟应预为防范。所有川、黔、湘、鄂边区各县及预防匪流窜之地方，均应赶速构筑碉堡。

一、各县城及附近宜就城楼、城角并于城外择要点加构碉楼。尤须加紧民众之组织训练，俾资固守。

二、各地方凡较大之市镇均应筑碉控制。

三、主要交通路之隘口、津卡应筑碉扼守。

四、碉堡容量，除圩寨外，以能容兵一班为标准，并须加筑副防御。

五、建碉地点，以展望良好，射界广阔，不受瞰制为最适宜。

以上各项，希转饬各县及各保安队迅办。总以筑有碉地点能掩护人民及物资，使匪不易窜扰裹胁为主旨，并希先将饬令构筑之县具报。

（此件引自中国人民解放军历史资料丛书《红军长征·参考资料》）

黄烈侯关于"围剿"红六军团的命令

（一九三四年十月十七日）

一、共匪萧克现被本军及湘、桂友军包围于镇、施、黄、余、石①之间，正分头围剿中。

二、各该县正、副指挥立将教导队及民练集中于相当地点，听就地军事高级长官指挥。若无军队之处，即自行扼要堵截，并随时将防堵情形报告。若无匪情，亦须报告，以资联络。至各民练，务遵通令，左臂配带标记，以便识别而免误会。

三、各县立即成立担架队（计二十架），轮流将沿途本军及友军伤病兵妥为抬至镇远或各县城。若军队在何地与匪激战，其担架队即不分星夜前往该处听用，各区乡镇闾邻长，应即准备临时担架听用。

四、前令各县所筹食米，着即饬各区分头运送至军队驻在地售卖，取据报查，并由各县组织一贩卖部，采办军队日用，如草鞋、食盐、洋油必需之物，往各乡镇售卖。

五、凡廖军长、李师长、覃师长、周师长②及本军指挥官所在地，该区区长立即驰往欢迎，听命办理一切。倘有借故避匿者，即以违误军令论罪。距县城近者，县长前往督饬办理。

六、各县长、区乡镇闾邻长，除督饬民练扼要防堵外，并将探得匪情不分星夜互相通知，并报告军队，总期军民切实合作，早奏殄灭共匪大功。

七、附近〔有〕共匪各县，均应事前准备。凡匪窜到之县，仰各遵照办理。

以上七条除令仰该县长、区长立即遵办，并转令督饬遵办外，特派本部副

---

① 镇、施、黄、余、石，指贵州省镇远、施秉、黄平、余庆、石阡五县。
② 廖军长、李师长、覃师长、周师长，指廖磊、李觉、覃连芳、周祖晃。

官长朱文藩随军监督指挥办理。倘有迟延违误，查实即以军法枪决。须知本职法出令随，切勿以身试尝为要。

　　此令。

参谋长兼主任黄烈侯

（此件引自中国人民解放军历史资料丛书《红军长征·参考资料》）

王家烈关于向湘黔边进击红六军团电

（一九三四年十月二十七日）

本军为统一指挥计，特派刘参军长民杰为前敌总指挥，并令李成章旅率二、三两团及十八团 [1] 为一路，限感日到合水，俭日到红石板；王 [2] 指挥率五、六、九各团为一路，至天堂哨，俭日抵火烧桥；柏辉章师率杨昭焯、蒋德铭 [3] 两旅为一路，已抵寨英。其余部队驻苗旺、孟溪堵截。

王家烈。感参印

（此件引自中国人民解放军历史资料丛书《红军长征·参考资料》）

---

① 十八团团长宋华轩。

② 王，指王天锡。

③ 杨昭焯，时任国民党军第二十五军六旅旅长；蒋德铭，时任国民党军第二十五军五旅旅长。

国民党军湘军独立第三十二旅胡达部
关于追堵红六军团战斗详报

（一九三四年十月）

十月一日，本部遵令率六九四、六九五两团及剿匪第一团，经文德关、镇雄关，于午后二时左右达到刘家庄附近布防，并向施秉、新城方向侦察警戒。晚十时左右，接代司令李电话：匪部于本（二）日午后二时，在东坡附近与黔军稍有接触，即向施秉、黄平方向北窜。本部协同桂军拟由镇远向石阡县转进，请贵部由现地取捷径向石阡转进。等因。

十月二日，遵令转进，宿营羊肠附近。

十月三日，经路濑宿营大地方、小地方一带。

十月四日，本部两团经铁厂、马厂坪达到羊叉路、白岩河一带布防，谢明强团到达石阡布防。

十月五日午后九时，奉代司令李命令要旨：

1. 肖匪偷渡乌江未成，有回窜余庆、石阡模样。我驻军拟位置。

2. 大地方、铁厂、平贯之线堵剿。

3. 余率五旅拟一团位置羊叉路，一团进驻石阡。

4. 请贵部转移石阡县城及关口坪、二堂、三堂、白沙之线堵剿。此令。等因。

十月六日，本部遵令即以谢明强团移驻二堂至白沙之线，六九五团移驻关口坪至二堂之线，六九四团移驻石阡至关口坪之线，本部即移驻石阡县城。

十月七日，本部奉令进驻白沙、杨柳塘、戴家坝、本庄之线，阻匪北窜。是晚十时，复奉代司令李命令要旨：

1. 肖匪本（七）午在甘溪与我桂军遭遇，斩获甚多，并被我桂军冲作数段。

2. 请兄率部附谢团，本晚即刻折回白沙。王团限本晚到，李、谢两团限明

（八）日拂晓前赶到。

3.已令五五旅限明（八）日拂晓赶到。

十月八日晨，复奉令进至走马坪，午后四时左右先后到达该处，被匪蹂躏后居民逃避一空，颇为凄惨。是晚八时，奉代司令李转廖军长来电：昨晚击溃之匪，已由马伏堰向大地方、铁厂方面窜走。周师本（八）未抵大地方，本早有溃匪百余通过，现后续发现大股。本部在铁厂准备截击，请速折回石阡，向石桥、闵家场截击。等因。弟明（九）晨率五五旅向石阡急进，请贵部及谢团在羊叉路停止。等因。

十月九日，奉令移驻羊叉路、白岩、平贯、铁厂之线防堵。

十月十日至十三日，各在原地防堵，并搜剿散匪。十三日晚十一时，据探报，肖匪主力于本（十三）午后窜抵走马坪、马伏堰一带，有经戴家坝、白沙及三堂、二堂之线北窜模样。本部奉令转移石阡、白岩、平贯之线堵剿。

十月十四日，遵令向石阡、白岩、平贯之线移动，搜剿附近散匪。

龙塘附近剿匪战斗之经过

十月十五日，本部以肖匪迭被击溃，到处流窜，一部窜入乌江河套，已达日暮途穷之境。本部奉令位置于羊叉路、石阡之线，于是日即以六九五团推进至四方井，并以该团第一营在长风坳附近占领阵地，对龙塘方向严密警戒。该团二三两营位置于四方井附近，分任对龙洞及石阡间之游击。午后九时，奉代司令李电话，肖匪主力本（十五）日午前由板桥附近向龙塘以北地区折窜，目下已到何处，尚无确报。着该部李团长相琳及龙洞第十九师唐团长向寅各派兵一营于明（十六）日拂晓出发向龙塘游击，等因。本部奉令后用电话传谕六九五团于十六日晨派第二营，并附第一连协同第十九师之张营向龙塘游击，并以该团第三营推进至龙洞、填塘团阵地空隙，该团第一营向龙塘推进。是日午后一时，于途中接到该团第二营营长蒋本嵩由龙增发来报告如下：

一、职率所部并附第一连，于本（十六）日午前六时，由四方井出发，当日达如下之命令：

1.据报肖匪主力于昨（十五）日由枫桥附近南窜有折回白沙、甘溪之模样。我团及各友军仍在原阵地堵截，我唐团张是祥营于本晨由龙润出发，向龙塘方面游击。

2.本营附第一连奉令向龙塘游击，与张营会合后，觅奉协剿。

3. 着吴候差承孝率领本营各助教为便衣侦探队，在前卫前取相当距离，向龙塘探进。

4. 着第五连为前卫，即由此地出发，经长风坳向龙塘搜索前进，并注意与张营互相连络，勿相误会。

5. 其余为本队，按第六、第四机连及第一连次序，由欧阳营附吉昌率领，在前卫后约三百米达处跟进。

6. 战斗行李归谭副官指挥，在第一连后尾跟进。

7. 行进时，余在本队先头。

二、职营出发后，于午前八时达到龙塘，沿途无匪情。此时唐团张营已先我十分钟到达，即与会合。当据该市王区长面称：肖匪主力昨晚在朱家坝宿营（距龙塘约五里），目下正经十二里山岭、关口向燕家湾、白沙方面急窜中等语。职当与张营长商议，决心向该匪截击，张营以关口为目标，职营以核桃湾为目标，彼之右翼与我左翼，务以十二山相衔接。如是分途前进。职至核桃湾附近，即目击该匪行军纵队，正在十二山岭腹道向南行进，络绎不断。职即命令以第四、第五两连为第一线，第五连在左，有与张营连络，向匪展开攻击前进，命机关枪连在庙寨山选定制高点，超越射击，其余为预备队，在机关枪连附近停止待命。九时三十分开始射击，该匪当即停止 [前进]，[进行] 还击，愈战愈多，且其阵地较高，恃险顽抗。十时许，虽经我第五连数次冲锋，均未动摇。职乃令第六连由第四连右翼向核桃湾挺进，侧击匪之左翼；同走马坪，侦匪夹击。右三项。此令。等因。

本都在杨柳坪奉令后，即于是晚十二时率王团折回白沙，李、谢两团亦于翌（八）辰陆续赶到。时命机枪沉着射击，匪以伤亡甚大，相继势渐不支。迄十二时，职命第一线企体冲锋，张营同时突进，匪即纷纷溃窜，遂被击为两段，仍向白沙逃窜，后段则折窜川岩坝，职即派第一连向川岩坝方向跟踪追击，其余各连在十二山岭附近搜剿散匪。是役毙匪约二百，伤者倍之，俘匪百余，获枪二十余支。职营官兵尚无伤亡，所有卤获情形及消耗弹药另表详报。本部报告，即令六九五团派兵分途向白沙及川岩坝方向追剿。午后三时，据该部第一连连长贺才懋报称：职连一时二十分达到岩坝东端高地，目击散匪千余，当令一、二两排占领阵地，向匪射击，匪伤亡三十余，获枪四支。命第三排严防后方窜匪。又于午后四时三十分，据第三连连长杨纹成报称：职连于午后二时四十分达到蔡家湾，恰遇匪主力被黔军柏师中途截击，回窜燕家湾以南地区，又为职连迎头痛击,匪伤亡六七十名,折向葛容方面窜走。是役获枪八支,因天黑未及穷追,即在龙塘、桐子坪一带配置警戒。

马厂坪附近剿匪战斗经过

此时该匪既向葛容方面窜走,当晚十一时,即令六九四团第一营由石阡出发,经雁门关向葛容搜剿残匪,于十七日拂晓到达该处,此时匪已向平王乱窜,该营乃折回中坝防堵。六时许,闻匪抵甘河坝,乃由中坝开抵白岩,以一部对匪警戒,大部集结策应。六九四团第三营,亦于十六日晚由四方井移驻关口坳、白岩防堵。十七日午后二时四十分,由剿匪第一团谢团长明强指挥,协剿平王之匪,行至中途,因匪之踪迹不明,奉令停止前进。因谢团长率第二营即时开赴铁厂,该营于午后五时二十分,在凤香铺集合,准备各向平贯前进时,据土民飞报,肖匪已至甘河坝。即令该营用跑步向马厂坪急进中,行至马厂坪北端高山,天色将黑,此时匪已先占领马厂坪,该营各连即行展开攻击前进,匪势不支,向盘龙坳偷窜,及至六时四十分,遂将马厂坪完全占领。是时剿匪第一团第二营亦相继到达,即担任道路以左之阵地。占领马厂坪之后,天已入暮,地形观察难明,匪益顽抗,遂成相持之势。此时飞令六九五团除以一部担任羊叉路、关口坳警戒,其余集中白岩策应。午后九时许,六元四团第一营全部到达马厂坪,旋派该营第一、三两连及机枪两挺协同谢团驻平贯之营,向马厂坪前进,两方夹击,将匪截为两段,一部经盘龙坳向东逃窜,一大部窜回甘河坝附近之高山。是役毙匪数十,俘匪六十余名,夺获步马枪数十余支,无线电机一架,机关枪身一,机枪管一,骡马三匹及各种军用品无算。我军负伤官兵数名。至消耗弹药等详另表。

十月八日拂晓,命六九五团第一营营长蒋鑫率领该营觅东窜之匪追剿。去后,据该营长报称:职营第二连在黄茅以北地区,毙匪二十余,俘匪三十余,夺获步枪四支,第三连夺获步枪十余支,其余各部搜剿大道以西地区附近散匪,颇有斩获。

最后肖匪窜存残部,人不满千,枪六七百,向印江方面窜走,与贺匪会合。我湘、桂、黔各军本拟一鼓荡平,以竟全功。惟因得赣南赤匪倾巢西窜之讯,桂军奉令回师入桂,我军亦奉总司令何电令回湘,肖、贺二匪交黔军搜剿,本部遵令回湘。于十月二十四日,由石阡开拔回湘,经花桥、闵家场、恺里、何家坝、地程、晃县、芷江、黔阳、洪江、宝庆、湘潭,于十一月十二日到达长沙。

谢汝霖关于黔军入湘作战电

（一九三四年十月三十日）

顷据军长行营来电：

一、萧克、贺龙、夏曦①昨在南腰界开会，大部窜入川南，有窜酉、秀、龙、桑②模样。

二、军长决督师追出黔境百里以外，与川、湘友军围剿。李③指挥昨晚宿红石板；王④指挥宿来安营。

三、川军达凤岗⑤旅前出小井，已电由平洞口推进，向甘龙口、南腰界攻击。前方攻击部队约十一团，预计今晨可与匪接触。

参谋长谢汝霖⑥。陷贵参印

（此件引自中国人民解放军历史资料丛书《红军长征·参考资料》）

---

① 夏曦，时任中共湘鄂西中央分局书记，湘鄂西革命军事委员会主席。
② 酉、秀、龙、桑，指四川省酉阳（今重庆市酉阳土家族苗族自治县）、秀山（今重庆市秀山土家族苗族自治县）两县和湖南省龙山、桑植两县。
③ 李，指李成章。
④ 王，指王天锡。
⑤ 达凤岗，时任国民党军第二十一军五师十三旅旅长。
⑥ 谢汝霖，时任国民党军第二十五军参谋长。

王家烈关于"防剿"红六军团、
红三军暂告一段的通电

（一九三四年十月三十日）

此次家烈亲赴前方督师剿匪，幸得各界民众之后援及各将士之用命，卒将萧、贺两匪逐出境外。贺匪入黔不久，萧匪又复由湘奔来，黔东各县民众惨遭蹂躏。家烈捍国为民本为天职，目睹此患，即抱有匪无我之决心，激励将士，赶到前方，联络湘、桂友军，在大小广、八卦河、滥桥、猴场、大地方、甘溪、麻溪、关帝庙、万重山、走马坪、马伏堰等处，迭将匪痛剿，击破匪主力，获匪枪四千余支。并将匪师长龙云[1]生擒押解来省，听候中央处理。现萧、贺两匪合计不过四五千人，经我军节节尾追，已狼狈不堪，不难根株灭尽。刻匪部又窜踞湘西龙山、桑植等地，闻势焰较前嚣张。我军刘民杰率部追至酉阳，一面令柏[2]师会同湘边各部合围痛剿。至于善后绥靖诸端，已令分头办理。故取道北防回省，此剿萧、贺之军事，暂告一段落。

王家烈。陷秘印

（此件引自中国人民解放军历史资料丛书《红军长征·参考资料》）

---

① 龙云，时任红六军团第十八师师长，甘溪战斗后被俘虏，后于湖南长沙被杀害。

② 柏，指柏辉章。

犹国材致王家烈陷电 ①

(一九三四年十月三十日)

思南行营兼座王钧鉴:

　　接奉皓、有两电,敬悉。兵威所致,赤焰顿消,职于斯役未获分劳,欣喜之余,无任怀惭。兹幸钧座俯允所请,并蒙燕侬 ②(廖军长号)军长、云波 ③(李司令号)司令一致主张,命职由南防赴黎、榕,向湘境布防,为湘、桂军后援,并免二批共匪再犯黔东等因,自应遵照。除令吴师长剑平整队克日开拔,并亲赴南防部署外。尚有亟待请示者:职部渡江(北盘江)固以黎、榕为皓〔鹄〕的,中间所经地带军民长官,应请迅电知照,俾明真象而利进行。其次,职部虽任南路防务,而整个计划及指挥调遣,非事前明实,不能收指臂之效。故防务步骤、与全军联络,及职部由何人负责指挥。应请详示。以上均属关系赴防要件,恳即分别指示,以便遵循。复次肖、贺两匪,虽系败余之众,当此友军初离阵地之际,防地偶疏,死灰复燃,不无可虑。应请钧座亲临督饬各军赶速搜剿,以免久劳师旅,耗伤民力。即不幸二批共匪西窜,然无此匪为之先导,且可腾出东路之兵以协防,诚策略之上也。一得之愚,并乞钧鉴。

职犹国材叩。陷印

十月三十日

(此件引自《共匪西窜记》)

---

① 胡羽高在一九三四年间曾任贵州军政驻湘代表。当他在湖南了解到红军突围长征的情况后,于八月二十四日急电贵州省主席王家烈,劝王与犹国才弃嫌合作,防御红军入黔。本电文即王家烈的复电。

② 燕侬,桂军第七军军长廖磊号。

③ 云波,国民党湖南省代保安司令李觉号。

湘军胡旅长达面告胡羽高
有关"追剿"红六军团的情况

（一九三四年十月三十日）

　　此次追剿肖匪，所经山僻小径，最困难者，第一是给养。有百数十里内无人烟。况匪窜走在前，间有些小村落，存储豆、麦均被匪徒劫掠尽净，我军曾有两日系以老南瓜度日。第二是总寻不到匪的主力，痛痛快快的打他一仗，将他消灭。但匪中也有他的长处，如服从命令，拥护首领，达到任务，动作迅速，种种似不能不公认的。比如遇到国军，匪队因避战之故，马上前卫变作侧卫或后卫，其最大目标突然遁匿不见。如遇有死守阵地之匪兵，虽极少数，抵死顽抗。非有上官命令，决不撤退。匪对于邪说，麻醉甚深，故拥护匪首甘心效死云。

（此件引自《共匪西窜记》）

桂军白副总司令崇禧对十五军训话

（一九三四年十月三十日）

　　此次追别肖匪所得的经验，他们战斗力固不足说，但也有他们的长处。第一，是纪律严格。匪军进退动作一致，奔驰数省，队伍完整。第二，是组织严密。党的命令，由政委执行，可直达士兵下层，巩固他们地位。对部属监视得非常厉害，有好多想逃亡的，却没有机会逃亡。第三，是行军力强，共匪没有落伍心。如果落了伍，他便把自己落伍的杀掉。他这种办法，一面能够加强行军力，一面免得被人俘虏，供出他的真情来。

　　至于我们的短处：第一，行军力弱，有些官、兵不能走路。大家试看看野外勤务时，行军的重视，要求行军的严格，指明行军为战斗的基础。战时，军队事业之大部份在行军。长途行军，到达目的地后，能保持战斗能力。在追剿的时候，能够赶快的追上敌人，使敌人无整顿的余暇，陷于溃乱。在退的时候，要能够很快离开敌人，实行我们卓越的企图。我们广西军向来是能够走路的。这次追赶肖克，暴露了这种弱点，是因为我们平日训练忽略了行军的演习。第二，是有少数的官、兵胆小，藉故落伍，不肯上前。本来军人是要准备牺牲的，我们当军人，穿上了这种军服，便是把生命交给了国家，应该要抱着随时随地都可以牺牲的精神才行。如果是胆小的，赶快自己走开，我们军队里，决不许容留这懦弱的人。第三，后方勤务不好，辎重、行李太多，行动不敏捷。第四，是通讯不灵，无线电机器及技术均不完备。

（此件引自《共匪西窜记》）

何键关于追堵红六军团经过概要报告

（一九三四年十月）

萧匪先后经我十六师及五十三师痛击惨败后，乃潜伏于永新以南地区，企图苟延。斯时本路军为谋彻底肃清该匪计，令第一纵队以一部肃清永新河以北陈山、禾山一带残匪，以主力迅速构筑永新、宁冈、黄坳、遂川及马家湖〔洲〕、五斗江、息锣并永新至吉安之广大包围封锁线，阻匪活动，制其逃窜，俾能一举聚而歼之。各部于七月初旬分别实行后，至八月初旬，已大部构成，仅马五息线尚未完峻〔竣〕。该匪在永南津洞、牛田等处，受我四面包围，食盐及粮秣均极缺乏，且料我军于封锁完成后，必开始总攻，决难苟存。乃乘我王懋德师及鲍刚旅赶筑马家洲、衙前至五斗江碉线之际，以少数散匪牵制我建碉部队，以主力围攻我横石、衙前碉堡。此时本部以王鲍两部兵力较弱，乃急调在永新河下流筑碉将成之十六师，除留一部暂维现防外，以主力迅赴衙前、五斗江之线，堵匪南窜，时八月五日也。至七日，匪乘我十六师尚未赶到五衙线时，乃倾巢突围南岭，越封锁线，经遂西向桂、汝[1] 方面狂奔，昼夜不息。据俘匪云：萧匪所以倾巢西窜者，以赣西无立足可能，冀往川黔边区与贺匪会合，以图一逞。本部得报后，当令第一纵队正经宁冈南进之十五、[十]六两师，尾匪直追，并令原在湘南之十九师段[2] 旅及湘南各保安团在汝、桂及郴、宜[3] 两线，分别扼要堵击，一面电请粤省出兵郴、宜，

---

① 桂、汝，指湖南省桂东、汝城两县。

② 段，指段珩。

③ 郴、宜，指湖南省郴县（今郴州市）、宜章两县。

桂省出兵临、蓝及零、道、江①各线；并请黔省出兵会、靖、通②，分途协剿。该匪窜至汝、桂时，适该方兵力单薄，遂得通过。十六日晨，匪先头之一部窜郴县附近，经我段旅刘建文团迎击，其主力不敢经此续进，乃折由桂阳、新田向西南急窜，期于祁③、零间渡过湘水。斯时我追击部队，尚隔匪一日行程。湘水沿岸守兵甚薄。刘④司令乃以十九师段旅，车运衡⑤、祁，并责成该旅长指挥该方面团队，沿湘水左岸零、祁之线扼堵；十六师由郴车运至常宁击匪侧背；令十五师用强行军紧蹑匪后，并檄桂军派兵至黄沙河、零陵间截堵。同时本部又令在长⑥之独立三十二旅，并指挥补充第三、四两团，集结宝庆，相机截匪西窜。二十一日匪窜阳明山铲子坪。二十二日窜湘水右岸零、祁间之楚江圩、接履桥一带，企图由此渡河。时段旅及各团队，已在湘水左岸严密布防。桂军周敬生师，亦有两团到黄沙河、零陵之线。十五师追蹑达铲子坪。匪以在此阻滞，有腹背受击之患，即于二十四日返窜阳明山。是日我十五师适赶到，先后在分水坳、白岭坳一带，与匪遭遇，迭予痛击。匪仍避战，白昼利用山地隐匿，乘黑夜改从小路远扬。是役，仅毙匪百余，但散失于山内者甚多。二十六日又经新田以北小路，向蓝山、嘉禾方面南窜。本部为防其继续西窜，或返窜永南⑦老巢计，当令独三十二旅及第三、四两补充团集结零陵，协同桂军在零、黄⑧湘水左岸布防；以段旅及各保安团，车运至郴、宜线防堵；并请粤军两团集结宜章策应；仍以十五师衔尾疾追；十六师循匪窜方向，绕其翼侧截击；另以汝、桂及赣西部队在各碉堡线，防匪返窜。二十七、八两日，匪由嘉禾向道县、江华急窜。我十六师由新田向道县绕匪右侧袭击之。时刘司令已令十九师段旅折返零陵，并请桂军加派兵力至江华、道县、黄沙河之线严堵。三十一日，匪果窜道县以南之下菱园附近，与我桂军守河部队小有接触，因众寡悬殊，匪得渡过沱水（道县以上为沱水，以下

---

① 临、蓝及零、道、江，指湖南省临武、蓝山两县及零陵（今永州市零陵区）、道县、江华（今瑶族自治县）三县。
② 会、靖、通，指湖南省会同、靖县（今靖州苗族侗族自治县）、通道三县。
③ 祁，指湖南省祁阳县。
④ 刘，指刘建绪。
⑤ 衡，指湖南省衡阳县（今为市）。
⑥ 长，指湖南省长沙市。
⑦ 永南，指江西省永新县南部地区。
⑧ 黄，指广西省（今广西壮族自治区）全州县黄沙河镇。

为潇水），向西北方逃窜。我十六师于同晚到达道县，当与蒋家岭之桂军周师商定，协同扼堵道县至蒋家岭之线。时返零陵之独三十二旅，亦已赶到黄沙河附近布防。九月二日，匪窜蒋家岭经我周师部队痛击后，即于次日正午窜至广西灌阳以北之文村附近，又经我周、章两师（十六师师长此时已委章亮基充任）夹击。匪仓皇折向灌阳方面逃窜。是役毙匪六七百，获枪百余支。四日，匪由山地小路向兴安急窜。桂军加派覃连芳师及民团，在全州、兴安间扼河防守。是晚匪多着便衣，乘夜杂被难民众中，在界首附近偷渡离〔漓〕水（黄沙河以南名漓水）；其未能过河之一部约数百人，悉被俘获。本部得报，比令独立三十二旅，仍指挥第三、四两补充团，驰赴湘、桂边境之梅溪口堵击。其他各部，则均尾匪直追。并令十九师师长兼代湖南保安司令李觉，赴武冈督率独三十二旅，补充第一、二、三、四团，十九师段旅及原在湘西各部队，专负追堵萧匪之责。桂军周、覃两师，由廖军长磊指挥，赓续西进。我十五、十六两师，因须防赣东股匪主力西犯，为巩固赣江及湘南防务关系，仅令追至湘桂边境后，即折返湘南及遂川方面筑碉。部署甫定，匪果经西延向梅溪口北窜，被我胡①旅堵击，又折而南窜，十日至车田，经城步、绥宁西窜，十二日窜横水界、丹口。我补充第三、四两团赶到，协同原在该方面之晏国涛所部两保安团，予以痛击，毙获颇多。匪受压迫后，乃向岩寨、临口、小水奔逃，有改从绥宁以南之靖、通②间小路窜川、黔边境之样。我李代保安司令觉在绥宁得报，即以一部尾匪追击，以大部分布于城步、绥宁各要点截击。廖军长磊率周、覃两师，尾匪跟追，仅隔半日行程。此时本部已商得白③副司令、廖军长、王④主席同意，所有在湘桂黔边区之各省剿匪部队，均归廖军长统一指挥，并会同电饬各部遵照。十三日，匪窜山水附近时，经我十九师段旅赶到，予以痛击，即向桐木桥、寨牙方向逃窜。李代司令仍率主力向靖县沿匪之右侧截击。廖军长率部由绥宁以南猛追。十六日丑刻，该匪返窜通道。李代司令当令成铁侠指挥所部之补充第一、二两团及追抵大芦坪之刘建文团，向通道猛进，并令何平所部之补充三、四两团，经中央桥向犁头咀夹击。该代司

---

① 胡，指胡达。
② 靖、通，指湖南省靖县、通道两县。
③ 白，指白崇禧，时任国民党军第四集团军副总司令。
④ 王，指王家烈。

令率胡旅及由洪江①开来之谢②团在靖县策应。匪见我军四面围剿，不能经湘境西窜，乃于十七日晨折向通道西北之四乡所窜逃。何平部两团，仍跟匪直追。本部得报后，判断该匪必求经黔北窜入川西〔东〕之酉、秀、黔、彭③各县，与贺匪会合。乃急令李代司令所部，经清溪河上游，绕至锦屏附近扼堵。请廖军长率周、覃两师尾匪直追。李代司令奉令后，即以胡旅及谢团取道广平向锦屏前进，并令已到通道各部折返继续西进。但十八日当何平所部追抵新厂、马路口之线时，即与匪全部遭遇，激战竟日，匪恃险顽抗，经我迭次冲锋，匪卒不支，纷向黔北黎平方向溃窜。是役毙匪三四百，夺获步枪百余。我阵亡营长汪鲁，伤营长杨镇各一员，伤亡连、排长以下约三百名。李代司令与廖军长是日在靖县会商，决以覃师及成铁侠部由马路口尾匪追击，以其他各部经靖县入黔北之锦屏附近分别堵截。二十日匪窜黎平之铺口、草鞋铺一带时，当经在该处之黔军周④旅迎头痛击。匪仍避战，即退窜锦、黎⑤间之率王桥附近，二十二日晨刻窜新寨。贵州王主席已令榕、黎、锦、柱⑥各县团队，在清溪河及沅水上游，扼要防堵。李代司令率兵五团到达锦屏、坡处之线。廖军长率周师到达远口。王主席亦于本日率兵三团车运至马场坪。同日申刻，匪窜瑶光、南嘉堡，当时即由该处架桥渡过清溪河北窜。二十三〔日〕晚，我李代司令所部已赶到溪寨、南洞口堵击。廖军长率周师与匪平行前进，一面防其北窜，一面觅其主力截击，并电催王主席率部迅速东进督饬玉屏、清溪、镇远团队，设法沿镇远河扼堵，求在镇远、施秉间之河套将匪歼灭。我李代司令率部到达南洞司后，判断该匪必经孟有北窜，即于二十四日派段旅刘团之一营，先在孟有严密警戒，诱匪来攻。是日晨刻，果有匪一二千向该营进攻。李代司令当以段旅全部对该匪侧击，毙获甚多。匪受创后，即退至王桥高山，仍与我且战且退，旋匪将全部展开，对我还击。李司令遂亦将控置之部队展开二团，对匪猛攻。正激战间，我桂军周师亦恰于此时赶到，双方对匪夹击，遂将其完全击溃，当向八卦河方向窜去，时午后六时也。是役，我军共获枪百

---

① 洪江，今湖南省洪江市。

② 谢，指谢明强。

③ 酉、秀、黔、彭，指重庆市酉阳、秀山、黔江（今为区）、彭水四县。

④ 周，指周芳仁。

⑤ 锦、黎，指贵州省锦屏、黎平两县。

⑥ 榕、黎、锦、柱，指贵州省榕江、黎平、锦屏、天柱四县。

余支、手提机枪二挺，毙匪三四百名。我亦伤亡官兵五十余员名。二十五日李代司令奉廖军长命，即以胡旅之李①团及谢团，开赴瓦寨，并亲率段旅及胡旅王②团赴顺洞，均于二十六日晚到达。桂军周师亦于同日抵南洞司，欲在此线协同堵匪西窜或北窜。但匪于二十六[日]晨，窜经大广、小广时，适我桂军覃师及本路之成铁侠部（成部原为李司令指挥，在通道时暂归覃师长指挥，任尾匪直追之责）追到，立予痛击。匪脱逃不能，遂反向抵抗，势殊凶猛。赖我军气盛，卒将其完全击溃。匪即由此折向剑河东南之斗五逃窜。是役毙匪团长赵雄及营长以下匪官兵二百余，并夺获重机枪一挺、长短枪二十余支，俘匪十余名。我军亦微有伤亡。匪窜斗五后，我各部当分途向其追击或堵截。匪受压迫，于二十七日窜梁上。当日我李代司令即率部抵瓦寨、三穗之线截击。廖军长率周师在李部后续进。覃师长仍率所部及成部尾匪直追。黔省团队均扼守镇远河堵击。匪见我军追剿甚急，扼堵严密，于二十八日转向西南之松岭窜走，三十日午刻又窜到镇远以南之新城、平寨一带，企图由镇、施③间渡河，仍向北窜。我李司令率部于同日到达镇远，当请黔军李团先行星夜赶到施秉，协同堵截，并催请王主席率部迅速东进，设法将匪向南压迫，期在镇远河以南地区将匪歼灭。（其经过要图如附图第四④）

萧匪企图由镇远、施秉间渡河，经我湘、桂军扼堵不逞后，于十月一日绕道由施秉、黄平间之滥桥、东坡渡河北窜。经黔军堵截，毙匪甚多。匪宣传退窜石阡，乘隙将老黄平攻陷。复经黔军猛攻，激战两昼夜，于三日晚间，将老黄平克复，毙匪二百余名，夺获枪数十支。匪经击溃，分两路向余庆、瓮安方向逃窜。当匪在滥桥等处渡河北窜时，我李代司令及廖军长同在镇远商决，以大部推进于石阡、镇远之线堵截，以一部尾追，并请王主席以主力向匪猛进，压迫其沿乌江右岸向东北窜，以期合围痛歼。此时我李代司令所部，除成铁侠部随桂军覃师尾追已抵施洞口外，其余各部已到刘家庄、镇远之线。桂军周师已到三穗、滚马之线。于是廖军长率周师及汪⑤团，由现地出发，于三日酉刻到达大地方。李代司令率部于四日抵石阡、瓦厂之线，并令覃师及成部向黄平、

---

① 李，指李湘琳，时任国民党军独立第三十二旅第六九五团团长。
② 王，指王瑄，时任国民党军独立第三十二旅第六九四团团长。
③ 镇、施，指贵州省镇远、施秉两县。
④ 图略。
⑤ 汪，指汪玉珊，时任国民党军第四集团军第七军第二十四师第七十团团长。

瓮安协同黔军将匪压迫向东。斯时，廖军长据报匪被黔军痛击，已由老黄平向余庆、瓮安窜去。当令李代司令率部由石阡，并亲率周师及汪团由大地方，分向余庆方向觅匪进剿，并请王主席极力阻匪西窜，并防其渡乌江北窜。七日未刻，我桂军张[1]、汪两团，在余庆东北之甘溪与匪遭遇，激战半日，将匪击溃。是役毙匪三百余名，获枪五六十支。匪即向走马坪、大地方逃窜。我廖军长当令张、汪两团跟追，亲率周师余部折回大地方，并令李代司令所部由石阡属之白沙向走马坪，覃师及成部由余庆、马溪，分途截击。八日匪经大地方窜逃时，适廖军长率部赶到痛击，将匪击溃。其大部转向路那方向逃窜。我廖军长当令周师张团，绕道至路那觅剿。九日拂晓，该团到达营盘山附近，恰与匪遇，予以迎头痛击，激战甚烈。匪不支，一部向原路溃退，大部向羊场方向逃遁。廖军长当饬苏、秦[2]两团跟追，并亲率张、汪两团赴路那、羊场觅匪截击。斯时我李代司令率部正向走马坪、大地方、巴巴坪一带前进。本部得报后，以匪被迫渐向东窜，同时又防匪乘隙北窜起见，一面电廖军长率部追剿，一面令陈渠珍师推至铜仁至玉屏之线堵截，又令李代司令率部推进至石阡、闵家场之线，连〔联〕络江口、铜仁友军防匪北窜。又电请王主席以主力速向东进，以期将匪聚歼于乌江之南。十日，我周师及汪团在路那以西十余里之处与匪遭遇。匪避战，稍与我接触，旋向半河、大塘、白垛一带逃窜。我廖军长令周师猛追。匪于当日夜半经白垛向大庆窜去。十一日申刻我周师先头苏团追到，与匪在大庆附近接触。匪仍避战，且战且逃。我苏团跟踪尾击，直追过大庆二十余里，以天黑雾重，停止、警戒。是日毙匪营长以下百余名，俘匪百余，夺获步枪四十余支。据俘匪云：匪连日经我军痛击，辎重概行抛弃，狼狈已极，刻已向紫金〔荆〕关方向逃窜。我周师长据报后，饬苏团于十二日继续跟进，并亲率张、秦两团，同日向紫金〔荆〕关前进截击。廖军长亦于同日令覃师及成部向施秉截击，又令李[3]师及汪团仍扼守羊场、石阡之线，并请王主席饬属在西南方面堵截，并竭力将匪压迫向东，以求一鼓歼擒。但匪由大庆附近溃窜时，分为两股，一股人约千余、枪半数向罳溪，一股人、枪千余向紫金〔荆〕关逃窜，且沿途溃散藏匿各深山者甚多。我廖军长得报后，遂划分区域，部署围剿，以期

---

① 张，指张光玮。

② 苏、秦，指苏祖馨、秦霖。苏时任国民党军第四集团军第七军第十九师第五十五团团长，秦时任国民党军第四集团军第七军第十九师第五十六团团长。

③ 李，指李觉。

一网打尽。于是令李代司令所部担任石阡至茵叶关之线，周师衔接茵叶关至镇远之线，覃师担任刘家堡至金坑之线，黔军柏、王①两指挥担任衔接金坑经余庆、马眼、苑圭、马坪一带，李②指挥担任衔接石阡至塘头之线，侯③指挥扼守自塘头至走马坪、乌江左岸之线，四面围剿。并令李、周、覃各师及柏、王两指挥，各派一部于石、镇、施、余④之线内，纵横搜剿，勿使漏网。各部遵照实施后，十三日寅刻我王指挥率部向骂溪附近进剿，与匪一部接触，激战经三小时之久。匪因死亡枕藉，即向廖家屯溃窜。同日申刻，我周师苏团及柏指挥两营，齐向紫金〔荆〕关之匪进剿，激战最烈，卒将匪击溃。匪亦狼狈向骂溪、廖家屯方向窜走。先后计共毙伪团长四、伪营长七、匪兵七八百名。该匪被我痛击后，于十四日由河散渡抢渡乌江，被我侯指挥所部严密堵截，王指挥率部赶到夹击。匪乃不逞，狼狈向板桥方向逃窜。是役击毙溺死之匪约五百余，俘匪三百余，携械投诚者四百余人。我廖军长为缩小搜剿范围，迅速将匪聚歼于乌江右岸计，令李代司令兼顾塘头、石阡之线，周师推进羊场附近搜剿；并令汪团进至大地方，成部由施秉向骂溪、甘溪搜剿；覃师在施秉截击；并请王主席率部进驻走马坪，相机堵剿。十五日酉刻，匪窜到板桥（在石阡东南约二十里）以西数里。同日我王主席已进抵石阡属之走马坪。李代司令得报后，于十六日拂晓，经派段旅及胡旅李团向匪进剿，当予痛击，匪被击溃。是役毙匪百余名，夺获枪、匪七八十名、支。该匪一部向川岩坝，大部向龙塘逃窜。复经段、胡两旅之各一营在龙塘截击，又毙匪二百余名，夺获长短枪一百二十余支。但向川岩坝逃窜之匪，经我柏指挥率部跟追，王指挥率部截击，激战一昼夜，匪不支，向白沙溃窜。是役毙匪无算，夺获机枪七挺，步枪四百余支，俘匪三百余名。其一部匪约五六百人，当经白沙窜到石阡之界牌，经王指挥派第十三团设伏堵截击溃，是役毙匪百余，夺获机枪两挺、步枪七八十支，俘匪七十余名，时在十月十七日也。先是我成主任铁侠率部于十五日向云台山进剿。伪五十团（萧匪西窜所率匪众为伪十七、〔十〕八两师自四九至五四共六个团）占据该山，凭险顽抗。经该部猛烈冲击，将匪击散，纷向火麻山窜去。是役毙匪二百余名，俘匪五十余名，夺获步枪四十余支；我伤亡排长以下三十余员名。综合俘匪供称，

---

① 柏、王，指柏辉章、王天锡。

② 李，指李成章。

③ 侯，指侯之担。

④ 石、镇、施、余，指贵州省石阡、镇远、施秉、余庆四县。

萧匪在赣西出发原有六个团，人万余，枪半数，迭被痛剿，溃散伤亡过半，现已缩编为三团，子弹极缺乏，兵心极恐慌，刻该匪率大部经葛容向甘溪方向逃窜。我李代司令得报后，令胡旅长达率部并指挥谢明强团，一面扼堵铁厂、平贯、白岩河、羊叉路、石阡之线，一面向匪进剿。十七日午匪经平王附近，绕道窜至平贯、马场坪间之小道上，经我谢团驰剿。而萧匪亲率人近千枪半数之匪，于戌刻偷过石、镇大道东窜。其余匪部，枪约数百，仍被我军击溃于石、镇以西地区。我各部共获枪两百余支，李代司令当令谢团跟匪追击。段旅转经花桥、石窑场、闵家场向江口方向截击。胡旅在平、马一带肃清余匪。十八日我胡旅搜剿竟日，毙匪甚多，夺获步枪二十余支、机枪一挺、无线电机一部，俘匪五十余名，残部二三百向捆牛坪方向散窜。同日谢团追至小鸡公时，萧匪率残部已经小鸡公向石阡之凯楼方面窜走。十九日申刻，我谢团追抵平寨，与匪后卫迭次接战，颇有斩获。匪主力于午刻经江口、石阡大道北窜。当匪窜经江、石间时，我段旅唐①团联络黔军柏师长所部，在公鹅坳迎剿。该匪拼命猛冲，经我军反复截击，卒被突围取间道向印江方向窜走。本部得报后，判断萧匪既向印江北窜，必与贺匪合股无疑。（此时贺匪已窜到松桃、印江、德江、婺川②之线以北地区）正计划将川、黔、湘边部队及桂省廖军，对萧、贺两匪作大规模与长期之围剿，同时廖军长、李代司令、王主席于廿二日在石阡会商，计划拟以湘、桂、黔、川各军，编为八个支队，分进剿、堵剿、清剿三方面，统归廖军长指挥。经电陈到部，正核转间，时赣东南之大股匪已开始西窜，而廖军长奉李③总司令、白副司令调桂防堵。该军遵于二十四日开拔回桂。本路军因赣匪绕窜赣县以南急图西窜，湘南兵单，不得不另统筹部署。乃一面将李代司令所部令调回湘增防，一面令饬陈师长渠珍，对于萧、贺两匪残部，负责与黔、川友军协同继续会剿，以竟全功。

（此件引自何键《民国二十三年赣粤闽湘鄂剿匪军西路清剿概要报告书》第一章"军事"第二节"赣西南赣江湘南及湘桂黔边区之清剿经过"中第十二个问题"第一纵队大部及湖南保安司令所部各保安团追堵萧匪经过"一段。文中时间月份为编者所加。中国人民解放军历史资料丛书《红军长征·参考资料》）

---

① 唐，指唐伯寅，时任国民党军第十九师五十五旅一一〇团团长。
② 婺川，今贵州省务川仡佬族苗族自治县。
③ 李，指李宗仁，时任国民党军第四集团军总司令。

国民党军"剿匪军"追剿总司令
关于追堵红军长征军事报告书

（一九三五年一月至二月）

　　贺、肖两匪，在川、黔边境合股。由龙山附近窜入湘西后，约有步枪六七千枝，机枪三十余挺，迫炮数门，攻陷龙家寨、塔卧、大庸、永顺等处，进犯桃源、常德。迭经本部派兵痛剿击溃，其主力现在大庸、永顺、塔卧、龙家寨一带，宣传赤化，构筑工事。并不时派出伪游击队，于溪口、大浒、断架山、老鸦口、江垭、四都坪、王村、军大坪等处，骚扰劫抢。似有以大庸、塔卧为盘踞根据地之模样。本部为早将该匪歼灭于沅、澧两水中间地区，不使与朱毛会合计，曾经详定部署，令郭汝栋师、李觉师及罗启疆旅，由常、桃方面，陶广、章亮基、陈渠珍三师，分由沅陵、古丈、保靖、龙山方面进剿，并电请徐总司令派兵向南堵藏。

　　旋奉委座由武昌总部元月齐辰电令：郭、罗两部，着暂归徐总司令源泉指挥。等因。本部遵照。屡经电商徐总司令，规定部署，约期会剿。而徐总司令以所部集中需时，请我方进剿各部，稍缓进攻，以免此剿彼窜。本部除饬前方部队严阵以待外，并令各部及保安团义勇队，派队游击，与匪时有接触激战。兹将其经过汇陈如下：

　　（一）元月号日，永顺义勇支队长彭月祥，奉命率队会合罗保安团之顾部，清剿猫子坪共匪。当击毙匪百余名。我方亦阵亡中队长彭润生一名，班长彭观五一名。

　　（二）龙山属猫村、坎西湖、御甲寨一带之伪游击队，人枪百余，被我陈渠珍师驻龙吴团之便衣队袭击。该匪等顾强抵抗。激战数小时，经我增援部队抄出猛攻，始将该匪等击溃。是役击毙为〔匪〕队长一名，匪兵数十名。

（三）股匪数百人，窜踞石隄西附近，强迫民众，派米捐款。并限每甲运送十五岁以上二十岁以下之妇女，充女游击队及看护妇等。人民不堪其苦，群起反对。我张团长晋武闻报后，率部驰剿。激战数小时，毙匪十余名。该匪不支，纷向龙蛟溪方向逃窜。

（四）陶师钟旅徐营长孟溪，奉命于元月二十七日，率部向酸子界进剿。午后三时，到达酸子界附近。二十八日午前十一时三十分，即与肖匪所部之伪五十三团及伪特务团各全部，并附以大庸赤卫队等，开始接触。该营侦察匪之企图，系围攻我军。虽彼众我寡，然限于山地，然非决与死战，不足以张军威。乃一面应战，一面紧缩战线。以一半兵力固守据点，一半兵力伏于山腹。正面之匪约七、八百人，已由山洼向我猛攻中。同时我右翼大道口高地，发现匪约四百人，向我抄袭。我左翼高地大道口，为通四都坪咽喉，亦被匪约七百人占领。三面受敌，激战极形猛烈。当正面之匪冲至我阵地山麓，我伏兵突出，以手榴弹猛击。匪退山涯〔崖〕，仍行顽抗。激战约二小时，反复冲锋十余次，终以我士气壮盛，火力猛烈，地形地物，被我利用。匪因伤亡过多，始向鸡公脑高山退窜。我军乘势猛追，至彼山腹。限于山势陡峻，追赶不易。正停止中，而鸡公脑之匪数百，增加下山反攻。前后火力集中，相与死战，匪虽不逞，但仍未溃退。我军既不能进，又难于退，乃放火烧山，作驱逐抵抗计。适天助微风，少顷猛燃直上，火焰凶烈，匪乃奔山。忽左翼之匪，向我进攻。我追击部队，乃折转向该匪迎头痛击。匪不支，退归原山，沿巅向鸡公脑退窜。至午后三时，始告结束。毙匪约百余，伤匪二百余，俘匪五名。我军夺获步枪十三枝。阵亡兵四名，阵伤兵一名。

（五）永顺义勇队队长沈旦煊等，奉令前往濮枇链游击。宿营于差茶、杉木洲一带。元月三十日拂晓，肖匪第四十五团伪团长周某，率部及伪游击队约二百余人，向我义勇队扑击。沈队长当率队猛力抵抗，奋不顾身，激战相持。适我张团长晋武，率都赶到增援。匪始不支，向颗矿、吊井岩方面溃退。是役伪团长周某，右手负伤，击毙伪连长张青云伪队长尹元奎二名、匪兵二十余名。并生擒伪指导员、书记各一名，匪兵三十余名。夺获步枪十四枝，马枪三枝。我方伤亡官兵十余名。

（六）陈渠珍师之田团长少卿于二月三日，率所部及罗保安团一部，游击至松柏场。当据义勇队长姜庚堂等报称：杨士坡有匪四百余人，枪三百余枝，攻我碉堡。义勇队力不能支。等语。田团长即率一、三两营及罗团一部，驰往援剿。四日午前七时，到达该地，与匪接触。激战一小时，匪势不支，纷向龙爪关方向溃窜。被围碉内难民，完全救出。是役毙匪十余名。我亦伤士兵三名。

（七）永顺游击队顾簧臣、姜庚堂、向沅生等，于二月三日，率队游击至吊井岩。当与赤匪五六百人遭遇。双方激战甚烈。后我保安大队顾队长率队驰援。匪受夹击，势不支，遂向永城方面溃退。顾队长等督队乘势跟追，当分三面包围。匪复纠合城中土匪千余人，顽强抵抗。幸赖我军团奋勇猛攻冲锋十余次，匪因伤亡过大，遂乘夜向龙家寨塔卧方向溃窜。

（八）田团长少卿，督同罗保安团，击溃杨土坡之匪后，继续于二月四日，向永属大青山，官塘湾、石堤西一带游击，当与匪数股约千余之众遭遇，激战至暮。匪因内部发生变化，遂向桑植方面溃窜。是股〔役〕毙匪三十余名，俘匪三名。并夺获步马枪十三枝，马八匹，辎重甚多，救出三十余人。我罗团亦阵亡队附张安定一名，土兵刘克胜、徐胜全等五名，负伤二十余名。

（九）肖匪伪五十一团及大庸游击队等，枪千余，人倍之。二月江日由大庸城出发，经毛坪窜犯军大坪，企图截击军米及运送部队。支辰有匪一部，约四百余，飞窜北溶，将屯集军米千余石焚毁，捉去民运队长罗才雄、军需匡德隆及传令兵等。比经班竹溪、湖田向烂泥、高家一带窜去。陶司令据报后，旋令王、钟两旅部队，分由叶口，北溶联系向匪兜剿。王旅前卫袁团，经北溶虞申进抵军大坪。匪已预伏该地两侧高山麓森林内。我袁团甫到，匪即两面向该团猛击。经我军分途猛攻，连行冲锋数次，匪卒不支，纷纷向军大坪东北方向逃窜。因天黑未便追击。此役毙匪五十二名，伤匪百余名，俘匪八名，夺获匪枪三枝。我阵亡排长一员，土兵三名，阵伤士兵十名。

（十）罗保安团长致英督率所部，及义勇各队，分途搜剿永顺城附近散匪。二月佳日，新由庸窜来匪伪十四、十五两团，在距永城四十里之小竹湖地方，与我罗团顾大队长鼎升及向义勇队长沅生各部遭遇。激战甚烈。经罗团长复派队驰援，该匪顽强抵抗，并两次向我冲锋，嗣以机枪扫射，一面反攻。卒赖我官兵用命，奋勇向前，匪势不支，遂纷纷溃退。计是役毙匪三十余名，伤匪数十名，生擒张云相、胡景堂等十余名。夺获马枪十八枝，军用品甚多。我罗团阵亡兵三名，伤队长杨光福、朱生晚，队附田云丰、黄斌田、黄赞先，土兵李福胜、向胜文等十五员名。

伪十四、十五两团，于小竹湖被我罗团及义勇队击溃后，分股逃窜。一股溃至盐井，复经永顺义勇队追剿，胆仍据险顽抗至晚。我各义勇[队]乘夜奇袭包围，当将伪区政府冲破。毙匪二十余名。并夺获步马枪十余枝。

以上围剿形势要图如附图第二。［图略］

湘东茶、酃、桂、汝方面清剿经过

该方面毗连赣西，残匪不时出没窜扰。本部曾抽派第六十二师李国钧旅，督同各保安团，负责清剿。时有斩获。兹将其清剿经过，汇陈如下；

（一）伪独立营于元月寒日，窜抵洪水江附近。当经驻酃县李国钧旅李团长东升，派彭营长率部驰往兜剿，与匪接触，激战约二小时。毙匪十余名，俘匪二十余名，夺获步枪二十九枝。次日，彭营在硫禾塘附近山上，搜获伪独立营修械机器等件。又筱巧等日，上水江地方窜来枪匪八十余。李团长当派营滕连夜袭击溃。

毙匪十余名，俘匪十余名。夺获步枪三枝。

（二）伪十九师三、五两团，人枪千余，由赣西经攸县境，窜至黄巢，我李旅冯团长，令第三营于二月冬日，由茶城出发进剿。江日上午，到达黄巢附近，与匪接触。匪恃险顽抗。经该营猛烈攻击，激战四小时，匪不支，纷向莲花边境溃退。当尾追至东冲，因天黑停止。支日继续搜剿，匪已远扬。该营遂返原防。是役计毙匪连排长数员，匪兵数十名，生擒匪兵三名，夺获步枪四枝。

（三）冯团李营长运纲于二月文日，奉命率部由潞水经黄狗岭、茶山陇向关陇方面进剿窜匪。其先头部第四连，在关陇与匪人约五百余，枪约三百余，机枪二挺之伪独立第五团遭遇激战。该匪初据险顽抗，经我第四连向该匪猛烈攻击，同时我第二连亦占领右侧高山，向该匪侧击，我机枪连，亦于是时占领阵地，向该匪扫射。激战约二小时，匪势不支，始分向有州全坪方向窜走。我二四两连，追至山巅。以时已黄昏，未便穷追。即夜宿营于茶山陇。是役毙匪数十名，生擒匪兵一名。夺获步枪一枝。

（此件引自中国第二历史档案馆编《中华民国史档案资料汇编》，第五辑，第一编，军事四，江苏古籍出版社1992年版，第877—881页）

桂军第七军追剿肖克共匪经过 [①]

⊙黄宾一

（一）肖匪西窜之起因

共匪朱德、毛泽东等，初以千余之众，盘踞赣南，造成赤区，杀人放火，残酷绝伦！当局以为小丑跳梁，无足为患而轻忽之。匪乃利用时机逐渐蔓延，流氓地痞蠢然相从，一、二年间徒党竟达数万，陷地四十余县，中央始调集大军从事征剿。前后四次，连丧师旅，徒增匪党之实力。故匪徒常称某军、某师为"输送队"。

匪既丧心病狂，不惜出卖祖国，听命苏俄，决以江西为根据；而赤化长江流域腹部，于是赣南、赣东、赣西社会经济为之摧毁无余，人民为之屠杀过半，罪恶弥天，真相毕露！中央军事当局鉴于以往之无功，遂亦改变对策，筑路建碉，步步为营，节节进取，并严密经济封锁，断绝匪之一切接触，自此匪区日蹙，势难苟延。同时，第三国际感于日本帝国主义之已攫取我东北四省，随时有侵夺外蒙，进攻苏联之可能，亦急欲囊括我西北之新、甘、川、康等地以资抵抗，而为二次世界大战乘机灭亡我国之准备，于是睇令朱、毛倾巢西窜，打通所谓"国际路线"，朱、毛乃以"突破封锁线，另造新赤区"为口号，先遣历年横行湘、鄂、赣边之肖克一股，试行突窜，为其前卫，此本年七月间事也。

（二）肖匪入湘与本军堵剿

肖克为共匪之伪第六军团总指挥，所辖十七、十八两师，自兼伪十七师师

[①] 该军是桂系的主力之一，下辖两个师，计七个团，共12335人。中国工农红军第六军团西征过广西时，桂系主要以第七军在桂东北一带防堵，后又派该军入黔追击工农红军。

长，龙云为伪十八师师长，号称万人，枪约五千枝。八月十三日，窜至湘边汝城，各方告警，本军奉命北上堵剿，湘省亦同时出兵南下。十七日，匪达桂阳，我第四十四师师长王赞斌来电报告："该匪越沙田，汝城向宣、郴西窜，十九日攻陷新田，湘南各县长多弃城逃匿。"我集团军高级司令部以匪行迅速，而我军远驻柳、邕一带，抽调需时，乃径行电令十九师师长周祖晃，派五十六团熊文杰营先由桂林乘车赶赴黄沙河，再步行星夜驰赴永州固守；一面令周师长率秦霖、张光玮两团，驰赴全州、黄沙河一带扼守；复令驻雒容之苏祖馨团驰赴平乐防守富川、龙虎关之线。其时，匪欲乘湘、桂两省调兵不及，直趋祁阳、永州间渡过湘江，即由新田分三路进发，一路取道百家坪，一路取道阳明山，一路取道罗山，势殊汹汹。幸我熊营已先到永州，布防扼守。廿三日，匪抵永州之产子坪，距城六十里。当晚，湘军段旅之范营亦驰到永协防。匪侦知永州有备，乃出楚江圩，旋以对岸有保安团扼守，即折回阳明、新田一带。当匪犯永之始，我集团军高级司令部，即改调周师苏团赴兴安策应，令廖军长前赴桂林指挥，并派廿四师师长覃连芳率汪玉□团及独立团谢〔蒋〕鼎新两部，分驻平乐，荔浦，防匪由龙虎关，富川之线窜入，所有桂境与粤、湘接壤之地尽派民团防守，概归廖军长指挥调遣。先是，匪到新田时，决定西窜之计划，探悉如下：

（1）由永州北之蔡家店渡过湘江。

（2）如蔡家店不能渡过，即以全力攻陷永州，渡河向宝庆西窜。

（3）如右两项均不能实行，即攻道州入灌阳向洪江西窜。

匪折回新田后，复集会讨论，各匪首对第三项预定计划多不赞同，恐入桂不能通过，反蒙绝大之损失；但与会之桂籍匪首，以为我军主力远在邕、柳，抽调不易，仍极力主张实行第三项计划，遂尔表决。

（三）蒋家岭、文市之役

匪在新田密议之方案，既为我军所探悉，八月廿七日，廖军长即抽周师三团控置湘边永明、江华、道州之线，并集结民团于文市，以资策应。复飞调七十二团团长程树芬率全团由柳赴桂林镇慑，覃师长亦奉令由平乐赴兴安指挥。廿八日，肖匪自新田、嘉禾间出动后，廿九日拟取道州，适我周师五十六团已先赶到布防，匪不得逞。卅日又企图窜扰江华，而江华又为我周师五十七团扼守，匪遂由江华、道县间之新车渡过潇水。九月一日，拟经达村寿福圩、瑶山出全州，但我周师五五团之二、三两营已到达寿福圩布防，留第一营防守蒋家岭。匪以寿福圩不能过，遂于二日经深田、高明桥、三口铺攻蒋家岭，激战数小时，迭次猛冲，均被我击退，匪死伤甚众。旋我周师长亲率五五团之两营及五六团尾追前来，该匪恐受夹击，即窜沙田出清水关到文市。三日正午，周师长率苏、秦两团跟踪追至文市时，距之大部已在对岸占领阵地，并有一小部在我岸警戒。周师长即令苏团攻击前进，占领我岸，以一部沿河防守，以大部强迫渡河。同时令秦团由上游渡黑河。向匪猛攻，激战约半日，始将该匪全部击溃，星夜奔逃，经石塘圩、麻子渡、凤凰咀向咸水西窜，当以天届昏黑，未及衔尾急追。计是役毙匪数百，夺获枪技〔枝〕甚多，伪五十团团长刘式楷及政治部主任皆阵亡，伪四十九团团长受重伤。

（四）鲁塘之役

肖匪在文市被我击溃后，当向石塘、咸水溃窜。同时，我军七十团由平乐乘车至界首布防，侦知肖匪已渡咸水，停止于兴安〔全州〕属之鲁塘圩一带，我七十团乃回唐家市对鲁塘警戒，以防匪窜兴安。追探悉匪徒虽众，但子弹缺乏，七日晨，该团遂由小径抄出鲁塘，与匪激战。匪冀图保存实力，遂向西延逃窜，我军乘胜追击，先后毙匪百余名，俘获甚多。伪五十一团团长张鸿基，亦于是役被我军击毙。

（五）我军分兵追剿

匪自鲁塘溃败后，当向全县之西延溃窜，我军以肖匪入境，尚未全部扑灭，将士无不愤激，愿往追击，誓除此獠！摩军长遂于桂林再订追击堵剿计划，分配兵力，亲率周师及七十团、特务营各部，急向西延衔尾追击。并令覃师长率七十二团、七十一团之一营、独立团之二营，由桂林折出龙胜堵剿。又令郭参谋长凤岗，由柳率兵一部驰赴三江县堵截。部署既毕，覃师长先由兴安折向龙胜前进，廖军长则于八日寅刻由桂林驰赴咸水，是日下午十时，复由咸水步至洛江，是晚到达护卫岭宿营。时匪距军部行营约二日之程，周师已取道全县以达车田，距匪约一日之程。肖匪自经文市、鲁塘各役后，深畏我军之战斗力，不敢窜经龙胜，乃由西延出湖南之城步、绥宁、通道。九日，廖军长到达石溪口。

十日，经车田赶赴七子田督师追击。十一日追至湘边之蓬洞。当日行经湘、桂交界之高山，于山上发现共匪冷嘲我军之文字于木板上："此是湘、桂交界之处，不劳桂军远送。"我军将士睹此，更加痛恨！廖军长以匪去较远，因即变更追击计划，当夜电令覃师由龙胜之平邓，向湘属之通道推进截击。一面通知湘军在通道、靖县等处，迎头截堵。廖军长则亲率周师及七十团衔尾追剿，以收腹背夹击之效。同时奉令："所有湘、桂二省剿匪部队，概归廖军长指挥调遣。"廖军长即以湘军成铁侠旅在通道方面，拨归覃师长指挥调遣；已则兼率湘军十九师李觉部由靖县方面向黔方截击。肖匪自经城步、绥宁陷通道后，即继续西窜，湘军何平旅尾追失利，损兵一营以上，我覃师长即由通城率部追剿，将匪击溃，继续尾追。

……

（九）石阡会议

廖军长为除恶务尽，拟将肖、贺两匪根本歼灭，在石阡专候王主席[①]会商具体计划，至廿三日[②]，王主席始到。遂与李师长赴其二十五军行营密议，当经公推廖军长指挥桂、湘、黔、川各军，期于廿日内前清肖、贺。该第二步进剿计划既经拟定待发间，不料当晚廖军长忽奉总、副司令电令，以江西朱、毛大股倾巢西窜，饬率所部星夜驰回湘、桂边境截堵，我军遂于二十四日由石阡还师。廿五日，抵镇远，稍事整理，廿七日继续起行。功亏一篑，殊堪痛惜！至追剿及善后事宜，则由黔军负责办理。……

（十）沿途见闻

乙、共匪之士卒：匪卒多属年幼无知，以其思想简单，易于驯服，故匪卒中十分之九为十七岁左右之男丁，其有壮年之匪徒，多系当年李明瑞之部众。

……

戊、匪之便衣队：匪之窜扰，必遣便衣队先行，其作用甚大。一则暗佩短枪，侦察情况；二则因匪到民众逃避一空，不惟给养困难，抑且无人响导，故便衣队先到，必将各道路把守，断绝交通，捕捉壮年男女，勒令充当响〔向〕导。

---

① 王主席，指国民政府贵州省政府主席兼第二十五军（黔军）军长王家烈。
② 廿三日，指一九三四年十一月二十三日。

己、共匪之夜行军：匪昼伏夜动，其作用有二：一为避免追击，不易被发现。二为避免飞机侦察、轰炸，故夜行成为习惯。……

辛、共匪之躲避飞机方法：匪初抵湘时，广西当局即派飞机侦察匪情，并派轰炸机投弹助战，故匪屡被轰炸，损失颇重。嗣[后]肖克令所部各制伪装帽一顶，此帽系以草织成环形，插叶于上，用以覆头，使飞机于空中难于辩识。

壬、共匪之命令：肖克虽充伪军团总指挥，一切行止仍听命于伪政委，伪政委之命令极严，犯者处以极刑。即伪政委措施不当，或调查军情不确，亦受上级之严重惩处。

癸、共匪之起居动作：匪之起居动作，主要目的在求迅速。西窜时，规定尤严。凡起床、着衣、食饭、整理行装、大小解动作，统限廿分钟内办理完竣，不得迟误。

（此件引自桂军第七军司令部编《七年军刊》第三期，1935年5月出版，第93—100页。此件为节录）

桂军第七军军部一年来工作概述

一、参谋处

本处过去一年工作分作战、教育、公务人员训练、防空演习及人事等五项，分述于下：

1.作战

本年八月间，赣匪肖克领匪万余，枪五千余，沿汝城西窜，湘边告急，请以两师兵力集中湘、粤、桂边区，协同将匪聚歼，以杜流窜。同时，平、桂、柳三区民团，均奉令归我军长指挥调遣。

当时，为迅速集中起见，汽车运兵，络绎于途。以十九师入湘，秦团至零陵，张团至江华，苏团至道县，分境布防，独立团推进至恭、富之线，廿四师进至灵、兴之间。军长移节桂林。总部调十五军史蔚馥、肖兆鹏两团驻柳策应。湘军章亮基师亦进至全县协防。

湘水左岸，曾经我军团节节扼守，因徒涉场太多，随处可以偷渡，民团尚乏作战经验，匪得乘隙进犯清水关，被我十九师于蒋家岭、文市两处将匪击溃。而文市一役，飞机翔空，施以轰炸，歼伪团长一，匪一千七百余，积尸断流，灌水为赤，江、道瓦全，未遭蹂躏。在本军恤邻，固应尔尔，民众箪食壶浆以迎，当之似无愧也。

匪众化整为零，分道窜扰，由新圩、石塘圩、麻子渡、界首经露塘，被我廿四师汪团截击，毙匪二百余，俘获称是。

匪数被创，益觉停止不利，极豕突狼奔之能事，由西延、华石隘、蓬洞向湘边通道县直窜入黔，军长督师衔尾追击。

肖匪率残匪约六百余，既与贺匪合，不使入川，尚无燎原之势，爰于石阡召集会议，定第二步计划，拔茅连茹，扑灭此獠，解民族亡种之痛，纾中央西顾之忧。正从事间，乃赣匪倾巢西窜之谍报传来，本军亦复奉檄班师回桂应付。于肖、贺则违除恶务尽之心，于任务则有九仞为山之感。分途凯旋，一由镇远、黎平、三江、义宁至桂林集中；一由黔、桂公路车运至柳州待命。

赣、闽共匪，被中央及粤、桂军实行封锁政策以还，物质〔资〕缺乏，丁壮散亡，给养、补充两陷绝境，不得不放弃数年经营之匪窟，领十余万众沿粤赣、湘边西窜。其企图不外以蜀中天险，而政治梦如乱丝，民众容易煽惑，能入川与徐向前合，势亦庞大，沟通青海，接近苏俄，赤化川、黔之数省。此次桂北一带地区，首当其冲。为滞匪程固吾围计，秉承最高军事当局整个策略，分饬边县赶筑碉堡，各自为守，于边陲并断绝交通，以杜匪谍；更菟集粮秫，或深秘藏贮，或设法烧毁，实行坚壁清野之法，务使匪无所掠，俾易聚而歼旃。

本军依新区分为右翼军，并指挥调遣平、柳两区特联队，在恭城龙虎关附近，一面构筑工事，一面扼险布防，固我腹地。乃该匪不堪友军之压迫，向我桂北直窜，蚁缘旧迹，马能识途，肖克为朱、毛之先驱，朱、毛为肖克之后盾矣。

我独立团及七一团暂隶左翼军，防守咸水及全县城，协合友军，迭于新圩、下陂田、白鹭亭、石塘圩、凤凰咀、麻子渡、咸水、板桥铺、护卫岭各役，与匪接触，均获胜利。

本军区分为第一追剿纵队[①]，独立团、七团均归还建制，跟踪追击。由桂林经义宁、龙胜于马蹄河口、长安堡各役，被我周、秦〔覃〕两师追击，与战颇烈。综合以上各役，暨联合友军，计斩首共匪约五千，俘获约七千余，缴获步枪万余，轻、重机枪百余挺，辎重极伙。我方伤亡二千余，匪方损失当在二万以上。

在周师追击前进中，乃黔、桂毗连之梅砦，发现土匪，军长为巩固后方、绥靖间阎计，令柳区肖副指挥道龙率同本军特务营第二连前往剿办，藐尔小丑，何堪一击，直狮子搏兔耳。计擒、毙首要廿余，余自新，获枪十余枝，旬日即告肃清。

二、副官处

本处承军长之命令，对外负责办理交际、交通、查缉等事项，对内负责办

---

① 据《斯集团军白副总司令崇禧致广州冬电》，第七军实为第二追击队，故此处之"第一追剿纵队"应是"第二追剿纵队"之误。

理卫生、庶务、修葺诸事项，繁冗庞杂，整理非易，向系采取分工合作办法，设总务、交际、庶务三科，每科以干练之副官一员负其全责，另以副官或司书等协助之。一年来之工作，深荷上级之训导。本处同人之努力，尚无陨越，堪以自庆。古人有云："前事不忘，后事之师。"兹将各科工作经过分别记载于后。

……

2. 交际科

本科一年来之工作，皆依照规定及承军长之命令而办理，计重要工作，不外接洽外界、招待来宾、劝办办宴会、设置议场、领发交通器材、管理车辆、负责运输、参加外界会计，及关于战时大行李之编制，暨临时一切派遣各事项。兹谨择较重要者，列举于后：

当本年九月上旬，共匪肖克由湘窜桂，本军远驻柳州。一时抽调不及，奉命用汽车运兵，以资堵剿。本处官佐在桂林奉军长命令。征集各地汽车运兵赴前方堵剿共匪，遂于桂林征集平乐、八步、贺县、荔浦、柳州、南宁、贵县及桂林等处公车、商车，计达百辆，于九月三日，将在平乐、荔浦之七十团运赴兴安、咸水堵截共匪，再由荔浦运独立团官兵赴桂林以资镇慑。其他如二十四师部由桂林赴兴安，特务营由灵川至咸水，七十二团由永福到桂林，转赴兴安等地，均由本处派车运送。计此次用车运兵，日夜不息，由九月三日起，至九月八日止，各汽车司机目不交睫；桂林车站站长及其职员。暨本处官佐，均备极劳瘁。至商车方面，尤为可嘉。因当时汽车往来，仅给伙食及电油暨修理等费，无暇清算车费，而各商车均以顾全桂林为重，不计较于车费之领发。此固本处官佐之督促，尤得桂林车站陆站长劝导之力，此本处同人所深感谢者，特记之以志不忘。

3. 庶务科

本科工作，亦经上级长官明白规定，如本部官、兵、伕薪饷之领发，给养及清洁之管理，公物之采办，及保管人员增减之登记。囚粮之领发，此皆本科常年之任务。于过去一年来，无日不忙于工作。兹述其崖略于后：

本部于去年九月八日，由桂林出剿肖匪，经湘入黔，沿途所经，皆崇山峻岭，人烟稀少，因而粮食无多，给养困难。当九月十一日到达七子田之夕，该地渺无人烟，粮食无从购买，无米为炊，困难万状。本处官佐奉军长之命，每日饬派官佐二员，每晨先部队而行，遇有居民时，即行购办军食，并任设营事宜，由是而后，本处官佐即任军粮之采办，但本军系随共匪所经之途径而尾追，所到之处，民众因避共匪，以致十室九空，况所过皆荒村野岭，粮食之供给更属短绌。又因共匪先我军而行，将沿途所有米粮劫食净尽，我军随后而至，自无物以充饥。处种种情形之下，我军经数千里之追剿，其困难可想而知。幸赖本处同人之努力，日出搜买粮食，甚至购置民间之谷而自磨舂，可谓艰辛之至。时或购买不获者，我军将士惟有忍饥追剿而已，此本科于追剿肖匪时担任采买粮食之大概情形也。

（此件引自桂军第七军司令部编《七军年刊》第三期，第165—179页。此件为节录）

桂军第七军二十四师一年来工作概述 [①]

参谋处

剿肖匪时期

年来盘踞赣东，实行恐怖政策，以图祸国殃民之共匪朱、毛，因不堪国军之压迫，势穷力蹙，乃令其党羽肖克先率匪众万余突围西窜。其番号为第六军团，辖十七、十八两师，另一随营军官学校。每师步兵三团、每团三营或四营不等，每营四连，每连官、兵，伏约百余名，步枪六、七十枝。各师、团、连之中，均设有政委及宣传队，每团尚有便衣队四、五十人，化装为农、工、商、僧侣、乞丐等，暗藏兵器，专制探军情，或奇袭扰乱，为其职责。第六军团长为肖克，十七师师长由肖自兼，所属为四九、五十、五一三团，团长为徐志英、刘式楷、张鸿基。十八师师长系龙云，所属五二、五三、五四三团，团长为王植三、李天锡、徐启开等。八月下旬，接友军情报，该匪沿粤、湘边境有进犯桂北横样，本师奉令截击。于八月二十七日，派七十团团长汪玉珊率部先赴平乐待命，继派七十二团团长程树芬率部赴桂林待命，师长轻装减从，只带参谋、副官及经理、卫生人员数员，于九月二日，乘车赴平乐指挥。既抵平乐，七十团已奉军长电令推进至同安圩。此时接获各方情报，该匪已通过蒋家岭向兴安方向进犯，即令七十团于三日用强行军速度，克日取捷径迳开阳朔，并征集汽车多辆集中阳朔，将该团星夜运至桂垣。次（四）日，即继续运至兴安之界首市布防。师长亦于四日午抵兴安。接获各方集探报，得知肖匪全部约万人，于本（四）午已渡咸水河，停止于兴安属之鲁塘圩一带。时匪之兵力多我数倍，为防止该匪向

[①] 该师下辖第七十、七一、七二三个团。红六军阳西征过广西时，该师所属第七十团于全州之鲁塘袭击红军。中央红军长征过广西时，该师第七一、七二团于龙胜之河口、庙田一带截击过红军左翼部队。

兴安逃审计、遂令七十团开回唐家市，对鲁塘方向严密警戒。六日，派员率手枪兵八名，乘汽车沿马路向界首、威水方向严密搜索，知无匪踪，令七十团于七日拂晓，由左翼小路向鲁塘出击，激战一小时，匪不支，纷向西延溃窜。是役，毙匪百余名，颇有俘获。伪五十及五一团团长刘式楷、张鸿基，亦于是役击毙。八日，我十九师已集中于威水一带。同日奉军长电令，军长自率十九师及七十团经洛江向西延追击前进；师长即日赶回桂垣，率七十二团及七十一团第一营、独立团，经义宁向龙胜平邓方向截击。十三日抵平邓，据探报肖匪已通过湘属城步县丹口之线，有经中团向通道县逃窜模样。师以截击之目的，于十四日取捷径推进至湘属绥宁之下乡圩，得知该匪今午已通过下乡附近，向青芜州、瓜坪逃窜。师于十五日向该匪跟踪追击，既抵瓜坪，与匪之掩护队接触，约一小时，将瓜坪占领。匪向通道四乡所入黔属之平查所、鳌鱼市、南嘉堡渡剑河向大、小广溃窜，师长并指挥湘军成铁侠旅继续跟踪追击。沿途山路崎岖，居民十室九空，行进、给养均感困难。二十三日，追抵大、小广。该匪已窜至八卦河，因被我十九师截断去路，廿四日拂晓，仍向大、小广回窜，经我师迎头痛击，毙匪团长赵雄一员，营长周其昌、王静二员，十八师政委一员，匪死伤逾千。肖克率其残部越山北窜，我师经施洞口、平案、施秉向余庆穷追。十一月九日，抵余庆之马胡苑。而该匪已窜至甘溪，其企图系欲流窜过石阡之线，而入川南一带，与贺匪联成一气。不期窜至甘溪，被我十九师及七十团截击，死伤无算，伪十八师长龙云负伤失踪（后被黔民团搜山擒获，已解贵阳惩办）。肖匪率其残部约五、六百人，昼伏夜行，向思南、印江逸去。时值江西朱、毛共匪倾巢西犯，遂于十月廿七日，奉命班师回桂，以固省垣。

桂军第七军十九师五十五团一年来工作概述 [①]

本团过去工作最重要为剿共工作，兹将其经过纪略于下：

共匪肖克及朱、毛全部，为中央军数次围剿压迫，遂于八月间，先后西窜。本军以消灭该匪之目的，亦先后追截。本团于八月二十日奉令由柳出发，协同各友军将肖匪主力消灭后，十月二十四日奉令由黔之石阡县属大地方班师回省。十一月八日到达桂林。十九日又奉令由桂林出发，截剿朱、毛，十二月二十一日进抵榕江县，协同本师各团布置防御、构筑工事，其一切经过情形分纪如下：

A、消灭肖匪之役

一、行军状况

自八月二十日由柳出发以至十一月八日班师抵桂，历时凡七十一日。此七十一日中，要以行军占大部份，而行军状况则因道路之难易、天候之变迁、行军之途程暨官兵之健康与否而略有差异。计初自柳出发以至桂林，又由桂林以至道县之寿佛圩，其间虽有险峻不易运动之道路，但大部份则尚属平坦。故天气虽稍酷热，除少数体弱之士兵不能随队外，其因临时发病而落伍者尚属鲜有。自蒋家岭蹑匪追击以至湖南之靖县，其间道路多属险峻，行李、人马概难运动，益以逐日之行程俱属增大，天候又颇酷热，越岭拔〔跋〕山，终日不停，故因病落伍之士兵，日渐发现。而乘马、驮马亦尽伤蹄，不堪乘用。自靖县经广平而入黔境以后，所经概系山路，天气骤凉，雨水又多，士兵军毯及棉背心犹未运到，夜间感受寒气，日间又受雨淋，是以逐日行军因中途发疟而沿逾落

[①] 该团在湘、桂边境湖南道县之蒋家岭和广西灌阳之文市参加了防堵红六军团的战斗，后又尾追红军入黔。中央红军过广西时，该团曾在龙胜县属之马堤河口截击中央红军左翼部队。此件为节录。

伍者日渐增多。自将肖匪主力消灭，在施秉及镇远之路濑，先后运到棉背心及军毯以后，士兵疾病日渐减少，班师回防亦绝少沿途落伍矣，综计此次行军，不论为旅次、为战备、为急行、为强行，除临时发病以致落伍者外，共无疾病之官、兵，均能随队行进，即炊具、行李亦能随队运动，盖各官、兵之行军力业已增进不少矣。

二、宿营状况

每日宿营，如房屋足敷分配，为保持士兵健康起见，多系舍营。如因战斗咸因敌情顾虑，成因房屋过少，则全团露营。计此次追剿肖匪，因上述关系而露营者凡九次。如九月三日在文市，五日在咸水之鹧鸪桥，十日在横路底，十四日在木路口，二十三日在小江，二十六日在孟有，十月八日在大地方，九日在大地山口，十一日在李家园，均系全团露营。此外，各营因房屋不敷分配而半露营者更不知若干次。惟当宿营之时，不论为舍营、为露营或半露营，无不令饬各营指派官、兵就近征发禾草，以资垫睡而免受寒。但自入黔以后，因气候不良，温度较低，在士兵军毯犹未运到以前，每晚宿营虽有禾草，亦仍不能安眠，如无禾草则缩瑟之状，难以言喻，此入黔以来，士兵所以多发疾病也。至每日到达目的地，若负有警戒任务。则先派出警戒部队妥为布置，然后进入宿营地，并指示警急集合场，并团及各营之直接警戒，以备集合而免疏虑焉。

三、战斗经过

本团此次入湘、黔追剿肖匪，与匪接触凡共六次。计：（一）杨家桥之役；（二）蒋家岭之役；（三）文市之役；（四）洗羊溪之役；（五）大箐之役；（六）地山岜之役。除杨家桥、洗羊溪、地山岜等役系属小部份追击及搜索战斗略不记述外，余如蒋家岭、文市、大箐等役，其战斗之经过分纪如左：

一、敌情

肖匪十七、十八全师于九月一日午后，乘夜由达村向杨家桥、高明桥窜进，九月二日午前六时三十分窜达蒋家岭，即向西山头突进，企图击破我扼守蒋家岭之第一营，以图西窜。

二、我及友军之部署

（一）我五七团驻江华附近，五六团驻道县城，师部及本团二、三营驻寿佛圩。九月二日午前一时，我五十六团亦由道县进抵寿佛圩策应。

（二）我第一营驻蒋家岭向道县及小坪方向警戒。

（三）蒋家岭西山头及炮台山有兴安后备队二中队扼守。

（四）我第一营第一连为右第一线连，沿竹仙庙迤西一带占领阵地；第三连为左第一线连，沿蒋家岭、竹仙庙之线占领阵地；第二连为预备队，位置于蒋家岭东端圩头。

三、战斗经过

是日上午六时三十分，敌以一团之兵力突进西山头，后备队不支，退炮台山及其右翼一带山地，此时，乃以第二连之一排援之。敌不能突我右翼，于是全部向我左翼移动，斯时一、二连已与敌接触苦战。上午十一时，敌以五二团之一部包围我左翼，即命二连之二排应之。不支，复调炮台山之轻机关枪一班、步兵半班增援，乃将敌击退。下午二时，敌复以重兵包围我左翼，此时已无预备队使用，不得已抽第三连之两排反包围敌右翼击退之，扼守小松山。敌无包围可能，乃向沙田方向窜退。午后三时三十分，本团回援到达，我五六团及湘军亦陆续继到。是役毙匪百余名，我军亦伤亡官、兵一十五员名。

B、文市之役

一、敌情

肖匪全部于九月三日由沙田退据文市，企图西窜。

二、我及友军之部署

九月三日午前六时，我师以五六团为先头，向文市追进至永安关附近，改以本团为先头。我以第营为前卫，第三营为本队，第二营为左侧卫向文市前进。午后二时三十分到达文市五里亭附近，以第一营为右翼第一线营，第二营为左翼第一线营，第三营为预备队，向文市攻击前进。

三、战斗经过

团展开完毕后，左、右第一线营即同时展开：右第一线营以第一、二连为第一线，第一连在右，第三连为预备队；左第一线营以第五、六连为第一线，第六连在左，第七连为预备队，向文市攻击前进。敌被我猛行攻击，溃乱不支，纷纷退集河西，将浮桥焚毁，阻我前进，并以五十三团凭河抗战，掩护退却。午后四时，我第一线营已进入文市东街，并据文市河东岸，将固守河西之敌猛烈攻击，敌顽强抵抗，激战甚烈。我以步兵炮轰击，轻机枪扫射，敌伤亡甚重，及以一部约百余人向我左翼徒涉渡河，希图扰乱我左侧后，即着第七连派兵一排附轻机枪一挺，增加第六连之左要高地，将该敌击退。午后六时，敌势不支，纷向石塘圩方向溃窜。是役伤毙匪兵约二百余，我军亦略有伤亡。

四、给养状况

剿肖匪给养概况如下：

1. 关于在县、市之给养：县、市给养比较容易，如靖州，镇远、天柱、锦屏均有县府机关负责筹办，或由各部直接向商人购买。

2. 在村落之给养：村落给养比较困难，如羊肠、大地方、谷地、平子寨等地，闻共匪来，无知乡民有逃避他方者，间有村、甲长亦不在家者，处此情形，如有村、甲长则觅村、甲长，否则，觅请耆老询问谷米多寡，请其集合一处，由团部派员会同父老监视公卖。如当地谷米不敷，则派特务长会同村老带路赴他村采办。如十分困难时，则请舍主代办，因各舍主筹办少数米粮凑办较易而有责任心也。

3. 在困难时之给养：即跟踪追击共匪时，匪军所过，十室九空，且民众逃避殆尽，虽有不逃者，问其有无米粮则概答曰无，尚有民众问吾等索饭食者，因共匪来，避难山洞数日未得食故。如车田、黄龙、横路底、蓬洞等地，本团竟有一日仅得稀粥一餐者。再与共匪接触时亦困难异常，如孟有、地山邑、李家园等地，住户稀少，居民无多，或可买得少数包粟、番薯外，实不买得米粮，在万无办法时，令各部买谷自行舂磨，并食携带之粮秣。

五、民众感情

……

二、其次就要谈到村、乡僻壤大多数的劳苦群众，这辈子除去终日胼手胝足、深耕浅种、日出而作、日入而息的时间外，真是不知有汉无论魏、晋，如同方外遗民一样，谈不到现在国家是怎样，民族是怎样，社会的机构、组织生活等又是怎样。平时，既然没有受过相当的教育法律、政治的常识和自卫能力，且地方不靖，盗匪扰乱光临到来，那〔都〕是逃避去了。若果是稍为狡黠一点的，不是借着这个机会去干那法外的行动，就是受匪的利用而为虎作伥、无恶不作的勾当了。譬如这次本军追剿肖匪到过不少的乡村，虽然官兵互相约束自爱，随时抚辑流离、保护安居，很客气地劝勉告诫，但是，这种民众能够了解认识本军是为民众福利而来，而得到成功的收获固属很多，而曾经受匪的洗礼、麻醉过的民众，或许仍有若干的对于军队加以嫉视和伤害。

桂系空军参加桂北两次剿共记 [①]

⊙邓　堤

　　民国廿三（一九三四）年秋，盘踞江西数年之共匪，经国军五次围剿，其势益蹙，于八月间突围西窜，欲园其打破〔通〕国际路线之迷梦。先命萧克匪部约万余人，由精经湘而来。本军闻讯，即派周师长祖晃、陈指挥官思元率部前往堵截，空军亦同时奉命参战。八月二十三日，由飞机第一队队长宁明阶，率分队长郑梓湘、邓沃权、飞行员甄道成等，分驾三机出发桂林，归总部行营直接指挥。是时，匪已进至湘南道州一带，每日均派机前往侦察。惟以距离尚远，活动时间常感不足，遂于数日后移驻全州，不时出发湘南轰炸，予共匪以迎头痛击，九月初，共匪入我省边境，在文市，石塘圩之线。与我周师及民团激战两日。九月三日，前方告急，留柳机队复奉命全队出动助战，驻全数机亦于兜日返抵桂林。次日，匪军乘机以主力冲至界首，以我援军快到，是夜，复向西延方面逃窜，我空军是时极为活动，在路江圩一带曾给匪以重大打击。我军复乘胜追击，匪军虽得进入西延，万余人已死伤过半矣。九月五日，残匪已完全入于越城岭山脉之间，峰高峡多，山道纵横，此时不徒我军追击困难，即我空军欲达成侦察任务，亦大感不易，故虽数机出动，亦无所获。六日晨，据派往侦察匪踪之一机回报，谓在西延附近山腰中，发现匪约千人，有向湘、黔边境逃窜模样。当即派出窝拔地（Wapifi）机三架，前往轰炸。敌闻我机声已预为疏开，并藉伪装以图欺骗，但因彼等人数众多，一时仍逃不脱我机鹰眼，三机即予以连续轰炸。我机明知山壁峭立之处，投弹差之毫厘，即失之甚远，收效必微，但为彼等数年来之杀人放火事实所激怒，亦决然放弹威胁之。

[①]　桂系的空军基地设在柳州。共有战用机十余架。该处还设有航空学校一所，专司空军的训练工作。红六军团和中央红军经过广西时，桂系空军先后参加了作战。

九月七日，匪大部已过西延。是日派出侦察之机。均携有炸弹数枚，准备发现匪踪即予轰炸。盖山岭之间，如非大部队，发现极难，且匪易于掩蔽，出没无常，更因昨日匪部被炸，今后必不肯密集行动，予我以瞥见之机会，故欲再次获得轰炸之大目标，自有不可能。回报引机袭击，亦不容许，不得不采取此种手段。更因上述峭壁之处，投弹意在威胁不易生效之理由，亦以单机独断行动为有利也。飞行员沈瀛、韦淳杰[1]，是日奉命驾亚扶路六三七（AVRO637）机一架，出发西延、车田一带，亦为遂行是项任务者。该机逾时不归。旋据他机回报，谓该机不知何故，已坠于西延之西约二十华里之石溪村，驾驶人员不知下落云云。当即另派一机前往视察，是时机已被焚。余烟犹袅袅未散，但仍未能辩悉驾驶人员之生死。该处系共匪退窜要道，残余匪众尚络绎于途，又适处于山峡之间，未便低飞明视，故未得结果而回。次日，匪全部已过西延，沿车田有向湘、黔溃散之势，我军已追至西延。准沈、韦二同志之生命消息，仍无下落。于是，一般同志纷纷对二君生命作安全与否之推测，有谓为二君奋勇杀敌，愤不顾身，飞得太低飞机不能抽起而致坠地者；有谓因低空飞行，驾驶员为敌击中而迫降者。如不幸事实如前者所推测，飞机损坏必剧，搭乘人员即不跌死，亦必身负重伤，不能逃脱匪徒之杀害，如如后者所言，后座搭乘之人，或尚有逃脱可能之一线希望。当时推想虽如此，仍望二人有均得生还之消息。但一般人心理，总觉凶多吉少，对沈、韦两同志悲悼之余，于共匪之行为益加切齿，恨不得即飞前方为二君复仇。

九日晨，派一飞机往失事地点与友军作陆、空通讯，欲探悉沈、韦下落。据地下摆出惊人噩耗，二君果为国捐躯，先我等而牺牲矣！匪军继续向黔边进发，我军跟踪追击，匪毫无抵抗能力，入山愈深，飞机侦察愈益不易，但仍不时飞往视察，藉振友军士气。嗣后数日，湘之城步、通道间，亦常有我机踪迹，且带回有价值之情报不少。惟因越城岭山脉山峰多在三千尺以上，天气稍微不佳，行动即受限制，且有时完全不能活动。九月中旬，共匪残部已完全逃入黔境，超出我空军活动半径范围之外，机队即奉命停止出动。

---

[1] 沈瀛，原籍浙江绍兴人，1912年8月生于桂林。在广东航空学校第六期飞行班肄业后，回广西服务于航空处飞机第一队。韦淳杰，原籍广西永淳县人，1911年12月生。在广东航空学校第六期乙班学习航空。两年后，毕业回广西航空学校，任少尉飞行员。1934年9月7日，沈、韦二人同驾一机于资源县大埠头下石溪村轰炸扫射着红六军团，为红军击穿飞机，被迫降落，为红军击毙。

是役因我军及民团奋勇，匪军奔溃甚速，旬日之间，即通过我空军活动范围之外，且此期间中，匪众昼伏夜出，我空军甚少大现威力之机会。奉命停止出动之下，空中将士均觉惋惜不置！

　　　　　　　　　　　　（此件引自《广西航空学校校刊》，1934年，第105—110页）

国民党军追堵
中央红军长征作战

（一）防堵中央红军突围长征

赣粤闽湘鄂剿匪军东路军第十纵队
广昌以南白水至贯桥各战役战斗详报

（一九三四年九月）

虾蟆台白水镇之役

（甲）战斗前匪我之概况

匪伪五军团十五师之一二三各团及伪卅四师之一〇一、一〇二两团及其伪广昌天峰保卫队二百余均盘踞白水镇附近，伪五军团之一部则出没于巴口桥、文会、虾蟆台、刘田一带。

纵队六月卅日奉总司令顾^①俭彦电调赣归三路总部指挥，乃令第十师留建宁担任建宁至船顶隘间之守备，第四、第八八、第八九各师为进剿部队。七月六、七两日，各师先后由建宁到达广昌。七日奉总指挥陈阳申代电附，发由广昌向石城进展，第一期推进方法部署表（详附录第一）。令本纵队主力由文会附近经刘田进占白水镇，即就该线构筑纵缀封锁线。一部由巴口桥经新开岭会取白水镇，再由白水镇西向经回新堡向玄帝庙（含）与第五纵队对筑横缀封锁线，并令碉堡筑成后以一部担任守备，其余构筑白水、回新堡下坪新安（不含）间之公路。

（乙）我军之部署

纵队奉令后即于八日午前八时下达关于前进命令如左：

---

① 顾，指顾祝同，时任国民政府军事委员会委员长南昌行营北路军总司令。

命　令

（七月八日午前八时于广昌指挥部）

战字第四十五号

一、匪情如附图。

本路军第一期占领头陂、新安、白水之线，完成此线之碉堡与公路。我罗纵队由头陂继续向新安玄帝庙筑碉前进。

二、纵队以一部经巴口桥牧童湾、大兴港，主力经文会、沈坊、刘田逐段向白水攻击前进。

三、第四师（缺补充团）明九日午前四时先头由集中地出发，经状元项、杨梅、文会、虾蟆台、沈坊向刘田攻击前进，到达后先占领阵地，完成野战工事，再构筑沈坊（不含）刘田间之碉堡，限十一日完成。对东西南三面应严备警戒。

四、第八十九师明九日午前五时由李家堡出发，先集结广昌东方地区，在第四师后跟进，经文会到达虾蟆台附近，对东方严密警戒。北与杨梅之第六师、南与沈坊第四师衔接，先占领阵地完成野战工事，后再构筑文会沈坊（含）间之碉堡，限十一日完成。

另派轻装步兵一团为右侧支队，午前四时出发，经河东新陂、巴口桥向牧童湾、陈坑、梓州、大兴港攻击前进，到达后沿河向西警戒，掩护纵队之右侧，俟八八师达到后归还建制。

五、第八八师明九日午前四时由长桥出发，经茶亭庵、西岭到达广昌东方之中坊附近，后稍事集结，俟八九师通过后，经河东新陂、巴口桥达到牧童湾、梓州一带集结待命，并派一部占领大兴港、新开岭接替八九师之一团，对白水方向及沿河向西之警戒。

六、通信主用有线电话，各师通信营到达后应向虾蟆台附近本部总机构成通信网，必要时并用无线电信。

七、前进后各师给养向广昌及白舍仓库领运，务准备三日以上之粮秣。

八、余现在广昌指挥部，明九日午前在八九师先头到达虾蟆台附近。

下达法先以电话通知要旨，后缮写送达。

指挥官 汤恩伯①
副指挥官 冷 欣②

（丙）战斗经过

七月九日午前七时，第四师前卫之十二旅到达巴口桥南端高地即与匪接触。当经猛烈冲锋，匪遂不支，同时，通白水大道左侧高地发现匪数十名向我射击，并附近各山头均有匪之工事，该师得此情况乃令第十旅先头部队之第十九团相机占领虾蟆台北端高地，以策应第十二旅之进展，第十二旅二十三团驱逐当面之匪，继续前进。午前十时占领文会。第十旅十九团正午十二时占领虾蟆台，午后一时进至新坊北端一带高地。匪纷向光峰白水溃窜。该师亦停止攻击，开始构筑战工事。

第八八、八九两师均先后达到目的地。

据俘匪供，当面之匪为伪五军团十五师之第一团，其二三两团在白水及其南方一带。纵队遂决心明十日继续向白水攻击前进，下午四时下达如左之命令：

第十纵队命令
（七月九日午后四时于虾蟆台指挥部）

战字第四十六号

一、据俘匪供称，当面之匪为伪五军团十五师之第一团，其二三两团在白水及其南方一带。

我第四师本日驱逐虾蟆台、沈坊一带之匪，占领刘田、新开岭中间一带高地。

我罗纵队已占领新安，正向新安东南地区进剿中。

二、纵队明十日继续向白水攻击前进。

三、第八九师（附八十八师榴弹炮二连）明十日午前五时前将巴口桥南方阵地交第八十八师接替后，由现地出发经牧童湾、梓州、新开岭向白水攻击前进。

---

① 指挥官汤恩伯，指国民政府军事委员会南昌行营第五次"围剿"东路军第三路军所辖的第十纵队指挥官。

② 副指挥官冷欣，指国民政府军事委员会南昌行营第五次"围剿"东路军第三路军所辖的第十纵队副指挥官。

四、第四师明十日以一部固守现阵地构筑碉堡，主力协助八九师功取白水，该师二十团阵地交八八师接替。

五、第八八师明十日午前五时前接替八九师巴口桥南方阵地及第四师二十团阵地，构筑碉堡，该师之榴弹炮二连配属八九师攻取白水。

六、通信主用有线电话，本部明十日午前十时在梓州开设情报收集所，各师通讯营应与本部梓州通信所构成通信网络，必要时并用无线电信。

七、余明十日午前在八九师后跟进到达新开岭附近。

指 挥 官　汤恩伯

副指挥官　冷　欣

我八十九师奉令后将现阵地交八八师接替，即向白水□□□□□□□□旅为前卫，于十日午前五时开始动作，午前七时该旅之五三四团先头部队到达新开岭以南地区，即与匪警戒部队接触，同时我航空第三队亦派机前来轰炸该团，以第三营占领新开岭右侧高地，掩护右侧之安全。主力继续向鹅眉台攻击前进。其五三三团则逐次占领左侧一带高地。匪纷向白水镇逃窜，该团遂占领鹅眉台一带匪堡。而五三四团即直驱白水镇。匪不能立足，乃向贵风台中司驿前各处退却，我遂完全占领白水镇。是役，毙匪数十名，俘二十名，缴枪十二支。我仅伤士兵数名。

（丁）战后之心得

一、匪作战多藉坚固工事及荫蔽森林顽强抵抗，故与匪作战搜索务须严密。

二、匪军近因处处失利，且物质缺乏，已呈奔溃之象，第以监事綦严无隙可逃，每遇作战，多欲投诚者，故对俘匪及投诚匪宜特别优容，并以飞机多散传单以广招徕。

三、战役终局往往匪军顽强不退，至短兵相接，使用手榴弹及白刃争取最后之胜利，故我军对此种技术应特别训练。

四、匪之行动有似狡兔，遇隙即钻，故在战斗时各部队之连〈联〉络务宜切实。

附匪情图①。

---

① 图略。

天子岭之役

（甲）战斗前匪我概况

右自甑敢峰西方高地起，亘甑敢峰天子岭、雷子岭、定心寺、将军庵、大寨脑至贵凤台东端一带阵地增强工事，其主力伪一军团集结中司，伪三军团集结驿前附近。

纵队自占领白水后即构筑白水附近碉楼，完成后奉总指挥陈寒（十四）〔日〕午电令，本纵队除留一部守碉及警备白水镇外，主力应于铣（十六）日开始由白水沿石城大道向大寨脑攻击前进，确实占领后即构筑白水大寨脑间纵线封锁碉堡。

（乙）我军之部署

纵队自奉命后，为攻占大寨脑容易奏功计，决先攻取天子岭甑敢峰，即于十六日午后十一时下达如左之命令：

命 令

（七月十六日午前十一时半于白水指挥部）

参战字第四十九号

一、当面之匪伪十二军团占领右自甑敢峰西方高地起，经甑敢峰、天子岭、雷子岭、定心寺、将军庵、大寨脑至贵凤台东端一带阵地，增强工事中，其主力伪一军团集结中司，伪三军团集结驿前附近。

二、纵队明（十七）日以一部守备白水附近现阵地增强碉堡，主力逐段向当面之匪进剿。第一步，由鸡笼岗上坪夺取甑敢峰西方高地及甑敢峰进出至天子岭之线。

三、第八十八师（缺五二七团）本十六日日没后开始运动，将主力集结鸡笼岗附近。明十七日拂晓由上坪向甑敢峰攻击前进，到达天子岭后，先完成野战工事，再构筑该线之碉堡。限二十日完成之。

四、第四师明十七日以一部担任白水至峨〔鹅〕眉山间之守备。主力明十七日拂晓前达到鬼尾附近为预备队，并以一部展开于鬼尾西南一带高地，对甑敢峰施行佯攻，使八八师之进展容易。

五、第八九师明十七日仍担任白水附近之守备及增强白水西南一带之碉堡，并集结一部于白水西南方地区准备不时之策应。

六、各师通信营（连）明十七日拂晓前与鬼尾指挥所构成通信网。

七、患者输送大队明十七日主力推进至巴口桥，一部推进至白水附近。

八、余现在白水指挥部，明十七日午前六时前到达鬼尾指挥所。

指 挥 官 汤恩伯

副指挥官 冷 欣

（丙）战斗经过

十七日午前五时卅分，我第四师之廿团（缺第三营）展开于鬼尾以南寨台外线一带高地，以大力威胁甑敢峰之匪。六时，我八十八师已攻占鸡笼岗，匪向甑敢峰退窜。我伴攻之。第四师一部施以猛烈之射击，匪受创甚巨。六时卅分，该师廿团第二营推进至第一线，而第一线之第一营迅即进至天子岭山腹。六时四十分，先头部队与匪警戒部队接触，将其驱逐后即向天子岭攻击前进。斯时，我八十八师已占领甑敢峰，而第四师二十团之第二营已占领天子岭东北端高地。匪以制高点全失，处处受瞰制，遂向中司方向逃窜。七时，我第四师完全占领天子岭右，与甑敢峰之八十八师取得连络，乃各就原阵地构筑野战工事。是役，于天子岭甑敢峰各处毙匪数十名，俘获八名，我第四、第八十八两师亦略有伤亡（俘获及伤亡数详各该师战斗详报附表）。

（丁）战后匪之情况与我之处置

盘踞天子岭甑敢峰各处之匪被我击溃后即向中司方向逃窜，势颇沉寂。

我须逐段筑碉，故未予穷追，乃令第四师将天子岭阵地于七时卅分交第八十八师接替后撤回原阵地，增强野战工事。第八十八师沿甑敢峰天子岭一带高地构筑碉堡。

贵凤台之役

（甲）战斗前匪我态势

占领斧头山亘大寨脑下岭贵凤台王家山一带山地之匪为伪一军团之第三师，伪五军团之十五师及卅四师，伪三军团一小部，阵地工事极为坚固，其主力似在斧头山之东端。

纵队自占领天子岭鸡笼岗之匪阵［地］后，第四师即撤回原阵地，增强野战工事，第八十八师沿甑敢峰、天子岭一带构筑碉楼。为求尔后之进展容易计，曾于十八日午后三时令第八九师余完成白水西南一带之碉堡后，除留一部担任白水附近守备外，主力应向大寨脑逐步筑碉前进。

（乙）我军之部署

纵队以各处碉堡均已于廿日完成，乃决于廿一日拂晓向斧头山大寨脑贵凤台之匪攻击前进，于廿日午后五时下达如左之命令：

命 令
（七月廿日午后五时于白水指挥部）

战字第五十一号

一、占领斧头山亘大寨脑下岭贵凤台王家山一带阵地之匪为伪五军团及伪卅四师之一部。

二、纵队拟明廿一日拂晓以一部向斧头山，主力向大寨脑贵凤台之匪阵地攻击，进出至大寨脑贵凤台南端之线。

三、第八九师本廿日将现阵地交八八师接替，明廿一日拂晓前以一团占领东排高藤排一带高地，对东南严密警戒，主力集结于杨坊港以西地区，俟第四师占领斧头山后经斧头山左侧地区开始向下岭贵凤台攻击前进，占领后先构筑坚固土堡，对东南方向严密警戒；尔后改筑碉楼，限廿四日完成之。另以一小部由左翼向王家山施行佯攻，使助攻方面攻击之进展容易。

四、第四师本廿日将鬼尾南方及峨眉山白水间之碉堡交八十八师接替，明廿一日拂晓以一旅经红土山左侧向斧头山攻击前进，占领后构筑工事，对西南方向严密警戒，掩护八九对下岭贵凤台之攻击。其余为总预备队，位置于红土山附近。

五、第八八师主力担任白水附近之警戒，以一团守备甑敢峰天子岭小坑一带之碉堡，限廿日黄昏前接替完毕。明廿一日拂晓，另以一团占领斧头山西北高地，掩护攻击部队左侧之安全。

六、第八八师各团之榴弹炮连为炮兵队，归五二八团榴弹炮连王连长指挥，于杨坊港西南方地区占领阵地。明廿一日拂晓前完了射击之准备，拂晓先集中火力于斧头山，协助我第四师十二旅之攻击；其次集中火力于下岭贵凤台协助我八九师之攻击。

七、各师通信营（连）明廿一日拂晓前与杨坊港西方高地本部指挥所构成通信网。

八、患者输送大队应以一部推进至白水。

九、余现在白水指挥部，明廿一日拂晓到达杨坊港西方高地指挥所。

（丙）战斗经过

七月廿一，因大雨倾盆，登山不易，因改明廿二日开始攻击。廿二日午前五时，我第四师十二旅以廿四团为第一线，廿三团为预备队在红土山左前方展开后，我炮兵即对斧头山各匪堡开始试射，旋即施行效力射。午前五时以后开始攻击前进。廿四团以步兵一连沿斧头山左翼山脚向左佯攻，该团侦探队担任最左翼之搜索与警戒＜旅及＞，廿三团侦探队担任斧头山右翼之警戒并驱逐右翼之匪，相机占领匪阵地。另以廿三团之第二营潜伏斧头山右翼山脚准备向匪阵地右翼突击，以期与廿四团夹击斧头山最高峰之匪堡，其旅部及廿三团（缺第二营）在廿四团后跟进。午前七时，二十四团之第一线部队攻占匪之前进阵地，左翼之佯攻部队已与主攻部队会合，右翼之侦探队已攻占第一个匪堡，廿三团第二营随侦探队后涌进实行突击。当令廿四团迅速前进并集中预备队火力支援我右翼之突击。午前七时卅分，廿四团第三营之七八两连、第二营六连与廿三团二营四连，与匪肉搏数次，卒将斧头山最高峰两主堡攻占，匪向来禾嵊森林内溃窜。当由廿四团以一营准备追击，主力就以占领地区构筑工事防匪反攻。廿三团之二三两营即占领斧头山右侧匪阵地，对大寨脑警戒，并集中火力掩护我八十九师之攻击。廿三团第一营随旅部前进至斧头山阵地附近停止并担任左侧之警戒。午前八时，匪伪三军团之一部用密集队向我反攻。我廿四团第一营沉着射击，左右翼部队同时加以侧射，匪伤亡甚重，狼狈逃窜。当由该团第三营施行战场追击，虏获颇多。第八十九师于午前十时以二六七旅向贵凤台西端攻击前进，匪凭借坚固工事顽强抵抗。该师五三〇团即沿贵凤台右侧之匪堡冲击。匪因受我炮火轰击损伤重大，渐呈动摇。该师二六七旅即乘机奋勇冲锋，遂突破下岭之匪主堡。此时接航空第三队通报，匪尚潜伏贵凤台东端高山（王家山）一带，该师五三零团向贵凤台正面猛攻，经二次肉搏，始将贵凤台匪堡完全占领。当击毙伪卅四师一〇二团团长董某一名，伪土地委员一名，尸骸遍山，俘获甚多。残匪向南方溃窜，旋伪三军团之四五等师由龙岗经驿前赶到，匪胆大壮，复集合二千余人向我五三四团之右翼及五三三团下子岭一带阵地猛烈反攻，前仆后继，其势殊汹，赖我官兵奋勇杀敌，再接再厉，经十数次之反冲，卒将匪击溃，生还者甚少。匪见不逞，乃退据王家山一带高地，至大寨脑之匪复受我右侧斧头山第四师火力之侧击，无法支持，我八十九师于正午十二时遂将全线占领。是役，综合斧头山下子岭贵凤台各处计，击毙伪卅四师一〇二团团长董某一名，伪土地委员一名，匪伤亡数百，俘匪五十余名，缴获步枪八十余支，我八十九师伤五三三团团长赵琳、五三四团一营营长李全各一员，第四师阵亡廿四团二营营长孙英杰一员，其余伤亡上尉以下官佐二十员，士兵共计伤亡二百卅八名。

（戊 [①]）战后匪我之状态

被我击溃之匪仍潜踞来禾嵊及王家山一带，距我阵地约七八米之高山，企图第二步固守，我各师即就原阵地开始构筑白水至大寨脑之碉堡。

（己）战后之所见

一、匪以坚固堡垒居高临下之势，借图顽强抵抗，终以我大力优越官兵，攻击精神旺盛，不顾牺牲，勇往前进，始以一部佯攻继以主力猝袭，出匪不意，致匪在我左右夹攻中狼狈溃窜。

二、是役，我击部队之运动既秘匿而迅速，使匪对我企图无从捉摸，待其知我主攻所在则已逼近匪阵，一举而占领之，致匪之强大预备队应援不及，其后虽再倾全力反攻，然我已站稳足步，官兵余勇可贾，终不得逞。

附步炮协同之要领及攻击要图如左。

步炮兵协同动作之要领

1. 第一期（午前五时前），步兵达到攻击准备位置，炮兵即开始向斧头山试射及效力射。

2. 第二期（午前五时以后），步兵攻击前进，炮兵即施行掩护射击，特别注意敌自动火器之破坏与制压。

3. 第三期（步兵接近匪主阵地二百米远左右时），炮兵即行对匪之阵地集中火力施行破坏射击，俟我步兵进至百米以内地区时即行延伸射程，遮断匪之援队及匪出击部队。（是时迫击炮可随时伴第二线攻击部队运动）

4. 第四期（攻击奏效以后），炮兵即开始追击并适时转移新射击目标。

5. 攻击部队之先头占领某一地段时，即以白布方旗左右摇动三次，表示其位置。

---

① 原文如此。

王家山之役

（甲）战斗前匪我之态势

匪伪一三五军团自贵凤台斧头山经我击溃后，窜踞王家山王里长排山七里坑一带，其主力似隐匿于中司良田贯桥附近。纵队于廿七日将白水至大寨脑之碉堡线完成后，各部队即就原阵地稍事整理。七月卅一日奉总指挥陈卅午战一电令，本纵队所筑由刘田经白水附近亘大寨脑贵凤台至天子岭（含）之线碉楼之守备交由十四师派队接替，天子岭（含）经甑敢峰鸡笼岗至下坪之线碉楼交由九十四师接替，限三日接替完毕。本纵队遵将防务交替后，第四师集结于白水附近，第八十八史集结大湖小坑一带，第八十九师集结葛竹排附近，整理待命。八月二日，复奉总指挥陈冬午战电，以向驿前推进之目的，令本纵队附山炮迫炮各一连在白水大寨脑之大道以东地区集中（含大道），樊纵队（欠第六师）及陶传两师并山炮迫炮各一连，在白水大寨脑之大道以西地区集中，黄十一师在新安下坪一带集中，均限支日集中完毕。

（乙）我军之部署

纵队遵令集中后，奉总指挥部八月二日午后七时战字第三〇六一号命令规定，向石城推进，计划（详附录第二）以本纵队为左纵队，第三纵队为右纵队，由八月五日开始动作：（一）经七里坑良田两侧地区进占贯桥附近为第一步，经株树坑大岭格进占南岭脑附近为第二步，再进占驿前南方一带地区为第三步，逐步推进筑成封锁线。（二）在七里坑良田贯桥大岭格黄上门大道以东属左纵队前进地区，以西属右纵队前进地区，道路属左纵队。

纵队基于总部上项之命令，乃于八月四日午后一时下达如左之命令：

命　令

（八月四日午后一时于白水指挥部）

战字第五十七号

一、占领王家山王里长排山七里坑一带阵地之匪为伪第三军团之第四师及伪五军团之卅四师，其主力隐匿于中司良田贯桥附近。

我第三纵队明五日由广石大道以西地区向白沙山及其以南高地攻击前进。

二、纵队明五日先以一部攻占王家山，主力控置于大寨脑贵凤台之线，由广石大道以东地区逐段向贯桥攻击前进。

纵队与第三纵队作战地域之境界为广石大道，线上属本纵队。

三、第四师明五日拂晓前到达下岭及贵凤台东方高地，完了攻击之准备。拂晓开始向王里南方石寨及王家山东西之线攻击前进，到达后，迅速完成野战工事，对东南方向严密警戒。

四、第八九师明五日午前五时前集结于下岭贵凤台附近，随第四师攻击之进展向七里坑及其以东高地攻击前进，但攻击前进之时机另待命令。

五、第八八师为总预备队，主力控置于牛集排附近，以一团拂晓前占领贵凤台西方高地，以火力掩护第四师第十旅之攻击及第四师左侧之安全。

六、山炮连于下岭左端高地，迫击炮连于贵凤台附近占领阵地。本四日下午四时后开始运动。明五日拂晓前完了射击之准备，拂晓后以火力协助第四师之攻击。

七、通信主用有线电话。各师通信营（连）明五日拂晓前与本部贵凤台总机构成通信网。

八、余现在白水指挥部，明五日拂晓前到达贵凤台指挥所。

指 挥 官　汤恩伯

副指挥官　冷　欣

（丙）战斗之经过

八月五日午前五时左右，各纵队均已部署就绪，我攻击部队之第四师亦已完了攻击之准备，其十二旅廿三团以第三营向石寨之匪攻击，主力向王里东南端高地之匪攻击。该旅廿四团第二营在下岭前方高地集结火力压迫石寨之匪，掩护廿三团之攻击。我八十八师除以主力控置于牛集排附近为预备队外，其一团则占领贵凤台西端高地，掩护第四师之攻击及左侧之安全。斯时，第四师第十旅之廿团乃由贵凤台西方向王家山攻击前进，其十九团则以一营占领大腰前东南小山头，向王家山匪之左侧射击。各匪阵地因受我炮火威胁，其预备队又在我空军瞰制下不能增援。六时十分，匪不支，纷向贯桥方面溃窜。六时廿分遂完全占领石寨王里及王家山一带高地。伪三军团之匪约三千余人隐藏于中舍排西方之森林中，企图乘我进攻贯桥时出而袭击。经我集中山迫炮火力向该森林中轰击，匪遂狼狈溃窜。我八十九师乘机出击，于午刻占领贯桥东方七里坑西方高地。是役，毙匪二百余，我第四师略有伤亡。

（丁）战斗后我军之处置及匪之行动

我军自占领王家山石寨王里七里坑一带阵地后即配备警戒，停止前进，拟俟右纵队进展与我齐头后再进。匪则退踞贯桥北方一带既设阵地。

（戊）战后之所见

匪虽有坚强之堡垒，然甚畏我飞机及炮火之轰炸，非我第一线攻击部队接近其堡垒外壕，大都隐匿于堡垒后方及两侧，故我飞机炮兵以轰炸其堡垒之侧背为最有效，向匪堡周围之鹿砦尤有破坏之必要。

附攻击王家山之役战斗经过要图[①]。

贯桥之役

（甲）战斗前匪我概况

伪三军团四五两师及昨在王家山被我击溃之伪卅四师现窜集贯桥以东中舍排羊角咀及其东南，中舍东排之中华台太平后廖坑东排岭虾蟆台高脑寨等处之线，凭借强固工事阻我南进。

纵队以第四师固守王家山一带阵地，第八十九师于八月五日进展贯桥东方七里坑等处待命，第八八师位置于牛集排亘贵凤台以西地区。

我右纵队于昨五日已进占来禾嵊及其南山寨与白舍庵之线。

（乙）我军之部署

纵队自第四师昨五日将王家山王里石寨长排山七里坑各阵地占领后，决于六日继续攻击贯桥附近之匪，乃于八月五日午后八时下达如左之命令：

命　令

（八月五日午后八时于贵凤台指挥所）

一、匪伪三军团四五两师及本五日在王家被我第四师击溃之伪卅四师现窜集贯桥以东中舍排羊角咀及其东南，中舍东排之中华台太平后廖坑东排岭虾蟆寨高脑峰之线，凭借强固工事阻我南进。

我樊纵队于本五日已进占来禾嵊及其南山寨，明六日继续向良田及其西南地区攻击前进。

二、纵队拟于明六日拂晓继续向贯桥附近之匪攻击前进，到达贯桥东南高

---

① 图略。

地之线。

三、第八十九师为攻击部队，明六日拂晓前一部展开于良田东方附近高地，拂晓向贯桥以北之虾蟆寨匪阵地攻击前进，主力明六日拂晓前展开于白沙岭以南地区，拂晓向太平后廖坑东排岭各高地之匪阵地攻击前进，到达后即占领各该线，开始先构筑野战工事。

四、第八十八师控置于大寨脑贵凤台一带为预备队。

五、第四师守备王家山对东方警戒，并以一部控置于王里南方高地，准备不时之策应。

六、山炮连明六日拂晓前于王里东北方高地进入阵地，税警团迫炮连明六日拂晓前于石寨进入阵地，对贯桥东南高地准备火力，协助八十九师之攻击。

七、第二患者输送队明六日位置于葛行排，各师负伤官兵送至葛行排交患者输送队接运至白水野战临时医院。

八、各师通信营（连）应与本部贵凤台总机构成通信网。

九、余明六日早六时前在石寨指挥所。

指　挥　官　汤恩伯
副指挥官　冷　欣

（丙）战斗经过

八月六日午前六时各部均已部署就绪，我攻击部队第八十九师之各部也已到达攻击准备位置。六时十分开始向匪阵地攻击前进。在我空军及炮火掩护之下，午前八时匪之前线阵地已为我占领，尔后，即开始向匪主阵地带猛攻。斯时，匪虽经我轻重自动火及炮火制压，仍盘踞于坚强工事中顽强抵抗。我攻击部队冲锋数次，伤亡甚重，然仍前仆后继，猛烈冲击。二六七旅卒将该匪右翼之主阵地带全部占领，同时匪主力以数层密集部队向我猛烈反攻，复有匪一部向我左翼和田排迂回，企图侧击该师，乃令补充团之第三营赶赴和田排堵击，其一二两营增加在五三三团之阵地。纵队以情势紧张，乃令八十八师之二六四旅集结于良田东北端各高地及中舍排附近。第八十九师师部附之后方以资策应。斯时，我全线攻击部队与匪肉搏，反复十数次，战况极形惨烈，幸赖官兵奋勇牺牲之精神，始终无懈，卒将匪各阵地确实占领。惟该师右翼之二六五旅占领贯桥以北各高地后攻击虾蟆台及高脑寨等匪主堡时，因右纵队是日未能协同攻击，致受匪之猛烈侧射，团长以下伤亡甚重，且时近黄昏，陆空不易协同，致匪控置方之部队得以从容活动。匪阵亦加坚强，我军未便贸然深入，遂令各就原阵地停止攻击。是役，毙匪千余，伤匪无算，俘匪四十九名，获枪七十九支。我亦伤团长杨再华、赖汝雄等二员，伤营长张树瑜、张志、吴家琳等三员，阵亡营长胡啸寰、李德光、杨醒民等三员，伤连长隆桂铨等十三员，阵亡连长潘华嵩等七员，伤排长朱国卿等四十二员，阵亡排长王镇球等十三员，士兵伤亡胡子庆等九百四十余名。当晚复奉总指挥陈鱼戌战电开，一、明霞晨汤樊两纵队务以新锐部队继续向贯桥及其东南高地，樊纵队应确实占领贯桥西南高地。二、左右两纵队务须确取连系协同动作。三、攻击部队当飞机来时应迅速接近敌人，利用轰炸奏效之瞬间乘机猛烈突进为要等因。

纵队基于总部电令，乃于八月七日午前二时下达如左之命令：

命　令

（八月七日午前二时于王里西方高地之指挥所）

一、昨日与我激战之匪为伪三军团之四、五、六师及伪五军团之一部。我樊纵队本七日午前向贯桥西南地区攻击前进。

二、纵队本七日仍继续向当面之匪阵地攻击，到达贯桥东南高地之线。

三、第八十八师为攻击部队本七日以一部攻击贯桥东方虾蟆台（光山），主力攻击贯桥东南之高脑寨，午前七时前到达攻击准备位置，俟飞机到达后利用轰炸之成果一举而夺取之。到达后即占领该线，开始构筑堡垒。

四、第八九师本七日主力在原阵地修筑堡垒，并以大力协助八八师之攻击。

五、第四师为总预备队，先控置一部于王里南方高地，其余仍在现地继续做碉，对左翼应严密注意。

六、第八十八师榴弹炮大队于王里西端高地，税警总团迫击炮连于王里南方高地（八九师师部附近），山炮连于下岭南端占领阵地，对贯桥东南高地准备火力，协助第八八师之攻击。

七、通信主用有线电话，各师通信营（连）应与本部贵凤台总机构成通信网。

八、余在王里西南方石寨指挥所。

指　挥　官　汤恩伯

副指挥官　冷　欣

战斗经过 [1]

各部奉令后部署就绪。我第八十八师之各部于七日午前六时均先后到达攻击准备位置，该师各团之榴弹炮连亦已进入阵地射击准备完了。午前十时廿分，开始攻击前进。其二六二旅（五二四团）向虾蟆寨攻击，二六四旅向高脑寨羊角咀攻击，五二四团为预备队。该攻击部队士气旺盛，动作迅速，攻击后，五二八团占领高脑寨东方高地，向高脑寨右侧背包围，而五二七团遂一举冲入高脑寨而夺取之，五二三团亦乘势攻占虾蟆寨。据守堡垒之匪不及退去，在掩蔽部内仍图顽抗，悉被斩获。至正午十二时，遂完全将高脑寨虾蟆寨一带匪阵地及贯桥村落确实占领。残匪纷向驿前溃窜，状甚狼狈。是役，毙匪千余，俘匪五十余，获枪五十余支。我亦阵亡团长胡世贤一员，伤亡营长罗杰等二员，连长以下百余名。我右纵队亦已进占贯桥西南端鹅形山高地之线。

（丁）战后匪我之状态

被我击溃之匪窜集于香炉寨刘季尖大岭格保积山金鸡山洛寨老窠一带，赶筑工事，企图节节顽抗。

本纵队各师奉命就原阵地构筑大寨脑至贯桥间道路左侧地区之碉楼。

（戊）战后之所见

一、对于匪阵地之侧防机关务须侦查明白，匪多选定数个之据点做成坚固工事，放列多数之自动火器，构成十字火，为全阵地之支掌。此次我八九师二六五旅之攻击进展困难及遭重大之伤亡，即因鹅形砦高脑寨虾蟆台各方之侧射，故在攻击始之前务必将匪阵地之侧防机关侦察明白，努力破坏之。

一、用包围方法攻匪之侧背，现匪军所构筑之堡垒多注重正面，其后方射击设备甚少，故攻击部队以攻其侧背较易成功。此次八十八师攻击高脑寨则其一例。

一、[2] 部署务求秘密。攻击准备位置须安全，匪军因装备不全，且惧我飞机之轰炸，山上守备部队极少，其大部非但夜间至村庄宿营，即白昼常山麓或山腰密林中潜伏，不敢抬头。故我攻击部队能利用夜间或凹地森林中运动，出匪不意，猝行袭击，则匪增援不及，必易得手。此次我军攻占虾蟆寨高脑寨时，匪后续部队不及增援，向后撤退，是即明证。又，我步兵进入攻击准备位置时，不可迫近匪前，亦不能久停。匪堡附近更不能蝟集于一处，致受无谓之牺牲也。

---

[1] 原文如此。

[2] 原文如此，下同。

一、攻击经过时间不可过久，部队不宜过少。在飞机及炮火掩护之下，可用密集部队迅速猛进，夺取匪堡。我八十八师建宁武镇岭之役及此次高脑寨之役即其一例。密集部队虽较损伤重大，但对匪之劣势火器以迅速勇猛之动作一举占领，死伤并不大，如以小部队一排一连反复试攻，非但有伤士气，结果反遭多数之伤亡。

一、我官兵均不善利用地形死角等，部队多在棱线上行动，致遭无谓之牺牲。

一、攻击时未能协同动作为我军最大缺点。如我军攻击甲阵地时，乙丙阵地未进攻，则匪可控置部队全数应援或反攻甲阵地。攻乙阵地而甲丙阵地未攻击，则匪可用全力对付乙阵地。若我军能协同动作，全线进攻，则匪不能应付矣。

一、步炮连络不确实，非特浪费弹药，且失时机。以后步炮协同，事前应绵密规定。

一、飞机应多带重量炸弹及烧夷弹。匪以少数之兵力及重火器固守坚强之工事，普通之炸弹不能破坏，又匪多将其主力藏匿其两侧或后方森林中，或躲避在鹿砦附近，故应以烧夷弹将附近之森林及匪堡之鹿砦等尽量烧毁之。

一、空军之轰炸时间须与步兵之进展时间一致。在步兵未攻略匪阵地之前不可中断，应分批出发飞翔，使匪军无法运动。此次飞机步兵之动作颇不一致，因之，匪乃利用我飞机中断之时抬头与我步兵周旋，又如此次我军将匪堡占领后，飞机即飞去，以致匪得安全窜退，以后我步兵虽已占领匪堡，飞机仍不失时机实行追击轰炸。

一、选择优良之射手用数挺机关枪对匪堡之枪眼射击，甚为有效。此次八十八师高脑寨之役，以数挺重机关枪专对匪堡枪眼射击，以致堡之匪不敢抬头。

附贯桥之役攻击经过要图一①。

攻击贯桥之役战斗经过要图二②。

---

① 图略。

② 图略。

麻坑之役

（甲）战斗前匪我之态势

伪三军团之匪七日在贯桥附近经我痛击后，现窜据香炉寨刘季尖大岭格牛屎台保积山障背砦洛寨老窠金鸡山之线构筑工事中，其警戒部队派出至杜树坑及其东北方之高地。

纵队自占领贯桥后，即构筑贯桥至大寨脑间道路左侧地区之碉楼，至十日，始次第完成。

我樊纵队亦已完成贯桥西北高地之碉堡线。

（乙）我军之部署

我军为尔后进剿容易之目的，于八月十二日先以一部向麻坑东方障背砦老窠之匪攻击，后构筑碉堡。十一日午后一时，本部乃下达如左之命令：

命 令

（八月十一日午后一时于王里指挥部）

战字第五十九号

一、被我击溃之伪三军团现窜据香炉寨刘季尖大岭格保积山洛寨障背砦老窠一带构筑工事，其警戒部队派出至杜树坑麻坑及其东北方高地。

我右纵队明十二日进出至半桥西南香炉寨附近。

二、纵队明十二日以一部进占麻坑东方之障背砦老窠，主力仍控置现阵地，准备尔后之攻击。

三、第四师本十一日午后将王家山一带碉堡交八十九师接替后，集结现阵地附近，明十二日拂晓后向麻坑东方障背砦老窠之匪攻击，占领后即在该地构筑堡垒，与八八师确取连络，对洛寨及麻坑方向严密警戒。

四、第八十九师本十一日午后派一部接替第四师王家山及王里南方一带碉堡之守备，主力仍在现阵地继续做碉，并对东南方向严密警戒。

五、第八十八师明十二日仍控置现阵地待命，但应抽集一团以上之兵力位置于高脑寨东南地区（五二四团阵地附近），策应第四师之攻击。

六、独立山炮连及迫击炮连明十二日于中司嵊附近占领阵地，务于拂晓前完了射击之准备，先协助第四师第十二旅对障背砦之攻击，其次协助第十旅对老窠之攻击。

七、无线电第九分队仍于现在地开设通讯所，担任与各上高司令部及友军之联络。

第四师通讯营明十二日午前五时前在高脑寨北端附近开设通讯所，担任本部与各师及炮兵队之联络，但王里之总机暂缓撤收。

八、各师弹药粮秣自明十二日起在白水粮秣仓库补给一部，各师可具印领。请白水第三路总指挥部批发。

九、余现在王里指挥部，明十二日午前五时前到达中司嵊指挥所。

指 挥 官　汤恩伯

副指挥官　冷　欣

（丙）战斗经过

八月十二日午前五时，各部均已到达攻击准备位置，第四师第十旅之廿团于中舍北方高地、十二旅于高脑寨东南方高地展开后，即开始向老窠西南方高地及障背砦之匪攻击前进。斯时，我八十八师之一团即于高脑寨东南地区以火力策应我第四师之攻击。匪在我猛烈炮火之下稍抵抗后不支，向后溃退。午前六时五十分，该师十二旅之二十三团遂完全占领麻坑东北之障背砦。至七时卅分，该师第十旅之二十团亦已完全占领古寨老窠之线。是役，因匪未顽抗，仅毙匪十余名，我阵亡官长一员，士兵二名。

（丁）战后友军位置

我右纵队之第十一师及六十七师亦于十二日午前七时占领贯桥以南香炉寨一带匪堡，正在筑工中。

（戊）战后我军之处置及匪之行动

我军占领古寨脑障背砦麻坑东北端各高地后，即开始构筑碉堡。匪则退据洛寨附近，并不时派出其小部队至冰山附近扰乱。

（己）参与战斗之匪军番号及匪首姓名

当面之匪为伪三军团彭德怀部之伪四师师长洪超所部。

附攻击麻坑之役战斗经过要图（略）。

…………

附录第二

第三路军向石城推进计划

甲　总方略

本路军业已完成广昌至白水头陂间碉堡公路，兹以进占石城与东路军会取长汀之目的，拟即由白水附近向石城逐次筑碉推进，并准备随时与匪主力决战，以达成任务。

推进计划分为三期：第一期，进占驿前；第二期，进占小松市；第三期，进占石城。

乙　第一期推进计划

一、匪情判断

如附表第一。

二、军队区分及部署

如附表第二。

三、指导要领

1.本路军除守碉堡部队外，全部以准备随时与匪主力决战之态势，由大寨脑附近经白水至驿前之大道两侧地区，逐步向驿前推进，构筑封锁线，俟占领驿前，完成封锁线后且开始构筑白水驿前段公路。

2.左纵队经白水驿前间大道及其以东地区（含大道），右纵队经大道以西地区互相联系，同时并进，如左纵队遇匪主力决战时，则右纵队方面应取守势，而以优势之兵力不失时机攻匪侧翼，以策应之。在右纵队遇匪主力决战时，左纵队亦如之。

3.各部队到达目的地后须迅速先构野战工事，防匪突击。

4.左右两纵队须取相当纵深配备，并各于外翼侧特别注意。

5.碉楼于预定公路线（由两指挥官依照实地会同选定）之两侧构筑之，东侧碉楼由左纵队担任，西侧碉楼由右纵队担任。

6.东西两侧碉楼线之位置及筑碉数目由汤樊两指挥官按实际地形决定之，但两线碉楼须均能以火力互相策应掩护公路之安全为原则。

7.山炮迫炮之使用以在连以下不分割为原则，且能适合战术上有甚大价值之时机，并勿浪费弹药为要。

8.各师工兵营除留一连随师跟进以备作战时之应用外，其余仍各担任广白段公路桥梁之架设。

9. 各纵队于碉楼位置及数目决定后，应即附图具报，完成后，各自酌留部队守备候令接替。

10. 驿前之占领及大寨脑至驿前间碉楼限于八月十四日以前完成。

11. 由大寨脑向驿前推进分为三步（详部署表），第一步，目的地确实占领完成野战工事后，除酌留部队筑碉外，即继续向第二步目的地推进，如情况不许可，则完成第一步碉楼后再进，第三步推进时亦然。

四、电话网构成及给养卫生。

如附表第三（略）。

（此件引自中国第二历史档案馆藏战史编纂委员会档案）

赣粤闽湘鄂剿匪军北路军第十纵队在
江西洛寨追剿红军战斗详报

（一九三四年八月至十月）

洛寨之役

甲、战斗前匪我之概况

匪伪三军团之四五两师及伪三十四师盘踞大岭格豹子山洛寨刘季尖之线。

我军自克复贯桥后，因匪阵地之工事构筑日益强固，为减少损伤及尔后进剿后方输送便利计，一面请调卜福斯山炮参加作战，借其猛烈之火力以破坏匪之强固工事，一面除以一部守备既占阵地外，主力赶筑白水至贯桥之公路，以利运输。

八月二十七日午前三时，奉总指挥陈八月二十六日午后九时之命令，其要旨以本纵队（欠八九师）为左翼队，以洛寨为主攻击目标，第五纵队之十一、六七两师为中央队，以豹子山为攻击目标，第三纵队为右翼队，以大岭格为主攻击目标，各部攻击部署须于感（二十七）日准备完毕。感晚秘密就攻击准备位置，俭日拂晓开始总攻。

乙、我军之部署

纵队基于上项之命令，为尔后攻击容易计，令第四师本（二十七）日派一部先将冰山匪之警戒部队驱逐而占领之，于二十七日午前九时下达如左之命令：

命 令

（八月二十七日午前九时于羊角咀指挥部）

战字第六十三号

一、据守大岭格豹子山洛寨一带之匪仍为伪三军团之四五两师，刘季尖之匪系伪三十四师。

第三路军于俭日拂晓向洛寨豹子山大岭格牛屎台一带之匪阵攻击。

我第五纵队（十一、六七两师）为中央队，明（二十八）日拂晓向豹子山，我第三纵队为右翼队，明（二十八）日拂晓向大岭格之匪阵攻击。

二、本纵队（缺八九师）明（二十八）日拂晓向洛寨之匪攻击，进出至洛寨南方山麓之线。

攻击重点指向洛寨右侧。

本纵队与中央队作战地域之境界为麻坑庄下之线，线上属中央队。

三、第四师明（二十八）日拂晓前于麻坑东侧障背山南路冰山之线展开，拂晓向洛寨之匪阵地攻击前进，占领后进出至洛寨南麓附近，构筑野战工事，右与第五纵队联络，对东南方向严密警戒。

四、第八八师明（二十八）日拂晓以一部由洛寨东方地区向洛寨阳〈佯〉攻，主力集结于障背砦高脑峰间地区为预备队。

五、第八八师各团榴弹炮连为炮兵队，归五二八团榴弹炮连王连长指挥，于障背砦附近占领阵地，本（二十七）日日没后，进入阵地，明（二十八）日拂晓前完了射击之准备，拂晓后集中火力于洛寨附近，协助步兵队之攻击。

六、步炮空联络信号之规定如另纸。

七、第二患者输送队位置贯桥，各师负伤官兵由各师运送至贯桥交患者输送队接运至白水临时野战医院。

八、第四师通信营明（二十八）日拂晓前应向高脑峰总指挥部指挥所及各师与本部障背砦指挥所构成通信网。

九、第四、第八八两师之给养尔后向白水仓库请求补充。

十、余现在羊角咀，本（二十七）日六时后到达障背砦指挥所。

指 挥 官　汤恩伯

副指挥官　冷 欣

丙、战斗经过

八月二十八日午前四时，我右翼各纵队均已部署就绪，我攻击部队第四师亦已完了攻击之准备，我八八师除以一部向洛寨东方佯攻外，其主力集结障背岽为预备队。午前四时二十分钟，我卜福斯山炮营开始炮击后，我第四师开始攻击前进，二十团于午前五时接近至洛寨东北端凹地，同时二十四团迫近洛寨北端山麓，二十三团之一部亦接近至麻坑南方洛寨西端山麓，完了突击之准备。我卜福斯山炮由麻坑北方阵地向洛寨各匪堡施行破坏射击，我飞机在匪堡上空轰炸。此时，匪以轻重火器向我攻击部队猛烈射击，战斗极形壮烈。至午前六时三十分，经我步炮空协同猛烈攻击，匪阵逐形动摇，我左翼之二十团即利用炮火飞机轰炸之成果向洛寨东端、我右翼二十四团沿洛寨西端山脉利用荫蔽及死角跃进，逼近匪堡，开辟突击路，勇猛突击，该师二十三团亦于是时进占洛寨西端高地施行佯攻，经激战后，终因我攻击精神旺盛、火力猛烈，匪乃纷向金鸡岽鸡笼山庄下方向溃窜，于午前七时三十分，将洛寨各匪堡完全占领，开始战场追击。

我右翼中央队之十一师亦先后占领大岭格宝积山。

我八八师之二六二旅亦于是时占领庄下。此时乃命八八师派兵一部乘胜向金鸡岽溃退之匪跟踪追击。于午后四时占领金鸡岽。是役，综计于洛寨庄下金鸡岽各处毙匪数百，俘匪三十五名，获轻机枪、自动步枪各一挺，步马枪八十三枝。

我第四师伤中校团附盛少陵、少校营长杨超二员，又上尉以下官长邓楚良等十六员，士兵一百三十七名，阵亡上尉连长宁可等五员，士兵六十四名，第八十八师伤少尉排长舒子静一员，士兵一十五名，阵亡少校连长廖士瑛一员，士兵八名。（我军伤亡及弹药消耗详各师战斗详报）

丁、战后匪我之状态

被我击溃之匪窜据驿前东北一带高地，不时向我阵地袭击，为求尔后进展之容易，乃于八月二十九日我第五纵队攻击驿前之际，令八八师派兵一团将下沙湾之匪驱逐而占领之，掩护第五纵队左翼之安全，并令各师即就原阵地开始构筑碉堡及修筑由贯桥至驿前之公路。

戊、战后之感言

此次洛寨各战役，我军能于两三小时之内将匪之坚强阵地击破，固赖我官兵之奋勇及攻击精神之充实，运动敏捷有以致之，而步炮空协同动作之适切，友军联络之确实，亦为获得战果要因，此后对于步炮空之协同动作，如能事前绵密规定，则必收效更大也。

命　令

（八月二十六日下午九时于良田总部）

一、大岭格豹子山洛寨一带之匪仍为伪四五两师，踞守刘季尖之匪系伪十三师。

二、本路军决于俭日拂晓向洛寨豹子山大岭格牛屎台一带之匪阵地攻击。

三、第十纵队（欠八九师）为左翼队，以洛寨为主目标，向洛寨及至豹子山之中间地区攻击，并派一部由洛寨以东向匪之右侧翼威胁。

四、第五纵队之十一、六十七两师为中央队，归傅师长指挥，以豹子山为主目标，向豹子山及至大岭格之中间地区攻击。

五、第三纵队（七十九师附十八旅）为右翼队，以大岭格为主目标，向大岭格及至牛屎台一带地区攻击，并另派一部占领我香炉寨阵地前之匪警戒阵地后，向匪之左侧翼威胁。

六、攻击准备位置如攻击部署要图所示。各部攻击部署须于感日准备完妥。感晚秘密就攻击准备位置，务于俭日拂晓以前完毕。

七、卜福斯山炮营之规定。

1. 该营阵地位置如图所示。

2. 该营进入阵地并弹药之搬运电话之架设观测所之设置射击目标及距离之测定等均须于感晚以前完毕。

3. 俭日拂晓，我步兵开始攻击前进时，该营应即对于匪主堡之枪眼及其侧防工事施行破坏射击，如发现（或接信号）敌人向我逆袭时，即对该匪部施行歼灭射击，以制压之。如我步兵夺占匪阵地时，即施行封锁射击，使匪之后方部队不得前进反攻。

八、税警团迫炮营之规定。

1. 该营阵地之位置另有指示。

2. 进入阵地及一切射击准备均须于感晚完毕。

3. 该营任务以发扬杀伤效力，使我步兵攻击前进容易为主，如发现匪之密集部队向我逆袭时，即须集中火力以歼灭之。

九、山炮第三营之第八、第九两连统归樊指挥官指挥，位置于右翼队方面，其阵地由樊指挥官决定之。

十、第五纵队之十四师为总预备队，位置于贯桥东南地区。

十一、陆空及步炮联络及注意事项如另纸规定附发。

十二、各师负伤官兵须由本师担架队运送之贯桥第二患者输送队，即由贯桥接运至白水临时医院。

十三、本部指挥所在高峰脑东南高地，我左右两翼队、中央队及孙周两炮营，均须向指挥所架设电话。

右令

第十纵队指挥官汤恩伯

附发附件及要图各一份①。

总　指　挥　陈　诚
副总指挥　罗卓英

附件

一、飞机对陆地部队之联络

1.土匪增援及反攻时，连放红色弹二枪，并以对向我方飞行方向表示匪之增援及反攻方向。

2.土匪退却放绿色弹一枪，并以向匪方飞行方向表示匪之退却方向。

二、陆地部队对飞机之联络

1.指示匪之大部队所在地或匪向我反攻时，放红色弹二枪，并以射击之方向表示匪之大部队所在及反攻方向。

2.夺占匪阵地时或表示我部队到达位置，放绿色弹一枪（如无绿色弹，则用白色弹）。

3.布板通信仍照旧使用。

三、步兵队炮兵之联络

同二之1、2两项。

四、攻击部队应用轻装并带饭一餐。

指挥官　汤恩伯
一九三四年十月

（此件引自中国第二历史档案馆藏战史编纂委员会档案）

---

① 图略。

国民党"赣粤闽湘鄂剿匪军西路军第二纵队"追堵红军长征报告书

（一九三四年十月）

奉总司令何皓戌长西参谋电开：

　　查本路军区域内股匪，迭经各部进剿，将其先后击溃。匪区均经收复，匪首亦多擒毙。所余肖匪一股，已西窜深入黔境，刻被我李代司令督率各部，协同黔桂友军追剿，迭予重创，实力损失过半，势穷力竭，歼灭可期。惟赣西及鄂南各地区残匪，综计枪支不过三千左右，仍啸聚窜扰，迄未肃清，且赣东主力被我东北西路军猛力攻破。石城、兴国先后收复。日暮途穷，势难再事挣扎。据报：该匪至万不得已时，即决心弃老巢西窜入川，企图苟延残喘。倘一旦实现，则我西路军适当其冲要，其责任之重，当更十倍于前，若不趁此时机，迅将残匪根本肃清，则届时必至处掣肘，而无活动余地。本总司令有见及此，故迭次电令各部努力清剿，以期将来克膺重任，而负巨艰。兹为迅速完成初步任务，特再摘示清剿要点于下：（一）本部江午电转委座手令，对于伏兵夜袭、兜剿、围剿等项剿匪方略，指示详尽，各部应遵照严切实行。（二）清剿散匪与围剿股匪方式不同，应注意游击战术，无分昼夜，不断梭剿，城市村镇碉堡，仅留驻少数兵力足矣。（三）与友军切取联络，协同会剿，可免误会，并详细规划往来路线为要。（四）各游击部队，应多派便衣队，广侦匪踪，作时时接战之准备。（五）组织及训练民众，务使明了国军剿匪意义，乐为我用，不为匪助。庶几发奸摘伏，使匪无地可容，乃可收根本肃清之效。上五项，伸即遵照，并准各自规定最短限期分别施行，如次期不能分别办到，致碍全局成功，则国有常刑，决不宽贷，仍将遵办情形随时具报为要！等因。本部当即转电各部遵照，并限于最短期内，务将各该清剿区域内残匪彻底肃清矣。

据罗区司令树甲俭日报称：

顷据保安第三团团长张伦麒元日报称：案据职团第二营第四连连长周伴藻由桃树坳报称：职于昨（十一）日午前七时率兵两排，及罗筐洞之义勇壮丁，由柳坪出发，经中嘴、上下坦分两路向五谷围剿，计九时三十分到达该地附近，该匪伙约四十人，依险顽抗。经我两路夹击，势渐不支，向三仙坦方面溃退。计此役毙匪二名，夺获包袱两个、被絮两床、食米半斗、熟饭一担，并焚毁匪棚三个。待职追至三仙坦时，日将西下，仍返原防。归查人员武器均无损伤，惟消耗子弹二百四十七发，理合呈请核发补充，以厚实力。等情前来。除指令仍仰认真清剿，以靖地方外，理合呈报钧座察核。又据该团长寒日报告：据职团第三营营长艾荣报称：据职营第七连连长谢文秀报称：（1）窃职奉令率领胡余两排及通城县保安队兵力两班，于昨（六）日午前六时，由驻地出发，经西冲、土硬向大港冲、界牌沟、牛头沟一带搜剿。（2）至八时四十分到达大港冲、牛头沟，发现伪湘北游击队，枪约五十余支，人数倍之。职令胡、余两排分途抄击，幸得官兵奋勇直前，该匪借丛山深林，分途溃窜。只搜得匪徒吴育生、刘梅清二名，匪棚二座，匪医务所二处，均已焚毁。谨将该俘匪吴育生等，呈解钧部核办，等情。据此，除将该匪吴育生等讯明是匪，已送通城保安大队部，依法办法〔理〕外，对于大港方面之匪，即令各连分段清剿，务绝根株。理合呈报钧座察核，等情。除饬继续搜剿，务绝根株外，理合转报钧座鉴核。等语。本部当即指令该区令转饬继续搜剿，以靖地方矣。

二十一日，奉总司令誓未长西参电开：

皓戌电呈叶、徐二匪流窜修崇通边境，恳迅令陈司令统筹剿办，等情悉。已电陈司令迅即统筹会剿具报，并饬李旅所部与岳师李团切取联络矣。特复。等因。本部当即转电岳师长知照，并饬派朱旅全部会同鄂南友军协力将各该股匪彻底肃清矣。

二十二日，奉总司令何马酉长西参机电开：

顷奉委座誓戌行战一电开：伯南删午电，毛泽东现在雩都，伪中央政府现距雩都百六十里之西拥乡。雩都城附近及其西北二十余里之北斗山一带，新窜到匪三千余。薛岳铣戌巧午电：伪一、三军团世日由宁都向雩都方向移窜，并准备携带粮秣，有攻我赣州说。筱洗两日该匪到银坑、马安石、三贯、汾坑圩、石马口、东头圩一带者万余，二十一、二十三两师亦在银坑、马安石一带整理。蒋鼎文筱酉电：罗匪炳辉佳日率匪二千余，轻重机枪二十余挺西窜，长汀仅有杂色部队维持秩序，俱甚恐慌，宁化、白水上之匪数千，亦向石城南之横江窜去。

涂联络参谋维藩电：小溪东北四十里之黎村，寒日到匪三师，西北三十里之新陂，删到由兴国移来医院二所，又我无线电侦匪红中社，已五日无有通报，亦可证匪在行动中。综合各电，判断匪之企图西窜，行将实现。我军方针，首在巩固赣、信、安、寻第一纵线，务期聚歼该匪于此线以东地区，至第二、第三各纵线，无非用作补助。兹规定：（一）南路军，应迅将第一纵线工事，尤以信、安间为重点，迭电所述连点成线。充分储备粮弹，俟罗霖师接良口、储潭防后，即将此部兵力增防信、安间。（二）李军长生达所部速提前赶接李云杰师及罗霖师一部防务，俾罗师一部移接良口至储潭及李师第一步集结遂川以南地区。（三）西路军，应将湘南碉堡线提前完成，迅将十五、十六两师集结赣江西岸遂川以南，并设法抽第十八、第五十两师中之一师，或另抽队接第五十三师防，俾该师亦集结遂川以南地区。（四）所有赣、信、安、寻、南、大、上崇、犹、南雄及湘南各县之城镇交通要点，均须赶筑据点，掳集物质，以更坚壁清野，并组训民众，必能担任侦察通信及自卫。（五）在战略之要点，应赶速多屯粮食，特达。希将遵办情形具报。等因。本部署命令，随即下达，特先电告。等因。本部当即转电各部矣。

　　二十三日，奉总司令何养未电开：

　　马酉电计达，查赣东主匪觑图西窜情况，如委座哿戌行战一电所示：兹特部置如下：（一）第十五、六两师，着速提前完成湘南各碉堡线后，即向遂用西南推前，十五师集中藻林附近待命，十六师集中在〔左〕安附近待命。（二）二十三师与七七师一部之防务着速遵照委座删辰战一电，移交李军长生达所部七十二师及另一旅接替。（三）二十三师，将吉安、泰和一带原防移交后，着即向遂州以南移动，集中良碧洲附近。（四）七十七师着速遵委座前令移接自棉津至储潭江防，严密防堵。（五）第五十三师着即南移，向遂川附近集中，所遗永新、安福一带防务，着调五十师接替，师部驻永新，继续清剿该匪残匪。（六）五十师所遗修水一带原防，着调三十七旅接替。归二纵队刘司令指挥，并继续派队会剿冷水坪一带残匪。（七）独立三十七旅所遗阳新一带原防，由陈纵队司令统筹派队接替。（八）六十二师肃清牛田、津洞残匪后，即移至汝、桂之线，增强该线碉堡工事。（九）六十三师协同朱师肃清袁水以南武功山一带残匪，即以陈子贤旅担任自莲花经砻市至大汾一带防务，其余部队位置于大汾、桂东之线，增强该线工事。（十）保安司令着即遵前令抽调保安第八团，接替湘南各线碉堡防务并增加工事。（十一）各部奉到电令后即克日遵照办理，其所遗防务，应视各该处匪情之缓急，酌留少数兵力，或以各该县团队义勇队节约填驻暂维现状，俟接防部队到达交接妥为配备。上十一项，仰各遵照妥为配备，并将移防情形迅速具报。等因。本部奉令后，当即下达谭军长朱、岳两师长及刘旅长漾西电令如次：

总座养未西参机电计达。（一）第五十师除酌留少数部队协同地方团队在原防，候刘旅接防部队到达后，再行全部南移外，其大部希岳师长迅即率领取道铜鼓、万载集中宜春，候本师〔司〕令训话毕，再开赴永新、安福一带，接替五十三师防务。（二）希刘旅长迅将所部移接岳师修、铜一带防务，并继续协同鄂南友军及团队，清剿冷水坪附近徐、叶各股残匪。（三）以上各部防务交接及开拔情形，希随时电告本部备查。（四）朱师长所部，候各处残匪搜剿告一段落后，再令随同二十二军军部南移袁水流域。上四项。

据岳师长森养辰电称：

据朱旅长刚伟转李团长邦藩马未电称：据杨营长智日报告，我一连东日，搜剿高检、西槽等处，破获伪县苏及伪医等机关，俘匪十二名，鱼日在七都、汴岭破获伪工作团机关，俘匪十五名，寒日在青洞、龙门、大竹坪、逍遥、双蜂等处搜剿，破获伪工作、伪总医院、第四作战区后方各机关，俘获伪省苏农工会委员施济、男女重要匪犯十名，投诚匪二名，并夺获机枪一挺，步枪四枝，皓日到甘坊，等语。谨电呈。等语，谨闻。本部当即电复该师长嘉慰矣。

据邓旅长南骥养午电称：

据周团长昆源马西电称：据王营长报称，据报，伪钦旬区苏潜伏石灰洞，当饬机七连连附曾继生率长短枪兵十三名，梭标马刀手四名，前往捕拿。兹据报：当场毙匪五名、搜获步枪六支，炮弹三十三发，伪文件多种，等情。据此，理合将搜获物件，如数缴呈钧部查收。等语，本部当即电复该旅长嘉慰矣。

据罗区司令树甲马日报称：

综合各方情报：蒲、崇、临、通边区之八丰山、战场山、桃花洞、药姑山等处，已无一百以上之整个枪匪，而湘、鄂铁路山蒲圻至羊楼司一段，自经伪铁路工作团负责人黄嘉富伏法后，行旅亦称安谧，惟八斗山之赶龙坑、大小茶坑各深山密林之处，以山地复杂，匪化太深之故，仍不免零星散匪，昼伏夜动，企图扰乱。职为决心根本铲除，以副钧望起见，爰于本月十九日分令指挥各部，分区搜剿（清剿区域及兵力配备详另表）（表略）。统限本月二十七日以前一律肃清。并申令嗣后各地区内，如再有散匪发现，即严惩其主管官，同时分令蒲崇通各县县长，即日派员随军深入招抚流亡，清查册口，组织保甲举办五家联结，成立民众铲共义勇队等。亦严令不准稍涉敷衍，预计八斗山等处之匪最短期内，可告肃清。等语。附清剿区域及兵力配备表一份。据此，本部当即据情转报总座鉴核，并指令该区司令督饬所部按照所拟努力搜剿，早完使命矣。

二十四日，据岳师长森漾午电称：

据朱旅长刚伟漾巳电称：据杨团长报称，窜踞冷水坪一带之匪，经我二九八团击溃后，经三角尖于养日窜至天岳关东北之盘石铺，似有南窜之企图。等情，谨闻。

又据该师长梗电称：

据朱旅转据杨团长由古市岭电话称：据确报，塘城坳西北仙人岐以南之石陂段，昨晚到有股匪八百余，枪约五、六百支，本日午前该地附近枪声隆隆，不知是否与冯师部队接触。等语。除令督饬各部严密堵剿外，谨闻。等情。查该匪似系红三师残部由冷水坪回窜者，除饬严密侦剿外，谨闻。各等［因］。本部当即转电陈司令及邓旅长注意堵剿，毋使南窜，并电复该师长矣。

据邓旅长南骤梗亥电称：

据傅团长电话报告：梗午红三师一部，枪五百，人倍之，匪首赵干青，突由通域窜到南江，与我驻南江之苏连接触，战斗甚烈，当饬陈营长率兵三连前往增援，匪不支乘夜窜入内山。据俘匪称：匪有窜浏阳之企图。等语。现正饬傅团陈营跟追中。等语。本部当即转电陈司令陶旅长，并电复该旅长饬属严防该匪南窜矣。

奉总司令何漾亥西参机电开：

命令：（一）赣东之匪，现已倾巢分数股，向赣江上游信丰东北地区西窜。其先头部队，已与我南路军之叶师，在信丰东南之韩坊、安息圩等处激战中。（二）本路军为拒止该匪西窜计，拟以主办协同粤、桂军，扼守赣江上游西岸及湘东南各碉堡线。以一部分守原有各防地，并协同东北两路军对匪夹击，将其歼灭于赣江沿岸，或以西地区。（三）着七十二（另一旅）及七十七师为赣江守备队，以李军长生达为指挥官。应以七十二师全部防守泰和（含）至棉津（含）之线，以所附另一旅守泰和至仁和圩之线，以七十七师防守棉津至储潭（含）之线，努力阻匪渡江，限下月江日以前到达。在未到以前，仍由李军长云杰负责指挥。

二十三师于交防后，即集结大汾附近待命。（四）着五十三师及十八师，为永、宁、遂、莲、大守备队，令李军长韫珩为指挥官。应以五十三师主力控置于零田圩附近，策应泰和至储潭部队。努力阻匪渡河。以一部防守遂川至大汾（含）之线，限艳日前到达。十八师以主力防守永新、宁冈至黄坳之线，堵匪北窜。以一部驻守莲（不含）、安（含），限三十日前到达。（五）着六十二师及六十三师全部。胡凤璋部为莲、汝、桂守备队，以陶广为指挥官。应以李国钧旅及莲、宁两保安团，防守莲、砻、大（不含）之线，置重点于砻市、大汾间，限下月江日以前到达。六十三师五团，防守大汾（不含）至桂东之线，限俭日以前到达。六十二师五团及胡凤璋部，防守桂东至广东桥（不含）之线，限险日到达，堵匪西窜。（六）着十五师附湖南保安团二团，为耒、安、茶界守备队，以王东原为指挥官，应以主力控置于来阳附近，赶筑耒、安、茶线各据点碉堡，堵匪北窜。（七）着十六师附湖南保安团二团，又机枪二十挺，为衡、零、东安守备队，以章亮基为指挥官。应以十六师扼守祁、衡线，保安团固守祁阳至黄沙河湘江西岸沿线。努力堵匪西窜。（八）着段区司令珩为湘南守备队指挥官，督率所属各保安团及各县义勇队，固守各防御线以外之各县场及衡宜线碉堡。（九）各部于电到后，不待接防部队到达，即以大部向新位置移动。如限到达，不得稍有贻误。其所余小部交防后，即行归建制。（十）以上各部，均归刘纵队司令建绪指挥。（十一）着五十师大部，附赣西袁水各县保安团、义勇队为袁水守备队，以岳森为指挥官，扼守袁水沿岸碉堡线，堵匪北窜，限世日以前到达。并以一部节约分守上庄、铜鼓、大段、找桥、甘坊、上富、奉新、石鼻街、牛行之线（不含）以南，袁水以北地区各要点。（十二）着独三十七旅全部及二十六师一部，为修、铜、武、奉守备队，以刘培绪为指挥官，分守修河以南及上庄、铜鼓、大段、找桥、奉新、石鼻街、牛行之线（含）以北地区。限下月东日以东〔前〕到达。（十三）着湖南保安第三、第六、第二十四各团，及十九师工兵营，为平、浏、岳守备队，以罗树甲为指挥官，负责维持各该县安全。（十四）以上各部，均归第二纵队刘司令膺古指挥。（十五）第三纵队（欠独立第三十七旅及二十六师之一部），应酌量该纵队匪情，另行妥为部署防剿，并特别注意湘、鄂铁路线之安全。（十六）着二十三师及二十九师（欠段旅）为总预备队，以李云杰为指挥官。应以二十三师暂置于大汾附近，以十九师（欠段旅）归段旅长^①指挥。控置于长醴铁路线上。（十七）汝、桂守备队之补给，应由第一纵队刘司令及陶指挥官协商，在酃县、杜东、汝城各县城，分设军用仓库，预集必要粮秣弹药及被服。其他各守备队，应视当地物质现状预为准备。（十八）各碉堡内均须遵照行营规定，切实准备必要粮秣、燃料、蔬菜、食盐、饮水等项，俾能固守多日。（十九）各部队移动后，其未经指定接防部队之防地，均由各该原守部队，酌以各该地区团队及义勇队，暂行负责防守。上十九项，仰即遵照具报。等因。本部奉令后，当即下达谭军长，朱、岳两师长，邓、李、陶三旅长及危保安司令电令如次：

总座漾亥电令计达。（一）朱师长所部应迅遵总座电令。先派兵一团接替安福防务。其余应迅集中宜春后，星夜赶接永新、宁凤、黄坳等处防务，归第一纵队刘司令指挥，以应机宜。（二）岳师长所部，应迅派兵两团，接替宜丰李旅、万载朱师王团防务。其余亦应星夜集结宜春待命。（三）李旅长国钧所部，候岳师接防部队到达宜丰后，即应星夜开赴总座指定地点。（四）危保安司令，应星夜酌派一部，接替朱师唐团所遗安源、芦溪、宣凤、上粟市、案山关一带防务。（五）其余各部，均遵总座漾亥电办理。（六）以上各部，应迅速遵照移动。毋稍延误。并将遵办情形具报。上六项。

二十五日，奉总司令何敬长西参谋电开：

漾亥电令计达。顷接余指挥官汉谋梗申电称：查伪一、三、五军团自向雩都溃窜后，拟由匪首朱德亲率一、三军团全部及七、八军团各一部，人枪数万，附有机炮无线电等，于皓日窜扰信丰东北各地。均经我军先后将其击溃。但该匪计不逞，于是复倾全力围攻我安息部队，图突破封锁线。自皓日激战甚烈。匪方伤匪颇多，我方亦有损失。现尚在相持中。同时茅店及三门滩、罗家渡、黎村，亦有匪万余。近在王母渡、大坪、立赖间各处渡河者，约有数千人。此外，尚有不明队号之后续匪队约万余，正向我信丰东北前进中。等语。除电复外，希即遵照本部漾亥电令，到达指定地点，加紧设备，以便迎击为要。等因。本部当即转电各部知照，并饬迅速移动矣。

秦总司令何敬戌长西参电开：

（一）查赣东之匪西窜，本部已另统筹部署。前令设立湘鄂边区剿匪指挥名义，着即撤销。（二）所有在鄂南归罗区司令指挥之保安第三团与第五团之

---

① 原文如此。

一营，及六十二师之李国鸿团，十九师工兵营所担任务，着移交三十二师，迅速分别接替，负责继续清剿，并由陈司令统筹部署，特别维护湘鄂路线之安全。（三）邓旅长应速由平江抽兵一团至长沙，接替保安第六团要塞防务。限艳日前交替完毕。（四）所有十九师及保〔安〕团移调防务，着罗区司令、邓旅长，克日妥商办理具报。上四项。等因。本部当即转电罗区司令、邓旅长遵照办理具报矣。

（此件引自中国第二历史档案馆编《中华民国档案资料汇编》第一编，军事四，江苏古籍出版社 1992 年版）

粤赣闽湘鄂剿匪军第十纵队
石榴花寨鹅颈坳月光寨之役战斗详报

（一九三四年十一月）

甲、战斗前匪我之态势

匪伪三军团及伪十五师自经我在大排岭牛角山击溃后窜踞丈夫嶂升平寨石榴花寨鹅颈坳月光寨寨脑一带高山，即利用洪杨乱时土民于各山峰所筑避乱之石寨加以修强并增筑鹿柴及侧防工事，企图阻止我军进取石城。

纵队自克复大排岭牛角山匪阵后，一面构筑既占阵地之碉堡，一面修筑辛坊至陈古岭间之军路，至九月三十日午后二时奉总指挥陈临午电令，本纵队于冬日将防务交樊师接替完毕后，集结桐岗以南至小松市附近待命，等固遵即令第四师先将中华山小排岭已完成之碉堡交七九师接替，其余碉堡完成后待命交替。至十月二日午前十一时三十分，奉总指挥陈冬辰驿参战电如左：

"衔略：（一）汤纵队附孙炮营（欠一连）本冬日集结桐岗小松市间，明江日向寨脑攻击前进，占领后当日完成野战工事，并准备筑碉材料，四、五、六、三日完成小松寨脑间碉堡线。（二）霍师归汤指挥官指挥，江早推进江东坳一带集结准备策应，除饬樊师接替各师所守碉堡外，希即遵照等因。"

乙、我军之部署

纵队奉到上项电令后，即率各师各级干部及幕僚等至小松市西南端高地侦察地形，判断当面之匪阵状态（如附图一）。

基于上项之电令及侦察地形之结果，于当日午后一时下达笔记命令如左：

命 令

（十月二日午后一时于小松市指挥部）

战字第七十三号

一、伪三军团及伪十五师经我击溃窜踞丈夫嶂大源寨石榴花寨鹅境坳聂岗寨寨脑牛水寨一带阵地，仍有阻我南进之企图。

我六师已占领小松市东南方小松村江东坳及其东方一带高地，构筑碉堡中。

二、纵队（缺八九师附第十四师及孙山炮营税警团迫击炮第二连）明三日拂晓向石榴花寨鹅境坳聂岗寨寨脑牛水寨之匪阵攻击，进出至该阵地南端之线攻击，重点指向鹅境坳附近。

三、第四师本二日午后将大排岭牛屎砦雪竹岭罗家峰一带碉堡交七九师接替后集结小松北方杨村附近，明三日拂晓前主力集结井头村南方江东坳附近，随八八师攻击之进展防线聂岗寨寨脑牛水寨之匪阵攻击，进出至该线高山南端之线，另以一部由小松市西南方小高地向丈夫嶂施行佯攻，掩护八八师右翼之安全。

四、第八八师本二日午后将现阵地交六七师接替后集结小松市东南端附近，明三日拂晓前于小松村显背江东坳之线（第六师碉堡前）展开，拂晓向石榴花寨鹅境坳之匪攻击前进，进出至匪阵南端之线，当日完成野战工事。

五、第十四师为预备队，明三日午前七时到达小松市附近待命。

六、卜福斯山炮营本二日于井头村南端小山附近（第六师三十三团第三营阵地）占领阵地，明三日拂晓对石榴花寨鹅境坳开始炮击，协助第八八师之攻击。俟八八师占领该线后即将主火力指向聂岗寨寨脑牛水寨一带匪阵，协助第四师之攻击。

七、税警团迫击炮营第二连明三日拂晓前于江东坳东北端高地占领阵地，拂晓将火力集中石榴花寨鹅境坳施行破坏射击，俟第八八师接近匪主阵地时即延伸火力向匪阵地后施行遮断射击，以阻止匪之增援部队。待八八师确实占领石榴花寨鹅境坳后，即将火力指向聂岗寨寨脑及牛水寨一带，协助第四师之攻击（该连就近归八八师孙师长指挥）。

八、各师及炮兵通信营（连）明三日拂晓前与本部井头村指挥部总机构成通信网。

九、第二患者输送大队明三日午前九时前推进至小松市附近，接收各师之患者。

十、余本二日下午在井头村指挥部,明三日拂晓到达井头村南方高地指挥所。

右令

指挥官　汤恩伯

丙、战斗经过

十月二日午后,各部将防务交替后即乘夜暗开始移动。当晚,第四师到达小松北方杨村附近,第八八师到达小松市东南端附近,准备翌日之攻击。十月三日午前五时,各部均已在指定地点完成了攻击之准备。我卜福斯山炮亦同时于井头村南端阵地开始炮击石榴花寨鹅颈坳各匪堡。斯时,我飞机亦飞翔于各匪堡上空施行轰炸。我攻击部队第四、第八八师即利用地形向各该师当面之匪堡展开攻击前进,逐次将石榴花寨鹅颈坳以北小高地匪重重配置之警戒部队驱逐后,至午前七时,我八八师之五二八团已逼近新桥头西山北端山麓,经数猛扑后,遂确实占领新桥头西山,同时我佯攻部队第四师补充团亦占领丈夫嶂。残匪狼狈退守升平寨鹅颈坳各匪堡内,仍图顽抗。我五二四团经数次激战后,午前九时确实占领石榴花寨升平寨,同时我四师十旅亦占领寨脑。残匪仍复节节退守月光寨火炎寨聂岗寨一带,企图死守。按鹅颈坳月光寨火炎寨聂岗寨山势峻峭,实为石城北门之锁钥,舍此以南至石城间均岗阜起伏,无险可守,故石城得失之关键均系乎此,是为匪我所必争。因之,匪退守阵地后,似有与守土共存亡之势,异常顽抗。乃即令我卜福斯山炮转移火力指向各该匪堡,尽力施行破坏。至午前十时,各匪堡工事为我炮兵破毁多处。匪失凭依,呈现动摇。我攻击各部以敏捷之行动勇猛冲入匪阵。我八八师五二四团遂占领鹅颈坳。我四师十旅亦同时占领聂岗寨,继复乘胜追击,至午前十一时,我八八师又完全占领月光寨火炎寨,我第四师亦占领牛水寨。残匪始向西南方向逃窜。从此,石城门户洞开,探取城邑易如反掌耳。是役,计毙匪二百余,俘匪二十五名。我八八师伤士兵二十七名,阵亡士兵二十三名。据俘匪供称,本日与我抗战之匪为伪三军团第六师及十五师,经击溃后现向石城以西方向逃窜。等语。

翌日,派八十八师一部占领长乐以西地区,掩护我第五纵队占领石城。

丁、关于俘获械弹及我军伤亡弹药消耗（详各师战斗详报）①

---

① 略。

戊、本日战斗经过（如附图第二）①

己、战后我军之处置

战斗结束后当即令各师在既占阵地开始构筑野战工事，严密警戒，至午后一时，于井头村指挥部下达如左之笔记命令：

命 令
（十月三日午后一时于井头村指挥部）

战字第七十号

一、石榴花寨鹅颈坳寨脑一带之伪三军团经我击溃后向石城方向逃窜。

二、纵队（缺八九师附十四师卜福斯山炮营税警团迫击炮第二连）奉命在既占阵地与第六师联系构筑碉堡，期于三日内完成之。

三、第四师于寨脑小松市大道以东地区选择要点与第六师联系，构筑碉堡，限六日前完成。

四、第十四师于小松村附近选择要点，南与石榴花寨八十八师，北与小松市第六师联系，构筑碉堡，限六日前完成。

五、第八八师于石榴花寨寨脑间以西地区选择要点与第十四师联系，构筑碉堡，限六日前完成。

六、各师碉堡位置决定后应绘图具报。

七、卜福斯山炮营在原阵地附近集结待命，迫击炮第二连归第四师刘旅长指挥，掩护做工。

八、各师弹药粮秣务于三日内补充完毕。

九、余现在井头村指挥部。

右令

指挥官　汤恩伯

庚、战后之感言

一、对匪堡攻击应宜逐次各个夺取，不可全线同时施行。据经验所得，匪多死守碉堡，各自为战，鲜有以兵力互相援助者，且匪堡间既无交通壕之设备，匪堡周围又环设鹿柴〔砦〕，更鹿柴〔砦〕之外附近地形立壁陡峭，攀降困难，

---

① 图略。

匪兵转移至亦不易，倘我以小部牵制其他匪堡火力，而以全力扑攻某一匪堡，其制胜之道较分散兵力而全线同时进取，当易操左券也。

　　二、对匪作战除将特别情况及地形许可者外，在普时机似不适用佯攻。按佯攻系属欺骗匪军误认我为真面目之攻击而诱其兵力，趋于不利之方向使主攻方面奏效容易为目的。但匪之工事多在山巅，由高制下，窥探无遗，我之行动虽尽各种手段以隐匿，亦难脱其瞰制之下，况匪堡周围障碍重叠，其临近纵将失陷，他匪堡已难为力出而援助，是故我之佯攻靡特不能达成欺骗之目的，且反使匪军识破而预将火力集中我主攻方面矣，是不可不注意。

（此件引自中国第二历史档案馆藏战史编纂委员会档案）

赣粤闽湘鄂剿匪军东路总司令部造呈二十三年度十月份剿匪工作军事报告书

（一九三四年十月）

作战命令

本月二十九日给第四纵队及航空队兼本部有关各处：兹制定规复长汀计划一份，随令颁发。仰该指挥官按照各项规定，适切实施之，并将兵团部署及进展情形，随时具报为要。

附：计划概要

其一　匪情判断

匪主力西窜，业经证实。今后回窜与否？固未可知，惟长汀及其附近，现只有伪二十四师及伪游击队等部负隅。其企图无论为掩护其主力西窜，或为卷土重来之根据，但长汀为闽西重镇，伪闽省府所在，目前乘虚规复，于战略政略两方，均感必要也。

其二　方针

以强袭之目的，东路军之一纵队，于十一月十一日，自河田一举而下长汀。

其三　指导要领

一、河、朋间第一期筑路，务于十月三十日前赶速完成。

二、第四纵队各师，务于十月三十一日全部集中河田，并完成前进诸准备。

三、飞行队自十月二十九日起，逐日侦察河田、长汀及瑞金、会昌、宁化间之匪情，至前进开始，以主力协同前进部队，攻略长汀。遇匪来袭或匪顽抗时，尽量爆击之。

四、前进间对当前之匪猛烈打击之，对两侧自宜戒备。

五、遇匪据阵地抵抗时，应主〔注〕意包围及迂回，以期歼灭之。

六、克复长汀时，立即完成所要之阵地工事。

其四　兵团部署

一、前进兵团以第四纵队之三个师组成，并附第三师之山炮兵。

二、前进间以两师为第一线，一师于第一线后跟进，切取联系。

三、占领长汀后，第一线之两师，立即构筑长汀附郭所要兵力（二至三团）之野战工事，后以一师守备之，及加筑必要之碉堡工事，并构筑长宽千米达之飞机场。

四、第一线之一师（完成上述长汀附郭野战工事后），即与第二线之一师，赶筑河、汀间之碉堡后，再筑其间之公路。

五、控置河田之一一师，除留警戒必要之兵力外，余均向赶筑河、朋第二期公路。

其五　交通通信

一、交通处于十月三十一日前，将延伸长汀之电线材料及人员等，运至河田，随前进部队架设电线。

二、交通事项，除按照其四三、四五两项筑路外，交通处应督促建设厅工程人员，同时构成所要之石方及桥梁涵洞等工程。

其六　补给

一、弹药。长汀及河田间，约需五团一月之碉堡弹药，应于十一月一日前，由运输处自新泉仓库运至河田，并准备部队补给之弹药。

二、粮食。自河田以西，以因粮于地为原则。但运输处应按照前令，迅速屯积食米于河田。并派员前进采办。

其七　卫生事项

军医处应于攻击开始前，在河田设立能收容五百人之野战病院一个，以收容伤病员兵。

其八　宣传及其他事项

一、党政处速拟印多量对匪军及匪区民众之宣传品，届时由飞机及部队散布。

二、第八区行政督察专员，应速作推进长汀之准备。并派员前进，抚辑匪区民众。

军队调遣

闽西方面

甲、李纵队 [1]

二日上午八时，九、十两师各派一部，向黄义岽西延伸筑碉。

四日上午九时，该纵队开始向南山坝攻击前进。下午二时，第九师将南山坝占领之。

五日，筑南山坝以东至黄义岽间碉堡，七日完成。

八日，电令李延年：北路已占领石城，达到第一期目的。我东路距第一期目的地之河田，尚差五里。就目前形势，伪一、三军团颇有转向东路之可能性，固应慎重，但侦察明瞭知匪全力尚未集向本路，应即稳步前进。总之，不宜大意轻敌，亦不宜迟滞失机。

同日，本部拟定该纵队攻击河田及构筑碉堡计划，电报委员长，并电令该纵队遵行。其要旨如下：

一、河田村落甚大（四五千户），切勿利用以行村落防御，亦不许匪近接潜伏于其附近。各要点及江岸应构筑所要之碉堡，以监视河田，并封锁汀江。其守备兵力可用一旅。该守备部队之旅团营连部，约〔均〕须住碉内，不宿民房。

二、河西附近碉堡完成后，除派一旅驻守外，主力即撤至中屋村西之黄义岽、金河岽阵地，分向东西筑路；一部撤至温坊西之金华山、猪鬃岭阵地，向东筑路。

三、筑路时除远探外，日间以一部警戒本阵地，大部均出发筑路，夜间均归回本阵地。遇优势匪袭击时，立即进入阵地抵抗。

九日上午七时，向河田攻击前进。十时，将河田占领之。即在河田东北筑碉并派队维持市街秩序，民众甚表欢迎，现状安□。本晚九、十两师，均在河田东北部露营，三十六师主力控置于湖洋背碉堡线内。

十日第九、第十、第三十六各师，各以一部构筑河田村围碉堡，其余控置于相当地点，随时准备应战。该处碉堡工事，于十一日完成。

十二日，奉委员长十一日真亥行战一复电开：不利用河田村落以行防御，及守兵不住民房甚妥，但仍宜注意集结□过分散为要。等因。

十三日，接李延年文（十二日）亥电，报告筑路部署如次：

一、以二十六旅固守河田，以第三师（欠第八旅）担任五里冈全线碉堡之

---

① 李纵队，指国民政府军事委员会南昌行营东路军第二路军第四总队指挥官李延年。

守备，均限元（十三）日接收完毕。

二、以第十、第三十六师归李默庵①指挥，驻中屋村，担任猪鬃岭至上水口一带公路构筑；第九师（欠第二十六旅）及第八旅驻温坊，担任洋屋尾至猪鬃岭段公路构筑，均限梗（二十三）日完成。

三、明日各师开赴后方，由师派队在凹头崠、黄义崠、猪鬃岭之线，交互掩护。并在筑路期内，拟派队固守黄义崠、猪鬃岭以资掩护。

十五日，接李延年寒（十四日）戌电，报告该纵队各师位置，当于删（十五日）转报委员长。其要旨如次：

本纵队遵令以第二十六旅固守河田，其余均于元（十三）日开回中屋村、温坊一带，准备铣（十六）日开始筑路。第三十六师现驻中屋村西部：第十师、东路指挥部及第九师（欠二十六旅）温坊，第三师之第八旅在杨屋尾：其余任朋口、五里冈间碉堡守备。

十六日，自本月鱼、阳（六、七）等日起，迭据各方情报：宁化、凤凰山等处到匪二三万；刘园（河田东北十五里）到匪两万余；蔡坊（河田西北十里）到匪万余，均有无线电；三洲（河田南二十里）到匪一部，数目未详。截至本日止，虽经派机、派探侦察，其情况仍未证实。为严密防范起见，特急函李延年指示办法，其要旨如左：

剿匪已到最后阶段。我东路兵力较为单薄，确系一大弱点，亦为剿匪以来最危险时期，偶一不慎，即易为所乘。以现在贵纵队正面延长五、六十里，部队分散四、五处之状况，指挥不便，有事至觉可虑。目下最要者，除以必要兵力任白衣洋岭、猪鬃岭、金华山、黄义崠一带高地之守备，不为匪占外，应在相当地点（最好中屋村）先行赶筑三、四团用之坚固野战阵地，后方可开始筑路。筑路间毋宁稍延进度，而不可将部队分离过远。如遇匪全力来袭，各筑路部队可借碉堡线之掩护，速往叠予抵抗，与匪作殊死战。则匪虽狡，必不至为其所算。该阵地内尤须多储粮弹、以期万全。

十七日，接李延年铣（十六日）酉复电，报告处置大要：以中屋村附近为纵队本阵地，自篠（十七）日起，即极力增强其南北两部之阵地工事。同时对于金华山、白衣洋岭、金河崠、黄义崠四处，增筑各一团之野战阵地，每阵地

---

① 李默庵，时任国民党军第十师师长（原西北军第四十五师和黔军一部组成，现为中央军部队）。

派兵一营常川驻守之。遇有匪警，即结集纵队主力至中屋村阵地，作韧强抵抗。

同日接该纵队部电话称：我第十、第三十六师阵地构筑完成，明日开始筑路；第九师明日继筑阵地，下午开始筑路。

二十一日，电李延年，谢师①于号（二十）日到达莒溪。已令于梗（二十三）日推进朋口，接替朋、河（不含）段第三师所担任封锁线各碉堡之守备任务。第三师交防后，即加入筑路。

二十五、六日，接李延年敬辰（二十四日晨）有（二十五日）酉两电，报告该纵队筑路情形，其要旨如下：

一、筑路拟分两期，第一期杨屋尾至上水口段，第二期上水口至河田段。

二、第一期筑路，因猪鬃岭上下坡约二十里，除积土过大，第三、第十师工程十分困难。现竭纵队全力协助，预计月底可以完成。

三、第二期上水口至凹头嵊，以第十、第三十六师担任，均驻南山坝；凹头嵊至河田，以第三、第九师担任，第三师驻湖洋背，第九师驻河田。

四、各师除分区派遣远探及自任警戒外，并令三十六师于黄义嵊，第十师于凹头嵊高山之线，特别派队占领。

五、第二期筑路，预计下月庚（八）日可完成。

二十七日，奉委员长宥（二十六日）酉行战一电开：匪大部确实已南移。希饬加速完成河、朋公路，以筑碉向长汀进展。等因。

二十九日，奉委员长俭（二十八日）酉行战一电开：希饬李纵队防匪西窜，速取长汀具报。等因。当于俭（二十八日）戌、艳午两电复报委员长，乘匪主力西窜，拟令李纵队于本月底赶速朋、河间第一期公路；下月一日，以一师至河田，并向东构筑第二期公路，以该纵队主力乘机一举而下长汀，然后构成其以东之碉路。

同日，蒋委员长宥（二十六日）酉、俭（二十八日）酉两电，转令该纵队，严饬各部，对第一期公路务于三十日完成，并限下月一日占领长汀。

同日，接李延年艳（二十九日）辰电略称：第一期筑路定艳（二十九日）卅两日先后完工。第九师定三十日推进河田，其余各师约定世（三十一）日推进湖洋背及南山坝一带。依照前电所陈计划，即于东（一）日开始第二期筑路，限微（五）日完成。

---

① 谢师，指国民党军第八十五师，师长谢彬（原李燊之黔军第四十三军残部编成）。

同日，电复李延年，查第二期上水口至河田公路，长仅三十里，地形平坦，构筑较易，四师分担，每师不过八里。现决遵委员长令，于下月东（一）日开始进占长汀，为一劳永逸计。希明三十日起，每师分筑一段，于世（三十一）日内赶成第二期公路，则前进时补给联络均便，如万一不能完成，则五里冈（或湖洋背）以东，务希于世（三十一）日内赶成。并希妥为部署，激励士气，努力实现为盼。

乙、第八十五师

上月三十日，接该师长谢彬艳（二十九日）电称：本师遵令集中沙县，定艳、陷（二十九、三十）两日分别开拔。预计佳、灰（九、十日）前后，可到达目的地。

一日，电复该师长，盼兼程前来，以资分担任务。

十日，接该师长佳（九日）酉电略称：本师今日到达沙县，因输卒患病过半，明日拟令五一〇团先开，主力陆续移进。等语。当于灰（十日）亥电规定其前来经路及应注意者数事如左：

查伪一〇一团人枪五、六百，常窜扰永安、宁洋、小陶一带。清流、宁化方面，日来有大股匪窜扰，亦未可稍忽。贵师须沿沙、永、连碉堡线前进至姑田，经曲溪、席湖营至朋口待命。在进行中，须时存戒心，兵力尤须集结，千万不可分散（应集结全师前进，五一〇团如已先开，应即在相当地点停止，俟主力到后，方可续进）。每日出发宜早，至下午二时必须到达宿营地，得以从容构筑防御工事。行动间如遇匪袭，可进入碉堡线，以行抵抗。必要时，此间当派机前来掩护。逐日行动及宿营位置，务希预先电告为要。

十四日，接该师长寒（十四日）未电略称：本师主力今午抵永安，五〇七团亦可抵贡川宿营。拟铣（十六）日集结全部，继续向小陶、姑田前进。

十六日下午三时，该师全部到洪田。十七日小陶，十八日姑田，十九日席湖营，二十日莒溪。

二十一日，本部电令该师，须于梗（二十三）日推进朋口，接收朋口至河田（不含）第三师所担任封锁线各碉之守备任务，以便第三师抽出守碉部队筑路。如该师一时全力不敷，可先接朋口至中屋村段，将工事加强后，再接河［田］段，以上统限敬（二十四）日接收完毕具报。

二十二日，接该师长复电称：本师拟自梗辰（二十三日晨）起，以五〇五、五〇七两团先行出发，接收朋口至中屋村间防务；五一〇团暂留莒溪，俟该两团接收完毕后，接收情形如何，再以五一〇［团］向河田延伸。

二十三日，本部电复该师，接朋、中一段后，应速准备接中、河段。并派员沿线侦察，如遇碉堡稀少之处，即计划增筑，以期封锁严密。

二十五日，接该师长敬（二十四日）酉电称：朋口至猪鬃岭间碉堡已由五〇五团、猪鬃岭至中屋村间碉堡已由五〇七团，均于昨、今两日接收完毕。职准明日率五一〇团及直属队，推进温坊、中屋一带，拟先接收中屋村至南山坝间碉堡。

同日，电复该师长，朋、河公路急待完成，希于俭（二十八）日前接收至河田（不含），以便抽出河田第九旅筑碉。

二十九日，接该师长俭午电报告，该师已于感日将朋口至河田（不含）一带碉堡接收完竣。

丙、薛支队

接该支队司令薛蔚英世（三十一日）电称：（一）连城城防准明东（一）日开始交替。职拟于冬（二）辰率卢团开连、苦线①以增防。（二）各团守备区域区分如下：第四团连城（不含）至姑田（不含）；第一团姑田至小陶（不含）；第二团小陶至苦竹（不含）；支队部驻姑田。（三）各团布置完妥后，即星夜增筑各空隙碉堡，以固封锁。

闽北方面

第四十五师

六日，接该师长戴民权支（四日）戌电略称：职师奉开驻延、沙、永②三县，准备微（五）日由莲塘出动。

本部鱼（六日）戌电该师长，沙、永线为闽北封锁线之主要部分，得贵部防可以无虑，盼早日来到，以固后防。

十一日，接该师长灰（十日）未电称：职于微（五）日率部由南昌之莲塘，计分三批出动，第一批已于今午到达南城，第二批到达岳溪，第三批到达东馆，定明日向目的地续进。职师初到赣境，水土不服，官兵患病颇多，故行动稍觉迟滞。但敌忾心切，士气旺盛。无论如何艰苦，决于最短期间到达新防地。

本部文（十二日）辰复电：贵师已抵南城，甚慰。希早日前来，以固闽防。途中行军、宿营、兵力须集结，搜索警戒尤宜周密为要。

---

① 福建建瓯、建阳、顺昌三县之间的连墩至苦竹线。

② 延平（今南平市），沙县，永安。

十三日，接该师长文（十二日）酉电告：第一批于文（十二日）午到默川，明早仍续向目的地前进：二、三两批，均在跟进中。

十六日，接该师长删（十五日）戍电告：第一批已于寒（十四日）晚抵光泽；第二、三两批可续到。

本部篠未（十七日）复电：希兼程前进，以固闽防。

三十日，接卫立煌艳（二十九日）电略称：四五师已到沙县、青州一带、正逐次接替五十六师沙、永防务中。已令刘师交防后，即开松政。

赣粤闽湘鄂剿匪军东路军十月份逐日匪情

十月一日

龙岩方面

据探报：漳龙汽车公路及白土附近，自经派队驻防后，龙岩城附近之伪独立八团及周力行股匪等一部，窜永福、四邦一带，一部窜龙、永交界之肖坑、孔夫、长流田地等处。

十月三日

江（三）日宁化属泉上，江（三）日到匪二千余名。

十月四日

汀连方面

支（四）日晨九时，我李纵队开始向南山坝攻击前进。伪九军团占领该处西北及以西高地，伪二十四师在其后阵地等地雷甚多。该匪凭据工事顽强抵抗，至午后二时，卒被我先后攻克。俘匪十余名，获枪十余技，匪死伤约二百余，向河田方向退窜。

十月十六日

汀连方面

鱼（六）午我第四纵队进占五里冈，下午三时，第九师之一营借飞机拖护，进入河田。嗣因地形复杂，扼守困难，至晚撤回本阵地。据俘匪供：伪九军团现在河田东北一带高地埋伏，伪二十西师在河田西南一带埋伏，企图袭我进入河田，实行短促突击。

宁化方面

卢兴荣鱼（六日）电：（1）据由宁化逃出难民称：禾口、凤凰山至宁化一带，到匪数千。（2）明溪城之匪，于东（一日）晨向清流方面退窜。现该处保卫团已回驻城内。

十月七日

宁化方面

虞（七）日空军报称：宁化附近有匪工事甚多，并有匪据守在该处，城内见有匪约千余人。宁化至长汀道上，有散匪往来。

汀连方面

李延年虞（七）日电，据报：（1）刘园附近有匪二万余，并有无线电一架，及政治部。（2）游坊有伪二十四师盘踞。（3）蔡坊、修坊有匪大股（兵力不详）。（4）四都有匪伤病兵万余。

十月八日

汀连方面

一、薛蔚英庚（八）日电：（一）伪一〇一团于阳（七）日下午，窜扰郭地、余地一带。庚（八日）午与湖口之铲共义勇队，在百子岭接触，旋向郭地一带窜去。

二、据李延年删（十五日）电：据难民报告，庚（八）日在汀，目见罗匪炳辉率匪有二三千，轻重机枪二十余挺，向西窜去，现城内空虚云。

十月九日

汀连方面

一、李延年佳（九）电：据伪补充团投诚匪供，五天前汀州城内有匪二千余，新兵甚多。下生坑有伏匪二连，刘园有匪二千余，正构筑工事，具有伪装。又据探报，蔡坊有赤卫队军五六百人。刘园有伪九军团及二十四师盘踞。匪伤兵三千左右，现运往四都一带。

二、空军佳（九）日报称：长汀至宁化道上，时有散匪行进。刘园有匪潜伏，村之西端有匪简单工事。蔡坊森林内，匪亦筑有工事及匪潜伏。

三、李延年删（十五）电：据谍报员由长汀回报，佳日亲见罗炳辉率匪二、三千，轻重机枪二十余挺，由汀西去。现汀城内仅有保卫局、警察局等匪兵数十名，昼伏夜来，恐慌异常。且该方土匪现将食米散给民众食用云。

闽东方面

陈齐瑄[①]佳（九日）电：（1）顾团跟追任匪，庚（八）日晚抵拓洋南八里之东源。该匪在拓洋、溪坪一带联合当地土共，计六七百人，枪三、四百支。

---

① 陈齐瑄，时任国民党军新编第十师师长。

已分别派队围剿，拟于真（十一）日聚歼之。（2）庚（八）日第二团陈营进剿磻溪之匪百余，经我猛攻，毁坏土堡七座。该匪纷向宁德之赤溪方向散窜。

十月十日

汀连方面

李延年灰（十日）电：据报，长汀各伪机关均移瑞金。商店亦行关闭，人民不堪其扰，俱逃往他方。等语。

闽东方面

盘踞柘洋之任匪，闻我军进剿，于灰（十）日分向富溪、黄柏等处逃窜。

十月十一日

闽东方面

陈齐瑄元（十三日）电：据顾、刘两团长报告：柘洋之任匪，分窜富溪、黄柏，经顾团及刘营压迫后，回窜源坪。适刘团部队于蒸（十）日集中上白石，真（十一）日推进源坪附近，遇匪千余，枪四五百支，占领道旁高地，经刘团分头仰攻，激战三小时，匪向霞安交界溃窜。是役毙匪五六十名，获步枪自动枪各一支，并伪政府旗帜及军装等。格杀伪连、排长各一，俘伪连长一、匪五名。

十月十二日

汀连方面

李玉堂①文（十二日）电：据探报，连城北二十里之山下，灰（十）日有匪千余名，姑田东山仍有匪数百名。

行营感（二十七日）电：伪九军团文（十二）日由长汀方面，窜至会昌西之珠兰铺。

十月十四日

汀连方面

空军寒（十国）日报告：（1）水口东方有匪约二三百名，投弹六枚均爆发，命中。匪向南逃窜，当以机枪扫射，毙匪甚多。（2）长汀至石城大道上，往来之匪甚多。

宁洋方面

刘戡②寒（十四日）电：据探报，伪独九团在大河祠、阵地坑一带设伪政

---

① 李玉堂，指国民党军第三师（中央军）师长。

② 刘戡，指国民党军第八十三师（中央军）师长。

府于西坑、官坑洋等处，宣传赤化。并时向附近乡村掠夺民食云。

十月十五日

汀连方面

李延年删（十五日）电：据土民报称，涂坑有匪一二千，向水口移动。刘园、南墩两处，均有伪二十四师之一团。

龙岩方面

删（十五）日据探报，伪独八团邱金生部六百余人，在十八乡、洋坑、黄田新祠、竹仔坂、四邦等处流窜。

十月十六日

宁化方面

卢兴荣〔邦〕^①铣（十六日）电：据探报，（1）日前窜至宁化、泉上之匪数千人，复向石城南之横江窜去，其伤兵尚在宁化。（2）现在清流、宁化一带，仅有当地赤卫队、游击队数百人。等语。

闽东方面

刘和鼎^②铣（十六日）电：陈师亮股匪潜匿寿宁边境，联络当地土共扰乱掳劫。

十月十八日

龙岩方面

补充第二团巧（十八）日报告：周力行匪部四五百人，潜匿中甲、郎东一带，有扰乱我漳龙公路之模样。

汀连方面

李延年巧（十八）日电：据报：（1）罗坊、长坑、石童坊等处，均有匪百余盘踞。（2）涂坊塘背有伪中央保卫队一连，枪六七十支。（3）南岭以北，牛坑附近，有伪二十四师之一团，枪匪四百余。（4）刘园到伪游击司令许声洪部六七百人。

十月十九日

汀连方面

李延年皓（二十日）电：（1）童坊、罗坊、冈头之匪，昨日向刘园方面窜去。（2）塘背、南岭一带之匪，仍有伪二十四师之一部。（3）伪二十四师主力，

---

① 此处应为卢兴邦，时任国民党军第五十二师师长。该部由"福建事变"失败后原第十九路军等部编成。

② 刘和鼎，指国民党军第五十六师（闽军为主编成）兼师长。

仍据刘园、南墩一带。（4）伪九军团已向长汀、瑞金窜去。（5）长汀城内守备兵稀少，人民极为恐慌。

龙岩方面

伪一〇一团部三百余人，哿（二十）日由涂潭、上车窜铜钵方向。

十月二十一日

宁化方面

空军马（二十一）日报告：宁化至石城道上，有匪往来甚多。

十月二十二日

汀连方面

一、李延年祃（二十二日）电：据报：（1）涂坊、河铺、南岭之独立营、游击队、赤卫队，确已改为新编二十四师。（2）长坑石、罗坊一带，均无匪踪。

二、李延年梗（二十三日）电：据伪九军团教导队文书投诚供：伪九军团于十五日窜到会昌西之珠兰铺，声言目前两大任务：（1）抗日；（2）消灭国军。二十日向赣州移动。

龙岩方面

据报：古田东三十里寿山附近，有伪一〇一团五六百名，由涂潭、上车于二十二日晚窜畲背、寿山间。

十月二十四日

汀连方面

李延年敬（二十四日）电：（1）伪二十四师及福建游击司令沈胜洪部，共约二千七八百人，枪不满二千，南墩、铙坑等处，下车、上王坑一带，时有伪二十四师之游击队窜扰。（2）匪军近来逃兵甚多，并时有携械向我投诚，其内部甚形恐慌。（3）四都匪军医院有伤病兵约二三千，水口附近有当地赤卫队盘踞。

龙岩方面

敬（二十四）日探报：前数日由永定、金丰窜铜钵等处之伪独立八团约千人，同伪一〇一团捣乱我后方交通。

十月二十五日

宁化方面

卢兴荣〔邦〕有（二十五日）电：宁化、清流一带，现在只有数百残匪，分窜各乡。惟在宁化城，尚有伤病匪数百名。

十月二十六日

龙岩方面

窜踞铜钵之独立八团约三四百名，宥（二十六）日经我八十八师派队搜剿及空军之轰炸，死伤甚多，向西北方向逃窜。我部队于下午三时许，进占铜钵。

十月二十八日

汀连方面

李延年沁（二十七日）电：（1）刘园为伪福建游击司令沈胜洪部及苏区游击队，约四百余人，枪三百左右。（2）铙坑附近为伪二十四师师部及七十二团之一营，南墩为七十团。

十月三十日

闽东方面

卫立煌①卅电：浦城、松溪、政和西部一带及建瓯北境，有伪五十八团、五十九团，人约三千余，枪六七百枝，时出肆掠。

龙岩方面

探报，窜踞铜钵之匪，自经我八十师搜剿后，该匪尚在新田、山头两村盘踞，并时向铜钵扰乱。并在南洋坝乡之赤坑，设有伪军区第二分区指挥部。

综合十月份一般匪情提要

一、伪九军团及伪二十四师，支（四）日在南山坝及以西高地，经我第四纵队击溃，死伤二百余，向河田方向逃窜。鱼（六）日我第四纵队，进占河田附近之五里冈，该匪退窜河田以北刘园、蔡坊一带。佳（九）日左右，伪九军团由长汀西窜，于文（十二）日窜抵会昌西之珠兰铺。汀城空虚，匪方恐惧异常，匪兵携械投诚甚多。伪二十四师之七十团，拟已于中旬由南岭、涂坊经水口窜回南墩。而刘园方面，到有伪游击队许声洪六七百人。

二、伪第七师拟于铣（十六）日以前，由宁化方面窜石城南之横江、宁清等处，现仅有当地赤卫队、游击队数百人。

三、伪独立第八团，在龙、永交界之肖坑、孔夫田、地长流等处流窜。周力行股匪窜永福、四邦。删（十五）日伪独立第八团流窜竹仔坂、四邦一带，与周匪联络，有扰乱龙漳公路企图。宥（二十六）日在铜钵，经我八十师派队

---

① 卫立煌，时任国民政府军事委员会南昌行营东路军前线总指挥兼第五路军总指挥。

搜剿后，死伤甚多，窜踞新田、山头等处。

四、伪独立第九团，在宁洋之大河祠、阵地坑一带流窜。

五、伪一〇一团阳（七）日窜扰郭地，哿（二十）日由涂谭、上车窜铜钵方面，于养（二十二）日窜古田以东三十里之畬背一带。

六、伪闽北独立师黄立贵部五十八团、五十九团，现在浦城、松溪、政和西部及建瓯北境骚扰。陈师亮股匪潜匿寿宁边境，联络地方土共，时出掠劫。福安属之任匪联合土共数百人扰乱，先后在拓洋、磻溪、黄柏、流坪等处，经我新十师派队搜剿，毙匪数十名，向霞安交界溃窜。

剿匪战斗经过

甲、李纵队

南山坝之役。四日上午九时，该纵队开始向南山坝攻击前进。当时云雾甚浓，伪九军团占领该处西北及以西高地，伪二十四师在其后，凭高筑垒，阵地前埋地雷甚多。午前十一时，激战甚烈，至午后二时，先后将高地一带逐次占领。是役俘匪十余，获枪十余，匪死伤约二百余。我第九师被触地雷及受枪火伤连长一，排长二，伤亡士兵四五十人。匪向河田西北方溃退。

乙、新编第十师

流坪之役。据该师长陈齐瑄元（十三日）电略称：任匪分窜富溪、黄柏，经顾团及刘团压迫后，回窜流坪。适刘团于蒸（十）日集中上白石，真（十一）辰推进流坪附近，遇匪千余，枪四五百，占领道旁高地。经该团分头应战，约三小时。匪势不支，向霞安交界散窜。是役毙匪伪连、排长各一，匪兵五六十，获步枪、自动枪各一，俘伪连长一、兵五。我阵亡连、排长各一，伤亡士兵十余。明日仍沿溪跟踪追剿。

东路总司令部十月份剿匪宣传工作（略）

碉堡设施

全属

二十五日，奉委员长养（二十二日）午行战六电开：查从前各部队筑碉往往尽注意山巅制高点，而于山麓每多忽视。守兵既高居山巅，于山麓难免有监视不周之弊，赤匪遂得乘隙偷窜封锁线，我守兵茫然无所觉察。近查各封锁［线］

果时有散匪乘隙穿窜，殊失严密封锁之旨。嗣后除山巅仍应筑碉以少数兵瞭望外，对于山下道路应多筑联络小堡，在交通扼要地点尤应构筑坚固主堡。守兵主力亦须配于山下，庶耳目较周，堵截较易，匪自无隙偷窜矣。此举极为重要。希转饬所属，一体遵照。等因。当于寝（二十六日）晨转电所属一体遵照。

二十七日，本部电令所属，据报，各封锁线碉堡所储食米，有因日久腐烂等语。希转饬所属，嗣后每月应将碉米换新米一次（即以日用之米与碉米换用）以免腐烂。

闽西方面

十二日，奉委座真（十一日）戌行战六电开：永安至连城间，朋口至河田间碉堡线是否锦密？希将所筑数量及经过，先行电复，并图表具报。

同日，以文（十二日）亥电复呈委员长：永安经大练、苦竹、小陶、姑田至连城线，经构筑完成碉堡二、四、五个，并已制图表，克日派机投送。惟朋口至河田间业已构筑完成，据报后另行电呈。

甲、李纵队

该纵队本月在朋口、河田间，计构筑碉堡一百六十个。

乙、八十三师

一日，电该师长查龙新路碉堡新、古段，限九月俭（二十八）日完成；龙、古段限九月底完成。文（十二）本日由新泉至龙岩，目见陈旅筑碉人数甚少，部队多驻在村落。沿途碉堡仅于苎园、大地间已成少数外，其新泉、苎园间，大池、龙岩间，多未兴筑。似此玩忽，纪纲何存？希严令遵照俭子（二十八）电切实办理，赶速构筑，不得再延。该龙、新间筑碉计划，并究竟何日可成？浩即一并具报。除由本部已派员查察外，特电遵照。

同日，接该师长复电：报告龙、新沿途增筑碉堡工程甚大，且材料不易征发，故不能如钧令限期完成。除严令赶筑，并限本月七日前完成外，谨复。

查该师本月在龙新段，共增筑碉堡五十一个。

丙、薛支队

八日，电该司令，据本部派出视察碉堡参谋何金城鱼（六日）电略称：永、连封锁线以连城至湖口碉堡为最稀少，薛支队虽在赶筑中，而病兵甚多，恐完成日期迟缓，等语。查该段碉堡至关重要，该支队现已交出连城城防，增加连、苦间守备兵力，谅足分配。希饬属赶速增筑，以固封锁。着将已及增筑碉堡之个数、位置，并完成日期与粮、弹分屯情形，图表具报。

同日，电本部视察碉堡参谋何金城：该员即由永安返连复查该线增筑情形。倘有位置不妥，火力不能交叉，及粮、弹分屯情形与守备兵力不能符合，应即加以适切批评，予以更正。并视察结果自制图表具报。

十日，接该司令佳（九日）戌复电略称：（一）连、苦线碉堡，除第二团担任小陶至苦竹间封锁严密，碉堡相望，无须增添外，连城至魏地间已增筑四个，姑下堡及姑田、把隘间各增二个，湖口增筑四个。（二）查旧有各堡有不合战术要求，如胸墙过高或过低，及鹿砦过高等，均已逐一修正。

查该支队本月在连、苦间，计增筑碉堡四十五个。

丁、第八十师

查该师本月在龙岩、大池间，龙岩、合溪间，计增筑碉堡五十个。

戊、补充第二团

查该团本月在合溪、漳州间增筑碉堡十八个。

东路总司部十月封锁设施

一、查缉奸商

本部先后据平和县民众代表赖秉坤呈控奸商赖山、周清泉等，借认办官盐为名，以私盐济匪，及兼漳州城防司令李树裳报告：有连城人某，在漳厦采购西药，运赴长汀济匪情事，均经分别严饬各该管专员及县政府，认真查缉究办。

二、改进运输

准福建省保安处函送安全县商会，发给商货运输证明执照暂行办法股执照式样到部，当即印发各部队及漳龙护路处，汀杭线封锁督察处，一体遵照，并通令各部队暨各封锁县政府，嗣后对于运输物品，并须切实遵照封锁法规规定之手续办理，否则即予扣留，并严加处分。

通信类（略）

何键关于防止中央红军突围电

（一九三四年十月十九日）

查本路军区域内股匪，迭经各部进剿，将其先后击溃，匪区均经收复，匪首亦多擒毙，所余萧匪一股，已西窜深入黔境，刻被我李[①]代司令督率各部协同黔、桂友军追剿，迭予重创，实力损失过半，势穷力蹙，歼灭可期。唯赣西及鄂南各地区残匪，综计枪支不过三千左右，仍啸聚窜扰，迄未肃清，且赣东主力被我东北两路军猛力攻破，石城、兴国先后收复，日暮途穷，势难再事挣扎。据报，该匪至万不得已时，即决心弃老巢西窜入川，企图苟延残喘，倘一但〔旦〕实现，则我西路军适当其冲要，其责任之重，当更十倍于前。若不趁此时机，迅将残匪根本肃清，则届时必至处掣肘，而无活动余地。本总司令有见及此，故迭次电令各部努力清剿，以期将来克膺重任，而负钜艰。兹为迅速完成初步任务，特再摘示清剿要点于下：

（一）本部江午电转委座手令，对于伏兵、夜袭、兜剿、围剿等项剿匪方略，指示详尽，各部应遵照严切实行。

（二）清剿散匪与围剿股匪方式不同，应注意游击战术，无分昼夜，不断梭剿；城市村镇强堡仅留驻少数兵力足矣。

（三）与友军切取联络，协同会剿，以免误会，并详细规划往来路线为要。

（四）各游击部队应多派便衣队，广侦匪踪，作时时接战之准备。

（五）组织及训练民众，务使明瞭国军剿匪意义，乐为我用，不为匪助，庶几发奸摘伏，使匪无地可容，乃可收根本肃清之效。

上五项，仰即遵照，并准各自规定最短限期分别施行，如逾期不能分

---

① 李，指李觉。

别办到，致碍全局成功，则国有常刑，决不宽贷。仍将遵办情形随时具报为要。

（此件引自《赣粤闽湘鄂剿匪军西路第二纵队二十三年十月份剿匪概况报告书》，以皓戌长西参谋电发出。中国人民解放军历史资料丛书《红军长征·参考资料》）

何键关于红军流窜修崇道边境电

（一九三四年十月二十一日）

二十一日，奉总司令何皓未长西参电开：

皓戌电呈叶、徐二匪流窜修崇通边境，恳迅令陈司令统筹剿办，等情悉。已电陈司令迅即统筹会剿具报，并饬李旅所部与岳师李团切取联络矣。特复。等因。本部当即转电岳师长知照，并饬派朱旅全部会同鄂南友军协力将各该股匪彻底肃清矣。

（此件引自《赣粤闽湘鄂剿匪军西路第二纵队二十三年十月份剿匪概况报告书》，中国第二历史档案馆藏战史编纂委员会档案）

何键转蒋介石关于消灭中央红军于
赣信安寻封锁线以东地区致刘膺古电

（一九三四年十月二十一日）

顷奉委座哿戌行战一电开：

伯南①删午电：毛泽东现在雩都②，伪中央政府现距雩都百六十里之西拥乡；雩都城附近及其西北二十余里之北斗山一带，新审到匪三千余。薛岳③铣戌、巧午电：伪一、三军团世日由宁都向雩都方向移审，并准备携带粮秣，有攻我赣州说。筱、洗〔铣〕两日该匪到银坑、马安石、三贯、汾坑圩、石马口、东头圩一带者万余；二十一、二十三两师亦在银坑、马安石一带整理。蒋鼎文④筱西电：罗匪炳辉⑤佳日率匪二千余、轻重机枪二十余挺西审，长汀仅有杂色部队维持秩序，具〔俱〕甚恐慌。宁化、白水上之匪数千，亦向石城南之横江审去。涂联络参谋维藩电：小溪东北四十里之黎村，寒日到匪三师；西北三十里之新陂，删到由兴国移来医院三所。又我无线电侦匪红中社⑥已五日无有通报，亦可证匪在行动中。综合各电，判断匪之企图西审行将实现。我军方针，首在巩固赣、信、安、寻⑦第一纵线，务期聚歼该匪于此线以东地区。至第二、

---

① 伯南，即陈济棠。

② 雩都，今江西省于都县。

③ 薛岳，任国民党军第五军军长兼"赣粤闽湘鄂剿匪军"北路第六路军总指挥。

④ 蒋鼎文，任国民党军第二军军长兼"赣粤闽湘鄂剿匪军"东路总司令。

⑤ 罗匪炳辉，是国民党对红九军团团长罗炳辉污蔑之称。

⑥ 红中社，指红色中华通讯社。

⑦ 赣、信、安、寻，指江西省赣县（今为市）、信丰、安远、寻乌四县。

第三各纵线①无非用作补助。兹规定：

（一）南路军应迅将第一纵线工事，尤以信、安间为重点，迭电所述连点成线，充分储备粮弹。俟罗霖师接良口、储潭防后，即将此部兵力增防信、安间。

（二）李军长生达②所部速提前赶接李云杰师及罗霖师一部防务，俾罗师一部移接良口至储潭及李师第一步集结遂川以南地区。

（三）西路军应将湘南碉堡线提前完成，迅将十五、十六两师集结赣江西岸、遂川以南，并设法抽第十八、第五十两师③中之一师，或另抽队接第五十三师防，俾该师亦集结遂川以南地区。

（四）所有赣、信、安、寻、南、大、上、崇、犹④、南雄及湘南各县之城镇交通要点，均须赶筑据点，掳集物质〔资〕，以便坚壁清野，并组训民众，必能担任侦察、通信及自卫。

（五）在战略之要点，应赶速多屯粮食。

特达。希将遵办情形具报。等因。

本部部署命令，随即下达。特先电告。

（此件引自《赣粤闽湘鄂剿匪军西路第二纵队二十三年十月份剿匪工作概况报告书》，以马酉长西参机电发出）

---

① 第二、第三各纵线，参见一九三四年九月十六日《何键转发蒋介石关于增强碉堡封锁线电》。

② 李生达，国民党军第十九军军长兼第七十二师师长，辖三旅六团，属阎锡山晋军系统。

③ 第十八师师长朱耀华，辖三旅六团；第五十师师长岳森，辖三旅六团。均属"赣粤闽湘鄂剿匪军"西路第二纵队序列，湘军系统。

④ 赣、信、安、寻、南、大、上、崇、犹，指江西省赣县、信丰、安远、寻乌、南康、大庚（今大余）、上犹、崇义各县。"上""犹"均指上犹县，原电文重复。

蒋介石关于各路军严密
构筑碉堡封锁线堵截中央红军电

（一九三四年十月二十二日）

查从前各部队筑碉往往仅注意山巅制高点，而于山麓每多忽视。守兵既高居山巅，于山麓难免有监视不周之弊，赤匪遂得乘隙偷窜封锁线，我守兵茫然无所觉察。近查各封锁〔线〕，果时有散匪乘隙穿窜，殊失严密封锁之旨。嗣后除山巅仍应筑碉以少数兵瞭望外，对于山下道路应多筑联络小堡，在交通扼要地点尤应构筑坚固主堡。守兵主力亦须配于山下，庶耳目较周，堵截较易，匪自无原偷窜矣。此举极为重要。希转饬所属一体遵照。

（此件引自《赣粤闽湘鄂剿匪军东路总司令部造呈二十三年度十月份剿匪工作军事报告书》，以养午行战六电发出）

余汉谋关于赣州、信丰
发现中央红军主力突围电

（一九三四年十月二十二日）

赣匪[①]主力伪一、三、五军团企图西窜。本日发现于赣、信[②]两县之东北地区，计有伪一军团一、二师及三、五军团全部，其先头部队现在信丰属安息等处，与我守备部队激战中。

（此件引自《共匪西窜记》）

---

① 赣匪，是国民党对中央红军污蔑之称。
② 赣、信，指江西省赣县（今赣州市）、信丰两县。

刘膺古第二纵队与所属各部往来电报

（一九三四年十月二十三日）

二十三日，奉总司令何养未电开：

马酉电计达。查赣东主匪亟图西窜情况，如委座哿戌行战一电所示：兹特部署如下：（一）第十五、六两师，着速提前完成湘南各碉堡线后，即向遂川西南推前，十五师集中藻林附近待命，十六师集中在〔左〕安附近待命。（二）二十三师与七七师一部之防务着速遵照委座删辰战一电，移交李军长生达所部七十二师及另一旅接替。（三）二十三师，将吉安泰和一带原防移交后，着即向遂川以南移动，集中良碧洲附近。（四）七十七师着速遵委座前令移接自棉津至储潭江防，严密防堵。（五）第五十三师着即南移，向遂川附近集中，所遗永新、安福一带防务，着调五十师接替，师部驻永新，继续清剿该匪残匪。（六）五十师所遗修水一带原防，着调三十七旅接替，归二纵队刘司令指挥，并继续派队会剿冷水坪一带残匪。（七）独立三十七旅所遗阳新一带原防，由陈纵队司令①陈统筹派队接替。（八）六十二师肃清牛田、津洞残匪后，即移至汝、桂之线，增强该线碉堡工事。（九）六十三师协同朱师②肃清袁水以南武功山一带残匪，即以陈子贤旅③担任自莲花经砻市至大汾一带防务，其余部队位置于大汾、桂东之线，增强该线工事。（十）保安司令着即遵前令抽调保安第八团，接替湘南各线碉堡防务并增加工事。（十一）各部奉到电令后即克日遵照办理，其所遗防务，应视各该处匪情之缓急，酌留少数兵力，或以各该县团队义勇队节约填驻暂维现状，俟接防部队到达交接妥为配备。上十一项，仰各基

---

① 陈纵队司令，指陈继承。
② 朱师，指第十八师（原湘军）师长朱耀华。
③ 陈子贤旅，指第六十三师一八八旅。

照妥为配备，并将移防情形迅速具报。等因。本部奉令后，当即下达谭军长^①朱、岳两师长^②及刘旅长漾酉电令如次：

总座养未西参机电计达。（一）第五十师除酌留少数部队协同地方团队在原防，候刘旅接防部队到达后，再行全部南移外，其大部希岳师长迅即率领取道铜鼓、万载集中宜春，候本师［司］令训话毕，再开赴永新、安福一带，接替五十三师防务。（二）希刘旅长迅将所部移接岳师修、铜一带防务，并继续协同鄂南友军及团队，清剿冷水坪附近徐、叶各股残匪。（三）以上各部防务交接及开拔情形，希随时电告本部备查。（四）朱师长所部，候各处残匪搜剿告一段落后，再令随同二十二军军部南移袁水流域。上四项。

据岳师长森养辰电称：

据朱旅长刚伟转李团长邦藩马未电称：据杨营长訾日报告，我一连东日，搜剿高检、西槽等处，破获伪县苏及伪医等机关，俘匪十二名，鱼日在七都、汴岭破获伪工作团机关，俘匪十五名，寒日在青洞、龙门、大竹坪、逍遥、双峰等处搜剿，破获伪工作、伪总医院、第四作战区后方各机关，俘获伪省苏农工会委员施济、男女重要匪犯十名，投诚匪二名，并夺获机枪一挺，步枪四支，皓日回到甘防。等语。谨电呈。等语，谨闻。等语。本部当即电复该师长嘉慰矣。

据邓旅长南骥养午电称：

据周团长崑源马西电称：据五营长报称，据报，伪钦旬区苏潜伏石灰洞，当饬机七连连附曾继生率长短枪兵十三名，梭标马刀手四名，前往捕拿。兹据报：当场毙匪五名、搜获步枪六支，炮弹三十三发，伪文件多种，等情。据此，理合将搜获物件，如数缴呈钧部查收。等语。本部当即电复该旅长嘉慰矣。

据罗区司令树甲马日报称：

综合各方情报：蒲、崇、临、通边区之八丰山、战场山，桃花洞、药姑山等处，已无一百以上之整个枪匪，而湘、鄂铁路由蒲圻至羊楼司一段，自经伪铁路工作团负责人黄嘉富伏法后，行旅亦称安谧，惟八斗山之赶龙坑、大小茶坑各深山密林之处，以山地复杂，匪化太深之故，仍不免零星散匪，昼伏夜动，企图扰乱。职为决心根本铲除，以副钧望起见，爰于本月十九日分令指挥各部，分区搜剿（清剿区域及兵力配备详另表）（略表）。统限本月二十七日以前一

---

① 谭军长，指第二十二军（湘军）军长谭道源。

② 朱，指朱耀华；岳，指五十师师长岳森。

律肃清。并申令嗣后各地区内，如再有散匪发现，即严惩其主管官，同时分令蒲崇通各县县长，即日派员随军深入招抚流亡，清查册口，组织保甲举办五家联结，成立民众铲共义勇队等。亦严令不准稍涉敷衍，预计八斗山等处之匪最短期内，可告肃清。等语。附清剿区域及兵力配备表一份。据此，本部当即据情转报总座鉴核，并指令该区司令督饬所部按照所拟努力搜剿，早完使命矣。

二十四日，据岳师长森漾午电称：

据朱旅长刚伟漾巳电称：据杨团长报称，窜踞冷水坪一带之匪，经我二九八团击溃后，经三角尖于养日窜至天岳关东北之盘石铺，似有南窜之企图。等情，谨闻。

又据该师长梗电称：

据朱旅转据杨团长由古市岭电话称：据确报，塘城坳西北仙人岐以南之石陂段，昨晚到有股匪八百余，枪约五、六百支，本日午前该地附近枪声隆隆，不知是否与冯师部队接触。等语。除令督饬各部严密堵剿外，谨闻。等情。查该匪似系红三师残部由冷水坪回窜者，除饬严密侦剿外，谨闻。各等〔因〕。本部当即转电陈司令及邓旅长注意堵剿，毋使南窜，并电复该师长矣。

据邓旅长南骧梗亥电称：

据傅团长电话报告：梗午红三师一部，枪五百，人倍之，匪首赵干青，突由通城窜到南江，与我驻南江之苏连接触，战斗甚烈，当饬陈营长率兵三连前往增援，匪不支乘夜窜入内山。据俘匪称：匪有窜浏阳之企图。等语。现正饬傅团陈营跟追中。等语。本部当即转电陈司令陶旅长，并电复该旅长饬属严防该匪南窜矣。

何键关于扼守赣江上游西岸及湘东南各碉线的命令

（一九三四年十月二十三日）

（一）赣东之匪，现已倾巢分数股向赣江上游信丰东北地区西窜，其先头部队已与我南路军之叶 ① 师在信丰东南之韩坊、安息圩等处激战中。

（二）本路军为拒止该匪西窜计，拟以主力协同粤、桂军扼守赣江上游西岸及湘东南各碉堡线，以一部分守原有各防地，并协同东、北两路军对匪夹击，将其歼灭于赣江沿岸，或以西地区。

（三）着七十二师（另一旅）及七丰七师为赣江守备队，以李军长生达为指挥官。应以七十二师全部防守泰和（含）至棉津（含）之线；以所附另一旅防守泰和至仁和圩之线；以七十七师防守棉津至储潭（含）之线，努力阻匪渡江。限下月江日以前到达。在未到以前，仍由李军长云杰负责指挥。二十三师于交防后，即集结大汾附近待命。

（四）着五十三师及十八师为永、宁、遂、莲、大 ② 守备队；令李军长韫珩为指挥官。应以五十三师主力控置于雩田圩附近，策应泰和至储潭部队，努力阻匪渡河；以一部防守遂川至大汾（含）之线，限艳日前到达。十八师以主力防守永新、宁冈至黄坳之线，堵匪北窜；以一部驻守莲（不含）、安（含）③ 限卅日前到达。

（五）着六十二师及六十三师全部、胡凤璋部为莲、汝、桂 ④ 守备队，以

---

① 叶，指叶肇，任国民党军第一集团军一军二师师长。

② 永、宁、遂、莲、大，指江西省永新、宁冈、遂川、莲花四县及遂川县属大汾镇。

③ 莲、安，指江西省莲花、安福两县。

④ 莲、汝、桂，指江西省莲花县，湖南省汝城、桂东两县。

陶广为指挥官。应以李国钧旅①及莲、宁②两保安团防守莲、砻、大（不含）之线，置重点于砻市、大汾间。限下月江日以前到达。六十三师五团防守大汾（不含）至桂东之线，限俭日以前到达。六十二师五团及胡凤璋部防守桂东至广东桥（不含）之线，限俭日到达，堵匪西窜。

（六）着十五师附湖南保安团二团为耒、安、茶③界〔线〕守备队，以王东原为指挥官。应以主力控置于耒阳附近，赶筑耒、安、茶线各据点碉堡，堵匪北窜。

（七）着十六师附湖南保安团二团又机枪二十挺，为衡、零④、东安守备队，以章亮基为指挥官。应以十六师扼守祁、衡⑤线，保安团固守祁阳至黄沙河湘江西岸沿线，努力堵匪西窜。

（八）着段区司令珩为湘南守备队指挥官，督率所属各保安团及各县义勇队，固守各防御线以外之各县场〔城〕及衡、宜⑥线碉堡。

（九）各部于电到后，不待接防部队到达，即以大部向新位置移动，如限到达，不得稍有始误。其所余小部交防后，即行归建制。

（十）以上各部均归刘纵队司令建绪指挥。

（十一）着五十师大部附赣西袁水各县保安团、义勇队为袁水守备队，以岳森为指挥官，扼守袁水沿岸碉堡线，堵匪北窜。限世日以前到达。并以一部节约分守上庄、铜鼓、大段、找桥、甘坊、上富、奉新、石鼻街、牛行之线（不含）以南，袁水以北地区各要点。

（十二）着独卅七旅⑦全部及二十六师⑧一部为修、铜、武、奉⑨守备队，以刘培绪为指挥官，分守修河以南及上庄、铜鼓、大段、找桥、奉新、石鼻街、牛行之线（含）以北地区。限下月东日以东〔前〕到达。

（十三）着湖南保安第三、第六、第二十四各团及十九师工兵营为平、浏、

---

① 李国钧，任国民党军第六十二师一八五旅旅长。
② 莲、宁，指江西省莲花、宁冈两县。
③ 耒、安、茶，指湖南省耒阳（今为市）、安仁、茶陵三县。
④ 衡、零，指湖南省衡阳、零陵（今永州市）两县。
⑤ 祁、衡，指湖南省祁阳、衡阳两县。
⑥ 衡、宜，指湖南省衡阳、宜章两县。
⑦ 独卅七旅，旅长刘培绪，属国民党军"赣粤闽湘鄂剿匪军"西路第三纵队序列。
⑧ 二十六师，师长郭汝栋，属国民党军"赣粤闽湘鄂剿匪军"西路第三纵队，辖二旅五团。
⑨ 修、铜、武、奉，指江西省修水、铜鼓、武宁、奉新四县。

岳①守备队，以罗树甲为指挥官，负责维持各该县安全。

（十四）以上各部均归第二纵队刘司令膺古指挥。

（十五）第三纵队（欠独立第三十七旅及二十六师之一部）应酌量该纵队匪情，另行妥为部署防剿，并特别注意湘鄂铁路线之安全。

（十六）着二十三师及二〔一〕十九师（欠段旅）为总预备队，以李云杰为指挥官。应以二十三师暂置于大汾附近，以十九师（欠段旅）归段旅长②指挥，控置于长醴铁路线③上。

（十七）汝、桂守备队之补给，应由第一纵队刘司令及陶指挥官协商在酃县、桂东、汝城各县城分设军用仓库，预集必要粮秣、弹药及被服。其他各守备队应视当地物质〔资〕现状，预为准备。

（十八）各碉堡内均须遵照行营规定，切实准备必要粮秣、燃料、蔬菜、食盐、饮水等项，俾能固守多日。

（十九）各部队移动后，其未经指定接防部队之防地，均由各该原守部队酌以各该地区团队及义勇队暂行负责防守。

上十九项，仰即遵照具报。

（此件引自《赣粤闽湘鄂剿匪军西路第二纵队二十三年十月份剿匪工作概况报告书》，以漾亥西参机电发出）

---

① 平、浏、岳指湖南省平江、浏阳、岳阳（今为市）三县。

② 段旅长，此处原件有误，段珩旅当时尚在贵州与红六军团作战，此处应为邓旅长，即国民党军第十九师五十六旅旅长邓南骥。

③ 长醴铁路线，指湖南省长沙至醴陵的铁路线。

刘膺古致所属各军师旅长等电

（一九三四年十月二十三月）

本部奉令后，当即下达谭军长，朱、岳两师长，邓、李、陶三旅长及危保安司令电令如次：

总座漾亥电令计达。

（一）朱师长所部应迅遵总座电令。先派兵一团接替安福防务。其余应迅集中宜春后，星夜赶接永新、宁冈、黄坳等处防务，归第一纵队刘司令指挥以应机宜。

（二）岳师长所部。应迅派兵两团，接替宜丰李旅、万载朱师王团防务。其余亦应星夜集结宜春待命。

（三）李旅长国钧所部，岳师接防部队到达宜丰后，即应星夜开赴总座指定地点。

（四）危保安司令，应星夜酌派一部，接替朱师唐团所遗安源、芦溪、宣风、上粟市、案山关一带防务。

（五）其余各部，均遵总座漾亥电办理。

（六）以上各部，应迅速遵照移动。毋稍延误。并将遵办情形具报。

上六项。

（此件引自《赣粤闽湘鄂剿匪军西路第二纵队二十三年十月份剿匪工作概况报告书》。中国第二历史档案馆编《国民党军追堵红军长征档案史料选编》，档案出版社 1987 年内部发行）

蒋介石关于薛岳、周浑元集结
主力于泰和、永丰、龙冈等地的手令

（一九三四年十月二十四日）

无论匪情如何，应规定部署如下：

（1）李云杰部限五日内接兴国之防；周①纵队主力抽出十五团以上兵力，先行集中高兴圩与泰和之间。

（2）薛②纵队应即抽出十二团至十五团兵力，限五日内集中于雄岭下与永丰之间；而令永丰与龙冈一带守备部队，推进于龙冈与古龙冈之间。如恐时间不及，则薛部可一面集中，一面酌留少数部队于古龙冈与龙冈之间，以待接防。

（此件引自《赣粤闽湘鄂剿匪军北路总司令部剿匪军事工作报告书二十三年十月至十一月》，中国人民解放军历史资料丛书《红军长征·参考资料》）

---

① 周，指周浑元，任国民党军第三十六军军长、"赣粤闽湘鄂剿匪军"北路第三路军第八纵队指挥官。该纵队辖第五、十三、二十八、九十六、九十八、九十九师。后参加追堵红军长征时，二十八、九十八两师留在江西。

② 薛，指薛岳。薛岳在任国民党"赣粤闽湘鄂剿匪军"北路第六路军总指挥前，曾任北路第七纵队指挥。后第七纵队扩编为北路第六路军，由吴奇伟接任第七纵队指挥。文中薛纵队即指第七纵队。

顾祝同转发蒋介石

关于北西两路军守护遂汾横线和第二纵线电

（一九三四年十月二十四日）

奉委座漾辰电节开：

伪一、三、五军团窜扰南路军，以伪一军团任右翼，伪三军团任中路，伪五军团任左翼，马日攻我韩坊：马午，新田之廖①团被围古陂。与匪接战甚烈；由会昌经高排大坑至龙布一带有匪万余；安远西北十里亦发现股匪。该匪此次南犯，是否主力，或先以一部渡河？虽难断定，而第二纵线②及遂汾③横线关系重要，除已令罗霖师先行南移接替储潭、良富防线及令李生达部即日开拔外，应由西路速派队守护上述两线及集结十五、十六两师于郴州，再看情形东移。五十三师应速设法抽集于遂川以南为要。等因。

希知照。

（此件引自《赣粤闽湘鄂剿匪军北路总司令部剿匪军事工作报告书二十三年十月至十一月》。顾祝同，时任国民党"赣粤闽湘鄂剿匪军"北路总司令。原件电文前有"本月二十四日给各总指挥、周指挥官［浑元］有巳电"一句，故此电应是一九三四年十月二十四日起草，二十五日收到）

---

① 廖，指廖颂尧，任国民党军第一集团军第一军一师二团团长。
② 第二纵线，参见一九三四年九月十六日《何键转发蒋介石关于增强碉堡封锁线电》。
③ 遂汾，指江西省遂川县及该县大汾镇。

南昌行营关于围堵中央红军的部署

（一九三四年十月二十五日）

查匪徒此次南犯系全力他窜？抑仍折回老巢？或在赣南另图挣扎？刻下尚难断定。唯歼匪于第一线①以东地区已不可能，自应歼匪于第二纵线②及万遂、汾横线③中间地区之目的，另为机动之部署。经详商拟定：

（1）先电芸樵④迅就上述纵、横两线加强工事，严密布防。

（2）令李云杰集结遂川，援助罗霖，巩固赣州以北江防。

（3）周⑤纵队抽调十六个团集结泰和，薛⑥路抽集十二个团集结龙冈。

（4）匪如他窜，即以薛、周会两李⑦进剿。如回窜，即以周纵队会罗、李⑧由赣州东进。薛路仍服原来任务。

（5）东路及辞修⑨应加速向长汀、宁都分进。

（此件引自《赣粤闽湘鄂剿匪军北路总司令部剿匪军事工作报告书二十三年十月至十一月》）

---

① 第一线，指由赣江两岸沿线至信丰、安远之碉堡封锁线。

② 第二纵线，参见一九三四年九月十六日《何键转发蒋介石关于增强碉堡封锁线电》。

③ 万遂、汾横线，指由江西省万安、遂川两县至遂川县大汾镇的碉堡封锁线。

④ 芸樵，即何键。

⑤ 周，指周浑元。

⑥ 薛，指薛岳。

⑦ 两李，指李云杰、李生达。

⑧ 罗、李，指罗霖、李云杰。

⑨ 辞修，即陈诚，时任国民党军"赣粤闽湘鄂剿匪军"北路前敌总指挥兼第三路军总指挥。

刘膺古致第二纵队所属各部电

（一九三四年十月二十五日）

二十五日，奉总司令何敬申长西参谋电开：

漾亥电令计达。顷接余指挥官汉谋梗申电称：查伪一、三、五军团自向雩都溃窜后拟由匪首朱德亲率一、三军团全部及七、八军团各一部，人枪数万，附有机炮无线电等，于皓日窜扰信丰东北各地。均经我军先后将其击溃。但该匪计不逞，于是复倾全力围攻我安息部队，图突破封锁线。自皓日激战甚烈。匪方伤匪颇多，我方亦有损失。现尚在相持中。同时茅店及三门滩、罗家渡、黎村，亦有匪万余。近在王母渡、大坪、立赖间各处渡河者，约有数千人。此外，尚有不明队号之后续匪队约万余，正向我信丰东北前进中。等语。除电复外，希即遵照本部漾亥电令，到达指定地点，加紧设备，以便迎击为要。等因。本部当即转电各部知照，并饬迅速移动矣。

（此件引自《赣粤闽湘鄂剿匪军西路第二纵队二十三年十月份剿匪工作概况报告书》）

刘膺古致第二纵队所属各部电

（一九三四年十月二十五日）

·

奉总司令何敬戌长西参电开：

　　（一）查赣东之匪西窜，本部已另统筹部署。前令设立湘鄂边区剿匪指挥名义，着即撤销。（二）所有在鄂南归罗区司令指挥之保安第三团与第五团之一营，及六十二师之李国鸿团，十九师工兵营所担任务，着移交三十二师，迅速分别接替，负责继续清剿，并由陈司令统筹部署，特别维护湘鄂路线之安全。（三）邓旅长应速由平江抽兵一团至长沙，接替保安第六团要塞防务。限艳日前交替完毕。（四）所有十九师及保〔安〕团移调防务，着罗区司令、邓旅长，克日妥商办理具报。上四项。等因。本部当即转电罗区司令、邓旅长遵照办理具报矣。

　　（此件引自《赣粤闽湘鄂剿匪军西路第二纵队二十三年十月份剿匪工作概况报告书》）

湖南省保安司令部一区司令罗树甲致刘膺古电

（一九三四年十月二十八日）

据罗区司令树甲俭日报称：

顷据保安第三团团长张伦麒元日报称：案据职团第二营第四连连长周伴藻由桃树坳报称；职于昨（十一）日午前七时率兵两排，及罗筐洞之义勇壮丁，由柳坪出发，经中嘴、上下坦分两路向五谷围剿，计九时三十分到达该地附近，该匪伙约四十人，依险顽抗。经我两路夹击，势渐不支，向三仙坦方面溃退。计此役毙匪二名，夺获包袱两个，被絮两床，食米半斗，熟饭一担，并焚毁匪棚三个。待职追至三仙坦时，日将西下，仍返原防。归查人员武器均无损伤，惟消耗子弹二百四十七发，理合呈请核发补充，以厚实力。等情前来。除指令仍仰认真清剿，以靖地方外，理合呈报钧座察核。又据该团长寒日报告：据职团第三营营长艾荣报称：据职营第七连连长谢文秀报称：（1）窃职奉令率领胡余两排及通城县保安队兵力两班，于昨（六）日午前六时，由驻地出发，经西冲、土硬向大港冲、界牌沟、牛头沟一带搜剿。（2）至八时四十分到达大港冲、牛头沟，发现伪湘北游击队，枪约五十余支，人数倍之。职令胡、余两排分途抄击，幸得官兵奋勇直前，该匪借丛山深林，分途溃窜。只搜得匪徒吴育生、刘梅清二名，匪棚二座，匪医务所二处，均已焚毁。谨将该俘匪吴育生等，呈解钧部核办，等情。据此，除将该匪吴育生等讯明是匪，已送通城保安大队部，依法办法〔理〕外，对于大港方面之匪，即令各连分段清剿，务绝根株。理合呈报钧座鉴核，等情。除饬继续搜剿，务绝根株外，理合转报钧座鉴核。等语。本部当即指令该区令转饬继续搜剿，以靖地方矣。

（此件引自《赣粤闽湘鄂剿匪军西路第二纵队二十三年十月份剿匪工作概况报告书》）

蒋介石令北路军守备部队尽力推进筑碉电

（一九三四年十月二十九日）

北路军除进剿部队外，所有守备各部队应尽力推进筑碉，以便与前线部队切取连络。

（此件引自《赣粤闽湘鄂剿匪军北路总司令部剿匪军事工作报告书二十三年十月至十一月》。蒋介石还以宥酉行战一电令东路军蒋鼎文"以筑碉向长汀进展"。一九三四年十月三十一日，蒋介石又发出世未机平电，令东、北两路军："匪主力既已过河西窜，则闽西与赣南各县城之收复应重新规定，不必再筑封锁线与步步为营之方式也。"）

赣粤闽湘鄂剿匪军西路清剿概要报告书

（一九三四年十月）

防堵赣东南主匪西窜经过

查赣东南方面之大股匪，伪一、三、五、七、八、九各军团，及伪中央警卫师、独立师、独立团等匪部，共有枪约四五万支，人倍之。匪首为朱德、毛泽东、彭德怀、林彪、董振堂、罗炳辉等。盘踞赣江以东盱江以南及闽西之地区，亘五六年之久。瑞金、会昌、广昌、宁都、兴国、雩都，为其主要巢穴。伪中央政府，设于瑞金。为匪发号施令之总枢纽。我委员长蒋为除恶铲暴，救民水火起见，坐镇赣垣，督师征剿。数年以来，宵旰未遑，匪区渐次收复，匪势日形崩溃。最近，我东北两路军，节节予匪重创。广昌、兴国匪巢，先后经我收复，迫近瑞金。又本路军对于赣西之匪区，早已收复。股匪亦剿除殆尽。匪因势穷力蹙，兼受封锁压迫，不能立足，乃企图西窜黔川，为最后之挣扎。本部曾于数月前，遵照委座迭电，督饬第一纵队及湖南保安团，协同南路军构筑第二碉堡封锁纵线于赣湘交界之宁冈、大汾及桂东、城汝方面。并督饬赣江防守部队，严密增筑西岸各纵横线碉堡及工事，以遏匪之西窜，并期协同友军，歼匪于赣江或第二纵线以东之地区。此我军数月以前防堵主匪西窜之准备。十月十四、五、六、七等日，朱毛等匪，率其匪部及伪中央各机关，由瑞金、会昌、宁都、兴国方面，陆续窜抵雩都、信丰、安远以北之地区。斯时我南路军，正调集部队，在安远、信丰、赣县、南康、大庾之线堵剿。本部遵照委座防堵电令，已令第十五、第十六两师，赶速提前完成湘南各碉堡线后，即向遂川西南推进。第二十三师与第七十七师一部之防务，移交李军长生达所部第七十二师附另一旅接替后，第二十三师即向遂川以南移动，集中良碧洲附近。第七十七师移接棉津至储潭之江防，严密防堵。第五三师向遂川附近集中，策应江防。

第六十二师移至汝、桂之线①。第六十三师移至大汾、桂东之线，增强各该线碉堡工事。据报匪决以伪一、三、五各军团，窜扰我南路军。伪一军团任右翼，伪三军团任中路，伪五军团任左翼。二十一日攻韩坊、新田、古陂等处。二十三日又向安息圩部队猛攻，当被我南路军击退。匪大部向大塘铺、坪石墟方面退窜。同时伪八军团亦到窑下跟窜。又据报伪七、九两军团及杂色匪部，均留瑞金、会昌、长汀各处踞守老巢。本部得报后，判断匪之企图，系一面牵制南路军，一面绕道赣江上游西窜。为拒止该匪西窜计，拟以主力协同南路军扼守赣江上游西岸，及湘东南各碉堡线，并协同东北两路军，封匪夹击，将其歼灭于赣江沿岸或以西地区。令第七十二师附另一旅及第七十七师为赣江守备队，以李军长生达为指挥官。以第七十二师防守泰和至棉津。以所附另一旅衔接至仁和圩之线。以第七十七师防守棉津至储潭之线，协同南路军阻匪渡河。令第二十三师集结大汾附近待命。令第五十二师及第十八师为永、宁、遂、万、大汾守备队②。以李军长韫珩为指挥官，以第五十三师主力控置云田圩，策应泰和至储潭部队。以一部防守遂川至大汾之线。以第十八师主力防守永新、宁冈、黄坳之线。一部驻守莲、安线③。令第六十二、第六十三两师及胡凤璋部，为莲、桂、汝守备队，以陶师长广为指挥官。以第六十二师李旅附莲、宁两保安团，防守莲、汾大之线。置重点于砦市大汾间。以第六十三师防守衔接大汾至桂东之线。以第六十二师锺、王两旅附锺涤松团及胡部防守衔接桂东至广东桥之线。令第十五、第十六两师控置衡、耒、郴、宜之线④。令第十九师段旅及补充四团与湖南保安团八团分守湘南各纵横碉堡线。以上各部，均归刘纵队司令建绪指挥，协同友军，严密堵剿。又本部对于清野之法，亦经详为规划。严令赣西南及湘东南各县长，遵照施行。并饬组训民众，担任侦察通信及自卫。以期军民通力合作。使匪退无所据，进无所操，容易将其歼灭。至二十五日，匪之先头部队，已渡河攻陷南康城，大部仍向信丰及南雄东北之新田攻击。当时匪众，经我南路军痛击，然突围西窜之势，已不可遏。二十七日夜，匪由青龙池、江新城、贤女埠、南康一带，纷向横江、扬眉、崇义等处窜走。本部得报后，除令各部严阵以待外，并电请委座转饬南北各路军派大部跟踪夹击，并请派多数

① 指汝城和桂东一线。
② 指永新、宁冈、遂川、万安、大汾一线。
③ 指莲花、安福一线。
④ 指衡阳、耒阳、郴州、宜章一线。

飞机协剿,以求歼灭该匪于第二纵线及遂川大汾横线之中间地区。二十八日至三十日,匪大部徘徊于大汾以北地区,其一部于三十一日窜抵营前、军田排一带。匪之最前部队,于十一月一日窜到汝城属之热水圩,当经陶师部队击溃。十一月二日,伪一、三、五军团,均窜至汝城以东羊山港、连珠岩、东冈岭、南岭、热水圩、东岭、八丘田等处,构筑工事,企图与我陶师作殊死战。自三日起,分向大坪、大来圩、腊岭坳、高排、汝城、新桥之碉线猛攻,与我陶师守兵,激战八昼夜。仅大来圩二碉,及腊岭坳一碉被匪炮击毁。我守碉官兵死者五十余员名。卒以我军坚守鏖战,飞机同时轰炸,汝城遂得不陷。计先后毙伤匪二千余,夺获长短枪二百余支,俘匪数百余名。我亦伤亡官兵百余员名。匪大部于八日晚,绕道仁化属之城口及乐昌之九峰一带,向延寿圩、文明司逃窜。当匪围攻之际,本部一面令第二十三、第五十三两师,取捷径开赴资、郴,策应陶师,一面电请委座转饬薛周两部,星夜兼程尾匪追击。并请陈总司令饬李、叶两师,向匪夹击。同时又电请李总司令白副总司令以主力集中黄沙河、全县、兴安之线,与我永东线李代司令觉所部,联系准备堵剿。旋于十三日奉委座文酉电令:任何键为剿匪军追剿总司令。薛、周两部,均归指挥追剿。等因。遵于十四日赴赣,督率各部,从事追剿。

(此件引自《赣粤闽湘鄂剿匪军西路清缴概要报告书》中的部分内容。中国第二历史档案馆编《国民党军追堵红军长征档案史料选编》)

蒋介石关于"追剿"方针及
北西南各路军行动的部署

（一九三四年十月三十日）

一、综合情报：由赣南西窜之匪，尚徘徊于大瘦〔庚〕东北地区，有向西北逃窜之模样。判断匪将以全力经赣南西窜，或以一部北犯遂川，企图牵制。

二、追剿方针：应侧重堵截其西窜。冀可于万安、遂川、大汾以南，桂东、汝城、仁化、曲江以东地区，及其以南至湘、桂永〔之〕间，及纵横碉堡线之中间地区，消灭匪之窜力。

三、北路周①纵队限江日以前先行集中遂川大汾线上；薛②路即速分由现地出发，经龙冈、吉安、安福、莲花、茶陵、安仁、耒阳、常宁，向永州附近集中，限下月（即十一月）敬（二十四日）以前完全达到。所遗防地，由顾③总司令派队星夜填驻。

四、西路应先巩固汾、汝、广④纵线，及万、遂、汾⑤横线。两线之守备部队应即日各就指定之位置。其余衡、郴、宜及衡、祁、永、黄与茶、安、耒⑥

---

① 周，指周浑元，系中央军系将领，一九三四年十一月十三日前任"围剿"军北路第八纵队指挥官。

② 薛，指薛岳，系中央军系将领，一九三四年十一月十三日前任"围剿"军北路第六路军总指挥。

③ 顾，指顾祝同，系中央军系将领，一九三四年十一月二十七日前任"围剿"军北路总司令。

④ 汾、汝、广，指江西省遂川县属大汾镇，湖南省汝城县及该县南端的广东桥。

⑤ 万、遂、汾，指江西省万安、遂川两县及大汾镇。

⑥ 衡、郴、宜及衡、祁、永、黄与茶、安、耒，指湖南省衡阳（今为市）、郴县（今郴州市）宜章三县及衡阳、祁阳、永州（今为市）三县和广西省（今广西壮族自治区）全州属黄沙河镇，与湖南省茶陵、安仁耒阳（今为市）三县。

各纵横线上部队，暂以保安团队守备。其主力陆军，均先控置于相当地点，以资机动。尔后适应情况，再就守备位置。

五、南路军速就汝、仁、曲①线上，努力堵截，以迟滞匪之行动，并以大部追击之。

六、桂军应控于全、兴间，并速巩固黄、全、兴、桂②碉堡线。

七、空军张队长有谷③，率领第三、第五两队④，暂驻吉安，归周指挥官指挥，尔后相继推进衡、郴。该处机场应由何⑤总司令先行整理备用。

八、追击部队应轻装并携带炒米袋。

九、空军应逐日派机更番追匪，尽力轰炸，使匪白昼不敢行动。又所得情报随时分报行营、何总司令、周指挥官，并通报附近部队为要。

十、追击部队之给养就地采办；应由何总司令先行饬知境内官吏、团队先事筹备尽力协助。

以上十项，希饬属遵办，并将办理情形随时具报为要。

（此件引自《第六路军赣南——湘南——黔西间地区追剿朱毛股匪各役战斗详报》，以卅亥行战电发出。中国人民解放军历史资料丛书《红军长征·参考资料》）

---

① 汝、仁、曲，指湖南省汝城、广东省仁化、曲江（今韶关市）三县。
② 黄、全、兴、桂，指广西省（今广西壮族自治区）全县属黄沙河、全县、兴安、桂林四县市。
③ 张有谷，时任国民党空军第三队队长。
④ 第五队，国民党空军第五队队长杨亚峰。
⑤ 何，指何键，湘军军系领袖，时任湖南省主席。国民党军第四路军总指挥，一九三三年五月编入赣粤闽湘鄂"剿匪"西路军。

第六路军"追剿"中央红军的作战计划

（一九三四年十月三十日）

一、方针

（一）本路军以歼灭朱、毛赤匪[①]之目的，速向永州附近集中堵截匪之西窜，尔后视战况之推移，务压迫该匪于湘粤赣边境地区而聚歼之。于卅一日开始前进。

二、指导要领

（二）各师之防务速交北路军接替。

（三）部队行动务求迅速，遵守时间到指定之地点，免失戎机。

（四）各部队之行动，切不可因小匪牵制而迟滞其前进。

（五）朱、毛各匪若由湘、桂边境循萧匪故道北窜时，本路军应迅速进出于黔阳以西地区而灭之。

（此件引自《第六路军赣南——湘南——黔西间地区追剿朱毛股匪各役战斗详报》。原件未署时间，现时间是编者根据内容所加）

---

① 朱、毛赤匪，是国民党军对朱德、毛泽东领导的中央红军的蔑称。

赣粤闽湘鄂剿匪军北路总司令部
剿匪军事工作报告书

（一九三四年十月）

作战命令及部队调遣

第一，第三路军向石城进展。

（附注）此节系接上（九）月份（第九节）续叙。

（一）本月三日，据陈总指挥^①冬酉电报告向寨头进展：

（1）本路军驿前以南至小松市附近，东南两线碉楼已完成，并已令樊师^②接替守备。

（2）明江日以汤纵队^③由小松市附近，向寨头攻击前进，以霍师^④推进江东坳附近策应，归汤指挥官指挥。

（附注）江日汤、孙两师^⑤攻占新桥头、寨头及鹅境坳、石榴斧寨一带匪阵地，支日继续占领长乐坝口及长乐以北高地。

（二）本月六日据陈总指挥^⑥微未电报告六、七两日部署：

（1）明六日以黄、霍两师^⑦归霍师长指挥，向长乐以南李塔石一带高地攻

---

① 指陈诚，时任国民政府军事委员会委员长南昌行营北路军前敌总指挥，兼第三路军总指挥。

② 指第三路军所属第三纵队指挥官樊松浦所指挥的中央军系第六师和第七十九师。

③ 指汤恩伯。

④ 指霍揆彰，时任第三路军第五纵队所属的中央军系第十四师师长。

⑤ 指汤恩伯兼师长的第三路军第十纵队第八十九师和孙元良任师长的第三路军第十纵队第八十八师。

⑥ 指陈诚。

⑦ 指中央军嫡系黄维的第十一师和霍揆彰的第十四师。

击。周师①为预备队，控置长乐附近。汤纵队及傅师②在原地筑碉。

（2）七日周师由长乐附近经李塔石大道，进占石城县城。

黄、霍两师控置主力集结长乐西北地区待命。傅师集结小松市待命。

（附注）鱼日黄、霍两师攻占石城战斗经过详第三章。

第二，第六路军向古龙岗进展。

（附注）此节系接上（九）月份（第十一节）续叙。

（一）本月六日据薛总指挥③鱼巳电：

本路军决于明虞日午前九时，向胡家墩西南之天子嶂最高峰及其东西侧地区匪阵地攻击，请多派飞机助战。

（附注）鱼日该路军攻占天子嶂、风车坳、分水坳、莲花山各匪阵地，俘获甚多。其战斗经过详第三章。

（二）本月九日据薛总指挥佳辰电：

（1）伪八军团之匪，自天子嶂一带溃败后，现退踞古龙岗一带地区。

（2）分水坳、天子嶂一带碉线，已于齐晚完成。

（3）准明灰日攻略古龙岗，请饬空军协助。

（附注）灰日第四军攻占古龙岗。

第三，第八纵队向兴国进展。

（附注）此节系接上（九）月份（第十二）节续叙。

（一）本月六日据周指挥官支戌电：

兰田圩附近碉线，上月寝日完成。高兴圩附近碉线，微日可完成。拟令由二十八师派队守备。

（二）本月七日据周指挥官④鱼申电：

鱼晨以谢、郭、万三师⑤为第一线；肖、夏两师⑥为预备队，由高兴圩南端攻击前进，已刻先后占领殷富、城隍之线。

---

① 指中央军嫡系周嵒的第六师。

② 指中央军嫡系傅仲芳的第六十七师。

③ 指薛岳。

④ 指周浑元。

⑤ 指由黔军第四十三军残部改编的中央军旁系部队谢彬的第八十五师、郭思演第九十九师、万耀煌第十三师。

⑥ 指萧致平第九十六师、夏楚中第九十八师。

（附注）此役战斗经过详第三章。

（三）本月十一日据周指挥官^①灰戌电：

本辰以郭师^②在城隍原阵地待命出击，以万师^③在中央为主攻，以夏师^④为左翼，向樟树潭、狗子脑攻击前进。以肖、谢两师^⑤集结两翼后为预备队。

（附注）此役万师攻占樟树谭、狗子脑及刘屋嵊、石富各高地，郭、夏两师同时攻占那鄢屋、吴口、洋冈之线。各战斗经过详第三章。

（四）本月十三日据周指挥官文酉电：

本日拂晓以郭、万、肖三师为第一线，谢夏两师为预备队，向文陂攻击前进。已刻，第一线部队完全占领文陂及其东西两侧河江背、罗屋背之线。

（附注）此役战斗经过详第三章。

（五）本月十五日据周指挥官寒戌电：

本辰以郭、万、肖三师为第一线，夏师旅位置于文陂河东岸之塘石，策应我左侧安全，其余及谢师为预备队，向兴国城攻击前进。于上午九时三十分确实占领兴国城。

（附注）此役战斗经过详第三章。

第四，沙溪、古龙岗间及上固、罗家圩间各封锁线守备部队之交换。

（一）本月七日，给孙、刘、薛三总指挥阳午电如左：

奉委座江申电开：李汉章师到赣后，着孙连仲部抽兵两团，同李师接税警总团及邻纵队之防，税警总团及邻纵队交防后，即南移接龙岗至雄岭下之防。何日可调动完毕？盼复，等因。李师之一旅，鱼日由南昌向永丰开拔，其余一旅随到随开，即遵照调动具报。

（附注）第七十四师李汉章部到赣后，归入第二十六路军序列。

（二）本月九日据孙总指挥佳未电：

本路为维持建制指挥便利计，已令二十七师真日派队接守乐安、招携（含）间碉线。其原驻之四四旅，接收马鞍石以南防务，其余接替税警总团及邻纵

---

① 指周浑元。

② 指郭思演第九十九师。

③ 指万耀煌第十三师。

④ 指夏楚中第九十八师。

⑤ 指萧致平第九十六师和谢彬第八十五师。

队^①防务，一俟七十四师到达后，再限队前往接替。

（三）本月十九日，据孙总指挥^②巧酉电：

奉令着七十四师等部，提前于敬日前将郜纵队防务接替完毕。遵饬七十四师已到永丰，部队于皓日起开拔，前往接替郜纵队防务，其余续到续开。

（四）本月二十日据孙总指挥皓亥电：

（1）三十师抽调一营，巧日起接马鞍石至鸳鸯岭（含）间防务。

（2）四十四旅亦自巧日起，接鸳鸯岭、上固（含）至下固间防务。

（3）七十四师在永丰部队，自皓日起开拔，接替下固（含）至罗家圩间防务。

（4）统限敬日前一律接替完毕。

（五）本月二十四日给刘、薛两总指挥^③敬玄电：

（1）惠支队^④龙岗、风车坳间之守备，着改以税警总团接替。

（2）惠支队换出后，着接替唐师风车坳、黄塘间守备。

（3）郜纵队肃清富家菜附近股匪后，着构筑麾坪、风车坳段公路，并准备继续接替惠支队向前担任之守备。

（六）本月二十七日，据孙总指挥宥未电：

（1）三十师八九旅一七八团第一、二两营（欠两连），于马日将马鞍石、鸳鸯岭间防务接替完毕。

（2）七四师将下固至罗家圩西五里印霞江沿江间防务，有日接替完毕。

（七）本月二十七日给刘、薛两总指挥感未电：

（1）水南东南富家菜附近之匪，俟另筹派队肃清，郜纵队交防后，着兼程前往雄岭下、风车坳间接替惠支队一部之防，与风车坳、古龙岗、黄塘间唐师^⑤全部之防。

（2）惠支队、唐师交防后，着与欧、韩、梁等师^⑥，一并迅即集结龙岗附近候命。

---

① 指暂归北路第一路军国民政府财政部税务警察总团（相当师）及郜子举原剿匪第二纵队。
② 指北路第二十六路军总指挥孙连仲（原西北军系）。
③ 指北路第一路军代总指挥刘兴和第六路军总指挥薛岳。
④ 指薛岳所部惠济支队。
⑤ 指中央军嫡系，唐云山第九十三师。
⑥ 指欧震第九十师，韩汉英第五十九师，梁华盛第九十二师。

（八）本月二十八日，据刘代总指挥俭未电：

奉令以郜、温两部担任上固、龙岗、雄岭下、古龙岗、黄塘间守备。税警总团上固以北防务，艳日可交代完毕；郜纵队防务本日可交代完毕。已令郜纵队交防后，兼程开往古龙岗一带接防矣。

第五，令第八师派队接替南城防务。

本月十七日，给第八师陶师长、九七师孔师长[1]篠戌电：

着第八师派兵一团（欠一营），于养日前到达南城，接替九七师董团所担任之南城防务。董团交防后，即开广昌附近待命。

第六，第三路军进取宁都。

（一）本月二十一日据陈总指挥箇申代电，呈送攻击秀岭隘、马迹隘匪阵地计划表。

（甲）匪情。（略）

（乙）军队区分：

右翼队指挥官刘绍先[2]，指挥第四三、第九四两师（附宋炮营）；左翼队指挥官樊崧甫[3]，挥第六、第七九两师（附周炮营）；第十四、第六七两师（附孙炮营李炮连）为预备队。

（丙）方针：

本路军以进取宁都之目的，拟先击灭秀岭隘、马迹隘当面之匪，以一部向鸡公脑、秀岭隘、马迹隘之线匪堡佯攻，以主力经下西、上西向胡岭咀攻击匪之侧背，一举截击匪之归路而歼灭。

（丁）开进及准备：

（1）二十一日，宋炮营开头陂，到达后，各以一连附属邹、李两师[4]。广昌至头陂之电话专线，于本日架设完毕。

（2）二十二日，第五纵队率孙炮营李炮连开头陂，并派员侦察秀岭隘、马迹隘一带之匪阵地，调制要图呈阅。

周炮营移驻新安，即归樊纵队指挥。

总指挥部通信排，开设十门总机，通信所于鹭鸶。

---

① 指第八师师长陶峙岳，第九十七师师长孔令恂。

② 指北路总预备队第六纵队指挥官刘绍先。

③ 指北路第三路军第三纵队指挥官樊崧甫。

④ 指国民党北路第六纵队第四十三师以及北路第六纵队李云杰兼任师长的第二十三师。

第二患者输送队，以一部位置于新安，大部仍在驿前附近，转送伤兵。

（3）二十三日，总指挥部进驻头陂。

十四师开至头陂附近。

第六师开进于新安、上下堡间地区。

七十九师开进于下坪、白水间地区。

孙炮营本日以秀岭隘、马迹隘一带匪堡为主要目标，以彭村西南匪堡为次要目标，完成射击诸准备。

（戊）二十四日开始攻击，其部署如左：

（1）右翼队自拂晓起，以秀岭隘、马迹隘为目标，向匪堡攻略奏功后，如情况许可，则乘胜进占胡岭嘴。

（2）左翼队（附周炮营）于本日拂晓前，就攻击准备位置，以主力由岩子岭附近，于拂晓经下西、油榨下，进出於上西以南地区，务求能截断马迹隘、秀岭隘匪之归路。如情况许可，则一举进占胡岭嘴。

（3）预备队十四师，位置于头陂附近，六十七师位置于陈坊附近。

（4）左翼队应准备设通信所于下西，并架设自下西至上鹭鹚之电话线。

（5）伤官兵之后送及补给地点，右翼队为头陂，左翼队为新安。

（6）陆空步炮协同应注意事项如另纸（略）。

（附注）敬日，邹、李两师攻占秀岭隘、马迹隘、胡岭嘴、池布各匪阵地，周、樊两师攻占上西以南各地区。战斗经过详第三章。

（二）本月二十五日据陈总指挥有未电：

邹、李两师昨晨攻占秀岭隘、马迹隘一带匪堡后，即晚李师进至池布，邹师进至胡岭嘴。本日周师进至招江以南，樊师进至株树铺以南，傅师进至石上。邹、李、霍三师仍续筑池布经胡岭嘴、秀岭隘、马迹隘至头陂碉楼。明（宥）日周师推进至牛角脑以南，樊师进至湖花桥，余均照旧。感日樊崧甫指挥周、傅、樊三师，以周师及樊师主力至大路口策应，傅师附樊师一部袭取宁都。俟占领宁都后，再回筑宁都至池布碉楼及新安、头陂、宁都线公路。

（三）本月二十七日，据陈总指挥宥酉电：

（1）我第六师一部已于本申刻进占宁都，残匪闻风逃窜，樊、傅两师明晨进驻宁都城。

（2）本路军决迅速完成头陂、宁都、古龙岗间碉线，已令各部加紧赶筑。预期宁都、头陂间于月底完成，宁都、古龙岗间于下月鱼日完成。

（附注）攻占宁都战斗经过详第三章。

第七，令第六路集中龙岗，第八纵队集中泰和。

（一）本月二十四日，给各总指挥、周指挥官有巳电：

奉委座漾辰电节开：伪一、三、五军团窜扰南路军，以伪一军团任右翼，伪三军团任中路，伪五军团任左翼，马日攻我韩坊、马午，新田之廖团被围古陂，与匪接战甚烈。由会昌经高排大坑至龙布一带有匪万余，安远西北十里，亦发现股匪。该匪此次南犯，是否主力或先以一部渡河？虽难断定，而第二纵线及遂汾横线关系重要，除已令罗霖师①先行南移，接替储潭、良富防线及令李生达部②即日开拔外，应由西路速派队守护上述两线，及集十五、十六两师③于郴州，再看情形东移。五十三师④应速设法抽集于遂川以南为要。等因。希知照。

（二）本月二十五日，奉行营有巳电：

查匪徒此次南犯系全力他窜？抑仍折回老巢或在赣南另图挣扎？刻下尚难断定。惟歼匪于第一线以东地区已不可能。自应歼匪于第二纵线及万遂汾横线中间地区目的，另为机动之部署。经详商拟定：

（1）先电云樵⑤迅就上述纵横两线，加强工事，严密布防。

（2）令李云杰集结遂川，援助罗霖，巩固赣州以北江防。

（3）周纵队抽调十六个团集结太和，薛路⑥抽集第十二个团集结龙岗。

（4）匪如他窜，即以薛、周会两李⑦进剿；如回窜即以周纵队会罗、李⑧由赣州东进，薛路仍服原来任务。

（5）东路及辞修⑨应假书向长汀、宁都分进。

（三）本月二十五日，奉委座敬巳电手令：

无论匪情如何，应规定部署如下：

---

① 指原湘军军系改编的第七十七师。
② 指晋军军系的第七十二师。
③ 指第十五师王东原所部和第十六师彭位仁所部。
④ 指李韫珩的第五十三师。
⑤ 指何键。
⑥ 指薛岳的北路第六路军。
⑦ 指薛岳、周浑元部中央军和李云杰、李韫珩所部湘军。
⑧ 指罗霖的第七十七师及李韫珩所部，均为原湘军部队。
⑨ 指陈诚。

（1）李云杰部限五日内接兴国之防，周纵队主力抽出十五团以上兵力，先行集中高兴圩与泰和之间。

（2）薛纵队应即抽出十二团至十五团兵力，限五日内集中于雄岭下与永丰之间，而令永丰与龙岗一带守备部队，推进于龙岗与古龙岗之间。如恐时间不及，则薛部可一面集中，一面酌留少数部队于古龙岗与龙岗之间，以待接防。等因。

（四）本月二十五日，给薛总指挥、周指挥官有巳电：

委座敬巳电手令谅达。周纵队毋庸候李部接防，奉电后即抽出十六个团，集结兴、泰之间候命。薛路先集结十二团兵力于雄岭下、龙岗之间候命。

（五）本月二十七日给薛总指挥感巳电：

奉委座宥亥电开：薛路应准备十六团速在龙岗集结待命。抽调何部希与伯灵①商酌办理具报。等因。该路除韩、欧、梁、唐四师外，加入惠支队全部，兄意如何？希决定遵办具报。

（六）本月三十一日，奉委座世亥电节开：

周纵队限江日以前先行集中遂川大汾线上，薛路即速分由现地出发，经龙岗、吉安、安福、莲花、茶陵、安仁、耒阳、常宁向永州附近集中，限下月敬日以前完全到达。所遗防地，着派队星夜填驻。等因。

（附注）薛、周两部入湘后，即归西路指挥。该两部以后追剿情形，本书不叙。

第八，规定兴国至泰和守备部队。

本月三十一日，给第九八师夏师长、二十八师王师长、独四六旅鲍旅长世戌电；

奉委座三十辰电开：兹着第二十八、第九八两师及独立第四六旅，均归九八师夏师长楚中指挥，担任兴国、泰和沿线守备任务。等因。希遵照。

逐月匪情

自贯桥、驿前诸役后，匪军最后挣扎，已告失败。知赣南无可立足，除以一部兵力迟滞我东北两路军前进外，其余各伪军团主力，自十月初旬起，接踵西窜。沿赣粤省界，窜越南路军封锁钱入湘，似有循肖克故道，西趋黔蜀企图。

---

① 指何键湘军以及薛岳所部中央军部队。伯陵为薛岳号，伯灵有误。

赣南伪苏区各县，遂先后收复。多年不见天日之匪区民众，始庆来苏。惟出没收复各县乡间之散匪，如独立团游击队等，此窜彼伏，为数犹多，尚有持于绥靖之力耳。兹将十、十一两月匪情分述于后。

十月份

伪一、三军团自迭经痛击后，于十月微日退出石城，在坪山、固原、长胜圩，黄石贯一带地区，略事整顿，即继续西窜。由曲阳南经雩都、王母渡、龙布，于养日窜至安远县西北之固陂安息一带，与我南路军接触，受挫折。由大唐铺、小河口西北窜、新城、小溪、池江、青龙、黄龙等处，与兴国、会昌两方窜来之五、九军团会合，并以一部掩护主力由左侧窜扰乌迳中站及大庾附近地区。宥日后，各伪军团联合自新城、池江、青龙、黄龙等处，北经横江、杨眉寺，折而西窜。至世日陷上犹、崇义，续窜湘边汝城一带。伪五军团大部，在本月篠日以前，尚踞头陂西南之胡岭嘴、湛田、石上、砍柴岗一带，篠日后经曲阳、银坑、雩都、王母渡，合兴国方面窜来之一部，渡河西窜至新城、池江一带，与一、三军团合股。另一部于有日陷南康，复北窜塘江墟骚扰。伪八军团原踞兴国以东胡家墩、古龙岗、樟木山一带地区，寒日复由王母渡附近西渡，与一、三军团会合。伪九军团自河田战后即西窜，于删日抵会昌县之珠兰铺，号日复续向西窜，分经王母渡、龙布会合各伪军团。赣浙皖边之伪七军团寻匪淮洲部，本月初，由开化之左溪枫岭一带，西窜祁门。佳辰由祁属查湾，分窜浮梁属之流口及新桥，被我李五十五师①击退。元日，又在储田桥受创，北窜浮梁、秋浦间之磻村、桃墅店、黎痕、马郎口、观音阁、养风镇、北坑一带地区。敬日匪主力二、三两师附独立团，计三千余人，由桃墅店回窜磻村，经李旅击溃，南窜沧溪、查村。有日复经始源、儒林、流口，南窜陈家山、小源。宥日由小源南窜至府前张家井附近，被俞部浙江保安队击败。一部向小源岭溃退，主力绕张家井东南方，仍向南窜，经内外钱村，于感日抵浮梁县东之大小花桥一带。俭晚续窜至董门、黄沙。至月底止，仍在向赣东老巢南窜中。

---

① 有误，中央军系第五十五师未参加中央苏区的"围剿"，而参加了对鄂豫皖苏区第三次"围剿"，此处应为李韫珩兼师长的第五十三师。

剿匪战斗经过

一、松山圩及其附近之役（第八纵队二十三年十月一日）

（一）战前匪我势态

匪伪一、二两师及伪十三师等，自高兴圩之役为我军击溃后，其残部即退踞高兴圩西北端之竹篙山及其西南殷富，并沿河松山圩一带村落构筑工事企图抵抗时，我第八纵队之第五师，已进至竹篙山东南一带；第九十八师，已渡过高兴圩河东，正协同第十三师向老圩殷富之线推进，十月一日并已全部到达。即向沿河及松山圩一带匪堡施行攻击。

（二）战斗经过

十月一日午前十时许，我第五师竹篙山东南一带阵地前，即有匪大部猛烈来攻。该师官兵以久经战斗即沉着接战，勇猛迎击。始则反复冲锋，继则互相肉搏，历一小时之久，匪未得逞。毙伤擒获匪部甚多。与我抗拒之伪第一、二两师已狼狈不堪矣！同日我第十三师亦进至老圩、殷富之线。而我第九十八师复由高兴圩渡过河东，协同该师攻击该线东端山岗踞匪，并构筑碉堡。乃盘踞该地区一带伪十三师之匪，始犹顽抗，继见我军勇猛，始纷纷退去。该线及其以西沿河一带村落，均为我先后占领。我第十三师复乘胜向松山圩及其以东一带高地匪堡攻击。匪仍节节抵抗，战约一小时之久，匪卒不支，狼狈向文陂方向逃窜。本日午前，松山圩及其以东一带高地，遂为我军完全占领矣！

（三）匪之伤亡及卤获

是役先后共约毙匪百余名，俘匪数十名，夺获匪之步枪三十余支、重机枪一挺。

二、石榴花寨及其附近之役（第十纵队二十三年十月一日）

（一）战前匪我势态

伪三军团之四、五、六各师及伪五军团之一部，自小松市之役被我击溃后，其大部仍窜踞小松市以南约十里之石榴花寨、鹅头坳、聂岗，磜脑等处，暨其东南一带高地，企图顽抗，作最后挣扎。我为迅速收复石城计，乃于十月三日令第十纵队所属第四、第八八两师，分向各该阵地攻击前进。

（二）战斗经过

六月三日拂晓，我第十纵队之第四、第八八两师，由小松市分向南方约十里文天岭、升平寨、石榴花寨、鹅头坳、磜脑、聂岗一带之匪攻击。我第四师举而将磜头、磜下排附近一带阵地占领，并击毙俘获伪五、六两师匪部甚多；

我第八八师亦于当日午前九时至十一时，先后将新桥头西端高地、小松市南端高地及石榴花寨、月光寨、聂岗等处攻占，毙获伪第四、第六两师匪部颇夥。残余匪众，均纷向石城溃窜。

（三）匪之伤亡及卤获

是役共毙匪百佘名，夺获枪二十余支。

三、克复石城之役（第四、第八八、第十一、第十四各师二十三年十月四——六日）

（一）战前匪我势态

伪三军团全部及伪五军团之一部，自石榴花寨、鹅头坳一带之役为我击溃后，即纷纷向石城方向逃窜。我为迅速克复石城县城计，即乘匪部溃败气馁之余，积极进攻，乃于十月四日令第十纵队之第四、第八十八两师，由石榴花寨、鹅头坳一带，各向其南方之坝口、泥沙垅暨长乐西北之流水寨、炎寨一带攻击进展。并于十月六日，令第五纵队之第十一、第十四两师并第六师之侦察队，由长乐一带径取石城。

（二）战斗经过

十月四日午前十时左右，我第十纵队之第四师，由石榴花寨附近一带，向石城东北约十里之坝口、泥沙垅一带进攻。踞于该地之匪未及抵抗，我即将该处一带匪阵地占领。同时，我第八十八师亦由鹅头坳一带进至长乐附近。匪以我来势甚猛，不敢抗战，纷纷奔溃。我遂将长乐及其西北之流水寨、炎寨一带匪阵地古领。一部进到李塔石附近时，适阴雨，各该师遂就地停止筑工。十月六日我第五纵队之第十一、第十四两师，亦由刘秀尖附近一带进抵长乐附近，遂即向该处附近之匪攻击。战约三小时，于午前十时左右，即将李塔一带高地占领。踞该地区之伪十五师全都为我击溃后，乃向城西南逃窜。我第十一、第十四师之各一部及第六师侦察队，复跟踪追击。至正午十二时，而久沦匪手之石城遂为我克复矣。

（三）匪之伤亡及卤获

是役先后共毙匪二、三百名，俘匪二十余名。夺获匪枪及军用品甚多。

四、城隍之役（第八纵队二十三年十日六日）

（一）战前匪我势态

伪一、二两师及伪十三师，自殷富之役遭我重大攻击后，仍复窜踞殷富、城隍之线附近，犹思逞其狡谋，乘隙反攻。我已逆料匪部有此企图，乃令第八纵队之第五、第十三、第九六、九八、九九等师，于十月六日晨，向殷富、城隍之线攻击前进。

（二）战斗经过

十月六日晨，我第八纵队以第五、第十三、第九十九等师为第一线，以第九十六、第九十八等师为预备队，由高兴圩南端向殷富、城隍之线攻击前进。激战至巳刻，先后将该线占领。旋我第九十九师进至城隍，正构筑工事间，伪第二师即乘我阵地尚未固定之际，蜂涌而至，猛烈反攻。激战数小时，卒因我步炮火力之压迫与飞机轰炸之威胁，诡谋未逞，不支而退。是日，我进剿各师即在殷富、城隍之线停止前进，构筑碉堡。

（三）匪之伤亡及卤获

是役与我抗战之匪系伪第一、二两师，计共伤亡数十名、俘数名，夺获步枪二十余支、轻机枪一挺。

五、天子嵊一带之役（第六路军二十三年十月七日）

（一）战前匪我势态

伪第二十一、第二十三两师，自上月经我节节击败后，大部仍退踞天子嵊、凤平坳、分水坳、莲花山一带高地，企图顽抗时，我第六路军正向该线攻击前进。十月七日，该路军之第五十九、第九十、第九十二、九十三等师，已先后到达该线附近一线，并决定即于是日向匪阵地攻略。

（二）战斗经过

十月七日辰刻，我第六路军之第五十九、第九十、第九十二、九十三各师，分向天子嵊、凤平坳、分水坳、莲花山一带高地伪第二十一、第二十三两师匪阵地猛烈攻击，步炮协同动作，战斗至为激烈。同日飞机亦赶到力战，我乃发挥步炮空联系效力，将匪一鼓击溃。至正午十二时，天子嵊、凤平坳、分水坳、莲花一带匪阵地，遂为完全古领。残匪均分向青塘山、古龙岗方向逃窜。

（三）匪之伤亡及卤获

是役伪二十一、二十三两师之匪，共毙四百余名，俘百余名，缴获步枪百余支、重机枪三挺、迫击炮一门，并其他军用物品甚夥。

六、克复兴国之役（第四纵队二三年十月十一——十四日）

（一）战前匪我势态

伪第十三师自殷富、城隍等役为我击溃后，即窜踞樟树潭，狗子脑、文陂一带，与前在老营盘、蓝田圩等役为我击溃之伪三十四师匪部联系，企图拒我前进。我为积极收复兴国计，乃于十月十日起，令第八纵队向兴国县城攻击前进。

（二）战斗经过

十月十日辰刻，我第八纵队以第十三师为中央队，以第九十六师为左翼队，以第九十八、九十九两师为预备队，向樟树潭、狗子脑一带伪十三师阵地攻击。我第十三师官兵奋勇异常，加以步炮协同效力，一举而将匪之各高地占领，旋延伸至刘屋岽、石富一带。午前十时许，我第九十八、九十九两师，亦占领鄢屋、吴口、洋岗之线。匪伤亡损失甚重，残余均纷向文陂方向逃窜。十月十三日拂晓，复令第十三师、第九十六、第九十九师任第一线，第五师、第九十六师为预备队，向文陂攻击前进。时我第三师及第九十八师，均在河东岸，而第十三师推进尤为迅速。当面之匪略遭攻击，即行溃败，向东北方向逃窜。适我空军赶到轰炸，第九十六师复跟踪追击。匪乃狼狈回窜。约至巳刻，我一线部队，已将文陂及其东西两侧河江背、罗屋背之线，完全占领。十月十四日辰刻，我第八纵队仍以第十三、第九十六、九十九等师任第一线，以第九十八师之一旅位置文陂河东岸之塘石为左侧卫，其余及第五师为预备队。部署已定，即利用炮空拖护，向兴国县城攻击前进。我第十三及九十六两师官兵奋勇，一举而将兴国城北七里之佛子山高地匪堡三十余座占领。匪以增援不及，均纷向兴国城内败退。我第十三、九十六两师复跟踪追击。同时我在左翼部队利用超越截击。匪以退路受我戚胁，即弃城向兴国城之东南方向及河南岸溃窜。至午前九时三十分左右，我第十三师、第九十六、九十九两师，遂将久沦匪手之兴国县城确实克复矣！

（三）匪之伤亡及卤获

是役伪十三及三十四两师死伤损失极重。计先后毙匪五百余名，俘匪团政委及连长以下五十余名，缴获轻重机枪各一挺、机枪鞍两个、机枪架一个、步马枪七十余支，其他军用品甚夥。

七、克复宁都之役（第三路军第六、一四、四三、六七、七九、九四等师二十三年十月二十四——二十六日）

（一）战前匪我势态

伪一、三、五、九各军团，自驿前、小松市、石城诸役为我击败后，已溃不成军。伪一、三军团一部则窜踞长胜圩，一部则窜向宁都方面。而胡岭嘴、秀岭隘、阻窦隘等处及通宁都大道暨其左右侧，则为伪独立团游击队等杂匪盘踞，企图顽抗，阻我前进。我为积极收复宁都计，乃于十月二十四日，令第三路军第六、第七十九两师为左翼队，经上下西向胡岭嘴攻击；第四十三、第九十四两师为右翼队，向秀岭隘、阻窦隘攻击：第十四、第六十七两师为预备队，位置于锡坊、头陂、汉里一带，以资策应。同时并令各该部乘机略取宁都。

（二）战斗经过

十月二十四日拂晓，我第三路军以第四十三、第九十四两师，由头陂附近一带向秀岭隘、马迹隘一带匪堡攻击。约至巳刻，即将该地各匪堡占领。正午十二时左右，该两师之先头部队已越过胡岭嘴。及至申刻，该处附近之池布匪阵地，亦为我占领。残匪节节溃败，纷向宁都县城方向退窜。时我第六、第七十九两师，已经上下西到达该处匪之侧背。匪已受我威胁，惊惶万状。我即乘胜进展至上西以南一带地区。惟以前进地形复杂、山路崎岖，乃即停止，构筑碉路。迄十月二十六日，我第六、第六十七、第七十九各师仍继续向宁都城进展。匪以溃败之余，毫无斗志。至午后四时左右，我第六师之一部，即将宁都县城确实占领矣！

（三）匪之伤亡及卤获

是役，匪部未甚抵抗，即行溃窜。故亦无甚伤亡也。

八、克复雩都之役（第七九师二十三年十一月十七日）

伪各军团自为我军围剿击溃，全部西窜。故雩都仅有少数残匪盘踞。我第三路军收复宁都后，即令七十九师向雩都攻击前进。匪以力量薄弱，未敢抵抗。十一月十七日午后四时左右，我第七十九师之二三五旅及补充团，即将雩都克复。久经匪化之区，至此始重睹青天白日。

碉堡及封锁之设施

十月份

一、驿前至石城封锁线

驿前至石城间纵缀封锁线，经桐岗、小松市、长乐而至石城。旁及许坊、陈坡岭、月光寨、石级岭、苦竹、李虎勇寨等地区。计构筑碉堡二百三十三座，于本月十九日以前完成。

二、头陂至宁都封锁线

头陂至宁都间纵缀封锁线，经秀岭隘、石上、城头大路口亘宁都，构筑碉堡一百三十七座。

三、雄口至古龙岗封锁线

雄口至古龙岗间纵缀封锁线，经楼排嶂、胡家墩、天子嵊、牛婆墩而至古龙岗，筑成碉堡一百六十一座，并于银龙下增筑碉堡八座，土堡一座。

四、蓝田圩至兴国封锁线

蓝田圩至兴国封锁线，经高兴圩、岭田、英布、文陂河、江坝等地区，筑成碉堡三百零三座。

五、高埠至冷水坑封锁线

高埠至冷水坑封锁线，经莲花地、大源、饶桥一带，计构筑碉堡一十九座。

六、杨梅尖至牛家庙封锁线（上饶横峰县境）

杨梅尖至牛家庙封锁线，经底庙、披云山、宋村、双姑岭、皮家一带，筑成碉堡一十八座。另于毛坪周、谢山、姚家垅、滩头一带，增筑碉堡十座。

七、其他

1. 我二十七师在乐望间及乐山间，于九月下旬及本月内，先后增筑碉堡三十九座。第三十师在招携增筑碉堡四座。第三十师在东陂、黄陂，增筑碉堡三十座。

2. 赣东北方面各部队，除二十一师在杨梅尖、牛家庙之线所筑碉堡外，另完成碉堡一百三十三座，土堡一座，圩寨二座。其构筑地点未据呈报。兹将所报经筑部队附列于后：

第一二师　一五座

第五五师　三四座

第五十七师　四四座　圩寨二座

新保安纵队　四〇座　土堡一座

（此件引自《赣粤闽湘鄂剿匪军北路总司令部剿匪军事工作报告书》，编者做了删节。摘自中国第二历史档案馆编《国民党军追堵红军长征档案史料选编》）

刘湘关于红二、六军团会师及中央红军西征请求速筹消灭红军之策致蒋介石等电

请求速筹消灭红军之策致蒋介石等电

（一九三四年十一月一日）

限即刻到。

北平^①行辕委员长蒋、南京主席林^②、行政院长汪^③钧鉴：

密。叠据职部驻涪陵陈师长万仞^④、驻酉阳龙潭田旅长钟毅^⑤电称：萧匪北窜，一部已与贺龙连〔联〕合，经南腰界向川境前进。陷日已到离酉阳四十里之板桥湾。经田旅庞团截堵，匪有向黔江濯海垆窜扰模样。除饬跟进及电湘、鄂两军围剿外，伏查萧、贺合股已成事实，燎原之势既成，后患之忧更大。不特湘、鄂、川、黔边徼永无宁日，万一绕窜万^⑥东，以扰我五路剿匪后方，则将势成不至。近据各情报，朱、毛西窜，先头彭^⑦部已达湖南汝城。是川、黔形势日趋紧张，川民引领，切盼中央速筹大计，早清搀枪^⑧，用固西陲。临电不胜翘企之至。

---

① 北平，今北京市。

② 林，指林森，时任南京国民政府主席。

③ 汪，指汪精卫，时任南京国民政府行政院院长。

④ 陈万仞，时任国民党军第二十一军五师师长，辖二旅六团。

⑤ 田钟毅，时任国民党军第二十军独立第二旅旅长。

⑥ 万，指四川省万县（今为市）。

⑦ 彭，指彭德怀。

⑧ 搀枪，指慧星，俗称扫帚星。此处搀枪指红军，含污蔑之意。

职刘湘叩 [①]。领东申军重发印

（此件引自《南京国民政府行政院档案》。蒋介石于一九三四年十一月八日致电林森："会剿川匪之有效办法，现方在慎密规划中。"中国人民解放军历史资料丛书《红军长征·参考资料》）

---

① 刘湘，时任四川省善后督办兼"剿匪"总司令，国民党军第二十一军军长。

陆军第六十二师[①]湖南汝城文明司附近之役战斗详报

（一九三四年十一月三日）

第一节　战斗前彼我形势之概要

伪八军团之第二十二师，自经我在勾刀坳予以痛击后，黑夜向文明司窜走。本师为歼灭该匪计。于二十三年十一月十三日晨，继续尾迫。当日午前八时，行至距百丈岭约四公里之处。据前卫（第三六七团）司令官报告：有兵力未详之匪，盘踞百丈岭，拒止我军前进。我前卫正向该匪准备攻击中。

第二节　影响于战斗之天候气象及战地之状态

气候阴沉，山岚蔽目，而战地峻岭绵延，县道湫隘，运动攻出，均极困难。惟附近小溪无碍徒涉。

第三节　彼我之兵力、交战敌兵之部队号及军官之姓名

匪为伪八军团之第二十二师，人约二千，枪千余；由朱匪德、毛匪泽东率领。其余未详。

我军为本师第一八四旅钟光仁，第一八六旅王育瑛两旅，师长陶广。

---

① 国民党军陆军第六十二师为国民党湘军军系部队改编，中央红军于一九三四年十月十日开始长征，该师于十一月十三日隶属于国民政府军事委员会委员长南昌行营所辖"追剿"军"追剿"总司令部第一路"追剿"军序列。

第四节　阵地之占领、攻击之部署及其主要理由并关于战斗所下之命令

十一月十三日午前八时十分，师长[①]基于第一节匪情，下达命令，其要旨如次：

1. 有兵力未详之匪，现占领百丈岭，企图拒止我军。我前卫正向该匪准备攻击中。

2. 师以歼灭该匪之目的，决即向百丈岭攻击前进。

3. 第一八四旅向百丈岭匪之正面攻击之。

4. 第一八六旅（欠第三七二团），由南翼向匪之右侧背攻击之，右与第一八四旅切取联络。

5. 第三七二团控制于东山桥附近为预备队。

6. 余在预备队位置。

第五节　各时期之战斗经过及其关联邻接部队之动作

午前八时二十分，各部队受命后，即向攻击目标前进。九时三十分，接近敌阵，实施攻击。匪恃险顽抗，枪声震耳，愈战愈烈。匪以居高临下之势，制我仰攻，故蒙损害较大。幸官兵忠勇奋发，于十一时左右，夺得阵地要点。匪始不支，退守文明司附近碉线阵地。我乘胜追击。至午后二时，以原来之部署作第二次之攻击。匪仍顽抗，且恃既设之工事，不稍动摇。我官兵不顾一切，拼命冲杀。激战历四小时，肉搏凡十余次。直至午后六时，始将强寇击破。

第六节　战斗之成绩并决战时之景况

匪据碉抗战时，作最后挣扎，曾数度向我出击，经被我炽盛之火力制压渐呈摇动之象。我第三六七团第八连连长刘芬，见突破时机已至，身先士卒，果敢冲锋，匪碉赖以攻占，而该连长亦即阵亡，其忠义之气，有足多者。是役伤毙匪众两百余名。俘获损耗各如附表。（略）

---

① 指陶广。

第七节　战斗后彼我之阵地或行动

匪被击溃后，即尚良田、宜章方向逃窜。

师长即令第三七二团为追击队，与匪保持相当接触，勿失匪踪。其余在文明司附近整理补充，准备明晨继续侦剿。

（此件引自中国第二历史档案馆藏战史编纂委员会档案，注释为编者所加）

国民党军第六十二师陶广部与
中央红军在湘省桂东汝城战斗报告书

（一九三四年十至十二月）

一、防守桂、汝南北封锁碉线堵剿主匪西窜战役经过

十月二十六日，本师遵莲宁桂汝地区宁备指挥官陶命令：接受防守桂汝南北封锁干线砌堡堵匪西窜任务后，即以第一八四旅锺光仁部防守由查坪（不含）经汝城至新桥一段碉线、补充第五团锺松部防守沙田（不含）经查坪至豪头圩一段碉线，第一八六旅王育瑛部防守沙田（含）经寨前至桂东城（不含）一段碉线，师部及直属营连进驻寨前督剿，至三十日布置完毕。此时匪大股已由上堡、丰州、文英等处分向集龙、热水、八丘田方面西窜，至十一月一日正午，其先头已抵汝城东端之连珠岩、土桥一带高地。

十一月二日，伪三军团由连珠岩、土桥窜抵东岗岭、苏仙岭一带，直犯汝城。我锺旅即派兵四营出击，以机枪掩护，接近匪阵，除一面以手榴弹、大刀肉搏冲击；一面挑选奋勇队两连，向匪左右翼狙击，匪不变，向连珠岩方向退窜。是日伤毙匪六百余人，俘匪七名，夺获步马枪六十支，驳壳枪一支，轻机枪一挺。我伤亡营长以次一十二名，消耗步机弹一万三千六百四十二发，手榴弹五百三十二颗。

十一月三日，伪一、五两军团于拂晓时，由热水、东岭、八丘田等地窜犯腊岭、高排、太平碉线。我锺旅守兵奋勇出击，坚韧抗战，匪未得逞，旋以炮火向我碉堡猛射，至晚方息。同时伪三军团沿羊山港、连珠岩、南岭山构筑工事，与我新铺至官桥一带碉堡线对峙，亦以炮火向汝城猛射，率我方飞机更番轰炸，守兵沉着抗战，对抗至灾，匪一部持火把向城口窜走。是役，伤毙匪约

三百余，我方阵亡连长以下四十五名，消耗步机弹药万四千三百二十四发，手榴弹八十四颗。

十一月四日，伪一、三、五军团大部仍以炮火向高排、大来、腊岭、汝城、新铺等处碉线猛攻，至未刻大来、脂岭两处碉堡被匪炮击毁，死守碉官兵五十八员名，余碉仍坚守无恙。其伪三军团之一部，已由大来圩向延寿窜走，而新铺碉堡适被匪炮毁碉项，我官兵死守下层，匪未得退。入夜我碉线守兵猛勇出击，匪仓促无备，撤退里许。我因寡众悬殊，仍回守碉线。是日伤毙匪四百余名，俘匪十八名，夺获步马枪三支，手榴弹八十四颗，大刀五十三把。我军伤亡官兵一百三十四人，消耗步机弹七千另四十发，手榴弹二百五十六颗。是日我锤团壕头圩碉堡被热水方面窜来之枪匪千余围攻，为势颇紧。

十一月五日，主匪以一部扼守羊山港、连珠岩一带工事，一部围攻汝城及太平碉堡。我官兵为阻滞该匪急进计划，昼则固守，夜则出击，匪大部则向城口、九峰急窜。其时锤团壕头圩碉堡亦被匪攻，我守兵坚守苦战一昼夜，匪仍未退，锤团长即由查坪选奋勇队两排，分向匪侧背攻袭，匪不支，遂沿连珠岩、土头渡向南逃窜。是日伤毙匪二百余，我军阵伤官兵二名，俘匪三名，夺获步马枪三支，重机枪身一个，消耗步机弹五千八百四十六发，手榴弹一百七十二颗。

十一月六日，主匪连日犯汝城未遂，除伪一、三、五、八军团之一部陆续由大来圩、五里墩向文明司、宜章窜走外，其大部及伪五、七、九军团则经热水、八丘田、城口、九峰向西窜。师长为达成堵剿任务起见，当饬锤旅及锤团抽兵截击。是日拂晓，锤团由查坪抽兵两营，锤旅由汝城抽兵四营，向杨家山、大来圩、五里墩、延寿截击，同时飞机侦炸甚力，匪节节抗战，向湘粤边境急窜，黄昏时业将碉线附近之匪驱遂殆尽。是日伤毙匪七百余，俘匪六十八名，夺获长短枪二百四十五支，轻机枪一挺。我军伤亡官兵七十九名，消耗步机弹一万八千四百二十八发，手榴弹三百五十二颗。斯时，本师适奉令集结汝城，尾匪追剿。遂令锤、王两旅守碉部队于灰日前集结汝城侦匪追剿。

二、汝城、八里坳、勾刀坳、水阳山、东山、百丈岭、文明司一带剿匪各役战斗经过

十一月十二日，本师遵奉兼司令刘 [①] 命令，以锤团协同胡保安团守桂汝碉

---

① 指刘建绪。

线。师长率锺、王两旅于当日拂晓由汝城向文明司之匪攻击前进，我第一八四旅三六八团朱再生部为前卫，沿途节节将小股匪击溃，未刻抵勾刀坳附近，与盘踞该处伪八军团之廿一、廿二两师，人枪两千余接触，该匪顽强抵抗，经我锺旅猛击，至黄昏始将该匪击溃，匪向文明司溃逃，我军遂将八里坳、勾刀坳一带完全占领。但水阳山、东山、百丈岭之线，仍有匪一股构筑工事，与我对峙中。又粤军陈章旅亦于同日由太平圩向延寿攻剿，本师即由王旅抽兵一营与取连络，沿途将散匪驱遂，该营进至延寿附近，与粤军连络后，即还归原地。是日伤毙匪四百余，夺获步马枪三十二支。我军伤亡官兵八十三名，消耗步机弹八千另六十发，手榴弹一百八十颗。

十一月十三日，拂晓时，派锺旅向百丈岭、文明司之匪攻击前进，于午前八时行抵距百丈岭三里处，有匪伪五军团十三师全部，枪约一千五百余支，机关枪十余挺，占领我进路两翼之东山、水阳山高地一带，恃险顽抗，经我先头锺旅奋勇进击，并向匪左翼包围，肉搏激战五小时，匪受巨创后，即向两翼运动，退扼正面百丈岭碉堡企图，抗战时已下午，当令锺旅从右翼行大包围，王旅向正面冲击，复激战四小时，我锺旅迂至文明司西端抄匪后路，匪不支，向赤石狼狈逃窜，我军即占领百丈岭、文明司之线。是日伤毙匪六百余，俘匪四十九名。我军伤亡连长以次一百二十三人。

三、全县大帽岭、大埠头一带剿匪各役战斗经过

十二月二日，本师奉令指挥章师之戴团占领大帽岭、大埠头，迎击主匪西窜。是晨由寨圩向大帽岭前进。午后二时，我前卫王旅及戴团抵大帽岭界上，即与伪第一军团警卫营，枪四百余之匪接触，匪不支，节节退窜上梁时已昏暮，匪复沿桐禾田山脉凭险顽抗。午夜后，见匪方灯光，陆续由大埠头向桐禾田前进，判断似有匪大部到达模样。

十二月三日，本师以王旅附戴团向桐禾田之匪攻击前进，师长率钟旅长跟进，拂晓由上梁出发，七时我先头王旅进至桐禾田时，即与该伪一军团人枪六千余之匪接触，经我先头王旅及戴团攀登悬岩，左右迂回攻击，激战二小时，匪不支，节节向大埠头退窜，我军更番前进，锺旅向两翼搜剿，飞机猛烈轰炸，匪受巨创，即分数路向五排方向逃窜，我军遂占领大埠头。是役，伤毙匪二百余，俘匪六名。我军伤亡官兵七名，消耗步机弹一万零三百二十七发，手榴弹三百二十四颖。

四、克复通道县之役战斗经过

十二月十三日，朱、毛主匪已由广西兴安逾长安营向通道城急窜。本师奉令有截击该匪阻止其西窜之任务，遂令王旅于是晨由绥宁、东安铺经菁芜洲向通道城方向觅匪截击，师长率镡旅及直属部队居后策应。迨午后五时许，我先头王旅进至爪坪北端，即与伪一军团之后尾接触，激战两小时，将匪之第一线阵地占领，匪遂退据第二线阵地扼守，时已入夜，未便攻占，乃在该地彻夜。是日伤毙匪百二十余名，俘匪一十四名。我军伤亡官兵十六名，消耗步机弹三千零六发，手榴弹五十六发。

十二月十四日，本晨拂晓仍以王旅之袁团向匪阵地攻击，以马团迂回匪之右侧，镡旅在后策应，激战三小时，我军迂回奏功，匪阵地顿形动摇，我军趁机猛扑，匪不支，狼狈窜由高义渡向四乡方向遁去，遂于午前八时占领通道城。是役，伤毙匪二百八十余名，俘匪二十五名，我军夺获步马枪三十支。消耗步机弹四千零二十九发，手榴弹四十七颗，伤亡官兵四十一名。

（此件引自中国第二历史档案馆编《中华民国史档案史料汇编》，第五辑，第一编，军事四，江苏古籍出版社 1992 年版）

蒋介石令薛岳部兼程前进电

（一九三四年十一月五日）

汝城附近碉堡线已被匪突破，正围攻汝城中。第六路军亟应兼程前进，不失时机向匪堵截为要。遵办情形随时具报。

（此件引自《第六路军赣南——湘南——黔西间地区追剿朱毛股匪各役战斗详报》，以歌酉行战电发出。中央红军突破汝城、仁化封锁线后，蒋介石开始发觉红军企图，于一九三四年十一月五日接连发出歌酉、微酉两电，催促薛岳部兼程前进。微酉电与此电内容雷同）

蒋介石关于消灭中央红军于
湘漓水以东地区致何键电

（一九三四年十一月六日）

（甲）综合本日情报，西窜匪部先头约千余，已返汝城，约八十里[1]，继续向宜章方面逃窜，以一部在汝城城口与我军对战，掩护其侧翼，其主力向汝、仁[2]间西窜。判断该匪必沿五岭山脉，循萧匪故道，经兴、全[3]间窜，且其行动必速，不致北犯，既有亦不过以一部掩护其侧翼。

（乙）我军为欲歼灭该匪于湘、漓两水以东地区计，各方部队均须迅速出郴、永[4]以南，宜、道[5]以北，分别堵剿与追击。

（丙）薛[6]路虞日由吉安出发，已令兼程经茶赴永[7]；周[8]纵队本日已过左安，已令兼程直趋郴州方面迎击与截击；并电约伯南[9]伪〔所〕部速出宜章以北夹击及崇、庚[10]以南部队追击。

（丁）为恐薛、周追赶不及，即希芸樵[11]兄尽先抽出湘中部队，分别迅速

---

① 原文如此。

② 汝、仁，指湖南省汝城、广东省仁化两县。

③ 兴、全，指广西省（今广西壮族自治区）兴安、全州两县。

④ 郴、永，指湖南省郴县（今郴州市）、永州（今为市）两县。

⑤ 宜、道，指湖南省宜章、道县两县。

⑥ 薛，指薛岳。

⑦ 经茶赴永，指经茶陵赶永州。

⑧ 周，指周浑元。

⑨ 伯南，即陈济棠。

⑩ 崇、庚，指江西省崇义大庚两县。

⑪ 芸樵，即何键。

进出郴、永以南堵截，且设法迟滞其行动；倘顾虑万一该匪北犯，薛路到湘后，亦可就近堵剿。

（戊）桂军除巩固湘、漓两水及龙虎关一带碉线外，希德邻、健生^①两兄以有力部队，迅出道县以北，与永州部队协同堵剿。此方极关重要，乃匪必经之路，务须严密防堵。

（已）各纵横线碉堡，依以前及最近经验，在多不在大，重密不重坚，每里最多两碉为宜。

以上各项，须将办理情形电复。

（此件引自《共匪西窜记》）

---

① 德邻、健生，即李宗仁、白崇禧。

蒋介石致林森齐辰电

（一九三四年十一月八日）

南京。

林主席钧鉴：

微电敬悉。密。会剿川匪之有效办法，现方在慎密规划中。固与钧座同深焦虑也。

蒋中正叩。齐辰秘汉印

（此件引自中国第二历史档案馆编《国民党追堵红军长征档案史料选编》）

蒋介石关于改定西北两路军任务及指挥系统电

（一九三四年十一月八日）

　　兹改定西、北两路任务、境界及指挥系统如下：

　　（1）西路总部移驻衡阳，注重追剿；

　　（2）北路总部移驻吉安，注重清剿；

　　（3）西、北两路改以湘、赣省界为界限，但现在鄂、赣境内之西路第三纵队及所属各部，仍归西路指挥，其区域仍旧；

　　（4）西路第一、二两纵队之部队，其在赣境者，如第十八、第五十、第七七各师，均改归北路指挥。

　　以上四项，希遵办具报，并饬所属遵照，但未交防前照旧负责。

　　（此件引自《赣粤闽湘鄂剿匪军北路总司令部剿匪军事工作报告书二十三年十月至十一月》，以齐戌行战电发出）

何键关于粤军到达九峰及桂军在兴安、桂林设防的通报

（一九三四年十一月十日）

匪一部向乐昌逃窜。粤军由李汉魂① 率数团至九峰、坪石堵截；桂军正拟以兴安为第一防线，桂林为第二防线。

（此件引自《第六路军赣南——湘南——黔西间地区追剿朱毛股匪各役战斗详报》）

---

① 李汉魂，为国民党粤系将领，时任国民党军第一集团军独立第三师师长。

蒋介石关于取捷径直趋永州致薛岳电

（一九三四年十一月十二日）

　　赣匪西窜甚速，现正超过郴、宜①线。应照前令，兼程取捷径直趋永州。匪若阻进，击破继进；如在翼侧，掩护前进，不必停止进剿，以小匪而妨碍本任务。病兵可收容于适当地点派员料理，绝不能因此迟滞行动。切要。

　　（此件引自《第六路军赣南——湘南——黔西间地区追剿朱毛股匪各役战斗详报》，以文酉行战电发出）

---

① 郴、宜，指湖南省郴县（今郴州市）、宜章两县。

何键关于防堵中央红军进军湘南的报告

（一九三四年十一月）

查赣东南方面之大股匪伪一、三、五、七、八、九各军团及伪中央警卫师、独立师、独立团等匪部，共有枪约四五万支，人倍之。匪首为朱德、毛泽东、彭德怀[①]、林彪[②]、董振堂[③]、罗炳辉等，盘据赣江以东、旴江以南及闽西之地区，亘五六年之久。瑞金、会昌、广昌、宁都、兴国、云〔雩〕都为其主要巢穴。伪中央政府设于瑞金，为匪发号施令之总枢纽。

我员长蒋为除恶铲暴，救民水火起见，坐镇赣垣，督师征剿。数年以来，宵旰未遑，匪区渐次收复，匪势日形崩溃。最近我东、北两路军，节节予匪重创，广昌、兴国匪巢先后经我收复，迫近瑞金。又本路军对于赣西之匪区，早已收复，股匪亦剿除殆尽。匪因势穷力蹙，兼受封锁压迫，不能立足，乃企图西窜黔、川为最后之挣扎。本部曾于数月前，遵照委座迭电，督饬第一纵队及湖南保安团，协同南路军构筑第二碉堡封锁纵线于赣、湘交界之宁冈、大汾及桂东、汝城方面，并督饬赣江防守部队，严密增筑西岸各纵、横线碉堡及工事，以遏匪之西窜，并期协同友军歼匪于赣江或第二纵线以东之地区。此我军数月以前防堵主匪西窜之准备。

十月十四、〔十〕五、〔十〕六、〔十〕七等日，朱、毛等匪率其匪部及伪中央各机关，由瑞金、会昌、宁都、兴国方面陆续窜抵云〔雩〕都、信丰、安远以北之地区。斯时，我南路军正调集部队在安远、信丰、赣县、南康、大庾〔庚〕之线堵剿。本路遵照委座防堵电令，已令第十五、第十六两师赶速

---

① 彭德怀，时任中央红军第三军团军团长。
② 林彪，时任中央红军第一军团军团长。
③ 董振堂，时任中央红军第五军团军团长。

提前完成湘南各碉堡线后，即向遂川西南推进。第二十三师与第七十七师一部之防务，移交李军长生达所部第七十二师附另一旅接替后，第二十三师即向遂川以南移动，集中良碧洲附近。第七十七师移接棉津至储谭之江防，严密防堵。第五十三师向遂川附近集中，策应江防。第六十二师移至汝、桂之线。第六十三师移至大汾、桂东之线，增强各该线碉堡工事。

据报，匪决以伪一、三、五各军团窜扰我南路军，伪一军团任右翼，伪三军团任中路，伪五军团任左翼，二中日攻韩坊、新田、古陂等处，二十三日又向安息圩部队猛攻，当被我南路军击退。匪大部向大塘铺、坪石墟方面退窜。同时，伪八军团亦到窑下跟窜。又据报，伪七、九两军团及杂色匪部均留瑞金、会昌、长汀各处据守老巢。本部得报后，判断匪之企图，系一面牵制南路军，一面绕道赣江上游西窜。

为拒止该匪西窜计，拟以主力协同南路军扼守赣江上游西岸及湘东南各碉堡线，并协同东、北两路军对匪夹击，将其歼灭于赣江沿岸或以西地区。令第七十二师附另一旅及第七十七师为赣江守备队，以李军长生达为指挥官：以第七十二防守秦〔泰〕和至棉津，以所附另一旅衔接至仁和圩之线；以第七十七师防守棉津至储潭之线，协同南路军阻匪渡河。令第二十三师集结大汾附近待命。令第五三师及第十八师为永、宁、遂、万①、大汾守备队，以李军长韫珩为指挥官：以五十三师主力控制云田圩，策应泰和至储潭部队，以一部防守遂川至大汾之线；以第十八师主力防守永新、宁冈、黄坳之线，一部驻守莲、安②线。令第六十二、第六十三两师及胡凤璋部为莲、桂、汝③守备队，以陶师长广为指挥官：以第六十二师李④旅附莲、宁⑤两保安团，防守莲、汾、大⑥之线，置重点于砻市、大汾间；以第六十三师防守衔接大汾至桂东之线；以第六十二师钟、王⑦两旅附钟涤松⑧团及胡⑨部防守衔接桂东至广东桥之线。令第

① 永、宁、遂、万，指江西省永新、宁冈、遂川、万安各县。
② 莲、安，指江西省莲花、安福两县。
③ 莲、桂、汝，指江西省莲花县，湖南省桂东、汝城两县。
④ 李，指李国钧。
⑤ 莲、宁，指江西省莲花、宁冈两县。
⑥ 莲、汾、大，指江西省莲花县、遂川县属大汾镇、大庾等地。
⑦ 钟、王，指钟光仁、王育瑛。王时任国民党军第六十二师一八六旅旅长，该旅辖步兵二团。
⑧ 钟涤松，时任国民党军第四路军总指挥部补充总队第五团团长。
⑨ 胡，指胡达。

十五、第十六两师控置衡、耒、郴、宜①之线。令第十九师段②旅及补充四团与湖南保安团八团，分守湘南各纵横碉堡线，以上各部均归刘纵队司令建绪指挥，协同友军，严密堵剿。又本部对于清野之法，亦经详为规划，严令赣西南及湘东南各县长遵照施行，并饬组训民众，担任侦察、通信及自卫，以期军民通力合作，使匪退无所据，进无所操，容易将其歼灭。

至二十五日，匪之先头部队已渡河攻陷南康城，大部仍分向信丰及南雄东北之新田攻击。当时匪众经我南路军痛击，然突围西窜之势已不可遏。二十七日夜，匪由青龙、池江、新城、贤女埠、南康一带，纷向横江、扬眉、崇义等处窜走。本部得报后，除令各部严阵以待外，并电请委座转饬南北各路军派大部跟追夹击，并请派多数飞机协剿，以求歼灭该匪于第二纵线及遂川、大汾横线之中间地区。

二十八日至三十日，匪大部徘徊于大汾以北地区。其部于三十一日窜抵营前、军田排一带。匪之最前部队于十一月一日窜到汝城属之热水圩，当经陶③师部队击溃。十一月二日，伪一、三、五军团均窜至汝城以东羊山港、连珠岩、东冈岭、南岭、热水圩、东岭、八丘田等处构筑工事，企图与我陶师作殊死战。自三日起，分向大坪、大来圩、腊岭坳、高排、汝城、新桥之碉线猛攻，与我陶师守兵激战八昼夜。仅大来圩二碉及腊岭坳碉被匪炮击毁。我守碉官兵死者五十余员名。卒以我军坚守鏖战，飞机同时轰炸，汝城遂得不陷。计先后毙伤匪二千余，夺获长短枪二百余支，俘匪数百余名。我亦伤亡官兵百余员名。

匪大部于八日晚，绕道仁化属之城口及乐昌之九峰一带，向延寿圩、文明司逃窜。当匪围攻之际，本部面令第廿三、第五十三两师取捷径开赴资、郴④，策应陶师；一面电请委座转饬薛、周⑤两部星夜兼程尾匪追击。并请陈⑥

---

① 衡、耒、郴、宜，指湖南省衡阳（今为市）、耒阳（今为市）、郴县（今郴州市）、宜章各县。

② 段，指段珩。

③ 陶，指陶广。

④ 资、郴，指湖南省资兴（今为市）县、郴县。

⑤ 薛、周，指薛岳、周浑元。

⑥ 陈，指陈济棠。

总司令饬李、叶①两师向匪夹击。同时又电请李②总司令、白③副总司令以主力集中黄沙河、全县、兴安之线，与我永、东④线李代司令觉所部练习准备堵剿。旋于十三日奉委座文酉电令，任何键为剿匪军追剿总司令，薛、周两部均归指挥追缴。等因。

遵于十四日赴赣督率各部从事追剿。

（此件选自何键《赣粤闽湘鄂剿匪军西路清剿概要报告书》第一章"军事"第五节"防堵赣东南主匪西窜经过"。时间为编者所加）

---

① 李、叶，指李汉魂、叶肇。
② 李，指李宗仁。
③ 白，指白崇禧。
④ 永、东，指湖南省永州（今为市）、东安两县。

赣粤闽湘鄂剿匪军北路总司令部
剿匪军事工作报告书

（一九三四年十一月）

关于作战命令及部队调遣

第一，泰宁、建宁、广昌间封锁线守备部队之交换。

本月三日给二十路张总指挥^①、第四六师戴师长^②、第八师陶师长^③、江午电如左：

第七五师^④着尽量节约黎川附近及黎泰、黎建间之守备部，抽出两团以上兵力，推进泰宁、建宁间（不含），接替四六师之守备，限鱼日以前接替完毕。四六师交防后，着开建宁、广昌（不含）间，接替第八师之守备，师部驻建宁，限庚日以前接替完毕。第八师交防后，着集结广昌附近待命。

第二，南城城防及藤桥、岳口守备部队之交换。

本月三日，给二十路军张总指挥及第八师陶师长江午电如左：

第八师四六团第三营（附五、六两连）在南城所担任之城防及藤桥、岳口守备任务，着由第七六师^⑤派兵接替，限鱼日以前接替完毕。第八师四六团第三营（附五、六两连）交防后，即开广昌归还该师建制，限蒸日以前到达。

---

① 指北路第二十路军总指挥张钫。
② 指原湘军改编的由戴嗣夏任师长的第四十六师。
③ 指陶峙岳。
④ 指原河南镇嵩军改编的第七十五师，师长朱天才。
⑤ 指由原建国豫军改编的第七十六师，师长张钫。

第三，新丰市白舍，广昌及广昌头陂、秀岭隘各封锁线守备部队之交换。

（一）本月一日，给二十六路孙总指挥①东已电如左：

该路军着抽出第二十七师②全部，以一旅于佳日前，接替二十四师③新丰市、甘坊、百舍至广昌（不含）之守备，另一旅于尤日前，接替第十一师④广昌、头陂至秀岭隘之守备，师部驻广昌。

（附注）十一师交防后，集结头陂。二十四师交防后，集结广昌待命。

（二）本月六日，据孙总指挥微亥电称：

第二十七师拟分三纵队，虞日次第出发，七九旅为第一纵队至广昌，即接替十一师广、头、秀间防务，八十旅为第二纵队至新丰，即接替二十四师新甘、白广间防务；师部及直属部队（欠炮、补两团）为第三纵队，至广昌担任城防；其余补充团任乐、望间碉防，炮兵团⑤任乐安城防。

第四，望仙、招携间及山谢、乐安间，马鞍石、鸳鸯岭间各封锁线守备部队之交换。

本月七日据孙总指挥麻申电称：

第二十七师所遣新望仙、招携间防务，由三十师⑥抽队接替；山谢至乐安东关间防务，由三十一师⑦延伸接替；三十师之马鞍石、鸳鸯岭间防务，由四四旅抽队接替，并令于鱼日以前接替完毕。

第五，令第一五二旅抽调一团，开赴永丰待命。

本月一日给刘代总指挥、第五一师⑧范师长及一五二旅陈旅长东戌电如左：

第一五二旅着尽量节约抚州、金溪一带守备部队，抽出兵力一团，经崇仁、公陂、戴坊到永丰，归还五一师建制待命，限文日以前到达。

---

① 指孙连仲。

② 指由原西北军改编的第二十七师，师长孙连仲。

③ 指由原湘军改编的第二十四师，师长许克祥。

④ 指中央军嫡系第十一师，师长黄维。

⑤ 国民党一九三五年前，共有八个炮兵团。其中第一、第二、第三、第五团为德制卜福斯山炮；第四、第七团为三八炮团；第六团为克式野炮团；第八团为榴弹炮团。一九三二年冬，第一、第五团编为炮兵第一旅，第二、第三团编为炮兵第二旅，其余炮兵团为独立炮兵团，统归训练总监部炮兵监整训。

⑥ 指由原西北军改编的第三十师，师长彭振山。

⑦ 指由原西北军改编的第三十一师，师长张印湘。

⑧ 指由原滇军改编的第五十一师，师长石生。

（附注）该旅将抚州至金谿（均不含）守备任务交地方团队接守，抽出第三〇四团开赴永丰，到达后即转开水南，担任清剿潭、富、罗线以北等处残匪。

第六，令第一百十八旅归第三路军指挥。

（一）本月十四日，奉委座寒午电开：

刘月亭旅着即开驻南城，归陈总指挥^①指挥。等因。

（二）本月十六日，据陈总指挥删戌电：

刘月亭旅俟到达南城后，拟令开来宁都，担任筑路。

第七，各部队推进筑碉部署及进展情形。

（一）本月一日，奉委座艳午电节开：

北路军除进剿部队外，所有守备各部队，应尽力推进筑碉，以便与前线部队切取联络。

（二）本月一日，据陈总指挥世戌电称：

兴国至宁都碉线，改以第六、第七九、第四三、第九七等四师，由宁都向西延伸赶筑，限文日完成

（三）本月一日，给九八师夏师长^②东戌电如左：

我三路军刘、樊两纵队^③，现由宁都向西筑碉前进，拟于文日前构成宁都、古龙岗至兴国封锁线，该师着由兴国向古龙岗对向筑碉前进。关于碉堡线之选择及任务之分配，应受陈总指挥之指挥。又筑碉时，可在道路两傍〔旁〕选择要点，交错构筑，不必如以往之稠密也。

（四）本月三日据陈总指挥冬巳电称：

宁古线碉楼鱼日可完成，由九四师派队暂行守备；兴古线碉楼已令第六、第四三、第九七等三师^④构筑，古龙岗、江背洞（含）段文日可完成；第九八师^⑤构筑兴国、江背洞（不含）段，佳日可完成。

---

① 指陈诚。

② 指夏楚中。

③ 指樊崧甫和刘绍先。

④ 指中央军嫡系的第六师（师长周嵒）、第四十三师（师长邹洪）、第九十七师（师长孔全恂）。

⑤ 指中央军嫡系的第九十八师，师长夏楚中。

（五）本月四日，给陈总指挥支辰电如左：

汤纵队[1]（除孙师担任白水、驿前、石城守备外，着即到宁都，担任构筑宁都至瑞金间碉路；罗纵队附第八师[2]交防后，着构筑新安至宁都公路；樊、刘两纵队宁都、江背洞间封锁线构成后，交由九八师守备，着即收复雩都，构筑兴国、雩都间碉路。

（六）本月九日，据陈总指挥庚西电称：

本路军各部最近位置行动如下：

（1）李师[3]守备宁都、古龙岗间碉楼。

（2）邹师[4]微日进至寒头坳、钟田一带，虞日开始构筑古龙岗、钟田线碉楼，佳日可完成。

（3）樊纵队阳日推进至营前、樟木山、大坑一带地区，开始构筑钟田、江背洞间碉楼，文日可完成。

（4）汤纵队（欠孙师）阳日到达新圩、固口一带，本日开始构筑石城、新圩、固口、琴坑间碉楼，真日可完成。

（5）孔师构筑宁都、赖坊、琴坑间碉楼，灰日可完成。

（6）二十四师汤团，江日接替十一师广昌城防；孙师接替汤、王两师白水、石城间守备；十一师守备茗坑、头陂、秀岭隘间碉楼；霍师守备秀岭隘、石下亘大路口之线碉楼；傅师仍担任宁都城及其附近碉楼守备；卢旅已令真日集中头陂附近，准备筑路。

（七）本月九日，据陈总指挥庚辰电称：

兴古线完成后，先以邹师附属樊纵队，由兴国向雩都筑碉前进。

（八）本月十二日，据陈总指挥轸酉电称：

本日构筑碉路部署：

（1）邹师元日由古龙岗、良田推进江背洞附近，寒日到达兴国附近，删日起构筑兴国、赉口、社富（不含）间碉楼，限哿日完成。

（2）孔师元日进至长胜圩，构筑长胜圩（含）、赖坊间碉楼，铣日完成；宁长间由孔师暂派队守备；赖坊、固口（均不含）间由宁都保安团守备。

---

① 指汤恩伯所部中央军第十纵队。

② 指北路第三路军第五纵队，指挥官罗卓英，第八师师长陶峙岳。

③ 指中央军嫡系的第九十四师，师长李树森。

④ 指中央军嫡系的第四十三师，师长邹洪。

（3）陶峙岳、黄子咸两师^①交防后，开驻新安、头陂、胡岭嘴一带，构筑新安、胡岭嘴（含）间公路。

（4）卢丰年旅到头陂后，即移驻招江、大路背等处，构筑胡岭嘴、大路背（含）段公路，统限径日完成。

（九）本月十二日，据陈总指挥侵戌电称：

本路军樊、汤两纵队（欠孙师），向雩都、瑞金筑碉前进，其部署如下：

（1）樊纵队铣日由兴国附近至社富及其以南地区，篠日进占黄岗及其以南地区，巧日以有力一部收复雩都城，即构筑社、雩间碉楼及雩都城防工事，限感日完成。

（2）汤纵队（欠孙师）着于寒日由固口、新圩迳至长胜圩、葛藤坳之线，删日开始构筑长胜圩、大柏地段碉楼。完成后，即向瑞金筑碉，与东路李纵队衔接，限敬日完成。

（十）本月十六日，据陈总指挥删戌电略称：

宁都至石城及古龙岗至兴国两碉楼线，均限于寒日前完成；宁都、赖坊间暂由孔师派队守备；赖坊、固口（均不含）间及赖坊、长胜圩间，由宁都保卫团守备；固口、石城间由孙师派队守备；古龙岗、兴国间，由夏师长守备。均限于寒日前，接替完毕。

（十一）本月十七日，据陈总指挥谏午电略称：

为各部队运输便利计，拟以第八、第二十四、第九七等三师及卢旅并十八军之一部，尽先构筑新安、头陂、石上段公路，邹师暂仍协同樊纵队，构筑兴雩线碉楼。俟该段公路完成后，再以第八、第二十四两师及十八军之一部^②，肃清宁古线以北地区散匪；以第四三、第九七两师，续筑石上、宁都段公路。

（十二）本月十八日，据陈总指挥铣西电称：

（1）邹师附樊师一部，删日进占社富圩，即开始构筑兴社间碉楼。

（2）樊纵队周师铣日至社富；篠日一部构筑社富、黄岗间碉楼，主力黄岗、石灰桥；巧日主力五龙圩沿线筑碉。樊师铣日主力稠村、遮山，一部五龙圩；篠日主力五龙圩，一部仓前；巧日雩都附近，沿线筑碉。

---

① 指中央军嫡系的第八师，师长陶峙岳。黄子咸师番号不详。

② 第十八军系中央军系一九三〇年后新组成的嫡系主力部队，军长由陈诚兼任，下辖第十一、第十四、第五十二师。

（3）汤纵队汤师，删日到达九栋墩、严坑一带，铣日开始筑碉。王师删日长胜圩附近，铣日向大柏地推进筑碉。

（十三）本月十八日，据樊指挥官篠酉电称：

本纵队七九师[1]二三五旅（附补充团）篠已由五龙圩前进。沿途节节击破残匪，申刻收复雩都城。

（十四）本月二十日，据汤指挥官皓午电称：

第四师构筑长胜圩至郭亭坳间碉楼，已于皓日完成；第八九师构筑郭亭坳至大柏地间碉楼，哿日可完成。除由该两师各留一团担任守备外，第四师主力，哿日推进大柏地至灵觉山间筑碉；八九师主力，马日推进灵觉山至瑞金筑碉，均限敬日完成。

（十五）本月二十九日，据陈总指挥宥酉电略称：

（1）宁都至瑞金碉线及兴国至雩都碉线，均于有日先后完成。

（2）宁都（不含）经赖坊、固口（不含）至长胜圩，由宁都保卫团守备；长胜圩以南至瑞金（不含），由汤纵队派队守备。

兴国至社富圩，夏师派一团守备；社富圩以南至雩都，樊纵队派队守备。

雩都附近碉楼，拟推广区域，东者至黄金潭、大阴、洋田、土障之线，由周师构筑；西南至土障、高塘、孟口之线，由樊师构筑，均于宥日开始。

第八，本路军改定任务及指挥系统。

本月九日，奉委座齐戌电开：

兹改定西北两路任务、境界及指挥系统如下：

（1）西路总部移驻衡阳，注重追剿。

（2）北路总部移吉安，注意清剿。

（3）西北两路改以湘赣省界为界限，但现在鄂赣境内之西路第三纵队及所属各部，仍归西路指挥，其区域仍旧。

（4）西路第一、二两纵队之部队，其在赣境者，如第十八、第五十、第七七各师[2]，均改归北路指挥。

以上四项，希遵办具报，并饬所属遵照。但未交防前，照旧负责。等因。

（附注）本部于马日遵令移驻吉安。

---

[1] 指由原陕军一部改编的第七十九师，师长樊崧甫。

[2] 指由原湘军改编的第十八师，师长朱耀华；由湘军改编的第五十师，师长岳森；由湘军改编的第七十七师，师长罗霖。

第九，本路军战斗序列奉令取销〔消〕。

本月二十二日，奉委座皓巳电开：

现在赣南残匪西窜，原有匪区散匪无几，亟应另定部署，分别堵清剿，期早肃清。除已任命何键为剿匪军追剿总司令，率领在湘各部队暨薛、周两部及各省担任追剿之部队，分别追堵，以期聚歼该匪于湘、漓两水以东地区外，其赣、湘尚未收复之各县，统限于十一月底以前一律收复，并完成碉线。所有从前赣粤闽湘鄂五省剿匪东、南、西、北各路军暨预备军等战斗序列，着即于十一月三十日取消。自十二月一日起，另行划区绥靖，限期肃清残匪，完成公路，组织地方训练民众，处理匪区善后事宜。除呈请国府明令暨另订定绥靖区域及指挥系统图表令行知照外，特电遵照。

（附注）本部于十一月三十日遵令结束，所有未完成工作，交由驻赣绥靖公署继续办理。

十一月份匪情

伪一、三、五、八九各军团，于上月底由赣粤湘边界西窜湘属汝城后，即以一部续向西窜，经延寿圩、文明司达良田；一部于江日由汝城南窜城口，图犯仁化。经南路军堵击，政犯乐昌、九峰，亦被击退。于八日北窜赤石司、塘村一带。删日，我西路王东原师克良田，匪一部由宜章窜临武，一部由清和市、两路口窜嘉禾。巧日犯嘉禾之匪，经以南之新村向宁远前进；犯临武之匪续窜蓝山。号晨，匪一部围攻宁远，大部屯宁远、蓝山间，养日续向道县窜走。至本月有日止，匪主力已窜抵道县、江华、永明一带。本月长汀、宁都、瑞金、雩都、会昌相续收复。残余之匪为伪江西军区所属之地方团队，及各独立团，仍出没洽村、苦竹、黄陂、棠阴、金竹、南坑一带及收复各县乡间，图延残喘。伪七军团寻匪淮洲部主力，本月份窜匿赣边德兴、乐平一带，避我搜剿。其潜伏秋浦县属之挺进师，支日窜吴村、吴家山，鱼日窜西原，灰日由黎痕向姚家埠窜去。驾日在德兴以南之黄柏塘发现，被我王旅击溃南窜。赣东北伪十一军方匪志敏部，人约二千、枪半数，于巧、皓两日由姜李村经石人殿、九郎庙、叶家桥，苏村、必姆山，东犯王山，经我击溃后折回，复于驾日进窥常山，在球川、草萍附近，被我击破，仍向原地退窜。

综上匪情，伪一、三、五、八、九军团弃老巢西窜，似有经黔入蜀企图。至赣南方面则多年匪窟一朝收复，五次围剿可云告一段落。此后军事工作，只在绥靖地方与清剿散兵矣！

十一月份封锁线概况 [①]

一、宁都至石城封锁线

宁、古横缀封锁线，经赖坊、琴坑、固厚、新圩亘石城，构筑碉堡六十九座。

二、宁都至古龙岗间封锁线

宁、古横缀封锁线，经青塘圩、石龙山、天星亭等地区，构筑碉堡一百零二座。

三、古龙岗至兴国间封锁线

古、兴间横缀封锁线，经钟田、大坑、江背洞等地，构碉堡一百七十九座。

四、宁都、瑞金封锁线

宁、瑞间纵缀封锁线，自宁都至赖坊间与宁石线同，自赖坊经长胜圩、葛藤坳、大柏地、灵觉山等地区，构成碉堡一百五十九座。

五、兴国、雩都间封锁线

兴、雩间纵缀封锁线，经社富、遮岗、歧岭亘雩都城区，构成碉堡一百九十六座。另外雩城附近孟口、五鼎圩、水南一带，构成碉堡四十九座。黄岗至禾溪埠间，构成碉堡一十八座。

六、其他

赣东北方面，本月计增筑碉堡一百九十座，并完成土堡四座。经筑部队据报附列于后：

第一二师　五八座

第二一师　三〇座

第四九师　一四座

第五五师　一二座　土堡四座

第五七师　二座

浙保安纵队　五四座

[①]　本标题为编者所加。

十一月份水路运输及兵站概括 [①]

一、一般之设施

查我军向兴国、古龙岗、石城进剿，匪虽节节顽抗，均被我击退。石城、古龙岗即首先克复，我周纵队亦继续收复兴国。我第三路军乘战胜之威，分兵攻占宁都。运输路线逐渐向前延伸。为补给便利计，将直属第一分站，自广昌推进白水、新安至胡岭嘴，并设派出所于宁都。并饬老营盘派出所推进兴国，在古龙岗设屯积所，以便分别就近接济。当时伪第七军团及方志敏股，由闽浙窜扰赣皖边区。我伍诚仁师及王耀武、李宗鉴等旅追剿截击，补给困难。当即运军米二千石赴浮梁，交县府保管，以备接济。迨石城、古龙岗、宁都、兴国相继收复，共匪和老巢不能坚守，突围西窜。我第六路军及周纵队入湘追剿。除运米赴遂川屯积，以便追剿时补给外，并决定在湘省增设长沙经株洲、衡州、祁阳至永州 [②] 运输线，由长沙购办军米，运赴祁阳、永州等处，随时接济焉。

二、运输路线

运输路线除赣南赣西南广昌、永丰、泰和方面运输线仍有延伸外，并增加由南昌至浮梁及追剿军由长沙经株州、衡阳、祁阳至永州之运输线。兹分述如左：

（一）南昌—抚州—南城—南丰—广昌—{新安—胡岭嘴—宁都 / 白水—驿前—石城

上线系接济南丰方面部队及第三路军第十纵队攻击石城、宁都而设。

（二）南昌—新淦—{八都 / 吉水} 永丰—下严坊—梅岭—沙溪—龙岗—古龙岗

上线系接济永丰沙溪附近部队及第六路军而设。

（三）南昌—新淦—吉安—泰和—沙村—老营盘—兴国

上线系接济泰和方面部队，及第三、第八两纵队而设。

（四）南昌—鄱阳—浮梁

上线系利用鄱阳湖水运而选定，接济伍诚仁师，王耀武、李宗鉴旅等部队。

（五）长沙—株州—衡阳—洪桥—祁阳—永州

上线系利用湘江水远及洲西南公路而选定，接济北路追剿各军。

---

① 本标题为编者所加。

② 衡州（衡阳）、永州（零陵，今永州市）。

三、运输机关

运输机关，现依据上述各线及交通情形、部队位置、补给便利而设置。分述如左：

（一）南昌经抚州、南城、南丰、广昌至石城、宁都运输线。除南昌至广昌一段，办事处、站、所、仓库设置情形与上期（七、八，九月份）无变更外，惟白水直属第一分站转进新安而至胡岭嘴，留置派出所于白水、驿前，以便联系，并设派出所于宁都，运屯粮秣，接济宁都方面部队。又广昌分库本为临川仓库管辖，因相距过远，指挥兼顾难，因即将广昌分库改为本库，并以广昌至宁都公路只通至新安，为办理接转、屯积事宜，设屯积所于新安、头陂两处，归广昌仓库管辖，以便指挥办理。

（二）南昌经新淦、八都、吉水、永丰、严坊、梅岭、沙溪、龙岗至古龙岗运输线办事处、站、所仓库设置情形与上期无其变迁，只将沙溪屯积所推进古龙岗设置，办理第六路军补给事宜。

（三）南昌经新淦、吉安、泰和、沙村、老营盘至兴国运输线站、所、仓库设置情形，亦无甚变更，只将老营盘派出所推进兴国，运屯米盐，接救兴国、雩都方面部队。

（四）南昌经鄱阳至浮梁运输线，均系水运，极为便利。且运屯浮梁军米不多，该站并未设置站、库，军米交由浮梁县政府保管接济。

（五）长沙经株州、衡阳、洪桥、祁阳至永州运输线：本处在长沙设运输第二分处及仓库；株州设直属第二分站及分库；衡阳设直属第六分站及仓库，并设派出所于洪桥；祁阳设直属第七分站，永川设派出所，办理追剿军补给及接运、屯积诸事宜。

（六）上期所属乐安、宜黄、金溪等处仓库及黎川、樟村、资溪、棠荫、吉水、严坊、遂川分库并古龙岗、善和、招携、凤冈、严田屯积所，均有存米。现赣方缴匪军事告一段落，一俟该库所存米处置妥当，即行撤销。兹本处所属各机关驻地如附表第一。

（七）各师运输分站，上期计共二十一个，后增加第四十九师分站一个，合共二十二个，均随师设置办理运输。十一月初旬，共匪西窜，赣方军事已入清剿期间。除第六路军运输支部及其所属第五九、九〇、九二、九三师分站并第八纵队之第五、十三、九六、九九师分站，因系追剿部队，仍旧办理，随师入湘设置外，其余在赣之各师分站，限十一月底一徘裁撤，以节公币。

四、运输力量

（一）输送队

本处输送队现共有三个总队。除第一、第二两个总队系五个大队编制外，第三总队因随第六路军入湘服务，恢复原日编制为六个大队。该第三总队全部，十一月中旬到达衡州，已归回本处建制，开赴洪桥，担任洪桥至祁阳、永州陆运勤务。第一总队以一个大队随周纵队入湘，现亦开到衡阳，归还本处。其余各大队均在赣省担任各地仓库起卸工作，至第二总队现集结新安，任新安至宁都运输事务。

（二）铁肩队

铁肩队十月初旬，仍任白水、驿前一带运输，迨后我第三路军收复宁都，则调驻胡岭嘴，任胡岭嘴至宁都运输。自共匪西窜，赣方剿匪军事告一段落，并限令十一月底裁撤遣散。

（三）汽车队

汽车队共有汽车一百八十辆，自湘方运输线设置时，共调四十五辆赴长沙，归第二分处指挥，任长、衡至洪桥段运输。其余均在赣省使用。

（四）船舶

船舶支配运输情形，与上期无大变更。至十一月下旬，军米停运，所有前方站、库、民船、竹筏陆续释放。南昌只留常备轮船八艘，民船二十只，木驳五只应用。

五、运输状况

本期运输状况，由南昌至泰和、永丰、白水等处，除紧急弹药用汽车运输外，其余军米及大批军品均用输民船及竹筏载运。由泰和至兴国、永丰至古龙岗，白水至驿前及宁都运输，以汽车为主，如不能通汽车之处，控置输送队接转。至湘方运输线，由长沙至永州，亦以水运为主干，汽车输队协助之。兹将十、十一两月份分船舶及汽车运出数量如附表第三（表略）。

（二）堵截中央红军抢渡湘江作战

蒋介石委任何键为"追剿"总司令电

（一九三四年十一月十二日）

派何键为追剿总司令，所有北路入湘第六路总指挥薛岳所部及周浑元所部统归指挥，并率领在湘各部队及团队追剿西窜股匪，务须歼灭于湘、漓水以东地区。除任状、关防另发外，特电遵照。

（此件引自《第六路军赣南——湘南——黔西间地区追剿朱毛股匪各役战斗详报》，以文酉行电发出。中国人民解放军历史资料丛书《红军长征·参考资料》）

陆军第六十二师湖南汝城
勾刀坳之役战斗详报

（一九三四年十一月九日至十二日）

第一节　战斗前彼我形势之概要

本师奉令追剿朱毛股匪，于二十三年十一月九日，由桂东经汝城向文明司出动。十二日午前八时，行至五里墩附近。据报：半小时以前，尚有枪匪二百余，逗留山店圩，企图不明。当即命令继续尾匪急进。

第二节　影响于战斗之天候气象及战地之状态

天朗气清，和暖可人，于观测射击，均无不良影响。惟战地，崇山逶迤，仰攻困难。

第三节　彼我之兵力交战敌兵之部队号及军官之姓名

匪系伪八军团之第二十二师，人枪约二千余，由朱匪德、毛匪泽东率领，其余未详。

我军为本师之第一八四旅钟光仁、第一八六旅王育瑛两旅，师长陶广。

第四节　阵地之占领、攻击之部署及其主要理由，并关于战斗所下之命令

十二日午前九时，据我前卫（第三六八团）司令官报告：

1.我前兵（第一营）在七里坳附近，已与匪之后卫部队接触，当经驱逐。

2.七里坳迤西地区，崇山绵亘，县道湫隘。

师长基于右列情况，判断该匪主力，此时必当在勾刀坳附近，企图诱我深入隘路，以行抗战。九时二十分于山店圩，下达要旨命令如次：

1.匪之后卫部队，人枪约二百余，经我前兵（第三六八团第一营）在七里坳附近将其溃退。其主力似尚在勾刀坳附近，企图诱我深入隘路，以行抗战。

2.师以击灭该匪之目的，决续向勾刀坳攻剿前进。

3.第一八四旅沿汝宜大道，向勾刀坳攻剿。

4.第一八六旅（欠第三七一团）迅经王村向勾刀坳南端攻击之。

5.第三七一团进至小折铺，即控置该处为预备队。

6.余在第三七一团位置。

第五节　各时期战斗之经过及其关联邻接部队之动作

十二日午前九时，我前卫（第三六八团）在七里坳附近，追及匪之后卫部队，即予攻剿。匪且战且退，我一八四旅节节进逼。正午十二时，追至勾刀坳。匪凭地险凶顽抵抗，并以一部袭我左翼。适第一八六旅（欠三七一团）到达，迎头痛击，而匪势不稍挫，仍勇猛交绥，往返冲杀。激战至黄昏，将成胶着状态。旋令预备队之第二营，由右翼登山抄匪侧背，匪始败走。

第六节　战斗之成绩并决战时之景况

当匪向我左翼突击时，企图陷我于不利，来势极为凶猛。幸我第一八六旅（欠三七一团）适时到达，并赖官兵英勇冲杀恐后，只因匪占瞰射之利，且先我展开，第一线指挥官为求作战容易计，非夺取阵地要点不可。乃令第三七二团第二营，猛烈仰冲，肉搏数次。战斗方酣之际，我第五连连长负伤，排班长阵亡者，亦复不少。然士气旺盛，前仆后继，迈进如前，终将匪阵地占领。而我右翼登山部队，正于此时，袭击匪之左侧背，匪被我三面围攻，尸横遍野，始乘夜溃窜。计伤毙匪四百余名。我军损耗及俘获如附表。（略）

第七节　战斗后彼我之阵地或行动

匪被击溃后，即向文明司窜走。惟日暮途生，未予穷追。我军在战地彻夜，准备翌日继续追剿。

第八节　战斗后可为参考之所见

退却之敌，其本队应不加入其后卫作战，此为战术之原则。何以本役师长判断匪之主力，有在勾刀坳抗战之企图？盖地形为深长之隘路，不如是判断作展开攻击之前进，必为匪所乘。所谓原则应活用者，征诸本役信然。

（此件引自中国第二历史档案馆编《国民党军追堵红军长征档案史料选编》）

陆军第六十二师追剿朱毛匪经过报告书

（一九三四年十月至十一月）

一、防守桂汝南北封锁碉线堵剿主匪西窜战役经过

十月二十六日

本师① 遵莲、宁、桂、汝② 地区守备指挥官陶③ 命令，接受防守桂、汝南北封锁干线碉堡，堵匪西窜任务后，即以第一八四旅钟光仁部，防守由查坪（不含）经汝城至新桥一段碉线；补充第五团钟滁部，防守沙田（不含）经查坪至豪头圩一段碉线；第一八六旅王育瑛部，防守沙田（含）经寨前至桂东城（不含）一段碉线；师部及直属营连进驻寨前督剿。至三十日，布置完毕。此时匪大股已由上堡、丰州、文英等处，分向集龙、热水、八坵田方面西窜。至十一月一日正午，其先头已抵汝城东端之连珠岩、土桥一带高地。

十一月二日

伪三军团由连珠岩、土桥，窜抵东冈岭、苏仙岭一带，直犯汝城。我钟旅即派兵四营出击，以机枪掩护，接近匪阵。除一面以手榴弹、大刀肉搏冲击，一面挑选奋勇队两连，向匪左右翼狙击。匪不支，向连珠岩方向退窜。是日伤毙匪六百余人，俘匪七名，夺获步马枪六十枝、驳壳枪一枝、轻机枪一挺。我军伤亡营长以次一十二名，消耗步机弹一万三千六百四十二发，手榴弹五百三十二颗。

---

① 国民党军陆军第六十二师为国民党湘军系部队改编，中央红军长征后，该师于一九三四年十一月十三日隶属于国民政府军事委员长南昌行营所辖"追剿"军第一路"追剿"总司令部序列。

② 莲、宁、桂、汝地区，系指江西省莲花、宁冈、桂东、汝城等县。

③ 陶，指第六十二师师长陶广。

十一月三日

伪一、五两军团，于拂晓时，由热水东岭、八坵田等地，窜犯腊岭、高排、大平碉线。我钟旅守兵奋勇出击，坚韧抗战。匪未得逞，旋以炮火向我碉堡猛射，至晚方息。同时，伪三军团沿羊山港、连珠岩、南岭山构筑工事。与我新铺至官桥一带碉堡线对峙，亦以炮火向汝城猛射。幸我方飞机更番轰炸，守兵沉着抗战对抗。至夜，匪一部持火把向城口窜走。是役伤毙匪约三百余。我方伤亡连长以次四十五名，消耗步机弹药一万四千三百二十四发、手榴弹八十四颗。

十一月四日

伪一、三、五军团大部，仍以炮火向高排、大来、腊岭、汝城、新铺等处碉线猛攻。至未刻，大来、腊岭两处碉堡，被匪炮击毁，死守碉官兵五十八员名，余碉仍坚守无恙。其伪三军团之一部，已由大来圩向延寿窜走。而新铺碉堡适被匪炮毁碉顶，我官兵死守下层，匪未得逞。入夜，我碉线守兵猛勇出击，匪仓卒无备，撤退里许。我因寡众悬殊，仍回守碉线。是日，伤毙匪四百余名，俘匪十八名，夺获步马枪三枝，手榴弹八十四颗，大刀五十三把。我军伤亡官兵一百三十四人，消耗步机弹七千零四十发，手榴弹二百五十六颗。是日，我钟团壕头圩碉堡，被热水方面窜来之枪匪千余围攻，为势颇紧。

十一月五日

主匪以一部扼守羊山港、连珠岩一带工事，一部围攻汝城及大平碉堡。我官兵为阻滞该匪急进计，昼则固守，夜则出击。匪大部则向城口、九峰急窜。其时，钟团壕头圩碉堡亦被匪攻。我守兵坚守，苦战一昼夜，匪仍未退。钟团长即由查坪选奋勇队两排，分向雕侧背攻袭。匪不支，遂沿连珠岩、土头渡向南逃窜。是日，伤毙匪二百余。我军阵伤官兵二名。俘匪三名，夺获步马枪三枝、重机枪身一个。消耗步机弹五千八百四十六发，手榴弹一百七十二颗。

十一月六日

主匪连日犯汝城未遂。除伪一、三、五、八军团之一部，陆续由大来圩、五里墩向文明司、宜章窜走外，其大部及伪五、七、九军团，则经热水、八坵田，由城口、九峰向西窜。师长为达成堵剿任务起见，当饬钟旅及钟团抽兵截击。是日拂晓，钟团由查坪抽兵两营，钟旅由汝城抽兵四营，向杨家山、大来圩、五里墩、延寿截击。同时飞机侦炸甚力。匪节节抗战，向湘粤边境急窜。黄昏时，业将碉线附近之匪驱逐殆尽。是日，伤毙匪七百余，俘匪六十八名，夺获长短枪二百四十五枝、轻机枪一挺。我军伤亡官兵七十九，消耗步机弹一万八千四百二十八发、手榴弹三百五十二颗。斯时，本师适奉令集结汝城尾匪追剿。逐令钟、王两旅^①守碉部队，于灰日前集结汝城，侦匪追剿。

二、汝城八里坳、勾刀坳、水阳山、东山、百丈岭、文明司一带剿匪各役战斗经过

十一月十二日

本师遵奉兼司令刘^②司令，以钟团协同胡保安团，守桂汝碉线；师长率钟、王两旅^③，于当日拂晓，由汝城向文明司之匪攻击前进。我第一八四旅三六八团朱再生部为前卫，沿途节节将小股匪击溃。未刻，抵勾刀坳附近，与盘踞该处伪八军团之二十一、二两师，人枪两千余接触。该匪顽强抵抗。经我钟旅猛击，到黄昏，始将该匪击溃，匪向文明司窜逃。我军遂将八里坳、勾刀坳一带完全占领。但水阳山、东山、百丈岭之线，仍有匪一股构筑工事，与我对峙中。又粤军陈章旅，亦子同日由大平圩向延寿攻剿。本师即由王旅抽兵一营，与取联络，沿途将散匪驱逐。该营进至延寿附近与粤军连击后，即还归原地。是日伤毙匪四百余，夺获步马枪三十二枝。我军伤亡官兵八十三名，消耗步机弹八千零六十发、手榴弹一百八十颗。

十一月十三日

拂晓时，派钟旅向百丈岭、文明司之匪攻击前进。于午前八时，行抵距百[丈]岭三里处，有匪伪五军团十三师全部，枪约一千五百余枝，机关枪十余挺，占领我进路两翼之东山、水阳山高地一带，恃险顽抗。经我先头钟旅奋勇进击，并向匪左翼包围，肉搏激战五小时。匪受巨创后，即向两翼运动，退扼正面百丈岭碉堡，企图抗战。时已下午，当令钟旅从右翼行大包围，王旅^④向正面冲击。复激战四小时，我钟旅迁至文明司西端，抄匪后路。匪不支，向赤石狼狈逃窜。我军即占领百丈岭、文明司之线。是日伤毙匪六百余，俘匪四十九名。我军伤亡连长以次一百二十三人。

（此件引自《陆军第六十二师追剿朱毛匪经过报告书》，中国第二历史档案馆编《国民党军追堵红军长征档案史料选编》）

① 钟、王两旅，指一八四旅旅长钟光仁、一八六旅旅长王育瑛。
② 司令刘，指国民党军"追剿"军第一路司令刘建绪。
③ 钟、王两旅，指第一八四旅旅长钟光仁部和第一八六旅旅长王育瑛部。
④ 王旅，指粤军独立第三旅。

何键关于消灭中央红军于
湘漓水以东地区的"追剿"计划

（一九三四年十一月十三日）

第一、迄十一月十二日晚之状况

一、自十一月九日以来，西窜之匪逐次进入宜章境内，其一部向宜章县城攻击，一部经由良田向万会桥北窜。匪之主力伪第一、三、五、八、九等各军团，麇集宜章东方之白石、平和、文明司间地区。迄昨（十二）日晚，文明司附近之伪第八军团（第廿一、第廿二两师），经我第六二师击破后，分向赤石司及九峰方向溃窜。万会桥附近之匪（伪第三军团）尚与我第十五师激战中。唯宜章县城因我兵力寡弱，驰救不及，业已失陷。且有匪之一部窜抵宜章北方之黄茅附近。

二、我广西方面，配置于湘、桂边之兵力，自咸水经黄沙河至永安关一带，仅有民团千余人。其正式军队已开始向全县、灌阳、兴安间地区集中中。我广东方面，于坪石至九峰之线，约有兵力五团。

三、本追剿军所属各兵团态势如左：

1.薛总指挥岳所部（五个师为基干）昨（十二）日先头抵江西之安福县，本（十三）日继续西进。

2.周指挥官浑元所部（四个师为基干）昨（十二）日先头抵桂东县，本（十三）日可抵资兴。

3.原西路军各兵团之行动如左：

第十六师及补充总队（大部已到大江口）及湖南保安三个团（附机枪十二

个连）^①守备自东安至衡州间沿湘水左岸地区。其主力配置于东安至零陵之间。

第十五师在郴县之南方之万会桥附近，与匪激战中。

第六二师昨（十二）日在文明司北方之勾刀坳附近击破伪第八军团第二一、第二二两师之匪，跟踪追击至文明司。昨晚在该地附近彻夜。其余由赣西西进各兵团计廿三师本（十三）日先头可到达郴县北方之高亭司；第五三师本日先头可到达资兴；第六三师本日可达耒阳。以上除薛总指挥岳所部及守备湘水沿岸之各部队外，其余各兵团预期可于十四、十五两日陆续到达桂阳、郴县之线。

第二、追剿方针

本追剿军以彻底消灭窜匪之目的，决取捷径集中主力于黄沙河（桂属全县东北边境）、零陵县、东安县间地域，期与桂、粤两军协力包围该匪于漓水、湘水以东地区而聚歼之。为不使匪有机先逃窜之余裕，别以一部于桂阳、嘉禾、蓝山各县之线，尽力截堵，以迟滞其行动。

第三、追剿指导要领

一、匪如在江华、道县之线稍事徘徊，我军可由宁远县属之平田、道县属之上埠港之线向南截击。

二、匪之主力若经寿佛圩、新桥、黄沙河向西窜时，预期可于黄沙河附近与匪遭遇，即以主力迫匪决战。

三、匪之主力若进出永安关、龙虎关向全县、兴安、灵川^②之线西窜时，主力包围匪之右侧背，与桂军协力歼灭之。

但若匪之行动迅速，机先窜过漓水，未能实施右述之围剿时，拟以主力转移于新宁方面，觅匪侧击。为此先派一部在该方面预行构筑工事碉堡，迟滞匪之北窜，使我之主力有转移之余裕。

第四、兵团部署

第一期、应机处置

一、第十九师师长李觉率补充四团及沿江保安三团（附机枪十二连）固守

---

① 机枪十二个连，应为机枪第十二连。

② 灵川，原县城在今广西壮族自治区灵川县东北部三街镇。

黄沙河、零陵、祁阳至衡阳之线，须置主力于零陵附近。

二、第十六师即日由祁阳经零陵，向黄沙河前进，限十六日以前在黄沙河附近集结完毕，与桂军连〔联〕系布置防务。

三、第十五师着击破当面之匪，收复宜章，蹑匪尾追。

四、第六二师即日由文明司经郴县、桂阳、新田、零陵向黄沙河前进，限二十日以前全部到达。

五、第六三师即日由茶陵经耒阳、常宁至东安集结待命，并迅速构筑大庙口、渌埠头之碉堡封锁线。

六、第廿七军即日由郴县经桂阳向嘉禾、蓝山觅匪截击，阻其西窜。

七、第十六军继续由大汾、资兴、新田向黄沙河附近前进，限于廿一日以前集结完毕（但应乎状况或使由资兴经郴县向西南方向尾追，与第廿七军协力夹击）。

以上各部在本追剿军军队区分未颁定以前暂归原西路军第一纵队刘司令建绪指挥。

八、原第八路①周指挥官浑元部继续经由资兴、郴县、桂阳、宁远向道县前进，觅匪截击。

九、原第六路薛总指挥岳部，着取捷径兼程西进，限于廿四日以前在零陵附近集结完毕。

十、总司令率总司令部于明（十四）日移驻衡阳。

第二期、追剿实施

依第一期部署，我第廿七军若在蓝山、嘉禾之线与匪之主力惹起战斗，则拟如左部实施追剿。

甲、军队区分

第一路追剿军

　　司令官刘建绪。

　　第十六师

　　第六二师

　　第六三师

　　第十九师之第五五旅

---

① 应为国民党原"赣粤闽湘鄂剿匪军"北路军第八纵队。

补充第一至第四团

保安第九、第廿一、第廿二等三团

第二路追剿军

司令官薛岳

第五九师

第九〇师

第九二师

第九三师①

惠济支队②

第三路追剿军

司令官周浑元

第五师

第十三师

第九六师

第九九师③

第四路追剿军

司令官李云杰

第廿七军

第十五师

第五路追剿军

司令官李韫珩

第十六军

航空第二队④（战斗五机）

乙、各兵团之任务

一、着第一路集结主力于黄沙河附近，与桂军连系堵剿西窜之匪，并沿湘

---

① 第五十九师师长韩汉英；第九十师师长欧震；第九十二师师长梁华盛；第九十三师师长唐云山。以上各师均辖步兵三团，为中央军部队。

② 惠济支队，辖郑洞国第四旅，张耀明第七十五旅，共步兵四团。

③ 第五师师长谢溥福，辖步兵三团；第十三师师长万耀煌，辖二旅六团；第九十六师师长萧致平，辖步兵三团；第九十九师师长郭思演，辖二旅四团。

④ 航空第二队，队长王勋。

江碉堡线，下至衡州之东阳渡止，严密布防。

二、着第二路于本月廿四日以前，在零陵附近集结完毕，与第一、三两路连〔联〕系，堵匪北窜，并截击西窜之匪。

三、着第三路仍继续向道县前进，限于本月廿二日全部到达道县。尔后〔与〕第一、二两路及桂军连络，截击窜匪。

四、着第四路与第三路连络，经由嘉禾向宁远及其以南地区，蹑匪尾追击。

五、着第五路与第四路及粤军连络，经由临武、蓝山、江华、永明，蹑匪尾追，并与粤、桂军适切连络。

六、航空第二队应乎情况，逐日实施侦炸，并担任各路军间之连络，更须随时准备一机，听候派遣。

七、总司令仍驻衡州。

第三期、各兵团到达第二期目的地以后之指导，另以计划定之。

第五、交通补给运输

除长郴及长洪①汽车路，可利用少数汽车及湘江水道交通外，一律使用挑夫运输。关于补给运输诸事宜，统由各兵团自行办理。

第六、通信

除无线电信外，利用既设电报线处及各县之长途电话线。

第七、卫生

除各兵团所有之卫生机关外，于零陵开设一兵站医院，于衡州及郴县各开设野战医院之半部，收疗病伤。其在郴县之半部，预定至黄沙河决战时期，令其向零陵转移开设。

（此件引自《剿匪军追剿总司令部二十三年自十一月删日起至十二月底止剿匪工作军事报告书》。中国人民解放军历史资料丛书《红军长征·参考资料》）

---

① 长郴及长洪，指湖南省长沙市、郴县（今郴州市）及长沙市、洪江镇（今为市）。

追剿军何总司令键元亥电令

（一九三四年十一月十三日）

命令：

综合各方情报，匪由城口、仁化、九峰以一部窜良田附近，其主力在宜章以南地区，沿五岭山脉向西急窜中。本军以歼灭该匪于湘、漓水以东地区之目的，决定部署如左：

章亮基师，铣日集中黄沙河以西，限铣日 ① 到达。

李觉师率团队及机枪各连（二十连）固守衡、祁、零、黄之线，主力控制于零陵附近。

陈光中师驻东安待命，并构筑渌埠头、大庙口碉线。

陶广师经新田取捷径向黄沙河以北集中，限铣日以前到达。

王东原师由良田跟匪追剿。

李云杰军，经新田捷径向黄沙河以西地区集中，限马日以前到达。

以上各师，均归第一纵队刘司令建绪指挥。

周指挥官浑元，由郴县、嘉禾、桂阳、宁远、道县之线，向南觅匪侧击。

薛总指挥岳，率部取捷径兼程西进，限敬日以前到达零陵附近。

各部队到达指定位置后，应迅速电告。

本总司令，准明日（十四）赴衡督剿。

（此件引自《共匪西窜记》）

---

① 铣日，即十六日。

何总司令键就职通电

（一九三四年十一月十四日）

南京中央党部、国民政府主席林、行政院长汪，立法院长孙、司法院长居、监察院长于、考试院长戴、军事委员会委员长蒋、军政部长何钧鉴：

各院、部、会长、龙岩蒋总司令、广州陈总司令、吉安顾总司令、武昌张副司令、汉口何主任、南宁李总司令、桂林白副总司令、成都刘总司令、沙市徐总司令、抚州陈总司令、各总司令、总指挥、军、师长、各绥靖主任、各督办、各省政府主席、各特别市长、各省、市党部、各机关、各报馆公鉴：

奉委员长蒋文酉行战一电开："兹派何键为追剿〔军〕总司令，（原文见前）"等因奉此，遵于十一月寒日，在衡阳军次敬谨就职。窃自共匪盘踞赣南，经我委座亲临督剿，分路并进，已届最后成功之期。不谓迩来该匪自知在赣无可幸存，弃巢南窜，折而西窜。键负西路重责，节经秉承行营策言，率所部严密剿击。兹奉新命，誓当益矢有我无匪之决心，穷匪所至，不歼不止。所冀我长官袍泽，宏赐指教，我全国民众，多予协助。尤冀我友军严阵堵截，俾收夹击之效，而完一篑之功。谨布忱悃，诸维鉴察。

赣粤闽湘鄂剿匪军追剿总司令

何键叩。寒午衡印

（此件引自《共匪西窜记》）

何总司令键呈蒋委员长寒电

（一九三四年十一月十四日）

南昌委员长蒋钧鉴：

　　案奉钧座文酉行战一电开："兹派何键为追剿〔军〕总司令，所有北路入湘第六路总指挥薛岳所部及周浑元部，统归指挥，并率在湘各部队及团队，追剿西窜股匪。除任状、关防另发外，仰〔特〕电遵照办理"等因。奉此，遵于寒日在衡阳军次敬谨就职，誓本剿匪之素志，谨率所部，竭其棉薄，尽歼丑类，以报党国。谨电呈闻，伏维垂察。

职何键叩。寒印

（此件引自《共匪西窜记》）

何总司令键致所属将领电

（一九三四年十一月十四日）

衡州刘司令恢先①兄、萍乡刘司令邦锐②兄、大冶陈司令武鸣③兄，南昌转薛总指挥伯陵④兄，柳〔郴〕州周指挥官乾初⑤兄、资兴李军长抱冰⑥兄，桂阳李军长俊三⑦兄、并转各师、旅、团长：

长沙何总指挥（何自兼第四路）、李代保安司令⑧并转各区司令、各保安团长：

奉委员长文酉行一电开："兹派何键为追剿〔军〕总司令。（原文见前）"等因，遵于十一月寒日在衡州军次敬谨就职。当此匪势穷蹙图窜之时，正我军人效命努力之会〔机〕，键谬膺重寄，誓矢有我无匪之决心，穷匪所至，不歼不止，愿诸袍泽，共鉴此言。

（此件引自《共匪西窜记》）

---

① 恢先，指"剿匪"军第一路司令刘建绪。
② 刘司令邦锐，指刘膺古。
③ 陈司令武鸣，指驻赣第四绥靖区司令陈继承。
④ 伯陵，指薛岳。
⑤ 周指挥官乾初，指周浑元。
⑥ 李军长抱冰，指李韫珩。
⑦ 李军长俊三，指"追剿"军第四路司令李云杰。
⑧ 李代保安司令，指李云杰。

蒋介石关于消灭中央红军于湘水以东地区电

（一九三四年十一月十四日）

现在匪已窜过一、二两线，今后倘再不幸窜过第三线①，则扑灭更难，遗〔贻〕害国家不堪设想。希芸樵②兄督饬两李③各部及军队、民团，并会同粤、桂两军，妥为部署，分别严密追堵，务歼灭窜匪于湘水以东④；尤须注意勿使迁回粤、桂，剿办更难。并须粤、桂两军严密防堵南窜，且压迫于郴水以北地区聚而歼之，最为有利。又亟须设计迟滞匪之行动。

（此件引自《第六路军赣南——湘南——黔西间地区追剿朱毛股匪各役战斗详报》，以寒申电令发出）

---

① 第三线，指湘江封锁线，参见一九三四年九月十六日《何键转发蒋介石关于增强碉堡封锁线电》。

② 芸樵，指何键。

③ 两李，指李云杰、李韫珩。

④ 何键接电后，即以寒申电令：“着周〔浑元〕纵队指挥官率部由郴向匪进剿；着李〔云杰〕军长率第廿三师星夜由桂阳向嘉禾、蓝山，沿荗水之线相机堵击。”

追剿军何总司令键寒申电

（一九三四年十一月十四日）

命令：

一、据报，匪一部现在文明司与我陶师激战，其主力似在宜章一带徘徊。

二、着周纵队指挥官率部由柳〔郴〕向匪进剿。

三、着李军长云杰率二十三师，星夜由桂阳向嘉禾、蓝山沿钟水之线相机堵截。〔并〕仍按情况、时机，遵照元亥电令，向黄沙〔河〕以南地区集中。

（此件引自《共匪西窜记》）

何总司令键致刘大使文岛删电

（一九三四年十一月十五日）

长沙刘大使^①：

　　大旆计已吉返长沙。顷接健生^②复此间兵力部署一电，略谓"尊电计画，积极行动，令人气为之壮，即望早日以重兵集中黄沙河附近，与敝部切取连〔联〕络，协力堵剿，不难于湘水上游将匪歼灭。"等语，恢先^③明日乘飞机赴桂林与之切商，定可达到歼匪计划。特以告慰。

何键。删电

（此件引自《共匪西窜记》）

---

① 刘大使，指刘文岛，时任国民政府驻意大利大使。受命后尚未出国，蒋介石派其到湖南监督何键"剿共"事宜。
② 健生，指白崇禧。
③ 恢先，指刘建绪。

何总司令致白副总司令电

（一九三四年十一月十五日）

健生吾兄勋鉴：

奉寒电，知于此间部署情形均已洞悉。国军剿匪多年，成绩视此一幕〔举〕。吾兄智珠在握，幸详示恢先①，俾收聚歼之效，为完一篑之功。盼甚，感甚！敬颂捷喜！

弟何键叩。删

（此件引自《共匪西窜记》）

---

① 恢先，指刘建绪。

南昌行营关于"追剿"中央红军的计划

（一九三四年十一月中旬）

第一　敌情判断

一、萧克、贺龙两股匪军，在湘西之慈利、大庸一带合股后，似将继续活动于龙山、咸丰及川东地区，以图截断川、鄂及川、湘交通，并掠夺物资。

二、朱、毛股匪之第一、第三、第五、第八、第九各军团约十余万人，窜抵湘南后，将经桂北、黔东，向川南窜犯，图与川北之徐向前^①股及湘西萧、贺股匪，互成犄角之势，再行相互策应，制我川中。

三、第四军团徐向前股，由陕南窜至川北之通江、南江、巴中地区后，似将继续窜犯嘉陵江之阆中、南部一带，以图牵制我川中进剿军，策应朱、毛、萧、贺各股匪军之行动。

四、各该股匪均将避实击虚，沿途流窜，破坏交通，掠夺物资，宣传赤化，以达成再度啸集之目的。

第二　方针

我军以歼灭匪军之目的，乘各股匪军尚未聚集之前，分别于湘、桂边境，湘、鄂、川边境，川北地区，各以有力部队分途围剿各个击灭之。

---

① 徐向前，时任中国工农红军第四方面军总指挥。

第三 指导要领

一、以川鄂湘边区总司令徐源泉^①所部主力，配合追剿军总司令何键所部及四川剿匪军总司令刘湘所属各一部，围剿盘据于湘西慈利、大庸一带萧、贺股匪。由徐源泉总司令统一指挥，务将匪军包围于湘、川边境而歼灭之。

二、追剿军主力配合广西剿匪总指挥白崇禧所部，务乘朱、毛匪军主力窜至湘、桂边境之祁阳、零陵、全州一带，湘江以南，灌江以东地区围歼之。贵州之第二十五军王家烈部，应以有力之一部，在湘、黔边境之通道、锦屏、黎平一带扼要防守，堵匪北窜。

三、四川剿匪总司令刘湘，应以一部扼守嘉陵江之阆中、南部、蓬安^②沿岸地区，主力在川北之通、南、巴^③地区围剿徐向前股匪，务期歼灭，勿使向西流窜。

四、湘、鄂、川、黔、桂各省政府及部队，应动员民众，择要构筑碉堡，并加强地方团队组织，尤其湘省之湘江两岸、黔省之乌江、川省之嘉陵江两岸地区，应构筑绵密碉堡群，防匪越江流窜。

五、各县应严密保甲组织，并应督饬乡镇组织义勇队、侦察队配合进剿国军，围剿流窜匪军。

第四 军队区分

追剿军总司令何键

　　第一路追剿司令刘建绪

　　　　第十六师

　　　　第六十二师

　　　　第六十三师

　　　　第十九师一部

　　　　　　补充团（四个团）

　　　　　　保安团（三个团）^④

---

① 徐源泉，时任国民党军鄂湘川边区"剿匪"总司令（本文中"川鄂湘边区""川湘鄂边区"均不准确），徐还兼任第十军军长、第四十一师师长。

② 蓬安，原县城在今四川省蓬安县周口镇（县人民政府所在地）嘉陵江右岸锦屏区。

③ 通、南、巴，指四川省通江、南江、巴中三县。

④ 据中国第二历史档案馆史料查证，在湘南地区参加围堵中央红军长征的保安团在十个以上。

第二路追剿司令薛岳

　第七纵队吴奇伟

　第五十九师

　第九十师

　第九十二师

　第九十三师

　第一支队^①

　　　第四旅

　　　第七十五旅

第三路追剿司令周浑元

　第五师

　第十三师

　第九十六师

　第九十九师

第四路追剿司令李云杰

　第二十三师

　第十五师

第五路追剿司令李韫珩

　第五十三师

广西剿匪军总指挥白崇禧

　第七军

　第十五军^②

贵州剿匪总指挥王家烈

　第二十五军

　　第一〇二师

　　第一〇三师

　　新编第八师

　　独立第一旅

---

① 第一支队，即惠济支队。

② 第十五军，属国民党军第四集团军，军长由白崇禧兼，夏威代军长，辖第四十三、第四十四、第四十五三个师共九个团。

　　　　独立第二旅
　　　　独立第三旅
　　　独立第一师
　　　独立第二师
　　川湘鄂边区总司令徐源泉
　　　第三十四师[1]
　　　第五十八师[2]
　　　暂编第十九旅[3]
　　四川剿匪总司令刘湘
　　　第一路军（邓锡侯）[4]
　　　第二路军（田颂尧）[5]
　　　第三路军（李家钰）[6]
　　　第四路军（杨　森）[7]
　　　第五路军（范绍增）[8]
　　　第六路军（刘文辉）[9]

第五　兵团部署及任务

一、湘桂边境

　　（1）追剿军以一部由衡阳至祁阳、零陵（永州）沿湘江西岸布防，并加强碉堡封锁线之构筑；主力分由遂川、莲花、嘉禾、临武蹑匪尾追，务与广西剿匪部队切实联络，将朱、毛匪军主力包围于湘、桂边境之零陵、全州地区歼

---

① 第三十四师，师长张万信，辖二旅六团。

② 第五十八师，师长陈耀汉，辖二旅四团。

③ 番号有误，国民党军最终未设暂编第十九旅番号。

④ 邓锡侯，时任国民党军第二十八军军长。时国民党军有两个第二十八军，另一个系刘建绪部。

⑤ 田颂尧，时任国民党军第二十九军军长。

⑥ 李家钰，时任国民党军四川边防军总司令。

⑦ 杨森，时任国民党军第二十军军长。

⑧ 范绍增，时任国民党军第二十一军四师师长，此时第五路总指挥是唐式遵，不是范绍增。

⑨ 刘文辉，时任国民党军第二十四军军长、川康边防军总指挥。刘不是第六路总指挥；第六路总指挥是第二十三军副军长刘邦俊。

灭之。

（2）广西剿匪军主力，扼全州、兴安地区，严密堵剿，协力〔同〕追剿军围歼西窜之匪。

二、湘西方面

（1）川湘鄂边区徐源泉总司令，以一部沿长江南岸之津市、澧市①一带，防堵匪军渡江北窜；主力向常德、桃源推进，协同追剿军一部，围歼萧、贺匪军于湘西之永顺、大庸地区。

（2）四川剿匪军以一部推进至夔（奉节）、万②及鄂西一带堵匪西窜。

三、川省方面

（1）四川剿匪军，以第二十九军田颂尧部扼守嘉陵江构筑碉线，主力沿南江、巴中一带部署兵力，向通江方面围剿。

（2）以一部推进至川南之古蔺一带扼守，并构筑碉线加强守备。

（此件引自国民党政府国防部史政局编《剿匪战史》第五部分，台湾中华大典编印会印行）

---

① 津市、澧市，今湖南省津市市和澧县。
② 夔、万，指四川省夔州（今奉节县）、万县。

何键关于更定部署向
薛岳、周浑元、刘建绪等发布的命令

（一九三四年十一月十六日）

总指挥薛岳，指挥官周浑元，第一纵队司令刘建绪、军长李云杰、李韫珩，师长王东原、陶广、陈光中、章亮基，代理湖南保安司令李觉：

命令：

（一）匪先头已窜抵牛头粪、两路口、清和圩、华塘铺之线，主力在宜章、赤石司中间地区，似仍企图继续西窜。

（二）本追剿军为与粤、桂友军确取连络，使尔后会战容易歼灭该匪起见，决逐次截剿，不失时机，随在〔时〕予以打击，特酌更定部署如下：

（1）着李军长云杰仍遵前令，率廿三师配置于蓝山、嘉禾、桂阳之线，截击西窜之匪，并指挥王东原师在郴州以南及蓝、嘉、桂地区，协同追剿。

（2）着周指挥官浑元，克日率部经桂阳向道县前进，限皓日前到达，截击由嘉禾以南地区西窜之匪。

（3）着李军长韫珩，率部克日进驻郴、桂①之线，确实与李军长云杰所部连系，相机追剿，堵匪回窜或北窜。

（4）薛总指挥所部与陶、陈、章各师及李觉所部，均仍遵元亥电令办理。

上二项，仰即遵照具报为要。

总司令何键。铣亥衡总参机

（此件引自《剿匪军追剿总司令部二十三年自十一月删日起至十二月底止剿匪工作军事报告书》）

---

① 郴、桂，指湖南省郴县（今郴州市）、桂阳两县。

蒋介石关于湘水以西地区
"会剿"中央红军的计划大纲

(一九三四年十一月十七日)

查赣匪倾巢西窜,我大军正分头追堵,期于湘水以东地区将匪扑灭,唯虑该匪一部或其残部万一漏网,突窜湘、漓水以西,不能预为歼灭之计,兹特拟定湘水以西地区剿匪计划大纲。

(一)方针

防西窜之匪一部或其残部,如窜过湘、漓水以西,应以不使该匪能长驱入黔,会合川匪及蔓延湘西,与贺、萧合股之目的,因剿该重于黎平、锦屏、黔阳①以东,黔阳、武冈、宝庆以南,永州、桂林以西,龙胜②、洪州③以北地区以消灭之。

(二)纲领

(1)应于匪未窜渡湘、漓水以前,于永、宝、武、黔、锦、黎、洪、胜、桂④线上,赶筑工事,先择定重要城镇,构成据点,然后逐渐加强、增密。

(2)于上述地区内,预为坚壁清野之准备,使匪窜过湘江时,进无所掠。

(3)先于上述地区内,严密组织民众,布成侦探网,并由湘、黔、桂军

---

① 黔阳,该县县城为今湖南省黔阳县黔城镇。

② 龙胜,今广西壮族自治区龙胜各族自治县。

③ 洪州,属贵州省黎平县,位于该县东南部。

④ 永、宝、武、黔、锦、黎、洪、胜、桂,指湖南省永州、宝庆、武冈、黔阳,贵州省锦屏、黎平、洪州(属黎平县),广西壮族自治区龙胜、桂林各县市。

于上述工事线上，分布民众团队扼守，并扼要控置有力部队，预为区划守备地点。

（4）一旦匪若窜过湘、漓水以西，各军即迅就预定之地域，相机堵剿。

（5）原任追击之部队，即穷匪所至，追截抄袭，与各守备部队联合兜剿。

（三）指导要领

（甲）湘军（北路军派出之追击队附之）

（1）以黄沙河以北沿湘江经永州至宝庆，沿资江上游经武冈至黔阳，沿清江河至瓮洞，为其守备区域。

（2）应先完善冷水滩、郵家坪、宝庆、塘家口、桃花坪、黄桥铺、武冈、峡口（高沙西北三十里）、安江①、黔阳各处据点工事。

（3）匪如窜过湘、漓水以后，应防其回窜及北窜，并追击之。

（乙）黔军

（1）以瓮洞沿清江河上游至黎平，经中潮至洪州，为其守备区。

（2）应先完成瓮洞、远口、锦屏、黎平、中潮、洪州各据点工事。

（3）应于锦屏、黎平两地控置有力部队，俟匪西窜时，相机堵击，阻其入境。

（丙）桂军

（1）沿黄沙河、漓水上游至桂林，经义宁②、龙胜、古宜③至洪州（不含），为其守备区域。

（2）除巩固湘、漓水上游原防外，须先完善义宁、龙胜、古宜各据点工事。

（3）匪如窜过湘、漓水以西，除防其回窜外，应协黔军拒止其入黔，并截击之。

以上各项，希分别查照办理具报。

中正。筱戌行战一印

（此大纲南昌行营以筱戌行战一电发出。中国人民解放军历史资料丛书《红军长征·参考资料》）

---

① 安江，今湖南省黔阳县人民政府所在地。

② 义宁，县城在今广西壮族自治区临桂县五通镇。

③ 古宜，今广西壮族自治区三江侗族自治县人民政府所在地。

何键关于赴道县截击中央红军致
周浑元王东原电

（一九三四年十一月十八日）

指挥官周浑元、师长王东原：

综合各方情报，匪大部已窜抵楚江圩及业塘、大塘圩等处，有向宁远、道县方向急窜模样。现在桂、嘉①道上，我李云杰师与匪一部激战中。周指挥仍遵本部铣亥电令，迅速兼程向道县急进截击。王师长应与李云杰师切取联络，蹑匪追剿为要。

总司令何键。巧辰衡总参机

（此件引自《剿匪军追剿军部二十三年自十一月删日起至十二月底止剿匪工作军事报告书》，中国人民解放军历史资料丛书《红军长征·参考资料》）

---

① 桂、嘉，指湖南省桂阳、嘉禾两县。

蒋介石关于取消"赣粤闽湘鄂剿匪军"战斗序列的电令

（一九三四年十一月十九日）

现在赣南残匪西窜，原有匪区散匪无几，亟应另定部署，分别追堵清剿，期早肃清。除已任命何键为剿匪军追剿总司令，率领在湘各部队暨薛、周[①]两部及各省担任追剿之部队，分别追堵，以期聚歼该匪于湘、漓两水以东地区外，其赣、湘尚未收复之各县，统限于十一月底以前一律收复，并完成碉线。所有从前赣、粤、闽、湘、鄂五省剿匪东南西北各路军暨预备军[②]等战斗序列，着即于十一月三十日取销〔消〕。自十二月一日起，另行划区绥靖，限期肃清残匪，完成公路，组织地方，训练民众，处理匪区善后事宜。除呈请国府明令暨另订定绥靖区域及指挥系统图表令行知照外，特电遵照。

（此件引自《赣粤闽湘鄂剿匪军北路军总司令部二十三年十月、十一月剿匪工作军事报告书》，以皓巳电发出，中国人民解放军历史资料丛书《红军长征·参考资料》）

---

① 薛、周，指赣粤闽湘鄂"剿匪"军薛岳、周浑元。
② 预备军总司令陈调元。

何键致蒋介石皓午衡电

（一九三四年十一月十九日）

南昌委员长蒋：

匪自万会桥、良田、两路口被我击溃后，急速西窜。我李云杰师遭遇于嘉禾东北约三十里之地区，虽经激战击退，获枪二百余枝，而匪大部似有急趋江、道①之样。我薛、周②两部及李韫珩部，虽均以强行军之速度推进，但预计到达目的地，或将较匪相距二日或三日之行程。因此，前拟歼匪于兴、全电〔间〕以东地区之计划，能否不失时机完全达到，殊有殷虑必要。万一有窜脱之股，则尔后兵力转移，更感困难，围歼机会，愈不如前。为防百密一疏起见，惟有及时以相当兵力，位置文〔于〕城步、新宁之线，乃可收补牢之效。过此以后，将徒有长追而无夹击矣！职之朱、岳两师③，现在赣西，虽自有清剿任务，所幸防区内当〔尚〕无股匪，派兵接替，较为易筹。如蒙由〔电〕令刘司令膺古率该两师兼程西进，径趋城、新④，尚可不失时效，严阵堵截。管见所及，不避晓渎。是否有当？敬候详察，迅电祗遵。

（此件引自《共匪西窜记》）

---

① 江、道，指江华和道县地区。
② 薛、周两部，暂时归何键指挥的国民党中央军薛岳、周浑元所部。
③ 朱、岳两师，即国民党军第十八师师长朱耀华所部和第五十师师长岳森所部。
④ 城、新，指湖南省城步和新宁地区。

何键关于围歼中央红军
于湘漓水以东的命令

（一九三四年十一月十九日）

总指挥薛岳，指挥官周浑元，第一纵队司令刘建绪，军长李云杰、李韫珩，师长王东原、陶广、陈光中、章亮基，代理湖南保安司令李觉：

命令：

（一）匪之伪第一、三、五、八、九等五军团西窜，其先头计已到达宁远、蓝山之线。但据粤军通报，伪第九、八两军团之各一部铣日在塘村附近被我军击破，沿临武以南地区西窜中。我桂军以夏①部三师之主力于桂林至黄沙河间，沿漓水布防，并集结廖②军于桂林附近。我粤军配置于坪石、九峰间者约有四个师。

（二）本追剿军以彻底消灭窜匪之目的，决分五路追堵，与桂、粤两军协力将匪包围于漓、湘两水以东地区而聚歼之。

（三）军队区分及各兵团之任务如次：

1.第一路追剿司令刘建绪指挥第十六、第六二、第六三各师，第十九师之一部及补充四团、保安团等部，着集结主力于黄沙河附近，与桂军连系堵剿西窜之匪，并沿湘江碉堡线，下至衡州之东洋渡止，严密布防。

2.第二路追剿司令薛岳，指挥第五九、第九〇、［第］九二、第九三各师及惠支队③等部，限于敬日以前在零陵附近集结完毕，与第一、三两路连系堵

---

① 夏，指夏威。

② 廖，指廖磊。

③ 即"追剿"军第二路司令薛岳直接指挥的中央军第一支队（惠济支队）。

匪北窜，并截击西窜之匪。

3. 第三路追剿司令周浑元，指挥第五、第十三、第九六、第九九各师，着遵铣亥电令速向道县追击前进，限于养日全部到道县，尔后与第一、二两路及桂军联络截击窜匪。

4. 第四路追剿司令李云杰，指挥第廿三、第十五两师，着与第三路联络，经由嘉禾向宁远及其以南地区蹑匪尾追。

5. 第五路追剿司令李韫珩，着指挥所部与第四路及粤军联络，经由临武、蓝山、江华、永明蹑匪尾追，并与桂军适切联络。

（四）本总司令仍驻衡州。

上四项，仰各遵照实施为要。

总司令何键。效午衡总参机

（此件引自《剿匪军追剿总司令部二十三年自十一月删日起至十二月底止剿匪工作军事报告书》）

第四集团军总部行营电

（一九三四年十一月二十日）[①]

十一月十八日，有匪先头一股，进犯我龙虎关，被我四十四师王赞斌部迎头痛击，几次猛扑，均未得逞，直至十九晚，匪以伤亡过重，遂退回江华、永明，徘徊该处，或取道宁远、道县两处折向桂北。

（此件引自《共匪西窜记》）

[①] 此电文在《共匪西窜记》中，原列为一九三四年十一月十八日，有误，按照电文内容判断，应为一九三四年十一月二十日。

第四集团军总部行营通讯

（一九三四年十一月二十二日）

　　我十五军夏威之韦云淞师，养日在富川边境之白芒营附近与匪万余接触，激战一日，匪部卒因战斗力弱而被我击溃，嗣后纷纷向界牌方面逃窜。系伪一、九两军团之部队，为数近万，为其主力之左侧卫。现主力仍向道州前进。

（此件引自《共匪西窜记》）

蒋介石关于"堵剿"和"追剿"各部队共同注意之要项的电令

（一九三四年十一月二十二日）

此次朱、毛被我压迫，离开赣南老巢，窜据湘、粤、桂边境。如任其窜过湘、漓 ① 将贻国家之巨患。各部如能协力追堵，亦为歼赤匪之最好时机。兹述各部应共同注意之要项如下：

1.匪之惯技，向利用边区之弱点，以图逃窜。此次无论追、堵部队，不分界域，协同歼灭而后已。

2.凡任堵剿之部队，须严密切实防堵，力求迟滞时间，以求追袭队之夹击。其据有城地及指定封锁工事之军政官吏，尤应固守待援，不得擅离职务，并须置烽火以告警。

3.任追剿部队，宜与匪保持接触，尤以追剿部队应力求匪主力穷破之，免失，好以空军连续尽力侦察轰炸，并与军队取连系，协同作战。

上项希通饬所属遵照。

（此件引自《第六路军赣南——湘南——黔西间地区追剿朱毛股匪各役战斗详报》，以养酉行战电发出。中国人民解放军历史资料丛书《红军长征·参考资料》）

---

① 湘、漓，指湘江、漓江。

蒋介石关于桂军南移恭城致何键电

（一九三四年十一月二十二日）

衡州何总司令：

　　据德邻^①号电：以据迭报，匪主力由临武分经嘉禾、蓝山西窜，龙虎关、富川、贺县同时吃紧。仁^②部原在龙虎关以北防堵，故拟即将仁部主力移赴恭城附近，以策应富、贺、兴、灌^③。但兴安、灌阳以北，仅能留一部，诚恐力量单薄，拨请转饬何^④总司令所部，向江华、贺县推进，以期周密。等情。除电复外，希即查照办理具复。

中正。养酉行战一印

（此件引自《共匪西窜记》）

---

① 德邻，即李宗仁。

② 仁，指李宗仁。

③ 富、贺、兴、灌，指广西省（今广西壮族自治区）富川（今富川瑶族自治县）、贺县、兴安、灌阳四县。

④ 何，指何键。

南昌行营养酉电

（一九三四年十一月二十二日）

此次朱、毛被我压迫，离开赣南老巢，窜扰粤、桂、湘边境，如任其窜过湘西，将贻国家之大患。各部队如能协力堵剿，亦为歼灭赤匪之良好时机。兹求各部队共同注意之要项如下：

（一）匪之惯伎〔技〕，向利用边区防务之弱点以图窜逃。此次无论追、堵部队，应不分畛域，合力同心，务期扑灭而后已。

（二）凡任堵剿之部队，务须切实严密防堵，力求迟滞时间，以便追击队之夹击，其授有城池及指定封锁工事之军政官吏，尤应固守待援，不得擅离职务，否则以军法治罪。凡经指定工事封锁地带及重要城镇，宜预置烽火。如遇股匪急攻，或在附近接触时，即举烽火告警。

（三）任追剿之部队，宜与匪保持接近，以特授追剿部队应匪之主力而击破之，以免失去好机，以可行截击，其半渡时期，尤不可轻易放过。

（四）空军除陆续尽力侦察、轰炸外，应多置通讯筒。随时将匪情通告军队，以取连〔联〕络。对于匪之主力接战，及追击队进攻险隘时，尤须尽力协同作战。

上四项，希即通饬所属遵照。

（此件引自《共匪西窜记》）

追剿军何总司令键养申电

（一九三四年十一月二十二日）

（甲）据李云杰马午电："我六九旅号午将洪观圩、土桥圩北高山之伪三军团四、五两师击溃后，占领土桥圩、洪观圩间之四眼桥，向洪桥圩追击，于马午占领洪桥圩，匪仍在抵抗。伪三军团第六师及伪一军团，旋相继加入作战，战斗甚烈。窜永乐圩之匪，已被我六七旅击溃，向盘石圩、落山庙等处窜走。俘获之匪，伪一、三、五军团均有。"

（乙）据周指挥官浑元养未电："宁远转来电话，我肖师现在正与大股匪在宁远城南之万石山、薛家桥、天堂圩，两河口一带激战，前即派机飞炸"等语，已饬航空第二队火速派机前往侦炸。

（此件引自《共匪西窜记》）

湘军联络员王启华由桂林养电

（一九三四年十一月二十二日）

龙虎关以西之桂岭，养已发现匪踪。白副总司令养午出发黎〔恭〕城督剿。桂七军号辰全〔部〕出发。廖军长现抵灌阳附近，周师（祖晃）驻黄牛市，覃师（连芳）驻灌阳边之铁坑。

（此件引自《共匪西窜记》）

何键关于中央红军突破

郴县宜章封锁线致国民政府电

（一九三四年十一月二十三日）

南京。

国民政府魏文官长^①呈主席林^②钧鉴：

　　密。自中央采用碉堡封锁围剿赣匪以来，着着胜利。本可克期肃清，而职路军防地当其围窜之冲，事先构筑工事，尤极周密。此次伪一、三、五、八、九各军团约十万人，由赣州迂绕信丰、南康、崇义、大庾之线，分三路进犯湘之汝城。从江日起，伪三军团向我陶^③师新铺至官桥车〔东〕碉线猛攻。同时，伪一、五、八军团亦向我大坪、腊岭、大耒东碉线突击，激战三昼夜，匪伤亡甚重，愤用大炮轰碉，仅被轰毁三座，我守碉官兵五十余人全体殉难，牺牲壮烈。凶焰始挫，匪乃分两路绕走，一经延寿、文明司、赤石，一经城口、仁化、九峰，沿粤、湘边境窜抵宜章，经我王东原师痛击，急向临武、嘉禾一带溃窜，又被我李云杰师截击流窜，昨又经我周司令浑元部在宁远袭击。匪迭受挫，死伤逃散甚多，故流窜迅速。昨已令刘司令建绪率领章亮基、李觉、陶广各师与薛司令岳所部，向零陵、东安、黄沙河、全州之线堵截；周^④司令所部及李云杰、李韫珩、王东原各师蹑追，拟将匪包围于湘漓流域地区聚歼之。仰纾钧勤，谨电呈察。

职何键叩。漾衡厅印

（此件引自中国人民解放军历史资料丛书《红军长征·参考资料》）

---

① 魏文官长，指国民政府文官处官长魏怀。

② 林，指林森。

③ 陶，指陶广。

④ 周，指周浑元。

何键关于尾追红军和增强湘水
上游防线的命令

（一九三四年十一月二十三日）

第一路司令刘建绪、第二路司令薛岳、第三路司令周浑元、第四路司令李云杰、第五路司令李韫珩：

命令：

一、据报：匪大部尚在宁远，道县间与我三、四路军对抗中。一部已窜富川。又据李[1]师长电话：匪一、九两军团在龙虎关与桂军激战；又桂军主力已移向恭城方面。判断匪以一部阳〔佯〕攻龙虎〔关〕等处，吸引桂军主力南移，其大部必循萧匪故道向西突围急窜。

二、我军应不失时机尾匪追击并应增强湘水上游防线，衔接桂军，防匪逸窜。

三、着三、四两路联合迅速击破当前之匪，尾匪追剿。

四、着第二路克日集结东安附近，与第一路连〔联〕合协剿，并酌派一部开赴城步沿唐家园、白毛坪、下水坪、水桥、头寨、桃林、丹口、长安营之线赶筑工事，扼要构成据点，以资堵击。

五、着第一路沿湘水上游延伸至全州之线，与桂军切取联络，堵匪西窜。

六、第五路经临、蓝[2]应尾匪追剿，随三、四路之进展连系策应，并与粤、桂军切取联络为要。

何键。漾申衡总参机

（此件引自《剿匪军追剿总司令部二十三年自十一月删日起至十二月底止剿匪工作军事报告书》）

---

① 李，指李觉。

② 临、蓝，指湖南省临武、蓝山两县。

何键关于桂军主力不可南移致蒋介石电

（一九三四年十一月二十三日）

南京、南昌委员长蒋：

　　养酉祃未行战一电奉悉。窃自顽匪负隅，连年征战，仰赖威福，行将捣巢扫穴。讵料信丰漏审，既失歼灭良机，逮攻汝城未逞，又南绕而出宜章。斯时南、北两路未及蹑追，而职军复以清剿任务分兵四驻，调集不易，致使该匪一再西窜，殊深遗憾。

　　查匪枪尚在四五万以上，迭奉钧令，务歼匪于湘、漓水以东地区。职于元日拼命追剿，寒日进驻衡阳，本最大之决心将所部区〔分〕为五路，分任追堵，并请粤、桂两军协剿，又经派刘建绪赴全州与白①商妥，联防堵击，节经呈报在案。刻奉养酉电，已准桂军主力移赴恭城附近，所有灌阳、兴安以北地区防务，责令职路军南移担任，闻命悚惧。缘职路军兵力，除已令周、李、李②三路跟匪进剿，尚在宁、道③间与匪主力对战外，薛④路正向零陵集结，尚未完毕；刘⑤路原以主力布置零陵以南、黄沙河之线，刻又令其伸延至全县与桂军衔接，实属再无余力继续南移，增任二三百里之正面防务，且两周以来，迭请将刘司令膺古所部朱、岳⑥两师西调，顷奉祃未电，仍未邀准，刻下新宁、城步、绥宁及其以北等县无兵控置，若灌、兴、全⑦间又准桂军移调，则不免门户洞开，任匪长

---

① 白，指白崇禧。
② 周、李、李，指周浑元、李云杰、李韫珩。
③ 宁、道，指湖南省宁远、道县两县。
④ 薛，指薛岳。
⑤ 刘，指刘建绪。
⑥ 朱、岳，指朱耀华、岳森。
⑦ 灌、兴、全，指广西壮族自治区灌阳、兴安、全县三县。

扬而去；加之萧、贺两匪现复乘机窜扰桑、永①，通近辰、沅②，湘西全部扼〔阢〕陧不定。似此情势迫切，忽予变更计划，兵力、时机两不许可。合围之局既撤，追剿之师徒劳。职受钧座付托之重，虽明知粉身碎骨，难免一篑功亏，亦惟有勉策驽骀，不稍回顾，继续追剿。用敢历陈利害，幸乞钧座睿察详筹，指示机宜，俾资尽力，无任惶悚待命之至。

何键。漾戌衡参印

（此件引自《共匪西窜记》）

---

① 桑、永，指湖南省桑植、永顺两县。
② 辰、沅，指湖南省辰溪、沅陵两县。

追剿军总部梗戌电

（一九三四年十一月二十三日）

（一）据王东原师马、养、漾三电称："职本部于养酉进抵神下（下灌、落山庙间）宿营。据沿途土民称，前日，股匪约三、四千，经神下西窜。职部即跟进，于漾抵冬村、胡家（下灌东北十余里），遇匪伪五军团全部，刻正激战中。据俘匪供为伪五军团，后有伪一军团掩护。"又据称："伪三军团全部，被我二十三师击破，养日向道县方面窜走，后与周纵队①接触。判断匪之主力尚在下灌、水打铺、柑子园、四眼桥一带。"

（二）据李云杰养酉电称："洪观圩、楠木圩之匪，闻朱德在阵前指挥抗战，故战斗激烈，经我痛击后，匪经落山庙向下灌方面窜去，蓝山之匪，亦向下灌、落山庙窜退。"

（三）据飞机报告，匪主力似仍在下灌、百茶圩、洪洞、水打铺一带西窜中。宁远城西南各村落大半为匪盘踞，我周纵队司令向匪攻击中。

（此件引自《共匪西窜记》）

---

① 周纵队，指暂归"追剿"军总司令何键指挥的中央军周浑元部。

湘军章师长亮基漾午电

（一九三四年十一月二十三日）

　　转全州陈指挥（恩元）电话：综合探报，匪约十万，枪约五、六万。服装与我军同。匪兵左臂及枪上缠红布，其便衣队有三角红色为标识。皓申，匪约一万，由岭江渡河，连夜窜永明西南迥岗铺。漾晨，一部已与桂军［于］龙虎关激战中。白总指挥谓"主力似到此方，请转电周纵队迅向南压迫，以便桂军在恭城方面全力对匪作战。"等语。

（此件引自《共匪西窜记》）

桂军白副总司令崇禧漾亥电

（一九三四年十一月二十三日）

据夏军长威报告：白茫营之匪被我军击溃，向界牌逃窜。据俘匪供称，系伪一、九两军团，人约万余，为匪之左侧卫。

又电，匪以前进部队化装乡民，挑担、买物等，在先头行走。其散在各处之乞丐、算命之男女，多系匪探。

（此件引自《共匪西窜记》）

何键关于派队赴渌埠头、
东安"截剿"红军致薛岳电

（一九三四年十一月二十四日）

（一）匪一部窜富川，匪主力确在四眼桥、水打铺一带；漾午文村已发现匪之便衣队；龙虎关方面尚无激战。永安关、清水关等处桂军已移驻新圩；第一路章[1]师敬晨进驻沙子铺；陈[2]师进驻黄沙河；补充二旅何平部进驻庙头；补充一旅成[3]部进驻渌埠头；陶[4]师正向黄沙河急进中。

（二）请伯陵[5]兄迅派一部开赴渌埠头、东安、大庙口之线，协同刘[6]路截剿，并速具报为要。

（此件引自《第六路军赣南——湘南——黔西间地区追剿朱毛股匪各役战斗详报》，以敬午衡总参机电令发出）

---

① 章，指章亮基。
② 陈，指陈光中。
③ 成，指成铁侠。何平、成铁侠所辖补充团分别改为补充二旅和补充一旅，各辖步兵两团。
④ 陶，指陶广。
⑤ 伯陵，即薛岳。
⑥ 刘，指刘建绪。

追剿军总部敬电

（一九三四年十一月二十四日）

    据王东原师电称："昨日俘匪数百，讯据供称，与我对战之匪，确系伪五、八军团全部及伪一军团之一部、其另一部及伪三、九军团全部，经宁远西窜"等语。

    又据飞机本日报告，匪大部已过道县之西。江、道间祥霖铺、大盘铺附近，匪一部络绎不绝。

（此件引自《共匪西窜记》）

粤军独立第三师李副师长江敬电

（一九三四年十一月二十四日）

　　本师号午克复临武，续向蓝山推进。养日抵田心铺，饭后，星夜续进。梗晨克复蓝山县，匪溃退下灌，被李云杰，王东原部截击，复狼狈向□县西窜。现本师集蓝〔山〕候命，王师[①] 向竹管寺、百胜营追击前进。

（此件引自《共匪西窜记》）

---

① 王师，指王东原第十五师。

陆军第九十六师二十三年十一月二十三、二十四日于宁远天堂圩附近之役战斗详报

（一九三四年十一月二十三日至二十四日）

（甲）战斗前敌我形势之概要

一、伪三、五、九军团自二十日起，向道州方向逃窜。其第一军团在天堂圩下禾洞、柑于园、两河口等处，构筑工事，企图阻我追击，掩护其退却。

二、纵队以追剿匪主力之目的，于二十三日，向天堂圩附近之匪攻击。

我九九师于二十三日，向天堂圩攻击前进。

我第五师，在猪头山附近占领阵地，掩护我军左侧背。

三、师^①奉命于二十三日，在九九师右翼，向天堂圩附近及其西北一带高地之匪攻击。

（乙）战斗经过

二十三日之经过：

（一）师是日战斗开始之攻击部署如左：

1. 五七六团，展开于下禾洞西端，向小姑岭之匪攻击。

2. 五七一团，展开于小姑岭东南侧高地，向小姑岭南侧攻击。

3. 五七三团，位置于小姑岭东侧高地，为预备队。

（二）午前九时，第一线团开始向小姑岭及其南侧之匪攻击前进。至十时，匪不支，向西南高地退窜，当将小姑岭及其南侧完全占领。斯时天堂圩之匪，

---

① 该师由原赣军一部编成，师长萧致平。

经我九九师击退后，向冯家逃窜。随令五七一团，经天堂圩北端，向冯家之匪猛烈攻击。该匪续退百步岭、梧溪冈一带高地，顽强抵抗。

（三）午后十二时，匪约千余，向我冯家附近阵地，猛力反攻。我官兵沉着应战，将该匪击溃，复向百步岭、梧溪冈一带逃窜。

（四）本日午后十时，奉指挥官命令，着于明二十四日，继续攻击当面之匪，务追及匪之主力而歼灭之。

二十四日之经过：

（一）师长于二十四日午前八时，以五七一团展开于冯家东北端，向百步岭、梧溪冈之匪攻击；五七三团由梧溪南侧迂回包围匪之左翼；五七六团位置于冯家为预备队。

（二）午前九时，五七一团向百步岭、梧溪冈之匪攻击。匪凭险抵抗，双方战斗极为激烈。至十一时，毙伪营长一名，匪兵数十，始退踞曹家滩及把截东端碉楼内顽强抵抗。旋乘胜向曹家滩追击。斯时我五七三团亦已到达把截附近，当向匪碉猛攻。该匪于火力压制之下，乃向把截河西岸逃窜。因时已天黑，即在把截构筑工事，与匪隔河对峙。

（三）匪以我进攻猛烈，并侦知我第十三师向其左侧迂回，当于是晚，向道州方向逃窜。

（丙）与我对抗之匪番号及兵力

连日与我对抗之匪，为伪第一军团（附各军团挑选之精锐匪兵）。

（丁）战后之成绩（表略）

谨呈　委员长蒋

（此件引自中国第二历史档案馆藏战史编纂委员会档案）

何键关于向零陵、黄沙河、全州间推进致刘建绪、薛岳的命令

（一九三四年十一月二十五日）

第一路司令刘建绪、第二路司令薛岳：

命令：

一、据报，窜匪万余本日到王母渡，似为敌之右侧卫。讯俘匪供称，匪系伪三军团、伪中央机关、伪九军团、伪一军团之行军序列。推测任右侧卫者为伪五军团；任左侧卫者为伪八军团。

二、着第一路追剿司令刘建绪指挥所部担任黄沙河（不含）至全州之线，置重点于全州东北地区，便与桂军及第二路部队夹击。

三、着第二路追剿司令薛岳指挥所部担任零陵至黄沙河（含）之线，集结主力于东安附近，并策应第一路。

四、第一、第二路均限明晨开始行动。第一路所遗零陵至黄沙河之线防务，俟第二路接替完毕，逐渐移防。

上四项，仰即遵照为要。

总司令何键。有戌衡总参机

（此件引自《剿匪军追剿总司令部二十三年自十一月删日起至十二月底止剿匪工作军事报告书》）

追剿总部有亥衡电

（一九三四年十一月二十五日）

综合本日情报：

一、匪大部马日在道县附近。养日窜道县西之书山。漾日约三、四百窜自蒋家岭止，其主力四、五万，仍在道县、寿佛圩之线。有日一股约万余窜道县北□王母桥附近。其便衣队及先遣队仍在永安关、文市附近。漾日扰龙虎关附近之匪约万余，敬日仍折回永明之北省江圩附近。匪后队万余人，仍在宁远西南之把截大界一带，与我三、四两路节节抗战中。

二、第一路刘司令建绪，率何平[师]^①敬晨移驻庙头。陈光中师^②移驻黄沙河。陶广师^③有日到黄沙河附近。李觉师^④率成铁侠敬未抵渌埠头。章亮基师^⑤敬日集中沙子街附近，扼要堵截。

三、第二路司令薛岳所部四师，已完全到达零陵附近。其惠支队已过茶陵高陇。

四、第三路周司令浑元所部，漾午均抵宁远，继续尾匪追剿。敬晨击破扼守梧溪洞隘道之匪，追至把截，匪复凭河顽抗。是役，被我军击毙及飞机炸毙无算。我方亦有伤亡。

五、第四路军王东原师，敬日击破下灌西大界股匪共获枪俘匪不少。追至早禾洞，遇匪千余，又将其击破，稍有斩获。匪向道县方向溃走，该师蹑匪跟追。

---

① 何平师，"追剿"军各部中未有何平师，似有误。
② 陈光中师，指"追剿"军第一路第六十三师。
③ 陶广师，指"追剿"军第一路第六十二师。
④ 李觉师，指"追剿"军第一路第十九师。
⑤ 章亮基师，指"追剿"军第一路第十六师。

敬晚抵水打铺，续向四眼桥追剿，李云杰亦正尾匪追剿。

六、第五路司令李韫珩李清瓛旅，漾晚到达临武。本部及周启铎旅抵牛头粪，已联络粤军由蓝山方面急进。粤军独立第三师，梗午已抵蓝山，其一、二两师，正急进追击。

七、汝城胡指挥凤璋①，俘匪一千四百余，缴械甚多。崇义扬眉寺枪匪二百余，亦被我军团围剿。

八、宜章黑杀党匪首杨结宜、肖擂生，率朱、毛交留枪四、五百枝，盘踞桥市一带。经团队搜剿，先后毙匪三十余名，获枪三十余枝，炸弹三十八枝〔枚〕。已饬段司令负责清剿。

九、空军第二队，本日在上江桥、永明附近一带，发现匪部，用机枪扫射，毙匪甚多。

上九项，仰即知照。

（此件引自《共匪西窜记》）

---

① 胡指挥凤璋，指湖南地方保安团负责人。

追剿军何总司令键
令各路司令宥巳衡厅电

（一九三四年十一月二十六日）

此次匪众号称十万，但多稚弱，且有妇孺。自离老巢，志在远窜，前后受敌。虚怯已甚。初与我南路军战，一、九两伪军团几于消灭半数。继经我陶[①]、王[②]、李[③]、周[④]各部节节痛击，每以我一团当彼数师，以我一旅或一师当彼二、三军团，无役不有斩获。其沿途溃散之数，据汝[⑤]、宜[⑥]、郴[⑦]、宁[⑧]各县县长报告，俘匪已达三、四千之多，足见匪众在巢顽强，出巢脆弱，其数虽多，其心已散。加以彼之行进路线，无一出我预计，张罗以待，定可尽歼。甚望我各司令淬厉（砺）士气，四面合围，最后成功，视此一击。摘渠获械，赏给从优。误时失机，军法具在，其各转饬凛知毋忽。

总司令何宥巳衡厅印。

（此件引自《共匪西窜记》）

---

① 陶，指陶广。
② 王，指王东原。
③ 李，指李韫珩。
④ 周，指周浑元。
⑤ 汝，指汝城。
⑥ 宜，即宜章。
⑦ 郴，即郴县。
⑧ 宁，即宁远。

何总司令键致粤陈总司令济棠宥电

（一九三四年十一月二十六日）

广州陈总司令伯南兄：

　　张代表其雄号返湘，顷来衡州。出示大函，并转述盛意，敬悉。现匪部已抵文市，而全、兴间之桂军，于昨呈奉委座准其东移，而令敝部南延接防。当匪已逼近，忽予变更计划，洞开门户。敝部纵有飞技，亦已无及，国事不可为，付之一叹！

弟何键叩。宥

（此件引自《共匪西窜记》）

追剿军总部宥戌衡电

（一九三四年十一月二十六日）

一、匪主力已于昨、今两日，由四关^①窜文市及黄沙河东南之西头。

二、我第一路主力已集结于黄沙河附近，正向全州急进。

三、第二路梁华盛宥日向绿埠头推进。

四、第三路各师有晨由柑子园一带蹑匪尾追，沿途毙匪甚多，获枪七枝，已抵道县东南，隔河对峙。现正征集材料，施行强渡中。

五、第四路王东原汪旅有未占领四眼桥。残匪二万余，分向九井渡、福禄岩、界牌退窜。其后枪匪二千余，被张旅长痛击，获械甚多。

六、第五路李韫珩师，本日经下灌、水打铺向江华急进。

七、临武境内落伍散匪，马日经我团队紧跟进剿，先后截获匪枪三十余，俘匪三十余名，毙匪亦众。

八、贺、肖匪部，马晚向沅陵进犯至王村附近，近〔敬〕日折回陷大庸。

九、空军因天雨未出动。

上九项。

（此件引自《共匪西窜记》）

---

① 据《共匪西窜记》内提到的"四关"，多是指湘、桂边境灌阳、道县交界之清水、永安、雷口、高木四个关隘。中央红军长征入桂时，只通过了永安、雷口两个关隘。说由"四关"入桂，不够准确。

追剿军总部感电

（一九三四年十一月二十七日）

一、窜入桂境"四关"及文村之匪约二万人。现正调团围击中。

二、匪众万余，有日在桃川附近与第七军作战，毙匪甚众。

三、万师^①敬日由宁远跟匪追击，〔匪〕扼水抗拒。万师有晚由下游白马渡强渡，并猛击十余次。匪始开道县城向西退去。宥日下午三时，万师全部入道县城。

（此件引自《共匪西窜记》）

---

①　万师，指"追剿"军第三路所辖万耀煌第十三师（中央军部队）。

何键关于各路军速向指定地推进致
薛岳周浑元李云杰李韫珩电

（一九三四年十一月二十七日）

第二路司令薛岳、第三路司令周浑元、第四路司令李云杰、第五路司令李韫珩：

匪循萧匪故道西窜企图甚明。彭匪德怀到达文市，有晚在江西渡架设浮桥，今晨续向古岭头、鲁荐、两合坊移动。其右侧卫经桥庄村、黄腊洞，宥日已到西头附近，左侧卫在永明附近地区构筑工事中。与第三、四两路保持接触之匪仅少数后卫。我桂军十五军全部感午可在灌①属新圩、全②属石塘圩、威水以南之线展开完毕。我第一路章、陶、陈③各师，感日推进全州；第二路向东安、黄沙河推进；第五路仍遵前令迅经零陵、东安西进。着周司令浑元、李司令云杰速督所部觅匪猛攻，以收包围之效为要。

总司令何键。感巳衡总参机

（此件引自《剿匪军追剿总司令部二十三年自十一月删日起至十二月底止剿匪工作军事报告书》）

---

① 灌，指广西壮族自治区灌阳县。
② 全，指广西壮族自治区全州县。
③ 章、陶、陈，指章亮基、陶广、陈光中。

何键关于湘水布防情形致蒋介石电

（一九三四年十一月二十七日）

南昌、南京委员长蒋：

　　有戍行战一电奉悉。此次匪众数在十万以上，故我一旅或一师动辄与匪二三万接触。谓非匪之主力，则其数实众；谓系匪之主力，则他窜或又发现大股，不综合各方面之情况，颇难为确实之判断。日来迭接桂、我各军情报，匪之主力似在桂属文市及湘属寿佛圩以西地带。其先头已进至桂属石头圩、蒋家岭。匪左翼正在龙虎关、桃川地区与桂军持战中；右翼进至黄沙河东南之西头之线。我王、李①师及周②路于宥午后，完全收复道县，仍跟匪追击中。我刘、薛③两路，延伸至全县感可完毕。由全④至咸水当与全民团指挥陈恩元部署，由咸水至灌阳归桂军部署。职受钧座重寄，谨当严督各部奋勇夹击，期收聚歼之效。

（此件引自《共匪西窜记》）

---

① 王、李，指王东原、李榲珩。
② 周，指周浑元。
③ 刘、薛，指刘建绪、薛岳。
④ 全，指广西壮族自治区全州县。

追剿军刘司令建绪感戌电

（一九三四年十一月二十七日）

据报，全州以上无兵守河。匪两万余人感晨窜抵文市，其先头便衣匪约二、三千，已于宥、感等日，在双寅铺、江村、山头之线，分渡漓水。

桂军主力在灌阳新圩，一小部在兴安北之伏华铺、唐家园〔司〕一带。全城仅驻军二营。

本部感申进驻全州，即派精干部队星夜分途围歼渡河之匪。并集结章、陶各师，联络桂军夹击。

（此件引自《共匪西窜记》）

追剿军总部感亥电

（一九三四年十一月二十七日）

　　有晨，有匪便衣队约二千人到石塘圩，大部仍在文市、蒋家岭间。又有匪约万余，由文市向灌阳窜走。我第一路刘建绪本日移驻全州，布置警戒。我第二路现正向黄沙河、东安推进。

（此件引自《共匪西窜记》）

刘建绪关于依托全州
桥头之线阵地夹击中央红军电

（一九三四年十一月二十七日）

1.据报，匪两万余本（二十七）日晨抵文市。其最先头便衣散匪约二三千人，刻正分途通过茅埠、屏山渡、凤凰嘴之线，向我侦察。东山徭方面尚无匪情。我桂军一部正在灌阳西三峰山、镰刀湾一带与匪激战。另有桂军八团已集结新圩、唐家园之线，会同我军向匪夹击。

2.本军以协同桂军夹歼该匪之目的，决先依托全县沿飞鸾桥至桥头（图上大石塘附近）之线占领阵地，以主力集结大石塘、石角村、全县、五里牌，待机出击。

3.着章师①迅即占领飞鸾桥、桥头之线阵地，主力控制桥头后方，另派精锐一营，轻装星夜兼程占领寨圩，切实固守，但桥渡须构成据点。

4.着何平部迅即就秀衣渡、王家、茅埠沿河之线，严密布置警戒，主力控制全县城北端。

5.着陶广师即集结五里牌附近待命。

6.着陈光中师以一部严密固守黄沙河至秀衣渡沿河之线；主力即集结太平铺待命。但沙子街仍须留兵固守。

7.着李司令觉即率成铁侠部，迅即集结全城西北端待命。

8.着喻炮兵营即在大石塘附近选定阵地，对各方测定射［击］距离。尔后暂归章师长指挥。

9.予在全县。

---

① 章师，指章亮基的第十六师。

注意：（一）全县城防系由桂军陈^①指挥担任；（二）各部队均应于直前方远派侦探及游击队。

右命令九项，注意二项，仰即遵照。

（此件引自《陆军第六十二师二十三年十一月份五省剿匪军事工作报告书》，中国人民解放军历史资料丛书《红军长征·参考资料》）

---

① 陈，指陈恩元，任广西壮族自治区桂林区民团指挥。

四集团军总部行营电

（一九三四年十一月二十七日）

西窜共匪，分两路犯桂北，其左侧卫前日在龙虎关与我军激战，道县之匪已绕出东山瑶袭击永安关。

富川电告，当面之匪，自退入江华后，即在江华城南附近占领阵地，似有停留防御之势。至〔于〕龙虎关前方——桃川附近之匪部，则仍与我军对峙中。

（此件引自《共匪西窜记》）

四集团军白副总司令崇禧电

（一九三四年十一月二十七日）

（一）在江华南方据工事顽抗之匪，昨日拂晓被我韦师驱逐，毙匪数百，残匪向永明西北溃窜。

（二）在桃川与我军相持之匪，已于昨日被击破。该匪亦向永明西北溃窜。

（三）昨由三峰山向镰刀湾进攻之匪，两次向我扑攻，均被击溃，仍向永明西北溃窜。

（四）飞机报告，滞永明西北之匪，为数逾万，现约友军向该方面围剿中。

（五）在苏江、新圩北方顽抗之匪，查系伪三军团全部。

（此件引自《共匪西窜记》）

桂军夏军长威电

（一九三四年十一月二十七日）

"四关"方面，自我王师 ① 攻守文市南苏江、新圩之线后，有匪部数千乃乘间入文市架桥，企图偷渡。嗣被我军侧击，即将桥梁撤去。

（此件引自《共匪西窜记》）

---

① 王师，指国民党桂军军系（第四集团军第十五军第四十四师）师长王赞斌所部。

桂林民团区指挥陈恩元电

（一九三四年十一月二十七日）

　　道县已于昨日经周纵队浑元部克复。周纵队长^①昨已入驻通［道］县城。至道州方面，又有友军摆出对空符号，部队甚多，约有四师之人数。

（此件引自《共匪西窜记》）

---

① 周纵队长，指国民党赣粤闽湘鄂"剿匪"北路第六路军所辖的第八纵队，指挥官周浑元。该番号自"追剿"军总司令部成立后仍保留着，至一九三四年十一月二十七日撤销。

桂省空军飞机侦察报告

（一九三四年十一月二十七日）

昨日午后三时，上江圩见有新掘土地工事及草堆等。当即对之掷炸弹，有数处草堆起火，一时草堆附近均有匪奔跑，四出逃窜。复投弹十余枚，均见爆发，伤亡当在百人以上。

（此件引自《共匪西窜记》）

追剿军何总司令键继俭电

（一九三四年十一月二十八日）

（一）匪大部仍在"四关"至文村，湘、漓水以东一带地区，其一部于宥、感两日经全属勾牌、山头、上米头一带渡河，向［沙］子包、寨圩等处分窜。俭晚，平乐电话不通。

（二）我第一路章亮基师，俭未到全州西之路板铺、沙子包、高车一带，与匪一部激战至酉刻，将其击溃。刻我陶师[1]及章师[2]大部，正集结于花红铺、路板铺、渡头、飞鸾桥、赛圩一带。陈光中师仍扼黄、全间。

据零陵转薛司令[3]岳电话，该线正与匪击［激］战，韩师[4]亦已增加。（原眉批：实际并无其事。）

（此件引自《共匪西窜记》）

---

① 陶师，指陶广第六十二师。

② 章师，指章亮基第十六师。

③ 薛司令，指"追剿"军第二路司令薛岳。

④ 韩师，指第二路第五十九师韩汉英部。

四集团军白副总司令崇禧通告邻省俭电

（一九三四年十一日二十八日）

昆明龙主席志舟兄、重庆刘总司令甫登兄、贵阳王主席绍武兄并转犹总指挥用依兄勋鉴：

（一）共匪主力沿五岭北麓向湘、黔边区西窜，敝省首当其冲。

（二）自养、敬匪部一、九军团攻富、越〔贺〕边，又攻龙虎关。同时，匪军攻我永安、清水、高明〔木〕、雷口四关。敝军仍务集中全部兵力，转移龙虎，居中策应，渐将匪击溃。后饬第七军一部肃清龙虎关残匪，以主力于感晚转移兴、灌以北之苏江、新圩、石塘、界首之线，展开与湘军南北夹击。

（三）感巳，我七军已由新圩向文市进攻。俭午，我兴安黄师①协同民团，在湘江沿岸之威〔咸〕水、伏华铺、深布坪之线截击。俭巳与匪先头接触。我友军果能迅速向南进攻及猛烈追剿，当能在兴、全间湘水以东地区将敌主力歼灭也。谨电奉闻。

弟白崇禧叩。俭酉平行印

（此件引自《共匪西窜记》）

---

① 黄师，指桂军黄镇国第四十三师。

四集团军总部行营通讯

（一九三四年十一月二十八日）

　　西窜共匪，现已沿湘、桂边境向北窜走，富、贺边境^①，干戈已告平静，抚河交通亦已恢复。惟聚道县之匪，则已窜入永安关，其先头部队已到达文市、苏江、新圩之线，并有便衣队出没于界首。在文市、新圩、苏江之匪，已被我军侦悉其为伪三军团全部，自二十八日晨以来，战斗甚烈，其为伪三军团长彭德怀亲自指挥。我第七军军长廖磊率部由李家枧、石塘向匪包围，黄镇国师亦由伏华铺夹击，匪始溃向麻子渡窜去。我军午刻占领新圩。此役毙匪千余，俘匪五百。

（此件引自《共匪西窜记》）

---

① 富、贺边境，指零陵、贺县地区，富有误，应为零。

桂军白副总司令崇禧解放抚河交通

（一九三四年十一月二十八日）

　　此次共匪全力西窜，沿五岭以北，取道湘、桂边境。连日在富、贺边境及龙虎关附近与我军及民团激战。昨、今两日，逐日将其击溃，斩获甚多。目下匪之主力已由湘、桂全州方面北窜逃，刻正协同友军追剿夹击，务期一鼓荡平。所有前令抚河断绝交通，电到，一律开放。

（此件引自《共匪西窜记》）

刘建绪关于向渡湘江之中央红军攻击电

（一九三四年十一月二十八日）

　　1.据报，西窜之匪约五六万，其先头万余已在麻子渡、屏山渡等处渡过湘水，出没于路板铺、珠塘铺、沙子包、界首一带。我桂军主力在新圩、灌阳、龙虎关之线，其黄振［国］团①在光华铺、卖猪岭一带。

　　2.我军以与桂军协歼股匪于兴、全②地区之目的，决乘匪主力未渡以前，先将渡河之匪歼灭之。

　　3.着陶广师为预备队，位置于五里牌、石角村中间之金家村附近，策应各方。

　　（此件引自《陆军第六十二师二十三年十一月份五省剿匪军事工作报告书》。中国人民解放军历史资料丛书《红军长征·参考资料》）

---

① 黄振国，任国民党军第四集团军第十五军四十三师师长，辖步兵三团。
② 兴，全，指广西壮族自治区兴安、全县两县。

蒋介石关于中央红军先头部队
从容渡河致何键白崇禧电

（一九三四年十一月二十八日）

据恢先^①感戌参机电：

匪先头已于宥、感两日，在勾牌山及山头与上米头一带渡河。迭电固守河流，阻匪窜渡，何以全州沿至咸水之线并无守兵，任匪从容渡河，殊为失策。窜渡以后，又不闻我追堵各队有何处置，仍谓集结部队，待机截剿。匪已渡河，尚不当机立断痛予夹击，不知所待何机？可为浩叹。为今之计，惟有一面对渡河之匪，速照恢先、健生^②所商夹击办法，痛予歼除；一面仍击匪半渡，务使后续股匪不得渡河，并照芸樵^③预定之计划，速以大军压迫。匪不可测，以迟滞匪之行动，使我追军得以追击及兜剿。总之，窜匪一部漏网，已为失策，亡羊补牢，仍期各军之努力，歼匪主力于漓水以东、四关^④以西地区也。前颁湘水以西地区剿匪计划^⑤，已有一部之匪西窜，并望即按计划次第实行，勿任长驱西或北窜为要。

中正。俭亥行战一印

（此件引自《共匪西窜记》）

---

① 恢先，即刘建绪。
② 健生，即白崇禧。
③ 芸樵，即何键。
④ 四关，指湘桂边境地区的清水关、高木关、水安关、雷口关。
⑤ 指蒋介石于一九三四年十一月十七日颁布的《湘水以西地区会剿计划大纲》。

湘军李代司令觉艳午电

（一九三四年十一月二十九日）

（一）奉军长刘①命令节开："（1）据报，西窜之匪约五、六万，其先头万余，已由麻子渡、屏山等处渡过漓水，出没于路板铺、珠塘［兰］铺、沙子包、界首一带。（二）〔（2）〕②着章师③成、何两部及陈旅［欠谢团］归李司令觉指挥，沿兴、全大道觅匪攻剿，仍以一部固守赛圩据点，相机出击"等因。

（2）〔（二）〕④除令章师派一部固守赛圩外，觉先率各部于本午由飞鸾桥、路板铺、珠兰铺、少子包、界首搜索前进，觅匪攻剿。据章师报告："职遵率部于本部出发到花红铺附近。据先头何旅长友松报告：'匪一部已在路板铺及汽车道南侧白茄屋附近高山占领阵地'等语，当时，向该匪猛攻，激战半日，将匪击溃。追至马静山、带子街及汽车道北侧独立石山一带，时已黄昏。"已令在该线彻夜警戒，拟明日续剿。

（此件引自《共匪西窜记》）

---

① 指刘建绪。
②④ 据本电令之文意看，注②之"（二）"应属刘建绪（军长）命令之（2）；而注④之"2"实为李觉电文的第二个问题。故此，分别纠正如文。
③ 指章亮基第十六师。

何键关于向渡湘江中央红军攻击致刘建绪电

（一九三四年十一月二十九日）

刘司令建绪：

　　据空军本日报告：（一）莲花塘、大福桥、石塘圩、铁路头、大岭背一带各村落中发现多数匪军。（二）文市甚寂静，匪一部似已窜抵咸水西北之蒋村附近。我军追剿队之先头较匪稍后。（三）永州电话：本日周浑元部在寿佛圩将匪后卫击退，匪向蒋家岭窜走；周浑元、王东原均到寿佛圩。等语。判断匪循萧匪故道西窜已甚明显。仰饬五五旅固守梅溪口，扼匪北窜，截匪西窜，并督率主力务于全州、咸水间，沿河乘匪半渡而击灭之为要。

总司令何键。艳戌衡总参机

　　（此件引自《剿匪军追剿总司令部二十三年自十一月删日起至十二月底止剿匪工作军事报告书》。由于中央红军先头部队渡过湘江，何键奉蒋介石电，急令刘建绪夺回湘江渡口，一九三四年十一月二十九日何键连发两个艳戌电催促刘建绪压迫红军"于湘水以南地区而聚歼之"。现仅选其中一份电文）

追剿军总部艳衡电

（一九三四年十一月二十九日）

（一）匪大部仍在"四关"正（至）文村，湘、漓水以东一带地区，其一部感日经全属勾牌山及山头、上米头一带渡河，向沙子包、赛圩等处分窜。

（二）章亮基师俭未在全县之路板铺、沙子包、高车一带与匪一股激战。至酉，将匪击溃，毙匪数百。

（三）李云杰、王东原两师已过沱水，尾匪追击。

（四）空军第二队，俭午在文市附近炸毙匪兵甚多。同日，第三队在文市东之东流发现匪约千余，亦炸［毙］匪不少。

（此件引自《共匪西窜记》）

湘军刘司令建绪艳亥参电

（一九三四年十一月二十九日）

（一）桂方空军艳未报告，匪大股在永安关、文市之间，发现五六千人。另一股已渡文市河西进。由永安关至高明〔木〕，亦发现匪约二千人。

（二）据李代司令觉艳酉电，全州西北珠兰铺、余家及反勾牌北岸等处，有匪约五六千，阻我出进。我章师艳拂晓沿河及兴全公路南进，沿途节节击溃小股匪队。颇有斩获。现在沙子包及反勾牌北祠〔侧〕与医相持中。

又据报，匪之一股，枪约二三千，已绕窜邓家桥，企图袭我右侧。

又一股枪约二千，窜至全州南端大肚岭、白沙，图扰全城。正令各部于三十日分途攻剿。

（此件引自《共匪西窜记》）

国民党各中央军政机关关于撤销赣粤闽湘鄂剿"匪"军各路军以及对顾祝同蒋鼎文新任命的行文

（一九三四年十一月）

一、国民政府军事委员会公函（十一月二十六日）

查赣南闽西共匪巢穴，现均相继攻克，剿共军事，业已告一段落。赣、粤、闽、湘、鄂剿匪战斗序列之东、西、南、北各路军及总预备军总司令，自应及时撤销，以资结束。所有东路军总司令蒋鼎文、西路军总司令何键、南路军总司令陈济棠、北路军总司令顾祝同、总预备军总司令陈调元等，应请免去各该路及预备军总司令职。至肃清赣、闽残匪，抚绥地方事宜，拟请以顾祝同为驻赣绥靖主任；蒋鼎文为驻闽绥靖主任，负责继续进行。相应函请查照。提前转呈国民政府明令公布施行为荷！

此致

行政院

查赣、粤、闽、湘、鄂剿匪军东路军总司令蒋鼎文、西路军总司令何键、南路军总司令陈济棠、北路军总司令顾祝同、预备军总司令陈调元，均奉国府明令特派有案。兹准军事委员会函开，赣南、闽西共匪巢穴现均相继攻克，剿共军事业已告一段落。所有各该总司令自应撤销，请将该总司令等免职，并请以顾祝同为驻赣绥靖主任，蒋鼎文为驻闽绥靖主任，以便负责继续进行等由。拟请提会通过后，转请明令施行。

书记官邓崇津谨签
二十三年十一月二十六日

二、公函

案准军事委员会二十三年十一月二十六日铨（三）字第三〇九四号公函内开：

"查赣南闽西共匪窠穴，现均相继攻克云云，叙至明令公布施行。"等由。准此，经提出本院第一八八次会议决议，"赣、粤、闽、湘、鄂剿匪军事现已告一段落，所有赣、粤、闽、湘、鄂剿匪战斗序列之东、西、南、北各路军总司令部，及预备军总司令部，应均予裁撤。并以顾祝同为驻赣绥靖主任，蒋鼎文为驻闽绥靖主任。"相应函请贵处查照转陈，分别明令施行。

此致

国民政府文官处

三、训令

令内政部军政部

前准军事委员会二十三年十一月二十六日铨（三）字第三〇九四号公函内开：

"查赣南、闽西共匪窠穴，现均相继攻克云云。照军事委员会原函叙至明令公布施行。"等由。准此，经提出本院第一八八次会议决议，"赣、粤、闽、湘、鄂剿匪军事现已告一段落。所有赣、粤、闽、湘、鄂剿匪战斗序列之东、西、南、北各总军总司令部，及预备军总司令部，应均予裁撤。并以顾祝同为驻赣绥靖主任，蒋鼎文为驻闽绥靖主任。"当即函请国民政府文官处转陈分别明令施行在案。现准国民政府文官处第五五六九号公函内开：

案奉十一月二十七日

国民政府令开："特派顾祝同云云，叙至转行知照。"等由。准此，除分行外，合行令仰该部知照。

此令

二十三年十月二十九日

（此件引自中国第二历史档案馆编：《国民党军追堵红军长征档案史料选编》。本标题为编者所加）

何键关于主力速移新宁
城步堵截中央红军致薛岳电

（一九三四年十一月三十日）

据报，匪由宥日起在兴城东北五里许之界首架桥，随到随渡，经由咸水向西急窜。据空军本午报告，文市至石塘圩有匪数千；水车有匪渡河；桂军有二团由灌阳北进，距匪不远；勾牌说〔所〕、屋山渡之匪被我侦炸，受创甚钜；我周浑[元]部先头已过蒋家岭，进达东流。又接刘恢先①电话：匪大部已到咸水、西延②之间；我军刻占领沙子包之线与匪激战中；匪数千由大肚岭、白沙方面企图侧击，已与我陶③师接触；我主力沿汽车路、漓水西岸向南攻击。各等语。即请吾兄以梁④师一部担任太平铺、沙宫街、黄沙河沿水防务，以主力迅速转移于新宁、城步堵剿，至盼。新宁有我十九师之五十五旅，已派一团固守梅溪。并闻。

（此件引自《第六路军赣南——湘南——黔西间地区追剿朱毛股匪各役战斗详报》，以卅午衡总参机电发出）

---

① 恢先，即刘建绪。
② 西延，今广西壮族自治区资源县。
③ 陶，指陶广。
④ 梁，指梁华盛，为"追剿"军第二路第九十二师师长，中央军部队。

何总司令键致刘大使文岛卅酉电

（一九三四年十一月三十日）

某密。

〔（一）〕匪于宥日起，在距兴安县城东北五里许之界首①架设浮桥，随到随渡。我刘建绪部遵令赶至全县，除将佯攻黄、全②之匪击溃外，仍派兵向全州以南地区搜剿，侦知全、兴③碉堡线无一守兵，兴安有桂军一团，闭城固守，遂于寨圩、珠塘〔兰〕铺之线，即与匪接触，既已追达咸水铺附近，正在激战。我薛路在东安，已令向新宁〔宁〕、城步转移堵击。周浑元、李云杰两路，本日可追抵桂属之文村。李抱冰路正由宁远向新宁推进，倘事先能荷委座准调相当兵力于宝、武、新、城④之间，尚有歼匪希望，今则恐只有长追而无夹击矣！

（二）贺、肖⑤两匪，巧陷大庸、常、桃、慈、石等县⑥，告急之电雪片飞来。因迭电请求委座增调部队，迄未奉准，遂致无可置答。顷始奉令准郭汝栋师西调，但远在修水。而罗启疆旅，亦在途中。弟负党国重寄，坐视地方被陷而莫之救，固属有责，独不解中枢对剿匪大计何以忽尔淡视若此？

（三）此次西南之匪，被我于汝、宜、柳〔郴〕、嘉、蓝、宁⑦各地迭次痛击，

---

① 电文中兴安县城距界首距离有误，应为二十千米。

② 黄、全，黄有误，应为灌阳，全为全州县。

③ 全、兴碉堡线，指全州县至兴安一线构筑的碉堡封锁线。

④ 宝、武、新、城之间，"宝"有误，应为"宜"，指宜章、武冈、新田、城口地区。

⑤ 贺、肖两匪，为国民党军对工农红军第二军团贺龙所部和第六军团萧克所部的蔑称。

⑥ 常、桃、慈、石等县，指红二、六军团进入湘西后所控制的龙山、常德、桃源、慈利、保靖的一部分地区和永顺、大庸、桑植的大部地区。

⑦ 汝、宜、柳〔郴〕、嘉、蓝、宁各地，指湖南省汝城、宜章、郴县、嘉禾、蓝山、宁远地区。

先后缴械二、三千，击毙不计，俘获四、五千，溃数近万。匪过各县仍在继续搜剿中。

上三项，知注敬闻。

（此件引自《共匪西窜记》）

追剿军总部卅电

（一九三四年十一月三十日）

（一）全州至兴安间，路距一百七十里。我军到达全州后，始侦知全、兴间无一守兵，桂军仅一团在兴安，闭城固守。

（二）刘司令建绪所部，俭日在兴、全间珠塘〔兰〕铺击溃匪一部，斩获顿多。二十九日，在路板铺与大股匪遭遇，激战竟日，斩获尤多。刻已进达咸水附近，将企图西窜之匪截击，正激战中。

（三）我周司令浑元、李司令云杰部，追击匪后，遂已达永安关。

（此件引自《共匪西窜记》）

四集团军白副总司令崇禧致何、黄两部长卅酉电

（一九三四年十一月三十日）

（限一小时至）

南京何部长^①、黄部长^②钧鉴：

广州张参谋长任民^③、王主任逊志^④：

（一）据十五军军长夏威报告，本晨以第七军覃师由新圩方面向石塘截击。该师进抵古岭头附近，与彭匪^⑤后方部队约三师多兵接战，双方突击极其猛烈，匪以多数机关枪集中射击，掩护匪军，冲锋数次。至上〔下〕午一时左右，我以飞机六架连续轰炸，毙匪遍地。擒斩赤匪二千余，缴获步枪千余支，始挫其锋。覃师^⑥死伤官兵百余员名（俟调查姓名列下）。为此次与匪作战之最惨烈者。又文市西方大莲塘、鲁枧一带之匪，薄暮依然顽抗，尚无动摇情形，料匪主力尚未通过湘水以西。

（二）兴安方面：黄师^⑦昨日被匪压迫，固守伏华铺阵地。当面之匪，迫近阵前三、四米远，现仍对峙。我方兵力单薄，阵地太宽，无力将其击破。据侦探报告，当面之匪，为数约有万余。同时，全州马路朱兰铺、五里牌地方，

---

① 何部长，指国民政府军政部部长何应钦。
② 黄部长，指国民政府行政院原交通部代部长、全国经济委员会委员、淞沪战区善后筹备委员会委员黄绍竑。
③ 广州张参谋长任民，指原第四集团军参谋长张任民。
④ 王主任逊志，系桂系重要骨干。
⑤ 彭匪，指彭德怀任军团长、杨尚武任政治委员、邓萍任参谋长、袁国平任政治部主任的红第三军团。
⑥ 覃师，指桂军第七军第二十四师师长覃连芳所部。
⑦ 黄师，指桂军第十五军第四十三师师长黄镇国所部。

亦有匪二千，向全州方向构筑工事。

（三）我第七军军长廖磊率十九师周祖晃向兴安方面增援，预料今晚可到兴安东方之李家枧附近地方。已今〔令〕明晨向界首之沙子包方面截击矣。

白崇禧叩。卅酉平行印

（此件引自《共匪西窜记》）

追剿军何总司令键卅戌衡电

（一九三四年十一月三十日）

接寒〔零〕陵特〔转〕全州电话：

（1）匪一股已由麻子渡、界首等处渡过漓水、文市、界首间，当有匪大部跟踪。

（2）刘司令建绪统率章亮基师[①]，本日午前，在觉山附近（全州西北五里牌附近）与伪三军团激战竟日，毙匪数千获步枪三千余枝，迫炮、机枪四十余挺。我方伤亡官兵三百余员名。我李师[长]觉[②]率补充各团，今夜蹑匪穷追，向咸水进击。并令陈光中师于明晨赶赴城步堵剿。李觉师刘代旅长建文已派兵扼守新宁及梅溪口、界牌等处。又匪一部约两千，由大肚岭、白沙窜犯全城，现与我陶广师[③]激战中。第二路薛司令岳所部，除令以一部扼守黄、全间防线外，以主力向新宁、城步堵剿。第三路司令周浑元所部，本晚已追抵文市附近，沿途节节击溃匪之后卫，毙匪颇多，俘匪数千，获枪十枝。第四路李、王两师[④]，已协同第三路尾匪追进。第五路李司令韫珩，艳日由宁远向零陵急进。空军，本日在麻子渡、马鞍山、莲花圩、及文市、石塘圩、大岭背各发现匪数千。当[即]投弹并机枪扫射，毙匪甚众。山头附近，架设游动浮桥四座，及全县南循藕塘附近浮桥五座，均已火毁。

（此件引自《共匪西窜记》）

---

① 章亮基师，指刘建绪部所辖的湘军第十六师。

② 李师长觉，指刘建绪所部（湘军）第十九师师长李觉。

③ 陶广师，指刘建绪所部（湘军）第六十二师。

④ 第四路李、王两师，指"追剿"军第四路司令李云杰（湘军）所辖的李云杰兼任师长的第二十三师和王东原任师长的第十五师。

四集团军总部行营连日通报

（一九三四年十一月三十日）

军息一：

我第十五军夏威率部于三十日上午九时，协同飞机第一队（桂）[①]作战，向钟家镇一带之匪攻击，该匪不下万余，顽强抵抗，战斗极为猛烈。相峙三小时以上，我军全线冲锋，上空飞机不断轰炸，及机关枪猛烈扫射，毙匪甚众，匪阵线昭〔即〕动摇，纷纷向石塘圩方向溃退。同时古岭头之匪，经莫团[②]猛力冲锋，始于黄昏时占领古岭头。匪从右翼绕出新圩，被我谢、程两团[③]将其包围痛击，毙匪二百余，俘匪四百余。

军息二：

西窜共匪全部由界首通过，向西延方向窜走。文市、石塘已无匪迹。我第十五军在界首与匪部第三军团作战甚烈。此股担任匪之后卫，激战数小时，此役毙匪两千余，湘水几为之红，俘匪二千余，获械两千余，残部向西延方向窜走。我白副总司令连日在灌阳文市一带督剿。为彻底肃清残匪计，已由灌阳进驻兴安督剿，以竟全功。

军息三：

界首伏华铺之匪，昨亦与我军作战。匪由深布坪方面向伏华铺包围，经黄师[④]及民团痛击，自午至晚，仍在相持中。复据飞机侦察回报，由麻子渡窜界

[①] 广西于一九三一年夏组织民用航空筹备委员会。同年冬，于南宁设立广西民用航空管理局，隶属省政府。一九三二年冬，航空局扩大为航空处，改隶第四集团军总司令部，并迁往柳州，转为军用。一九三三年成立飞机第一队，下辖三个分队。该队在防堵红军长征中有二名飞行员遭击毙。

[②][③] 为桂军第十五军所属团队。

[④] 黄师，指桂军第十五军所辖的黄镇国的第四十三师。

首之匪，均头缠白布、满插树枝，见我飞机，即伏地不动，经投弹轰炸毙匪甚多。昨在界首所架设之浮桥，已被我飞机炸毁。

军息四：

在苏江、新圩与我抗战之匪，前日被痛歼后，乃纷纷向西北窜走，我军欲彻底将匪肃清计，特电约湘省友军南来，前后向匪夹击。兹据飞机第一队报告，追剿第一路刘司令建绪所部，十一月三十日晨，由全州出发，正午其先头部队已到达花红铺附近，第三路司令周浑元所部，三十日上午十一时，其先头部队亦已抵文市。现匪已陷重围，不难肃清也。

（此件引自《共匪西窜记》）

刘建绪关于到咸水城步绥宁
堵击红军致李觉陶广陈光中电

（一九三四年十一月三十日）

一、匪主力已过界首向西延急窜中。伪三军团之一部枪约五六千在界首、石塘圩之间。其在觉山经我击溃之伪第一军团一部已退据朱兰铺、五里排附近，仍在顽抗中。又窜扰全城南端大肚岭、白沙之匪，已经陶①师钟②旅击溃，向界首窜走。我桂军主力已由新圩、古岭头，一部由光华铺分向界首追剿中。我周③纵队先头已达文市附近。黄沙河、沙子街、太平铺之线江防已请薛④纵队梁⑤师接替。

二、着李代司令觉率章亮基师、补充四团、陈子贤旅，仍遵前令续向咸水攻击前进。惟驻寨圩之戴鼎甲⑥团应由该司令迅饬经雪滩、大帽岭向西延截剿。

三、着陶广师（缺李⑦旅）即由现地出发，随李⑧司令后跟进。

四、着陈光中师（缺陈⑨旅）即由现地出发，经四板桥限江日到达城步，

---

① 陶，指陶广。
② 钟，指钟光仁。
③ 周，指周浑元。
④ 薛，指薛岳。
⑤ 梁，指梁华盛。
⑥ 戴鼎甲，任国民党军第十六师四十七旅九十四团团长。
⑦ 李，指李国钧。
⑧ 李，指李觉。
⑨ 陈，指陈子贤。

迅速构筑城步、梅口、绥宁之线碉堡，堵匪西北窜。

上四项。

（此件引自《陆军第六十二师二十三年十二月份剿匪军事工作报告书》，以卅戌参机代电发出）

黔军军部通电

（一九三四年十一月三十日）

赣匪倾巢西窜，西南各省同感危急。烈^①除积极部署，派队防剿，并决于日内亲赴施秉策应，各方严为堵剿外，曾于上月（十月）感日（二十九）电令犹总指挥国材^②由兵三团，驰赴黎、永，共同堵截。并经指定取道由关岭、镇宁、广顺、定番、都匀、八寨、三合等县前往。最近，又发该都无线电机一架，棉军服四千套，并通令经各县地（方），准备粮秣，准许该部所携滇币在东南各县一律通行各在案。现关〔闻〕匪部已达桂境，该郁部尚未开拔，除迭电严为催促赶速成行外，特闻。

（此件引自《共匪西窜记》）

---

① 指贵州省政府主席、第二十五军（黔军）军长王家烈。
② 指曾担任过黔军第二十五军军长的犹国材。

赣粤闽湘鄂剿匪军东路总司令部造呈
二十三年度十一月份剿匪工作军事报告书

（一九三四年十一月）

作战命令

赤匪主力西窜后，先后奉委座上月世（三十一日）未机平及本月皓（十九日）已行战一电令：着速抽队进取闽西、赣南未经收复各县，限于本月底一律占领。等因。遵令第四纵队派第十、第三十六师进取瑞金，第三师进取会昌，第五十二师进取归、清、宁三县，先后电达命令要旨如左：

一、鱼（六日）已电李指挥官延年，着该纵队副指挥官李默庵率第十、第三十六两师进取瑞金，于庚（八）日集结长汀，即以一举占领瑞金之目的，于佳（九日）晨开始攻击前进，限当日占领古城，燕（十）日占领瑞金。仰遵办具报。

二、篠（十七日）未电第三师李师长①：（一）奉委座电令：速规复会昌。等因。（二）该师河田防务，巧（十八）日交八十五师接替后，即于号（二十）日集结瑞金。限马、养（二十一、二十二）两日收复会昌。希迅速遵照具报。

三、鱼（六日）巳电五十二师卢师长②：该师俟永安防务交替后，即进取归清。现匪主力已远，应一举占领归化，构筑相当附廓碉堡后，即续取清流。希即遵办具报。

第五十二师于铣（十六）日收复归化，宥（二十六）日占领清流。闽西匪区，尚有宁化一县未经收复。当于俭（二十八日）辰电令该师，抽队继续进取，以竟全功，电文如左：希速抽队进取宁化。务于本月底奏功为要。

---

① 李师长，指中央军第三师师长李玉堂。

② 卢师长，指原"福建人民政府"第十五军所部改编的第五十二师师长卢兴邦。

军队调遣

前奉委座九月有（二十五日）申参海电手令节开：现令第四十五师开延平，填延平以南经沙县至永安防。等因。该师遵令开拔，于上月三十日到沙，至本月冬（二）日止接收第五十六师自王台经沙溪口至永安以北之西洋坂一带守备任务完毕。又奉本月冬（二日）酉行战一电开，第七十五师黎泰、黎建之守备部队，限鱼（六）日推进建泰间，接收四十六师防务。第四十六师交防后，着开建、广间接收第八师守备任务，限庚（八）日前按替完毕。等因。各该部均经遵限接防。自是闽北封锁线之守备部署如左：

建宁、水南段，由第四十六师守备，师部驻建宁。

建宁经泰宁、将顺至王台段，由第七十五师守备，师部驻泰宁。

王台经沙溪口、沙县至西洋坂段，由第四十五师守备，师部驻沙县。

第五十六师驻沙、永间主力，于冬（二）日将守备任务交替后，遵令集建瓯，搜剿浦、瓯、松、政间散匪，除以一六六旅（欠三三一团）守备延平外，第一六七旅及一六八旅（欠三三五团）于歌（五）日集中建瓯，佳（九）日一六七旅向水吉、临江推进，一六［八］旅（欠三三五团）经东游、东坪，向山表推进，从事清剿。其余第三三一团及三三五团于庚、佳（八、九）两日由延平出发，蒸（十）日到达建瓯。

闽西方面任进剿之第四纵队[①]，于上月世（三十一）日集中河田，东（一）日遵令进取长汀。其部署：

第九、第三十六两师为第一线。第九师于上午九时，由河经、分水凹向长汀攻击前进，至午后一时占领长汀。第三十六师紧随九师后跟进，于午后三时到达长汀附近。

第三、第十两师为第二线。第十师紧随三十六师后跟进，至分水凹占领阵地，准备策应第一线。第三师一部固守河田，主力向分水凹逐步筑碉推进。

该纵队微（五）日构成长汀附近城围工事，及长汀、河田间碉堡后，以九师一旅守备长汀，主力构筑长汀飞机场；第三十六师筑长汀、黄管段公路；第十师筑黄管、河田段公路；"第三师主力移河田以东公路。时奉委座世（三十一日）未机平电节开：匪主力既已过河西窜，则闽西与赣南各县城之收复，应从新规定，不必再筑封锁线与步步为营之方式也。又奉东参平电节开：着李纵队

---

① 第四纵队，指国民党赣粤闽湘鄂剿匪军东路第二路军第四纵队，指挥官李延年。

主力由长汀进取瑞金。东北两路后方守备部队，应尽力推进。各等因。遵策定本路军今后部署，呈奉委座江（三日）午行战一电准照办。其要旨如左：

一、李纵队第三师仍筑河田以东公路，第九师仍守长汀及构筑长汀飞机场；第十、第三十六两师于庚（八）日集结长汀附近，以一举占领瑞金之目的，佳（九）日近〔进〕至古城，蒸（十）日收复瑞金。

二、第四十五师延接永安城防，保安第一支队延接永、苦间守备，限即日接替完毕。

三、第五十二师交防后，即以全力一举规复归化，再续取清流。

四、第八十及八十三师，各抽兵一团，清剿龙、新路南北地区散匪。

各部队遵上列部署办理。其经过分举如左：第十、第三十六师，庚（八）日集中长汀附近，佳（九）日向瑞金进展，第十师在先头，第三十六师跟进。至午后四时，十师占领隘岭、古城一带地区，三十六师到达花桥、青山铺一带。灰（十）日除三十六师之一旅构筑古城附近碉堡外，其第十师于巳刻占领瑞金，第三十六师（欠一旅）于未刻占领鸟头嘴及瑞金城南巢米街一带，即赶筑城围工事。至删（十五）日以十师主力守备瑞金城廓，一旅移瑞金、隘岭间构筑碉路。第三十六师移古城、青山铺、牛岭间构筑砌路，均限本月底完成。

第八十三师，更定旧、连线守备部署，以二四九旅（欠四九八团）附补充团守备连城、杨家坊段，第二四七旅（欠二九三团）守备新泉、旧县段〔其二九四团于有（十五）日留一部守旧县，主力进驻南阳清剿〕。第四九八团守备庙前、古田、大池段，抽出四九三团于微日集中芷溪，鱼（六日）开始搜剿龙新路以北地区之匪。同时第八十师亦遵令抽出四七六团，于微（五）日由龙岩出发，搜剿龙岩附近之匪。

保安第一支队，更定守备部署。以第四团任连城（不含）把隘段守备，第一团移接把隘、苦竹段守备，第二团移接苦竹、永安（不含）段守备，于文（十二）日全部移接完毕。

第四十五师，遵令派二六五团（欠一营）于真（十一）日接收永安城防完毕。

第五十二师交防后，于寒（十四）日向归化推进，铣（十六）日第一五四旅占领归化城，主力停止胡坊，至养（二十二）日进至归化。敬（二十四）日留一团守备归城，主力进取清流。当日占领林畲，有（二十五）日占领嵩溪，宥（二十六）日申占领清流城。三十晨续取宁化，于当日午后四时占领。

本路军占领瑞金后，奉委座删（十五日）西行战一电令：抽队规复会昌等因。遵令第三师担任，遗防由八十五师延伸接替。

第八十五师遵于巧（十八）日延接第三师河田守备任务，其部署以五〇五团守备朋口至上水口段，五〇七团守备上水口至河田（不含）段；五〇六团之一营及师直属队守备河田至中华山段，以两营构筑河田、上水口间公路，师部移驻河田。

第三师交防后，于皓（十九）日由河田出动，号（二十）日到达瑞金附近，养（二十二）日先头十八团第一营附师部特务队，于未刻占领会昌。主力团与伪二十四师等匪遭遇，集结江塘坊附近占领阵地，准备决战。梗（二十三）日留补充团构筑江塘坊附近碉堡，主力进至会昌，至俭（二十八）日完成会昌城围工事后，派十五团驻谢坊筑碉，以维后方交通。

自是剿匪告一段落，守备杭、永、武平一带之南路部队撤回蕉岭，遗防奉令由本路派队接替。遵令八十三师派一部接防上杭、八十师派一营驻永定、闽省保安部派一团驻武平，预计至下月上旬可分别接防完毕。

赣粤闽湘鄂剿匪军东路军逐日匪情报告

十一月一日

汀连方面

一、我第四纵队于东（一）日克复长汀。伪游击队独立营、保卫团共约千余，枪半数，东（一）日经汀城西半天岽、东坡岗，向四都窜去。

十一日二日

龙岩方面

刘戡[1]冬（二日）电：伪一〇一团有步枪四百余枝，盘踞梅村附近；伪独九团有步枪四百余枝、轻重机枪三挺，自在上、下车附近被我四九八团击溃后，窜踞涂潭以北铁山、罗山一带。

十一月三日

龙岩方面

薛蔚英[2]江（三日）电：伪一〇一团近在龙岩、宁洋、连城三县交界之苏一田设立伪政府，在赖源成立伪连城县政府，迫令农民充当赤卫队。

---

[1] 刘戡，中央军第八十三师师长。

[2] 薛蔚英，任职不详。

十一月四日

汀连方面

一、李延年支（四）日电：（1）伪二十四师七十团约一营，冬（二）日以来，流窜于半天嵊、牛岭一带。（2）瑞金四周高地有匪扼守。（3）古城有匪三百余。

二、杨逢年[1]报告：周力行股匪约三百人，四日晚由白土方面窜至大水坑。

十一月六日

龙岩方面

一、据探伪独八团及伪独九团，在船巷、南阳、赤水、白土等处，满贴伪工农红军政治部之标语。

二、杨逢年报告：伪独八团六日窜白石、屈盂一带。

十一日八日

汀连方面

李延年庚（八）日电：牛岭以西一带，有伪游击队二三百人，枪弹缺乏；青山铺有伪独立营二百余人，枪百余枝，机枪数挺。

十一月九日

汀连方面

佳（九）日我第十、第三十六两师，向古城前进。我第十师先头部队，与盘踞古城之伪独立团人枪约三百余，在牛岭接触，匪扼险抗拒，将其击溃。匪分向蓝山、隘岭方向逃窜。于下午四时进占隘岭、古城一带。

十一月十日

瑞金方面

灰（十）日我第十、第三十六两师，由古城进占瑞金。与伪独立营游击队等略有接触，即分向会昌、雩都逃窜。据土民报称：十月十九日伪中央迁雩都。本月八日晚，伪区政府宰猪牛，犒驻桃源边区伪二十四师。

十一月十一日

会昌方面

陈诚文[2]电：真（十一）日据伪二十四师匪兵在银坑向我师投诚供：会昌附近尚留有该伪师之一团，现正向银坑方向窜来。等语。

---

① 杨逢年，任职不详。

② 陈诚文，任职不详。

十一月十二日

瑞金方面

李默庵[①]文（十二日）电：据土民云，武阳围有匪千余，枪七百余枝，行踪飘忽。伪游击队约二百余人，枪七八十枝，佳（九日）晚向瑞金西三十里之九堡逃窜。瑞金南之石水湾附近，有匪哨兵。等语。

汀连方面

三十六师陈旅长文（十二日）电：（1）童坊有由长汀窜来之伪十七团四五百人，枪三百余枝，机枪二挺。（2）馆前先后由长汀窜到匪千余，似有他窜模样。

十一月十三日

汀连方面

李延年元（十三日）电：（1）东坡岗有番号不明之匪二千左右，枪千余枝，机枪二挺，向四都移动。（2）童坊之匪四五百，枪三百余枝，昨向馆前窜去，与散匪会合。

瑞金方面

李默庵元（十三月）电：（1）瑞金西北之官仓，下旬日前窜到匪千余，枪六七百枝，分两个游击队，今晨八时，窜瑞城北之黄柏市。（2）瑞金西之田心圩，有匪三百余，西江有匪约千余，均服装整齐，枪枝齐全。（3）武阳围有匪千余，石水湾有伪独立十一团。

十一月十五日

瑞金方面

李默庵删（十五日）电：九堡有伪瑞金独立营及九堡游击队约五六百人，枪半数。

十一月十六日

瑞金方面

李默庵铣（十六日）电：九堡之匪，前日经本师游击队击溃后，昨日窜武阳围。

十一月十七日

宁清方面

---

① 李默庵，时任中央军第十师师长。

卢兴邦[①]篠（十七日）电：清流城有伪闽赣边区游击队数百人，其一部在蒿口坪一带出没。

闽北方面

刘和鼎[②]洽（十七日）电：伪五八、五九两团，仍盘踞松溪西北之山表外屯一带。

十一月十八日

宁洋方面

据报：伪独立第九团，仍在宁洋、邹家山一带。

十一月十九日

宁洋方面

漳平县长巧电：伪独八团近窜永福圩附近，伪独九团大部今在松洋，一部仍在孔党、邹家山一带。

闽北方面

刘和鼎皓（十九日）电：我甘团巧（十八）日抵龙安，遇伪游击队顽抗，不支始向东溃窜。李团抵王西坑正遇匪二百余，与义勇队抗战，当派队猛冲，匪向南窜。据匪探供：（1）伪五十八团六百余人，枪四百余枝，重机枪二挺，轻机枪六挺。（2）盘踞岚谷之伪五十九团，改编为伪独立团，五百余人，枪三百余枝，伪团长薛子正。（3）大安现有伪新兵师，人枪七百余。

十一月二十日

宁清方面

卢兴邦哿（二十日）电：泉上有枪匪五六百，篠（十七）日又增百余。

十一月二十一日

汀连方面

李延年迥（二十四日）电：派往沿冈清剿散匪部队，于马（二十一）日午前在洋地（距沿岗十里）与匪独立营及游击队三四百接战二小时，匪向石城南之横江溃退。

闽北方面

张銮基[③]马（二十一日）电：（1）伪五十八团匪一部，马（二十一日）窜

---

① 卢兴邦，时任第五十二师师长（"福建人民政府第十五军"所部改编）。

② 刘和鼎，时任第五十六师兼师长（以孙传芳五省联军之闽军为主部队改编）

③ 张銮基，国民党独立第四十五旅旅长。

崇安西南之前篮。（2）伪五十九团及崇东独立营八百余人，六百余枪，窜崇安西南之下梅、田头、浦城西南之溪洲铺等处。

十一月二十三日

会昌方面

我第三师于梗（二十三）日克复会昌，与伪游击队稍接，即溃窜。

十一月二十四日

宁清方面

卢兴邦敬（二十四日）电：据俘匪供，泉上一带原有匪五六百名，前日由宁化又来四百余名，泉上有伪指挥部，清流城有伪模范营及赤卫队等。

十一月二十五日

闽北方面

刘和鼎有（二十五日）电：临江、松溪等处，经我李团之李营先后游击，现均肃清。刻向路下桥一带搜剿中。

十一月二十六日

建宁方面

戴嗣夏① 宥（二十六日）电：探报，前踞均口、都上之匪，为伪独十二团，五百余人，二百余枪，数日前移窜黄泥铺、容坊等处骚扰。

宁清方面

我五十二师于宥（二十六）日击溃闽赣游击支队，于申刻收复清流城。

十一月二十八日

宁清方面

卢兴邦俭（二十八日）电：（1）据俘匪供及探报：泉上一带有伪十八团及游击队千余人，枪八九百枝；宁化有匪四五百名，枪三百余枝。

闽北方面

张銮基俭（二十八日）电：感（二十七）日我七三四团两营，在溪洲铺与伪独立团激战三小时，将该匪击溃。

十一月三十日

宁清方面

我五十二师三十日续向宁化前进。下午二时在上垄遇匪四百余，据险顾抗，

---

① 戴嗣夏，时任国民党军第四十六师师长（原湘军谭延闿系）。

旋由泉上方面增来匪三百余人,〔卒〕被我击溃,分向中沙窜去。确实占领宁化城。

综合十一月一般匪情提要:

一、我第四纵队于东(一)日克复长汀,伪独立营游击队等,向汀西之半天岞、东坡岗、四都窜去。

二、我第十师、第三十六师,于佳(九)日经古城,灰(十)日克复瑞金,伪独立营游击队即向会昌方面窜去。

三、我第三师于梗(二十三)日克复会昌,残匪初尚顽抗,率〔卒〕被我击溃,分向西北逃窜。

四、我五十二师于宥(二十六)日击溃闽赣游击支队,于申刻收复清流城。三十日续向宁化前进,在上垄遇匪数百,将其击溃,分向中砂窜去。遂进克宁化城。

五、伪二十四师之一部,冬(二)日以前似尚在汀洲以西半天岞一带,真(十一)日左右由会昌窜银坑方向。

六、伪一〇一团,独立第八、第九团及周力行股匪,仍在龙岩、漳平、宁洋一带流窜中。

七、伪闽北独立师黄立贵部及游击队等,仍窜扰崇安、两建、松溪、浦城各边区。

八、闽东土共任、马等股匪,流窜于福安、霞浦、宁德边境。

剿匪战斗经过

赤匪主力,既经突围西窜,残留匪区者,本为强弩之末,但仍逞其跳梁故技,于我军进展间,节节抵抗。谨将逐次抗战经过,分举于左:

东(一)日我九师向长汀进展时,伪游击队等匪,与我抗战,略经接触,即行溃退。我九师当场俘匪三十余名,缴获步枪数枝。

佳(九)日第十师向瑞金进展时,伪古城独立团枪匪三百余,占领牛岭,凭险抗战。旋被我先头部队击破纷向隘岭方向溃窜。

养(二十二)日我第三师进取瑞金,午后二时,占领江塘坊附近地区。伪二十四师及游击队独立团等匪共五千余人,向我阵地猛冲,激战三小时。当将十七团增加,又藏战一小时后,匪始退踞西南方高地与我对峙。至梗(二十三)日拂晓,以补充团由右翼大山出击,匪始向西北方向溃退。

宥(二十六)日我五十二师进取清流,伪游击队三百余人,凭城顽抗,同时由下窠窜来增援之匪百余，当分头痛击，先将该匪击溃，然后由三一一团渡河冲入城内。匪仍顽抗，巷战至申刻。毙匪司令、政委各一，残匪始行溃退。是役斩获颇多。三十日，第五十二师进至宁化附廓与伪第七团等激战，至十二月东（一日）晨，收复宁化。残匪西窜。自是令闽陷匪各县均已收复。

东路总司令部十一月份剿匪宣传工作（略）

碉堡设施

遵委座上月世（三十一日）未机平电：匪主力西窜，不必再筑封锁线之要旨，令各部队于进展间，先构筑城围工事，再于各要点酌筑碉堡，以维后方交通。其构筑情形如左：

第四纵队占领长汀后，以九师及三十六师构筑城围工事与附近碉堡；第十师构筑分水凹、长汀间各要点碉堡；第三师主力构筑河田、分水凹间各要点碉堡。均于微（五）日完成。

占领瑞金后，以第十师及三十六师主力构筑城围工事及碉堡，一旅于古城构筑据点碉堡，均于寒（十四）日完成。尔后十师一旅移至隘岭以西至瑞金间各要点，第三十六师移至隘岭、牛岭间各要点，分别构筑碉堡，于号（二十）日完成。马（二十一）日师补充团进驻武阳团构筑碉堡，敬（二十四）日完成后，续筑石水湾、风雨亭间碉堡。

第三师收复会昌后，以主力筑城围工事及碉堡，补充团构筑江塘圩附近碉堡，感（二十七）日完成，俭（二十八）日派十五团至谢坊构筑据点碉堡计于下月初可以完成。

第五十二师收复归化、清流两城，因时间兵力诸关系，先筑城围工事附近碉堡。

东路总司令部十一月份封锁设施

一、改进事项

查平和、诏安二县与云霄毗连各乡区，所需火油食盐，向由云霄采购，设其间无一妥适办法，势必漫无限制，辗转漏入匪手。爰令饬云霄县长应依照公卖条例，派员与平、诏二县会商联络办法。并奉行营令饬通令各部队、各县政府，凡运输货物经过各检查卡时，务须凭照认真查验，加盖该卡验讫戳记，注明年月日方准放行。

　　二、审核表册办法

　　据平和县长呈送该县食盐、火油公卖会赢余开支表册及云霄县长电报封锁办法，均经分别审核备案。

　　三、核办事件（略）

　　四、协助视察（略）

东路总司令部十一月份点检工作报告

　　一、案奉钧长勘（二十八日）午参平电开：

　　据李师长玉堂皓（十九日）酉电称：职师第八旅现有官兵四千二百九十二名，十月份经费迄未发给。请电军部从速照发，以维现况。等语。查该旅自温坊失利后，现有官兵若干？情况如何？均不得知。希兄负责监督整理，将被释回及不努力之官兵，查明淘汰，点验实有人员具报，以凭核办。等因。奉此。

　　二、点验委员会之组织（略）

　　三、点验实施（略）

　　四、点验所见

　　1.该旅经温坊战役后之补充新兵，约占半数。益以体力薄弱，生活遽改，水土不服，时疫盛行，遂致病居七八，训练进行颇感困难。故虽入伍月余，仍未达到所要进度。当令改善卫生，努力训练。

　　2.闽中初届深秋，遍患痢疟诸症，兼之瘴岚瘟疫，病者日多，死亡藉枕。

　　3.该旅第十五团，初级军官泰半由本师九旅及补充团中新提升，经验未丰，处置一切，均生疏。当令各级长官，随时训导，遇时指正。

　　（此件引自中国第二历史档案馆编《国民党军追堵红军长征档案史料选编》）

陆军第六十二师二十三年十一月份
五省剿匪军事工作报告书

（一九三四年十一月）

作战命令

命　令
（十一月八日午后二时于桂东城六十二师师部）

一、顷奉兼司令刘[1]阳午参电命令节开：着陶师除以一部镇守汝、桂外，速以主力经大来圩，向文明司方向跟匪追剿。等因。

二、本师长[2]为遵奉上令，即率第一八六旅及直属部队暨现在汝城之第一八四旅，于明（九）日由桂东城出发，经寨前、沙田、查坪、田庄圩、汝城，向延寿、文明司跟匪追剿。

三、着钟涤松团全部，担任自查坪（含）经沙田、寨前、桂东城至寒口（含）之线碉防，并先就近派兵一部，接替马团由桂东城至寒口之线防务。另一部接替袁团沙田至桂东之线防务，并酌派兵力留守查坪，余部移驻桂东城。

四、着胡指挥凤璋部，接替自查坪（不含）以南，经田庄圩、汝城、官桥、大平圩、高排，至新桥（不含）钟光仁旅所遗碉线防务，及钟涤松团所遗豪头圩碉防。

五、着王旅马团于本（八）日晚，将现有防务移交钟涤松团后，即于桂东城附近集结待命。其袁团于防务移交后，即于沙田集结跟进。

---

① 司令刘，指刘建绪。

② 第六十二师，师长为陶广。

六、着钟光仁旅,将所有防务移交胡凤璋部接收后,即于汝城附近集结待命。右命令七项,仰即遵照。此令。

命　令

(十一月十日午后十时于汝城六十二师师部)

一、据报伪八军[团]二十一师,枪匪约二千,现由九峰回窜蟠溪铺、五里墩、延寿、官坑、刘坳、刘傅排、巷岭、牛田坳一带。

我粤军第二师及独立第二旅,今晚到达大坪、官路、下白泉圩附近,明日拟由延寿分向文明[司]方向前进。

二、本师(缺钟团),决明(十一)日由汝城向蟠溪铺、五里墩之匪攻剿前进。将该匪歼灭后,即遵兼司令刘阳午电令部署,经七里谷、八里坳、百丈岭,续向文明司方向跟匪追剿。

三、着钟旅长光仁率所部(朱团本晚已抵外沙附近),于明晨七时,由现驻地出发,向蟠溪铺之匪搜剿前进。

四,本部及直属部队,于明晨七时三十分,由现驻地出发,按特务连、师部、工兵营、无线电队、教护队、师部大行李之顺序,在一八四旅后跟进。

五、着王旅长育瑛率所部,于明(十一)日晨八时,由现驻地出发,在师部行李后跟进。

六、予随师部行进。

注意:

1. 各部在南门外进路之一侧集合后,各自出发。

2. 先头部队须注意与友军联络。

3. 各部行李均随各部后方跟进,并须派员指挥。若与匪接触时,须在道一侧停止或指定地停止。不得妨碍部队通行。

4. 各部须携带中餐。

右命令六项。注意四条令。

命　令

(十一月十三日午后十一时五十分于文明司六十二师师部)

一、当面之匪业被我军击退,向里田、赤石逃窜。

二、本师为遵奉上令,迅速安全到达郴县计,决由文明司取道滁口、渡头、东江，兼程开赴郴县。

三、着第一八四旅于明（十四）日午前六时，由现驻地开赴渡头宿营。十五日，由渡头开赴过东江二十里处宿营。六日到达郴县。但须留兵一营，随师部后尾行进。

四、师部及直属营、连、无线电队与第一八四旅之一营，于明（十四）日午前七时，在第一八四旅后行进。

五、着第一八六旅于明（十四）日午前十时，由文明司出发，当晚宿营滁口。限十六日到达郴县。

六、第一八四旅出发后，所有文明司宿营地之警戒，由第一八六旅负责。

七、行进时，予随师部运动。

右七项令。

命 令
（十一月十八日午后二时于郴县六十二师师部）

一、本师遵照总司令何元亥长总参机电令意旨（原令详本部巧辰参代电），于明（十九）日由郴县出发，经桂阳、新田、零陵之大道，开赴黄沙河以北地区集中待命。其行军日程及序列，如另纸规定。

二、给养自行携带或以现金就地购办。

三、予随师部行进。

右令三项，附行军日程及序列表一纸。仰即遵照。此令。

（总司令何元亥长总参机电令意旨及本师行军日程并序列表附录于后）。

甲、节录总司令何元亥长总参机电：

综合各方情报，匪由城口、仁化、九峰，以一部窜良田附近，其主力在宜章以南地区，沿五岭山脉向西急窜中。本路军以歼灭该匪于湘潇水以东地区之目的，陶师长广率所部经新田，取捷径开驻黄沙河以北地区集中。限号日以前到达。

乙、本师由郴开赴黄沙河以北地区之行军日程及序列表。（略）

命 令
（十一月二十三日午后十时发于零陵城师司令部）

一、综合最近情报：伪一、三、五、八军团，分两路西窜。一路经宁远，已至道县、永安关附近；一路经粤省连山以南，窜入桂省桂岭、龙虎关以南地区。

又匪一部之先头，本日已到达桂省之文村附近。我薛周两纵队所部及桂、粤军，正分途堵截。白副总司令已抵恭城指挥。

我十六师章亮基所部，刻在黄沙河一带布防。

二、本师为遵奉上令，以堵剿该匪回窜任务，拟继续向黄沙河以北地区推进。

三、着王旅长育瑛率所部，于明（二十四）日午前十时，由现驻地出发，开赴枫木铺附近宿营。后（二十五）日，推进至栗山铺堵剿，并与章师切取联络。

四、着钟旅长光仁率所部，于明（二十四）日午前十一时，由现驻地出发，开赴黄田铺附近宿营。后（二十五）日，推进至东湘桥堵剿。

五、师部及直属营、连，于明（二十四）日午后一时，由现地出发。按特务连、师部、骑兵连（缺一排），无线电第十九、第二十五两分队，大小行李、卫生队、工兵营（缺第一四两连）之次序，开赴双江桥附近宿营。后（二十五）日，推进至东湘桥以西附近。

六、着军医处金军医华昆，率领调派之团医务人员，于明（二十四）日起，在零陵城开设落伍病兵收容所。医治各部沿途落伍病兵。一俟该项落伍病兵痊愈回队后，即行撤销。

七、无线电信第一分队敬映东所部，着暂驻零陵城工作。

八、给养用现金就当地购买。

九、予随师部行进。

右命令九项令。

命　令
（十一月二十四日午后十时于双江桥师部）

一、顷奉兼司令刘电话：令本师开赴黄沙河堵剿窜匪。等因。

二、着第一八六旅王育瑛所部，于明（二十五）日午前七时，由现地出发，开赴黄沙河待命。

三、师部暨直属部队，按特务连、工兵营、无线电、卫生队、大行李、骑兵连顺序，于明（二十五）日午前六时半，由现地出发，向黄沙河推进。

四、第一八四旅钟光仁所部，于明（二十五）日午前七时半，由现地出发，开赴黄沙河待命。

五、着各旅派官长一员，率枪兵数名，于明（二十五）日午前三时，在双江桥师部集合为设营队，归本部李参谋沄指挥，前赴黄沙河设营。但一八六旅设营人员，不必来部，待师部设营人员通过该旅时，随同出发（设营人员给养各部自备）。

六、行进时，予在师部先头。

右命令六项。仰即遵照。此令。

命　令
（十一月二十五日午后十时于枣木桥六十二师师部）

一、顷奉兼司令刘电话谕：着本师于明日开赴黄沙河西岸，向庙头方向之江村附近，停止待命。等因。

二、着第一八六旅于明（二十六）日午前八时，由鹤冈市开赴黄沙河西岸三角司附近待命。

三、着第一八四旅于明（二十六）日午前八时，由栗山铺经枣木桥，开赴黄沙河西岸江村附近待命。

四、师部及直属部队，按工[兵]营、特务连、师部、骑兵连、无线电、卫生队次序，于明（二十六）日午前八时，由枣木桥出发，推进黄沙河西岸东林塘附近。

五、余随师部行进。此令。

右五项令。

命　令
（十一月二十六日午后十时于黄沙河师司令部）

一、匪情任务及友军位置，如本部宥亥参机代电所示（原电系转兼司令刘宥有参电摘录附后）。

二、本师为遵奉上令，准于明（二十七）日集结太平铺、五里牌之线待命。

三、着钟旅长光仁率所部，于明（二十七）日午前五时三十分，由现驻地出发，经黄金汽车道，开赴五里牌待命。

四、师司令部及直属营连、队等，着于明（二十七）日午前六时三十分，由现驻地出发，按特务连、师司令部、工兵营（缺第一四两连），无线电第十九、二十五两分队，大小行李、卫生队、骑兵连（欠一排）之次序，在钟旅后运动推进至里牌东端附近。

五、着王旅长育瑛率所部，于明（二十七）日午前六时三十分，由现驻地出发，随师部后跟进，开赴太平铺待命。

六、着钟团长涤松率所部及工兵第一、四两连，于到达黄沙河后，即赶赴五里牌，归还建制。

七、行进时余在师部先头。

注意：

1.师部及直属营、连、队之大小行李并两无线电队，由工兵营酌派枪兵护运。

2.师部及直属营、连、队出发前集合地点，在黄沙铺西端进路侧空地，钟王两旅应各自选定。

右命令七项，注意二条令。

3.摘录兼司令刘宥有参电：

奉总司令何有戌衡总参机电节开：①据报窜匪万余，本日到王母渡，似为敌之右侧卫。讯俘匪供称：匪按三军团、中央机关、九军团、一军团之行军序列行动。推测任右侧卫者，为伪五军团。任左侧卫者，为伪八军团。②着第一路追剿司令刘建绪，指挥所部担任黄沙河（不含）至全州之线，置重点于全州东北地区，与桂军及第二路部队夹击，等因。着陶广师于明（感）日集结大平铺、五里牌之线待命，并对石塘村、咸水方面派探侦察匪情具报。等因。

命 令

（十一月二十七日午后九时于全县师司令部）

一、顷奉第一路追剿司令刘十一月二十七日午后五时命令开：

1.据报匪两万余，本（二十七）晨抵文市。其最先头便衣散匪约二三千人，刻正分途通过茅埠、屏山渡、凤凰嘴之线，向我侦察。东山猺方面，尚无匪情。我桂军一部，正在灌阳西三峰山、镰刀湾一带与匪激战。另有桂军八团，已集结新圩、唐家园之线，会同我军向匪夹击。

2.本军以协同桂军夹歼该匪之目的，决先依托全县沿飞鸾桥、桥头（图上大石塘附近）之线占领阵地。以主力集结大石塘、石角村、全县、五里牌，待机出击。

3.着章师迅即占领飞鸾桥、桥头之线阵地，主力控制桥头。后方另派精锐一营，轻装星夜兼程，占领寨圩，切实固守。但桥渡须构成据点。

4.着何平部迅即就秀衣渡、王家茅埠沿河之线，严密布置警戒。主力控制全县城北端。

5. 着陶广师即集结五里牌附近待命。

6. 着陈光中师以一部严密固守黄沙河至秀衣渡沿河之线。主力即集结太平铺待命。但沙子街仍须留兵固守。

7. 着李司令觉即率成铁侠部，迅即集结全城西北端待命。

8. 着喻炮兵营即在大石塘附近选定阵地。对各方测定射距离，尔后暂归章师长指挥。

9. 予在全县。

注意：

1. 全县城防系由桂军陈指挥担任。

2. 各部队均应于直前方远派侦探及游击队。右命令九项。注意二项。仰即遵照。等因。

二、本师以集结五里牌附近待命之目的，着各部均在现地停止。各旅团应在驻地附近选择阵地，构筑工事。但王旅长育瑛应即派兵一小部，由现地出发，至秀衣渡渡河，经上界洞、扁担坳，向黄腊方向游击具报。

三、着工兵营营长郭剑西，即刻选派精干便探，经飞鸢桥、大石塘、寨圩，向咸水方向，切实侦察匪情具报。

四、各部队驻地须自行严密警戒。

五、余率直属部队暂驻全县城。

注意：

1. 各旅团须速派多探，侦明匪情。

2. 各部队迅即购备给养，至少须足五日之用。

右命令五项，注意二项令。

命　令

（十一月二十九日午前八时于全县城）

一、顷奉兼司令刘十一月二十八日午后十时命令节开：

1. 据报西窜之匪，约五六万，其先头万余，已在麻子渡、屏山渡等处，渡过湘水，出没于路板铺、珠塘铺、沙子包、界首一带。我桂军主力在新圩、灌阳、龙虎关之线。其黄振团在光华铺、卖猪岭一带。

2. 我军以与桂军协歼股匪于兴、全地区之目的，决乘匪主力未渡以前，先将渡河之匪歼灭之。

3.着陶广师为预备队，位置于五里牌、石角村中间之金家村附近，策应各方。等因。

二、着第一八四旅钟光仁部，仍在五里牌附近停止。第一九六旅王育瑛部，仍在石角村附近停止。均以原姿势，待机策应各方。

三、着钟涤松团于本（二十九）日到达全县城后，即归兼司令刘指挥。

四、师部及直属部队，无线第十九、二十五两分队等，于本（二十九）日午前九时，移驻金家村附近。

五、予尔后在金家村师部。

右命令五项令。

命　令
（十一月三十日午前十一时于金家村）

一、顷奉兼司令刘十一月三十日命令开：

1.据报有匪约二千，枪半数，昨（二十九）日由石塘圩向大肚岭白沙前进，窜抵东冈岭附近。

2.着陶师长广即派兵一部，迅将东冈岭附近之匪围歼具报。上二项仰即遵办具报。等因。

二、着钟旅长光仁即率兵一团，将东冈岭之匪剿灭具报。

上二项令。

军队调遣

一、本师于上月杪，奉令接受防守桂、汝南北封锁干线碉堡，堵匪西窜任务后，即以第一八四旅全部，防守由查坪（不含）经汝城至新桥一段碉线，补充第五团防守沙田（不含）经查坪至豪头圩一段碉线。第一八六旅全部防守沙田（含）经寨前，至桂东城（不含）一段碉线。第一八五旅全部防守茶、宁、酃、大一段碉线。当于本月一日布置完毕。师部及直属营、连，乃于一日由酃城向汝城开拔。于三日抵寨前时，朱毛股匪正犯汝城。师部率直属营、连，即在该处指挥堵剿。六日，防守桂东至大汾一段碉线之陈光中师，奉令开赴安来之线。本师即以第一八六旅之三七一团，接替陈师遗防。师部直属营、连及补充五团之第一营，开驻桂东城。其余各部，仍担任原防守备。八日奉令以一部留守桂、汝，大部向文明司尾匪追剿。当以补充五团留守桂、汝碉线，李旅仍担任原防，师长率一八四、六两旅及直属营、连，分由驻地向汝城集中，尾匪追剿。十日，各部在汝城集结完毕。

二、追剿部队于十日集结汝城后，十一日，即由汝城向蟠溪铺，文明司之匪尾追。节节将其击溃。十三日，抵文明司。因在途奉令开郴待命，十四日，由文明司出发，十六日抵郴县。稍事整理，旋奉令开赴黄沙河以北地区堵剿。乃于十九日，由郴县出发，途经桂阳、新田、零陵，二十六日抵黄沙河。继奉令开赴全县附近待命。二十七日，由黄沙河开抵全县。第一八四、六两旅，位置于太平铺、五里牌之线，师部率直属营、连，驻全县城。三十日，师部率直属营、连，移驻金家村。第一八四旅第三六八团，派赴东冈岭剿匪。其第一八六旅及第一八四旅之二六七团，位置于五里牌、石角村、金家村之线待命。

三、补充第五团钟涤松部，奉令于十七日将桂汝碉防移交第一八五旅接替后，该团即由桂东出发，取道郴、永，于二十九日抵全县。适本师另有任务，该团奉令归兼司令刘指挥。尔后即随兼司令行动。第一八五旅于十七日，以一部接替钟团遗防外，余仍兼任原防。

战斗经过

一、汝城东风岭之役

据三六八团团长朱再生报称，伪第三军一部，人枪近三千，由连珠岩窜抵东冈岭附近。职于本月二日午后一时，率张营长毅、钟营长强各带步兵两连，机枪四挺，进击该匪。行至储能学校附近村庄，即与匪接触。当令钟营长强带兵两连（缺一排），机枪两挺，夺取右翼高地，以为攻击据点。该部冲锋十余次，始得占领。而钟营长大腿负伤。职乃令留兵一连固守该地，又令张营长带兵二连，夺取左翼高地，职与何团附之庠，亲率机枪两挺，移至距左翼高地约百米之小高地，督率张营两连、钟营姚连，拼命仰攻。肉搏数十次，激战约五小时，匪因伤亡过众，纷向青龙岩方向溃窜。时因天晚，未便追击，即率部在原阵地整理。是役伤毙匪五百余名，俘匪四名。我军伤亡官兵十二名。夺获步马枪二十八枝，驳壳枪一枝，轻机枪一挺。等因。

二、汝城苏仙岭之役

据三六七团营长李竹林报称：本月二日午后时，职奉令率第七、九两连，附机枪两挺，协同朱团，向窜抵东冈岭之伪三军团进击。职部任攻苏仙岭匪任务（匪枪约二千）。当率部向匪猛冲，该匪连掷手榴弹百余枚，无爆炸力。职即鼓励各属奋勇肉搏，卒将该匪击溃。该匪即联合东冈岭之匪，向青龙岩方向溃窜。是役夺获步枪二十一枝。匪方伤亡约百余，俘虏匪兵三名。等语。

三、汝城新开铺之役

据三六八团营长黄福全报称：十一月四日，伪三军团匪兵约一团，攻我新开铺西端碉堡。激战六小时，匪不得逞。继以洋油、棉絮、火柴围烧碉堡，并以迫炮轰击。时碉顶被炮弹击毁，该碉官兵仍固守抗战。时我第五连连长吴政仁，见此碉危急，由本碉率兵一部，出匪不意施行夜袭，遂将围攻新开铺碉堡之匪击退。获步枪三枝，俘匪十一名，伤毙匪百余名。我军伤亡官兵十二名。等语。

四、汝城杨家山之役

十一月六日午后二时，伪三军团一部，人枪千余，占领汝城南端之杨家山，向我进扰。我三六七团营长李竹林率部向该匪袭击。同时又有飞机助战。该营长率部猛冲，匪不支，向后溃退。是役伤毙匪近九十名。我军阵亡士兵一名。

五、汝城豪头圩之役

十一月四日申刻，伪第二十师一部，人枪近千，围攻我豪头圩碉堡。自酉达旦，猛攻不息。我守碉之补充第五团第二营第四连谢畴九部沉着应战。匪未得逞。该团团长钟涤松，在查坪防次得报后，即选奋勇队两排，驰赴豪头抄袭。匪以腹背受敌，纷向土头渡退窜。是役伤毙匪二百余。我军阵亡官兵各一名。

六、汝城大来圩、大平圩、腊岭坳一带战役

第一八四旅第三六七团第一营朱子诚部，守备大来、大坪圩、腊岭坳一带碉线，计程五十余里，碉堡七十二座。适伪一、三、五军团，于二日夜窜抵大坪圩一带，猛攻各碉。激战五昼夜，用炮攻破大来、腊岭两处碉堡二十座。我守碉官兵，死难者计五十八员名。其余各碉仍坚守抗战。乘夜出击。匪卒未得逞，纷向城口、九峰、大来、文明司窜走。是役共伤毙匪六百余，俘匪五名。

七、汝城勾刀坳、百丈岭、文明司之役

十一月十二日拂晓，师长率钟王两旅及直属营、连，由汝城向文明司之匪攻击前进。我第一八四旅三六八团朱再生部为前卫，沿途将小股匪节节击溃。于未刻抵勾刀坳附近，与盘踞该处之伪八军团二十一、二两师，人枪两千余之匪接触。该匪顽强抵抗。经我钟旅猛击，至黄昏始将该匪击溃，向文明司窜逃。我军遂占领八里坳、勾刀坳一带。但水阳山、百丈岭之线，仍有匪一股在该地构筑工事与我对峙中。是日伤毙匪四百余，夺获步马枪三十二枝。我军伤亡官兵八十三名。十一月十三日拂晓，师长仍派钟旅为前卫，向百丈岭、文明司之匪攻击前进。于午前八时，行抵距百丈岭三里处，即与占领东山、水阳山之伪五军团十三师，步枪一千五百余枝，机关枪十余挺之匪接触。匪恃险顽抗。经我钟旅奋勇冲击，并向匪左翼包围，肉搏激战五小时，匪受巨创不支，向两翼运动，退扼正面之百丈岭碉堡，企图抗战。时已下午，当令钟旅以右翼行大包围，王旅向正面冲击。复激战四小时，我钟旅迁至文明司西端，抄匪后路，复激战时许，匪不支，向赤石狼狈逃窜，我军即占领百丈岭、文明司之线。是日伤毙匪六百余，俘匪四十九名。我军伤亡连长以次一百二十三名。夺获步枪五十四枝。

本月匪情

一、匪军行动

1. 朱毛股匪人近十万，枪约五六万。于上月杪由大庾、崇义间，分三路西窜。一路经上堡向豪头圩；一路经集龙向汝城；一路经文英向长江。其先头部队于十一月二日，在东冈岭与我钟旅接触。该匪全部窜抵我汝城南北封锁线上时，因我守碉之钟光仁旅及钟涤松团之一部，与其先头部队接触，自二日起至六日止激战五昼夜，受创甚巨，匪犯汝未逞。乃分两路，一路经城口向九峰，一经大来向文明司西窜。旋经本师将窜文明司之匪击溃，该匪复经宜章、嘉禾、蓝山，分两路西窜。一路经宁远、道县，一路经粤山、连山以南，窜入桂省之兴、全间。

2. 据俘匪供称：主匪西窜时，依伪三军团、中央机关、九军团、一军团之行军序列为中央军；以伪五军团为右侧卫；以伪八军团为左侧卫。但分两路窜走时，其行军部署稍变。等语。

3. 本师击溃文明司之匪后，即奉令取道郴、永，开赴全县截击。师长率部于十四日由文明司出发，迄二十七日始抵全县。探悉朱毛先头匪众万余，已在全县南之麻子渡、屏山渡等处，渡过湘水，出没于板铺、珠塘铺、沙子包、界首一带，并向西延急窜。

二、匪军军事概况

1. 股匪西窜，当〔常〕以便衣队及化装侦探接近我军，侦察道路阵地及实力，继以匪兵进扰。所有匪军服装多与我军相同，惟军帽帽花用镰刀记号。匪兵于左臂及枪上均缠红布。其便衣队有三角红色布为标识。

2. 匪军编制及设备。据俘匪供称：每师分三团，团辖三营，营辖三步连、一机连，步连有步马枪七八十枝不等，机连有机枪三、四挺不等。各团除辖三步营外，另辖迫炮连一，及卫生队、通讯队，运输队等。师部直辖特连、拨〔驳？〕壳便衣队、无线电台、军医院，粮服管理所，并附有炮兵一部。至军团编制，不甚明了。等语。

剿匪宣传（略）

碉堡设施

本月上旬师长本令，率部并指挥补充第五团及第六十三师，任莲、宁、酃、大、桂、汝南北封锁碉线之守备。所有线上碉堡原极严密，故未增加。我各部守兵，仅在碉外增强副防御工事，储足饮水粮弹，以备久守。至十一日后，本师除派一部指挥当地团队，修整被匪炮毁碉堡，就地清剿散匪外，其余各部，均奉令追剿股匪，取道郴、永，于月底到达全县。因匪流窜无定，部队跟踪围追，中下旬内故无碉堡设施。

封锁设施

师长于上月杪奉令兼任连、宁、桂、汝南北封锁碉线守备指挥官时，即饬守备部队及沿线各县区长，厉行坚壁清野办法，并派员分赴各县区督促施行，期收实效。曾将各县近城居民粮食财物一律搬入县城。其较远之区，即就已筑圩寨或险峻山岭，或整齐村庄，加构围墙，深掘外壕，将钱谷及造米器具，重要服物等运置其中。其不能屯集上项地点者，即埋藏之。民间米粮，除预备供二三日之食量外，不准预办多数储存。总期匪无所掠，俾利堵剿。迨中下两旬内，本师担任追剿任务，即一面电促湘西南边区各县区，及早完成坚壁清野手续，一面派员分赴各地宣传及检查，以期实行确切收效益宏，而毋失封锁原意也。

（下略）

（此件引自中国第二历史档案馆编《国民党军追堵红军长征档案史料选编》）

陆军第六十二师第一八四旅湖南汝城之役战斗详报

（一九三四年十一月）

第一节　战斗前后彼我形势之概要

共匪朱德、毛泽东、彭德怀率部由赣西窜川黔。于二十三年十月二十七日，其先头窜抵江西崇义所属之古亭。本旅奉令以固守汝城，堵匪西窜之任务，于同月二十八日进驻汝城，即以三六七团，构筑大来圩、南岭山、东冈岭、连珠岩、土桥圩、水口、新铺一带工事，第三六八团构筑汝城及其东南阵地。

第二节　影响于战斗之天候气象及战斗地之状态

天候：二日阴晴，三、四日微雨，五日晴。

战场东端地形复杂，余较平坦，县城四周有强固工事与碉堡。

第三节　彼我之兵力、交战敌兵之部队号及军官之姓名

匪为伪红军第三、第八军团，人枪约五万。伪军团长彭德怀、毛泽东，伪主席朱德。我军为第一八四旅全部，旅长钟光仁，团长张空逸、朱再生。

第四节　阵地之占领、攻击之部署及其主要理由，并关于战斗所下之命令

十一月一日午后八时据探报如左：

一、彭匪德怀，率众约二万，由古亭经丰台西窜，其先头已于本日午后六时到达集龙圩。

二、朱德、毛泽东，率匪众约三万，由古亭经文英宫西南窜。本申已抵长江、东坑山之线。

基上述情况判断，匪之主力，必经湘、粤边境西窜。其彭德怀之一股，似有饱掠汝城，再行西窜之企图。乃决心固守汝城，子以堵截。十一月一日午后九时，召集各团营长于汝城商会旅部，面授机宜，并下达命令，其要旨如左：

一、匪德怀率众约二万，本日午后六时，其先头已到达集龙圩，朱德、毛泽东率匪众约三万，目下已窜抵长江、东坑山之线。

二、旅以固守汝城之目的，决予堵剿。

三、第三六七团守备南自大来圩、南岭山、东冈岭、连珠岩、土桥圩、水口、新铺碉线，置重点于东风岭。

四、第三六八团（欠第二营），守备汝城四周碉线，置重点于东北大道。

五、第三六八团第二营，控置城东为预备队。

六、战斗开始，余即在预备队位置。

第五节　各时期战斗经过及其关联邻接部队之动作

二日午前九时三十分，我担盆坳、东坑、羊山巷各警戒部队，均被优势之匪压迫撤回第一线阵地抵抗。十时许，匪之主力由羊山巷分向我连珠岩、土桥圩第三六七团第三营碉堡线猛烈冲锋。其一部向我南岭山、东冈岭阵地攻击，激战至午后一时。匪以迫击炮向五、六号碉堡集中射击。迄二时许，其五、六号碉堡被匪毁坏。匪即乘机突击，并借机枪炽盛火力之掩护，反复向我冲锋。我三六七团第三营乃放弃连珠岩、土桥圩阵地，退守云头岭、水口之线。匪即尾进，向我第二线三六八团第三营阵地继续攻击，来势凶猛。我三六八团第三营，几濒于危。幸我三六八团第一营及云头岭三六七团之第三营，分别向匪侧击，匪势为之一挫，渐乃成为胶着状态。是夜，各就原阵地彻夜警戒。

三日午前八时，匪约千余，由城口、大坪，忽向我大来圩之第三六七团第一营阵地攻击。我得地利，经朱营长督部沉着应战，拒匪于阵地前面，进退无据。同时彭匪亲率主力，复向我三六八团第三营阵地猛冲。经我三六七团第三营侧击，匪终未得逞。至午前十一时，战况沉寂，复成胶着状态。

四日各阵地枪声断续，略有冲突。午后三时，旅长亲赴各阵地侦察，目击匪现疲劳状态，足证匪因久攻不克，士气已馁。乃决心于明（五）日出击，午后九时，下达命令，其要旨如左：

一、匪因久攻不克，士气已馁。

二、我拟乘机歼灭该匪之目的，决实施出击。

三、第三六八团（欠第二营），于明（五）日午前五时，由现地向连珠岩、土桥圩之匪攻击。

四、第三六七团第二营，以一部由东冈岭扰乱连珠岩之匪，第三营以全力由云头岭攻击匪之侧背，共余以佯攻姿势，守备大来圩、南岭山、东冈山阵地。

五、第三六八团第二营，应即推进至第二线东北方面阵地策应之。

六、余随第三六八团第二营运动。

五日午前五时，适在拂晓，匪正酣睡，突被我包围攻击，匪惊惶失措，纷纷溃退。七时许到达东坑附近，彭匪亲自指挥，向我反攻。战况至为激烈。当令第三六八团第二营，迳由青龙岩袭击匪之侧背。同时，守备大来圩、南岭山、东冈岭之部队，向匪佯攻。混战至九时许，匪始不支，纷纷溃窜。

第六节　战斗之成绩并决战时之景况

当二日午后一时，五、六号碉堡被毁时，我守碉之士兵十一名，完全阵亡。三六七团第三营退守云头岭时，匪即乘胜向我三六八团（第二线）阵地猛冲，战况最为激烈。我三六八团第三营钟营长长强，身先士卒，奋勇抗战，致负重伤。幸经第三六七团第三营猛烈侧击，始转危为安，予匪重创。五日出击时，匪纷乱溃退，当场毙匪甚多，夺获自动步枪一枝，步枪四十枝。（详附表）（表略）

第七节　战斗后彼我之阵地或行动

当匪纷向白泥坳、大坪经湘粤边境西窜，即令第三六八团第二营尾追至大坪而止。

第八节　战斗后可为参考之所见

绪战之始，猛烈冲锋，为匪之惯用战术。待冲锋无效，则气馁锐挫，无振作之可能，若我能坚阵以待，硬扎稳打，待其气馁锐挫，一鼓而攻之，未有不胜者也。本旅历年来剿匪奏效，深得此旨。

（此件引自中国第二历史档案馆编《国民党军追堵红军长征档案史料选编》）

陆军第九十九师剿匪纪实

（一九三四年十月二十七日至十一月三十日）

十月二十七日至二十九日

（一）本纵队（第八纵队）占领兴国后，我第六路军已先数日占领古龙冈，我第三路军占领石城。各路连克要隘，匪势日蹙。朱毛倾巢窜至信丰方面，企图突破我封锁线大举西窜，打通国际路线。本师①奉令于二十七日由原驻地出发，经溪口，于二十九日到达泰和。

十月三十日

（一）据飞机报告，匪大股由大庾北的二十余里之铁司山、龙王山一带，向西北移动，似有继续西窜模样。

（二）本（十）月三十日，奉命向遂川集中，经上横、珊田，于十一月一日全部到达遂川。

十一月四日至六日

（一）综合情报：西窜之匪，先头已抵汝城东之小左溪，其大部尚徘徊于桂、汝、崇之中央地区文英、集溪一带。营前尚有匪出没。杰坝（营前南四十里）有匪盘踞，企图以一部于营前、桂东间游窜牵制，以主力经桂、汝急窜模样。

（二）本师奉指挥官周命令：纵队以追剿之目的，拟于四日开始行动，向左安附近前进之要旨，于本（四）日起由遂川经藻林——排村，于六日进至左

---

① 第九十九师为"追剿"军第三路所辖师，师长郭思演（该师为中央军陈诚系部队）。

安附近之贡敦、白云宴一带。

十一月七日至十五日

（一）综合匪情：匪主力已突破我桂汝第二纵线封锁线，向西急窜。十二、十三两日，在文明司以东，从延寿圩与我陶广、叶肇两师接触中。

（二）本师奉命以平行截剿之目的，于七日由贡敦出发，经白沙——寨前——流源——龙爪洞——云头、彭公庙、资兴——东江，于十五日到达郴州待命。

十一月十七日至二十二日

（一）毛朱股匪，已由宜章向西急窜，其先头已到临武县附近。

（二）本师基于指挥官周十一月十七日命令：纵队以追踪侧击，协同一纵队歼灭该匪于湘河以东地区之目的，拟明（十八）日继续行动，先向嘉禾前进之要旨，于十八日由郴州出发，经桂阳——洪家圩、石鼓寨——禾亭圩，于二十二日到达宁远城。

十一月二十三日至二十七日

（一）窜抵宁远方面之匪三、五两军团，已于前（二十）日，向天堂圩、下灌方向窜去。宁远城西七里冈及天堂圩一带，有伪一军团第一师盘踞，阻我前进。

（二）本师于二十三日，以二九七旅为攻击部队，其余为预备队，由宁远向七里冈攻击前进。匪约五百，被我五九四团击溃。进至天堂圩时，伪一师全部在该圩附近及其西北约二里之高山一带，顽强抵抗，激战三小时。我第五师由天堂圩左翼，九十六师由天堂圩右翼，向匪逼进，我五九四团奋勇冲击，匪不支，纷向双峰岭（天堂圩西七里）、把截方面溃窜。二九七旅遂确实占领天堂圩。俘匪兵五名，毙匪数十。我伤连附一员、士兵十余。二十四日拂晓，复以二九五旅为攻击部队，向双峰岭攻击前进。接战一小时，毙匪兵数十，俘匪四名。匪向道县方面溃窜。本纵队即向道县跟踪追击。于二十五日，我十三师占领道县。本纵队以渡河困难，至二十七日本师始渡河，进抵道县。二十八、二十九两日在道县停止待命。

十一月二十九日

（一）西窜之匪主力，先头已抵全州附近，文村、灌阳间有其大部。

（二）本师奉命以继续追剿之目的，于三十日由道县进至蒋家岭。拟明（十二月一日）向文村前进。

（此件节录自《陆军第九十九师剿匪纪实》。中国第二历史档案馆编《国民党军追堵红军长征档案史料选编》）

第十三师剿匪工作军事报告书

（自江西兴国出发至金沙江止）

（一九三四年十月二十八日至一九三五年六月一日）

本师自江西出发至二十三年底经过概况

朱毛残匪突围西窜，本师奉令追剿，于十月二十八日由江西兴国出发，经泰和于十一月一日集中遂川。五日继续出发，经藻林、左安，九日抵湖南桂东属之寨前。十三日到达资兴城。十六日抵郴州城。续经新田属之仙人桥、石鼓寨等处，二十二日抵宁远城。本师到达宁远城时，得知伪一、三、五军团已窜踞宁远以南地区。其先头正向道县方面西窜中。下灌、百草坪、洪洞及沿河一带，有匪主力。宁远大道上之下禾洞、五里桥、天堂圩、冷水铺等处，均为匪踞。第八纵队之第五、九六、九九师，于二十二日全部到达宁远城及其附近。二十三日即进占龙头山、天堂圩、梧溪洞之线，以向道县之匪追击之目的。二十四日继续向当面之匪攻击前进。

本师①奉令于二十四日午前八时，集结天堂圩，相机策应。时我第九十六师，即与天堂圩西北高地之匪接触。本师以向匪侧击之目的，当令便衣队及先头之三十八旅，由天堂圩，绕经谢家、江口，向广文铺前进。师部率三十七旅随后跟进。午后三时许，先头行抵江口，徒涉渡河时，据便衣队报告：我九六、九九师，现在河东岸把截附近，与西岸之匪对峙中。当派先渡河之第七十六团，迅向该匪侧击。匪伪一军团第一师千余人，凭借高山，节节顽抗。经该团协同便衣队，努力猛扑，匪始稍退。午后五时许，该团即占领柑子园西北一带高地，继续向匪攻击。匪以侧背受击，稍事抵抗，即向柑子园西南之九子山退去。午后六时，

---

① 该师师长万耀煌（原夏斗寅部鄂军改编）。

柑子园及其以西以北一带高地，均为我完全占领。以时近黄昏，地形复杂，我三十八旅全部即在柑子园以西以北一带高地，布置警戒。便衣队仍令与匪保持接触。师部率三十七旅进至柑子园以东之朱家、黄家、梁家集结。是役计毙匪二十余名，俘匪三名。

二十五日午前四时，我便衣队及先头三十八旅，再向当面之匪攻击。匪节节抵抗。我先头部队，经由广文铺、白芒铺、瓶塘，逐次跟击。匪受我压迫，乃退守道县城内及沿河西岸，并将所有浮桥及渡船，焚毁一空，企图阻我渡河。我先头便衣队及三十八旅，以河深不能徒涉，即于河东岸水南街，及沿河一带，与匪隔河对峙。师率三十七旅进至佛祖庵附近高地。是役沿途毙匪十余名，生擒九名，获步枪九枝。我阵伤士兵三名。匪因受伤及被我急追，不及窜逃，以致落伍者二十余名。

本师以进占道县城掩护纵队渡河安全之目的，当令三十八旅即在沿河东岸布置警戒，监视匪之行动，并择良好目标，向河西岸之匪轰击。一面迅派部队，向上游征集船只及渡河点。三十七旅控置于佛祖庵附近，并派一部协同便衣队，在河上游白马渡附近，征集船只，并伐树木，编制木筏，准备于二十六日在白马渡强行渡河。旋接便衣队报告：已于二十六日早二时许，由白马渡附近乘夜偷渡过河，并于河西岸黄泥坳占领阵地，对匪警戒。斯时我三十七旅在白马渡担任征集船只之一营，亦已渡过河西岸，协同便衣队任渡河点之警戒。当令三十七旅即移至白马渡，于拂晓前开始渡河。师率三十八旅由水南街，移至白马渡，随三十七旅后渡河。第三十七旅于二十六日拂晓前，全部即移至白马渡。该旅先头之七四团，亦于拂晓前开始渡河，至西岸谈家西北端占领阵地，掩护后续部队渡河。上午八时许，该旅全部渡毕。我便衣队及七四团，即由原阵地推进至蒋家山、白泥塘一带高地。时城内之匪，见我部队已渡过河，乃以千余之众，在黄泥坳、望里亭一带高地占领阵地。向我先头部队迎击，并以一部向我左翼之便衣队压迫。经以机枪迫炮猛击，激战五小时，匪向我冲锋数次，嗣我七八团赶到增援，匪始动摇。第七四团即乘势猛攻，乃将黄泥坳、望里亭之匪击退而占领之。匪纷向城西南逃窜。复经该旅向道县城尾匪猛追。午后三时许，七四团进迫城垣北端。一部协同便衣队进迫城垣东北端，匪继续向西南溃退。是时城内尚有匪之一部滞留，企图最后之挣扎。经该旅爬城猛攻，匪势不支，乃弃城向西溃退。午后三时五十分完全克复道县城。二十七日，师率三十八旅进抵道县城。是役毙匪百余名，俘匪十余名，获枪十余枝。我亦阵伤官长四员，士兵二十九名，阵亡士兵十二名。

二十八日，本师由道县尾匪追剿，经蒋家岭，三十日进占广西灌阳属之文村。十二月一日向马鞍山追击。二日追抵全州。五日经黄沙河，六日抵湖南东安县。八日经新宁之白沙镇，十日抵武冈城。十三日进至洞口，经草寨、宝瑶、龙船塘，十八日抵洪江。二十二日续经黔阳，二十四日抵贵州天柱之蓝田。经执云、长吉，二十八日抵三穗县城。三十一日抵施秉属之施洞口。

（此件节录自《第十三师剿匪工作军事报告书——自江西兴国出发至金沙江止》，中国第二历史档案馆编《国民党军追堵红军长征档案史料选编》）

（三）追堵中央红军北去湘西与红二、六军团会合作战

何总司令报告土匪得渡河西窜的
原因与挽救的方法

（一九三四年十二月一日）

衡阳快讯：南昌行营剿匪宣传队于十二月一日抵衡阳，决定即日出发前方宣传。何总司令特召集报告前方情形及此次土匪一部分得以渡河的原因与今后挽救的方法。兹将何氏训话原辞纪志如此。

各位：

剿匪这件事是关系国家存亡的一件大事。委员长曾耗费许多时间，调动许多军队运用许多精力，才把土匪的老巢捣破，土匪才在江西站不住脚，才倾巢西窜。这样费尽许多心力才使土匪不得不离巢流窜。假如还不能在流窜的时候，把他根本清灭，任他逃脱了，达到他逃到四川重建匪巢的目的，那末〔么〕他到四川以后，就可以渐次赤匪化甘肃、新疆与苏俄联络，打通所谓国际路线，我们国家就危险万分，以前为剿匪所牺牲的就白白牺牲了。所以说这次剿匪是关系国家存亡的事。不过从另方面看，这次剿匪，又是一个好机会。因为土匪从江西到四川去要经过很长的道路，很久的时间。这些经过的道路和时间，都是我们消灭土匪的好机会。只要我们能抓住些机会，那土匪是可以被我们消灭的。现在，土匪到了漓水以西地一带。本来，委员长的命令，是叫我们在湘水、漓水以东地区把土匪消灭的。不过，我是十三日才奉到总缮追剿军事的命令，十四日匆忙来衡州就职。那时土匪已到了宜章、临武，所以时间异常紧促的。然要消灭土匪，那时还是可以勉强办到。因为有周纵队及王东原师尾匪追击，同时又有李云杰、李抱冰的军队在宁远、蓝山一带截击，薛指挥、刘司令又在

零陵、东安、黄沙河之线配备重兵，准备迎击。同时刘司令更亲到全州与白总指挥崇禧商定妥贴，由我们担任防守黄沙河西南地区，椓〔扼〕湘、漓水而守。前有重兵堵住，后有重兵追剿，旁有重兵截击，自然可以把土匪消灭。不过，最近的情况又稍微变了一点。这就是因为土匪很狡猾，他看到我们湘、漓沿岸屯有重兵，不能飞渡，乃派匪之游击队向富川，并以一万余人佯向龙虎关前进，很象欲窥恭城、平乐模样。桂军见土匪进犯恭城、平乐，乃急放弃全州、兴安、灌阳"四关"防务，将主力尽移恭城、平乐之线。〔匪见〕调虎离山之计已售，因而急窜渡河，致我在湘、漓二水歼尽土匪之计划不能实现。当我们得桂军向后方移动的消息，就想法子去救济，我叫刘司令星夜向全州推进。廿八日晚间，我们已有一师兵力到达全州，当晚就在距全州卅里河西地方发现匪踪。当初还以为是少数，等到第二天打听以〔一〕下，才晓得土匪大部已过河了。土匪所以过得这样快，是因为没有丝毫抵抗。在兴安过的时候，兴安城里只有一团人闭城而守，所以，土匪很快就过了。昨天，我们章师打得很好，打了一个很大的胜仗。今天，李师又赶上猛攻，现在还在激战中。现在说要在湘、漓二水以东，把土匪全部消灭已是不可能了，消灭一大部是可能的。以后呢？我们还是要想方法去挽救。现在我一面叫刘司令督部截击，使土匪窜散，同时消灭他一部份；一面叫薛总指挥向新宁、城步、武岗一带急进，会合我十九师先已在当地布防的军队堵截，不过要觉得困难一点。因为那些地方行军极为不便，尤其梅溪口、西延一带难走。要是我们在土匪的前面还好些。要是在土匪后面追来，那就更困难了。以后湘西地方，极关重要。因为以前没有好多预备，人民一定很恐慌，有各位到那边去工作，那人心一定可以安定些。

不过有一件事，要请各位留心，就是土匪在湘南经过的时候，南昌行营有命令来，要湘南各地实行坚壁清野。就是在土匪未来的时候，将粮食集中或埋藏；土匪将来的时候，随时要报告消息，并将其用具就是锅、缸、罐、碓等件，要埋藏；埋藏不及，便要破坏；土匪既来，便要全体迁避等等方法。我当时就严令湘南各县党政机关务要雷厉风行去办。因为一办得好，土匪便不打也可消灭。但是结果呢？几乎一点都没有办好。这是湖南政治党务，虽然说是上了轨道，究竟还是不免太虚浮的原因。而且最大原因，还是从前忽略了民众的组织，保甲没办好，自治也没办好，致民众仍不免一般〔盘〕散沙。在一般〔盘〕散沙民众面前，自然也表现不出什么政治和党务的力量了。因此之故，所以坚壁清野，成了纸上具文，土匪便没有受到什么影响了。而且不独土匪得以饱掠而去，不成困难，反而使我们追剿的军队感受极大困难。因为地方经过土匪一度劫掠以后，倒是成了清野的现象，使我追军感觉物质接济的艰难。所以坚壁清野这件事异常重要。其次报告消息，关系也很紧要。此次广西不明匪之真情，就是因为消息不正确的原因。各位要晓得一个正确的情报，在军事上有时胜过几师的兵力。消息要如何正确呢？就是要各位老百姓把亲眼看到的情况，用很迅速的方式随时报告我们才正确的。现在因民众没有组织，所以也得不到他们的报告。我们向各县政府要消息，他们便只把些耳朵听来的谣风来报告。我们派侦探，便又常常因时间稽误，错过好多的机会。所以报告消息，关系剿匪致〔至〕为重大。各位到湘西去工作，在武、宝、新宁一带，就要请各位做这两件事：第一、就是要督促各地党政机关和全体民众雷厉风行要做到坚壁清野，使土匪处处感着困难。第二、就是要立侦探网，务要做到在土匪未来、将来以前，随时给我们报告消息，既来、既去之后，随时给我们报告情况，使我们军队处处得着便利，这样才能把匪消灭。

其次，打破民众畏匪心理，也很重要。现在一般人民，畏匪心理，还是很深。如这次贺匪还没有到辰州、桃源、常德，有一点家私的人，就跑光了，这种无端纷扰，是使我们军事上很吃亏的，所以也这里报告一下，请各位注意。

总之，剿匪是关系到国家存亡的事。土匪不剿灭，不独湖南、四川要受害，就是全中国都危险的。我历来就抱定有我无匪的主张。他虽然向四川跑，我可不能不管，这回委员长叫我来追剿残匪，这是无论到什么程度都不顾的。土匪逃到什么地方，我一定追到什么地方去打他。土匪一天不消灭，我无论如何一天不停手。不过从前剿匪是只有军事，党未帮忙，政治也未帮忙，甚至反而帮了倒忙。所以有许多群众为匪利用，以致剿匪大业，迄未完成。其实，这不是军事剿不了的问题，要是政治党务稍有办法，我相信虽不能把土匪在湘境全部消灭，至少可以消灭一大部。目前湖南党政，虽然略有头绪，究仍不免虚浮，希望各位到乡村着实推动一下。因为我们都是奉了委员长的命令替国家做事，本用不着客气，但我很感谢各位.因为各位此次来到湖南工作，一定很辛苦的。尤其城步、绥宁一带，地瘠民贫，连饭都不容易找到吃。但是，我相信各位能发挥大无畏的精神，克服一切困难的。我今天只大概报告一下，辛苦了各位，这次时间太匆促来不及慰劳，候我们凯旋到长沙时，再来和各位一同祝捷。

（此件引自《大公报（长沙版）》，1934年12月6—7日，此一报告的时间为编者所确定）

何主席十二月十日在扩大纪念周中报告

（一九三四年十二月十日）

今天纪念周，适逢湖南各界人民因五中全会本日开幕，又以赤匪盘踞江西多年的伪都，已经国军捣破，股匪离巢逃窜，歼灭可期，将联合举行庆祝大会的一天。关于五中全会开幕，今后全国党政军各项方略，得党国领袖精诚团结，商讨进行，一定有新的进展，暂不多说。特乘这个机会，将最近追剿窜匪与湘西最近匪况作一个简单的报告。

（一）追剿窜匪经过。我军追剿窜匪情况，各报登载甚详。所以对于已往无重大关系的事，概不赘述。仅就其中值得大家注意的事项，提出来说一说。这次赣匪倾巢西窜，在中央与蒋委员长均已下了最大决心，要乘此时机，将其消灭。本人奉令追剿，亦是要完成最后剿匪的使命，务必将其歼灭而后已，同时在时机上与地势上，均有歼匪的可能。而现在结果竟未能依照计划，将其全部消灭，虽于时机迫促，兵力未集上有很大的关系。然准备未周，不无遗憾。所以本人今天在此庆祝剿匪胜利大会中，深致惭悚。当股匪初由赣南突围时，我西路军多远在赣西、黔北一带剿匪。湖南方面，仅有王东原、章亮基两师，一位置于郴县，一位置于衡、祁江防线。直至匪陷宜章之后，本人始奉到追剿新命。是时，我陶广师仍在汝城、文明司与匪之一部激战，我陈光中师仍在桂东防堵残匪北窜，我薛岳、周浑元、李云杰、李韫珩各部，方次第由赣开拔到湘，疲劳已极，时机又甚迫促。迨周、李各部到达郴县附近时，匪已窜过宜章。我李云杰、李韫珩等乃由捷径抄往蓝山、嘉禾之前，准备迎头截击。因时间稍有差池，匪已窜走在前。故在宁远一带，仅截得匪之尾部，予以重创。是役只消灭匪之一部。

查匪部实力号称一、三、五、八、九等军团，人数虽无精确统计，大概约有十万左右。由粤边入湘境时，沿途损失约万余人；由湘窜入桂境时，又损失数万。如陶（广）于汝城东冈岭、勾刀坳、文明司等役，王（东原）师于良田、万会桥、樟树桥、梅田、堡和圩、下灌各役，李（云杰）师于仙人桥、冷水铺、土桥圩、洪观圩、永业圩、下灌各役，周（浑元）师于宁远附近各役，击毙匪之官兵，缴获枪枝多则一、二千，少亦数百或数十，其他如汝城、宜章、郴县、蓝山、嘉禾、临武各县陆续报解俘虏，多者一、二千人，少亦数十百人不等，均有确数可查。股匪窜入桂境之后，因见漓水一带屯有重兵，无法窜过，乃以一部分约万余人，向龙虎关、灌阳以南溃窜，广西方面兵力不多，防区过广，事实上未能处处布防。同时我追剿的部队，又系远道蹑踪追击，不能兼固〔顾〕前面的堵截，因此匪之大部，遂因桂境前面无堵的原因，乘虚渡河。如是在漓水以东地区，歼匪的计划，未能完成，仅在全、兴之间消灭匪之一部。最近在广西境内每二、三百或数百十枪之散匪，被各地军团缴械俘获者甚多。其在东山瑶与零、道间之一股约千余人，并有俄国人四名在内，昨接广西方面电，业已将其击破、又窜入道县边境，现正围剿中。股匪大都是上月廿六、七日乘虚窜渡。我刘总指挥（建绪）所部系廿七日赶到全州，立即猛追，计廿九日、卅日与本月一、二日作战极烈。匪部死伤六千余人，俘获极众。总计匪部目下所存者，至多不过五、六万人了。并据俘虏供称，匪之无力作战，系因多属新兵。因匪在江西出窜之先强迫征兵五万人，结果仅征得三、四万人。现在无论老兵新兵多已拖得疲惫残疾，而且脚多走肿，故人数虽多，并无作战力量。乃竟未能依照计划乘此聚歼，真是多么一件抱惭的事。本人接得匪已窜渡消息时，乃迅速的令刘（建绪）部，急转新宁、城步，薛（岳）部急转武岗一带堵截，另以陶（广）部向西延、梅溪、城步尾追，再作第二次围剿。同时广西方面亦派有两师兵力向龙胜追剿。现在匪因桂、湘边区目下四处均有军队包围堵截，不易窜脱，乃由平日人迹罕到之瑶山内绕窜。所以在前二、三天，我方飞机侦察匪踪不着，就是匪部隐在瑶山内绕窜的原〔缘〕故。昨接广西白总指挥电告，现匪已由瑶山窜至龙胜以北，绥宁、通道以南的地方。又今早据报匪已窜抵绥（宁）、通（道）边境。我军目下已拼命的赶到匪的前面堵剿，我军原负追剿之责，今同时又要兼堵截之任，辗转奔驰，不无疲劳。必须前面有军堵截，以迟匪的行踪。则我追剿的部队，才易达到歼匪的任务。

尤其是在瑶山内去追剿，我军粮会上更感困难。因为我们军队人数太多，瑶山内粮食甚少。这次匪窜瑶山，因粮食不足，宰食耕牛万余头。我们如在匪后尾追，则粮食已被匪吃完，我们就有缺粮的恐慌。这次匪之西窜，最初本欲直趋捷径，入黔窜川，计可省却两个月以上之路程。因为我军处处堵截，故一再绕窜。如匪初窜入湘南之汝城，原欲取道资、祁、常、耒西窜，乃进犯汝城时，因我军堵剿得力，故未得逞，乃转窜宜章。迨抵宜章之后，欲向郴县、永州一带窜走，又因我有重兵防堵，乃转绕龙虎关、灌阳"四关"一带西窜。最近本欲由西延梅溪口、城步一带窜走，因我军已很迅速的调集武冈、城步一带堵截，故又绕瑶山而窜。因此一再转折，沿途散失尤多。值此剿匪工作益趋紧张之时，本人认为目下有最宜注意的数事如下：一、川、黔军队最应严行堵截。这一点尤其是贵州的军队，望其极端注意。如能迎头严堵，则匪部即陷入包围夹击之中，必能乘此将其歼灭。二、湘西各县应厉行坚壁清野办法。这次湘南各县对于此事惜未作到。否则不待军队的追击，匪已饿死，并且事实上不仅全未作到，而我在匪后追剿的国军，反因匪所经过的地方，将粮食吃尽，而发生缺粮的困难。现在匪已窜到湘边绥、通一带，所有绥、通、靖、会各县民众，应赶快起来厉行坚壁清野的办法，则已成残喘之匪部，一定因无饭吃，更难窜走，则我军即可很容易的完成歼匪的使命。三、湘南各县应肃清残匪。这次赣匪西窜，沿途经过之汝城、宜章、郴县、临武、蓝山、嘉禾、道县、宁远一带，走失的散匪枪，为数不少。如不设法肃清，则将来遗害无穷。现已派李代司令，督同军团，限期肃清。甚望湘南各县地方的长官与民众，要一致协助军团，厉行清乡，决不可因股匪已过身，而稍存忽视。否则散匪散枪埋伏在各地方潜滋暗长，蔓延堪虞。江西的匪祸，即由此而慢慢的养成。大家对此要加以深切的注意。

（二）湘西最近匪况。最近在湘西窜扰之贺匪（龙），约有枪二三千支。肖匪（克）约有枪千余支。两匪合计约有枪四千余支。前次本人在衡州接得电报，谓匪进陷永顺，到达沅陵附近，常、桃为之震动云云。当时本人除电请徐总指挥（源泉）派军进驻津、澧堵剿之外，并电告常德的刘司令运乾，谓已调刘司令膺古率部驰赴常德进剿。乃刘司令膺古的部队尚未开动，而先声所播，匪即不敢进犯沅陵，而转窜大庸。最近据报匪又于七号由大庸进犯沅陵，经陈渠珍部迎头痛剿，击毙甚众，现向长安山以北溃窜，正在尾追中。查贺、肖两匪，实力不大，完全是一种乘虚进扰，借以接应匪股西窜。在贺、肖两匪前次进犯沅凌时，本人因赴湘西，部队尚未能开动。而湘西原有兵力单薄，故深为顾虑。现在蒋委员长已令调郭汝栋军与罗启疆旅前往剿击。罗旅已抵常城，郭部亦马上可以到达。兵力已厚，形势为之转变，不似从前之空虚，湘西地方现已得到相当的保障。贺、肖两匪决不能再行蔓延为害，希望湘西各县人士，要处以镇静，勿得自相惊忧，致妨害剿匪的进展。

今天因还有南昌行营特派来湘视察新运的徐干事庆誉演讲，故不再多述。

（此件引自《大公报（长沙版）》，一九三四年十二月十一至十三日）

白崇禧关于中央红军
已渡过湘江致蒋介石等电

（一九三四年十二月一日）

特急。

南昌委员长蒋、南宁总司令李、广州陈总司令、衡州何总司令 [1]：

某密。顷奉委座俭亥电，拜诵再三，惭悚交集。赤匪盘踞赣闽，于滋〔兹〕七载，东南西北四路围剿，兵力达百余万，此次任匪从容脱围，已为惋惜，迨其进入湖南，盘踞宜章，我追剿各军，坐令优游停止达十余日不加痛击，尤引为失策。及匪沿五岭山脉西窜而来，广西首当其冲，其向桂岭东南之富、贺 [2]，抑向东北之兴、全 [3]，无从判定。职军原遵委座电令，将兵力集中兴、全，后以共匪分扰富、贺，龙虎关之警报纷至沓来。复奉委座电令，谓追剿各军偏在西北，须防共匪避实就虚，南扰富、贺西窜，更难剿灭。等因。兹以湘、桂边境线长七百里，我军兵力总数不过十七团军，处处布防，处处薄弱，故只得以军一部，协同民 [团] 防堵，而以主力集中于龙虎、恭城一带，冀以机动作战，捕捉匪之主力而击破之；又虑匪众我寡，顾此失彼。迭经电请进入全州附近之友军，推进兴、全，并经与湘军协定，共匪主力侵入兴、全时之夹击方案。自匪以伪一、九两军团由江华、永明方面分扰富、贺边境及龙虎关，与我防军接触后，当指挥进击，经两日激战，将其击溃，并判明匪之主力窜入四关，即以十五军全部及第七军主力星夜兼程转移兴、灌 [4] 北方之线截击该匪。感日以来，

---

① 收电人，指蒋介石、李宗仁、陈济棠、何键。
② 富、贺，指广西壮族自治区富川瑶族自治县、贺州市。
③ 兴、全，指广西壮族自治区兴安县、全州县。
④ 灌，指广西壮族自治区灌阳县。

在文市方面苏江、新圩之线与匪第三、五、八军团主力决战四日，未结战局。其经过情形，曾经陆续电呈在案。委座电责各节，读之不胜惶恐骇异。无论职军在历史立场上，已与共匪誓不并存，而纵横湘、赣边境数年之萧匪主力，目前为我七军追至黔东将其击溃。即此次共匪入桂以来，所经五日苦战，又何尝非职军之独立担负，不畏螳臂挡车之识，更无敌众我寡之惧。至于于全、咸①之线，因守兵单薄，被匪众击破，则诚有之；谓无守兵，则殊非事实。以我国军百余万众尚被匪突破重围，一渡赣江，再渡耒河，三渡潇水，如职军寡少之兵力，何能阻匪不渡湘江，况现届冬季，湘江上游处处可以徒涉乎。职军之历史士气、职历来作战指挥，向抱宁为强敌粉碎之志，决无畏敌苟存之心，尤其对于共匪，向来深恶痛绝。淞沪清党，频年剿共，事实俱在，可以复按，凤隶委座骈蠑，谅邀洞鉴。共匪虽多，欲求安全通过桂境而不遭我军痛击者，无此理也。道程虽远，飞机不难侦察。周司令浑元所部，宥日进入道县，本日已入桂境，通觅匪我决战之场，亦可令其实地调查，究竟何军与匪决战，战斗经过几日，共匪死伤几何，又何军瞻望不前，何军迟迟不进，便明真象〔像〕矣！至示以遵照芸、先②计划，速为亡羊补各节，当遵令执行。唯目前问题似不全在计划，而在实际认真攻剿，尤忌每日捷报浮文，自欺欺人，失信邻国，贻笑共匪。至若凭一纸捷电，即为功罪论断，则自赣、闽剿共以来，至共匪侵入桂北止，统计各军捷报所报，斩获匪众与枪械之数，早已超过共匪十有几倍，何至此次与本军激战尚不下五六万乎！至于此后追剿，仍当决尽全力与匪周旋，功罪毁誉，不暇顾及也。

白崇禧叩。东戌平行印

（此件引自《共匪西窜记》）

---

① 咸，指广西壮族自治区全州县咸水乡。

② 芸、先，指芸樵、恢先，即何键、刘建绪。

桂军白副总司令崇禧再致何黄两部长东电

（一九三四年十二月一日）

（一）今日晨，我第七军军长廖磊率领所部十九师周祖晃，进出兴安东方之李家枧附近，后即展开，向石塘方面攻击。同时在伏华铺之黄镇国，亦以主力进攻麻子渡。我十五军韦云淞、王赞斌两师及第七军覃连芳，亦由三家村、大岭头之线与之连〔联〕系，陆续攻击。飞机队亦全力加入。战斗激烈。日至正午，我十九师迫近石塘。午后一时左右，敌阵线被我突破，始纷纷溃退。除石塘以西之匪向界首、咸水方向逃窜，第十五军跟踪追击外，石塘以东之匪约数千，四面溃散于全州以南地区。我七军目下尚在战场分路扫荡。

（二）本日敌我死伤甚多，容查明再报。当我军进击时，有中央飞机六架参加轰炸。周司令浑元所部先头，下午三时亦已进至文市附近，经与我军联络矣。

（此件引自《共匪西窜记》）

追剿军何总司令键东申衡参机电令

（一九三四年十二月一日）

兹为便利指挥起见，更定军队区分如次：

剿匪军追剿总司令，直辖追剿军第一、第二兵团，预备兵团及湖南保安部所属团队。

追剿军第一兵团总指挥刘建绪，辖第一、第四、第五各路，并直辖李觉师（缺邓、陶两旅）并补充各团。

第一路司令陶广，辖十六、六十三两师（缺李旅）[1]。

第四路司令李云杰，辖二十三、十五各师。

第五路司令李韫珩，辖五十三、五十七各师。

追剿军第二兵团总指挥薛岳，副总指挥吴奇伟，辖第二、第三两路。

第二路司令吴奇伟，辖五十九、九十、九十二、九十三各师及惠支队。

第三路司令周浑元，辖十三、九十六、九十九各师[2]。

预备兵团总指挥刘膺古，辖二十六、新三十四、独三十四旅各部。

除呈报备案外，仰即遵照，并转饬所属一体遵照。

总司令何键。东申衡总部机印

（此件引自《共匪西窜记》）

---

① 漏发第六十二师，参见《共匪西窜记》，第 187—188 页。
② 漏发第五师，参见《何键关于编组第一、第二兵团的电令》（一九三四年十二月一日）。

追剿总部东酉电

（一九三四年十二月一日）

命令：

（一）匪主力已被我军击溃，残部经界首向西延急窜。

（二）我军以继续截剿之目的迅速向新宁、城步、绥宁、靖县方向转移。

（三）若刘总指挥建绪指挥所部，除以一路之一部（李、章所部）跟匪追剿外，其第一路主力，即由现地经新宁、城步第二封锁线节节截击，第四路着以王东原师先出洪江，李云杰继后，暂位置于海〔梅〕溪口、长铺子附近第三封锁线。第五路着位置于武岗花园，瓦屋塘第四封锁线。

（四）着薛总指挥岳率所部由现地向武岗前进。

（五）本部仍在衡阳，随后驻邵阳。

总司令何键。东酉衡参机印

（此件引自《共匪西窜记》）

追剿总都东亥衡参电

（一九三四年十二月一日）

（一）匪大部昨被我刘司令（建绪）部击溃后，匪经咸水向西延逃窜。咸水以东，石塘圩、麻子渡间，有枪匪一部。

（二）据第一路刘司令建绪由全州转来电话：李觉率补充各团及章亮基师大部，向咸水方面之匪攻剿。在珠兰铺、白沙铺遇匪一部，协同空军轰炸，毙匪甚多。当尾追至咸水、麻子渡间，复遇匪增援部队。经我包围痛剿，毙匪千余，获步枪三百余枝，及机枪、迫炮、自动步枪等。俘匪二千余，押解全县拍照。又，匪一部约五、六团，在麻子渡、石塘圩间，已被我章亮基师及补充总队各一部与桂军围困。我陈光中师开新宁，明午可到。陶广师本日出发，取捷径向西延前进。第三路万耀煌师，艳日经永安关前进，在杨湾、高明桥、永安关等处，节节击溃股匪千余，沿途俘、毙数百，获枪八十枝。卅申，占领文市。现已过石头岭、莲花塘西进中。空军，本日在兴隆村见匪五、六百正在徒涉，炸毙殆尽。咸水、麻子渡等处，各发现匪二三千，亦炸毙其众。

（此件引自《共匪西窜记》）

何键关于编组第一、第二兵团的电令

（一九三四年十二月一日）

第一路司令刘建绪、第二路司令薛岳、第三路司令周浑元、第四路司令李云杰、第五路司令李韫珩、代理湖南保安司令副司令李觉：

兹为便利指挥起见，更定军队区分如左：

剿匪军追剿总司令直辖追剿军第一、第二兵团及湘南保安部所属团队。追剿军第一兵团总指挥刘建绪，辖第一、第四、第五各路并直辖李觉师（缺邓、陶^①两旅）并补充各团。第一路司令陶广，辖十六、六二师（缺李^②旅）、六三各师；第四路司令李云杰，辖廿三、十五各师；第五路司令李韫珩，辖五三师。追剿军第二兵团总指挥薛岳、副总指挥吴奇伟，辖第二、第三两路。第二路司令吴奇伟，辖五九、九十、九二、九三各师及惠支队^③；第三路司令周浑元，辖第五、[十]三、九六、九九各师。

仰即遵照并转饬所属一体遵照。

总司令何键。东申衡参机

（此件引自《剿匪军追剿总司令部二十三年自十一月删日起至十二月底止剿匪工作军事报告书》。据薛岳《第六路军赣南——湘南——黔西间地区追剿朱毛股匪各役战斗详报》中记载，此电文中尚有"追剿军预备兵团指挥刘膺古，辖新三十四、第二十六各师、独立[三]十四旅"。另外，第五路司令李韫珩除辖第五十三师外，还辖第七十七师）

---

① 邓、陶，指邓南骥、陶柳。
② 李，指李国钧。
③ 指惠济支队。

何键关于在湘西地区
修筑碉堡封锁线的报告

（一九三四年十二月）

本部奉委座十一月筱戌电[①]，颁发西窜共匪如万一漏脱于湘、漓水以西围剿计划大纲。当遵照选定碉堡四线于湘西方面：

第一碉堡线

自新宁县城经崀山、七星桥、窑上、豆子坪、寨安〔子〕背、上南容、唐家园、五里湾、城步县城、江渡、丹口、大圳岩、岩砦、木路口、石壁、临口、菁抚洲、通道县岩门铺、地伏屯、靖县飞山、太平界、烟敦界、龙孔坳、广平〔坪〕、酿口、安顺溪、东城场、牛埠、托口、牛角界至芷江。

第二碉堡线

自新宁县江口桥、飞仙桥、马头桥、龙潭桥、高桥、石狮子、迪贤水、李家渡、黄皮坳、浆坪、横江子、五里湾、铜鼓岭、城步县城、江渡、科头塘、田头、梅口、柳塘、江口塘、岩脚田、枫木坪、寨坡、十里铺、绥宁城、文昌阁、黄土桥经天塘界、乐安铺、烟敦界、杨柳塘、寨牙、磨石、城墙界、靖县飞山、太平界、烟敦界、杨柳塘、寨牙、磨石、城墙界、靖县飞山、太平龙孔坳、广平〔坪〕、酿口、安顺溪、东城场、牛埠、托口、牛角界至芷江县[②]。

第三碉堡线

自新宁县江口桥、飞仙桥、龙潭桥、石门司、半山、江口、石山背、西岩市、

---

① 筱戌电，即一九三四年十一月十七日发出的《蒋介石关于湘水以西地区“会剿”中央红军的计划大纲》。

② 芷江县，今湖南省芷江侗族自治县。

山口、高坪、茶溪、梅口、柳塘、江口塘、长铺子^①、佘家滩、竹舟、江河口、麻塘、长寨溪、若水、洪江至黔阳。

第四碉堡线

自新宁经安心观、武冈田心铺、花园、瓦屋塘、金屋塘、雪峰界、西坡、袁马、洪江至黔阳。

以上四碉堡线之选定，原为防匪回窜或北窜。迄匪窜过湘、漓水以西，经龙胜、古宜以北及通道地区向黔急窜。本军注重追剿截击。对于湘西方面碉堡修筑完成者，计绥宁境内砖碉十一座、土碉八十四座，黔阳境内砖碉七座，靖县境内砖碉六座，城步境内九座，会同境内九十四座，共碉堡二百十一座。

（此件引自《剿匪军追剿总司令部二十三年自十一月删日起至十二月底止剿匪工作军事报告书》）

---

① 长铺子，今湖南省绥宁县人民政府所在地。

薛岳关于取捷径直趋
洪江堵截中央红军致何键电

（一九三四年十二月一日）

东辰衡总参电①奉悉。全州、兴安间之匪，依恢先②兄所得情报，已于三十午到达咸水、西延间。则匪于目前或已到达城步，复分经绥宁及通道、会同各地，会犯黔阳、洪江一带地区暂停喘息，再作他图。预计本路到达新宁，匪则远窜绥宁，与匪适成梯次队形。如本路到达新宁后，即取捷径，经武冈直趋洪江，则可望先期到达堵剿，破坏其企图，使匪失其凭借，可徐图之。谨电察核，并乞示遵。

（此件引自《第六路军赣南——湘南——黔西间地区追剿朱毛股匪各役战斗详报》。中国人民解放军历史资料丛书《红军长征·参考资料》）

---

① 东辰电，是何键一九三四年十二月一日给薛岳的电报。其主要内容是令薛岳"督部迅速移于城步堵匪北窜，截匪西逃。并希乾初兄率部到达文村后，即经全州向新宁转移，隶伯陵兄指挥"。乾初，即周浑元。伯陵，即薛岳。
② 恢先，即刘建绪。

何键关于速向湘桂边区
转移向刘建绪薛岳发布的命令

（一九三四年十二月一日）

刘总指挥建绪、薛总指挥岳：

命令：

1.匪主力已被我军击溃，残部经界首向西延急窜中。

2.我军以继续截剿之目的，迅速向新宁、城步、绥宁、靖县方面转移。

3.着刘总指挥建绪指挥所部，除以第一路之一部（李、章①所部）跟匪追剿外，其第一路主力即由现在地经新宇、城步、绥宁第二封锁线②，节节截剿；第四路着王东原师先出洪江，李云杰师继后，暂位置于梅口、长铺子附近第三封锁线；第五路着位置于武冈、花园、瓦屋塘第四封锁线③。

4.着薛总指挥岳指挥所部，由现在地先向武冈前进。

5.本部仍在衡州，随后移驻邵阳。

总司令何键。东西衡总参机

（此件引自《剿匪军追剿总司令部二十三年自十一月删日起至十二月底止剿匪工作军事报告书》）

---

① 李、章，指李觉、章亮基。

②③ 第二、三、四封锁线，参见一九三四年十二月《何键关于在湘西地区修筑碉堡封锁线情况的报告》。

陆军第十六师于全县觉山沙子包
一带剿匪各役战斗详报

（一九三四年十一月二十九日至十二月一日）

一、匪情

朱毛股匪，人约十万，枪约六七万，于十一月中旬窜抵宁远、道县、江华间地区后，循肖匪西窜故道，续经永安蒲水、龙虎等关，分向桂境急窜。其左侧卫枪约万余，于二十二、三等日，在桃川、龙虎关一带与我桂军接触。其右侧卫伪一、五两军团，人枪约二、三万，于二十五、六等日窜抵文市，渡灌水经麻子渡续渡漓水，经上界首、咸水墟，沿全兴公路经觉山、沙子包、花红铺一带进扰。二十八日其先头便衣匪队，已逼近全县。

二、我军部署

本路（追剿军第一路）军，以李代保安司令觉指挥第十六师全部、补充总队四团，陈子贤旅（欠一团）及山炮一门，步兵炮两门，除以一团固守寨墟相机出剿外，余于十一月二十九日由全县附近及飞鸾桥、小水洞一带，沿全兴公路西进，向匪攻剿。以第六十三师一部，接守桥渡、小水洞一带阵地；以第六十二师为预备队，位置于全县西北五里排、石角村中间地区。

本师奉李代保安司令命令：除以一团仍固守寨墟相机出击外，其余附山炮一门、步兵炮两门，于二十九日晨，分由飞鸾桥、小水洞出发，向全兴公路攻剿前进。李代司令率补充各团及陈旅（欠一团），在本师后跟进策应。等因。遵以第四十七旅第九十四团（该团系于本月二十七晚由全县袭占寨墟）仍固守寨墟，并将四路、水麻石一带完全占领，堵其北窜，并相机截击，威胁匪之侧背。以第四十六旅附山炮一门、步兵炮两门，于二十九日晨由飞鸾桥附近出发。第四十八旅附第四十七旅之第九十三团，同时由小水洞附近出发，均沿全兴公路西进，向匪攻剿。师长率师直属营、连在第四十六旅后跟进指挥。

三、战斗经过

十一月二十九日

本晨第四十六旅附山炮一门、步兵炮两门，由飞鸾桥附近出发，沿全兴公路向西攻剿，节节将小股匪队击溃，午刻攻抵带子铺附近。有伪一军团匪部约两团，盘踞该处及附近森林，顽强抗战。我军利用步炮火之协同，冲入匪阵。匪势不支，向沙子包、觉山方向退窜。该旅跟踪追剿。同时第四十八旅附第九十三团，由小水洞向公路右侧山地搜剿，战至酉刻，遂将路板桥、锄头田、带子铺、勾牌山、马鞍山一带匪阵地次第攻占。但匪仍在沙子包、田心铺之线占领阵地，与我相持。是日我各部队伤毙匪官兵约六七百名，夺获步马枪二百四十一枝、轻机枪一挺。消损步弹六千一百二十发、机弹三千八百五十六发、手榴弹二百一十五颗，士兵伤亡七十四名。

十一月三十日

据报：匪右侧卫伪一、五两军团，麇集沙子包、邓家桥、觉山、朱兰铺一带，占领阵地，增筑工事，企图顽强抗战，阻我军前进，以掩护匪主力军得安全通过漓水西窜。本师遂于本（三十）日拂晓，以第四十八旅附第九十三团，向邓家桥、田心铺一带攻剿。师长指挥第四十六旅附山炮一门，步兵炮两门，沿全兴公路向沙子包、觉山一带攻剿。我李代司令仍率补充各团沿公路跟进策应，并令陈子贤旅（欠一团）向漓水公路间地区搜剿前进，掩护我左侧安全。午前十时顷，我何徐两旅部攻抵沙子包、邓家桥之线。伪一军团之第一二两师，在该线凭借工事，顽强抵抗。激战至未刻，匪伤毙几半，势始不支，遂放弃阵地，向西南溃窜。我军跟追至觉山二里半山及田心铺一带高地时，忽遇匪军大部，枪约五六千，风驰电掣而来，向我正面密集猛冲，同时以一部向我右翼徐旅包围。我各部与匪相互冲锋肉搏，战斗至为惨烈。正激战间，李代司令率补充名团赶到，遂派兵一部向匪右侧急袭，我空军同时向匪轰炸。迨至酉刻，我各部官兵虽伤亡甚众，而战益奋勇。匪受创极巨，纷纷动摇，向白沙、咸水方向溃窜，状极狼狈。我军追至小洞、白虎头一带。时已入夜，匪残部窜踞工事，与我对峙。是役匪伤毙共约三千，本师计俘匪官兵三百余名，夺获步马枪一千四百七十五枝，轻机枪四挺，重机枪二挺，迫炮二门。伤亡营长以下官兵九百七十九员名，消耗步弹四万二千一百六十发，机弹二万二千零九十四发，手榴弹二千一百零四颗。

十二月一日

据报朱兰铺、刘家、严家、白沙铺一带，匪均构有工事，企图节节抵抗。本（一）日拂晓，我李代司令率补充各团附炮兵，沿公路向朱兰铺、白沙铺之匪攻剿。本师第四十八旅附第九十三团，向刘家、严家之匪攻剿。师长率第四十六旅沿公路跟进策应。自辰至午，战斗极烈。我军在飞机炮火掩护之下，勇猛冲击，前仆后继，战至申刻，我各部将当面之匪纷纷击溃，连夺匪军阵地。匪势大挫，大部向西延方面，一部向咸水、羊田铺方面逃窜。我第四十八旅及第九十三团，跟踪尾追，斩获甚多。将咸水、文塘之线完全占领。是日伤毙匪官兵共约二千，本师计俘匪四十余名，夺获轻机枪七挺，重机枪四挺，步马枪三百六十一枝。官兵伤亡一百八十四员名，消耗步弹二万四千七百四十二发，机弹一万六千九百发，手榴弹八百五十颗，手枪弹一千八百九十八发。

四、战斗结束

是役，本师计共夺获步马枪二千零七十七枝，轻机枪十二挺，重机枪六挺，迫炮二门。伤毙匪官兵约三千八百余名，俘匪官兵三百六十四名。消耗步弹七万三千零二十二发，机弹四万二千八百五十发，手榴弹三千一百六十九颗，手枪弹一千八百九十发。官兵伤亡一千二百三十七员名。

五、附表（略）

（此件引自中国第二历史档案馆编《国民党军追堵红军长征档案史料选编》）

湘军刘司令建绪冬晨电

（一九三四年十二月二日）

据李代司令觉东〔戌〕电称，卅夜在珠兰铺附近与我对战之匪，大部受创击溃。东卯，以伪九军团之一部及伪一军团之一部，人枪近万，在严家、白沙铺、余家之线占领阵地，顽强抵抗。经督饬各部奋勇攻击，官兵前仆后继，战况极为猛烈。我在飞机、大炮掩护下，至申刻攻陷匪阵。匪军大部向西延方向溃窜，一部被我军截断，正围剿中。现我军正占领陈村、咸水之线。是役伤毙匪众千余人，我部官、兵伤亡三百余员名。章师夺获轻、重机枪十余挺，获步枪八百余枝。

（此件引自《共匪西窜记》）

桂白致湘何辨难冬未电

（一九三四年十二月二日）

何总司令芸樵兄[1]、刘司令恢先兄[2]:

俭、艳两日各电均获悉。

此次共匪全力西窜，敝省首当其冲，兵单力薄，兼顾未能。当我富、贺、龙虎关吃紧，诚恐共匪绕南西窜，如入无人之境，则敝省负责更大，故将主力转移。曾经迭电呈明委座及我兄，请派大兵向兴、全截击。因敝省除维持后方外，只有兵力十四团。既已转移，兴、全只黄镇国师及民团防守，实嫌力弱。故与恢先兄协定：匪如入兴、全，贵军南向，敝军北向，共同夹击。谅已转达我兄。比及匪军攻入"四关"，我主力向灌北侧击。又经飞机催促贵军南上协击。闻恢先、云波两兄，确实决心，但迭据飞机报告，集中在全城附近之寨圩、飞鸾桥之贵军，俭、艳、全〔卅〕等日，犹未见南上，坐令匪军安全渡河。迟至冬日，始向白沙铺。贵军个性，想兄等素知，弟本不愿说，然观委座转来我兄及恢兄电，一则曰全、咸无守兵，再则曰闭城不出，未免违反事实。兴、全之线，备兵薄弱，弟并不敢讳，只因十余团之兵力分配不敷，敬请集中全城二十团之贵军迅速南上，贵军任务在追剿，不在防守也。至兴安黄师逮敌众压迫，退守伏华铺、深布坪之线，距兴安城约三十余里，昨晚尚与敌激战，俘虏已解桂林。迟至本日午刻，尚在界首附近攻敌，亦有事实证明。"闭城不出"，不知从何得来也。兄如不信，请派机来察，或询问友军，当知弟言不谬，谨电陈明，尚乞鉴谅。弟今午已回桂林，并闻。

弟白崇禧叩。冬未

（此件引自《共匪西窜记》）

---

① 指何键。

② 指刘建绪。

追剿军总部冬戌电

（一九三四年十二月二日）

（一）匪大部迭经我军痛击，现窜西延以南一带深山中。先头本日窜抵油榨坪附近。一部仍在石塘圩、界首。

（二）第一路刘司令建绪率补充三、四、五各团于今晨出发，向新宁前进。李觉率补充一、二团及章师及杜旅①、陈师②、陈旅③由白沙尾匪追剿。刘代旅长建文率所部，本日开赴梅溪口、界牌一带堵截。陶广已将大肚岭、白沙之匪击溃。斩获甚众。东抵寨圩。本日向梅溪口、西延、车田地区分途堵剿。章亮基师主力取捷径直趋西岩附近堵剿。第三路周司令浑元所部，本日已过麻子渡，经咸水尾匪猛追中。空军，本日在梅子岭、大湾、鹧鸪桥、张家湾、西延等处见匪，炸毙不少。

（此件引自《共匪西窜记》）

---

① 指湘军第十六师章亮基所部。
② 指湘军陈光中第六十三师。
③ 指湘军陈光中第六十三师所部。

四集团军白副总司令崇禧致广州冬电

（一九三四年十二月二日）

（一）石塘圩、麻子渡、伏华铺各地之匪，自经我军昨日下午四时将其击溃后，〔我〕即全线开始进击。今晨以来，陆续扫荡战场，〔我军〕进占咸水西方路〔鲁〕塘、罗〔洛〕江之线，残匪分向通梅溪口各道路逃窜。禧于本日下午三时转来兴安，处理以后追剿部署。

（二）此次与我军战斗之匪，确系伪一、三、五军团主力，数逾二万。其余之匪，于艳日起陆续由〔向〕咸水通梅溪口道及车田、龙胜、三江道方向逃窜。

综合情报判断：该匪残余不过五、六万人。现我军以第〔十〕五军为第一追击队，第七军为第二追击队，协同友军，尾匪穷追。经我军击毙之匪，在兴安一带将近万数。我军伤亡官兵百数十员名，俘匪二千余名。投诚者有原属李明瑞部之桂籍五百余名。缴械二千五百余枝。再者，俘匪除桂籍者，拟留桂或他处置外，其余二千余名，各省皆有，但以江西、湖南为多，但〔并〕有各级官长在内，应否解送中央，抑交芸樵兄处置。听候电示。

崇禧。冬戌行

（此件引自《共匪西窜记》）

追剿军何总司令键致川黔两省冬电

（一九三四年十二月二日）

（急）

重庆刘总司令甫澄兄[①]、贵阳王总指挥绍武兄[②]：

赤匪伪一、三、五、八、九各军团，人号称十万，枪半数，自经我节节痛击，已消灭三分之一。原拟此次协同桂军尽歼于漓水以东[③]，因咸水、兴安一带无兵堵击，致使残部漏脱，仍取肖克旧径，向西急窜。现我正一面移转兵力于武、新、城、绥之线，一面尾匪跟追。如绍武兄能集结兵力扼要堵截，可收夹击聚歼之效。甫澄兄如能以相当兵力协助绍武兄堵剿，则歼灭更易。盖该匪自离巢后，首尾受敌，兵无斗志。所惜在我军方面，屡失良机，遂致功亏一篑也。如何布置，唯二兄亟起图之。盼复。

弟何键叩。冬亥印

（此件引自《共匪西窜记》）

---

① 指四川省政府主席兼四川"剿匪"总司令。

② 指王家烈。

③ 兴安经界首直到全州这一段，实际是湘江。此处，何键故意说成是红军渡过"漓水"。如胡羽高在按语中所指出的：湘军一定要说红军偷渡漓水，桂军则说红军渡过湘江。湘、桂双方为推卸责任，为互相指责。有关此一问题的湘军电文，均是以漓水代湘江。

何键关于请川、黔军堵截
中央红军西进致刘湘、王家烈电

（一九三四年十二月二日）

（急）

重庆刘总司令甫澄[1]兄、贵阳王总指挥绍武兄：

赤匪伪一、三、五、八、九各军团，人号称十万，枪半数，自经我节节痛击，已消灭三分之一。原拟此次协同桂军尽歼于漓水以东，因咸水、兴安一带无兵堵击，致使残部漏脱，仍取萧克旧径，向西急窜。现我正一面转移兵力于武、新、城、绥[2]之线，一面尾匪跟追。如绍武兄能集结兵力扼要堵剿，可收夹击聚歼之效。甫澄兄如能以相当兵力协助绍武兄堵剿，则歼灭更易。盖该匪自离巢后，首尾受敌，兵无斗志，所惜在我军方面，屡失良机，遂致功亏一篑也。如何布置，唯二兄亟起图之。盼复。

弟何键叩。冬亥印

（此件引自《共匪西窜记》）

---

① 甫澄，即刘湘。

② 武、新、城、绥，指湖南省武冈、新宁、城步、绥宁四县。

何键关于消灭中央红军
于湘黔边境致刘建绪、薛岳的命令

（一九三四年十二月三日）

刘总指挥建绪、薛总指挥岳：

命令：

一、匪残部由咸水、西延、车田、蓬洞，循萧匪故道，向西急窜。其一部份分向龙胜窜走。

二、本路军以继续追剿并节节截击，期彻底歼灭该匪于湘、黔边境之目的，决定如左之部署：

（1）着第一兵团刘总指挥即以一部尾匪追剿，主力经新宁、城步间觅匪，节节予以截击。

（2）着第二兵团薛总指挥先以大部由武冈经长铺子、竹江舟，迳开会同，并与洪江王东原师联络，截击西窜之匪，并堵匪北窜；以一部策应第一兵团，逐次推进，扼要堵剿。

上二项，仰即遵照。

总司令何键。江午衡总参机

（此件引自《剿匪军追剿总司令部二十三年自十一月删日起至十二月底止剿匪工作军事报告书》）

四集团军李总司令宗仁通告全国江电

（一九三四年十二月三日）

　　共匪盛〔盘〕踞赣、闽，荼毒七载。自五次围剿以来，节节败溃，仍企图西窜另造赤区。乃令伪军长肖克率匪万余，作西窜之前锋，侦察途径，取道湘、黔边境。本军经派廖军长磊率领七军，协同湘、黔友军追剿，沿桂、湘、黔边境山地，深入黔东北地，转战月余。幸将匪主力消灭，剩余匪众不过千人，枪械仅存数百枝。方冀一鼓荡平，以绝后患，适遇赣匪主力又复倾巢西窜。桂省毗连湘、粤方面，五岭绵亘七百余里，防线太宽，军力单薄。除遵委座电令，一面集中十五军全部于全、桂方面，协同民团从事布防外，并调第七军兼程，回桂参加堵截。功亏一篑，遗恨实深！第七军十一月十六日回抵桂林。适共匪主力已进至湘兰〔南〕宁远、蓝山之线，复奉委座电令，以追剿各军偏在西北布防，共匪避实就虚，南绕富、贺西窜，更难剿办等因。同时兵力不足，若处处布防，必处处薄弱。遂一面分兵协同民团守备湘、桂江沿岸边境之区，建设堡垒，同时集中两军主力，布置于龙虎关、恭城一带地区，相机策应富、贺及兴、全方面，命令机动作战，捕捉匪之主力，一举将其击溃。乃匪自抵宁远后，以伪一、九两军团由江华、永明方面分扰富、贺边境及龙虎关，虽经我军数日力战，将其击溃，而其主力亦于斯时经道县突破我灌阳北方之"四关"，经全州之南方文市西窜。除仍以一部继续扫荡江华、永明方面之匪外，即将十五军全部及第七军一部迅速转调于兴安、灌阳以北苏江、新圩、咸水、界首之线，向匪侧面攻击，同时与进入全州附近之湘军协同双方夹攻。冀图〔借〕全州以西之山地阻塞之利，于全州南方地区将匪歼灭。二十七日以来，我两军主力在文市南方与伪三、五军团全部及伪八军团之一部接战。彭匪德怀亲身督战，甚为激烈。以新圩一地，彼此肉搏数次，得而复失者再，双方死伤过半。而兴、全方面，沿湘水西岸布防，长逾二百里，我军仅一师协同民团堵截。二十七日以来，当面之匪愈战愈多。二十七日晚，被匪四次突破，目下在兴安北方之伏华铺、深布坪之线与匪对峙。现我第七军主力，已于二十九日加入文市南面战线。今日拂晓，由文市西方之大岭头、勃塘圩方面攻敌阵线，拦腰截击，斩获赤匪二千余，获枪一千二百余枝。彭匪仅以身免。〔现〕向界首方面追击中。刻据连〔联〕络飞机报告，全州附近之湘军，今晨已开始向南运动，计程本日下午可达咸水、界首之线迎头堵截。料今、明两日，可望将匪之主力击溃也。谨电略陈。

李宗仁叩。江印

（此件引自《共匪西窜记》）

何总司令键答复桂白道歉微辰电

（一九三四年十二月六日）

桂林白副总司令键生兄：

冬未电敬悉。敝处呈委座电，均系根据前方将领情报。即偶有失实，亦犹艳、州〔卅〕等日，我军已与大股匪共在全州西南之勾牌山、朱兰铺、觉山南段及严家、白沙铺、余家之线连日激战，占领各地，更分向大埠头及咸水、界首堵截追剿，而贵处飞机因只见留在寨圩等地之少数防堵部队，尚称艳、全〔卅〕等日，未见敝军南下，同一误会。西谚谓"事实胜于雄辩"，乞勿介意。此次敝军初于汝、桂一带堵剿，及匪绕入宜章，乃将汝、桂部队及入县之李部①、赣南之薛部②，急调至零、黄、全间堵剿，强行千余里，至感日方到达全州，而匪已先于宥日在界首、咸水架桥渡河。敝军名为追剿，实则兼追与堵二种任务。承兄迭电嘱我向南延伸，亦以时间、兵力而〔两〕不许可之故，致留此一线之隙未能弥缝，竟使残匪窜脱。揆诸天职与素志，只有自恨力薄，决无诿过于人之理。所惜者，匪以狡计先使贵军主力偏其贺、富，及至展开于兴、灌以北地区时，我军原部署于黄、全间之部队已追匪先进，以前后之相左，致夹击而未能。情报之难得实在，判断之不易正确，其亦有同感乎？谨电致歉，诸希谅詧〔察〕，尔后如何灵通情报，协力以赴事机，并乞筹示。

弟何键叩。微辰印

（此件引自《共匪西窜记》）

---

① 指湘军李云杰的"追剿"军第四路。
② 指"追剿"军第二路司令薛岳。

何键关于未能消灭
中央红军于湘江以东地区的通电

（一九三四年十二月五日）

　　敝部奉令追匪〔剿〕西窜股匪，未能达到歼匪于漓水以东地区之任务，实深惭悚，谨将经过据陈查照。当该匪初由赣南突围，我李觉部尚远在黔东北追剿萧匪；该股匪绕陷宜章，我陶广师仍在汝城文明司与其一部激战；我陈光中师仍在桂东防堵北窜；我薛岳、周浑元、李云杰、李韫珩各部，次第由赣西开拔入湘；仅王东原、章亮基两师，一位置于郴州，一位置于衡、祁①江防线。湘南地区辽阔，匪众亦号称十万，以我两师兵力兼顾追与堵二者，诚不自量，唯奉委座新命，义无反顾。元日奉电，寒日抵衡：一面以王师收复宜章，尾匪追剿；一面调周、李、李②各部取道嘉、蓝③向南侧击；一面调薛、李、陶、陈、章④各部，于自衡州至黄沙河之线布防，当集结主力于东安、零陵二点。除〔王〕、章两师外，皆属昼夜兼程，强行千里，本在匪后，而先匪到达。尤以薛、周两部，久战道远，劳苦更甚。所韦〔幸〕各部将士，莫不忠勇奋发，予匪重创。陶师汝城、东岗岭、勾刀坳各役，毙匪近千；文明司之役，毙匪六七百，获枪百三十余支。王师良田、万会桥之役，毙匪数百，获枪百数十支；樟树桥之役，获枪数百支；梅田、保和圩之役，俘匪百余，获枪百五十余支；下灌之役，毙匪千余。李云杰师仙人桥、冷水铺、土桥圩、洪观圩、永乐圩、下灌各役，共计伤亡匪官兵二千余，获枪五百余支。周浑元部宁远附近之役，斩匪数百；文

---

① 衡、祁，指湖南省衡阳（今为市）、祁阳（今为市）两县。

② 周、李、李，指周浑元、李云杰、李韫珩。

③ 嘉、蓝，指湖南省嘉禾、蓝山两县。

④ 薛、李、陶、陈、章，指薛岳、李觉、陶广、陈光中、章亮基。

市之役毙匪数百，获枪八十余支。匪经过之各县团防义勇队所俘获散匪散枪，已据电报解部者，如汝城、宜章、郴县等，多则千余，少则数百，而空军之轰炸不计焉。该股匪将抵桂边，一部窜龙虎关、富、贺^①，经桂军痛击，一部由道县北窜王母桥、西头、东山瑶等处，企图牵制我零陵兵力，而其主力则由蒋家岭出四关，步萧匪故辙，其先头漾午达文市，幸彼因顾虑桂军堵截，未敢急进，不然我薛部敬日方达零陵，我陶广师有日方达黄沙河，大可乘我兵力未集，强渡而西也。梗日奉委座养酉电，准桂军将兴、全、灌^②之主力南移恭城，敝部向南伸延，弟虽以时间、兵力难以办到，但军机迫切，故立令刘司令建绪率章、李、陶、陈各师，赶赴全州，于感晚到达。不意匪于宥、感等日，已在兴安、界首架设浮桥，窜过漓水。我刘司令建绪急率所部向咸水、界首猛力堵剿。自感晚经俭、艳等日，在寨圩、路板铺、沙子包、珠兰铺、五里牌、觉山一带，连日激战，匪死伤约六千余，俘匪二千余，夺获步枪三千余支，机枪、迫炮三四十门。我军伤亡逾千。残匪乘夜向西延溃窜。此半月来追剿经过之大概情形也。弟力薄任重，一篑功亏。虽总计各役，匪部实力确已消灭三分之一，而残匪西窜。乃劳廑念，惶愧未余，唯有再督各部，遵照委座指示方略，为第二步之围剿。所有尔后进剿情形，当随时奉达。

何键。微未衡参印

（中国人民解放军历史资料丛书《红军长征·参考资料》）

---

① 富、贺，指广西壮族自治区富川瑶族自治县县、贺州市。
② 兴、全、灌，指广西壮族自治区兴安、全州、灌阳三县。

何总司令键致桂林刘为竟微酉电

（一九三四年十二月五日）

　　某电，敬悉。桂军勇敢善战，素所钦佩。此次未能尽歼股匪于漓水以东，原因甚多。第〔弟〕负责追剿重任，自责未遑。决无诿过于人之理。昨奉健兄东戌、冬未各电，似于此间情报稍有误会，除以微辰电敬致歉意外，尚盼吾兄从中解释。承示湘、桂两年〔军〕，应本已往追剿肖匪^①提携并进之精神，忍辱负重，力图事实之补救各节，爱护周至，感篆五中。敬当转饬所部，奉为准绳，协力以赴。悍匪当前，国难未已，健兄善筹在抱〔握〕，尚乞时请勿吝赐教，为祷！

弟何键叩。微酉印

（此件引自《共匪西窜记》）

---

①　对于工农红军的蔑称，指萧克等红六军团。

湘军刘总指挥建绪歌戌电

（一九三四年十二月五日）

（一）李代司令觉江午电，在咸水晤桂十五军蓝参谋长云：桂军拟于支日分两路追击残匪：夏军长出西延跟进，廖军长出古宜沿湘、黔边境截剿。

（二）陶师长广江戌电，江晨，有伪一军［团］残匪约两团，占领西延锦亘山地。经王旅及戴团猛烈击溃，毙匪五百余，获枪百余支。匪向梅溪口分窜。是晚，追抵天门岩洞宿营。据报：支日，伪一军团残部窜抵车田，有向绥宁、通道西逃之势。又，伪三、五、八、九军团未经大埠头，似向龙胜方向溃走。

（三）晏区司令国涛歌西转城步谭团长电话：伪一军团残部过车田后，有便衣匪数百，刻转下白洞。

（此件引自《共匪西窜记》）

追剿军总部微亥电

（一九三四年十二月五日）

    匪大部由西延西南之广唐、雷霹州，越猫儿土冈岭，向龙胜西窜，其先头已窜抵两渡桥附近，其一部分向城步窜走。空军本日在土冈岭、两渡桥炸匪甚多。

（此件引自《共匪西窜记》）

追剿总部呈南昌行营工作报告

（一九三四年十二月五日）

　　自赣匪突围，经湘、粤边区西窜。我军鉴于该匪伎俩惯于两省、两军接［合］处乘隙窜逃，又以湘南地区辽阔，交通阻滞，不便拒堵，第一、二两线既被冲破，惟赖第三线之设防，以堵匪之继续西窜，而收聚歼之效。本此目的，除以一部分尾追，一部任侧击，迟滞其行动，并扼守衡①、祁②、零陵〔零、黄〕之线，防其北窜外，判断匪所必经之要道，调集重兵于黄沙河附近一带地区。其时桂军与我协定，亦以主力布置于桂、兴、全、黄③之线。我军则利用湘、漓两水之险，及已设之碉堡线，彼此衔接，扼要堵截。以此布置，井遵奉委座迭次方略，满拟可将该匪消灭于湘、漓水以东。惟该匪狡甚，自在潇水以东，经我节节击溃后，一部窜龙虎关，窥富、贺④，以牵制桂军；一部由道县王母桥及西头、东山瑶等处佯攻我黄沙河一带；主力则由蒋家岭出"四关"，循肖匪所经故道，其先头漾午已达文市。桂军养日以匪窜贺、富，将其兴、全⑤间主力南移恭城，所遗防务，电请我军填接。其时，我军担任零、黄⑥江防线者为章亮基师及李觉之补充四团；陈光中师由桂东开拔，方抵东安；陶广师自汝城堵剿后，有日方达黄沙河；薛岳所部，敬日方集中零陵，而远道长征，疲惫已极（原眉批：何芸樵善体人意，每对薛部总谓其远道长征，疲劳过甚）。当令其迅接零、黄江防，抽出章、李所部并陶、陈各师，由刘司令建绪亲率，星夜南移，于感夜

---

① 指衡阳。

② 指祁阳。

③ 指桂林、兴安、全州、黄沙河镇一线。

④ 指富阳镇（今富川瑶族自治县）和贺县（今贺州市）一线。

⑤ 指兴安县和全县（今全州市）。

⑥ 指零陵县（今永州市零陵区）和黄田铺（今黄田铺镇）。

赶到全州。而匪之先头已于宥感等日，在兴安北之界首架设浮桥，连［续］窜渡漓水。我刘司令建绪急率所部由全州南进向咸水、界首。自感晚起，经俭、艳、卅等日，在寨圩、觉山、路板铺、沙子包、珠兰铺、白沙铺、五里排、麻子渡一带，连日激战。毙匪约六七千，俘匪二千余，夺获步枪三千三四百枝，机枪、迫炮三四十门，我方伤亡逾千。残匪向西延溃窜，我十三师（万耀煌）收复道悬后，继续向匪西追。艳日经永安关前进，在杨家湾、高明桥、永安关等处；节节击溃匪之后卫，卅申占领文市。计沿途俘、毙匪各数百，获枪八十余枝。我方办伤亡士兵二十余名。

（此件引自《共匪西窜记》，第203—204页。本件还另见于《共匪西窜记》，第178—179页，惟标题为《追剿军何键总司令报告与集团军变更防线经过》，且只录至"而匪之先头已于宥、感等日……连续窜渡漓水"）

薛岳关于向洪江武冈推进的训令

（一九三四年十二月六日）

据报，伪一、三、五、八、九军团残部，现正向绥宁、通道以西地区逃窜中。我刘[①]纵队现向城步、绥宁前进中。我周[②]纵队本（六）日可到东安、大庙口一带。我李韫珩、李云杰两部现正由东安、武冈推进中。本路军以兜剿残匪之目的，决自明（七）日起向洪江进出，其日程应依照表之策定实施之。

又着周浑元部到达新宁后，继续向武冈推进。

（此件引自《第六路军赣南——湘南——黔西间地区追剿朱毛股匪各役战斗详报》）

---

① 刘，指刘建绪。
② 周，指周浑元。

四集团军总部行营通报

（一九三四年十二月六日）

军息：

据夏军长威报告：由华江向司门 [①] 前前进之匪约三千，时在黄腊王隘。迭经我黄师 [②] 痛击，俘匪二百余人，缴获枪、炮二百余枝。该股现向老江口、沐水、莲〔蓬〕洞方面逃窜。

又据飞机报告：千家寺一带民房，已为共匪纵火烧毁。

军息：

（一）夏军长鱼酉电称："五日在兴属千家寺与我抗战之匪，查系伪五军团董振堂部，为匪左侧卫，第三师董匪与伪政委朱瑞，昨夜八时正在千家寺晚餐，适我军梁团冲进，匪等即落荒而逃，当夜我军占领千家寺，俘匪其多。据匪供称，自在新圩、石塘圩击溃后，伪三、五两军团已溃不成军，匪见我放枪即逃，每连战斗兵仅二十余名，子弹非常缺乏。现董率残部向北窜走。我军现正在分途追剿中。"

（二）韦师长鱼酉电称："前在灌北被我击溃之匪一部，逃入灌属大源、宝髻〈山〉、马头岭一带瑶山地区。经职同民团进剿，俘匪五百余，获枪支、马匹、电话、无线电等甚多。残匪尚有千余人窜至猫儿园，现正包围中。"

（三）查西窜之匪，现尚在兴安、龙胜境内青靛底、千家寺之线以西，千家寺、中洞之线以北，芙蓉河之线以东等地区。山高路窄，依地形判断，此匪现存不过四万人。自在灌北迭被我军痛击惨败狼狈逃窜后，已成惊弓之鸟，闻枪即逃，甚至我军一排俘匪获械恒以百计，匪之战斗力，实已全失。现我军除以一师协

---

① 指兴安县华江（今华江瑶族乡）和司门村。

② 指桂军黄镇国第四十三师。

同民团，负责肃清各处残留散匪外，并以夏、廖两军分途连［联］络各友军堵剿。军息：

前在新圩、石塘圩一带被我十五军击散之共匪伪师长陈树香一股，约一千五百。查有俄人四名在内，无线电一部，马匹甚多。嗣散扰［桐］木江、宝髻山、马头山附近瑶山地区。现我军韦、王两师 [①] 各派兵一营。连［联］合民团特后队，概归陈指挥官思（恩）元指挥，由麻子渡、富罗、灌阳分三路兜剿。兹据陈指挥官报告，沿途缴散匪枪约四百余枝，俘匪二百余人，毙匪甚多。日内可将全数解决。

（此件引自《共匪西窜记》）

---

① 指桂军韦云淞第四十五师和王赞斌第四十四师。

新宁县长李记犹阳电

（一九三四年十二月七日）

　　据报，赤匪分两部逃窜，一由溶江、华江，一由上五里牌、龙塘，似沿城步边境西窜。所以〔有〕大埠头、梅溪白一带，已无匪踪。

（此件引自《共匪西窜记》）

四集团军行营通报

（一九三四年十二月七日）

军息：

（一）向西延窜走之匪，昨晨与我周师秦团在河口地方（龙胜东方）激战。结果，毙匪官、兵八十名，俘匪三十一人，夺获自动步枪五十余枝，轻机关枪三挺。我军连附殉难，并伤士兵四名。我军正在联络各军，继续大举围剿。至塘洞、王隘一带之匪，为数二万余，自前日（七号）被我十五军痛击后，现分三路逃窜：一路由车田过洪江；一路由塘洞过白竹包向中洞；一路由文家洞经李家水过江底。查塘洞向中洞逃窜之匪，不下万人，伪政治部主任王稼祥在内，想朱、毛亦在此路同行，因我军追剿甚急，昼夜不敢停留，疲劳殊甚。现我十五军正跟追中，想彻底肃清不难。

（二）窜扰灌北 ① 贺江源线之匪，昨有百五十人，枪百支，驳壳六支，轻机关枪一挺，向我军投诚，现已由肖团处置。复据土人报称，在灌新圩附近有残匪百余人，枪数十支，机关枪一挺，亦被我民团围困。双方死伤数十人。昨已被缴械。

（三）前由桐木江窜至猫儿圈〔源〕之匪，系伪三十四师陈树香。经我民团联队与凌团在该处围剿，先后击毙与俘获不下千余，获匪枪二百余支，马数匹，并取获匪所埋藏枪六百余支，及电话机与无线电多件。陈匪及俄人四人，现率残匪五、六百人，向"四关"逃窜。我军仍在追剿中。

（此件引自《共匪西窜记》）

---

① 指灌阳县以北地区。

桂军夏军长威自中洞阳电

（一九三四年十二月七日）

今晨率镇师① 兴团罗营，于九时行抵砚田，与粟团相遇。据粟团面称："职昨（六日）日率二、三两营于午后八时，行抵砚田前，与匪之后卫一团，及与匪由塔边撤退之前哨百余人相遇，激战数小时，并无损伤，均被击溃。前面之匪，向中洞退却；后面之匪，绕向塘背砚田右侧二里退窜。俘匪百余名，获枪数十支。"等语，职查属实，即着梁团向两渡桥追击，粟团殿后。行甫二里，在坚石屋与匪三、四百人相遇，战未半小时，即被击退。匪沿途节节抵抗，掘断道路，极形顽强。加之沿山谷河边一条小路前进，两旁护蔽，故进展颇难。午后三时，梁团前卫又与匪千余人相遇于中洞前数里之三家洞，战斗殊烈。嗣着镇国率粟团加入追剿，匪大部始退，小部仍与我军抵抗。惟时已晚，乃着在原地警戒。综合各方报告，中洞向塘洞逃窜之匪，连行三昼夜，不下四万人，伪政治部主任王稼祥在内。推定王为伪总部人员，想朱、毛避实就虚，谅亦在此路。其退却之方向：一部向塘洞；一部向越岭经矮岭河口向龙胜。职部史团计程今日晚抵塘洞。前方隔绝颇难联络，拟请钧座明（八日）晨用飞机送信，告知职方情况。倘两渡桥有匪大部，务着坚守塘洞与谢团联络。至谢团已否由导江往千家寺北进，除电话转，并派兵送命令到导江等候外，究竟情形如何，亦拟请副座用飞机查明，送信联络，并令谢团杨营向塘洞与史团靠拢。职拟明日留一小部守中洞向龙胜营警戒，大部尾匪后，向塘洞前进，再定进止。至窜往龙胜之匪，职力难兼顾，拟请钧座派队尾追。谨电呈复，不胜急切待命之至。夏威呈阳酉于中洞。

（此件引自《共匪西窜记》）

---

① 指黄镇国第四十三师。

蒋委员长虞西京参电

（一九三四年十二月七日）

邕宁李总司令：

　　冬午、戌电均悉。贵部与匪主力激战五日，俘获五千以上，具见官兵奋勇，深堪嘉慰。所拟追剿部署亦甚妥善。希与友军切取联络，努力穷追。所俘匪众，可就近送交芸樵处置。除电知芸樵外，特复。

中正。虞西参京印

（此件引自《共匪西窜记》）

何键关于防堵中央红军与红二、
六军团会合向刘建绪、薛岳发布的命令

（一九三四年十二月八日）

刘总指挥建绪、薛总指挥岳：

命令：

（一）窜匪自经我在咸水附近击溃后，狼狈不堪，窜匪兴安、龙胜以北山地，昼伏夜动，闻枪即逃，似有沿湘、桂边境西窜贵州之企图。我桂军刻正以夏①军由西延继续追剿，以廖②军经龙胜、古宜进出通道，与我连〔联〕络围剿中。

（二）我军遵奉委座筱戌电令③，应以不使该匪漏窜入黔，会合川匪或蔓延湘西，与贺、萧合股之目的，将其围剿于湘、黔、桂边境而歼灭之。

（三）第一兵团应以一部位置于城步附近堵剿北窜残匪，以主力集结于绥宁附近，向南觅匪截击，并堵〔增〕修所任地区内之碉堡线④。

（四）第二兵团着经由洪江迅速进出会同、靖县，向通道方面觅匪截击，并督修所任地区内之碉堡线。

（五）金屋塘、王家塘、寨牙、通道之线为第一、第二两兵团作战地境线，

---

① 夏，指夏威。

② 廖，指廖磊。

③ 筱戌电令，指一九三四年十一月十七日发的《蒋介石关于湘水以西地区"会剿"中央红军的计划大纲》。

④ 刘建绪接电后，即以庚申参电下达堵截命令："着陶司令所部以主力向靖县、通道地区火速扼要防守，一部暂在绥宁，并扼堵木路口、临口、菁芜洲之线；着李司令云杰所部迅经西岩市直趋梅口、长铺子之线待命；着李司令韫珩所部进至西岩市、水东之线待命；着刘代旅长〔建文〕所部及晏区司令〔国涛〕所属团队，仍在城步地区防堵；绪率补充各团，佳日由武冈经武阳进驻长铺子指挥。"

［线］上属第一兵团。

（六）本部准真日移驻邵阳。

上六项，仰即遵照。

总司令何键。庚午衡总参机

（此件引自《剿匪军追剿总司令部二十三年自十一月删日起至十二月底止剿匪工作军事报告书》）

四川国立大学致林森快邮代电

（一九三四年十二月）

南京林主席钧鉴：

　　近阅报载赣匪分批西窜，企图另造赤区。骎骎由湘西南桂边继续窜进，欲沿桂、黔入川。又载犹国才电：谓赣匪第二批窜抵桂边，有入黔匪患，俨然第二江西。中央军及湘桂军分头痛剿。凡属国人，莫不同此敌忾。极知赤祸非一省之匪患，各省动员，联合会剿，勿使滋蔓，以贻大忧。今日川局，下东北路，本极紧张。若再加以分批西窜之赣匪，次第由湘西南桂边入黔，再由黔入川，岂惟西南利害所关，实全国安危所系。以此次大军痛剿，在湘桂边境者，迎头兜击；近黔边者，扼险截击；不专取尾追。专取尾追，势必分窜入黔。能否划然堵绝？赤匪之入黔，此今日救川之惟一问题也。钧座总持各路，计划完周，无俟人民妄参末议。区区一隅之见，如先解决匪之入黔问题，则湘桂黔之间，必有重大兵力，一路由湘西，一路由川东綦江出松坎，以协助黔省。吾川北路之匪，既已集中粮食，加紧训练，若窜匪由黔入川，则必向下东骋动。若匪不能入黔，则非久，开春亦必出巢大举，必然之势也。近闻陕军及胡宗南军，奉命进驻川境。而报载，匪军在嘉陵江甚活跃。当路各军所编出击防守之步〔部〕队，当此疲劳过度。以言乎攻，是否确有进剿之胜算？以言乎守，是否始终有扼塞截堵之能力？皆不能无千虑一失之旁皇瞻顾也。钧座统筹全局，必有整个有效之计画。心所谓危，取以入告。惟垂察之。

国立四川大学校长王兆荣、文学院院长向楚、

理学院院长周太玄、法学院院长吴永权暨教职员等同叩齐

　　（此件引自中国第二历史档案馆编《国民党军追堵红军长征档案史料选编》，档案出版社1987年内部发行）

四集团军行营通报

（一九三四年十二月八日）

军息：

夏威军长感电：（一）粟团庚日搜剿两渡桥附近山洞，俘匪五十余名。（二）史团黄营鱼日午搜剿千家寺附近山洞，俘匪三百余名，获枪八十一支。颜营阳日在油榨坪与伪五军团十三师千五百人决战，俘匪官兵七百余名，缴枪一百九十八支。同日午后，该团长率黄营到老山界与匪遭遇激战，俘匪百十余名，缴枪二十八支。该团八日拂晓，占领塘洞。匪大部由江底、马堤街窜走，一部由车田经三百湾溃入龙胜。

（此件引自《共匪西窜记》）

桂军周师长祖晃齐电

（一九三四年十二月八日）

顷据职师秦团长霖由寨纳塘电话："（一）职团今（八）日在马罗〔洛〕与匪接触。经职率队猛攻，即溃退。午后五时，追击至寨纳城北端高地，停止攻击，一面搜索残匪，一面侦察匪情。（二）此役系与匪军第三军团第四师接触，计毙匪团长一名、士兵百余名。获自动步枪一支，驳壳一支，步枪二十九支。俘匪二十余名。（三）在毙匪团长身上，搜出命令一件。系伪三军团第四师师长张宗逊、政委黄克诚五日由大溶江所发。其要目为'本师以继续西进，开辟道路之目的，于今（五）日向通道、龙胜大道之江底、河口、相机宿营。'等语。（四）职在阵地高地观察，溃匪在杉木坳构筑阵地，向我营警戒。河口似有匪千余。（五）此役，职阵亡连副一员，士兵二十余名。"等语，职今夜令苏团、秦团在寨纳塘、沂潭之线占领阵地，向匪警戒。张团在马罗〔洛〕待命。拟明（九）日拂晓即向河口、马蹄街之匪攻击前进。谨电察核。

祖晃。齐参印

（此件引自《共匪西窜记》）

追剿军何总司令键庚午电令

（一九三四年十二月八日）

命令：

（一）窜匪自经我在咸水附近击溃后，狼狈不堪，窜匿兴安、龙胜以北山地，昼伏夜动，闻枪即逃，似有沿湘、桂边境西窜贵州企图。

我桂军刻正以夏军由西延继续追剿，以廖军①经龙胜、古宜进出通道，与我连〔联〕络围剿中。

（二）我军遵奉委座筱戌〔戊〕电令，应以不使匪漏窜入黔，会合川匪，或蔓延湘西与贺、肖②合股之目的，将其围剿于湘、黔、桂边境而聚歼之。

（三）第一兵团应以一部位置于城步附近，堵剿北窜残匪。以主力集结于绥宁附近，向南觅匪截击，并督修所在地区内之碉堡线。

（四）第二兵团着经由洪江迅速出会同、靖县、向通道方向觅匪截击。并督修所经地区内之碉堡线。

（五）金屋塘、瓦屋塘、寨牙、通道之线，为第一、第二两兵团作战地境。线〔统〕属第一兵团。

（六）本部准真日移驻邵阳。

上六项，仰即遵照。

（此件引自《共匪西窜记》）

---

① 指桂军廖磊第七军。
② 指贺龙红二军团和萧克红六军团。

追剿军总部庚戌衡电

（一九三四年十二月八日）

（一）匪大部仍在前门司〔司门前〕、龙胜以北一带深山中。其一部枪约数千，已窜抵城步以南之丁坪、红沙洲一带。

（二）成铁侠部，本日到道县，协同桂军兜剿东山瑶残匪。

（三）本总部真（十二月十一日）移驻邵阳。

（此件引自《共匪西窜记》）

追剿赣匪之役陆军第十五师战斗详报

（一九三四年十一月八日至十二月八日）

甲、追剿前一般匪情

赣东股匪，自经我军第五次围则，迭受重创，匪巢相继克复，复受严密经济封锁，自知黔驴技穷，已不能在赣东立足，乃实施其伪中央干部会议决议案，经湘入川向西发展，打通国际路线，以图最后挣扎。自十月上旬起，伪中央匪首率伪一、三、五、八、九各军团，枪匪十余万，倾巢西窜。二十三日，其主力由信丰、南雄间渡过赣江以西，继经崇义、上犹，直犯湘境。十一月二日，该匪一部到达汝城附近，与我第六十二师钟旅接触，其主力分向乐昌、文明司方向急窜。

乙、集中时期

本师于追剿肖匪以后，由桂边回师郴州。自十月二十六日以来，奉令移驻耒阳、安仁、茶陵之线，担任构筑封锁碉堡。十一月八日午前六时，奉到军长刘阳亥参机电令如左：

一、据报，股匪有由文明司、乐昌方向，向郴宜窜走之样。

二、着王师长东原，除留小部在耒安之线，俟陈师①接防跟进外，即率主力沿耒郴汽车道，兼程向郴县方向，觅匪截击。上二项。

本师根据右令，给予各部命令要旨如左：

一、匪情、任务同军长刘阳亥参机电令。

二、着第九十团附工兵一连，于本（八）日，由耒阳汽车输送赴郴占领阵

---

① 陈师，指国民党军第六十三师，师长陈光中，该师由原湘军谭延闿系改编。

地，构筑强固据点，掩护本师集中。并为屯集粮水之处置。

三、第四十五旅（缺第九十团）、师部、工兵营、特务连、骑兵连、第四十四旅（同行军序列），着于本（八）日午前十时，先后由耒阳出发沿郴耒公路至高亭司、栖凤渡之线停止待命。第四十五旅应于栖凤渡，向永兴、资兴方向布置警戒。

四、着工兵营派兵一连，汽车输送至郴，归韩团长指挥，构筑郴城工事。任务完毕后，归还建制。

五、第四十三旅，除留小部在安仁，候陈师接防外，其余即日经耒阳，向郴州跟本师后尾行进。

六、余本日赴郴视察后，在高亭司。

右六项，陈旅①无线电达，张、汪两旅②笔记传达。

是日师部率张、汪两旅（缺韩团），到达高亭司以北，陈旅到达观音阁。第九十团汽车（十三辆）输送，直至夜午方全部抵郴。据报匪先头三千余，已过和平，当晚陷赤石，宜章甚形恐慌等语。比令该团除派小部分向宜章方向游击，广探匪情外，并限星夜完成据点工事。九日，师部率张汪两旅（缺韩团），推进至栖凤渡及其以北地区。陈旅进至耒城以东。奉到总司令何阳亥电，军长刘佳辰电：匪一股出九峰，一股庚午已窜宜东香花树、平和之线。饬本师向郴、宜觅匪截击。十日午后，师部率汪旅李团到达郴州，张旅抵栖凤渡，陈旅进至梧桥铺。探知良田、宜章昨晚先后失陷。今晨有匪一部，向保和圩方向前进。万会桥到匪六百余，装备整齐，手机关驳壳甚多。其主力行动尚不明了。比由韩团派丁营向万会桥挺进侦察，于山口塘附近遇便衣匪数十，当将其驱逐。晚间又于黄泥坳与匪遭遇。混战时许，匪向万会桥窜去。十一日，奉总司令何佳辰长电令要旨如左：

一、伪一、三、五、八、九等军团，自窜抵汝城被我军痛击后，以一部分由城口、文明司，向宜章、乐昌方向西窜。主力似仍徘徊于汝城西南地区，伺隙流窜，周纵队先头已抵桂东。薛纵队现正由吉安向莲安前进中。粤军李师，已于鱼日达九峰、乐昌。桂军一部已抵全州。

二、本路军以歼灭该匪于湘水以东地区之目的，应协同友军，并用追堵防截各种手段，以达成其任务。兹特部署如下：

---

① 第十五师四十三旅、旅长陈孔达。
② 第四十四旅，旅长张毅中；第四十五旅，旅长汪之斌。

1.2.3.4，各项略。

5. 着以五三、二三两师编为第一支队，归李韫珩指挥，集结于郴州（不含）、桂阳之线。以六二、六三、十五各师为第二支队，归陶广指挥，集结于郴（含）、资、宜、汝[①]中间地区，为追剿或腰击部队。以十九（欠两旅）、十六两师，及补充总队与湘西南之各保安团为第三支队，归李觉指挥，与桂军切取联络，任湘江守备及备尔后匪情变化之机动使用。

以上各支队，均归第一纵队司令刘建绪统一指挥，会同友军相机协剿。复奉军长刘灰申电令：股匪西窜宜、乐，着陶师主力兼程出郴州，会同王陈各师，向匪截击。各等因。

连日竭尽各种手段搜索侦察，匪之主力行动，仍不明了。但综合所得情况，判断匪之主力，尚未越过衡、宜公路以西，似均麇集赤石司、宜章、平和、良田一带。为侦确匪情起见，决先令汪旅，继续派队沿公路向良田方向不断游剿，与匪保持接触，以待全师集中及各友军之会剿。

本日韩团之丁营，将黄泥坳之匪击溃后，追至万会桥，与匪短兵相接，毙匪甚多，我伤亡邓连长等数员名。十二日清晨，汪旅李团督同丁营，向匪攻击。激战时许，匪向后撤走。李团跟追至万会桥，遇枪匪千余，占领阵地，顽强抵抗。同时发现西南山谷尚有匪之大部，陆续增援。相持至黄昏，仍撤回城前岭。韩团梁营游击保和圩，遇匪二三百人，略与接触，匪即向西撤走。据土民称，该匪声言系为第三军团打前站。同时迭据探报，良田、万会桥之匪，确在三千以上。良田至平和、摺岭沿途村落，皆为匪兵驻满。并声言尚有大队到达等语。

本日午后二时，我陈旅到达郴城。本师至此始全部集中完毕。入夜，据李团报告：长冲一带公路两侧之匪，陆续增加二千余人。同时，据本部官长侦探周健，由增湖、飞钟归报，目睹枪匪数十名，由黄泥坳通过，在该地徘徊，似有侦察地形模样。并向土民询问郴城道路及我方情况。声官进攻郴城等语。本部当晚给予各旅命令如左：

命 令

（十一月十二日午后八时于郴州）

一、综合连日情报：赣匪主力刻麇集于赤石、平和、良田一带，尚未越过

---

① 郴县（今郴州市）、资兴、宜章、汝城。

公路以西。万会桥陆续到有枪匪四五千人。其一部本日节节向我长冲、城前岭阵地逼近；另一小股本日在保和圩出没。似有进犯郴州之企图。

二、本师以先巩固郴防，待友军会齐进剿之目的，拟就现阵地取攻势防御。如匪来犯，即就罗仙岭、南塔岭阵地带，予以痛击后，一鼓而歼灭之。

三、着第四十四旅于明（十三）日拂晓，进至罗仙铺附近隐匿集结。派兵一部进出增湖、塘围，侦匪具报。匪如向汪旅阵地进犯，该旅应予以有力之侧击；匪如西窜，该旅即不失时机向万会桥方向努力截剿。

四、着第四十五旅于明（十三）日，除仍以一部展开于城前岭、燕子坪一带高地，与匪保持接触外，主力应集结于罗仙岭、营盘岭之线。待匪进犯，即就阵地附近予以痛击，匪如西窜，即沿公路，协同张旅进出万会桥跟匪截剿。

五、着第四十三旅于明（十三）日，进至罗仙岭西北端上中童仙附近，集结待命。

六、师部及直属部队，明（十三）日进至七里洞。

七、余于战斗开始时，在罗仙岭阵地。

右七项。

十三日拂晓，各部按照右令分途开进。午前十一时，师部到达七里洞，得知前方尚无异状。据汪旅长电话报称：我李团于拂晓向长冲之匪袭击，在泉洞、廖家附近，与匪争夺碉堡，颇有激战。刻仍在相持中。

午后接张旅长觳中电称：我肖团进抵塘围，遇匪数百，当将其击溃。因正面情况不明，暂在现地停止等语。比饬迅速协同李团，努力击破正面之匪，继向万会桥搜剿前进。本日黄昏，我张旅攻占蛇形坪，李团攻占蜈蚣岭北端高地，毙匪百余，俘匪范中发等数名。供系伪第三军团之第三师所部。我亦伤亡十余员名。但匪且战且走，入夜仍盘踞蜈蚣岭一带高地，与我相持。是日，我周指挥浑元所部肖、万两师到达郴城。我六十二师闻在文明司以东之八里坳附近，与匪第八军团接触。

丙、追剿时期

赣匪西窜入湘，号称十余万众。自十一月八日以后，该匪主力陆续麇集于宜章、赤石、良田、万会桥一带，交通封锁，情况不明。本师由茶、安、耒线转移郴州，至十一月十二日午后，始全部集中完毕。以奉总司令何佳长参电令：编入第二支队，归陶师长指挥。在本支队未集中以前，未便单独攻击。且匪我实力比较，亦非一师兵力所能奏功。故仅能巩固郴州，掩护集中之目的。四出游击，迟滞匪之行动，并努力侦察匪情，以待会剿。连日以来，张、汪各旅，在塘围、长冲一带，虽不断与匪接触，而匪之番号与实在情况，仍不明。截至十一月十四日止，始悉我正面之匪确系第三军团，其先头已向保和圩、秀凤圩方面移动。同时据报：华塘铺亦发现枪匪三百余，判断匪已开始向西流窜。我正面之匪，必系其右侧掩护部队，决心不待友军之到达，单独向保和圩、良田之线截剿。十一月十四日午后，授予各部命令如左：

命　令

（十一月十四日午后一时于七里洞）

一、据探报：万会桥之匪，昨（十三）日黄昏起，彻夜向秀凤圩、保和圩急窜。判断我正面之匪，必系其掩护部队。

二、本师遵照军长元午电令，拟即分向保和圩、良田之线截剿，并乘势向宜章攻击前进。

三、着第四十三旅于明（十五）拂晓，由上童新出发，经罗仙铺向保和圩方向追剿前进。

四、着第四十四旅于明（十五）拂晓，协同汪旅先将万会桥之匪击破后，即沿公路向良田、宜章攻击前进。

五、第四十五旅于明（十五）晨，协同张旅，击破当面之匪后，即在万会桥附近停止待命。

六、各旅前方游击部队，本晚应在原地极力活动，与匪保持接触。

七、余明日沿公路在汪旅后跟进。

右七项。

A. 万会桥、良田之役（十一月十五日）

一、战斗前匪我一般状态。匪自本月十日，先后攻陷宜章、良田，一部人枪四五千，进踞万会桥及其以北地区，凭踞郴、宜公路两侧碉堡，对我郴州警戒，以掩护其主力西窜。连日与我张旅及汪旅李团，于增湖、长冲、蛇形坪一带，均有接触。十三日夜起，开始越公路西窜，其先头于十四日过保和圩西窜。十四日午后，飞钟、滩门一带，续到匪众数千。一股二千余，分袭我蛇形坪、蜈蚣岭北端阵地，与我张旅王团、汪旅李团激战竟夜。

二、战斗经过。十五日拂晓，我张旅令肖团从右翼迂回，协同王团出击，将匪击溃。一部向保和圩逃窜，大部向万会桥窜走。张旅督部猛进，毙匪极众。午后二时，直迫万会桥，匪不及抵抗，即向良田窜走。时我李团亦将正面之匪击破，同时追达良田附近。匪凭借工事顽强抵抗，并以迫击炮、机枪向我猛烈射击。激战二小时，匪不支，向宜章方向溃窜。午后四时，良田完全收复。我陈旅周团，本日亦击溃滩门附近之匪，正向保和圩跟踪追击中。

三、战斗结果。此役共伤毙匪众数百，生俘六十余名，解送郴州县政府收容。夺获步马枪二十余支。我亦伤亡排长李邦定等二十余员名。夺获伤亡损耗如附表。（略）

四、据俘匪口供踞万会桥、良田之匪，系伪三、九军团，人枪万余。自昨日起，分向保和圩、黄茅西窜。其余各军团，均经樟桥市，陆续向宜章窜走。另一股千余人，闻系李宗保部，窜逃五盖山等语。

十五日晚，我张旅进占良田后，除派一部追剿外，大部在良田停止警戒。陈旅本晚到达安和圩。师部及汪旅，到达良田北端之枇杷江附近。奉总司令何元亥电令：军长刘寒戌删两电令：均饬本师分向保和圩、宜章跟踪追剿。遵授予各旅以如左之命令：

命 令
（十一月十五日午后九时于枇杷江）

一、被我击溃之匪为伪三、九军团，其主力似已经保和圩西窜。

一部人枪千余，经廖家湾向宜章窜走。据报良田附近尚有残余散匪。

二、师于明（十六）日，继向宜章、保和圩追剿前进。

三、着陈旅长率部于铣（十六）拂晓，继向保和圩追剿。该旅通过保和圩后，应向曾家门、黄花岭觅匪截击。

四、着张旅长于明日肃清良田附近残匪后，派兵一部进驻两路司，对平和、赤石警戒，俟汪旅通过后，在本部后尾行进。

五、着汪旅长率部于十六日拂晓，沿公路向宜章追剿前进。

六、各旅沿途务选派便探严密搜索，并将追剿情形及到达位置，随时详报。

七、明（十六）日，余在汪旅后进行。

右七项　无线电传达。

B. 宜章近郊之役（十一月十六日）

一、战斗前匪我一般状态。股匪自元夜起，分三路：伪中央机关率伪一军团及伪中央各学校等，经宜城；伪五、八军团经平和、廖家湾、黄茅；伪三、九军团经良田、万会桥、保和圩，越公路西窜。其三、九两军团，昨（十五）于万会桥、良田，经我先后痛击，大部向保和圩退窜，一部分向廖家湾、两路司窜走，与伪第五军团会合。我张旅追击队，与匪激战至黄昏，入于相持状态。另据探报：宜城尚有枪匪数千，行动不明。

我张旅本晨，派王团李营向两路司搜剿，主力在良田。汪旅本日拂晓，通过良田，向宜章追击前进。陈旅击溃滩门之匪，昨晚进达安和圩。

二、战斗经过。十六日拂晓，汪旅将廖家湾之匪击溃后，跟踪猛追。于樟桥附近，遇匪数百反攻。复经李团击退，匪一部窜黄茅，大部向宜章逃窜。除韩团一部向黄茅尾追外，我主力直趋宜章追剿。午后二时，残匪仍占踞城北高地碉堡工事，顽强抵抗。我李团由正面攻击。该团蒋营奋勇先登，首将学堂岭占领。同时韩团由城西高地包围。匪受我两面夹击，遂不支，纷向高明铺、石子岭方向溃窜，是日申刻，完全收复宜章。

三、战斗结果。此役毙匪千余，获枪二十余枝。

俘匪四十余名，交宜章县府收容。我李团伤亡士兵数名。

四、据俘匪供称：宜城之匪，系伪五军团第十三师。伪师长陈伯钧左臂负伤，率匪一部向梅田窜走，等语。所有战斗经过要图，夺获伤亡损耗表附后。（要图、附表略）

本师既克宜章后，比饬汪旅沿宜、临大道向梅田跟踪追剿。陈旅由保和圩经曾家门、安源向麻田觅匪追击，并与汪旅取联络。张旅肃清宜城附近残匪后，即随师部在汪旅后跟进，并派员与坪石粤军取联络。

十七日拂晓，汪旅出发后，复奉总司令何删西电令：本师归周指挥官浑元指挥。同时接粤军通报：该军独立二、三两师，亦已由坪石向临武前进。本师为免与粤军混杂，并候周指挥官指示追击路线计，乃令各旅暂在现地停止候命。

本日午后奉到周指挥官铣戌电令如左：

本纵队向嘉禾前进。贵师篠日着在保和圩附近集结。十三师巧日由郴出发，在贵师后续进。贵师归万副指挥耀煌指挥。等因。

是日，陈旅在曾家门，汪旅在梅田，师部及张旅在宜城停止补给后，即遵令向嘉禾方向转进。十八日全部到沙田坪、麻田之线。陈旅本日于黄花岭附近，遇枪匪数百，经先头周团击溃，跟追至安源附近。截获步枪二十六枝，俘匪二百余。战后询据俘匪称：该匪系五军团，派在后面掩护落伍病兵。等语。

十九日，由沙田坪出发，沿途搜剿残匪，到达挑林铺、茅栗圩之线。复奉总座铣亥电如左：

一、匪先头已窜抵牛头粪、两路口、清和圩、华塘铺之线。主力在宜章、赤石司中间地区，似仍企图继续西窜。

二、本追剿军为协同粤、桂友军确取联络，便尔后会战容易歼灭该匪起见，决逐次截剿，不失时机，随在予以打击。特酌规定部署如下：1.着李军长云杰，仍遵前令率二十三师配置于蓝山、嘉禾、桂阳之线，截击西窜之匪；并指挥王东原师，在郴州以南及蓝、嘉、桂地区协同追剿。2.着周指挥官浑元，克日率部经桂阳向道县前进，限皓日前到达，截击由嘉禾以南地区西窜之匪。3.着李军长韫珩，率部克日进驻郴、桂之线，确实与李军长云杰所部联络，相机进剿，堵匪回窜或北窜。4.薛总指挥所部，与陶、陈、章各师及李觉所部，均仍遵元亥电令办理。等因。

同时，询据土民称：股匪万余，于前日由长塘市经茅栗圩、华塘，向嘉禾急窜。另一股数千，同日经河田、土地圩向临武窜去。本师为遵上令意旨，一面向李军长请示尔后行进方向，一面决心继续向嘉禾觅匪追剿。二十日晚，到达上才胡家（虾塘圩附近）宿营。二十一日，越过嘉禾，全部集结于井塘桥、石马之线。当奉李军长命令，饬本师向永乐圩、落山庙相机截剿。等因。二十二日正午，遇神下、李家，得二十三师李旅长面告：落山庙仅有小部散匪，大部正向下灌窜走。除饬张旅派兵一团，绕经祠堂圩向落山庙搜剿外，余即经神下向下灌截击。当晚到达神下，并授予各部命令如左：

命　令
（十一月二十二日午后二时于神下）

一、股匪三四千，昨经神下向下灌西窜。另一股本日在落山庙、楠木圩一带，与我二十三师接触中。

二、师明（二十三）日，经冬村胡家，继向下灌侦匪截剿。

三、着第四十四旅为前卫，于明（二十三）晨六时十分，由现地出发，经花凉亭、冬村胡家，向下灌搜剿前进。

四、师部工兵营、第四十三旅、第四十五旅（同行军序列），于明（二十三）晨七时起，按序出发。准备前卫行进路行进。

五、大行李在全师后尾跟进，归第四十五旅派队掩护。

六、余在工兵营先头行进。

右六项，笔记传达。

C. 下灌之役（十一月二十三日）

一、战斗前匪我一般形势。股匪通过桂阳、临武大道以西后，伪三、九军团经嘉禾东北、宁远以南地区，向道州西窜，本日似在天堂圩附近。伪一军团窜临武、蓝山后，受粤军压迫，大部向江华，一部向宁道北窜。伪五、八军团于嘉禾以南地区渡河西窜。其后卫连日在土桥圩、洪观圩，与我二十三师接触。该匪主力，昨晚似在落山庙、下灌之线宿营。

昨晚我周纵队到达宁远附近。第二十三师在永乐圩、落山庙之线。本师二十二日晚，在神下附近宿营。今日拂晓，由神下按四十四旅、师直属部队、四十三旅、四十五旅顺序，向下灌西进。

二、战斗经过。二十三日午前九时，我前卫张旅先头行抵冬村胡家西南端（下灌东北十余里），遇枪匪千余，正由大道左侧密林中向我前进。我王团侦悉，即先匪展开，占领树林北端黄土山。待匪逼近，骤以猛力〔烈〕火力迎头痛击。匪即以一部依林缘抵抗，大部退踞下灌东北端高地，与我王团抗战。午前十时，接张旅长报告：下灌以南田地山谷匪队，层层密密，约近万余，正向下灌运动。山口方向，继续西进之匪，尚络绎不绝。我左翼石山，亦有小部枪匪，向我射击。正饬肖团派队驱逐。等语。判断股匪经此西窜，以大界、洪洞一带隘路关系，拥塞不通。其主力现均在下灌附近。为达成截剿任务计，决心令张旅暂在原阵地抑留该匪，师主力即转移下灌河西岸，期在大界隘路口堵匪窜路而歼之。因令陈旅迅派一部，占领河西岸高地，掩护师主力之转进。

午前十一时，我陈旅先头徐团，达到西岸球头岭高地，即遇匪千余来攻。匪利用树林荫蔽，节节跃进，势极凶猛。幸我阵地较匪方略高，得以充分发扬火力，毙匪极多，匪焰稍挫。午后一时许，匪之主力悉趋我右翼，与我陈旅鏖战于球头岭亘大岭山一带高地。匪企图夺占陈旅阵地，迭次施行短促突击，反复冲锋，几经肉搏。我陈旅官兵，沉勇奋战，匪卒不逞。三时许，匪复以机枪、迫炮掩护，集合悍匪二三千人，向我陈旅左翼徐团正面连贯突击。徐团即以机枪、手榴弹炽盛火力压制，并举预备队反冲。一时呐喊声与枪炮声，有如怒涛汹涌，耳目为昏。战斗惨烈如斯为最。至午后五时三十分，匪以死伤枕藉，始向西南方狮子山撤退。同时我张旅亦已由左翼出击。除下灌街市北端之宝塔山，尚有数百残匪死守掩护外，余均向下灌以西山地窜走。时近黄昏，匪凭借高山节节抵抗。我陈、张两旅即在原地彻夜。当晚，令汪旅派遣小部队，多路分向狮子山之匪夜袭。匪众拥挤，互相践踏，乘夜狼狈向水打铺、四眼桥溃窜。

二十四日拂晓，我汪旅将当面之匪击破，即向大界跟踪追击前进。陈、张两旅，肃清下灌附近残匪后，在下灌停止整理。

三、战斗结果。此役毙匪千余，俘匪四百余名，夺获步马枪三百余枝、轻机枪一挺、通讯枪一枝。我亦伤亡连长罗简以次官兵百余员名。俘匪分送道州、宁远县府收容。

四、俘匪供称：与我对战之匪，确系伪五、八军团全部，及第一军团之一部。一军团系马日由蓝山经竹管寺、落山庙，于昨日经下灌西窜。三、九军团经宁远西窜。等语。

五、战斗经过要图以及伤亡消耗夺获表附后。（略）

二十四日，汪旅追过大界要隘。匪掩护部队，沿途节节抵抗。二十五日以后，陆续在水打铺、早禾洞、四眼桥等处，截获残匪颇多。

二十六日，本师全部到达九井渡、薛家厂之线。时匪先头已窜抵广西文市附近，其大部正由永安关、清水关向西急窜。本师渡过沱江后，经新车波、寿佛圩，出雷石关，进出广西灌阳属之水车、大塘圩一带。于十二月四日，到达全州，奉令向湘西转进。五日，由全州出发，历经新宁、武冈、绥宁、靖州，于十二月十八日，先后到广平、会同之线。匪已全部窜入黔境。本师奉令除以一部进达黔东远口外，主力担任构筑靖、会、黔封锁线碉堡之责。

丁、结论

一、赣匪尔后行动之推则

1. 入黔以后，嗾使贺、肖两匪，极力扰犯湘西，牵制我军西向，并乘我军跟追不及，窜踞黔西，从容整理休养。

2. 继续窜踞四川西南地区，经营新巢穴，以与贺、肖、徐匪，形成犄角，为赤化全川之初步。

二、追剿经过中感想

1. 匪方组织严密，对情况封锁极严。使我方不易侦察其确实行动。一般对匪估量太大。

2. 我方战略上，常处于被动，不能先匪集中优势兵力，迎头堵剿，致大部兵力，均入于尾追状态，不能予匪以重大打击。

3. 追剿开始，本师隶属系统再三更易，致行动上感觉（十二月十七，已追抵梅田、宜章之线，忽奉令折回保和圩集中）迟滞。

4. 长期追剿，师以人力、财力关系，常感运输补给之困难。每因粮弹不济，影响于军事进展。

5. 匪所经过地方，除湘省道县之蒋家岭附近、桂省之灌阳以外，一般清野实施，未能彻底，坚壁更无论矣。故匪沿途宿营、给养毫无困难，得以从容西窜。

6. 我军一切成分，均较匪方为优，惟忍劳耐苦精神，尚不如匪。

戊、附图表（略）

（此件引自中国第二历史档案馆编《国民党军追堵红军长征档案史料选编》）

桂军白副总司令崇禧佳电

（一九三四年十二月九日）

敝军夏军^①已将兴安属王隘、中洞等处之匪击破，向两渡桥追剿。廖军已将龙胜河口、马蹄街之匪击破，向湘边追击。前后俘匪在兴安一属已过三千，其余各处尚未详计。俘匪衣帽，均有红边。系为匪之基本部队。特以奉闻。

（此件引自《共匪西窜记》）

---

① 指桂军第十五军夏威部。

桂军白副总司令崇禧致何佳辰电

（一九三四年十二月九日）

何总司令芸樵兄：

微辰电敬悉。某密。此次共匪倾巢西窜，湘、桂两省，首当其冲。贵、我两军，负责堵剿。过去因情报难明，判断不易，未能将顽匪歼灭，彼此俱抱遗恨。但贵、我两方面，士兵均能奋勇杀贼，沿途截击，使该匪已受空前莫大之打击，日来捷报，已作事实上之证明。以前种种，吾辈置之一笑可也。前因长江、大河一带盛传敝军同意纵匪，甚至有联共之谣，而中央要人及沪、宁友朋，亦纷纷来函指摘，此事有人固意中伤，弟当时耸听之下，非常愤恨，遂有东戌密电之申辩，此中苦衷，惟兄必能谅我。弟对友军作战，只有隐恶扬善，从来〔未〕向外道及友军只字短处。此后，贵、我两军一切事项，拟请先行会商，不必事先单独向外发电，以期一致。现匪部主力，在龙胜东北越城岭之金坑一带，我廖、夏两军已于本日拂晓分途向龙胜东北之江底附近攻击前进。飞机亦开往助战。俟得战报后，再行奉闻。

弟白崇禧叩。佳辰行印

（此件引自《共匪西窜记》）

桂军白副总司令崇禧青午电

（一九三四年十二月九日）

（一）本日正午，燕（廖磊号燕依）由龙胜来电称："今晨，覃师向河口前进，将匪击破。匪伤亡数百，俘匪三百余人，获枪甚多。现匪先头已窜至广南、长安堡一带。"等语。

（二）据庚亥灌阳秦〔韦〕师长电话称："伪师长陈树香、伪团长张静及俄人，率残部约五、六百人，鱼晚由苏江窜向道州方面。本日俘虏五百余名。民团缴获重机关枪四挺，轻机关枪及自动步枪各一挺，步枪七十余支。南联队获轻、重机枪各一挺，步枪百余支。李联队获重机枪一枝〔挺〕，步枪百余支。"等语。

崇禧。青午行参印

（此件引自《共匪西窜记》）

桂军周师长祖晃佳戌电

（一九三四年十二月九日）

今晨，职令覃团由寨纳塘攻击当面之匪，向马蹄街前进。职与苏、张两团由寨纳塘沿龙胜河左、右两岸前进。猛攻河口之匪，匪系第三军团第五师。击溃后，俘匪二百余名，枪百余支。据俘匪供，属于第三军团第五、六两师。并说：伪军总部及其主力均经河口，后有第九军团，饬由两起前进；匪军西窜的目的地系贵州等语。职即令苏团在河口占领阵地，向江底方面严警戒。职于午后二时率张团由河口侧击马蹄街附近高地之匪，约有四千名。匪逐次构筑阵地顽抗，经张、秦两团猛攻，匪势不支，节节溃窜，现匪大部由马蹄街西北方面溃窜，小部向芙蓉方面溃窜。职于午后五时三十分。饬苏、覃两团于今后各派一部在三百湾及马蹄街附近高地向匪警戒。其大部集于马蹄街。职阅沿途有"红星""苏江""汀州"等路标，并询问河口、马蹄街两处土民，均云匪在该处通过三日夜，数约五六万人。故确知该匪主力由江口经河口溃逃无疑。综合情况判断，该匪有经广南、平邓〔等〕、长安营等处溃窜之模样。职师各团稍有伤亡。谨电察核。

祖晃叩。佳戌参印

（此件引自《共匪西窜记》）

追剿军总都佳亥衡电

（一九三四年十二月九日）

（一）匪主力尚在龙胜东北越城岭金坑一带。一部窜城步以南之红沙洲，
向长安营方向西窜。

（二）湘、桂交境东山瑶附近，遗留残匪千余，向"四关"方向回窜。桂
军已派队追剿。我军又派成铁侠部由道县方面截击，不难肃清。

（此件引自《共匪西窜记》）

薛岳令周浑元部向洪江黔阳集中电

（一九三四年十二月十日）

　　本路军为便于此后进出各方面之目的，决先集中洪江、黔阳。即请贵纵队自明（真）日起，循光远市、高沙、洞口、青草湾、草寨、宝瑶、龙船塘、沙坪各地向洪江推进，并盼参照吴^①纵队各部行军计划及携带三日份粮秣为要。

　　（此件引自《第六路军赣南——湘南——黔西间地区追剿朱毛股匪各役战斗详报》，以灰酉龙参电发出）

---

① 吴，指吴奇伟。

四集团军行营通报

（一九三四年十二月十日）

军息：

顷据义宁、龙胜蒸日电话："（一）今晨，周师①秦团向河口匪军攻击。击毙匪官兵四五十名，俘匪十一名。夺获步枪四五十枝，轻机关枪一挺，现我军部队在寨纳塘前方与匪对峙中。（二）〔匪〕现麇集江底至河口一带，拟于明日拂晓，向河口、江底之匪攻击。以周师为第一线，覃师为预备队，位置于龙胜附近。拟将该匪击破后，以覃师②向瓢里进出古宜堵剿。（三）为防匪退江底，请转知夏军③向江底前进。"等语，仰即率部进出江底夹击，为要。

（此件引自《共匪西窜记》）

---

① 指桂军第七军第十九师周祖晃部。
② 指桂军第七军第二十四师覃连芳部。
③ 指桂军第十五军夏磊部。

四集团军行营通报

（一九三四年十二月十日）

军息：

残匪现分两股逃窜：大股窜至通道临口、下乡一带，一股由广平、长安营、双江口窜抵牙屯堡。已出桂境。

另一股由车田窜过蓬洞，经城步以南丁坪、红沙洲，复经长安营、江口，会合大股西窜。

（此件引自《共匪西窜记》）

李总司令宗仁在政委会报告

（一九三四年十二月十日）

兹向各位作个简单报告。

（一）自得到在赣共匪有倾巢西窜讯，本集团军于九月下旬即决定堵剿方案，筑碉堡三线：

（1）自黄沙河迄桂林之边界线。

（2）自黄沙河、文市迄富、贺①重要市镇之线。

（3）沿湘江西岸线。

另外，于附近湘、黔各地要点，筑设重层之碉堡林。

其次，抽调第十五军全部于全州、灌阳、恭城之线，限十月下旬完全到达（其时，第七军正在黔东追剿肖匪）。

（二）迨十一月初，共匪窜过汝城、仁化之线，本集团军部署：以第十五军全部附民团五联队，任堵剿黄沙河亘〔至〕龙虎关、罗岭界之线；以第七军控置桂林策应。迪〔迨〕第七军十一月八、九等日，陆续由黔返抵桂林，而〔共〕匪主力，一由城口窜九峰、宜章、临武，蓝山；一由延寿、文明司、良田、嘉禾。我南路军截击于九峰、坪石，西路军截击于良田，中央军周纵队十七日经资兴到达郴州，或〔我〕湘军刘建绪部亦在永州、黄沙河之线布防。是时，何总司令部署：以三师压迫匪于嘉禾、宁远以南地区，而主力控置于永州、黄沙河，以遮匪向西北窜走之路。迨十月十九日，匪全部麕集蓝山附近，有大部向连、阳方面南移，判断匪主力窜富川、龙虎关，乃以一部窜出"四关"。二十日，据蒋指挥官（如荃）及各方报告，自蓝山南窜之匪，约二万余，向江华、永明有进袭我高、贺、恭城之势，其先头已到大麻营，向大桥前进之势。于是，

---

① 指富川瑶族自治县和贺州市。

我第四集团军决心以一团在灌阳策应"四关"，以陈指挥官（恩元）率一团附民团两联队固守全州为犄角，另以一团位置咸水、兴安之线，监视湘水西岸，以第十五军主力及第七军覃师转移富、贺，所遗龙虎关一带防务，则交第七军周师。当时以情势急迫，一面呈蒋氏，一面请湘友军南移。盖何总司令铣亥衡参电已令周纵队经桂阳限皓日到达道县。如此，则永、全^①、全州一带已巩固，且可屏障"四关"。旋奉蒋养酉行战一电，亦以注重富、贺为扼要。复电陈总司令所部向西，何总司令所部向南移动，则是宁远、永州、全州、灌阳、恭城、富、贺、连、阳，形成有连〔联〕系之包围线，不难将匪歼灭。

（三）二十一日，道县竟以失守闻，犹谓李云杰、周浑元两部转瞬即可收复。同时，江华以南大路铺、白芒营，发现匪众数千。嗣后，龙虎关小战时发，适天雨旬日，空军无法活动，匪之主力方面仍不清楚。迨二十三日，扰我富、贺之匪复被我击溃后，一部退据江华城，大部向界牌、井塘窜去。二十四日，匪众二万余分犯"四关"，守兵一再堵剿，因众寡悬殊，卒以不守。越日，文市告陷。匪之主力至此方得明了。然亡羊补牢，尚未为晚，我军即以富、贺之十五军黄师移转兴安，王、韦两师转移灌北，七军覃师继续跟进。同时，电约湘友军南向夹击。二十七日夕，我十五军主力展开苏江、新圩之线。二十六日午，湘友军章、李、陈三师先达全州。二十八日，我十五军开始攻击，战颇顺利，俘获有加。后匪绕袭杨柳村，致新圩复入匪手，我王师莫团损失颇重。越日，覃师增援反攻，夺回新圩。我守伏华铺、凉亭、兴安一带之黄师，以兵力单薄，被共匪压迫，仅能固守阵地极力抗战。三十日，我七军及第十五军并空军会攻石塘，血战两昼夜，毙匪无算，俘虏三千八百余名，获枪数千支。匪向西延、梅溪口溃窜，一部由车田窜龙胜。因友军行军迟缓，不能将共匪合围于湘水以南地区而歼之，殊为可惜。现经令第十五军向梅溪口进剿，第七军向龙胜追剿。同时，令柳江区尹指挥官（承纲）率警卫团趋古宜，协同严密布防。闻湘军经觉山出梅溪口，薛纵队亦抵城步、新宁截击。似此合围之势已成，该共匪亦不难歼灭。追剿数日，本军迭有捷报，已登报端，恕不赘。

（此件引自《共匪西窜记》）

---

① 原文如此。

陈济棠李宗仁白崇禧关于请命出兵
"追剿"中央红军致国民党中央及南京政府电

(一九三四年十二月十一日)

南京中央党部、五中全会、广州西南执行部、西南政务会、国民政府林主席、行政院长汪、军委会蒋委员长钧鉴:

共匪朱、毛正突围西窜,号称十万,气焰紧张,天诱其衷〔衰〕,是我军最好歼灭之机会。途次信丰、安息、铅厂、城口、仁化、延寿、九峰、良田、临武、下灌、四眼桥、道县、洗砚圩、桃川、四关、文市、新圩、苏江、界首、寨圩、珠兰铺、宝洛冈、石塘等处,经我湘、粤、桂各军节节兜剿,计已歼灭过半。计凭隅匪众约五万人,转向湘、黔边境,所过之地,焚毁掳掠,庐舍为墟,非各路大军继续追剿,不能根本肃清,若任其转黔入川,会同萧、贺、徐匪,则共祸之烈,不堪设想。盖川、黔两省,卵谷西南,山深林密,形势险峻,远非赣、闽无险可恃之比,若不趁其喘息惶恐未定,加以猛力攻剿,则匪众一经休养整顿,组织训练,北进足以赤化西北,打通国际路线;南向足以扰乱黔、桂,影响闽、粤,破坏东亚和平,危害友邦安宁;而党国民族之危亡,更将无从挽救。济棠、宗仁、崇禧等,迭承各方同志奖勉有加,亦应当仁不让,继续努力,窃以为共匪不除,国难未已,一切救国计划,皆属空谈。粤、桂两省军旅,素以爱国为职志,拟即抽调劲旅,先组编追剿部队,由宗仁统率,会同各路友军,继续穷追,以竟全功。如蒙采纳,即请颁布明令,用专责成,并请蒋委员长随时指示机宜,俾便遵循。除另派专员面陈一切机密外，谨此电闻。

陈济棠　李宗仁　白崇禧叩。真印

（此件引自《共匪西窜记》，1934年12月11日陈济棠、李宗仁、白崇禧致国民党中央及南京国民政府电。蒋介石于1934年12月25日复电："兄等对西窜之匪，拟抽调劲旅编组追剿部队，会同友军继续穷追，以竟全功，至深感佩。尚望勇往迈进，不分畛域，歼灭于黔境，不使其入川合作，尤所得盼。"摘自中国人民解放军历史资料丛书《红军长征·参考资料》）

四集团军行营通讯

（一九三四年十二月十一日）

军息：

据廖军长来电：覃师今日到石村向河口进攻，昨已截匪为两段，尚在相持中。昨日下午七时，有匪千余由独境反攻，被我颜团击溃，俘匪十余名，夺获枪数支。据俘匪供称，为伪三军团，已过一师，尚有五团在后。

又据三江探报：平邓〔等〕、广南之匪，昨日午前五时，向下江方面逃窜。下江之匪，昨日上午三时，向通道、绥宁间逃窜，上午十时已走完，平邓〔等〕、广南已无匪踪。

又，窜下乡、长安营之匪，其先头部队文晨已出临口。独境之匪已被我覃师击破，现向地林、宝俊方向溃窜。

（此件引自《共匪西窜记》）

湘军十九师黄参谋长素符真酉电

（一九三四年十二月十一日）

伪三十四师陈树香〔湘〕匪部，流窜全、灌间，业经桂军派队痛剿，并转饬成主任率部及唐、蒋两团协剿。顷接陈指挥恩元灰电称："匪业经我军击溃，计俘匪千余，夺获步枪近千，轻机二十余。其残匪六、七百，庚日向永明属之空谷洞窜走。"又据成主任佳电称："追剿此匪，已全部溃散，毙匪甚众。蒋团伤周连长一员，唐团伤毛连长一员。"

（此件引自《共匪西窜记》）

刘建绪关于务期消灭中央红军于湘黔边境
向李云杰、李韫珩、陶广等发布的命令

（一九三四年十二月十一日）

李司令云杰、李司令韫珩、陶司令广、王师长、章师长、陈师长、何主任、刘代旅长[①]：

命令：

一、伪一军团之一部已由长安营、岩寨、木路口西窜。其先头灰抵临口、下乡、菁芜洲之线。匪主力似在龙胜、通道边境。我薛[②]兵团先头已抵会同。桂军正分向龙胜、古宜追剿中。

二、本兵团以协同友军继续追截，务期歼匪于湘、黔边境之目的，决定部署如次：

1. 着第一路陶司令所部，除以一部赶筑绥宁大道封锁干线堵匪北窜外，迅以主力向临口、通道方面觅匪截剿。

2. 着第四路李司令所部，迅速进驻绥宁，策应第一路截剿。

3. 着第五路李司令所部，迅即进驻长铺子待命。

4. 着刘代旅长所部，除留团队守备城步外，迅向岩寨、木路口尾匪追剿。但到岩寨后，须派团队向长安营方面警戒。

5. 着何主任所部由长铺子经黄桑坪，向木路口、石壁道上截击。

---

① 收电人，指李云杰、李韫珩、陶广、王东原、章亮基、陈光中、何平、刘建文。

② 薛，指薛岳。

三、绪①文日进驻绥宁指挥。

上三项。

刘建绪。真戌参

（此件引自《剿匪军追剿军第一兵团二十三年度十二月份剿匪工作军事报告书》。中国人民解放军历史资料丛书《红军长征·参考资料》）

---

① 绪，指刘建绪。

追剿军总部真亥电

（一九三四年十二月十一日）

综合真、灰两日情报：

（一）匪主力由龙胜以北纷向广南、平邓〔等〕方面西窜。其一部在蓬洞被我刘代族长所部痛击，向长安营、岩寨、老寨溃窜。匪先头分两路，真窜抵菁芜洲、牙屯堡。

（二）前由"四关"潜窜之匪（即陈树香〔湘〕），经我成铁侠及蒋声、唐伯寅两保安团，在永明属八卦原，八诵岭痛击，俘获甚多。残匪分两股窜散，正搜剿中。

（此件引自《共匪西窜记》）

薛岳关于联合黔军夹击红军

于贵阳镇远地区致蒋介石何键电

（一九三四年十二月十二日）

甲、据报，匪之右侧卫灰日窜通道城。其主力经新厂、马路口，似向黎平、锦屏方向逃窜，恐匪西窜镇远而犯贵阳。

乙、我恢先①兄陈②师到靖县，章③师到绥宁。乾初④兄部正由武冈向洪江推进中。

丙、本部主力暂控置于黔阳、洪江线上，一部在芷江⑤，一部在托口⑥，一部在会同，一部在黔河防堵。

丁、如恢先兄部能分由靖县、通道衔尾追剿，本路军似宜经晃县⑦、玉屏⑧，直出镇远兜截；即不能歼灭匪于镇远城附近，亦可与黔军夹击于贵阳、镇远间地区。当否，尚请钧裁示遵。

（此件引自《第六路军赣南——湘南——黔西间地区追剿朱毛股匪各役战斗详报》，以文午洪参电发出）

---

① 恢先，即刘建绪。
② 陈，指陈光中。
③ 章，指章亮基。
④ 乾初，即周浑元。
⑤ 芷江，今湖南省芷江侗族自治县。
⑥ 托口，位于湖南省黔阳县西南部。
⑦ 晃县，今湖南省新晃侗族自治县。
⑧ 玉屏，今贵州省玉屏侗族自治县。

李宗仁致白崇禧电 ^①

（一九三四年十二月十二日）

黔局关系重大，决乘追共机会，与粤联军入黔，已与伯南联电五中全会请缨。

（此件引自程思远著《政坛回忆》，广西人民出版社 1983 年版）

---

① 这是李宗仁从广州发给白崇禧的一份密电。电文反映了桂系和粤系联合向蒋介石请缨入黔"追剿"中央红军的真意。程思远在记述此事时说：红军"已由广西进入贵州，李宗仁与陈济棠接触频繁，打算由两广编组联军，乘红军西进之机，抢先进入贵阳，以固西陲。"但被蒋介石识破两广意图，命令薛岳部抢先进入贵阳，使两广军系的战略意图不能实现。

四集团军行营通报

（一九三四年十二月二日）

军息：

甲、据廖军长磊文电称：

（一）龙胜属河口（石村东北方）之匪，前日被我覃师截为两段，斩获甚多。当晚七时已窜过独境之匪千余人，复回至石村反攻，被我颜团击溃。

（二）据俘匪供称：当面之匪，系伪三军团彭德怀所部，其先头之一部已过河口，余五团尚未通过，故由独境来援。

（三）据报，昨晨，长安营之匪，转向通道、绥宁之下乡窜去。广南之匪向地林窜去，残匪主力，似在长安营、平邓〔等〕、下乡、木路口之间。经石村、广南之匪乃其左侧〔卫〕，已经我军迭次击溃，已溃不成军。

乙、据夏军长威文电称：

（一）黄师九日上午五时，在江底与匪接触，颇有斩获，匪向老鸦头、黄祥逃窜。十日向河口（龙胜东北约二十余里）转进，与匪遭遇激战。俘匪三百余，获枪二百余枝，轻机关枪五挺。我军亦略〔有〕伤亡。闻土人云，此路系伪五〔三〕军团五师及九军团。现已入湘境。

（二）据俘匪少年团供称：朱、毛亲率一、三两军团，经两渡桥向龙胜前进。五、八、九各军团已溃散，匪军战斗员及枪支，现存不过万余。匪军师以上，有无线电技师，均为俄人。前在界首附近，曾被我军飞机炸毁两架。

（三）据拉去逃回之土人称，匪确〔有〕由通道入黔之企图。

（此件引自《共匪西窜记》）

龙胜县廿四〔三〕年剿共纪略

⊙彭怀谦

（一九四七年七月）

廿四〔三〕年冬，共匪朱、毛，率其部众倾巢西窜。吾邑系其西窜要区。上宪为牵制其行进起见，特调国民革命军第七军二十四师五七团营长黄人超氏回县任民团副司令。该员于是年十一月廿四日到职。时情势已趋严重，该员即一面整编团队，划县属为东、北两个防线区；一面星夜加强防御工事。以镇南、江底、泗水、芙蓉、马堤为东地区防线，归黄副司令指挥；石孟、宝地、广南、平等、蒙江为北地区防线，归宝地乡鲍兼大队长钧指挥；其中，西区各乡民团为预备队，归姚督练指挥。布署方竣、□□□□□□[1]二日，朱，毛果率其众由资源侵入江底。该匪原定行进计划，由江底经泗水达县城，沿桑江而入黔。我民团司令□闻警后，即令江底民团防守银矿隘，芙蓉、马堤守九斗隘，□□□□侧背；令镇南民团李中队长芳率领警团由龙脊绕出才喜界，佯攻其侧面；黄副司令亲率泗水民团及特一大队，凭江底之岩门之天险，正面死守，血战五日夜，弹尽援绝，遂退泗水待援，复支持一昼夜，而第七军由桂赶到，始完成迟滞匪军行进任务。即与我七军反攻，匪不支，折回马堤，经布陇〔弄〕、中洞入我北区防线。是时，我第七军以一部尾追，以主力移北地区侧击，我鲍大队长即指挥北五乡民团与七军配合完成其追战计划，在北地区经十天之苦战，始将整个匪众而驱出县境矣。是役，我东、北两地区，计夺匪枪约四百余支，阵亡石大队长安玉、唐中队长冈林，团兵亦伤亡数十，而匪军伤亡则多我数倍，平等之龙坪三村，广南之广南寨五村之民房，约千余户，被焚无存，损失最惨，

---

① 为字迹不清或破损。

为吾邑被匪灾之一最大劫也。

（此件引自《龙胜民国三十六年县志概略》下册。本文所记述的是龙胜县民团配合桂军对中央红军作战的情况。编者对标题略有改动）

蒋介石重申湘水以西地区
"会剿"计划大纲电

（一九三四年十二月十二日）

　　查赣匪西窜，前已拟定湘、桂、黔各军会剿计划大纲，业经十一月篠戌行战一电知在案。兹为严防赣匪入黔，重申前令起见，各军守备区域，按照篠电规定地点，迅速完成碉堡，严守之。

　　（1）黔军除巩固原防外，于玉屏、锦屏、黎平、永从①、洪洲线工〔上〕，赶筑坚固工事，先择重要城镇，构筑碉堡，以防匪之突窜。

　　（2）桂军除巩固原防外，须以一部迅由长安②、古宜进至榕江，协助黔军堵剿。

　　（3）湘军除巩固原防外，以追剿部队之一部，追至铜仁，巩〔固〕黔军左侧之防线。

　　（4）各军对于各该区兵力之部署及工事之程度，并犹③总指挥所部现抵何处？迅速详细电复。除分电外，希分别查照办理具报。

中正。文戌参京印

（此件引自《共匪西窜记》）

---

①　永从，该县已撤销，今属贵州省黎平县永从镇。

②　长安，今广西壮族自治区融安县人民政府所在地。

③　犹，指犹国才。

追剿军总部元戌电

（一九三四年十二月十三日）

接白副总司令侵戌〔戍〕电：覃师文可抵长安营。周师文可抵林溪。夏军所部先头，文可抵石村。

又，黔军周芳仁旅已到黎平。杜肇华族〔旅〕已抵三穗。李成章旅已抵施秉。

（此件引自《共匪西窜记》）

白崇禧呈李宗仁请示处置俘匪电

（一九三四年十二月十三日）

广州总司令李钧鉴：

　　某密。共匪自窜入桂境以来，迭次大战之结果，被我军俘获共匪伪官兵七千以上，本拟解交芸樵①处置，但由陆运道远且长，沿途逃散必多。禧意拟将该俘匪由桂林雇民船送梧，再易轮船运粤，经粤汉铁路至韶关，请中央派员接收处置，或押解入赣，使其各自为农。如何？聆覆。

职崇禧叩。元戌

（此件引自《共匪西窜记》）

---

① 芸樵，指何键。

四集团军白副总司令崇禧元戌电

（一九三四年十二月十三日）

奉委座电令，敝部以一部迅由长安、古宜绕至榕江，协助黔军堵剿等因，遂将本军部署变更如下：

第一追击队集结于龙胜附近，肃清残匪。

第二追击队廖磊之覃师，由湘属长安堡向牙屯堡转进，蹑匪追剿；周师由古宜经下江向榕江进出，协助黔军防堵。

（此件引自《共匪西窜记》）

贵州主席兼军长王家烈事前部署

（一九三四年十二月十三日）①

着第四旅旅长周芳仁率第七、第十五两团，并指挥都、独、荔、平民团区指挥何干群部，榕、下、〔黎〕、永民团区指挥何韬部，开赴永从、黎平、平茶、老锦屏之线，严密防堵。

着第一旅旅长杜肇华率第五、第六两团，进驻天柱协同湘、黔边区剿匪司令部参谋长王伯熙，指挥黎〔召〕、锦、柱、剑民团区指挥龙德高于瓮洞、远口、天柱、锦屏之线，严密布防；清江河清剿指挥陆权武、民团指挥王道炽负责清江河防。

着第二旅旅长李成章率第二、第三、第九各团，由思印赶到施秉集中待命。

着第二师师长柏辉章率第四团，由铜仁赶赴大鱼塘，集中待命。

着第一旅副旅长江荣华，率第一、第十一两团，开赴平越干粑哨、特务二团龙质斌，集中马场坪待命。

（此件引自《共匪西窜记》）

---

① 此电原件无日期，现日期为编者所注。

何键关于在湘桂黔边境消灭
中央红军向刘建绪薛岳发布的命令

（一九三四年十二月十三日）

刘总指挥建绪、薛总指挥岳：

命令：

（一）主匪自经我军节节击溃后，其残部似仍沿萧匪故道向黎平、锦屏方面继续西窜。

（二）我军以遵奉委座筱戌、文戌电令会合友军将残匪围剿于湘、黔、桂边境而聚歼之目的，规定部署如次：

（1）第一兵团应即以一部收复通道，主力推进于会同、靖县、绥宁之线构筑工事，肃清残匪。

（2）第二兵团迅以一部进驻铜仁，巩固黔军左侧之防线，主力推进于晃县、玉屏、天柱等处，构筑工事，堵匪北窜。

上二项。仰即遵照。

总司令何键。元亥邵参机

（此件引自《剿匪军追剿总司令部二十三年自十一月卅日起至十二月底止剿匪工作军事报告书》）

追剿军总部寒邵电

（一九三四年十二月十四日）

本日情报

（一）匪以万余，元日窜集通道以西之四乡所，藕塘，新厂一带，

（二）我第一兵团刘总指挥即日赴靖县督剿。陈光中师已将岩门铺、倒水界之匪击破，向通道追击，其一部分向四乡所追剿。陶广师已将菁芜州，章［亮］基师已将临口、下乡之匪击溃。各师均有斩获，详情续告。刘代旅长建文部，在岩寨、长安营等处亦毙匪甚多，俘匪营长以下百余名，现已令陶、陈、章各师，本日分向新厂方面觅匪攻剿。王东原师及何平开赴靖县策应。

（三）第二兵团薛总指挥，令吴司令奇伟率欧、韩两师，元日进驻黔阳待命，其余暂驻洪江附近。周浑元所部删日可抵洪江。

空军本日在［长］安营。炸匪甚多。

（此件引自《共匪西窜记》）

黔军王家烈电

（一九三四年十二月十四日）

朱、毛匪部，窜抵黔地，烈①已集结各部，积极部署，严密防剿。兹据第一旅旅长杜肇华由锦屏来电称："（一）朱、毛匪部之先头，约数千人，已到靖属藕团。（二）中央军两师不日进达，薛总指挥尚在洪江。（三）湘军大部配备于绥宁、靖州之线，刘军长建绪在绥宁。（四）若匪突窜靖、会、远口之线，向匪夹击；若匪主力向锦屏突窜时，职当以全力固守该县；若匪窥窜黎平、榕江，职即率部向右翼尾追。"

又据周旅长芳仁由黎平寒未电报称："职部七团一营赵营长谕，已与〔于〕寒日在平茶与匪接触，正激战中。"

（此件引自《共匪西窜记》）

---

① 指王家烈。

薛岳关于向芷江、黔阳推进电

（一九三四年十二月十四日）

一、综合匪情，匪右侧卫本月十日由通道以南地区，窜往锦屏方面，其主力于十一日窜抵平茶、黎平一带，似有趋向镇远转犯黔中之模样。

我陈光中师现由靖县向通道前进；陶广师亦由绥宁向通道前进。

黔军何知重部①十二日到达马场坪堵剿。

桂军廖磊部十一日经石门卡、林溪，向通道前进中。

二、本路军以便于进出黔东方面追剿之目的，决将集中地推移于芷江、托口、会同、黔阳、洪江间地区。

三、兹策定兵团之行动及集中地如左：

1. 第七纵队②（欠梁师、唐师③）明（十五）日进至芷江城及其附近地区。

2. 第九十二师、第九十三师应受唐师长之区处，明（十五）日向乾溪坪，十六日向芷江城推进，到达后即归还第七纵队建制。

3. 第八纵队④（欠萧师、万师⑤）明（十五）日到达洪江后，应于十七日派出第九十九师向黔阳城推进。第五师、第九十六师俟洞口服装补充完毕后，即

---

① 何知重，任国民党军第二十五军一师师长。一九三四年十二月十四日，王家烈任命何知重为贵州省"剿匪"副总指挥，犹国才未到职前代行其职权。同时任命副军长侯之担为贵州省"追剿"后备总指挥。

② 第七纵队，指吴奇伟纵队。七纵队番号系沿用国民党军对中央苏区第五次"围剿"时的番号。

③ 梁师、唐师，指梁华盛、唐云山两师。

④ 第八纵队，指周浑元纵队。八纵队番号系沿用国民党军对中央苏区第五次"围剿"时的番号。

⑤ 萧师、万师，指萧致平、万耀煌两师。

向洪江推进。

4.第一支队十六日应进至黔阳城^①。

5.本部及直属部十六日进至黔阳城。

四、各部队到达集中地后，应即分别警备、整理待命，并于下列区分以师为单位派出游击支队（集合各师之师、团侦察队，以干练中校团附统率之）。

1.第七纵队任麻阳^②、晃县方面。

2.第八纵队任大垅、广平方面。

（此件引自《第六路军赣南——湘南——黔西间地区追剿朱毛股匪各役战斗详报》）

---

① 蒋介石于一九三四年十二月四日致电薛岳，要抽调该支队赴武汉。薛岳至十二日始收到电报，十三日复电蒋介石，正在"注全力以求决战，拟俟此项于其行动告一段落即饬惠支队回师武汉"。

② 麻阳，原县城在今湖南省麻阳县西南部的锦和镇。今该县人民政府在高村镇。

陆军第六十二师追剿朱毛匪经过报告书

（一九三四年十二月）

一、全县大帽岭、大埠头一带剿匪各役战斗经过

十二月二日

本师奉令指挥章师之戴团，占领大帽岭、大埠头，迎击主匪西窜。是晨，由寨圩向大帽岭前进。午后二时，我前卫王旅及戴团抵大帽岭界上，即与伪第一军团警卫营枪四百余之匪接触。匪不支，节节退窜上梁。时已昏暮，匪复沿桐禾田山脉凭险顽抗。午夜后，见匪方灯光，陆续由大埠头向桐禾田前进，判断似有匪大部到达模样。

十二月三日

本师以王旅附戴团向桐禾田之匪攻击前进，师长率钟旅跟进。拂晓由上梁出发，七时我先头王旅进至桐禾田时，即与该伪一军团人枪六千余之匪接触。经我先头王旅及戴团攀登悬崖，左右迂回攻击，激战二小时，匪不支，节节向大埠头退窜。我军更番前进，钟旅向两翼搜剿，飞机猛烈轰炸，匪受巨创，即分数路向五排方向逃窜，我军遂占领大埠头。是役伤毙匪二百余，俘匪六名。我军伤亡官兵七名，消耗步机弹一万零三百二十七发、手榴弹三百二十四颗。

二、克复通道县之役战斗经过

十二月十三日

朱毛主匪已由广西兴安，逾长安营向通道城急窜。本师奉令有截击该匪阻止其西窜之任务。逐令王旅于是晨，由绥宁东安铺经菁芜州向通道城方向，觅匪截击，师长率钟旅及直属部队居后策应。追午后五时许，我先头王旅进至瓜坪北端。即与伪一军团之后尾接触。激战两小时，将匪之第一线阵地占领。

匪逐退踞第二线阵地扼守。时已入夜，未便攻占。乃在该地彻夜。是日伤毙匪百二十余名，俘匪一十四名。我军伤亡官兵十六名，消耗步机弹三千零六发、手榴弹五十六发。

十二月十四日

本晨拂晓，仍以王旅之袁团向匪阵地攻击，以马团迂回匪之右侧，钟旅在后策应。激战三小时，我军迂回奏功，匪阵地顿形动摇。我军趁机猛扑，匪不支，狼狈窜由高义渡向四乡方向遁去。遂于午前八时，占领通道城。是役伤毙匪二百八十余名，俘匪二十五名。我军夺获步马枪三十支，消耗步机弹四千零二十九发、手榴弹四十七颗，伤亡官兵四十一名。

附各役战斗报告表及战斗经过要图（共二十二份）。（表略）

（此件引自中国第二历史档案馆编《国民党军追堵红军长征档案史料选编》）

黔军王军长家烈删电

（一九三四年十二月十五日）

顷据前敌副总指挥何知重电话报称："股匪约六七千人，在黎平城东五里桥与我第七旅周芳仁部接触，激战约两小时，毙匪甚多，继以该匪更渐增加。对我施行包围，只得放弃黎平城，退据距城十里之大坡顶，扼要固守待援，以图恢复"等语，当饬第一旅长杜肇华，率五、六两团向黎平增援；李旅长成章率二、三、九各团，推进剑河相机策应；何指挥韬率团队增防榕江，期将黎城早日恢复。惟是该匪乘虚突窜，事实不免百密一疏，除〔特〕电请各友军不分畛域进剿，俾便联合早将该匪扑灭。

（此件引自《共匪西窜记》）

追剿军总部删、铣两电

（一九三四年十二月十五至十六日）

（一）窜通道之匪，经我第一兵团痛剿，分经新厂、马路口窜入黔境，一部抵老锦屏，一部窜剑河。

（二）第一兵团刘总指挥^①率王东原师删午抵靖县，当以王师赶筑靖县、会同间碉堡，何平赶筑绥、靖间碉堡，五三、三二两师向绥宁急进。章、陈、陶三师，元日在岩门铺、倒水界、临口、下乡、菁芫洲各役，共毙匪数百，俘匪百余，获枪二百余支，于未刻收复通道县城，匪大部向新厂溃窜。当令陈光中师尾匪追剿，陶、章两师^②由牙屯堡、双江口向湘、黔边境追击。删日陈师追抵新厂附近，与匪激战。章师赶到新厂及溶洞、深度之线。

（三）我第二兵团薛总指挥率惠支队^③进驻黔阳，吴司令所部转芷江、玉屏，并派一部至铜仁。周司令所部巧日可抵托口、江西街之线，并派一部进驻天柱。

（此件引自《共匪西窜记》）

---

① 指刘建绪。
② 指陶广第六十二师、章亮基第十六师。
③ 指薛岳和"追剿"军第一支队指挥官惠济。

何总司令键致驻京张仲约铣戌电

（一九三四年十二月十六日）

剿共为键应尽天职，俟委座新部署决定，当竭力歼灭此匪，以报知遇。近日前方战事屡获胜利。陈、陶、章三师，将岩门铺、倒水界、菁芜洲、临口、下乡之匪击溃后，寒未收复通道县城，毙匪共千余，获枪四百余支。俘匪营长以下四百余名，匪先头窜抵黔属老锦屏、剑河一带，我正跟踪追击中，李代司令命成铁侠部及保安各团，在道、临、蓝、嘉各处清剿，亦极顺利。文日复在道属之早禾田、龙香村击溃伪三十四师残部，斩获甚多。并擒斩伪师长陈树香〔湘〕一名。

（此件引自《共匪西窜记》）

何键关于增调两师"进剿"
红二、六军团向刘建绪等发布的命令

（一九三四年十二月十七日）

刘总指挥建绪、陈师长渠珍、杨代区司令石松^①：

命令：

（一）贺、萧股匪攻沅陵未逞后，回窜永、庸^②，分犯桃源，狼奔豕突，势愈猖獗。

（二）我军为不使该匪蔓延及隔断其与主匪会合之目的，亟应一面构筑湘西封锁线，一面增派兵力及早歼灭，以绝主匪之援应。

（三）着刘总指挥建绪即派兵二师迅赴沅陵会合郭、罗^③各部相机进剿。

（四）着陈师长渠珍于刘^④部到达后，即率所部赶筑麻阳、凤凰、乾城^⑤、永绥^⑥、保靖之碉堡线。

（五）着杨代区司令督部赶筑瓮洞经芷江至麻阳界之碉堡。

上五项，仰即遵照。

总司令何键。筱亥邵参机

（此件引自《剿匪军追剿总司令部二十三年自十一月删日起至十二月底止剿匪工作军事报告书》）

---

① 杨石松，任湖南保安第四区代理司令。

② 永、庸，指湖南省永顺、大庸（今为市）两县。

③ 郭，指郭汝栋，任国民党军第四十六军军长兼第二十六师师长；罗，指罗启疆，任国民党军独立第三十四旅旅长。

④ 刘，指刘建绪。

⑤ 乾城，该县已撤销，今湖南省吉首市，原县城在今湖南省吉首市南乾州镇。

⑥ 永绥，今湖南省花垣县。

李总司令泉仁致陈总司令济棠电

（一九三四年十二月十八日）

广州抄送陈总司令勋鉴：

　　顷据白副总司令篠电称："得何总司令芸樵电，遵蒋委员长电，接收俘匪解赣。现定于号日由兴、全、灌分批起解至黄沙河交湘军接收，约两星期可竣事，解粤拟作罢论。崇禧篠行副印"等语，特电察照。

弟李宗仁叩。巧

（此件引自《共匪西窜记》）

陆军第十六师于绥宁通道境内
剿匪各役战斗详报

（一九三四年十二月九日至十八日）

一、匪情

朱毛股匪，自上月秒〔杪〕在广西全县境经我军痛击受创，旋复经我桂军节节追剿，其主力经义宁、龙胜，向湘桂黔边境狼狈西窜。其右侧卫人枪尚有万余，由桂边经湘境之长安营、岩寨、木路口向西急窜，分派便衣匪队向绥宁东南之小水、黄桑坪一带进扰，防堵我军截击。其先头于十二月九、十等日，窜抵临口下乡菁芜洲之线。十日晚陷通道城。似有掩护其后续部队继续西窜之企图。

二、我军部署

本路（追剿军第一兵团第一路）军以第六十三师主力，固守靖县至寨牙之线，一部进扼岩门铺、倒水界堵匪北窜。以第六十二、第十六两师，于十二日由乐安铺、绥宁，分向菁芜洲、临口方向觅匪截击，尔后跟踪追剿。（第六十二师由乐安铺经溪口、太平头、牯牛、口寨、头铺向菁芜洲截击。第十六师由绥宁经黄土桥、小水向临口截击。）

本师奉令后，即于十二日晨，由绥宁出发。以第四十八旅为前卫，向黄土桥、驾马、小水、临口方向搜剿前进。师长率第四十六、第四十七两旅跟进策应。

三、战斗经过

十二月十二日，前卫第四十八旅，沿途节节将便衣匪队驱逐，酉刻进至驾马小水之线。其余各部同时进至小水、多龙铺之线。

十二月十三日，本日拂晓，仍以第四十八旅为前卫，向临口下乡搜索前进，其余各部跟进。午后二时顷，第四十八旅进至临口附近。据报有匪部枪约千余，正由下乡向地连、双江口西窜。当令所属第九十六团驰往截击。该旅旅长徐旨乾，自率第九十五团跟进策应。午后三时顷，第九十六团到达下乡附近，分路向匪截击。战约半小时，将匪完全击溃。该团及第九十五团之一部，遂分向黄柏、塘冲跟踪尾追。共计毙匪二百余名，俘匪官兵四十七名，夺获步马枪一百七十七支。该旅官兵伤亡二十一员名，消耗步弹二千四百六十发，机弹六百七十四发，手榴弹三十五枚。

十二月十四日，本日拂晓，仍以第四十八旅为前卫，由下乡出发，经地连、瓜坪向通道城东南地区攻剿前进，策应第六十二师收复通道城。其余各部在前卫后跟进。午刻，第四十八旅进抵通道东南附近，与伪一军团大部接触。同时我第六十二师在通道城东北一带，亦与匪军激战。匪不支，纷向通道西南溃窜。我军遂于申刻收复通道城。同时师长率第四十六、第四十七两旅，进至瓜坪、菁芜洲之线。各部队沿途均有斩获。是日各旅计共毙匪数百，俘匪六十七名，夺获步枪一百三十四枝。官兵伤亡三十四员名，消耗步弹四千六百七十九发，机弹三千一百一十发，手榴弹一百九十六颗，手枪弹共九百七十四发。

十二月十五日，本日拂晓，以第四十八旅由通道向新厂方面进剿。师长率第四十六旅由瓜坪经通道跟进策应。以第四十七旅由菁芜洲向通道西南地区追剿。辰刻，第四十八旅先头进抵溶洞附近，与枪约四五百之匪遭遇。比即将其驱逐，续向新厂方面攻剿。沿途匪节节凭险抵抗，均经次第击溃。酉刻到达新厂附近，与友军会合。该旅是日共伤毙匪约二三百，俘匪六十一名，夺获步枪七十四支。师长率第四十六旅，午刻到达深渡。即令该旅（欠一营）转向播扬所方面攻剿。该处潜伏之匪约千余，闻我军至，均无斗志，纷向附近深山逃窜。经我各部分途追剿，毙匪数十，俘匪七十九名，夺获步枪八十五支。第四十七旅拂晓由菁芜洲出发后，在菁芜洲至通道之线迤南地区搜剿。俘匪七十四名，获步枪五十七支。申刻，该旅过通道后，续向西南之地阳坪、茶溪一带搜剿。在茶溪附近，发现股匪约七八百，经该旅包围猛击，战约二小时，匪死伤枕藉，被我生擒二百一十八名。其残部向西南散窜。该旅追至芙蓉里、七字坡界之线。夺获步枪二百二十五支，手枪四支。官兵伤亡七十九员名。我各旅是日共消耗步弹一万五千六百四十发，机弹七千七百九十四发，手榴弹三百零四颗，手枪弹二千发。

十二月十六日，本日以第四十六旅由播扬所、上乡之线，向东南地区觅匪歼剿。第四十七旅由芙蓉里、七字坡界之线，向以南地区觅匪歼剿。第四十八旅由新厂附近向西南地区觅匪歼剿。师部位置于深渡指挥。午刻，第四十六旅进至黄柏、牙屯堡一带。该处伪三军团匪部，枪约七八百，与我接触。我军奋勇冲击，约一小时许，将其击溃。残部向牌楼坳方面散窜，该旅跟追。共俘匪一百八十二名，夺获步枪二百零五枝。同时第四十七旅搜抵甲边团、金殿一带。该处枪匪约二千余，据险顽抗。战约三小时，几经肉搏，毙匪甚众。匪仓促败溃，不及收容，被俘四百一十六名，缴获步马枪二百四十三支，重机枪二挺。我军跟追至牙屯堡、寨脚一带，与我双江口之桂军取得联络，协同搜剿。同日我第四十八〔旅〕搜剿黎枣、落河口、大洞等处，俘匪十二名，获步枪五枝。是日各旅官兵共伤亡七十九员名，消耗步弹共二万一千五百一十四发，机弹共七千九百九十发，手榴弹共八十二颗。

十二月十七日，本师奉令自本（十七）日起，以大部搜剿通道西南各地区残匪，以一部位置于通道附近策应。限十九日搜剿完竣，集中通道待命。遂令第四十六旅，以播扬所为据点，向七字坡界、牙屯堡、通坪之线以西，播扬所流团之线以南一带地区搜剿。限十九日经播扬所至通道集结待命。第四十七旅以第九十三团由地阳坪、茶溪，向七字坡界、牙屯堡、芙蓉里、金殿一带地区搜剿。第九十四团由通道向下乡、黄柏、辰口、长安堡一带地区搜剿。均至双江口会合后，限十九日取捷径集结通道待命。第四十八旅派兵一团，以深渡为据点，向深渡、落河口、新寨之线以南地区搜剿，并维护通道至播扬所交通。限十九日集结通道，归还建制。其余于本（十七）日开赴通道待命。师部亦于本（十七）日移驻通道城指挥。

本申，第四十六旅第九十一团搜抵上乡，即分令各部赴破乡、小独坡、牌楼坳等处搜剿。该地带残匪约二三百，当经击溃，向黔边散窜。各部分途追剿，夺获步枪一百二十四支，毙匪百余。同时该旅第九十二团搜抵流团坳，即派李营赴阳操，陈营一部赴转水黄土坳搜剿。该各处散匪百余，见我军到，向深山逃窜。当缴获步枪五十六支，俘匪二十八名。各部仍继续搜剿。该旅本日共消耗步弹七百五十四发，官兵无伤亡。

十二月十八日，本日第四十六旅派队搜剿至黔边大坝、骆团、洪洲一带，共俘匪落伍兵二十三名。据当地土民云，匪部均已陆续窜集黎平。等语。第四十七旅及第四十八旅，本日均无战况。

四、战斗结果（略）

（此件引自中国第二历史档案馆编《国民党军追堵红军长征档案史料选编》）

何键关于筹拟根本消灭湘西红军致蒋介石电

（一九三四年十二月十八日）

特急。

奉化、南京、南昌委员长蒋：

　　顷据罗旅长启疆筱酉、筱戌、洽戌各电及常德刘司令运乾、蔡县长大璋连续电话报称：桃源于筱午被贺、萧股匪攻陷，罗旅被截断，两团长负伤，现匪围攻常①城甚急，势难固守，请飞兵救援。等语。窃贺、萧乘虚进犯，职早引以为深虑，只以职辖部队正在专力进剿朱、毛大股，而迭电请求调用朱、岳、罗②各师，又须留驻赣西。嗣后蒙派郭③师，则以道途较远，刻仅两团到达长沙。匪现乘我援兵未集。猛攻常城，若即进一步分兵扰我益阳④、安化⑤，则糜滥更大。职负地方重寄，事先明知其故，而力不从心，及情急势迫，则已误事机，顾此失彼，心痛曷极。现一面飞电徐⑥总司令迅令在澧⑦之部队向临澧、鳌山夹击，一面令郭师已到长沙之两团及飞调十九师一部，与省会警备部队，兼

---

① 常，指湖南省常德市。

② 朱、岳、罗，指朱耀华、岳森、罗霖。

③ 郭，指郭汝栋。

④ 益阳，今湖南省益阳市。

⑤ 安化，原县城在今湖南省安化县东南部梅城镇，今该县人民政府在东坪镇。

⑥ 徐，指徐源泉。

⑦ 澧，指湖南省澧县。

程开常援剿[①]，一面令陈渠珍师迅出大庸，断匪归路，勉应一时。至如何将该匪根本歼灭，并谋湘西之整理与巩固，俾免进剿之顾虑，容俟筹拟，呈候钧核，示遵。

（此件引自《共匪西窜记》）

---

① 一九三四年十二月十八日下午何键即以巧申电令："着李代司令觉率陶柳旅（缺一团，以胡警备司令达所部之一团编入）、陈子贤旅（缺一团）及刘司令运乾所部，为第六路司令，迅由现驻地出发，经长［沙］、常［德］汽车道向益阳集中，限马日前到达；着郭军长汝栋率第廿六师及罗启疆旅，为第七路司令，迅由现驻地出发，沿长、常汽车道向益阳西北地区集中，限马日以前到达。"

刘湘魏怀关于中央红军
长征抵黔的两封电报

（一九三四年十二月）

一、刘湘的电报（一九三四年十二月二十一日）

主席林、院长汪①、委员长蒋钧鉴：

密。首都觐见，亲聆训言。厚爱殷期弥深。奋勉叩别以来，兼程西返，已托庇于皓日申刻平安抵渝。所幸北道徐匪尚无异状。惟朱毛数万西窜，已渡过黔属清江，向施洞口前进。将来窜□窜川，企图未明。边疆巨患，来日堪虞。尚乞指示机宜，俾资循守，不胜企祷。

职刘湘叩。号申机渝

二、国民党政府文官长魏怀对刘湘的复电（一九三四年十二月二十二日）

重庆刘总司令勋鉴：

重密号申电经奉主席阅悉。奉谕此次接晤，藉得详悉川省情况。兹闻抵渝，甚慰。川省地形，关系大局綦重。该总司令勋望夙著，中枢侍畀尤殷。现徐匪尚据川北，西窜之匪，又将逼近川东，攻剿防御之方，至为紧要。所赖淬属各军，统筹急进，制兹匪患，保障地方，以纾中央西顾之忧，是所厚望。等因。特达查照。

国民政府文官长魏○（怀）印

（此件引自中国第二历史档案馆编《国民党军追堵红军长征档案史料选编》。本标题为编者所加）

---

① 国民政府主席林森，行政院长汪精卫。

何键关于在大庸地区
"会剿"红二、六军团的命令

（一九三四年十二月二十二日）

刘总指挥建绪、陶司令广、章师长亮基、李司令觉、郭司令妆栋、罗旅长启疆：

命令：

一、贺、萧股匪窜扰湘西，迭陷永、庸①，近又攻陷桃源，进扰常德。其主力刻已窜抵河洑、陬市等处；一部及李匪吉宇②股仍盘据永、庸，向老鸦口、溪口等处窜扰中。

二、我军以不使该匪漏网，会合友军将其包围聚歼于慈、桃、桑、永③间地区之目的，规定部署如左：

（1）第一路陶司令广所部之十六、六二两师，应迅取捷径向沅陵前进，限三十日前到达。除先派一部至深溪口、常安山、活龙口之线，向大庸警戒外，余均集结沅陵附近，准备待命。

（2）第六路李司令觉所部，除以刘区司令运乾之一部固守常④城外，应先将河洑、陬市之匪驱逐；协助郭⑤部收复桃源后即经慈利、岩泊渡进驻溪口，准备待命，并应与由鄂西入湘徐⑥军就近取得联络，为所要之协定。

（3）第七路郭司令汝栋所部，应即由益阳、常德分向桃源前进，限寝日

---

① 永、庸，指湖南省永顺、大庸（今为市）两县。

② 李吉宇，任红二军团第十七团团长。

③ 慈、桃、桑、永，指湖南省慈利、桃源、桑植、永顺四县。

④ 常，指湖南省常德（今为市）县。

⑤ 郭，指郭汝栋。

⑥ 徐，指徐源泉。

前收复桃源。尔后即以一部经黄石，主力经李公港①进驻大浒、龙眼池之线，准备待命。

（4）各路均以大庸为会剿目标。无论运动及驻止间，皆应相互切取联络，免为匪乘。

（5）各路总攻日期，另电饬遵。

上二项，除电告徐总司令，请其迅率所部之卅四师及四一、四八师之各一部，经石门、杨家溪、通津铺，进驻江垭，约期会剿。并令陈师长渠珍以一部构筑麻阳至保靖线之碉堡，主力即进驻保靖、永顺、桑植之线，固守待命外，特电遵照。

注意：如情况许可，能早收复桃源、大庸，即由李、郭两司令协商办理，报部备案为要。

总司令何键。养戌邵参机

（此件引自《剿匪军追剿总司令部二十三年自十一月删日起至十二月底止剿匪工作军事报告书》）

---

① 李公港，今湖南省桃源县西北部的理工港。

广西黄主席旭初遵电向桂军祝捷

（一九三四年十二月二十六日）

　　赣中共匪，号称十万，突围四窜，各处震动。我以少数兵团，旬余之间，迭次破敌，与匪以向所未有之重创，残余匪众，狼狈远遁，全省不失一城，免受赣、闽惨祸，此皆我总副司令指挥若定，部署周详，军团官兵，忠勇奋发，同心协力之所赐。旭初谨代表全省一千三百万同胞，向我将士团兵敬致极深之感谢。并派民政厅长雷殷，携款赴桂犒劳，赈恤抚慰被灾民众。其各县受灾区域，已通令遏免本年度粮赋，即由雷厅长督县施放急赈。我省此次作战之经验，确知军民合作，收效至宏。年来民团训练之功，于斯悉著。除另电饬县布告大众，盖〔益〕加奋勉努力前进外，专电布臆，顺贺新禧。

黄旭初叩。宥

（此件引自《共匪西窜记》）

"剿匪"军"追剿"军总司令部"追剿"计划

（一九三四年十一月十三日至十二月三十一日）

第一，迄十一月十二日晚之状况

一、自十一月九日以来，西窜之匪，逐次进入宜章境内。其一部向宜章县城攻击，一部经由良田向万会桥北窜。匪之主力伪第一、三、五、八、九等各军团，麇集宜章东方之白石、平和、文明司间地区。迄昨（十二）日晚文明司附近之伪第八军团（第二十一、第二十二两师），经我第六二师击破后，分向赤石司及九峰方向溃窜。万会桥附近之匪（伪第三军团），尚与我第十五师激战中。惟宜章县城，因我兵力寡弱，驰救不及，业已失陷。且有匪之一部，窜抵宜章北方之黄茅附近。

二、我广西方面，配置于湘桂边之兵力，自咸水经黄沙河至永安关一带，仅有民团千余人。其正式军队，已开始向全县、灌阳、兴安间地区集中中。我广东方面，于坪石至九峰之线，均有兵力五团。

三、本追剿军所属各兵团态势如左：

1. 薛总指挥岳所部：（五个师为基干），昨（十二）日，先头抵江西之安福县，本（十三）日继续西进。

2. 周指挥官浑元所部（四个师为基干），昨（十二）日先头抵桂东县，本（十三）日可抵资兴。

3. 原西路军各兵团之行动如左。

第十六师及补充总队（大部已到大江口），及湖南保安三个团（附机枪十二个连），守备自东安至衡州间沿湘水左岸地区。其主力配置于东安至零陵之间。

第十五师在郴县之南方之万会桥附近，与匪激战中。

第六二师昨（十二）日在文明司北方之勾刀坳附近，击破伪第八军团（第二一、第二二两师）之匪，跟踪追击至文明司，昨晚在该地附近彻夜。其余由赣西西进各兵团，计二十三师，本（十二）日先头可到达郴县北方之高亭司；第五三师，本日先头可到达资兴；第六三师，本日可达耒阳。以上除薛总指挥岳所部，及守备湘水沿岸之各部队外，其余各兵团，预期可于十四、十五两日，陆续到达桂阳、郴县之线。

第二，追剿方针

本追剿军以彻底消灭窜匪之目的，决取捷径，集中主力于黄沙河（桂属全县东北边境）、零陵县、东安县间地域，期与桂、粤两军协力包围该匪于漓水、湘水以东地区而聚歼之。为不使匪有机先逃窜之余裕，另以一部于桂阳、嘉禾、蓝山各县之线，尽力截堵，以迟滞其行动。

第三，追剿指导要领

一、匪如在江华、道县之线，稍事徘徊，我军可由宁远县属之平田，道县属之上埠港之线，向南截击。

二、匪之主力，若经寿佛圩、新桥、黄沙河向西窜时，预期可于黄沙河附近与匪遭遇，即以主力追匪决战。

三、匪之主力，若进出永安关、龙虎关，向全县、兴安、灵川之线西窜时，以主力包围匪之右侧背，与桂军协力歼灭之。

但若匪之行动迅速，机先窜过漓水，未能实施右述之围剿时，拟以主力转移于新宁方面，觅匪侧击。为此先派一部，在该方面预行构筑工事碉堡，迟滞匪之北窜，使我之主力有转移之余裕。

第四，兵团部署

第一期，应机处置

一、第十九师师长李觉，率补充四团及沿江保安三团（附机枪十二连），固守黄沙河、零陵、祁阳至衡阳之线，须置主力于零陵附近。

二、第十六师即日由祁阳经零陵，向黄沙河前进，限十六日以前，在黄沙河附近集结完毕，与桂军联系，布置防务。

三、第十五师着击破当面之匪，收复宜章，蹑匪尾追。

四、第六二师即日由文明司经郴县、桂阳、新田、零陵向黄沙河前进，限二十日以前全部到达。

五、第六三师即日由茶陵经耒阳、常宁至东安集结待命。并迅速构筑大庙口至渌埠头之碉堡封锁线。

六、第二十七军即日由郴县经桂阳，向嘉禾、蓝山觅匪截击，阻其西窜。

七、第十六军继续由大汾、资兴、新田，向黄沙河附近前进。限于二十一日以前集结完毕（但应乎状况，或使由资兴经郴县向西南方向尾追，与第二十七军协力夹击）。

以上各部，在本追剿军军队区分未颁定以前，暂归原西路军第一纵队刘司令建绪指挥。

八、原第八路〔纵〕周指挥官浑元部，继续经由资兴、郴县、桂阳、宁远向道县前进，觅匪截击。

九、原第六路薛总指挥岳部，着取捷径兼程西进。限于二十四日以前，在零陵附近集结完毕。

十、总司令率总司令部，于明（十四）日移驻衡阳。

第二期，追剿实施

依第一期部署，我第二十七军若在蓝山、嘉禾之线，与匪之主力惹起战斗，则拟如左部署实施追剿：

甲、军队区分

第一路追剿军

司令官　刘建绪

第十六师

第六二师

第六三师

第十九师之第五五旅

补充第一至第四团

保安第九、第二十一、第二十二等三团

第二路追剿军

司令官　薛岳

第五九师

第九〇师

第九二师

第九三师

惠济支队

第三路追剿军

司令官　周浑元

第五师

第十三师

第九六师

第九九师

第四路追剿军

司令官　李云杰

第二十七军

第十五师

第五路追剿军

司令官　李韫珩

第十六军

航空第二队（战斗五机）

乙、各兵团之任务

一、着第一路集结主力于黄沙河附近，与桂军联系，堵剿西窜之匪，并沿湘江碉堡线，下至衡州之东阳渡止，严密布防。

二、着第二路于本月二十四日以前，在零陵附近集结完毕，与第一、三两路联系，堵匪北窜，并截击西窜之匪。

三、着第三路仍继续向道县前进，限于本月二十二日全部到达道县，尔后与第一、二两路及桂军联络，截击窜匪。

四、着第四路与第三路联络，经由嘉禾向宁远及其以南地区，蹑匪尾追击。

五、着第五路与第四路及粤军联络，经由临武、蓝山、江华、永明，蹑匪尾追。并与粤桂军适切联络。

六、航空第二队应乎情况，逐日实施侦炸，并担任各路军间之联络。更须随时准备一机，听候派遣。

七、总司令仍驻衡州。

第三期，各兵团到达第二期目地以后之指导，另以计画定之。

第五、交通补给运输

除长、郴及长、洪①中汽车路，可利用少数汽车，及湘江水道交通外，一律使挑夫运输。关于补给运输诸事宜，统由各兵团自行办理。

第六、通信

除无线电信外，利用既设电报线，及各县之长途电话线。

第七、卫生

除各兵团所有之卫生机关外，于零陵开设一兵站医院，于衡州及郴县各开设野战医院之半部，收疗病伤。

其在郴县之半部，预定至黄沙河决战时期，令其向零陵转移开设。

作战命令

十一月元亥电令

总指挥薛岳、指挥官周浑元、第一纵队司令刘建绪、军长李云杰、李韫珩、师长陶广、王东原、章亮基、陈光中、代理湖南保安司令副司令李觉等：

命令：（一）综合各方情形，匪由城口、仁化九峰，以一部窜良田附近，其主力在宜章以南地区，沿五岭山脉向西急窜中。（二）本路军以歼灭该匪于湘、漓水以东地区之目的，决定部署如下：（1）着章师长亮基率所部，即日开黄沙河以西地区集中，限铣日到达。（2）着李师长觉率补充四团，及沿湘江保安各团，附机枪十二连，固守衡、祁、零、黄之线，以主力控置于零陵附近。（3）着陈师长光中率所部开驻东安待命，但须以一部迅速构筑渌埠头、大庙口之碉堡封锁线，限巧日以前到达。（4）着陶师长广率所部，经新田取捷径开驻黄沙河以北地区集中，限号日以前到达。（5）着王师长东原率所部，由良田跟匪追剿。（6）着李军长云杰率二十三师，经新田取捷径向黄沙河以南地区集中，限号日以前到达。（7）着李军长韫珩率五三师经新田取捷径向黄沙河以东地

① 长沙至郴州及长沙至洪江。

区集中，限马日以前到达。（8）以上各部，均归第一纵队刘司令建绪指挥。（三）着周指挥官浑元，由郴县、桂阳、嘉禾、宁远、道县之线，向南觅匪侧击。（四）着薛总指挥岳率所部，取捷径兼程西进，限敬日以前，集中零陵附近。（五）各部队到达指定位置后，应迅速电告。（六）本总司令准明寒日赴衡督剿。

总司令何键。元亥长总参机。

十一月寒申电令

指挥官周浑元、师长陶广、军长李云杰、第一纵队司令刘建绪：

命令：（一）据最近报告：匪一部现在文明司，与我陶师激战中，其主力似仍在宜章一带徘徊。（二）着周纵队指挥官，率部由郴向匪进剿。（三）着李军长率第二十三师，星夜由桂阳向嘉禾、蓝山，沿荥水之线，相机堵击。仍按情况时机，遵元玄电令，向黄沙河以南地区集中。

总司令何键。寒申衡总参机

十一月寒申电令

空军第二队队长王勋：

查赣匪西窜，现在宜章文明司一带。仰该队长，逐日派机，不断向各该处侦炸具报为要。

总司令何键。寒申衡总参机

十一月删酉电令

第一纵队司令刘建绪、指挥官周浑元：

命令：着王东原师，暂归周指挥官浑元指挥，除电呈委座请予备案外，仰即遵照。

总司令何键。删酉衡总参机

十一月铣亥电令

总指挥薛岳、指挥官周浑元、第一纵队司令刘建绪、军长李云杰、李韫珩、师长王东原、陶广、陈光中、章亮基、代理湖南保安司令李觉：

命令：（一）匪先头已窜抵牛头粪、两路口、清和圩、华塘铺之线，主力在宜章、赤石司中间地区，似仍企图继续西窜。（二）本追剿军为与粤桂友军确取联络，使尔后会战容易歼灭该匪起见，决逐次截剿，不失时机，随在予以打击，特酌更定部署如下：（1）着李军长云杰仍遵前令，率二十三师配置于蓝山、嘉禾、桂阳之线，截击西窜之匪，井指挥王东原师在郴州以南，及蓝、嘉、桂地区，协同追剿。（2）着周指挥官浑元，克日率部经桂阳向道县前进，限皓日前到达，截击由嘉禾以南地区西窜之匪。（3）着李军长愠珩，率部克日进驻郴、桂之线，确实与李军长云杰所部联系，相机追剿堵匪回窜，或北窜。（4）薛总指挥所部，与陶、陈、章各师，及李觉所部，均仍遵元亥电令办理。上二项，仰即遵照具报为要。

总司令何键。铣亥衡总参机

十一月巧辰电令

指挥官周浑元、师长王东原：

综合各方情报，匪大部已窜抵楚江圩及业塘、大塘圩等处，有向宁远、道县方向急窜模样。现在桂嘉道上，我李云杰师，与匪一部激战中。周指挥仍遵本部铣亥电令，迅速兼程向道县急进截击。王师长应与李云杰切取联络，蹑匪追剿，为要。

总司令何键。巧辰衡总参机

十一月效午电令

总指挥薛岳、指挥官周浑元、第一纵队司令刘建绪、军长李云杰、李韫珩、师长王东原、陶广、陈光中，章亮基、代理湖南保安司令李觉：

命令：（一）匪之伪第一、三、五、八、九等五军团西窜，其先头计已到达宁远、蓝山之线。但据粤军通报，伪第九、八两军团之各一部，铣日在塘村附近被我军击破，沿临武以南地区西窜中。我桂军以夏部三师之主力，于桂林至黄沙河间，沿漓水布防，并集结廖军于桂林附近。我粤军配置于坪石、九峰间者，约有四个师。（二）本追剿军以彻底消灭窜匪之目地，决分五路追堵。与桂粤两军，协力将匪包围于漓湘两水以东地区而聚歼之。（三）军队区分及各兵团之任务如次：（1）第一路追剿司令刘建绪，指挥第十六、第六二、第六三各师，第十九师之一部，及补充四团、保安团等部，着集结主力于黄沙河附近，与桂军联系堵剿西窜之匪。并沿湘江碉堡线，下至衡州之东洋渡止，严密布防。（2）第二路追剿司令薛岳，指挥第五九、第九○、九二、第九三各师，及惠支队等部，限于敬日以前，在零陵附近集结完毕，与第一、三两路联系堵匪北窜，并截击西窜之匪。（3）第三路追剿司令周浑元，指挥第五、第十三、第九六、第九九各师，着遵铣亥电令，速向道县追击前进，限于养日全部到道县。尔后与第一、二两路及桂军联络，截击窜匪。（4）第四路追剿司令李云杰，指挥第二十三、第十五两师，着与第三路联络，经由嘉禾向宁远及其以南地区，蹑匪尾追。（5）第五路追剿司令李韫珩，着指挥所部，与第四路及粤军联络，经由临武、蓝山、江华、永明，蹑匪尾追，并与桂军适切联络。（四）本总司令仍驻衡州。上四项，仰各遵照实施为要。

总司令何键。效午衡总参机

十一月漾申电令

第一路司令刘建绪、第二路司令薛岳、第三路司令周浑元、第四路司令李云杰、第五路司令李韫珩：

命令：（一）据报，匪大部尚在宁远、道县间，与我三、四路军对抗中，一部已窜富川。又据李师长电话：匪一、九两军团在龙虎关，与桂军激战。又桂军主力，已移向恭城方面。判断匪以一部阳〔佯〕攻龙虎等处，吸引桂军主力南移，其大部必循肖匪故道，向西突围急窜。（二）我军应不失时机尾匪追击，并应增强湘水上游防线，衔接桂军，防匪逸窜。（三）着三、四两路，联合迅速击破当前之匪，尾匪追剿。（四）着第二路克日集结东安附近，与第一路联合协剿，并酌派一部，开赴城步沿唐家圆、白毛坪、下水坪、水桥、头寨、桃林、丹口、长安营之线，赶筑工事，扼要构成据点，以资堵击。（五）着第一路沿湘水上游延伸至全州之线与桂军切取联络，堵匪西窜。（六）第五路经临、蓝，应尾匪追剿，随二、四路之进展联系策应，并与桂军切取联络，为要。

何键。漾申衡总参机

十一月有戌电令

第一路司令刘建绪、第二路司令薛岳：

命令：（一）据报窜匪万余，本日到达王母渡，似为敌之右侧卫。讯俘匪供称：匪系伪三军团、伪中央机关、伪九军团、伪一军团之行军序列。推测任右侧卫者，为伪五军团，任左侧卫者，为伪八军团。（二）着第一路追剿司令刘建绪指挥所部，担任黄沙河（不含）至全州之线，置重点于全州东北地区，便与桂军及第二路部队夹击。（三）着第二路追剿司令薛岳指挥所部，担任零陵至黄沙河（含）之线，集结主力于东安附近，并策应第一路。（四）第一、第二路，均限明晨开始行动。第一路所遗零陵至黄沙河之线防务，俟第二路接替完毕，逐渐移防。上四项，仰即遵照为要。

总司令何键。有戌衡总参机

十一月感巳电令

第二路司令薛岳、第三路司令周浑元、第四路司令李云杰、第五路司令李韫珩：

匪循肖匪故道西窜，企图甚明。彭匪德怀到达文市，有晚在江西渡架设浮桥，今晨续向古岭头、鲁荐、两合坊移动。其右侧卫，经桥庄村黄腊洞，宥日已到西头附近；左侧卫在永明附近地区构筑工事中，与第三、四两路保持接触之面，仅少数后卫。我桂军十五军全部，感午可在灌属新圩，全属石塘圩、咸水以南之线，展开完毕。我第一路章、陶、陈各师，感日推进全州。第二路向东安、黄沙河推进。第五路仍遵前令，迅经零陵、东安西进。着周司令浑元、李司令云杰速督所部，觅匪猛攻，以收包围之效为要。

总司令何键。感巳衡总参机

十一月艳戌电令

刘总司令建绪：

奉委座俭亥电：责令务于湘漓以东，四关以西间地区，将匪军歼灭。等因。我军拜命追剿，责无旁贷。无论如何，应使匪军主力，不致由全、兴^①间窜逸。甚望激励将士，努力从咸水席卷匪之右翼，压迫于湘水以南地区而聚歼之，为要。

何键。艳戌衡总参机

十一月艳戌电令

刘司令建绪：

据空军本日报告：（一）莲花塘、大福桥、石塘圩、铁路头、大岭背一带各村落中，发现多数匪军。（二）文市甚寂静，匪一部似已窜抵咸水西北之蒋村附近。我军追剿队之先头，较匪稍后。（三）永州电话：本日周浑元部，在寿佛圩将匪后卫击退，匪向蒋家岭窜走。周浑元、王东原均到寿佛圩。等语。判断匪循肖匪故道西窜，已甚明显。仰饬五五旅固守梅溪口，遏匪北窜，截匪西窜，并督率主力，务于全州、咸水间沿河乘匪半渡而击灭之，为要。

总司令何键。艳戌衡总参机

十二月东申电令

第一路司令刘建绪、第二路司令薛岳、第三路司令周浑元、第四路司令李云杰、第五路司令李韫珩、代理湖南保安司令副司令李觉：

兹为便利指挥起见，更定军队区分如左：剿匪军追剿总司令，直辖追剿军第一、第二兵团，及湖南保安部所属团队。追剿军第一兵团总指挥刘建绪，辖第一、第四、第五各路，并直辖李觉师（缺邓、陶两旅）并补充各团。第一路司令陶广，辖十六、六二师（缺李旅）、六三各师。第四路司令李云杰，辖

---

① 全州（今全州县），兴安。

三十三、十五各师。第五路司令李韫珩，辖五三师。追剿军第二兵团，总指挥薛岳，副总指挥吴奇伟，辖第二、第三两路。第二路司令吴奇伟，辖五九、九十、九二、九三各师及惠支队。第三路司令周浑元，辖第五三、九六、九九各师。仰即遵照，并转饬所属一体遵照。

总司令何键。东申衡参机

十二月东酉电令

刘总指挥建绪、薛总指挥岳：

命令：（一）匪主力被我军击溃，残部经界首向西延急窜中。（二）我军以继续截剿之目的，迅速向新宁、城步、绥宁、靖县方面转移。（三）着刘总指挥建绪，指挥所部，除以第一路之一部（李、章所部）跟匪追剿外，其第一路主力，即由现在地经新宁、城步、绥宁第二封锁线，节节截剿。第四路着王东原师，先出洪江，李云杰继后，暂位置于梅口、长铺子附近第三封锁线。第五路着位置于武冈、花园、瓦屋塘第四封锁线。（四）着薛总指挥岳指挥所部，由现在地先向武冈前进。（五）本部仍在衡州。随后移驻邵阳。

总司令何键。东酉衡总参机

十二月江午电令

刘总指挥建绪、薛总指挥岳：

命令：（一）匪残部由咸水、西延、车田、蓬明，循肖匪故道，向西急窜。其一部似分向龙胜窜走。（二）本路军以继续追剿，并节节截击，期彻底歼灭该匪于湘黔边境之目的，决定如左之部署：（1）着第一兵团刘总指挥，即以一部尾匪追剿。主力经新宁、城步间，觅匪节节予以截击。（2）着第二兵团薛总指挥，先以大部由武冈经长铺子、竹江舟，迳开会同。并与洪江王东原师联络，截击西窜之匪，并堵匪北窜。以一部策应第一兵团，逐次推进扼要堵剿。上二项仰即遵照。

总司令何键。江午衡总参机

十二月庚午电令

刘总指挥建绪，薛总指挥岳：

命令：（一）窜匪自经我在咸水附近击溃后，狼狈不堪。窜匿兴安、龙胜以北山地，昼伏夜动，闻枪即逃。似有沿湘桂边境西窜贵州之企图。我桂军刻正以夏军由西延继续追剿，以廖军经龙胜、古宜进出通道，与我联络围剿中。（二）我军遵奉委座篠戌电令，应以不使该匪漏窜入黔，会合川匪，或蔓延湘西，与贺肖合股之目地，将其围剿于湘黔桂边境而歼灭之。（三）第一兵团应以一部位置于城步附近，堵剿北窜残匪。以主力集结于绥宁附近，向南觅匪截击，并堵修所任地区之碉堡线。（四）第二兵团，着经由洪江迅速进出会同、靖县，向通道方面觅匪截击。并督修所任地区内之碉堡线。（五）金屋塘、王家塘、寨牙、通道之线，为第一、第二两兵团作战地境。线上属第一兵团。（六）本部准真日移驻邵阳。上六项仰即遵照。

总司令何键。庚午衡总参机

十二月灰卯电令

补充总队成主任铁侠：

据永明朱县长佳来电，顷据确报，赤匪残部，于佳晨由桃李园向属县上木岭窜进，县城危急。除督率义勇队死守外，恳迅电成主任及唐团长，火速派队增防，不胜迫切待命之至。等语。查该匪是否即由四关回窜之陈匪？仰另系他股？抑该主任迅即统筹，速派兵扑灭为要。

何键。灰卯衡总参机

十二月元亥电令

刘总指挥建绪、薛总指挥岳：

命令：（一）主匪自经我军节节击溃后，其残部似仍沿肖匪故道向黎平、锦屏方面继续西窜。（二）我军以遵奉委座篠戌文戌电令，会合友军，将残匪围剿于湘、黔、桂边境而聚歼之目的，规定部署如次：（1）第一兵团，应即以一部收复通道，主力推进于会同、靖县、绥宁之线，构筑工事，肃清残匪。（2）第二兵团，迅以一部进驻铜仁，巩固黔军左侧之防线。主力推进于晃县、玉屏、天柱等处，构筑工事，堵匪北窜。上二项仰即遵照。

总司令何键。元亥邵参机

十二月篠亥电令

刘总指挥建绪、陈师长渠珍、杨代区司令石松：

命令：（一）贺肖股匪攻沅陵未逞后，回窜永、庸，分犯桃源。狼奔豕突，势愈猖獗。（二）我军为不使该匪蔓延，及隔断其与主匪会合之目地，亟应一面构筑湘西封锁线，一面增派兵力及早歼灭。以绝主匪之援应。（三）着刘总指挥建绪，即派兵二师，迅赴沅陵，会合郭、罗各部相机进剿。（四）着陈师长渠珍于刘部到达后，即率所部赶筑麻阳、凤凰，乾城、永绥、保靖之碉堡线。（五）着杨代区司令，督部赶筑瓮洞经芷江至麻阳界之碉堡。上五项仰即遵照。

十二月巧申电令

郭军长汝栋、李代保安司令觉、罗旅长启疆、刘区司令运乾、胡警备司令达：

命令：（一）贺肖股匪前窜沅陵，忽乘虚进犯常桃。我罗启疆旅甫抵湘西，情况不明。桃城竟于篠日被匪攻陷。我罗旅及刘司令所部，现守常城待援。（二）着李代司令觉，率陶柳旅（缺一团，以胡警备司令达所部之一团编入），陈子贤旅（缺一团），及刘司令运乾所部，为第六路司令。迅由现驻地出发，经长、常汽车道，向益阳集中，限马日以前到达。（三）着郭军长汝栋，率第二十六师及罗启疆旅，为第七路司令。迅由现驻地出发，沿长常汽车道向益阳西北地区集中。限马日以前到达。但该路先头部队，许以汽车输送一部至益阳通常、桃地区附近，选定阵地构筑工事，掩护各部队之集中。（四）该两路暂归本总司令直接指挥。但两路于集中益阳后，适应情况，得由该两司令商同相机处理。（五）本总司令暂在长沙，不日移驻宝庆 ①。

总司令何键。巧申

十二月养戌电令

刘总指挥建绪、陶司令广、章师长亮基、李司令觉、郭司令汝栋、罗旅长启疆；

命令：（一）贺肖股匪，窜扰湘西，迭陷永、庸，近又攻陷桃源，进扰常德。其主力刻已窜抵河㴛、陬市等处。一部及李匪吉宇股，仍盘踞永庸，向老鸦口、溪口等处窜扰中。（二）我军以不使该匪漏网，会合友军，将其包围聚歼于慈、桃、桑、永间地区之目的，规定部署如左：（1）第一路陶司令广，所部之十六、六二两师，应迅取捷径向沅陵前进。限三十日前到达，除先派一部至深溪口、常安山、活龙口之线，向大庸警戒外，余均集结沅陵附近，准备待命。（2）第六路李司令觉所部，除以刘区司令运乾之一部，固守常城外，应先将河㴛陬市之匪驱逐，协助郭部收复桃源后，即经慈利岩泊渡，进驻溪口，准备待命。并应与由鄂西入湘徐军 ②，就近取得联络，为所要之协定。（3）第七路郭司令汝栋所部，应即由益阳、常德，分向桃源前进，限寝日前收复桃源。尔后即以一部经黄石，主力经李公港，进驻大浒、龙眼池之线，准备待命。（4）各路均以大庸为会剿目标，无论运动及驻止间，皆应相互切取联络免为匪乘。（5）各路总攻日期，另电饬遵。上二项，除电告徐总司令，请其迅率所部之三十四

---

① 宝庆（今邵阳市）。

② 徐军，指国民党第十军（原直鲁联军）徐源泉部。

师，及四一、四八师之各一部，经石门杨家溪、通津铺进驻江垭，约期会剿，并令陈师长渠珍，以一部构筑麻阳至保靖线之碉堡，主力即进驻保靖、永顺、桑植之线，固守待命外，特电遵照。注意：1.如情况许可，能早收复桃源、太庸，即由李、郭两司令协商办理，报部备案为要。

总司令何键。养戌邵参机

军队调遣经过情形

赣东南主匪西窜。西路军以主力位置于遂川、大汾、桂东、汝城，及自赣县以北沿赣江西岸各线上防堵。其余部队，仍在原担任区域内清剿。迄主匪突围，窜至汝城、仁化、乐昌、宜章间地区时，本部奉委座电令，担任追剿任务。薛总指挥岳、周指挥官浑元所部，均归本部指挥追剿。原西路军所辖三个纵队：第一纵队辖第十五、第十六、第二三、第五三、第六二、第六三、第七七各师，及十九军李军长生达所部，第七二师附另一旅。第二纵队辖第十八、第五十两师，及十九师邓、陶两旅，并补充两团。第三纵队辖第二十六、第三十三、第五八各师，及独立第三十七、新编第七、暂编第三、第四各旅。除第十八、第五十、第三十三、第五八、第七七各师，及第七二师附另一旅，并独立第三十七、新编第七、暂编第三、第四各旅，奉命另有任务外，其余各部队均担任追剿。兹将部队调遣情形分述如左：

（一）北路军之第六路军

该路军辖第九十师（师长欧震）、第九二师（师长梁华盛）、第九三师（师长唐云山）、第五九师（师长韩汉英）、第一支队（支队长惠济），由总指挥薛岳统率，奉命由江西之龙冈附近，于二十三年十一月虞日西开，经吉安、安福、莲花、茶陵、衡州集中永州，敬日全部到达，归本部指挥追剿。但第一支队追匪至湘西之黔阳时，奉委座十二月养午电令后，即于同月有日，由现地经宝庆、长沙开赴武汉。

（二）北路军之第八纵队

该纵队辖第五师（师长谢溥福）、第十三师（师长万耀煌）、第九十六师（师长肖致平）、第九九师（师长郭思演），由指挥官周浑元统率，奉命于二十三年十月感艳等日，由泰和经遂川左安入湘，归本部指挥追剿。

（三）西路军第一纵队

该纵队除第七十七师及七十二师附另一旅外，第二十三师由吉安，第五三师由遂川、大汾，第六三师由桂东、酃县，第六二师由汝城，第十五师由耒阳、安仁，第十六师及十九师第五五旅，并补充四团，由祁阳、零陵，均归刘纵队司令建绪督率。于二十三年十一月上旬起，分途追剿截击。

（四）西路军第三纵队之第二十六师

该师奉命于二十三年十二月佳日起，由修水、武宁，经平江、刘〔浏〕阳、长沙，同月养梗等日，陆续到达常德，进剿贺肖两匪。

（五）独立第三十四旅

该旅奉命于二十三年十一月下旬，由鄂北经汉口、公安、澧县。十二月虞日到达常德，进剿贺肖两匪。

碉堡实施

本部奉委座十一月篠戌电，颁发西窜共匪如万一漏脱于湘漓水以西围剿计划大纲，当遵照选定碉堡四线于湘西方面：

第一碉堡线

自新宁县城，经良山、七星桥、窑上、豆子坪、寨安背、上南容、唐家园、五里湾、城步县城、江渡、丹口、大圳岩、岩砦、木路口、石壁，临口、菁芜洲，通道县岩门铺、地伏屯，靖县飞山、太平界、烟敦界、龙孔坳、广平、酿口、安顺溪东、城场、牛埠、托口、牛角界至芷江。

第二碉堡线

自新宁县江口桥、飞仙桥、马头桥、龙潭桥、高桥、石狮子、迪贤水、李家渡、黄皮坳、浆坪、横江子、五里湾、铜鼓岭，城步县城江渡、科头塘、田头、梅口、柳塘、江口塘、岩脚田、枫木坪、寨坡、十里铺，绥宁城文昌阁、黄土桥，经天塘界、乐安铺、烟敦界、杨柳塘、寨牙、磨石、城墙界，靖县飞山、太平界、烟敦界、龙孔坳、广平、酿口，安顺溪东、城场、牛埠、托口、牛角界至芷江县。

第三碉堡线

自新宁县江口桥、飞仙口、龙潭桥、石门司、半山、江口、石山背、西岩市、山口、商圩、茶溪、梅口、柳塘、江口塘、长铺子、佘家滩、竹舟、江河口、麻塘、长寨溪、若水、洪江至黔阳。

第四碉堡线

自新宁经安心观，武冈田心铺、花园、瓦屋塘、金屋塘、雪峰界、西坡、袁马、洪江至黔阳。

以上四碉堡线之选定，原为防匪回窜或北窜，迄匪窜过湘漓水以西，经龙胜、古宜以北，及通道地区，向黔急窜。本军注重追剿截击。对于湘西方面碉堡修筑完成者，计绥宁境内砖碉十一座，土碉八十四座，黔阳境内砖碉七座，靖县境内砖碉六座，城步境内九座，会同境内九十四座，共碉堡二百十一座。

以上各碉堡封锁线之筑设情形如附图第三。（略）

追剿战斗经过

赣东南主匪，自去年十月中即开始运动，由其老巢瑞金、雩都等处，全部西窜。哿马等日，绕由赣江上游，于信丰、安远一带，与我南路军激战。旋于南康、大余间窜出，西陷崇义。十一月东日，窜抵汝城。经我陶师迎头痛击，鏖战数日，匪不得逞，乃沿骑田岭，一股由城口经仁化之茶料、九峰出坪石，一股由延寿圩、文明司出宜章，经由湘边入桂境。复由湘桂边境地区窜黔中。本部初以西路军第一纵队所属各部，遵命堵剿。旋于十一月元日，奉委座文酉电令：改任追剿总司令，并指挥入湘追剿各部。遵于寒日移驻衡阳，督率各部进剿。而贺龙、肖克两匪，当我军正在湘南追剿主匪时，由川黔边地乘机窜扰湘西，希图响应，牵制我军，复经调军堵剿。其前此西路军剿匪战役情形，业经先后呈报，至二十三年十一月半止在案。兹将十一月删日起，至十二月底止。所有追剿经过胶着战役概况，赓续呈报如左：

（一）湘东南及湘桂黔边区方面

1. 第六十二师百丈岭、文明司之役

主匪被我陶师在汝城击溃后，分向城口、文明司西窜。我刘纵队司令建绪，令陶广师由汝城，王东原师由郴县，分途追截。匪元日经小折桥，向百丈岭、文明司前进。于午前行抵距百丈岭三里处。有匪伪五军团十三师全部，枪千五百余支，机枪十余挺，占领我前进路两翼之东山水阳山高地之线，恃险顽抗。经我先头钟旅奋勇进击，并向匪左翼包围、冲锋肉搏。激战五小时，匪受创甚巨，乃正面退扼百丈岭碉堡。并以兵力向两翼运动。时已过午，又值天雨。陶师长当令钟旅从右翼行大包围，王旅向正面冲击。复惨战四小时。我钟旅已迁进至文明司西端，王旅亦已冲至百丈岭。本可将匪一鼓歼灭，以天忽大雾，十米内不见人影。及钟旅冲至文明〔司〕附近，始见该匪蜂拥渡河，向赤石方面狼狈逃窜。是役毙匪五六百名，俘匪四十九名，夺获步枪三十一支。我军伤亡官兵三十七员名。连长唐萼阵亡。当该师战斗激烈时，汝城方面误传其被匪包围，有速请粤军驰援之电，后接得捷报，始知系深入追剿。激战竟日，与外间消息隔绝之故也。

2.第十五师在走马岭、泉洞、良田、宜章等处之役

第十五师王师长东原率领全部，奉命由郴州沿公路向南，协同陶师截击。四五旅汪旅长为前卫。真晚该旅韩团丁营前进至走马岭附近，与人枪约八百余之匪遭遇。略有接触，是晚对峙。翌日拂晓，汪旅长令李团督同丁营，向该匪施行攻击，战斗正酣时，匪忽抽一部向我左翼迂回。经李团以主力向匪猛击，激战三小时，将匪击溃。元日李团继向良田方向追剿，抵泉洞、廖家附近。匪约三四百，凭险阻击。自辰至未，鏖战甚烈。王师长比令张旅向右延伸增援。战至黄昏，匪势遂挫，乘夜向南窜走。又经我张旅协同李团，乘胜猛追，至良田附近，匪凭借工事，顽强抵抗。激战数小时，将其击溃。删未占领良田，匪向宜章窜走。两役毙匪数百名，获枪百数十支。我军伤亡排长以下三十余员名。该师继向宜章追击。当晚宜章附近之匪，向临武窜去。铣日将宜城收复后，仍向梅田、临武西追。

3.第二十三师在仙人桥、冷水铺、坦平圩等处之役

匪经我王东原师在良田、宜章等处击溃后，大股铣日由长分铺、桃林铺经业塘、大塘市、社塘一带西窜。斯时我第二十三师到达郴桂之线。本部一面令王师追击，一面令二十三师由桂阳推进嘉禾以南地区堵截。该师铣日抵桂阳，即分两路，向嘉禾前进。是时匪大股伪三、八军团、瑞金司令部等，自长分铺、桃林铺向西窜。在冷水铺附近交叉遭遇时，我先头之一三八团，已过冷水铺前进。我六九旅李旅长当率一三三、一三六两团在该处与匪激战，将其击退。夜间匪复袭我阵地，我军以机枪扫射，毙匪甚多，夺获步枪二百余。又我六七旅李旅长率补充团，及一三七团，于铣午后经中和铺、冷水铺以西地区，向仙人桥前进。在坦平圩之西，与匪接触，激战颇烈。是时行郎圩、塘村圩之匪，已数路迫攻嘉禾，县城垂陷。我李师先头部队，适正赶到，与匪抢城混战。匪惊慌四溃，城得保全。李师长以两路均与匪接战，亲率一三四团于啸日拂晓，由桂阳前进指挥时，匪麇集于嘉、临、蓝、宁之间，因我军由嘉宁向南压迫，而蓝县之西南九嶷山横亘，无别路可通。于是匪之全部，均经蓝山以北、嘉宁以南西窜。该师抵嘉禾后，与左翼王师，右翼周部及空军联合进剿。李师长本嘉禾人，所部多嘉籍，率故乡子弟，远道驰援，战其本土，地形熟悉，勇气百倍，纵槽扫荡。计自铣日起，经仙人桥、冷水铺、坦平圩、虎口渡、土桥圩、洪观圩、南木桥、

永业圩、落山庙、下灌各战役，至漾日止，计先后伤毙匪两千余人，获枪五百余支。我亦伤亡官兵二百余员名。

4.第十五师及周司令浑元所部，在宁远附近之役

匪经我第二十三师迭次痛击后，其伪三、八两军团，于号日窜抵宁远城附近之毛家桥、十五里湾一带。本部曾令周司令浑元所部，经嘉禾向宁远、道县追击前进。该部赶到宁远附近，匪即回窜天堂圩、梧溪洞等处，周司令率部向梧溪洞攻剿。匪节节抵抗。经我军猛攻激战数小时，匪不支；向横岭、天堂圩溃窜。漾日，我周部将天堂圩、横岭等处占领。是役毙匪数百，俘获颇多。同日我王东原师张旅，追匪抵祠堂圩、神下等处，与伪五军团全部激战。至午，我张旅连夺占数山。匪愈战愈众。王师长当令陈旅由右翼直趋下灌，忽遇伪一军团来援，与我陈旅沿下灌至宁远大道左侧高地激战，双方冲击甚近。匪以迫炮及手榴弹连续猛攻，战斗异常激烈。匪陆续增至万余，企图夺取我陈旅阵地，迭次冲锋，几经肉搏。我官兵沉着应战，以机枪手榴弹并击。匪势动摇。同时我左翼之匪，经我张旅猛勇击退。该旅跟追至距下灌里许之宝塔山东北地区。复停止抵抗，对峙彻夜。敬日拂晓，我〔陈〕两旅继向下灌进攻，匪乘夜撤退，仅留一部人枪千余，节节掩护。辰刻，我军遂将下灌占领。计是役共毙匪千余，获枪数百支。

5.周浑元部在道县附近各役

匪大部养日窜道县以西之寿佛圩、蒋家岭一带。一部窜永明、桃川，与我桂军激战。其先头匪部仍在永安关、文市附近，我周浑元部及十五师仍跟匪追击。有宥等日，寿佛圩、蒋家岭之匪，由四关（永安、清水、雷口、铜口等四关）窜文市及黄沙河东南之西头附近。我周部有日进抵道县东南一带，沿途毙匪颇多，获枪七支。其万耀煌师敬〔日〕由宁远城向匪跟击。经天堂圩、柑子园逐次与匪激战。匪受创不支，于有日退踞道县城，沿河扼守。宥日拂晓，我军由下游白马渡强行渡河。匪以全力在有里亭、鞑村一带高地，顽强抵抗。我官兵猛攻十余次，匪纷向道县西南方向溃退。该师遂于下午三时半完全克服道县。我王东原师，有日未刻亦将四服桥占领。匪二万余，分九井渡、福禄岩、界牌退窜。其后卫枪二千余，被我王师张旅痛击，斩获甚多。

6.第十三师在永安关文市之役

我第十三师收复道县，继续向匪西追。艳日经永安关前进，在杨家湾、高明桥、永安关等处，节节击溃匪之后卫。三十申占领文市。计沿途俘毙匪各数百，

获枪八十余支。我方亦阵亡士兵二十余名。

7. 第十六、第十九、第六二、第六三各师及四路军各补充团，在全州、兴安间之役

自赣匪突围，经湘粤边区西窜，我军鉴于该匪伎俩，惯于两省两军衔接处乘隙逃窜，又以湘南地区辽阔，交通阻滞，不便扼堵，第一二两线，既被突破，惟赖第三线之设防，以堵匪之继续西窜，而收聚歼之效。本此目地，除以一部任尾追，一部任侧击，滞迟其行动，并扼守衡祁零陵之线，防其北窜外，判断匪所必须之要道，调集重兵于黄沙河附近一带地区。其时桂军与我协定，亦以主力布置于桂兴全黄之线，我军则利用湘漓两水之险，及已设之碉堡线，彼此衔接，扼要堵截。以此布置，并遵委座迭示方略，满拟可将该匪消灭于湘漓水以东。惟该匪狡甚，自在潇水以东，经我节节击溃后，一部窜龙虎关窥富贺，以牵制桂军，一部由道县窜王母桥，及西头东山徭等处，阳攻我黄沙河一带，主力则由蒋家岭出四关，循肖匪所经故道，其先头漾午已达文市。桂军养日以匪窜贺富，将其全兴间主力南移恭城。所遗防务，电请我军填接。其时我军担任雩、黄江防线者，为章亮基师及李觉之补充四团。陈光中师由桂东开拔，方抵东安。陶广师自汝城堵剿后，有日方达黄沙河。薛岳所部，敬日方集中零陵。而远道长征，疲备已极。当令其迅接零、黄江防。抽出章李所部，并陶陈各师，由刘司令建绪亲率星昼南移，于感夜赶到全州。而匪之先头，已于宥感等日，在兴安北之界首，架设浮桥，连续窜过漓水。我刘司令急率所部，由全州南进向咸水界首。自感晚起，经俭艳三十等日，在寨圩、觉山、路板桥、沙于包、朱兰铺、白沙铺、五里牌、麻子渡一带连日激战。伤毙匪约六七千，俘匪二千余，夺获步枪三千四百支、机枪迫炮三四十门。我方伤亡逾千。残匪乘夜向西延溃窜。

8. 第一兵团在新宁、绥宁、城步以南及收复通道各役

十二月东冬等日匪大部已窜至西延以南一带深山中。其先头窜抵油榨坪附近。江支等日，匪大部由西延以南，经广唐、雷霹州越苗儿山、土岗岭、两渡桥，向龙胜西窜。其一部约万余，经大埠头、车田、沐水窜城步南之蓬峒、丁坪、红沙洲一带。当匪被我军击溃，窜向西延时，本部为继续截剿，协同桂军，冀将其歼灭于湘桂黔边区计，令第一路（辖章、陶、陈师）之章亮基师，跟匪追剿。其余部经新宁、城步、绥宁，节节截剿。令第四路（辖王东原、李云杰两师）之王东原师，先出洪江，李云杰师继后，位置于梅口、长铺子附近。令第五路（辖第五三师），位置于武冈花园、瓦屋塘。令薛总指挥所部（辖原第六路军

及周浑元所部四师），由东安一带，向武冈前进。此时本部已呈准将各部队重新编组，俾便追剿。以刘建绪为第一兵团总指挥，辖第一、第四、第五各路，及十九师五五旅，并补充四团，令薛岳为第二兵团总指挥，辖第二、第三两路。陶广师在大帽岭附近击溃匪五六百，俘毙各数十名，获枪十余支。残匪向大埠头方向逃窜，复经该师在天门、小洞等处将匪击溃，毙匪五百余，获枪百余支。鱼虞等日，匪大部窜踞龙胜以北地区，暂停喘息。又窜城步以南之丁坪、红沙洲一带之匪，佳日向长安营、江头司、藩村、杨溪、石家寨、岩寨、老寨西窜，灰日进陷通道县。其先头分两路，真日窜抵菁芜洲、牙屯堡一带。其窜龙胜以北之匪大部，亦纷向西窜。文日经福禄向黔属永从窜走。元日我陈光中师将岩门铺、倒水界，陶广师将菁芜洲，章亮基师将临口、下乡之匪击溃。毙匪数百名，俘匪百余名，获枪百余支。我刘总指挥于寒日令各该师齐向通道攻剿。激战半日，共毙匪千余，俘匪二百余名，获枪三百余支。当日未刻，遂收复通道城。我十九师五五旅，同时在岩寨、长安营等处，亦毙匪甚众，俘匪营长以下百余名。匪被击溃，纷向通道以西之四乡所、藕塘、新厂一带西窜。刘总指挥复令章陈两师尾追，陶师在通道附近清剿。

9. 第四路军补充第一、二两团及湘南团队、义勇队围剿伪三十四师之役

伪三十四师，担任［后］卫掩护匪大部在全兴间渡河，经我军截断，窜匿东山及猺山一带，旋经四关，向湘境逃窜。刘司令据报后，乃令补充总队成主任铁侠，率所部两团，并指挥保安团唐季侯部，及道、永、江、宁四县义勇队，分途围剿。经成部及唐团在永明属八都原、八木岭痛击，毙获其多。残部分股四窜，十二月灰真等日，复在蒋家山、刘家庄、大村、洪家桥、四眼桥、廖洞等处，被我军节节痛击，前后毙匪数百，夺获步枪百余支、机枪一挺、自动步枪及短枪共五支、无线电机一架、马数匹。俘匪百余名。文日，复经各部在道属之早禾田龙首冲一带，击散残匪，毙匪甚多，夺获长短枪二十余支，并生擒伪师长陈树香〔湘〕一名，俘匪三名。该伪师长，因腹部受伤甚重，解至中途毙命。所剩残余经各部搜剿完全歼灭。

10. 第十六、第六十三两师，及第十九师五五旅，在通道及绥宁附近之役

窜通道之匪，经我第一兵团痛击后，分股经新厂、马路、藕塘窜入黔境。寒日攻陷黎平。其一部经平茶商老锦屏窜走，铣日忽回窜藕塘附近。经陈光中师痛击，斩获颇多，残部仍向黔境窜去。其伪五、九两军团之一部，约二千余人，被我军于播扬所一带截断后，铣日经我章亮基师在播扬所、英蓉里、七字

坡等处痛攻，毙匪千余，俘匪五百余名，夺获步枪四百余支、机枪两挺，残匪溃向东窜。篠巧两日，复经我十九师五五旅刘代旅长建文率部，并指挥保安第十二团之一营，在石壁、长义、临口、下乡等处围剿，毙匪二三百名，俘匪八百余名，获步枪三百余支、机枪数挺。此匪已被我军完全歼灭。据匪供：股匪西窜，匪众号称十万，经我追剿军迭次痛击截剿，匪之实力已消灭殆半，窜入黔境时，仅有四五万人云。本部为达成追剿任务，协同友军，期将残匪早日歼灭计，已令刘总指挥转饬陈光中、李韫珩两师，尾匪猛追。其余在绥宁、通道、靖县、会同清剿筑碉。并令薛总指挥所部，经由洪江、黔阳，出天柱、玉屏、镇远方面堵剿。

11. 第一、二兵团追匪入黔，在黎平、镇远之役

匪窜陷黎平后，删日黔军周旅长，调集民团反攻黎平，匪不支，向潭溪司、鳌鱼嘴窜走，删戌克复黎平城。匪自皓辰起，以一部约三千余人，踞瑶光附近，掩护其主力，分由南嘉堡、柳霁、分县等处渡过清江，窜抵大小广一带。马养等日，窜陷剑河、台拱。其一部经梁上、岭松，漾日抵施洞口附近。我第一兵团陈光中师，养日追抵黎平、潭溪司一带，击溃匪一部，毙匪甚多，获枪三十余支，继续向剑河、施洞口方面追剿。有日匪一部，由施洞口窜犯镇远，在牙溪与黔军蒋团激战甚烈，宥日将镇城攻陷。其主力沿清水西窜。同时又将施秉、黄平攻陷。第二兵团吴司令奇伟所率先头韩师，宥日追抵镇远附近，与伪一军团接触激战，感日将匪全部击溃，向施秉逃窜，斩获甚多。当日酉刻即克复镇远。该部继续向施秉、黄平进剿。

以上追剿各役经过要图附图第一。（图略）

（二）湘西北方面

1. 新编第三十四师收复永顺，进剿龙家寨，及固守沅陵（辰州）各役

肖匪由黔东北窜湘，与贺匪会合，共枪约五六千支。十一月江日，由百福司向招头寨进犯，经我陈渠珍师堵剿。该匪向龙山退窜后，陈师长当令龚、杨、周三部，绕出殿方截击。庚日巳刻，在贾家岩将其先头匪部击溃。正追剿间，不料匪之主力回窜永顺，袭陷县城。经保安团罗文杰部极力抵抗，激战四小时，因众寡悬殊，该部由南门突围冲出。匪遂陷永顺。文日，复令龚、周两旅及杨其昌、皮光浚两部，向永顺进剿，进岩穴场，即与匪接触。激战二小时，将匪击溃，先后将捧滕岭、七夕铺、大坝一带占领。元晨我军由大坝将皮家坳、凉亭垭各处之匪，压迫至王家坡，与匪之主力往复冲击，约二小时，匪始退据猛洞东岸，仍凭河顽抗。我周旅乃选派精干一团，绕至富坪强迫渡河，猛向大西

门外之匪突袭，虽死伤甚大，气不少馁。我主力隔河以炮火轰击助战，匪遂纷向塔卧溃窜。毙获颇多。我军于是日十一时许，将永顺县城完全规复。

陈部收复永顺后，匪向桑植方向溃窜。陈部跟踪追击。铣篠两日，迭与匪接触，先后占领两义河、黎于坳、龙家寨等处。同时匪之大部，又回窜皮匠坳、墨达湖一带，图再犯永顺。陈师杨、周、皮三部，当兼程回永，侦迹侧击，龚仁杰所部，则暂留龙家岩附近搜剿。篠午忽由桑植方面，突来股匪三千余人，势极凶猛。自下午四时起，龚部即与匪接触，官兵均沉着应战，坚忍奋斗，激战多时，匪始向杉木村退去。我龚旅为谋与大庸方面何白两团切取联络，亦即移驻石堤西。巧晨我杨、周、皮各部，由永城向皮匠坳之匪攻击前进，接触数小时，匪即纷纷溃窜，有乘虚犯保靖、里耶之样。陈师长即加派顾家齐旅，雷司令世光两部，向保靖集中。龙家寨与皮匠坳之役，双方战事，均异常激烈，往复冲锋，不下十余次。龙家寨纯系黑夜接触，层层混战，几不辨匪我。消耗子弹甚巨，枪支颇有损失。我伤亡官兵查明另报。自龙家寨失利，匪到王村以下，有进犯辰州模样。嗣以庸、桑空虚，折向大庸进攻。我朱树勋部退守溪口，大庸敬日失陷。至十二月初间，匪约七八千，由庸边经四都坪、马溺冲向辰城进犯。阳日午后，我廖、周各部在东北门外，与匪接触。我军沉着射击，激战至夜半，该匪冲五次均被击退。庚日拂晓，匪复分三路冲锋，战斗极烈，匪伤亡甚众。迄未得逞，乃趁大雾完全溃退。斯时我顾旅已由古丈进辰城三十里之乌宿，除以一部守城外，其余分两路向长安山尾追。

2. 湘西保安团及常澧警备团，在黄石、观音寺等处之役

贺肖股匪，经我陈渠珍师在永顺附近击溃后，其大部经塔卧，于十一月敬亥进陷大庸。感俭等日，分窜溪口、黄石一带。其窜黄石之匪，经刘司令运乾令朱团长树勋派队击溃。毙匪三十余名，获枪二十余支，十二月庚日，我刘司令运乾所部警备团之余营，在观音寺对河遇匪，激战三小时，并派一部包围。获枪十余支，毙伪团长宋克刚一名，伪营长以下三十余名，伤亡二十余名。俘匪首冯冠雄及匪兵五二名。灰日肖匪大部，向永顺塔卧移动，贺匪则向沅陵窜犯，李吉宇匪部，仍留守大庸城。此时本部，专力追剿主匪。追剿各部，均已到达湘桂黔边境，一时转移不及，除令陈渠珍师，极力防剿待援外，乃一面电请委座蒋，迅调兵入湘西进剿，一面电请沙市徐总司令，饬鄂边部队，向南推进协剿。

3. 第六、第七两路军，进剿肖贺及克复桃源、慈利之役

十二月寒删等日，匪大部窜抵沅陵东之洞庭溪附近，一部窜至桃源西之丁

家坊、曾家坪等处，企图进犯桃源。斯时我独立第三十四旅罗旅长启疆，奉命率部由鄂开到常德、桃源、三阳港一带进剿。刘司令运乾督饬所部，在慈利、黄石、漆家河一带防剿。该匪于篠日经龙潭水、佘家坪、三阳港、语溪河等处，进犯桃源。其守大庸之李古宇匪部，亦由庸向老鸦口、岩口、溪口进犯。我罗启疆旅大部在三阳港、语溪河一带，激战竟日，肉搏十余次。该旅周、杨两团长均受重伤，官兵伤亡亦大。该旅撤至桃源对岸待援。匪陷桃源城后，巧日随向常德进犯。经我罗旅长及刘司令督部固守，匪虽迭次攻城，经我守兵痛击，毙匪甚多，擒获越城匪多名，匪乃不逞。皓哿两日，匪主力窜集河袱、陬市一带，连日劫掠粮食。其时我郭军长汝栋，率第二六师奉命由修水方面开到长沙。本部为将该匪歼灭于常德、桃源方面，勿使蔓延湘西计，令李师长觉为第六路司令，率兵两旅（并指挥保安第二区团队），郭军长汝栋为第七路司令，率第二十六师全部（并指挥罗启疆旅），均集中益阳，向常、桃进剿。并令刘总指挥建绪，抽调陶广、章亮基两师，由会同、靖县方面，取道沅陵，向常、桃急进协剿。又电请徐总司令，派队推进慈、石、澧、津一带堵剿，该匪见我军大举进剿，养日大部经漆家河，向大浒、溪口方面逃窜，一部仍在桃源，劫掠粮食。敬日经我六、七两路军，分途进剿，斩获颇多。是日我军遂克复桃源城。残余匪部，狼狈经漆家河、黄石市西窜。

贺匪之伪四师，乘我第六、第七两路军主力克服桃源，分向漆家河、盘龙桥一带进剿之际，宥晚袭陷慈利。我朱树勋团迫不及防，退守五雷山。本部飞令第六路司令李觉，率所部于陷日经两水井茶庵附近，向慈城攻击。与匪激战经时，颇有斩获。匪不支，纷向大庸方面溃窜。我军遂于世晨克复慈利城。本部正部署各部联络友军，向大庸围剿中。

以上各役经过要图如附图第二。（略）

（此件引自中国第二历史档案馆藏战史编纂委员会档案）

剿匪军追剿军第一兵团二十三年度十二月份
剿匪工作军事报告书

（一九三四年十二月）

一、本月匪情

甲、朱毛股匪

盘踞赣东之匪，朱德、毛泽东等，自十月中旬，率其伪第一、三、五、八、九军团，分为数股，离巢西窜。其主匪经南康向湘边急窜。十一月二、三等日，窜抵汝城、热水、太平圩等处。经我陶广师痛击，该匪于十日窜抵宜章。复经我王东原、陶广、陈光中各师，暨湘东南各保安团，叠次追截堵剿。二十一日其先头窜道县城附近。主力由下灌、四眼桥继续向西急窜。

据报西窜之匪约五六万。一部由蓝山出永明，窜抵龙虎关、桂岑、东坡附近。大部约三四万，二十七日越过四关，窜抵全县附近及文市，已在麻子渡、屏山渡等处，渡过湘江，出没于路版铺、朱塘铺、沙子包、界首一带。

三十日夜，该匪大部，窜集朱兰铺附近，经我李觉师将其击溃，该匪遂以伪第一、五两军团之各一部，人枪近万，在严家、白沙铺、余家之线占领阵地，顽强抵抗。本（十二）月一日，经我李师长觉指挥各部，奋勇攻剿，战至申刻，攻陷匪阵。匪大部向西延方向溃窜，一部被我截断歼灭之。

二日，枪匪二千余，在洛江占领阵地，阻我追剿。当经我李师攻剿击溃，匪向西延方向溃窜。三日晨，伪一军团匪部约两团，又在西瓮绵亘山地，占领阵地，阻我追剿。复经我陶广师王旅及戴团痛击，纷向五排、梅溪口溃窜。

朱毛股匪自全兴间及龙虎关一带，被我湘桂军叠予痛击惨败后，该匪遂纷向桂湘边境逃窜。其主力分由靖边堡、长安营及龙胜、古宜西窜，其伪一军团残部人枪数千，经岩寨、木路口、临口、菁芜洲向通道急窜。

十二日，该匪窜踞绥宁南岩门铺、临口、下乡、菁芜洲一带。当经我陈、章、陶各师将其击溃，该匪遂窜踞通道县城。复经我陈、章、陶各师，于十四日齐向通道攻剿，激战半日，规复通道。该匪向靖南、新厂及黎平方向溃窜。

十五日，我陈光中师，跟匪追剿，在新厂附近，与伪一军团残部激战。匪不支经马路口，向锦屏、剑河方向溃窜。连日被我击溃之匪，尚有一部截回向通道南播阳所、牙屯堡回窜，经我章亮基师完全缴械俘虏。又一部回窜绥宁以南临口、下乡一带地区，经我李觉师五十五旅驰剿，亦完全缴械俘虏。

匪窜黎平、锦屏地区后，原有稍事休整企图，以我军节节跟追，歼灭日多，未敢停留，急谋循肖匪故道遁走。以一股约二千余，佯攻锦屏之黔军，以主力经鳌鱼嘴向瑶光、柳霁急窜。抵瑶柳后，以我黔军扼守清江左岸，遂沿右岸，窜剑河、施洞之线。二十五日，陷镇远。二十八日，陷黄平。

二十二日，我陈光中师，进至黎平。经派陈团搜剿潭溪司附近，捕获散枪散匪甚多。

西窜之匪，在道县被我军击溃后，尚留伪一、二两师及十四师残部，于蓝山西北之江背及永明属之大古源等处。十五日，经我成铁侠部及唐季侯保安团[1] 驰往痛击，余匪纷散。

乙、贺肖股匪

贺肖股匪，窜扰湘西，迭陷永顺、大庸。本月十六日，复以全力数万之众，攻陷桃源。十七、十八两日，窜犯常德，并携攻城器具，迭次攻城。经我刘区司令运乾及罗启疆旅，固守痛击，毙匪甚多。贺匪龙率一部向澧、慈、石方面窜走，肖匪克大部仍在常德城附近。本人踞河袱指挥。迄至二十一、二日后，始向大庸方向回窜。又盘踞永顺、大庸之匪李匪吉宇部，亦向老鸦口、溪口一带窜动。

二、作战命令

朱毛股匪自赣东突围西窜，经长途奔走，被我节节截击，早已狼狈不堪。及至广西全兴间，再遭重创后，一部被我截断，回窜湘南境内，大部分路向湘西南及黔东南地区急窜。本兵团遵奉上令，除抽兵一部，赶回湘南办理绥靖外，其余各师仍继续担任追截。谨将本月份应乎各期情况，所颁处置命令，分记如次：

---

[1] 指湖南省保安团二十四团。

一日　东西参电令：

限即到。

寨圩陶师长、五里牌章师长：

命令：一、据报，匪一部出西延，大部出龙胜，向西北急窜；另一部在咸水、界首、鲁塘地区，我章师正协同桂军围歼中。二、着陶师长即率所部（缺李旅及钟团），并指挥章师戴鼎甲团^①，由寨圩经大帽岭至土地坳截击，并于西延、车田、梅溪口地区，堵窜北窜。更相机转移于绥宁靖县地区截剿为要。上二项。

刘建绪。东西参

一日　东戌参电令：

李代司令并转陈旅长、章师长、何主任、成主任、钟团长、喻炮兵营长、习步炮连长：

命令：一、据报匪主力分向龙胜、西延方向逃窜；另部仍在界首、麻子渡、鲁塘地区。我第二路向新宁、城步，第四、五路向武冈、黔阳西进堵截。第三路正由文市向匪跟追。陈光中师，东日由全州经新宁开往城步、绥宁之线堵剿。陶广师附戴团即由寨圩星夜出土地坳截击，并向梅溪口、西延、车田地区，分途追堵，再转移于绥靖方面协剿。二、着李代司令觉指挥陈子贤旅^②及成铁侠部，向西延追剿。到达土地坳后，即开回湘南，办理绥靖。其所辖之段珩旅，俟薛纵队到新宁交防后，归还建制。三、着章亮基师（缺戴团），即由现地经四板桥兼程开往西岩市待命。四、着何平部及钟涤松团，归予直接指挥，随本部即由现地经四板桥、新宁开赴武冈待命。五、着炮兵营及步兵炮连即取道东安，开赴宝庆待命。上五项。

刘建绪。东戌参

六日　鱼酉参电令：

即到。

陶司令、章师长、陈师长：

命令：一、据报，匪千余，微晨由车田经下沐水到天堑，距沙田铺约二十里。二、着陶、陈、章各师及段珩旅，赶在城步、梅口、绥宁之线，衔接布防，其主力暂位置梅口附近。详细部署，由陶司令统筹处理，具报。此令！

刘建绪。鱼酉参

---

① 指第九十四团。

② 指第六十三师第一八八旅。

八日　庚申参电令：

陶司令、陈师长、章师长、李司令、王师长、李司令、刘代旅长、晏区司令：

　　命令：一、匪右侧卫在篷洞、江头司一带徘徊。共主力向龙胜方面西窜。二、着陶司令所部以主力向靖县、通道地区，火速扼要防守。一部暂在绥宁，并扼堵木路口、临口、菁芜洲之线。三、着李司令云杰所部，迅经西岩市直趋梅口、长铺子之线待命。四、着李司令韫珩所部，进至西岩市、水东之线待命。五、着刘代旅长所部，及晏区司令所属团队，仍在城步地区防堵。六、绪率补充各团，佳日由武冈经武阳，进驻长铺子指挥。上六项。

刘建绪。庚申参

十一日　真戌参电令：

李司令云杰、李司令韫珩、陶司令广、王师长、章师长、陈师长、何主任、刘代旅长：

　　命令：一、伪一军团之一部，已由长安营、岩寨、木路口西窜。其先头灰抵临口、下乡、菁芜洲之线，匪主力似在龙胜、通道边境。我薛兵团先头已抵会同。桂军正分向龙胜、古宜追剿中。二、本兵团以协同友军，继续追截，务期歼匪于湘黔边境之目的。决定部署如次：1.着第一路陶司令所部，除以一部赶筑绥宁大道封锁干线，堵匪北窜外，迅以主力向临口、通道方面觅匪截剿。2.着第四路李司令所部，迅速进驻绥宁，策应第一路截剿。3.着第五路李司令所部，迅即进驻长铺子待命。4.着刘代旅长所部，除留团队守备城步外，迅向岩寨、木路口尾匪追剿。但到岩寨后，须派团队向长安营方面警戒。5.着何主任所部，由长铺子经黄桑坪，向木路口、石壁道上截击。三、绪文日进驻绥宁指挥。上三项。

刘建绪。真戌参

十三日　元戌参电令：

陶司令、陈师长、章师长：

　　一、据报残匪万余；现窜集藕塘、四乡所、新厂一带，有遁入黔境之样。我陈师赵旅[1]已将岩门铺、倒水界之匪击溃，正向通道前进。桂军廖部[2]真日由林溪向双江口前进。黔军三旅在黎平、天桂、三穗一带堵剿。二、陶、章两师，应即由临口、菁芜洲，经通道，陈师即由靖、通间，分向新厂方面觅匪攻剿。其残留通道以南地区匪队，着陶师分兵肃清。三、绪删可到靖县指挥。

刘建绪。元戌忝

---

① 指第六十三师第六十九旅。

② 指桂军第七军廖磊所部。

十四日　寒戌参电令：

陶司令、陈师长、章师长：

一、据确报，匪一军团已由石壁、菁芜洲、通道，向新厂西窜。三、五、八、九军团，分由靖边堡、长安堡、双江口及龙胜、横岭西窜，在牙屯堡会合后，正向黎平逃窜中。二、着陈师全部赶向新厂觅匪攻剿。并由陶师加派一部策援之。三、着章师全部，陶师大部，即肃清通道以南湘黔边区窜匪具报。上三项。

刘建绪。寒戌参

二十日　号午参电令：

第四路李司令、王师长、陈师长：

密，命令：着王东原师派兵一部，向锦屏、陈光中师派兵一部向黎平追匪。痛剿具报。此令！

刘建绪。号午参

二十六日　宥未参电令：

会同第四路李司令，第五路李司令、王师长、陶司令、章师长、靖县陈师长、何主任：

命令：一、被我击溃窜黔之残匪，一部经梁上、岭松，窜抵施洞口、施秉一带，其主力经剑河、台拱北窜。我薛兵团所部感〔日〕可达三穗、镇远之线，黔军主力在黄平、施秉之线，分途堵剿。二、本兵团以继续追剿之目的，决定部署如次：1.着陈光中师全部，继续经剑河、台拱、向施秉方向尾匪追剿。2.着第五路李司令所部，即由会同经天柱、南洞司、岭松、胜秉、施洞口，向施秉方向尾匪追剿。3.着第四路王东原师及二十三师，集中远口、天柱之线，跟第五路续进，策应各部。三、绪率补团，俭日由靖进驻锦屏指挥。注意：a.维持军纪；b.陈王两师所筑碉堡，交当地团义守备。上三项，注意二项。此令。

刘建绪。宥未参

二十八日　俭戌参电令：

第四路李司令，第五路李司令、王师长、陈师长：

命令：一、据报镇远有日失守。朱、毛有循肖匪故道北窜之样。二、本兵团遵奉上令所示堵截方针，应乎目下情况，变更部署如次：1.第四路李司令云杰，应迅督第十五师、第二十三师，由现地取道芷江、麻阳，转移铜仁，严密堵剿。2.第五路李司令韫珩，应迅督第五十三师，经远口、南洞司、岭松向镇远追剿。3.第六十三师，应迅经剑河、台拱，向镇远追剿。三、绪明（艳）日可抵远口，仍续向玉屏前进。上三项。此令。

刘建绪。俭戌参

三十一日　世已参电令：

陈师长：

据报剑河、台拱道路被苗匪掘毁，断绝交通。该师应迅速改经三穗出施秉，会同第二兵团，猛力追剿以收协歼之效。

刘建绪。世戌参

三、军队调遣（略）

四、剿匪战斗经过

一日　李代司令觉东戌电：

三十夜在朱兰铺附近，与我对战之匪，大部受创溃走。以伪五军团之一部，及伪一军团属之一部，人枪近万，在严家、白沙铺、余家之线，占领阵地，顽强抵抗。经督各部奋勇攻剿，官兵前仆后继，战况极为猛烈。我在大炮飞机掩护之下，至申刻攻陷匪阵。匪军大部向西延方向溃窜，一部被我截断，正围剿中。我军现进占陈村、咸水之线。是役伤毙匪众千余，我各部营长以下官兵，伤亡约三百余员名。章师夺获轻重机枪十余挺，各部共获步枪八百余支。

五日　李师长觉冬戌电：

冬未在洛江，遇见枪匪二千余，占领阵地，当即猛攻。战至申刻，将匪击溃，向西延方向外窜。是役略有夺获，并毙匪数百。

五日　陶师长广江戌电：

江晨匪伪一军团部约两团，占领西瓮绵亘山地。经我王育瑛旅[1]及戴鼎甲团痛击，纷向五排、梅溪口溃窜。旋即跟追，进抵天门小洞。是役毙匪五百余，生擒匪四十余名。夺获匪枪四十余支。

十五日　陶司令删戌电：

陈光中师，本（删）辰跟匪追剿。午刻在新厂附近，与伪一军团残部激战，毙匪百余，获枪二十余支，俘匪四十余名。残匪经马路口，向锦屏、剑河方向溃窜。申刻进占马路口、平查所之线，并派兵一部正追剿中。职遵令于本寅，督率陶、

---

① 指第六十三师六十六旅。

章两师，由通道转南截剿。探悉：连日被我击溃之匪，尚有一部，向播阳所、牙屯堡回窜。当令各部分向该匪猛截。战至未刻，我章师缴获俘虏枪支二百余。仍继续尾匪围歼中。

十七日　陶司令篠辰电：

删日在播阳所附近击溃之匪伪五、九军团残部，仍散窜于牙屯堡、七字坡、团头、双江口一带地区。据报，该匪有集结窜黔之样。铣丑仍饬章师以一部，在新厂附近清剿，大部进出播阳所，向东觅歼该匪。顷据章师长铣戌电称：职遵于铣辰督饬何友松旅[1]，由播阳所、上乡线上，东向觅剿。唐肃戴鼎甲两团[2]分自东客里十字坡，向南觅剿。沿途扫荡，残匪纷向桂边散窜。计俘匪五百余名，毙匪千余，获步枪四百余支，重机枪二挺。我伤亡五十余员名。

十八日　刘代旅长建文巧酉电：

据报：经通道方面友军击溃之匪一部，约千余，枪数百，铣日回窜绥宁以南临口、下乡一带地区。职派兵一团，并指挥保安第十二团苏营驰剿。自篠至巧日，搜剿二日，先后在石壁、长义、临口、下乡等处，毙匪二三百，俘匪八百余，获步枪二百余支，轻重机枪数挺。

十八日　成主任铁侠删电：

职部与唐保安团，删日在蓝山西北之江背及永明属之大古源等处，将伪第三十四师残部痛击。毙匪数十名，获长短枪三十余支。残匪纷向密林散窜。仍分途搜剿中。

五、剿匪宣传

一、宣传赤匪罪恶，招抚流亡。

通道县县城至白沙铺一带民众，对于赤匪罪恶，不甚明瞭。盖赤匪盘踞该地，不过数日，而其所需，均取自财主之家。对于一般穷苦民众，并未予以不利，且多数为其宣传所动。故国军到时，民众多相率逃避，在家者均系老弱。民心如此，隐患良深。当令本部宣传队全体动员，并分途挨户晓谕，揭破赤匪罪恶，俾与偕亡。

---

① 指第十六师四十六旅。

② 指第十六师四十七旅九十三、九十四团。

二、对俘匪宣传。

此次在全各役，本路军各部，俘匪甚多。除设置多数俘虏收容所外，并由宣传队，每日向俘匪宣传三民主义，痛述赤匪罪恶，俾其悔悟。

六、碉堡设施

附表（略）

十二月初旬，朱毛股匪，由桂北全兴间，被我湘桂军痛击惨败后，分路向湘黔边地急窜。当时情况，判断该匪不出城步、绥宁，而入靖会地区，必出通道而入黔东。故匪部窜篷洞时，本部除飞令段珩旅剿击外，当饬第六十二师，推进绥宁，第十六师推进梅口，第十五师推进西岩市，互相衔接，构筑碉线，堵匪北窜，以待李云杰、李韫珩两师赶到，合力歼匪。旋探悉匪大部已转长安营，窜临口、下乡，其先头且达通道附近。乃一面令饬陶、章、王各师，星夜完成绥宁、文昌阁、黄土桥、大塘界、乐安铺、烟燉界、杨柳塘、寨牙、磨石、城墙界、靖县、飞山封锁碉堡线，并令陈光中师，赶筑地伏屯、倒水界、岩门铺一带据点，堵匪北窜。然后会合李云杰、李韫珩两师，向通道攻剿。讵两李部队因补给困难，滞留武冈。本军已不能久待，任匪逸脱。于是令陶、章、陈三师，完成各地碉线后，会攻通道。既克。匪遁黔东。

十五日，复奉总司令何元亥参机电令：一面肃清绥通残匪，一面构筑绥、通、靖、会碉线，巩固湘西南边陲。当饬陈光中师，以一部在马路口、平查所、藕团、新厂一带，筑碉警戒。其余构筑通道、岩门铺、地伏屯、铺口、至飞山（不含）之线封锁碉堡。王东原师构筑寨牙、磨石、城墙界、老鸦界、靖县飞山、大平界、烟燉界、龙孔坳、广平、酿口、托口、沿线封锁碉堡。第五十五旅段珩旅，即构筑绥宁至乐安铺之线碉堡。保安第四区团队，赶筑绥宁（不含）十里铺、寨坡、枫水坪、岩脚田、江口塘、梅口之线封锁碉堡，及菁芜洲、小水、临口、木路口、黄桑坪前进碉线。

兹谨将会、靖、绥、通四县，各部经筑碉堡概况分别列表如次。（略）

（此件引自中国第二历史档案馆编《国民党军追堵红军长征档案史料选编》）

国民党军第十五师王东原部关于追堵
中央红军长征战斗详报

（一九三四年十一月至十二月）

甲、追剿前一般匪情

赣东股匪自经我军第五次围剿，迭受重创，匪巢相继克复，复受严密经济封锁，自知黔驴技穷，已不能在赣东立足，乃实施其伪中央干部会议决议案，经湘入川向西发展，打通国际路线，以图最后挣扎。自十月上旬起，伪中央匪首率伪一、三、五、八、九各军团枪匪十余万倾巢西窜。二十三日，其主力由信丰、南雄间渡过赣江以西继经崇义、上犹直犯湘境。十一月二日，该匪一部到达汝城附近，与我第六十二师钟旅接触，其主力分向乐昌、文明司方向急窜。

乙、集中时期

本师于追剿肖匪以后，由桂边回师郴州，自十月二十六日以来，奉令移驻耒阳、安仁、茶陵之线，担任构筑封锁碉堡。十一月八日午前六时，奉到军长刘阳亥参机电令如下：

一、据报股匪有由文明司、乐昌方向有郴、宜窜走之样。

二、着王师长东原除留小部在耒安之线候陈师接防跟进外，即率主力沿耒郴汽车道兼程向郴县方向觅匪截击。上二项。

本师根据右令，给予各部命令，要旨如下：

一、匪情、任务同军长刘阳亥参机电令。

二、着九十团附工兵一连，于本（八）日由耒阳汽车输送赴郴，占领阵地，构筑强固据点，掩护本师集中，并为屯集粮秣之处置。

三、第四十五旅（缺第九十团）、师部工兵营、特务连、骑兵连、第四十四旅（同行军行列），着于本（八）日午前十时先后，由耒阳出发，沿郴耒公路至高亭司、栖凤渡之线停止待命。第四十五旅应于栖凤渡向永兴、资兴方向布置警戒。

四、着工兵营派兵一连，汽车输送至郴，归韩团长指挥，构筑郴城工事，任务完毕后，归还建制。

五、第四十三旅除留小部在安仁候陈师接防外，其余即日经耒阳向郴州跟本师后尾行进。

六、余本日赴郴视察后在高亭司。

以上六项。

陈旅无线电达，张、王两旅笔记传达。

是日师部率张、汪两旅（缺韩团）到达高亭司以北，陈旅到达观音阁，第九十团汽车（十三辆）输送，直至夜午方全部抵郴，据探报闻匪先头三千余，已过平和，当晚赤石、宜章，甚形恐慌等语。此令该团除派小部分向宜章方向游击广探匪情外，并限星夜完成据点工事。九日师部率张、汪两旅（缺韩团）推进至栖凤渡及其以北地区，陈旅进至耒城以东。奉到总司令何阳亥电、军长刘佳辰电，匪一股出九峰，一股庚午已窜宜东香花树、平和之线，饬本师向郴、宜觅匪截击。十日午后，师部率汪旅李团到达郴州，张旅抵栖凤渡，陈旅进至梧桥铺，探知良田、宜章昨晚先后失陷，今晨有匪一部向保和圩方向前进，万会桥到匪六百余，装备齐整，手机关、驳壳甚多，其主力行动尚不明了。比由韩团派丁营向万会桥挺进侦察，于山口塘附近遇便衣匪数十，当将其驱逐。晚间又于黄泥坳与匪遭遇，混战时许，匪向万会桥窜去。十一日，奉总司令何佳辰长电令，要旨如下：

一、伪一、三、五、九等军团，自窜抵汝城被我军痛击后，以一部分由城口、文明司向宜章、乐昌方向西窜，主力仍徘徊于汝城西南地区，伺隙流窜。周纵队先头已抵桂东，薛纵队现正由吉安向莲花前进中，粤军李师已于鲁达、九峰、乐昌，桂军一部已抵全州。

二、本路军以歼灭该匪于湘永以东地区之目的，应协同友军并用追堵防截各种手段，以达成其任务。兹特部署如下：

1、2、3、4各项略。

5.着以五三、二三两师编为第一支队，李韫珩指挥，集结于郴州（不含）、桂阳之线。以六二、六三、十五各师为第二支队，归陶广指挥，集结于郴（含）、资、宜、汝中间地区，为追剿或腰击部队。以十九（欠两旅）、十六两师及补充总队与湘西南之各保安团为第三支队，归李觉指挥，与桂军切取联络，任湘江守备及尔后匪情变化之机动使用。

以上各支队，均归第一纵队司令刘建绪统一指挥，会同友军相机协剿。复奉军长刘庆申电令：股匪西窜宜、乐，着陶师主力兼程出郴州，会同王、陈各师，向匪截击等因。

连日竭尽各种手段搜索侦察匪之主力，行动仍不明了。但综合所得情况判断，匪之主力尚未越过衡宜公路以西，似均麇集赤石司、宜章、平和、良田一带。为侦确匪情起见，决先令汪旅继续派队沿公路向良田方向不断游剿，与匪保持接触，以待全师集中及各友军之会剿。本日韩团之丁营将黄泥坳之匪击溃后，追至万会桥，与匪短兵相接，毙匪甚多，我伤亡邓连长等数员名。十二日清晨，汪旅李团督同丁营向匪攻击，激战时许，匪向后撤走，李团跟追至万会桥，遇枪匪千余占领阵地，顽强抵抗。同时发现西南山谷尚有匪之大部陆续增援，相持至黄昏，仍撤回城前岭。韩团梁营游击保和圩，遇匪二三百人，略有接触，匪即向西撤走。据土民称，该匪声言系为第三军团打前站。同时迭据探报，良田、万会桥之匪，确在三千以上，良田至平和、擦岭沿途村落，皆为匪兵驻满，并声言尚有大队到达等语。

本日午后二时，我陈旅到达郴城，本师至此始全部集中完毕。入夜，据李团报告：长冲一带公路两侧之匪，陆续增加二千余人。同时据本部官长侦探周健由增湖、飞钟归报，目堵枪匪数十名，由黄泥坳通过，在该地徘徊，似有侦察地形模样，并向土民询问郴城道路及我方情况，声言进攻郴城等语。本部当晚给予命令如下：

命　令

（十一月十二日午后八时于郴州）

一、综合连日情报，赣匪主力刻麇集于赤石、平和、良田一带，尚未越过公路以西，万会桥陆续到有枪匪四五千人，其一部本日节节向我长冲、城前岭阵地逼近，另一小股本日在保和圩出没，似有进犯郴州之企图。

二、本师以先巩固郴防，待友军会齐进剿之目的，拟就现阵地取攻势防御，如匪来犯，即就罗仙岭、南塔岭阵地一带予以痛击后，一鼓而歼灭之。

三、着第四十四旅于明（十三）日拂晓进至罗仙铺附近，隐匿集结，派兵一部进出增湖、塘围侦匪具报，匪如向汪旅阵地进犯，该旅应予以有力之侧击，匪如西窜，该旅即不失时机向万会桥方向努力截剿。

四、着第四十五旅于明（十三）日，除仍以一部展开于城前岭、燕子坪一带高地与匪保持接触外，主力应集结于罗仙岭、营盘岭之线，待匪进犯，即就阵地附近予以痛击，匪如西窜，即沿公路协同张旅进出万会桥跟匪截剿。

五、着第四十三旅于明（十三）日，进至罗仙岭西北端上中童仙附近，集结待命。

六、师都及直属部队，明（十三）日进至七里洞。

七、余于战斗开始时，在罗仙岭阵地。

上七项。

十三日拂晓，各部按照上令分途开进，午前十一时，师部到达七里洞，得知前方尚无异状。据汪旅长电话报称：我李团于拂晓向长冲之匪袭击，在泉洞廖家附近与匪争夺碉堡，颇有激战，刻仍在相持中。午后接张旅长亮中电称：我肖团进抵塘围，遇匪数百，当将其击溃，因正面情况不明，暂在现地停止等语。比饬迅速协同李团努力击破正面之匪，继向万会桥搜剿前进。本日黄昏，我张旅攻占蛇形坪，李团攻占蜈蚣岭北端高地，毙匪百余，俘匪范中发等数名，供系伪第三军团之第三师所部。我亦伤亡十余名。但匪且战且走，入夜仍盘踞蜈蚣岭一带高地，与我相持。是日，我周指挥浑元所部肖、万两师到达郴城，我六十二师闻在文明司以东之八里坳附近，与匪第八团接触。

丙、追剿时期

赣匪西窜入湘，号称十余万众，自十一月八日以后，该匪主力陆续麇集于宜章、赤石、良田、万会桥一带，交通封锁，情况不明。本师由茶安末线转移郴州，至十一月十二日午后，始全部集中完毕。以奉总司令何佳长参电令，编入第二支队，归陶师长指挥。在本支队未集中以前，未便单独攻击，且匪我实力比较，亦非一师兵力所能奏功。故仅能巩固郴州掩护集中之目的，四出游击，迟滞匪之行动，并努力侦察匪情，以待会剿。连日以来，张、汪各旅在塘围、长冲一带，虽不断与匪接触，而匪之番号与实在情况，仍不明了。截至十一月十四日午止，始悉我正面之匪确系第三军团，其先头已向保和圩、秀凤圩方面移动。同时据报，华塘铺亦发现枪匪三百余，判断匪已开始向西流窜。我正面之匪，必系其右侧掩护部队。决心不待友军之到达，单独向保和圩、良田之线截剿。

十一月十四日午后，授予各部命令如下：

命令
（十一月十一日午后一时于七里洞）

一、据探报万会桥之匪，昨（十三日）黄昏起彻夜向秀凤圩、保和圩急窜。判断我正面之匪，必系其掩护部队。

二、本师遵照军长元午电令，拟即分向保和圩、良田之线藏剿，并乘势向宜章攻击前进。

三、着第四十三旅，于明（十五）日拂晓，由上童新出发，经罗仙铺向保和圩方向追剿前进。

四、着第四十四旅，于明（十五）拂晓，协同汪旅先将万会桥之匪击破后，即沿公路向良田、宜章攻击前进。

五、第四十五旅，于明（十五）晨，协同张旅击破当面之匪后，即在万会桥附近停止待命。

六、各旅前方游击队，本晚应在原地极力活动，与匪保持接触。

七、余明日沿公路在江旅后跟进。

上七项。

A. 万会桥良田之役（十一月十五日）

一、战斗前匪我状态

匪自本月十日先后攻陷宜章、良田，一部人枪四五千进踞万会桥及其以北地区，凭踞郴宜公路两侧碉堡，对我郴州警戒，以掩护其主力西窜，连日与我张旅及汪旅李团于增湖、长冲、蛇形坪一带均有接触。十三日夜起，开始越公路西窜，其先头于十四日过保和圩西窜。十四日午后，飞钟、滩门一带续到匪众数千，一股二千余，分袭蛇形坪、蜈蚣岭北端阵地，与我张旅王团、汪旅李团激战竟夜。

二、战斗经过

十五日拂晓，我张旅令肖团从右翼迂回，协同王团出击，将匪击溃，一部向保和圩逃窜，大部向万会桥窜走。张旅督队猛进，毙匪极众。午后二时，直迫万会桥，匪不及抵抗，即向良田窜走。时我李团亦将正面之匪击破，同时追达良田附近，匪凭藉工事顽强抵抗，并以迫击炮、机枪向我猛烈射击，激战二小时，匪不支，向宜章方向溃窜，午后四时良田完全收复。我陈旅周团本日亦击溃滩门附近之匪，正向保和圩跟踪追击中。

三、战斗结果

此役共伤毙匪众数百，生俘六十余名，解送郴州县府收容，夺获马枪二十余支。我亦伤亡排长李邦定等二十余员名。夺获伤亡损耗如附表分（表略）。

四、据俘匪口供

据万余桥、良田之匪，系伪三、九军团，人枪万余，自昨日起分向保和圩、黄茅西窜，其余各军团均经樟桥市陆续向宜章窜走，另一股千余人，闻系李宗保部，窜逃五盖山等语。

第十五日晚，我张旅进占良田后，除派一部追剿外，大部在良田停止警戒，陈旅本晚到达安和圩，师部及汪旅到达良田北端之枇杷江附近。奉总司令何元亥电令、军长刘寒戌删两电令，均饬本师分向保和圩、宜章跟踪追剿。遵授予各旅以如下之命令：

命 令
（十一月十五日午后九时于枇杷江）

一、被我击溃之匪为伪三、九军团，其主力似已经保和圩西窜，一部人枪千余，经廖家湾向宜章窜走。据报良田附近尚有残余散匪。

二、师于明（十六）日，继向宜章、保和圩追剿前进。

三、着陈旅长率部于铣（十六）拂晓，继向保和圩追剿，该旅通过保和圩后，应向曾家门、黄花岭觅匪截击。

四、着张旅长于明日肃清良田附近残匪后，派兵一部进驻两路司，对平和、赤石警戒，俟汪旅通过后，在本部后尾行进。

五、着汪旅长率部于十六日拂晓，沿公路向宜章追剿前进。

六、各旅沿途务远派便探严密搜索，并将追剿情形及到达位置随时详报。

七、明（十六）日，余在汪旅后行进。

上七项，无线电传达。

B. 宜章近郊之役（十一月十六日）

一、战斗前匪我一般状态

股匪自元夜起分三路，伪中央机关率伪军团及伪中央各学校等经宜城，伪五、八军团经平和、廖家湾、黄茅，伪三、九军团经良田、万会桥、保和圩越公路西窜。其三、九两军团，昨（十五日）于万会桥、良田，经我先后痛击，大部向保和圩退窜，一部分向廖家湾、两路司窜走，与伪第五军团会合。我张旅追击队与匪激战至黄昏，入于相持状态．另据探报，宜城尚有枪匪数千，行动不明。

我张旅本晨派王团李营向两路司搜剿，主力在良田。汪旅本日拂晓通过良田向宜章追击前进。陈旅击溃滩门之匪，昨晚进达安和圩。

二、战斗经过

十六日拂晓，汪旅将廖家湾之匪击溃后，跟踪猛追，于樟桥附近遇匪数百反攻，复经李团击退，匪一部窜黄茅，大部向宜章逃窜。除韩团一部向黄茅尾追外，我主力直趋宜章追剿。午后二时，残匪仍占据城北高地碉堡工事，顽强抵抗，我李团由正面攻击，该团蒋营奋勇先登，首将学堂岭占领，同时韩团由城西高地包围，匪受我两面夹击，匪不支，纷向高明铺、石子岭方向溃窜。是日申刻完全收复宜章。

三、战斗结果

此役毙匪千余，获步枪二十余支，俘匪四十余名，交宜章县府收容，我李团伤亡士兵数名。

四、据俘匪供称

宜城之匪系伪五军团第十三师，伪师长陈伯钧左臂负伤，率匪一部向梅田窜走等语。所有战斗经过要图、夺获、伤亡、损耗表附后。（表略）

本师既克宜章后，比饬汪旅沿宜临大道向梅田跟踪追剿，陈旅由保和圩经曾家门、安源向麻田觅匪追击，并与汪旅取联络。张旅肃清宜城附近残匪后，即随师部在汪旅后跟进，并派员与坪石粤军取联络。十七日拂晓，汪旅出发后，复奉总司令何删西电令，本师归周指挥官浑元指挥。同时接粤通报，该军独立二、三两师，亦已由坪石向临武前进。本师为免与粤军混杂，并候周指挥官指示追击路线计，乃令各旅暂在现地停止候令。

本日午后奉到周指挥官铣戌电令如下：

一、本纵队向嘉禾前进，贵师篠日着在保和圩附近集结，十三师巧日由郴出发，在贵师后续进，贵师归万副指挥耀煌指挥等因。

是日，陈旅在曾家门、汪旅在梅田、师部及张旅在宜城停止，补给后即遵令向嘉禾方向转进。十八日全部到沙田坪、麻田之线，陈旅本日于黄花岭附近遇枪匪数百，经先头周团击溃，跟追至安源附近，截获步枪二十六支，俘匪二百余。战后询据俘匪称：该匪系五军团，派在后面掩护落伍病兵等语。十九日由沙田坪出发，沿途搜剿残匪，到达桃林铺、茅栗圩之线，复奉总座铣亥电如下：

一、匪先头已窜抵牛头粪、两路口、清和圩、华塘铺之线，主力在宜章、赤石司中间地区，似仍企图继续西窜。

二、本追剿军为协同粤、桂友军确取联络，使尔后会战容易歼灭该匪起见，决逐次截剿，不失时机随时予以打击，特酌规定部署如下：1. 着李军长云杰仍遵前令，率二十三军配置于蓝山、嘉禾、桂阳之线，截击西窜之匪，并指挥王东原师，在郴州以南及蓝、嘉、桂地区协同追剿。2. 着周指挥官浑元克日率部经桂阳向道县前进，限皓日到达，截击由嘉禾以南地区西窜之匪。3. 着李军长韫珩率部克日进驻郴、桂之线，确实与李军长云杰所部联络，相机进剿，堵匪回窜。4. 薛总指挥所部与陶、陈、章各师及李觉所部，均仍遵元亥电令办理等因。

同时询据土民称：股匪万余，于前日由长塘市经茅栗圩、华塘向嘉禾急窜，另一股数千，同日经河田、土地圩向临武窜去。本师为遵上令意旨，一面向李军长请示尔后行进方向，一面决心继续向嘉禾觅匪追剿。二十日晚到达上才胡家（虾塘圩附近）宿营。二十一日越过嘉禾，全部集结于井塘桥、石马之线，当奉李军长命令，饬本师向永乐圩、落山庙相机截剿等因。二十二日正午，遇神下李家得二十三师李旅长面告：落山庙仅有小部散匪，大部正向下灌窜走。除饬张旅派兵一团绕经祠堂圩向落山庙搜剿外，余即经神下向下灌截击，当晚到达神下，并授予各部命令如下：

命 令
（十一月二十二日午后二时于神下）

一、股匪三、四千，昨经神下向下灌西窜，另一股本日在落山庙、楠木圩一带与我二十三师接触中。

二、师明（二十三）日经冬村、胡家继向下灌侦匪截剿。

三、着第四十四旅为前卫，于明（二十三）晨六时十分，由现地出发，经花凉亭、冬村、胡家向下灌搜剿前进。

四、师部工兵营、第四十三旅、第四五旅（同行军序列）于明（二十三）晨七时起按序出发，准前卫行进路行进。

五、大行李在全师后尾跟进。

六、余在工兵营先头行进。

上六项笔记传达。

C.下灌之役（十一月廿三日）

一、战斗前匪我一般形势

股匪通过桂阳、临武大道以西后，伪三、九军团经嘉禾东北宁远以南地区，向道州西窜，本日似在天堂圩附近。伪一军团窜临武、蓝山后，受粤军压迫，大部向江华、一部向宁道北窜。伪五、八军团于嘉禾以南地区渡河西窜，其后卫连日在土桥圩、洪观圩与我二十三师接触，该匪主力昨晚似在落山庙、下灌之线宿营。

昨晚我周纵队到达宁远附近，第二十三师在永乐圩、落山庙之线，本师二十二日晚在神下附近宿营。今日拂晓由神下按四十四旅、师直属部队、四十三旅、四十五旅顺序向下灌西进。

二、战斗经过

二十三日午前九时，我前卫张旅先头行抵冬村、胡家西南端（下灌东北十余里），遇枪匪千余，正由大道左侧密林中向我前进，我王团侦悉，即先匪展开，占领树林北端黄土山，待匪逼近；骤以猛力火力迎头痛击，匪即以一部依林缘抵抗，大部退据下灌东北端高地，与我王团抗战。午前十时，接张旅长报告：下灌以南田地山谷匪队层层密密，约近万余，正向下灌运动，山口方向继续西进之匪尚络绎不绝，我左翼石山亦有小部枪匪向我射击，正饬肖团派队驱逐等语。

判断股匪经此西窜，以大界、洪洞一带隘路关系，拥塞不通，其主力现均在下灌附近。为达成截剿任务计，决心令张旅暂在原阵地抑留该匪，师主力即转移下灌河西岸，期在大界隘路口堵匪窜路，聚而歼之。因令陈旅迅派一部占领河西岸高地，掩护师主力之转移。

午前十一时，我陈旅先头徐团达到西岸球头岭高地，即遇匪千余来攻，匪利用树林荫蔽，节节跃进，势极凶猛，幸我阵地较匪方略高，得以充分发扬火力，毙匪极多，匪焰稍挫。午后一时许，匪之主力悉趋我右翼，与我陈旅鏖战于球头岭亘大岭山一带高地，匪企图夺占陈旅阵地，迭次施行短促突击，反复冲锋，几经肉搏，我陈旅官兵沉勇奋战，匪卒不逞。三时许，匪复以机枪迫炮掩护，集合悍匪二三千人，向我陈旅左翼徐团正面连贯突击，徐团即以机枪手榴弹炽盛火力压制，并举预备队反冲，一时呐喊声与枪炮声有如怒涛汹涌，耳目为昏，战斗惨烈如斯为最。至午后五时三十分，匪以死伤枕藉，始向南方狮子山撤退。同时我张旅亦已由左翼出击，除下灌街市北端之宝塔山尚有数百残匪死守掩护外，余均向下灌以西山地窜走。时近黄昏，匪凭藉高山节节抵抗。我陈、张两旅即在原地彻夜，当晚令汪旅派遣小部队多路分向狮子山之匪夜袭，匪众拥挤，互相践踏，乘夜狼狈向水打铺、四眼桥溃窜。

二十四日拂晓，我汪旅将当面之匪击破，即向大界跟踪追击前进，除陈、张两旅肃清下灌附近残匪后，在下灌停止整理。

三、战斗结果

此役毙匪千余，俘匪四百余名，夺获步马枪三百余支，轻机枪一挺，通讯枪一支。我伤亡连长罗简以次官兵百余名，俘匪分送道州、宁远县府收容。

四、俘匪供称

与我对战之匪，确系伪五、八军团全部及第一军团之一部，一军团系马日由蓝山经竹管寺、落山庙于昨日经下灌西窜，三、九军团经宁远西窜等语。

五、战斗经过要图以及伤亡、消耗、夺获表附后（表略）

二十四日，汪旅追过大界要隘，匪掩护部队沿途节节抵抗。二十五日以后，陆续在水打铺、早禾洞、四眼桥等处截获残匪颇多。二十六日，本师全部到达九井渡、薛家厂之线时，匪先头已窜抵广西文市附近，其大部正由永安关、清水关向西急窜。本师渡过沱江后，经新车渡、寿佛圩出雷石关进出广西灌阳属之水车、大塘圩一带，十二月四日到达全州，奉令向西转进。五日由全州出发，历经新宁、武冈、绥宁、靖州，于十二月十八日先后到广平、会同之线，匪已全部窜入黔境。本师奉令除以一部进达黔东远口外，主力担任构筑靖会桥封锁线碉堡之责。

丁、结论

一、赣匪尔后行动之推测

1. 入黔以后，嗾使贺、肖两匪极力扰犯湘西，牵制我军西向，并乘我军跟追不及，窜踞黔西，从容整理休养。

2. 继续窜踞四川西南地区，经营新巢穴，以与贺、肖、徐匪形成犄角，为赤化全川之初步。

二、追剿经过中感想

1. 匪方组织严密，对情况封锁极严，使我方不易侦察其确实行动，一般对匪估量太大。

2. 我方战略上常处于被动，不能先匪集中优势兵力，迎头堵剿，致大部兵力均入于尾追状态，不能予匪以重大打击。

3. 追剿开始时，本师隶属系统再三更易，致行动上感觉（十二月十七日，已追抵梅田、宜章之线，忽奉令折回保和圩集中）迟滞。

4. 长期追剿，师以人力财力关系，常感运输补给之困难，每因粮弹不济，影响于军事进展。

5. 匪所经过地方，除湘省道县之蒋家岭附近、桂省之灌阳以外，一般清野实施未能彻底，坚壁更无论矣。故匪沿途宿营给养毫无困难，得以从容西窜。

6. 我军一切成分均较匪方为优，惟忍劳耐苦精神，尚不如匪。

（此件引自中国第二历史档案馆编《中华民国史档案资料汇编》，第五辑，第一编，军事四）

陆军第六十二师二十三年十二月份
剿匪军事工作报告书

（一九三四年十二月）

作战命令

命　令

（十二月一日午前五时于全州之全家村六二师师部）

一、顷奉兼司令刘卅戌参机代电开命令：（一）匪主力已过界首，向西延急窜中。伪三军团之一部，枪约五六千，在界首、石塘圩之间。其在觉山经我击溃之伪第一军团一部，已退踞朱兰铺、五里排附近，仍在顽抗中。又窜扰全城南端大肚岭、白沙之匪，已经陶师钟旅击溃，向界首窜走。我桂军主力已由新圩、古岭头，一部由光华铺，分向界首追剿中。我周纵队先头已达文市附近黄沙河、沙子街、大平铺之线。江防已请薛纵队梁师接替。（二）着李代司令觉，率章亮基师，补充四团，陈子贤旅，仍遵前令续向咸水攻击前进。惟驻寨圩之戴鼎甲团，应由该司令迅饬经雪滩、大帽岭向西延截剿。（三）着陶广师（缺李旅），即由现地出发，随李司令后跟进。（四）着陈光中师（缺陈旅），即由现地出发，经四板桥限江日到达城步，迅速构筑城步、梅口、绥宁之线碉堡，堵匪西北窜。上四项。等因。

二、本师（缺钟团）为遵奉上令，即由现驻地经飞鸾桥、花红铺、路板铺，随李司令后跟进。

三、着第一八六旅王育瑛部，由现驻地经路板铺，随李司令后跟进。

四、师部及直属营连，按特务连、师部、工兵营（缺第一四两连），无线电第十九、二十五两分队，师行李、卫生队、骑兵连之次序，于本（一）日午前八时，由现地出发，经飞鸾桥、花红铺、路板铺，在王旅后跟进。

五、着第一八四旅钟光仁部，即由现地出发，经师部进路到达飞鸾桥后，随师部后跟进。但张空逸团应于本（一）日午前七时三十分，由现地出发，以两营在师部先头行进，另一营随师部后跟进，至路板铺后，即归还建制。

六、着钟涤松团仍归兼司令刘直接指挥。

七、行进时余在师部先头。

注意：

1.师部行李及无线电第十九、二十五两分队，由工［兵］营酌派枪兵护送。

2.各部应携带给养。

上命令七项，注意二项。

十二月一日午后时，师长于路板铺南端里许，奉兼司令刘电令：饬即开赴寨圩待命。等因。当率所部向寨圩前进。于同日午后七时，到达该地，停止待命。

命 令
（十二月一日午后十一时于寨圩六二师师部）

一、顷奉兼司令刘东电令开：东申电悉，请令戴团星夜向土地坳截剿，贵师速跟进。绪率钟团明开武冈，章师由咸水向西延追剿，薛开新宁、城步，抱俊①两兄开武冈、黔阳、云波就地围剿残匪。等因。

二、本师为遵奉上令意旨，拟于明（二）日，由现地出发（在戴团后），经雪塘、底岭、大帽岭、桐禾田，开赴土地坳截剿窜匪。

三、着一八六旅王育瑛所部，于明（二）日午前七时三十分，由现地出发，在戴团后跟进。

四、师部暨特务连，无线电十九、二十五两分队、师行李、骑兵连、工兵营、卫生队（行军序列同），于明（二）日午前八时，由现地出发，在一八六旅后尾跟进。

五、着一八四旅钟光仁所部，于明（二）日午前八时三十分，由现地出发，在师部后尾跟进。

六、各部须自行携带三日给养。

七、行进时予在师部先头。

---

① 指李韫珩、李云杰。

注意：

1. 宿营地由先头部队斟酌当地房屋，在午后五时以前，即行宿营。

2. 无线电暨大行李，由工兵营派兵押运，副官处派官长一员指挥之。

右命令七项。注意二条。仰即遵照。此令。

十二月三日晨于寨圩，奉兼司令刘东西参电开：据报，匪一部出西延，一部出龙胜，向西北窜。仍有一部在咸水、界首、鲁塘地区。我章师及桂军正围歼中。请思①兄即率所部（缺李旅及钟团），并指挥十六师戴鼎甲团，由寨圩经大帽岭，自土地坳截击，并于西延、车田、梅溪口地区堵匪北窜。后应迅速转移于绥宁、靖县地区协剿。等因。师长除以冬巳参机代电，转饬戴团归本师王旅长育瑛指挥外，尔后行动即准此电所示。

十二月七日于梅口奉总司令何东申衡参机电节开：兹为便利指挥起见，特定军队区分如次：剿匪军追剿总司令，直辖追剿军第一、第二兵团，预备兵团，及湖南保安部所属团队。追剿军第一兵团，总指挥刘建绪，辖第一、第四、第五各路并直辖李觉师（缺邓、陶旅），并补充各团。第一路司令陶广，辖十六、六二（缺李旅）、六三各师。等因。师长遵即兼任第一路司令。以后本师作战行动，准第一路司令命令行之。不另叙述。

命 令

（十二月七日午后八时于梅口第一路司令部）

一、顷奉总指挥刘微申参机电令：节开：匪一部由车田向绥宁、通道北窜，其主力或由龙胜北窜，或入黔省，企图不明。又奉鱼西参电令：节开：匪千余，微辰由车田经下沐水到天堂，距沙田铺约二十里，似系匪右侧卫。等因。

二、本路军以堵匪北窜、西窜之目的，于城步、梅口，绥宁之线，衔接布防，相机堵剿。一俟车田匪情明了后，再向靖县、通道推进。

三、着第六十三师（缺陈旅），位置于绥宁，即以岩脚田（不含）、小木坳、枫香、寨坡、十里铺、绥宁城、刘家坳、大石（在天塘界南）、新塘湾之大道，为主要堵剿线。以寨岩（不含）、木路口、临口、菁芜洲，为前进堵剿线。以主力位置于绥宁城附近，以部分向木路口、临口及菁芜洲（在寨头铺之南五六里处），向南觅匪，节节截剿。

---

① 思，思安，即陶广。

四、着第六十二师位置于梅口，即以沙洲铺（含）、梅口、岩脚田（含）之大道，为主要堵剿线。以微州（不含）、大圳岩、寨岩（含），为前进堵剿线。其机动部队，控置于梅口附近，以一部分向大圳岩、寨岩，向南觅匪截剿。

五、着第十六师位置于城步，即以大平岩、五里湾、城步城、城江渡、沙洲铺（不含）之大道，为主要堵剿线。以牧牛坪、城江渡、丹口、微州、大圳岩（不含），为前进堵剿线。以主力位置于城步附近，以一部分向贺家寨、冒水井、城江渡、丹口，向南觅匪节节截剿。

六、各部队于主要堵剿线上，均须迅速构筑据点，加强工事，集结兵力，严密堵剿。并须于前进堵剿线之前方，远派便探侦察匪情，随时具报。

七、各师驻在地附近团队，由各该地驻军长官就地指挥之。

八、予在梅口司令部。

右八项，仰即遵照。详细部署，随时报部备查。此令。

十二月十日郴界陈章陶各师在绥靖地区堵剿电令要旨：

（衔略）密。

顷准彭参谋长转奉总指挥刘谕如下：

一、陈师长所部应固守靖县，左至城墙界（含）为主要堵剿线，以一部分守岩门铺至大笋坪（含），为前进堵剿线。二、陶师长所部，应固守城墙界（不含），左至寨牙、乐安铺、绥宁（不含），为主要堵剿线。以一部分守大笋坪（不含）、地宅、杉木桥，小水（含），为前进堵剿线。三、章师长所部，以主力固守绥宁城。一部分守小水（不含）、黄桑坪至矮木脚（含），为前进堵剿线。四、各部队务于明真日拂晓，开始动作，迅速到达指定地点。布防完毕，具报。等因。特达。希即查照，迅速布防完毕，电告。俾使转报。

弟陶广。灰戌

十一日令陈师固守绥、靖封锁线，及陶、章两师分由临口、菁芜洲，觅匪截剿电要旨：

（衔略）密。

命令：

一、顷奉总指挥刘真戌电：节开：匪伪一军团之一部，已由长安营、岩寨、木路口西窜。其先头灰抵临口、下乡、菁芜洲之线。匪主力似在龙胜、通道边境。等因。又据报：该匪先头已于昨午后八时，窜陷通道县城，即搜集木料，有预备架设浮桥渡河模样。我陈师李团，已抵红岩寨堵剿。二、本路军拟以一部固守靖、绥封锁干线，堵匪北窜。以主力分向临口、菁芜洲觅匪截剿。三、着陈师长所部固守靖县至寨牙之线，以一部进扼岩门铺、倒水界堵匪北窜。四、着陶师长所部于明（十二）日，绥安铺经溪口、大平头、牯牛口、寨头铺，向菁芜洲之窜匪截剿前进。五、着章师长所部于明（十二）日，由绥宁城经黄土桥、小水，向临口之匪截剿前进。六、予随六十二师行进。上六项。

兼司令陶广。真亥参

十四日部署陈、章、陶各师，以一部防守靖、通，大部向新厂、藕团方面，觅匪攻剿电令要旨：

（衔略）密。

一、奉总指挥刘元戌参电节开：

（一）据探报匪部约万余，窜集藕团、四乡所、新厂一带，有窜黔模样。（二）陶、章两师即经通道，陈师即由靖、通间，分向新厂方面觅匪攻剿。等因。又元晚被陶师袁团在瓜坪、多星口附近击溃之匪，已星夜由通道城渡河，向四乡所方面逃窜。二、本路军有攻剿该匪之任务，以一部防守靖、通，大部向新厂、藕团方面，觅匪攻剿。三、陶师长所部，应于明删日，由通道城经徐村、横坡、杆子溪、黄仓、杨家村（图名杨家冲）、银岩、花桥、谢家铺、四乡所，向藕团觅匪攻剿。四、章师长所部于明删日，由通道城经教场头、晒口、深渡、溶洞，向新厂觅匪攻剿。五、陈师长派兵一部，于明删日由靖县，经铺口、三岩桥，向藕团方面觅匪攻剿。该师李伯蛟团，暂在通道肃清通道南境散匪后，候令归还建制。余仍在原防堵匪内窜。六、各部队到达藕团、新厂之线后，应依情况进展，候命进剿。七、余随陶师行进。上七项。

兼司令陶广。寒戌参

十六日部署陈、章、陶各师，以主力肃清靖、通、绥地区散匪。一部对黔边警戒电令要旨：

（衔略）密。

本路军遵奉总指挥刘删戌参电令：

以主力肃清散匪一部，对黔边警戒，堵匪回窜。其部署如下：一、自通道城（属陶师）、落沙口，至黔边沿河以北靖通地区（线上属之），请陈师长所部担任。即以主力位置四乡所、马路口、平查所之线，向黔警戒，并肃清辖区散匪。二、自通道城、落河口河流以南地阳坪、牙屯堡之线（线上属之）以东通绥地区，归陶师长所部担任。即以两团以上兵力，位置于地阳坪、七字坡、牙屯堡之线，肃清牙屯堡、长安堡、双江口一带散匪。三、自通道城、落河口河流以南地阳坪、牙屯堡以西通靖地区，请章师长所部担任。即以两团以上兵力位置于晒口、黄土团、播阳所之线，肃清黄柏、播阳所、黄门口、上乡、破乡、黄垢、流团一带散匪。四、余于篠日移驻通道城，上四项。希即于篠日开始动作，于最短期内将境内散匪彻底肃清。并将部署情形具报、备转。

陶广。铣申

二十日饬章陶两师开赴沅陵，协剿肖贺股匪电令要旨：

（衔略）命令：

一、奉总指挥刘号辰参机电开：

本兵团奉令派陶司令广，指挥章、陶师，开赴沅陵，协剿肖贺股匪。该司令所属第六十三师陈师长所部，着暂归本部直接指挥。等因。二、本路军第十六、六十三两师，决于马养两日由靖县开拔，经洪江、安江、铜湾市、黄溪口、大江口、辰溪、筲箕湾，开赴沅陵。限九天内到达。三、第十六师章师长所部，应于明（马）晨由靖县，经附图指定路线，开赴沅陵待命进剿。四、第六十二师钟旅长所部，并指挥钟涤松团，应于明（马）午由靖依指定路线，开赴沅陵。五、现驻靖县之六十三师陈师长所部，即归总指挥刘直接指挥。六、余率其余部队，于养辰由靖县经规定路线，开赴沅陵。注意：一、各部队须将逐日到达地点，分报本部备查。二、先头部队应于贯堡渡、沙湾、大江口等处架设浮桥。三、逐日行军宿营及中餐地点，参照附图所定。但钟旅及补充第五团宿营地，酌量自定。四、除重病官兵准雇船运外，其余人马、行李、械弹等，一律不准雇用船只。上命令六项。注意四项。附发靖县至沅陵行军路线图一纸（略）。

兼司令陶广。号戌参

军队调遣

一、本月上中两旬，本师（缺第一八五旅）由全县金家村、五里牌、大平铺之线尾匪追剿。经寨圩、大帽岭抵大埠头，击溃伪一军团后，即取道上窑、新宁、武冈、城步、开赴绥宁、通、靖县一带截剿。十六师由咸水向西延追剿告一段落后，即取捷径抵新宁，经武冈、城步、随本师行动。六十三师（缺第一八八旅），由全县到达城步后，即在城步、梅口、绥宁、靖通之线，构筑封锁线，堵匪西北窜。

二、十六师九十四团戴鼎甲部，三日在寨圩奉令归本师指挥。五日随师抵上窑后，即饬开赴新宁，归还建制。补充第五团钟涤松部，原奉令归总指挥刘指挥，十日在绥宁归还建制。

三、下旬内除六十三师归总指挥刘直接指挥，推进黔境追剿外，十六师及本师于二十一、二十二两日，先后由靖县经洪江、安江、铜湾市、黄溪口、大江口、辰溪、筲箕湾，开赴沅陵。十六师及六二师钟旅钟团，于二十九、三十等日，先后达到沅陵。本部及六二师之王旅，于三十日到筲箕湾。

四、本师第一八五旅李国钧部，归总司令指挥。六十三师第一八八旅陈子贤部，归李代保安司令觉指挥行动。此不赘述。

战斗经过

十二月二、三日，本师在全县大帽岭、大埠头一带击匪经过

十二月二日，本师奉令指挥章师之戴团，占领大帽岭、大埠头，迎击主匪西窜。是晨，由寨圩向大帽岭前进。午后二时，我先头王旅及戴团行抵大帽岭界上，即与伪第一军团之警卫营枪四百余之匪接触。匪不支，节节退窜上梁。时已昏暮，匪复沿桐禾田山脉凭险抵抗。午夜，遥见匪方灯光，陆续由大埠头向桐禾田前进。判断似有匪到达模样。三日拂晓，师长以王旅附戴团，向桐禾田之匪攻击前进，自率钟旅跟进。七时，我先头王旅，即与该伪一军团人枪六千之匪接触。经我王旅及戴团攀登悬崖，左右迂回攻击，激战三小时，匪不支，节节向大埠头退窜。我军更番前进，钟旅向两翼抄击，飞机猛烈轰炸，匪受巨创，即分数路向五排方向逃窜。我军遂于午后一时占领大埠头。是役伤毙匪二百余，俘匪六名。我军伤亡七名。并于占领大埠头后，我军上大埠头东南附近高地警戒，被飞机误投炸弹三枚，炸死警戒兵二，伤四。

十二月九日，本师钟旅钟连狙击绥南股匪经过

据钟连长品人报称：职奉令率部于九日由黄桑坪出发，向老龙、木路口一带狙击股匪。等因。遵于是日午后一时到达老龙、潭山，据土民报称：匪之先头部已通过木脚，大部正在经过中。职即将全连区分两部，以聂易两排长率兵四班狙击老龙一带股匪，职自率其余狙击凉伞坡一带，迟滞匪部前进。匪似知我企图，有向我包围模样。职乃将兵力集中，向蒿子坳方向行进。行抵润溪界与匪之搜索队遭遇。激战约三十分，职恐为匪所乘，即向小水猛冲，沿途遇匪之便衣队数起，当将击溃。职以任务完成，即于本日午后五时归还建制。是役夺获步枪一杆。等语。

十二月十四日，**本师克复通道县城经过**

朱毛主匪，已由广西兴安逾长安营，向通道城急窜。本师奉令有截击该匪西窜，进占通道城之任务。十三日晨，师长令王旅由绥宁、乐安铺，经菁芜洲向通道城方向觅匪截击，自率钟旅及直属部队居后策应。迨午后五时许，我先头王旅进至瓜坪北端，即与伪一军团之后尾接触，激战两小时，将匪之瓜坪北五里高山第一线阵地占领。匪遂退踞多里口（在通道南六七里）第二线阵地扼守。我王旅袁团全部跟追至该地，时已入夜，未便进攻，乃在该地彻夜。翌晨拂晓，仍以王旅之袁团，向匪阵地攻击，以马团迂回匪之右侧，钟旅在后策应。激战三小时，我军迂回奏功。匪阵地顿形动摇。我军趁机猛扑，匪不支，狼狈窜由高义渡向四乡所方向遁去，遂于午前八时，占领通道城。是役伤毙匪近四百，俘匪三十九名。我军伤亡官兵达三十余名。夺获步枪三十支。

十二月十四日，**陈师击溃上水湾股匪经过**

据陈师长光中寒申参电称：据李团长伯蛟报告：上水湾昨夜与我对峙之匪，经职团于今晨拂晓猛烈攻击，将其击溃，匪向新厂方向纷纷逃窜。除派一部跟踪追剿外，职督率两营于本日午前八时许，到达通道县城。掳获匪兵十余名，夺获步枪二十余支，毙匪无数。等语。

十二月十四日，**陈师击溃新厂股匪经过**

据陈师长光中寒戌删卯电节称：据王旅长德彰本（十四）日午后五时，由黄甫团报告：职于本日午前五时，由谢家铺督队向新厂压迫，进抵新厂附近，适匪军大部经过该地向马路口、藕团方向急窜。职比率队占领阵地，向该匪猛烈射击。匪即停止行进，亦占领高地，向我抵抗。匪来愈众，战斗愈烈，而已经过去之匪，亦已折转向我两翼包围。职即移至黄甫团附近，凭险堵剿，现正激战中。又据同日午后九时报告，与我激战之匪，系伪一军团第二师全部。经职猛力数次冲击，匪势不支，纷经板团、歌村，向马路口方向逃窜。职比即占领新厂。等语。

十二月十五日，**陈师在歌村、平查等处击溃股匪经过**

据陈师长光中删申电节称：据王旅长德彰本日午前十时报称：职率队于午前九时，尾追至歌村附近，与匪后卫接触。匪军约四百余人，向我反攻。经职督队冲锋前进，匪即纷纷向马路口方向溃窜。当夺获步枪三支，掳俘匪兵三名，伤毙匪兵数十名。刻正追击中。又据删亥电称：据王旅长德彰本日午前二时报告：职本午前九时，在歌村击溃之匪，跟踪尾追，经马路口至黔属之平查所，该匪窜走不及，复又抵抗。职督队猛烈冲击，匪军混乱，狼狈不堪，争前恐后，分为两路，一向王寨，一大部向黎平大道窜走。是役俘匪官二名，匪兵十余名。各等语。

十二月十二日，章师由绥宁出发至十六日止追剿经过

据章师亮基篠酉代电节称：谨将本师文日由绥宁出发追剿经过电呈如下：（一）元未徐旅抵临口，据报匪千余，正由下乡向地连方向西窜。当令欧团驰剿。该旅长自率胡团大部策应。申刻欧团到下乡附近向匪截击，随将其击溃，分途向黄柏塘冲跟追。共毙匪二百余，俘匪五十七名，夺获步枪十五支。胡团先头获步枪四支。（二）删辰戴旅由菁芜洲向通道前进。沿途派队搜剿，毙匪百余，俘匪二十二名。获步枪四支。申刻该旅唐团抵通道。据报通南黎家坪附近，有匪潜伏。当派陈营驰往围剿。战约一小时，毙匪百余，俘匪七十三名，获步枪三十支。同日，徐旅由通道向新厂攻剿，抵溶洞附近时，前卫胡团与枪约二百之匪遭遇，比将击溃。毙匪数十，获步枪五支。（三）铣日，唐团向地阳坪、茶溪、青山脚一带搜剿。匪约二千，据险抵抗。激战三小时，匪伤亡四百余，俘匪四百一十六名，夺获步枪一百四十三支，匪残部向播阳所方向溃窜。同日，戴团李营由通道搜剿平湖、塘冲一带，俘匪七十二名，获步枪三十三支，重机枪一挺。铣申，何旅魏团搜剿播阳所方面，毙匪百余，获步枪七支。（四）以上综计毙匪约千，俘匪六百三十九名，夺获步枪二百四十一支，重机枪一挺。等语。

十二月十七日，章师搜剿通道县之破乡、流团坳等处经过

据章师长亮基巧巳电节称：据何旅长友松涤亥电称：据钟团长报告：职率丁陈两营，申抵上乡。即分派各连赴破乡、小独坡、牌楼等处搜剿。该地区残匪约三百，被我击溃，夺获步马枪一百二十四支，毙匪百余，残匪向西南窜走，各部仍追剿中。又据魏团长报称：职率李陈两营，申抵流团坳，即派李营赴阳操，陈营一部赴转水、黄土坳搜剿，该处散匪百余，见我军到，向深山逃窜。当被缴获步枪五十六支。俘匪二十八名。各等语。

本月匪情

一、朱毛股匪西窜情形

奉兼司令刘卅戌参机代电节开：匪主力已过界首向西延急窜中。又奉东西参电节开：匪一部出西延，一部出龙胜，向西北窜。奉总指挥刘微中参机电节开：匪一部由车田向绥宁、通道北窜，其主力或由龙胜北窜，或入黔省，企图不明。又奉鱼西参电节开：匪千余微辰由车田经下沭水到天堑，距沙田铺约二十里，

似系匪右侧卫。据城步方面鱼日探报：伪一军团残部，经车田窜蓬洞。其先头匪约二千人，于鱼午窜抵蓬洞以南之红沙洲，有向丹口西逃之样。又据城步电话：窜红沙州之匪约二三千，阳午西窜江头司。又据侦探庚已：六甲、六马、石岩、良江、跟头等处，窜到匪二三千，其后似有后续大部。奉总指挥刘佳酉参电节开：匪大部庚日到达长安营。据章师长亮基蒸戌参电节称：有兵力未详之匪一股，由南山分三路（经南头、经长安营直达岩寨，均由山岭小道），于八日申刻窜抵岩寨。又据蒸电报称：昨窜六甲、六马之匪，已向临口前进。奉总指挥刘真戌电节开：匪伪一军团之一部，已由长安营、岩寨、木路口西窜。其先头灰抵临口、下乡、菁芜洲之线，匪主力似在龙胜、通道边境。又据探报：该匪先头已于十日午后八时，窜陷通道县城，即搜集木料，有预备架设浮桥渡河模样。奉总指挥刘元戌参电节开：据探报，匪部约万余，窜集藕团、四乡所、新厂一带，有窜黔之样。据陈师长文未电转，据由永从来靖商民报称：匪军大部，由龙胜出古宜，经富禄向黔属之大年河西北方向逃窜。又据删亥电节称：窜藕团、新厂之匪，删日经马路口抵平查所后，分两路：一向王寨，一大部向黎平窜走。据锦屏黔军王参谋长寒戌电称：赣匪已由通道分三路向敝省属之黎平逃窜。本日午后到达黎平近郊，与我周旅毕团激战。因寡众悬殊，黎平于申刻陷落。匪大部约在黎平附近。等语。

二、匪军实力

1. 据陈师长光中元戌电节称：据俘匪刘××供称：匪军每军团三师，每师三团，每团三营，每营三连，每连步二排，机一排，每连约枪七十支。前次全州之役，打散一师，现一军团只有两师。等语。

2. 据陈师长光中删戌电称，据各俘匪供称：此次由瑞金窜来的匪，是伪一、三、五、七、九五个军团，与伪中央政府。朱毛在伪中央［政］府，伪一军团长是林彪，三军团长是彭德怀，伪九军团长是罗炳辉。惟五、七两军团长是谁，不明。每个军团辖三师，每师三团，每团三营，每营三连，一重机关枪排（机枪两挺，出发时随营部走），每连附轻机关枪一班（轻机关枪一挺），每连步枪六七十支不等。每团附重机关枪四挺，每师部轻机关枪各数挺不等，迫击炮两门，无线电一架，军团司令部有特务员便衣队，人数多少不一（均背驳壳枪）。每步枪子弹多者十余排，每人炸弹两颗，还挑起有很多的炸弹，不过均系土造。伪三军团并有山炮两门，子弹数十颗。初出发时，每连有八九十人或百余人。瑞金的百姓，自十五岁以上五十岁以下的，均集中起来了。或编在连上，或编为担架兵。因为两月以来，总是昼夜赶路、且沿途的百姓都走了，买不到粮食，全靠打土豪米吃。有时一天一餐，都不得饱，饿死的、拖死的、跌死的很多。又被飞机炸死的，与逃走的亦不少。所以现在每连只有六七十人了。沿途在道州、全州与昨今两日在通道，和国军打的，均是伪一军团。故一军团的人，现在特别少，枪械的损失也特别多。一军团的老兵多半打死了，所剩无多。所以现在的战斗力，比不到以前。朱毛闻是跟伪中央走，但行踪很秘密。匪官对我们说是带我们赤化湖南。我们因为总是爬山，不知道走到何处。各等语。

（此件引自中国第二历史档案馆编《国民党军追堵红军长征档案史料选编》）

陆军第九十师二十三年十二月份
剿匪工作军事报告书

（一九三四年十二月）

一、匪情

朱毛股匪自赣南突围后，经我各友军分途截击，本路军衔尾穷追，即沿赣、粤、湘、桂边境，争命逃窜到桂后，复因桂军之进逼，遂向黔边之黎平、剑河、三穗一带地区窜扰。本月二十五日，伪一军团进陷镇远城。二十七、二十八两日，伪三、五、八、九军团进陷施秉城、黄平城。继复向余庆、瓮安北窜。

二、追剿经过

本师以追剿残匪之目的，于十二月二日由湖南东安城出发，兼程西进，经新宁、武冈、黔阳、芷江、晃县及贵州之玉屏等县，二十五日到达清溪县。查知镇远电报线已破坏，不能通讯。知匪已到镇远附近。即以五九、九十两师侦探连队，组织追剿队，由清溪星夜兼程向镇远搜索前进，并与匪保持接触。二十六日得追剿队报告，两路口两侧高山，均被匪占据，阻我前进。现正搜索前进中。二十七日上午八时，本师到达两路口。其两路口西北及湘子岩一带高山，均被匪占据。匪并利用优势地形，构筑工事，抗拒不退。即命五四〇团向两路口西北高地之匪攻击前进。我军以追击数月，未与匪遇，将士愤激异常，无不争先恐后，奋勇杀贼。激战至午后二时，匪渐不支。复命五三五团向占据湘子岩之匪，攻击前进。战不逾时，匪即向后退窜。但因沿途地势险峻，匪复占领阵地，节节抵抗，交互掩护退却。五四〇团沿两路口西北高低，逐步攻夺敌阵。我五三五团，沿湘子岩通镇远大道尾匪向镇远城追击前进。午后六时，追至镇远城南岸。匪犹占领府后山及桥北，用机枪扫射，阻我渡河。我五三五团即派一部，利用掩护，绕道至上游渡河，抄袭镇远之后。府后山之匪，见我渡河部队断其退路，八时，匪即向镇雄关溃窜。九时，我五三五团即全部渡河，进占镇远城，并派一部追至镇雄关。查与我作战之匪，系伪一军团一二两师。斩获颇多。二十八日，复派追剿队追击前进。三十日，奉命继续追击西进。是晚，追抵施秉县属之乾溪。三十一日到施秉城，尚有匪之掩护部队约千人，阻我前进，即派五三七团驱逐。以我精锐之师，击彼饥疲之匪，如摧枯拉朽，无不披靡。

三、碉堡建制（无）

四、剿匪宣传（略）

（此件引自中国第二历史档案馆编《国民党军追堵红军长征档案史料选编》）

陆军第九十九师二十三年十二月份
剿匪工作报告书

（一九三四年十二月）

一、作战命令

本师（归第八纵队序列）自二十三年在江西剿匪，于十月十四日占领兴国后，同时我第六路军已先数日占领古龙岗一带，我第三路军占领石城。匪势穷蹙，遂倾巢西窜，扬言到四川去。本师奉命于十月二十七日，由兴国经泰和——遂川——湘属桂东——资兴——宁远——道县跟踪追剿。至十一月三十日，进至蒋家岭一带。匪大部已渡过湘漓水，向西延窜去。本师奉纵队指挥官周十月三十日午后十时四十分参战字第九三号命令：纵队为追剿之目的，拟明（一）日继续西进之要旨，下如下之命令：

命 令

（十一月一日午前一时三十分于蒋家岭师部）

（一）综合匪情，匪之大部已渡过湘漓水，向西延窜去。

我一路军由全州南下，其先头昨（三十）日已到咸水圩附近。

我桂军第十五军一部，昨（三十）日向石塘圩追击前进中。

我第五师、第十三师，着统归万副指挥官指挥。于本（一）日午前六时，以其先头由文村出发，经生木岽——冈上——石塘圩，向麻子渡附近搜索前进。

我第九六师，本（一）日午前九时三十分，以其先头由正伯出发，经巨岩——文村依十三师行进路，向石桥头、冈上前进。

（二）本师拟于今（一）日，向罗板桥——生木岽附近前进。

（三）二九五旅于今（一）日上午十时三十分，由现驻地出发，经正伯——巨岩——路田——古岭头，向罗板田前进。

（四）师部及直属部队，于今（一）日上午十一时三十分，在蒋家岭西端空地集合出发。按师部各处——党部——特务营——通信连——无线电队——卫生队之顺序，在二九五旅后跟进。

（五）二九七旅于今（一）日上午十二时，由现驻地出发，在师部后跟进。

（六）大行李（同行军序列）归输送营洪营长指挥，在二九七旅五九四团后跟进。五九三团在大行李后行进，担任掩护。

（七）本师通信连，应担任架设由罗板田本部与冈上指挥部之电话线。

（八）行进时，余在师部。

本日军行至巨岩，复奉指挥官周由文村送下午后一时三十分手令开：因桂军二十四师在我十三师先头行进，我十三师已改在罗板田，生木岽宿营。本部拟同九十六师，在文村宿营。贵部即在巨岩停驻可也。等因。本师二九五旅，本晚即在文村宿营。师部及二九七旅，即停驻巨岩。

本月二日午前一时，奉到指挥官周十二月一日午后十二时参战字第九四号命令：纵队为遵命改道西追之目的，拟明（二）日先向全州前进之要旨，下以下之命令：

命　令

（十二月二日午前一时三十分于巨岩师部）

（一）匪全部已渡湘漓河西窜。

我第五、第十三、第九十六各师，均于今（二）日，分由罗板田——生木岽——文村，在本师后向全州前进。

（二）本师拟于今二日向全州附近前进。

（三）二九五旅于今（二）日午前六时三十分，由现驻地出发，经文村——会湘桥——白茅洞——木源铺——大肚岭——邓家铺，向全州前进。

（四）师部直属部队及二九七旅，于今（二）日上午六时三十分，在巨岩、勒塘大道空地集合出发。按五九三团——特务营——师部各处——党部——通信连——无线电队——卫生队——二九七旅五九四团（欠一营）——输送营大行李及五九四团之一营之顺序，经勒塘——清溪——木老——大田——白茅洞——木源铺——大肚岭——邓家铺，向全州前进。大行李（同行军序列）归输送营洪营长指挥。

（五）设营人员随队前进。

（六）行进时余在师部。

本月二日，师部及二九七旅进驻邓家铺，二九五旅进驻全县。三日，师部及二九七旅移驻全县，二九五旅仍在全县待命。至午后十一时，奉指挥官周十二月三日午后十时参战字第九五号命令：纵队为遵命向新宁集中之目的，拟明（四）〔日〕开始，先向东安前进之要旨。下以下之命令：

命 令

（十二月三日午后十二时三十分于全州师部）

（一）匪情如贵官所知。

（二）本师奉命于明（四）日向庙头前进。

（三）二九七旅于明（四）日上午七时，由现驻地出发，经由全永汽车路——黄沙河向庙头附近前进。

（四）师部直属部队，于明（四）日上午七时四十分，在全州东北汽车路上集合出发。按师部各处——特务营——通信连——无线电队——卫生队之顺序，在二九七旅后跟进。

（五）二九五旅（欠一营），于明（四）日上午八时，由现驻地出发，在师部后跟进。

（六）大行李（同行军序列）归输送营洪营长指挥。二九五旅之一营，在大行李后行进担任掩护。

（七）设营人员随二九七旅先头行进。

（八）行进时余在师部。

本师于本（四）日，由全县出发，经黄沙河到达庙头一带宿营。于午后九时下达如下之命令：

命 令

（十二月四日午后九时于庙头师部）

（一）匪大部经西延、车田，循肖匪故道，向西急窜中。一部似分向龙胜窜走。

（二）本师拟明（五）日续向花桥前进。

（三）二九五旅明（五）日晨六时三十分，由现驻地出发，经黄土井——东安县向花桥前进。

（四）师部及直属部队，明（五日）晨七时三十分，在庙头北端空地集合出发。按师部各处——特务营——通信连——无线电队——卫生队之顺序，在二九五旅后跟进。

（五）二九七旅（欠一连）明（五日）晨八时由现驻地出发，在师部后跟进。

（六）各部大行李（同行军序列）归输送营洪营长指挥，由二九七旅派兵一连掩护，在二九七旅后跟进。

（七）设营人员由师潘副官国权指挥，率领先行出发，分配驻地。

（八）行进时余在师部。

本（五）日全部到达花桥、双龙庵一带宿营。下达如下之命令：

命 令
（十二月五日午后六时三十分于花桥师部）

（一）本师拟明（六）日续向坝头附近前进。

（二）二九五旅明（六日）晨六时三十分，由现驻地出发，经搭水桥——长田洞——沙井——唐房边向坝头、水岭上前进。

（三）师部及直属部队，明（六日）晨七时三十分，在花桥北端集合完毕，按师部各处——特务营——通信营——无线电队——卫生队之顺序出发。准温旅行进路前进。

（四）二九七旅（欠一连），明（六日）晨七时三十分，由现驻地出发，在师部后跟进。

（五）各部大行李（同行军序列），归洪营长指挥。二九七旅之一连，在行李后行进，担任掩护。

（六）设营人员归师部潘副官国权率领，随温旅先头行进。

（七）行进时，余在师部。

本（六）日全部到达坝头一带。以驻地不敷分配。当饬二九五旅经雷霹岭，进驻水树脚、江平里一带。本晚八时，下如下之命令：

命　令

（十二月六日午后八时于坝头师部）

（一）本师拟明（七）日续向新宁附近前进。

（二）二九五旅明（七）日晨七时，由现驻地出发，经渡桥——白沙——石马街——官家渡向新宁前进。

（三）二九七旅五九三团，于明（七日）晨六时三十分，由现驻地出发，经雷霹岭准二九五旅行进路，向新宁前进。

（四）师部直属部队及二九七旅（欠五九三团），于明（七日）晨七时，在坝头西端空地集合完毕，按师部各处——特务营——通信连——无线电队——卫生队——二九七旅（欠五九三团及一连）——输送营大行李及二九七旅之一连之顺序出发，在五九三团后跟进。

大行李（同行军序列）归输送营洪营长指挥。

（五）设营人员（师部及二九七旅），归潘副官国权指挥，随五九三团先头行进。

（六）行进时，余在师部。

十二月七日奉总指挥官周十二月七日午后八时参战字第九九号命令：本纵队为遵令向武冈前进之目的，拟明（八）日继续前进之要旨，由九日出发，十日到达武冈。附录指挥官周参战字第九九号命令如左：

命　令

（十二月七日午后八时于白沙指挥部）

（一）本纵队为遵令向武冈前进之目的，拟明（六）日继续前进。

（二）第九十六师，着明午前七时。由现驻地出发，经新渡桥——官塘井，到达古丁、匡家至东湾塘一带宿营。

（三）第五师，着明早由现驻地出发，经白沙——新桥，到达官塘井附近宿营。

（四）第九十九师，着本（十二）月九日，由新宁出发，经白马田——五里牌—岐塘铺，限十日以前到达武冈。

（五）第十三师，着九日由白沙经新塘桥——虾蟆田——纸槽里——盐井，限十日以前到达武冈。

（六）各师行进时，应派工兵在先头修补沿途道路桥梁。

（七）各师每日抵宿营地后之通信联络，除着第九十六师向本部架设电话外，其余概用无线电信。

（八）予明日拟同九十六师前进，晚在古丁匡家。

本师遵奉上项命令，于本月九日由新宁出发，至五里牌、新安铺一带，十日到达武冈。奉指挥官周午后七时三十分参战字第一〇一号命令：于十二日由武冈出发，经龙田至高沙。十三日经茶铺子——洞口至坡上、肖家、古雷坳一带。十四日经雷打江——草寨，至宝瑶、水打坪一带。十五日经龙口江——沙坪——芭蕉坳到达洪江待命。附录指挥官周参战字第一〇一号命令：

命　令

（十二月十日午后七时五十分于武冈师部）

（一）据报，伪一、三、五、八、九军团主力似仍在西延以西之雷霹州苗光山、土冈岭一带大山中。其一部现正向缓宁、通道以西地区逃窜。

我吴奇伟纵队现向洪江前进。其先头于明（十一）日可到达。我第一兵团现分向城步、绥宁前进。

（二）本纵队为遵令，自明（十一）日起，继续向洪江前进。其行军日程，应依附表所策定实施之。

（三）各师于行进间，应派工兵在先头，修补沿途道路桥梁。

（四）各师在行进间，每日抵宿营地后之联络，除着第五师向本部架设电话外，其余概用无线电信为主通信，以利用既设电信及徒步传令为副通信。

（五）本纵队以长沙、宝庆、桃花坪，洞口、草寨、龙船塘、洪江之线，为后方兵站线。嗣后关于粮秣弹药之补充，及前方伤病员器械之处理，即循该线追送、回送。

（六）各部队须携带给养三日份及必需之油盐。

（七）余现在武冈。每日行进时，率本部随第五师行进（附表从略）。

本月十七日奉指挥官周十二月十六日午后十二时五十分参战字第一〇二号命令：

本纵队奉令，以第五师进驻托口，九十九师进驻江西街警备。其余在洪江集中之要旨，下以下之命令：

命　令

（十二月十七日午后五时三十分于洪江师部）

（一）综合各方情报：匪右侧卫于本月十日，由通道以南地区窜往锦屏方面。其主力于十一日窜抵平茶、黎平一带。似有趋向镇远，转犯黔中之模样。

我陈光中、陶广两师，分由靖县、绥宁县，向通道前进。我第七纵队韩、欧两师，于十五日进驻芷江城。梁、唐两师，于昨（十六）日由干溪坪向芷江前进中。我九六、第十三师，在洪江附近集中，警备待命。

（二）本师拟明（十八）日，续向灯笼桥、柳溪前进。

（三）二九五旅，于明（十八日）晨六时三十分，由现驻地出发，经王亭子——竹瓦溪——新店——白马田——牛尿塘，向柳溪前进。

（四）师部直属部队，于明（十八）日七时三十分，在洪江西北端通大湾塘道路旁空地集合。按师部各处——特务营——通信连——无线电队——卫生队——输送营大行李（同行军序列，归输送营洪营长指挥）之顺序，准二九五旅行进路前进。

（五）二九七旅于明（十八日）晨八时，由现驻地出发，在师部后跟进。

（六）设营人员归潘副官国权指挥，于明早六时先行出发，分配驻地。

（七）行进时，余在师部。

附记：1.本师派服务员王元璋，在洪江留守，与总指挥部留守处集中办公。

2.各部重病兵，着留洪江休养，由各团垫发本（十二）月底伙食，暂归洪江留守处王服务员元璋管理。俟陈处长赶到开院治疗。

本师二九五旅，于十八日到达柳溪。师部及二九七旅停驻黔阳。

复下如下之命令：

命　令

（十二月十八日午后八时于黔阳师部）

（一）据报，匪自窜陷黎平后，现分两路，以一路向剑河，另一路向老锦屏前进。

我第五师到达托口后，即编组一游击支队。先以主力位置于瓮洞，一部进至天柱。俟本师游击支队到达瓮洞时，再全部向天柱附近前进。

（二）着二九五旅，于明（十九）日进驻江西街。

（三）师部及二九七旅，暂驻黔阳。

（四）着两旅侦探队（共四队），编成一游击支队，归五九〇团中校团附黄鹤立指挥，于二十日早，进驻瓮洞。努力搜集锦屏——老锦屏——黎平各方面匪情具报，并与托口第五师及天柱第五师之游击支队，切取联络。

（五）余仍在黔阳师部。

本师于二十一日奉总指挥薛十二月二十日午后二时命令：本路军以进剿西窜之匪之目的，决自本月二十二日起，向镇远、三穗、清溪一带地区进出。其进展日程。应依附表之策定实施之。之要旨（命令及附表从略）。本师为总预备队。于二十二日起，师部及二九七旅，由黔阳出发，经乾溪坪——上下村——古坡界，至莲花、楠木坪一带。二九五旅由江西街，经原神场——禾黎界至古坡界。二十三日，各由现驻地出发，全师到达芷江，二十四日至便水，二十五日至晃县，二十六日至玉屏，二十七日至清溪，二十八日至蕉溪待命。

二十九日奉总指挥薛十二月二十八日午后七时命令：本路军以继续向西追剿，迅速达成任务之目的，自本月二十九日起，向重安江、炉山、马场坪、贵定一带地区追剿前进。其进展日程，应依附表之策定实施之。之要旨（命令及附表从略）。本师自三十日起，由蕉溪至镇远，三十一日至施秉。

二、军队调遣

本师为追剿部队，所有各部行动，已如作战命令申叙。其中仅于三十日，由蕉溪到镇远时，奉命派五九四第三营暂留镇远，担任玉屏、清溪、镇远、施秉、黄平、重安江间之交通掩护，及通信联络。

三、匪情概况

本师于十月十四克复兴国。伪一、三、五、八、九军团残部，向西延窜，扬言达到四川为目的。本师奉令兼程追剿，即经太和、遂川、左安、资兴、郴州、桂阳、宁远、道县等处，与匪节节痛击，至十二月东日，到达湘桂边界蒋家岭。是时，匪之大部已渡过湘漓水。该匪沿途约三路（或两路）窜扰。江日，其主力陆续经永安关、文市，窜至全州。复于鱼日，向西延、新宁一带逃窜。齐日，匪主力仍在西延以西之雷霹岭、苗儿山、土冈岭一带大山中。其一部向绥宁、通道以西地区逃窜。至真日，伪三、五、八军团窜至下江一带，有转向镇远入黔中模样。伪一军团在平茶、黎平一带。是时，湘西肖贺残匪，亦窜扰湘属之永顺、大庸、辰州一带。寒日，伪〔一〕军团由平茶窜抵老锦屏附近，其余即向剑河方面逃窜。匪于篠日，由南嘉堡渡河，向镇远方面逃窜。而湘西肖贺匪部，遂窜扰我沅陵，忽乘虚进犯常、桃。巧日晨，伪三军团先头便衣队约千余人，渡过南嘉河，即占领清江北岸高地，以掩护其大部渡河北窜。皓日，窜抵剑河，仅留一部伪三军团，于回日停止北窜，另以一部即向黄平溃窜。有日，匪约一师兵力，于下午九时，攻陷镇远城。感日，匪除留一部据守镇远城外，其余遂往西窜。俭日，续向施秉方向逃窜。其主力似经施秉、黄平，有向贵阳西北地区逃窜之模样。窜踞施秉之匪，约二千余人，陷日，被我军击溃后，即纷向余庆、新旧黄平各方面逃窜中。

四、剿匪战斗经过

本师本月未与匪接触。

五、剿匪宣传（略）

（此件引自中国第二历史档案馆编《国民党军追堵红军长征档案史料选编》）

陆军第九十九师关于"剿匪"实纪

（一九三四年十月至一九三五年一月）

一、北路军成立后进剿时期（略）

二、本师自赣追剿入黔时期（自民国二十三年十月二十七日至二十四年一月九日止）

十月二十七日至二十九日

（一）本纵队（第八纵队）占领兴国后，我军六路军已先数日占领古龙冈，我第三路军占领石城。各路连克要隘，匪势日蹙。朱、毛倾巢窜至信丰方面，企图突破我封锁线大举西窜，打通国际路线。本师奉命于二十七日由原驻地出发，经溪口，于二十九日到达泰和。

十月三十日

（一）据飞机报告：匪大股由大庾北约二十余里之铁司山、龙王山一带，向西北移动，似有继续西窜模样。

（二）本（十）月三十日，奉命向遂川集中，经上横、珊田，于十一月一日全部到达遂川。

十一月四日至六日

（一）综合情报：西窜之匪，先头已抵汝城东之小左溪，其大部尚徘徊于桂、汝、崇之中央地区文英、集溪一带。营前尚有匪出没。杰坝（营前南四十里）有匪盘踞，企图以一部于营前、桂东间游窜牵制，以主力经桂、汝急窜模样。

（二）本师奉指挥官周命令：纵队以追剿之目的，拟于四日开始行动，向左安附近前进之要旨，于本（四）日起由遂川经藻林一排村，于六日进至左安附近之贡敦、白云宴一带。

十一月七日至十五日

（一）综合匪情：匪主力已突破我桂汝第二纵线封锁线，向西急窜。十二、十三两日，在文明司以东，从延寿圩与我陶广、叶肇两师接触中。

（二）本师奉命以平行截剿之目的，于七日由贡敦出发，经白沙——寨前——流源——龙爪洞——云头、彭公庙、资兴——东江，于十五日到达郴州待命。

十一月十七日至二十二日

（一）毛、朱股匪，已由宜章向西急窜，其先头已到临武县附近。

（二）本师基于指挥官周十一月十七日命令：纵队以追踪侧击，协同一纵队歼灭该匪于湘河以东地区之目的，拟明（十八）日继续行动，先向嘉禾前进之要旨，于十八日由郴州出发，经桂阳——洪家圩、石鼓寨——禾亭圩，于二十二日到达宁远城。

十一月二十三日至二十七日

（一）窜抵宁远方面之匪三、五两军团，已于前（二十）日，向天堂圩、下灌方向窜去。宁远城西七里冈及天堂圩一带，有伪一军团第一师盘踞，阻我前进。

（二）本师于二十三日，以二九七旅为攻击部队，其余为预备队，由宁远向七里冈攻击前进。匪约五百，被我五九四团击溃。进至天堂圩时，伪一师全部在该圩附近及其西北约二里之高山一带，顽强抵抗，激战三小时。我第五师由天堂圩左翼，九十六师由天堂圩右翼，向匪逼进，我五九四团奋勇冲击，匪不支，纷向双峰岭（天堂圩西七里）、把截方面溃窜。二九七旅遂确实占领天堂圩。俘匪兵五名，毙匪数十。我伤连附一员、士兵十余。二十四日拂晓，复以二九五旅为攻击部队，向双峰岭攻击前进。接战一小时，毙匪数十，俘匪四名。匪向道县方面溃窜。本纵队即向道县跟踪追击。于二十五日，我十三师占领道县。本纵队以渡河困难，至二十七日本师始渡河，进抵道县。二十八、二十九两日在道县停止待命。

十一月二十九日

（一）西窜之匪主力，先头已抵全州附近，文村、灌阳间有其大部。

（二）本师奉命以继续追剿之目的，于三十日由道县进至蒋家岭。拟明（十二月一日）向文村前进。

十二月二日

（一）匪大部已渡过湘、漓水，向西延窜去。

（二）本纵队为改道追剿之目的，本师奉命于十二月一日，由蒋家岭进至巨岩，二日进至全州附近待命。

十二月四日至十日

（一）本纵队为向武冈集中之目的，本师奉命于四日由全州开拔，经庙头——东安——花桥——坝头——新宁——新安铺，于十日进抵武冈待命。

十二月十二日至十八日

（一）据报伪一、三、五、八、九军团主力似仍在西延以西之雷霹州、苗儿山、土冈岭一带大山中。其一部现正向绥宁、通道以西地区逃窜。

我吴奇伟纵队现向洪江前进，其先头十一日可达到。我第一兵团（刘建绪部），分向城步、绥宁前进。

（二）本师为遵令向洪江前进之目的，于十二日由武冈出发，经高沙——洞口——青草湾——宝瑶，于十五日到达洪江待命。至十八日奉命进至黔阳，归总指挥薛直接指挥。

十二月二十二日至二十八日

（一）综合各方情报：匪右侧卫于本月十四，由通道以南地区，窜往锦屏方面。其主力于十一日窜抵平茶、黎平一带，似有趋向镇远，转犯黔中之模样。

（二）本路军以追剿西窜赤匪之目的，决自二十三日起，向镇远、三穗、清溪一带地区进出。本师奉令为预备队，自二十二日起，由黔阳出发，经芷江——便水——晃县——玉屏——清溪，于二十八日进至蕉溪一带候命。

十二月三十日至二十四年一月九日

（一）朱毛股匪，于十二月二十七日，在镇远被我吴纵队击溃后，向施秉方向逃窜。其主力经施秉、黄平，向贵阳西北地区逃窜中。

（二）本路军以继续向西追剿，迅速达成任务之目的，本师奉令于十二月三十日，由蕉溪经镇远、施秉、黄平、重安江、炉山、马场坪、贵定一带地区追剿前进。于二十四年一月七日到达贵定、瓮成桥一带。窜经老黄平、瓮安向遵义、桐梓事去。本师复奉命于九日进驻贵阳，从事整顿训练。追剿即告一段落。（附追剿路线图）

附：到贵阳后牛场、息烽、黄泥哨各处剿匪之役。

（一）匪于二月上旬渡金沙江不果，即折经古蔺、土城，向黔北回窜。月底复陷桐梓、遵义后，于三月中旬，经长干山、仁怀、茅台，窜渡赤水河。至下旬，复回窜仁怀东北地区之东皇场、大坝场一带，经由鸭溪、白腊坎中间地区，窜抵大渡口附近。我五八九团第三营，奉命于本月二十七日，由贵阳开拔。二十九日抵美竹箐。三十日开赴息烽属之牛场，归五十九师黄团长道南指挥。当奉该团长令，赶赴乌江渡口防守。是时匪部已先我一日偷渡乌江南岸，而该营尚未得到任何方面情报，故遵命急开。讵出牛场数里，即与匪约一团遭遇。彼此反复冲击，混战五小时，匪我伤亡均大。该营随奉到九三师唐师长命令：向养龙站集结。行至黑神庙，又与匪一部遭遇。激战两小时，以众寡悬殊，遂撤至紫江待命。是役匪伤亡百余。我第三营伤连长一员，阵亡连附二员，负伤士兵二十余名。

（二）三月三十日，我五九〇团第二营，奉命由贵阳乘汽车赶赴息烽守备碉楼。于三十一日，匪约三四百，由牛场方向窜来，向我息烽碉楼猛扑。我官兵沉着应战，毙匪二十余，当即溃退。未几时，匪复以全力进犯，均被击退，毙匪六七十。匪不得逞，乃向芷江方向逃窜。是役我伤亡官兵五人。

（三）伪一军团约两团，沿芷江窜扰毛场（贵阳东北约四十里）附近。其一部窜抵黄泥哨，与我滇军之两连接触对峙。本师奉命派五九〇团中校团附黄鹤立，率领该团第九连及师工兵连为游击支队，于四月八日晚向黄泥哨前进，策应我滇军之战斗。于九日拂晓，在黄泥哨与匪激战，毙匪无算。匪向青岩方向溃窜。我方仅伤连长一员，阵亡士兵一名。

（此件引自中国第二历史档案馆编《国民党军追堵红军长征档案史料选编》）

何键关于聚歼红二、六军团于慈利桃源桑植永顺地区向李觉陶广郭汝栋等电

（一九三五年一月五日）

陶司令广、李司令觉、郭司令汝栋、陈师长渠珍：

一、贺、萧股匪刻仍肆扰慈、庸、桑、永①各县中。

二、我军以不使该匪流窜湘西，声援朱、毛，宜急会合友军，分由沅、澧两水流域，将其合围聚歼于慈、桃②、桑、永间地区之目的，决定进剿方略如次：

（1）第六路李司令觉所部，除以刘区司令运乾部固守常③城外，余经桃源、太平桥、李公港，先行肃清桃源境内散匪后，进驻龙眼池附近，与友军切取联络，候命向大庸进剿。

（2）第一路陶司令广所部，应以一部进驻四都坪，大部位置于王村、永顺之线，联络陈④师，候命向大庸进剿。

（3）陈师长渠珍除以一部构筑麻阳、保靖线之碉堡外，余应推进于永顺、龙家寨之线，堵剿由大庸西窜之匪。

（4）郭⑤司令所部及罗⑥旅进剿任务路线，应候徐⑦总司令部署命令，沿澧水流域，分经石门、慈利、江垭、溪口向大庸进剿。

---

① 慈、庸、桑、永，指湖南省慈利、大庸（今为市）、桑植、永顺四县。

② 桃，指湖南省桃源县。

③ 常，指湖南省常德（今为市）县。

④ 陈，指陈渠珍。

⑤ 郭，指郭汝栋。

⑥ 罗，指罗启疆。

⑦ 徐，指徐源泉。

（5）上四项，除电告徐总司令，请以津、澧①部队及郭、罗两部沿澧水流域西进，以原在鄂西部队南下，进驻桑植，与我军齐向大庸会剿，并商定总攻日期外，特电遵照。

总司令何键。歌酉邵参机

（此件引自《剿匪军追剿总司令部廿四年元月东日起至二月宥日止剿匪工作军事报告书》。中国人民解放军历史资料丛书《红军长征·参考资料》）

---

① 津、澧，指湖南省津市、澧县。

陆军第二十一军独立第二旅司令部造呈二十三年十二月份至二十四年一月份剿匪军事工作报告书

（一九三四年十二月至一九三五年一月）

（一）当前匪情及我旅进剿情形

贺龙匪股自窜黔边后，即在印江、沿河一带盘踞，并时出骚扰川境，酉秀边地之南腰界、甘隆口等地，受其毒害最深。当是时肖克残匪已窜入黔东，虽有湘桂黔联军堵剿，匪已化零为整，急由石阡向思南、印江分窜。我旅①以两团之众，独守酉秀防线广裘至七八百里，兵力时感不敷使用。除选定要点坚筑碉堡扼守外，并认定肖贺会合为祸滋巨，决心先解决贺匪，以孤其势。即不然，亦当拒之境外。乃命我驻秀之第二团团长谢崇文全部进剿。先后克复南腰界、甘隆口等地。匪狼狈退入黔边太阳山。谢团跟追围困匪于山上。旅长田认为歼匪即在此时，乃亲由龙潭赴秀山指挥，并联络湘军周燮钦旅，黔军李成章指挥，合围会剿。因黔军到迟，匪即乘隙出围，向松桃、铜仁窜扰。我谢团跟追至印江之木黄、木社截击。毙匪数百，夺获枪百数十支，匪尽力向黔远窜。我恐其绕犯秀南，即折回秀城。不图贺匪窜至铜松间之寨英，即与肖匪会合，星夜绕道急窜酉阳属南腰界。已探悉其有向酉阳进犯之模样。旅长遂以一部守秀城，率谢团星夜回龙潭震慑。一面即令驻龙第一团团长孟存仁增援酉城。十二月三日我援军出发后，而匪以全力猛扑酉城。驻酉军团及县长据碉固守。匪攻未下。而援军已到，予以兜击。匪即向鄂湘边境窜走。

（二）剿匪宣传（略）

---

① 该旅系国民党军第二十一军（川军刘湘系）所辖部队。

（三）碉堡设施

当肖匪西窜之初，贺匪犹踞黔边。我旅迭奉总司令刘电令，固守酉秀。跟即选定要点，分别构筑碉堡工事。计（一）中心区以中心重要城市为要点，如龙潭附近共建子母碉二十四座，酉阳附近建碉共三十二座，秀山附近共建碉二十余座，龚滩附近共建碉十余座。（二）边隘区以边境险隘为要点。如酉东之兴隆坪、鱼泉口、八穴、清明坝、蚂蝗沟、财神沟、智勇关、酉酬、后溪等地，酉北之马喇湖、濯河坝、冯家坝等处，酉南之小河场、南腰界、板溪洼等处，秀山之坝芒、清溪、邑梅、溶溪、石堤等处，均派军事人员分别查勘，选定险要位置，构筑碉堡。旋因我旅奉调参加南岸剿匪，仅中心区各点构筑完善。边境区正赶建中。

（四）封锁设施

碉堡建筑完竣，火线据点业已构成。全境粮食统集中于各城市区内。一以为固守之资，一以为断匪之食。乡村仅留十数日足供少数民用而已。又当贺窜据黔沿河时，匪区食盐，纯由龚滩上运。我即在黑獭堡加以封锁，水陆运均不得过。予匪以极大之恐慌。

（五）部队检阅及士兵训练补充概况（略）

（六）各种通信及交通概况（略）

（七）卫生设施及治疗概况（略）

（此件引自中国第二历史档案馆藏战史编纂委员会档案）

陆军第四十七师剿匪工作报告书

（一九三四年十二月至一九三五年三月）

第一项　作战命令及军队调遣

二十三年十月军事委员会任命上官云相为豫、鄂、皖边区追剿队总指挥，指挥四七、五四两师及第十一路之六个步兵团，担任剿灭该边区之残匪任务。职师在湖北英山、金家铺一带，奉命以步兵三团编组为追剿第二支队，职为支队长，并以职师一三九旅（欠二七八团）合并五四师之第一六〇旅，编为第三支队，汪旅长为支队长。即于十月二十五日开始，追剿、穷追六十余日，激战五次。残匪仅余千人，由匪首徐海东、吴焕先、程子华等率领，远窜至陕西省之雒南、商南一带。职师奉命开驻河南陕县一带整理、补充。十二月二十九日奉上官总指挥艳战电令开：奉张副司令、何主任① 俭代电令：四七师即以主力推进潼关，防匪回窜。等因。遵即令一四一旅，进至潼关及其以南地区严密布防，堵匪回窜。二十四年一月上旬以来，徐海东股匪已深入陕境，追剿任务另由西安杨主任虎城派队担任。八日奉上官总指挥齐辰电开：豫、鄂、皖三省边区追剿队及各支队名义，着即取消，一三九旅（欠一团）归还建制。等因。同日奉到汉口何主任微申电令开：四七师应即准备入川，担任万县防务。等因。十日奉上官总指挥青亥电令：规定职师入川输送序列，职师即由十二日起，开始输送。遵即按一四一旅、师部、各独立营连、一三九旅之顺序，先后出发，利用大车输送至汉口江岸，再转轮船至宜昌，另换浅江轮上驶入川。

二月一日，职师一四一旅全部集中万县。师部各独立营连及一三九旅，均在宜昌、汉口等处候轮输送。旋奉重庆行营参谋团贺主任电令开：四七师即以

---

① 指张学良、何成浚。

全部集中重庆，担任重庆江北县近郊一带之守备。等因。时值冬令，长江巴、宜①水势过浅，迄本月十三日始得集中完备，即开始构筑重庆江北近郊一带工事。十七日，奉参谋团贺主任感代电开：四七师应以一旅兵力分防綦江，担任该地区之守备。等因。遵即令一四一旅向綦江推进。

二十日奉蒋委员长皓戌行参战电开：四七师裴昌会部以主力进驻綦江，分派一部进驻松坎防守。同时奉参谋团贺主任号代电开；四七师应留一团兵力驻海棠溪，担任修筑公路。各等因。当向各部队下达命令之要旨如左：

命 令

（二十四年二月二十日下午十时于江北师司令部）

一、朱毛残部不足万人，经川滇军压迫，于十六日由营盘山、麻线堡向东南逃窜。刻已到白沙凹、铁厂镇、龙山等处。洛用有匪小股，似有回窜入黔模样。周代总指挥所部扼守马蹄滩清水塘。万师扼守邹家渡、仁怀。川军扼守古蔺、叙水。

滇军扼守威信、赤水。

黔军扼守二郎滩、土城。

以上各友军，均以主力准备向匪进击。

二、本师决即遵令进驻綦江，并以一部进驻松坎防守。

三、第二七七团为前卫，应于二十二日上午六时，由现地出发，经老厂——鹿角场——公平场——号房场，向綦江县前进。

四、师部及各直属部队，在二七七团后跟进。

五、一三九旅（欠二七七团）留驻海棠溪，修筑公路。

六、一四一旅应在现地积极修筑碉堡，并准备俟二七七团到达后，向松坎方面推进。

七、予现在重庆江北公园师部。

师　长　裴昌会

副师长　杜　淑

二十四日，职部到达綦江县城。

三月二日，奉上官总指挥东亥电开：准参谋团贺主任命令：着四七师即进至九盘子、松坎一带，侦察匪情，再定前进方向。等因。遵即令一四一旅开至东溪、

---

① 指巴县（今重庆市）、宜昌。

赶水、九盘子、松坎一带布防，并令一三九旅（欠二七七团）即日向綦江前进。

五日，奉上官总指挥转奉委员长蒋支申行参战电令开：四十七师应全部向桐梓推进，并限本月八日前到达。等因。当向各部队命令如左之要旨：

命 令

（三月六日上午十一时于綦江四七师司令部）

一、案奉总指挥上官支酉参电开：遵奉委座支申行参战电开命令：（一）该部四七师应全部向桐梓推进，并限本月八日前完全到达桐梓。但其先头队仍须于鱼日以前到达。（二）所遗綦江防务，着五四师派兵一团填防。（三）该总指挥务于九日以前到达桐梓城。仰即遵办具报。等因。特达。等因。

二、本师决即遵令向桐梓急进。

三、一四一旅即由现地向桐梓城兼程急进。

四、工兵营、师部、各处队、二七七团（行军序列同），应于本月七日上午八时，由现地出发，经桥河厂——两路口——分水岭——东溪——赶水——松坎，向桐梓县城前进。

五、第二七八团应在现地停止，以待五四师接防部队到达后，即向桐梓跟进。

六、予现在綦江天主堂师部。

师　长　裴昌会

副师长　杜　淑

十日，职师先头部队进至桐梓时，松坎、新站、桐梓间，有川军郭勋祺之三个旅及张竭诚旅部队，过于拥挤。十二日奉委员长蒋文战电开：着四七师在桐梓、松坎、綦江之线，构筑碉堡。等因。

十四日，又奉委员长蒋元亥电开：四七师除留一团守桐梓外，其余主力限删日进驻遵义城多筑碉堡，坚固防守。当下达命令要旨如左：

命 令

（三月十四日下午于松坎师司令部）

一、顷奉委员长蒋元亥川行参战电开：四七师除留一团守桐梓外，其余主力限删日进驻遵义城，并须赶固城防工事，多筑碉堡，坚固防守为要。等因。

二、本师决即遵令向遵义前进。

三、二七七团于明日（十五）上午七时，由现地出发，经娄山关向遵义急进。

四、一四一旅明早七时半，由现地出发，经桐梓向遵义跟进。师部各处队，于明早八时半出发，在一四一旅后行进，但须由一四一旅派步兵一营在师部后尾掩护。

五、各部队大小行李，即随各该部行进。

六、一三九旅部及二七八团到达松坎后，随总指挥部继续向遵义前进。

七、工兵营暂驻松坎，尔后即随同总指挥部行动，待命归还建制。

八、余现在松坎师部。

师　长　裴昌会

副师长　杜　淑

十九日上午，职师（欠二七八团）全部到达遵义，即将城防接收，积极构筑碉堡。

二十日，奉委员长蒋皓酉电开：四七师之遵义城防，俟五三师到达后，即交该师接收。四七师应担任鸡喉关（不含）以北至綦江之防守任务，并在公路两侧，构筑碉堡封锁线。等因。迄二十三日，五三师已有一旅兵力到达。当日，又奉委员长蒋养申电令开：四七师即协同五三师固守遵义，暂不开桐梓。等因。二十四日下午二时，奉委员长蒋飞机投下手令节开：裴师全部速开回桐梓固守。途中多派有力别动队，步步为营，严密搜索为要。等因。遂即将防务交五十三师接替。并下达命令之要旨如下：

命　令

（三月二十四日午后十二时二十分于遵义师司令部）

一、奉委员长蒋手令节开：裴师全部速开回桐梓固守。逾中多派有力别动队，步步为营，严密搜索。等因。

二、本师决即向桐梓急进。

三、第二七七团为前卫，于明（二十五）日早二时，由现地出发，循汽车路，经十字铺——高坪——羊虎垭——四渡站，向桐梓前进，必要时须派左侧卫。

四、师部第一四一旅（欠一营），于明（二十五）日早二时三十分，由现地出发，在前卫后跟进（行军序列用）。

五、每团派兵一连，即刻出发（二八一团之连在左，二八二团之连在右，二七七团之连在中央）受前卫司令官之指挥，搜索进路两侧。进至四柱站时，集结待命。行进中，即归前卫司令官指挥。

六、各部大行李，须于明早四时，在古式街之一侧集结完毕。按师部大行李、第二七七团大行李、第一四一旅大行李、第二八二团之一营之次序，在一四一旅队尾跟进，统受该营长之指挥。

七、余在遵义师部。行进时在本队先头。

师　长　裴昌会

副师长　杜　淑

二十五日下午十时，全部到送桐梓县城，赶固城防工事，构筑碉堡。

二十七日奉委员长蒋感电开：该师不失时机，进占桐梓。殊堪嘉赏，着奖洋五千元，以照激劝。等因。当具领犒赏官兵矣。

第二项　逐月匪情（略）

第三项　战斗经过

二十四年三月二十五日上午二时，由遵义出发向桐梓急进。上午十时，职师左侧卫在四柱站西之大坝附近，与人枪约二百余人之匪遭遇。经该侧卫痛击，毙匪十余名。职师阵亡士兵一名，伤二名。该匪即向大长岗溃窜。据当时抓获之匪兵供称：该股匪约千人，系纠合共匪及各军溃兵，常盘踞遵义县属之李子关一带。等语。下午五时。得前卫司令官李团长报称：前卫进至娄山关南麓，关上发现有匪，据险向我射击。等情。当令前卫暂行停止。同时令两侧卫，沿山梁向关上搜索急进。以免多有伤亡。该匪因见我兵力甚众，复稍事抵抗，即纷向西北溃窜。职师任务在迅速进占桐梓县城，故对于进路附近小股散匪，仅予以驱逐，未便穷追也。

第四项　剿匪宣传（略）

（此件引自中国第二历史档案馆编《国民党军追堵红军长征档案史料选编》）

陆军第十六军第五十三师剿匪纪实

（一九三四年十一月六日至一九三六年六月十一日）

（上略）

六、遂川——石阡之役

甲、匪情

赤匪一、三军团，于十一月六日，经大来墟、文明司向郴州方向流窜。其主力同日经城口、乐昌，沿五岭山脉，似循肖匪故道西窜中。

乙、友军情况

我周纵队刻已达到左安；薛纵队在吉安集中，取间道倍进，向匪侧击，或迎头堵剿；粤军一部已到乐昌塘村；桂军已到全州；陈光中师、王东原师，灰日可集中耒阳，向匪截击，或转移于湘江堵剿；李觉师星夜赶赴黄、新之线，协同［章］亮基师堵剿；李云杰师兼程赶赴耒阳、高亭司之线集结，相机尾追或截击；李代司令觉，率团防四团，兼程赶赴黄新之线堵击；罗霖师除留小数部队警戒赣江江防，迅以大部接替遂川防务；段司令督饬湘南保安团及义勇队，设法固守郴、宜堵剿。

丙、任务

本军将遂川防务交卸，即星夜赶赴耒阳高亭司集结，协同李云杰师，相机向匪尾追或截击堵剿之。

丁、计划

（一）方针

本军率第五十三师，以歼灭西窜之匪为目的，本追剿截击、堵剿之手段，协同友军拟在湘水以东地区，将该匪歼灭之。

（二）指导要领

（1）以有力之先头部队，星夜赶赴目的地，侦探匪情侦察地形。

（2）本军主力由遂川经桂东，兼程前进，并常集结，以便与匪作战。

（三）部署

先头部队

长第一五九旅少将旅长李清瓛

第一五九旅（缺三一五团）

无线电第三分队

主力部队

长十六军上将军长兼五十三师长李韫珩

第一五七旅

炮兵营

工兵营

骑炮大队

特务连

通讯连

无线电第五十分队及第二分队

后卫部队

长步兵第三一五团上校团长莫岳中

步兵第三一五团

无线电第四分队

戊、经过

本军率第五十三师，于十一月十日，陆续已由遂川出发，经桂东，向高亭司挺进。十一月十二日到达桂东，探知匪已向宜章，嘉禾方向流窜。于是改趋郴州、宜章，向匪尾追，兼程赶达郴州。以兵力一团，附无线电一分队，向宜章、嘉禾方向，跟匪追剿。采用游击战术方式，以迟滞匪之行动，使友军得以并进，齐头包围而歼灭流匪于湘水以东地区。以有力之一部，取捷径星夜趱行，绕出匪之右侧狙击，使匪不敢长趋直进。军主力经宜章、桂阳、梅田，取小道于十一月二十九日到达宁远。据报：匪已由道县渡过湘水，窜入广西。旋又流窜黔属之镇远一带。军率所部间关前进，行抵武冈，匪已掠镇远、黄平，而窜至黔北赤水一带，似有回窜湘、鄂、黔边区，与肖贺合股之模样。遂令第一五七旅驻守镇远、青溪、玉屏一带，维护后方交通，以第一五九旅驻守晃县、芷江、铜仁一带，堵匪回窜。军部驻芷江。二十四年三月五日奉委座电令，进驻石阡，防守乌江东岸堵剿东窜。遵令以四团兵力，克日开赴乌江，防守溪口、龚滩、水口一带。沿河构筑据点工事，防匪偷渡。以二团及直属营连，担任石阡附近防务，并建碉固守，以防不意之奇袭。

七、石阡——遵义——黑神庙之役

甲、匪情

朱毛股匪，由赣西窜，经沿途截击，迫至黔之赤水，所存仅万余人。其主力昨又向赤水河东岸回窜。据侯汉佑[1]所报，窜扰古蔺之匪，已由太平渡附近渡过赤水，向东回窜。湄潭一带，有散匪骚扰。

乙、友军情况

我四十八师及新三旅，除留一部守备黔江外，其主力守备乌江下游。十五师及二十三师，留一部守备松桃、酉阳，其主力开向乌江布防。六十三师已陆续到达乌江，接替银口防务。原驻乌江之黔军特务团，并各县团队，接替溪口至水口之江防。四十七师担任鸡鸣关以北至桐梓一带防务。蒋德铭旅[2]固守湄潭。蒋在珍师固守绥阳。周、吴两纵队在遵义西南地区，俟匪猬集乌江附近，约期会剿。

丙、任务

三月十六日，奉薛总铣戍电令：本军即由现地开赴遵义，限养日以前到达，担任遵义北至鸡鸣关，南至老君关一带防务，筑碉固守。又奉委座巧申电令：以朱毛残匪昨又向赤水东岸回窜，乘虚仍来袭击遵义，计程养日或可达遵义附近。裴师暂不开动，仍固守遵义城防。本军应速集结遵城为总预备队，相机出击，俾可一网打尽，而奏全功。

丁、计划

（一）方针

本军以歼灭该匪于遵义一带地区之目的，先挑选精壮勇敢之一部，星夜兼程，限号日到达遵义，协同裴师固守城防。主力各取捷径，赶向湄潭集中，限

---

① 指国民党军第二十五军（黔军）教导师副师长。

② 指第二十五军第二师第五旅。

马日以前达到遵城，协同友军相机进剿，以击破匪之主力。

（二）指导要领

（1）各团挑选精壮勇敢之官兵三分之一，组织先遣队，由李旅长清瑺指挥，赶赴遵义，协同裴师固守，并击灭沿途之散匪。

（2）军主力限巧日集中湄潭，向遵义继进，觅匪之主力接战。

（3）匪如已迫近遵义，以主力占领老城西北一带山地，以取瞰制之利，并压迫该匪于新车站一带地区而歼灭之。

（4）匪如未到遵义，即协同友军构筑遵义附廓碉堡工事。

（5）匪如逸出遵义流窜时，应于川、黔公路之线，筑碉封锁，堵其回窜，以期合围而歼灭之。更防其流窜靡定危害地方。

（6）匪如被我击破而流窜时，则跟踪追剿。务期肃清无遗。

（三）部署

（1）先遣部队

长第五十三师一五九旅，少将旅长李清瑺

第五十三师各团，选派精壮官兵三分之一（约兵力两团）

无线电第三班

（2）主力部队

长第十六军上将军长兼五十三师师长李韫珩

第五十三师（缺兵力两团）

无线电第五十分队

戊、经过

三月十六日下午七时，李旅长指挥先遣队由水口出发，取捷径昼夜兼程，于三月二十日上午七时到达遵义城，协同裴师固守。主力队于三月十七日拂晓，由石阡出发，经湄潭、虾子场兼程前进，于三月二十一日上午十时达到遵城。而先遣队亦即归还建制。其时匪之大股距遵义城，尚有一日行程之遥。当即集合少校以上军官，分别侦察地形，星夜赶工筑碉。于三月二十四日完成碉堡百余座。并将遵义城防配以两团之兵力。其碉堡位置及兵力配备如附图第五。（附图略）

三月二十三日，委座样酉电：匪又东窜，是否全部，尚无确报。遵义魏、蒋两部[①]，早经规定担任自土城至小河沿、赤水河流防务。裴师即开桐梓。本

---

① 指第二十五军第三师副师长魏金荣、暂编第八师蒋在珍。

军任务，仍照原定守备鸡鸣关至镇南关之线，坚工固守。

三月二十五日，来委座手令谓：裴师今日前进，不知中途有无危险，望兄派兵力三团，本夜出发，继续跟进。如在中途有战事，应即增援。否则令该部到达娄山关与泗珠站附近，构筑碉堡线，与桐梓裴师切取联络。凡在桐梓裴师，绥阳蒋师，湄潭蒋旅，均归兄负责指挥之。当即令周兼旅长[①]率所部三团，星夜由遵城出发，沿第四十七师行进路跟进。

三月二十六日，午前八时，得知第四十七师已于有晚七时，占领桐梓城。遂令周旅在板桥、泗洙站一带地区构筑碉堡线。

同日委座有午电：匪自马日由九溪口、太平渡渡河。梗日大部已到兴隆、二郎坝一带。敬日经大场坝、高大坪向牛渡滩、平坝营之线回窜。其一股梗日窜蚂蚁沟、东皇殿，有再犯松桐之势。我军为限制匪之流窜而歼灭该匪于松桐遵之线及赤［水］河间地区之目的，决定裴师即就松坎、桐梓、鸡鸣关之线筑碉。本军除补缮鸡鸣关、遵义间之碉堡线。并继续构筑遵义、鸭溪间碉楼，及构筑遵义、刀靶水间之联络碉堡。即令第一五七旅，速即完成鸡鸣关至遵义之线碉堡工事。令第一五九旅以两团兵力守备遵义新旧两城，以一团兵力，构筑由遵义城至忠庄铺间之碉堡线，并以一部进至龙坑场与缆板凳，与第九十三师切取联络。同时令各团组织侦探队，一面侦探匪情，一面掩护工作。三月二十九日，完成板桥至忠庄铺之碉堡封锁线。其碉堡位置如附图第六。（图略）

三月二十九日，委座艳巳电令：本军抽出两团，接收遵义以南缆板凳、后坝场、新店、螺丝堰、刀靶水、老君关一带之第九十三师碉堡防务。限艳日午后六时接替完毕。遂于同日午前十一时，令第一五九旅（映三一七团）附无线电两队，前往接替，并增强碉堡工事。第三一七团及炮工营守备遵义城。委座艳未电：匪大部南窜仍应防向北回窜。鸭溪至忠庄铺一段尤为重要。北路形势渐缓，可抽第一五七旅南来增筑工事。泗洙站以北碉防，可交第四十七师负责守防之情形。三月三十日，令第一五七旅依照电令，率队南移，接替第一五九旅遵义至缆板凳碉防，并增固工事，以小部守护泗洙站。凉风垭、板桥之碉堡，交第四十七师接替。第一五九旅之两团则向南移。

三月三十日，委座卅未电令：本军无论如何，即刻抽兵两团，限三十晚赶到养龙站警备候命。即于本日午后四时，令第五十三师一五九旅（缺三一七

---

① 第五十三师副师长兼一五七旅旅长周启保。

团），附无线电二架，星夜赶赴养龙站警备待命，并连夜赶筑碉堡扼要固守。令第三一七团开赴海龙坝一带，接替第九十三师碉防。该旅当晚到目的地，筑碉待命。令第一五七旅留一团，固守遵义至缆板凳碉防，以主力即刻集结缆板凳、刀靶水、老君关之间。以防南岸之匪复行北窜。遵义城防仅留炮工两营防守之。

三月三十一日，奉委座世卯电：养龙站第一五九旅，抽兵一团，迅速向黑神庙前进，将该地区数百残匪歼灭后而占领之。速构黑神庙、营盘脚、三合土一带碉楼，与息烽第九十三师切取联络。同日午前八时，令第一五九旅三一五团担任此项任务。限世日上午确实占领，与息烽第九十三师切取联络。并令第三一七团推进养龙站，归还第一五九旅建制。所遗三一七团碉防，令第一五七旅派队接替。各部奉令即行动作。第三一五团于当日正午到达黑神庙北端，发现伪第一军团第一师第二团约八九百人，占领黑神庙北端一带高山，阻我前进。我以第二营保持重点于右翼，第一营为预备队，第三营由左翼出击攻匪正面。由第二营派兵一排，袭击匪之左侧背。战约二小时，匪势不支，纷向山王庙溃窜。于午后三时占领黑神庙。以第二营向山王庙严密戒备。其余于要地筑碉六座，当夜完成。经匪数度反攻，均不得逞。四月一日午前七时，匪向西南福禄水方向逃窜。是役俘获、伤亡、消耗如附表第一（略）。战斗经过如附图第七（略）。四月一日，令第一五九旅留三一七团（欠一营），守备养龙站。以三一七团一营，推进核桃箐，筑碉防守，与黑神庙切取联络。其余推进黑神庙，策应息烽之部队。炮工两营，仍留遵义守备。其余军师部及周旅，均向南移。限本日午后一时，集结养龙站及其以南地区。各部如期赶到，各于驻地筑碉稳守。

午后三时，奉委座手令：我军在黑神庙与息烽部队，准备出击，应于今晚准备妥善。望兄明晨由驻地率第一五七旅，向南移动至清水河、蚂蝗箐一带集结，准备截击。如匪东窜或对峙，则即向黑神庙转进，与第一五九旅会合。预定拂晓进攻。如匪已南窜开阳，第一五九旅应由黑神庙南行至蚂蝗箐附近，会合主力向匪攻击。如匪已经开阳向瓮安道窜去，蚂蝗箐、黑神庙各部，应取捷径向石头、马江山急进堵截。如能沿途设伏截击更好。奉命后，即召集各部队主管长官，面授机宜，并努力准备之。四月二日拂晓，第三一五团进攻三合土之匪，为伪一军团第一师第一、二团，人枪约千六百余，占领营盘脚以西及三合土附近一带高山。我以第二营向营盘脚以西之匪攻击，以第三营由正面挺进，第一营为预备队，策应各方。约战一小时，匪向底寨方向溃窜。于午前九时占领三合土。择要筑碉扼守，再行进击。是役毙匪百余。我阵亡连附一员、士兵一名。

夺获消耗如附表第二，战斗经过如附图第八（略）。是时探悉匪大股猬集底寨、杨郎坝一带。遂令本军各部队星夜赶赴息烽县城附近待命。限明（三）日拂晓，全部到达，并准备攻击底寨、杨郎坝一带之大股匪。

（此件引自中国第二历史档案馆编《国民党军追堵红军长征档案史料选编》）

（四）堵击中央红军西进贵州

王家烈建议各军不分畛域"进剿"红军电

（一九三四年十二月十五日）

顷据前敌副总指挥何知重电话报称：股匪约六七千人，在黎平城东五里桥与我第七旅周芳仁部接触。激战约两小时，毙匪甚多。继以该匪更渐增加，对我施行包围，只得放弃黎平城，退据距城十里之大坡顶，扼要固守待援，以图恢复等语。当饬第一旅旅长杜肇华，率五、六两团向黎平增援；李旅长成章率二、三、九各团，推进剑河相机策应；何指挥韬率团队增防榕江，期将黎城早日恢复。惟是该匪乘虚突窜，事实不免百密一疏。除电请各友军不分畛域进剿，俾便联合早将该匪扑灭外，特闻。

（此件引自中国人民解放军历史资料丛书《红军长征·参考资料》）

王家烈恳请南京国民政府
飞令到湘各军及桂军入黔电

（一九三四年十二月十八日）

南京。

国府主席林、行政院长汪、委员长蒋钧鉴[1]：

　　顷据何副总指挥知重巧晨电称，据锦屏杜旅长肇华篠亥电报：赣匪一部约五六千人，删日在黎平被我周旅长芳仁击退，折向老锦屏，图绕天柱、青溪北窜，被我五、六两团迎头痛击，匪伤亡甚众。铣日匪分数股向南嘉堡、平兆、瑶光等处猛攻，企图强渡清江河[2]，向剑河、台拱[3]方面沿萧匪旧路北窜。当与我河防守兵激战半日，匪部续到甚众。复以机炮向我岸猛轰，江岸碉堡多被摧毁，官兵死亡二百余人，致被突破。等语。当饬该旅长集结所部，尾匪痛击，并令李旅长成章率二、三、九各团，推进施洞、剑河截堵；王参谋长伯勋督率团队及第三团扼守锦屏至清江河下流；周旅长芳仁转饬团队肃清后方，即行率部尾匪追剿。等语。查该匪号称十万，若今日久蔓延，不仅黔省被其赤化，恐川、湘及其他各省，亦同感危殆。除集中所部进剿堵截外，并恳中央飞令到湘各军，西移黔境；及桂省各部队越境会剿，以期聚歼该匪，挽救黔难，无任感祷。

王家烈叩。巧印

（此件引自中国人民解放军历史资料丛书《红军长征·参考资料》）

---

① 收电人，指林森、汪精卫、蒋介石。

② 清江河，即今清水江，位于贵州省东部，流经凯里、剑河、锦屏等县入湖南省，在洪江市汇入沅江。

③ 台拱，今贵州省台江县。

蒋介石关于到镇远截击中央红军致薛岳电

（一九三四年十二月十八日）

　　据报，现匪主力由黎平向剑河、溶〔榕〕江逃窜。黔军力弱，恐难防堵，希督励所属，克日迅由晃县、玉屏直趋镇远截击，以期一举聚歼，除电何^①总司〔令〕知照外，希速照办具报。

　　（此件引自《第六陆军赣南——湘南——黔西间地区追剿朱毛股匪各役战斗详报》，以巧戌行战电发出）

---

① 何，指何键。

刘建绪关于向锦屏黎平追击红军向
李云杰王东原陈光中发布的命令

（一九三四年十二月二十日）

"电话报码"。

第四路李司令、王师长、陈师长：

密。命令：

着王东原师派兵一部向锦屏，陈光中师派兵一部向黎平追匪痛剿具报。

此令。

刘建绪。号午参

（此件引自《剿匪军追剿第一兵团二十三年度十二月份剿匪工作军事报告书》）

何键关于协同黔军
堵截中央红军致刘建绪薛岳电

（一九三四年十二月二十日）

巧戌电转达委座铣战电指示，关于追剿赣匪全部署纲要，自应遵办，但匪情变化，其指导要领所示，我军以龙胜以北，经江头、城步、绥宁、黔阳、瓮洞、天柱、邛水①、台拱至榕江为其守备区，事势〔实〕上不能办到。经本部详陈，刻下我第一兵团除巩固同、道、靖②原防外，应以一部进至远口策应黔军；第二兵团除遵前令于晃县、玉屏、天柱、铜仁等构筑工事外，应以大部直趋镇远，协同黔军，相机堵截为要。

（此件引自《第六路军赣南——湘南——黔西间地区追剿朱毛股匪各役战斗详报》，以哿亥邵参机电发出）

---

① 邛水，今贵州省三穗县。
② 同、道、靖，指湖南省会同、通道、靖县三县。

刘湘关于中央红军长征
抵黔致林森、汪精卫、蒋介石电

（一九三四年十二月二十一日）

主席林、院长汪、委员长蒋钧鉴：

密。首都觐见，亲聆训言。厚爱殷期弥深。奋勉叩别以来，兼程西返，已托庇于皓日申刻平安抵渝。所幸北道徐 ① 匪尚无异状。惟朱、毛数万西窜，已渡过黔属青江②，向施洞口前进。将来窜□③窜川？企图未明。边疆巨患，来日堪虞。尚乞指示机宜，俾资循守。不胜企祷。

职刘湘叩。号申机渝

---

① 徐，指徐向前。
② 青江，即黔东的青水江。
③ 似应为"窜湘"。

刘建绪关于向施秉追击红军向
李云杰李韫珩陶广等发布的命令

（一九三四年十二月二十六日）

"电话报码"。

会同第四路李司令、第五路李司令、王师长、陶司令、章师长、靖县陈师长、何主任[①]：

命令：

一、被我击溃窜黔之残匪，一部经梁上、岭松窜抵施洞口、施秉一带。其主力经剑河、台拱北窜。我薛[②]兵团所部感可达三穗、镇远之线。黔军主力在黄平、施秉之线，分途堵剿。

二、本兵团以继续追剿之目的，决定部署如次：

（1）着陈光中师全部，继续经剑河、台拱向施秉方向尾匪追剿。

（2）着第五路李司令所部，即由会同经天柱、南洞司、岭松、胜秉、施洞口向施秉方向尾匪追剿。

（3）着第四路王东原师及廿三师，集中远口、天柱之线，跟第五路续进，策应各部。

三、绪[③]率补［充］团，俭日由靖[④]进驻锦屏指挥。

注意：

1.维持军纪；

---

① 收电人，指李云杰、李韫珩、王东原、陶广、章亮基、陈光中、何平。

② 薛，指薛岳。

③ 绪．指刘建绪。

④ 靖，指湖南省靖县。

2.陈、王 ① 两师所筑碉堡，交当地团义守备。

上三项，注意二项。此令。

刘建绪。宥未参

（此件引自《剿匪军追剿军第一兵团二十三年度十二月份剿匪工作军事报告书》）

---

① 陈、王，指陈光中、王东原。

薛岳关于消灭红军于
镇远地区致周浑元的电令

（一九三四年十二月二十六日）

一、据报，匪一部约数千人，有晓窜据镇远城，宥日分其一股与我吴^①纵队游击部〔队〕相持于箱子岩附近地区；其主力尚徘徊于施秉、黄平、台拱间，似有窜向贵阳以北地区模样。我黔军全部现集结凯里^②、重安江、平越^③之线，扼江阻匪进窜。

二、吴纵队感日续向镇远攻击前进，觅匪部以聚歼之。

三、贵纵队应速派出若干轻装追击队，多备干粮，分向古楼溪、施洞口之线追剿；主力及行李取适宜道路策应。务努力保持接触，消耗其兵力，使匪不得已与我抗战，予吴纵队堵截之机会为要。

（此件引自《第六路军赣南——湘南——黔西间地区追剿朱毛股匪各役战斗详报》，以宥戌晃机电发出）

---

① 吴，指吴奇伟。
② 凯里，今贵州省凯里市。
③ 平越，今贵州省福泉县。

薛岳关于请黔军保持重点
于施秉黄平之线致王家烈电

（一九三四年十二月二十六日）

一、据报，匪一部有晚窜据镇远城，宥日分一股与我吴[1]纵队游击队相持于箱子岩附近地区；其主力进至黄平、施秉以东地区，似有溃窜贵阳以北地区模样。

二、本路军感日起，决由焦溪、三穗之线，保持重点于右翼，向施秉、凯里之线攻剿前进。拟请贵军保持重点于施秉、黄平之线，迟滞匪之流窜，俾适时与本路军夹歼之，并立盼将所得匪情及黄平部署，惠告为要。

（此件引自《第六路军赣南——湘南——黔西间地区追剿朱毛股匪各役战斗详报》，以宥戌晃机电发出）

---

① 吴，指吴奇伟。

第九十三师甘丽初部在湘黔边境追堵长征红军军事报告书

(一九三四年十二月至一九三五年三月)

一、一九三四年十二月军事报告书

（一）作战命令——无

（二）军队调遣

朱、毛股匪自江西倾巢西窜后，本师即奉令追剿，十一月一日由江西古龙岗出发，至二十八日达湖南东安之禄埠头（距东安十五里），十二月二日，继续推进，五日到达新宁，七日到达武岗，十二日到洪江南之带子街（距洪江十里），十五日到达黔阳，十七日到达芷江，二十四日到达晃县，二十五日到达玉屏，二十六日到达清溪，二十八日到达镇远，三十一日到达柏寨（在重安江东约距九十里）。

（三）查匪情

伪一、三、五、八、九军团，自于全县南之沙子包附近被我湘、桂军兜剿后，即向绥宁、通道以西地区逃窜，十二月十日由通道窜锦屏，其主力十一日窜抵平茶、黎平一带。十三日分向锦屏、剑河方面逃窜，二十六日一军团攻陷镇远，其主力经施秉、黄平向贵阳西北地区逃窜。

（四）剿匪战斗经过

本月间除本师派出之游击部队于镇远以东之两路口（距镇远十五里）附近与匪游击警戒部队略有接触外，余无任何战斗。

二、一九三五年一月军事报告书

（一）作战命令——无

（二）军队调遣

本师自上年十二月三十一日到达柏寨后，一日仍继续西进，二日到达重安江，三日到达钟山，六日到达贵定，七日到达龙里，八日到达贵阳。

（三）查匪情

一、匪之伪一、三、五、八、九军团，一月三四日由瓮安窜遵义，七日进陷遵义，并有一部由余庆窜湄潭、八日陷湄潭，九日陷绥阳，十一日陷桐梓后，即在遵桐一带抢掠粮食，招收当地土痞流氓希图组织伪地方机关,宣传赤化。二、毛泽东九日到遵城。三、匪大部进陷遵、桐后，稍事喘息，旋于十四、十五日开始，向温水、□水、赤水一带移动，其主力由遵义经东皇场、土城向叙永、古宋、兴文方面逃窜，一部由桐梓经松坎、温水、□水向叙永逃窜，一部由遵义经茅台西窜，三十日古□附近到有伪一军团第二师，其土城方面尚有伪九军团之一部为后卫。

（四）剿匪经过——无

三、一九三五年二月军事报告书

（一）作战命令

（甲）薛总指挥漾酉贵参电令如左：

1.回窜之匪约五千人，已到达马蚁沟、临池庙、东皇殿一带地区，土城已无匪踪。

2.周纵队之万师，梗日到二郎滩，速向马蚁沟、东皇殿截击，谢、肖两师照原令速向土城、东皇殿衔尾追剿。

3.孙纵队之安、龚、鲁三旅，经镇龙山速向土城、东皇殿尾追。

4.王纵队之何、李各部，梗日到葫市，速向马蚁沟、临池庙、东皇殿截击，至在桐梓之六团、遵义三团及绥阳蒋部，应于敬日速向松坎截击。

5.吴纵队之唐师，敬日向遵义推进，韩师敬日向刀靶水推进，为预备队。希各部努力急进，务在桐綦线以西地区歼灭回窜之匪为要——完。

（乙）吴纵队司令官，二月二十八日午前十时三十分攻击前进，命令如下：

1.匪情如贵官所知。

2.本军决向遵义之匪攻击前进之目的，着五十九师（附九三师之一团）即经桃溪寺、红花岗向遵义攻击前进。

3.王纵队俟五十九师攻击进展时，应协同向遵义攻击前进。

4.九十三师（缺一团）仍掌握现刻领有地区，尔后为总预备队。

5.战斗地境现地指示。

6.通讯联络，以忠庄铺为基点，使用电话为主，徒步传达补助之。

7.余位置于忠庄铺——完。

（二）军队调遣

本师二十三日奉到总指挥电令后，即于二十四日由贵阳出发，向遵义推进，至二十七日午后九时到达忠庄铺（遵义南十里）附近，与匪对峙。

（三）查匪情

朱、毛股匪自经古蔺向西北逃窜，到达金沙江附近，因被我滇、川各军堵剿计不得逞后，经土城回窜黔北，二十五日攻陷桐梓，二十七日攻陷遵义。

（四）剿匪经过

本师自二十七日进占忠庄铺后，二十八日即遵照吴纵队司令官命令，以第五五八团归五九师韩师长指挥，余仍掌握忠庄铺附近，现刻领有地区。是日午后二时，我五九师正向红花岗（遵义城西南约五里）攻击之际，匪大部即向右移动，向二五军之八、九两团阵地冲击甚烈，当即派五五五团之一营跑步应援，讵未经到达而阵地已委匪手，同时并有匪大部进出公路附近（即忠庄铺附近）。是时本师各部已成包围形式，且因分割所占地区，纵长凡七里，预备队全无，乃严饬所部在原阵地死守。

斯时匪仍以雄厚之兵力豕突冲犯，愈迫愈近，虽受重围之下，我官兵精神仍不稍逊，保持原有阵地，毙匪枕藉。午后四时，奉命于黄昏后撤至缆板凳（遵义南四十里），相机处理。黄昏后，即遵令逐步撤退，殊我部未到达而匪之伪一军团之四、五两团已尾追至缆板凳，即以特务营为掩护队，我各部始脱匪之羁绊，分向大渡口及茶山关（乌江河渡口）渡过乌江扼守。是役，毙匪甚多，我军亦伤亡官兵五百余名。

四、一九三五年三月军事报告书

（一）作战命令——无

（二）军队调遣

本师自忠庄铺奉令撤返乌江南岸之养龙站后，即在该处担任茶山关至两河口之江防碉楼守备，并以一部构筑刀靶水至鸭溪场之线据点式碉楼。十二日第五五八团附属第一纵队部归吴纵队司令官直接指挥担任追剿。三十日本师（缺五五八团）除留一营担任乌江、茶山关至两河口江防外，余即夜开赴息烽。

（三）查匪情

朱、毛股匪自上月二十八日攻陷遵、桐后，即在该处大肆抢掠。本月六日复经鸭溪向长千山西窜，二十三日窜抵镇龙山、古蔺一带地区，二十五日回窜仁怀以北附近，二十六日窜抵鸭溪、枫香坝以北附近，二十九日到狗场，三十日陆续偷渡乌江，三十一日窜集牛场、息烽西南一带地区。

（四）剿匪战斗经过——无

师长甘丽初

副师长邓春华

中华民国二十四年六月

（此件引自中国第二历史档案馆编：《中华民国史档案馆资料汇编》，第五辑，第一编，军事四。原件标题为"陆军第九十三师剿匪工作军事报告书"，文中按每一月份的标题为编者所加，其各段标题为原有的未改动。编者对此件作了节选）

薛岳关于向炉山平越
地区追击中央红军的命令

（一九三四年十二月二十八日）

甲、伪一军团感日在镇远城被我吴①纵队击溃后，向施秉方向逃窜；匪之主力似经施秉、黄平向贵阳西北地区逃窜中。我黔军在重安江以西地区布防。

乙、本路军以继续向西追剿，迅速达成任务之目的，其部署如下：

第七纵队陷日施秉、世日黄平、东日重安江、冬日炉山②、江日马场坪、支日贵定。

第八纵队艳日岑〔岭〕松、陷日施洞口、世日瓮谷龙〔垄〕、东日黄平、冬日重安江、江日炉山。

第九十九师（欠莫③旅）陷日镇远、世日施秉、东日黄平、冬日重安江、江日炉山、支日平越。

总指挥部及莫旅，陷日铺田、世日镇远、东日施秉、冬日黄平、江日重安江、支日炉山、微日马场坪。

仰即遵办，逐日电告。其进展日程计划如附表④。

（此件引自《第六陆军赣南——湘南——黔西间地区追剿朱毛股匪各役战斗详报》，以俭酉清参电发出）

---

① 吴，指吴奇伟。
② 炉山，该县已撤销，今为贵州省凯里市炉山镇。
③ 莫，指莫与硕，任国民党军第九十九师二九七旅旅长。
④ 表略。

刘建绪关于变更部署给李云杰、
李韫珩、王东原、陈光中的命令

（一九三四年十二月二十八日）

第四路李司令、第五路李司令、王师长、陈师长：

命令：

一、据报，镇远有日失守；朱、毛有循萧匪故道北窜之样。

二、本兵团遵奉上令所示堵截方针，应乎目下情况，变更部署如次：

1. 第四路李司令云杰，应迅督第十五师、第二十三师，由现地取道芷江、麻阳，转移铜仁，严密堵剿。

2. 第五路李司令韫珩，应迅督第五十三师，经远口、南洞司、岭松向镇远追剿。

3. 第六十三师应迅经剑河、台拱向镇远追剿。

三、绪^①明（艳）日可抵远口，仍续向玉屏前进。

上三项。此令。

刘建绪。俭戌参

（此件引自《剿匪军追剿军第一兵团二十三年度十二月份剿匪工作军事报告书》）

---

① 绪，指刘建绪。

追剿军何总司令键报告剿匪经过

（一九三四年十二月二十八日）

十二月东、冬等日，匪大股已窜至西延以南一带深山中，其先头窜抵油榨坪附近。江、支等日，匪大部由西延以南，经广唐、雷霹州，越猫儿山二冈岭、两渡桥，向龙胜西窜，其一部约万余，经大埠头、车田、泍水，窜城步之蓬洞、丁坪、红沙州一带。当被我军击溃，溃向西延时，本部为继续截剿，协同桂军，冀将其歼灭于湘、桂、黔边区计。

令第一路（辖陶、陈、章三师）之章亮基师，跟匪追剿。其余部队经新宁、城步、绥宁节节截剿。

令第四路（辖王东原、李云杰两师）之王东原师先出洪江，李云杰师继续后［进］，位置于梅溪口、长铺子附近。

令第五路（辖五三师）位置于武岗花园、瓦屋塘。

令薛总指挥所部（辖原第六路军为第二路，及周浑元所部为三路），由东安一带向武冈前进。（此时，本部已呈准将各部队从新编组，俾便追剿。以刘建绪为第一兵团总指挥，辖第一、第四、第五各路；及十九师五五旅、并补充四团。以薛岳为第二兵团总指挥，辖第二、第三两路）。

陶广师在大帽岭附近，击溃五六百，俘匪、毙匪各数十名，获枪十支。残部向大埠头方面逃窜，复经该师在小洞、天门等处将匪击溃，毙匪五百余，获枪数甚多。鱼、虞等日，匪大部窜据龙胜以北地区，暂停喘息。又，窜城步以南之丁坪、红沙洲一带之匪，佳日向长安营、江头司、潘村、杨溪、石家寨、岩寨、老寨回窜。灰日进陷通道县。其先头分两路，真日窜抵菁芜洲、牙屯堡一带。其窜犯龙胜以北之匪，大部亦分向西窜。文日，经福禄向黔属永从窜走。

（此件引自《共匪西窜记》）

王家烈关于力促湘军从速推进致何键电

（一九三四年十二月二十九日）

黔军力薄，自以取守势为宜。惟匪部奔窜甚急，日昨窜陷施秉、黄平，其先头本日已到余庆，一部已到老坟嘴，有沿萧克旧路北窜模样。仍望竭力促湘军从速猛进，协剿歼灭为善。否则匪据黔境，日久滋大，赤匪蔓延，岂仅黔民创巨痛深，即国家民族之前途，亦将受其影响也。

家烈。艳。弟汝霖代

（此件引自《共匪西窜记》，电报由国民党军第二十五军参谋长谢汝霖代发）

薛岳关于请黔军主力速向瓮安、
紫江、贵阳北郊布防致王家烈电

（一九三五年一月一日）

窜匪豕逐狼奔，备极饥疲，此次入黔必妄期夺取中心城市，以为驻足养息之计。现由黔东而迄黔中，均未北窜。日间陷施秉、黄平、瓮安，其必越清江①转扑贵阳北郊无疑。亦如兄所判断。数路军明（冬）日决以周②纵队出旧州、瓮安，衔尾进剿；吴③纵队则循炉山、羊老、平越之线，以全力追匪于清江东岸而歼灭之。拟请贵军主力速向瓮安、紫江④截剿，以一部于贵阳北郊布［防］，藉期夹剿。

（此件引自《第六路军赣南——湘南——黔西间地区追剿朱毛股匪各役战斗详报》，以东申施机电发出）

---

① 清江，即清水江，位于贵州省贵阳市东北方向，是乌江的支流。贵州省有两条清水江，另一条在贵州东部，又叫清水河，是沅江的支流。
② 周，指周浑元。
③ 吴，指吴奇伟。
④ 紫江，今贵州省开阳县。

薛岳关于秘密向贵阳推进电

（一九三五年一月一日）

密：

甲、匪全部于感、俭、艳等日，由施秉、黄平分经余庆、旧州，向瓮安逃窜，俭日陷瓮安城。现其主力已过猴场，正向紫江、息烽方向急窜中。黔军主力现转战至平越清水河〔江〕方面防守。

乙、本路军以迅速向西追剿，免匪窜犯贵阳，而保我中心城市，以别〔利〕尔后向四川进剿之目的，以一部尾追，以主力进出于贵阳。其部署如下：

吴①纵队支日进至贵定，限虞日到达贵〔阳〕，以欧②师在北郊村落，韩③师在西郊村落，唐④师在南郊村落，梁⑤师在东郊村落，警备候命。

周⑥纵队东日到达黄平，以谢、萧⑦两师经旧州、平越，尾谢师限微日到达贵定；萧师限微日到达平越、马场坪；万⑧师限支日到达炉山、重安江；纵队指挥部应在贵定。本部及郭⑨师支日进至马场坪。郭师限鱼日到达龙里。本部限虞日到达贵阳。

---

① 吴，指吴奇伟。

② 欧，指欧震。

③ 韩，指韩汉美。

④ 唐，指唐云山。

⑤ 梁，指梁华盛。

⑥ 周，指周浑元。

⑦ 谢，萧，指谢溥福、萧致平。

⑧ 万，指万耀煌。

⑨ 郭，指郭思演。

丙、本路军部署，不得向友军宣泄，希遵办。

（此件引自《第六路军赣南——湘南——黔西间地区追剿朱毛股匪各役战斗详报》，以东酉电发出）

穆肃中关于入黔助守乌江的命令

（一九三五年一月一日）

1. 本路奉军长刘[1]敬电援黔，受援黔指挥官廖泽[2]指挥。等因。共匪在镇远附近，兵力及其企图未明。我黔中友军犹国才部约三团，现集结安顺；侯之担部约三团，现驻瓮安、余庆，分驻乌江北岸；蒋丕绪部[3]似在沿河、德安[4]；桂军约三师，正向窜入黔中之匪追击中。

2. 本路有进驻黔北，助守乌江之任务。已派第一团[5]先行，进驻南川万盛场。

3. 第三团团长曾懋威，率该团于一月二日由江津出发，作战备行军，经綦江、蒲河场、小河坝等地前进。其沿途膳宿地自行酌定。限一月七日到达德隆场，在前端约十里之水巷箐之线扼要警戒，掩护主力在南川万盛场附近集中。

4. 予于二日出发，在津、綦[6]道上，尔后在南川万盛场。

（此件引自《第二十一军边防第二路廿四年一至三月剿匪工作军事报告书》，一九三五年一月一日午后二时于江津县考棚路司令部发出。穆肃中任国民党军第二十一军边防第二路司令，奉刘湘命令入黔助黔军守乌江，防堵中央红军进入黔西北地区。中国人民解放军历史资料丛书《红军长征·参考资料》）

---

① 刘，指刘湘。
② 廖泽，任国民党军第二十一军模范师第三旅旅长，兼援黔总指挥。
③ 蒋丕绪，即蒋在珍。
④ 德安，似应为贵州省德江县。
⑤ 第一团，即边防第二路穆肃中部第一团，团长赵治国。
⑥ 津、綦，指四川省江津、綦江两县。

王家烈关于中央红军抢渡乌江电

（一九三五年一月一日）

（一）世日（十二月卅⊞一日）晨匪一股由王文场向江界河新老渡口抢渡，被我林秀生^①旅所部沿北岸扼击，匪未得逞。

（二）世午又匪一股约四千余人，向我回龙北岸渡口抢渡，亦被我八团吴营击退，对岸相持中。

（三）东晨匪猛攻袁家渡、江界河各处，枪声甚浓。

（四）现在施秉、黄平、炉山、平越之线，由中央军^②担任向瓮、余^③之匪追剿。

（五）我军转移平越、清水江、开阳之线，向东截击，以期无虞。

（六）烈^④东日回省，以便部署。特闻。

（此件引自《共匪西窜记》）

---

① 林秀生，任国民党军第二十五军教导师第三旅旅长。

② 中央军，指南京国民政府军事委员会直接控制的军队，这里指薛岳兵团。

③ 瓮、余，指贵州省瓮安、余庆两县。

④ 烈，指王家烈。

薛岳关于向瓮安余庆猴场等地
"侦剿"中央红军致周浑元的训令

（一九三五年一月二日）

一、乌江、清水江流域匪情如东酉施参电所示。

二、第八纵队各师于到达黄平城时，除遵东酉施参电之策定行动外，并即以师部及所属各团侦探队合组为追剿队，依下列规定地区任宵匪之侦剿。

1. 第五师各侦探队为第一追剿〔队〕，循旧州、蓝家关，向瓮安及其附近地区之侦剿。

2. 第十三师各侦探队为第二追剿队，循中桥河、牛大场向余庆及其附近地区之侦剿。

3. 第九十六师各侦探队为第三追剿队，循旧州、望城坡、滥板橙〔凳〕[①]，向猴场及其附近地区之侦剿。

以上各师游击支队均以资深之中校团附率领之，俟任务完毕即归还各师预定集中地，并将经过情形随时具报为要。

（此件引自《第六路军赣南——湘南——黔西间地区追剿朱毛股匪各役战斗详报》）

---

① 滥板凳，即懒板凳，有的文电中称榄板凳、缆板凳。今为南白镇，是贵州省遵义县人民政府所在地。

王家烈关于请薛岳部追击
抢渡乌江之中央红军致蒋介石电

（一九三五年一月三日）

南京委员长蒋钧鉴[①]：

　　自薛[②]纵队吴[③]军收复镇远、施秉，职部杜[④]旅追抵黄平后，匪部纷向余庆、旧州、瓮安方面溃窜。职部已与吴军取得联络，并于东日与潘绍武、路邦道两专员，犹、何[⑤]总副指挥各将领前往重安欢迎吴军暨各武装同志，就便晤商剿匪大计。所商结果，即托梧生[⑥]兄转陈薛总指挥。现职部担任扼守由平越至开阳沿清水河之线，掩护贵阳；已令犹、何两指挥驰往布防前线，在瓮安之银锭街、牛场、中坪一带，与匪对抗中。职并将主力集中贵阳，于东午遄返省垣，统筹布置。东夜接侯[⑦]副军长之担电，匪一部约数千人，于全日由孙家渡、王文场、袁家渡抢渡乌江未逞；又接湄潭万团长式炯电，窜余庆之匪约五六千人，于全日由回龙场、乌江新老渡口各点，抢渡两次，均未逞，刻尚隔岸相持中。等语。据此，该匪北窜渡江之企图，已可证明。除以江北各部严为固守河防外，拟恳

---

① 一九三五年一月三日，蒋介石到浙江奉化溪口休养。

② 薛，指薛岳。

③ 吴，指吴奇伟。

④ 杜，指杜肇华。

⑤ 犹、何，指犹国才、何知重。

⑥ 梧生，即吴奇伟。

⑦ 侯，指侯之担。

电令薛、周^①各纵队，约期由施、黄^②向瓮、余^③追剿，必能于南岸收聚歼之效。该匪狡诈百出，一旦渡江不成，向西突窜，职当谨遵钧座谕旨，联络薛、周各军，竭力堵剿，勿任逃逸。若贵阳已无顾虑，则烈^④立率部尾追协剿，用竟全功。是否有当，伏候钧示祗遵。

职王家烈叩。江参战谋印

（此件引自中国人民解放军历史资料丛书《红军长征·参考资料》）

---

① 周，指周浑元。
② 施、黄，指贵州省施秉、黄平两县。
③ 瓮、余，指贵州省瓮安、余庆两县。
④ 烈，指王家烈。

薛岳关于贵州政治军事经济
对"围剿"红军之影响致蒋介石电

（一九三五年一月三日）

本路军入黔行动，前经逐日电呈，但尚多特殊之点，谨再综合补之。

一、黔政黑暗，民间不惟疾苦甚深，并毫无组织，对于清野、破坏交通、构成侦探网等，均付阙如。

二、黔军先以主力控置马场坪、炉山一带，以固贵阳门户；其分置于黎平、三穗、镇远、施秉、黄平、旧州、瓮安者，匪来则望风披靡。

三、黔本贫瘠之省区，年来遍地植烟，生产锐减，补给极为困难。

四、匪自黔东而至黔中期间，王^①主席似以主观之见地，判断匪必循萧克故道北窜，并各次要求本路军向铜仁、石阡、余庆截剿，颇以中央军入贵阳为虑。

谨闻。

（此件引自《第六路军赣南——湘南——黔西间地区追剿朱毛股匪各役战斗详报》，以江戍炉机电发出）

---

① 王，指王家烈。

王家烈关于中央红军突破乌江的通报

（一九三五年一月四日）

顷据易①旅长、万②团长江巳电称：（一）冬日午时共匪突以巨大火力，向我岩门老渡口猛烈轰击，我八团余营守兵，击毙匪众逾千，该营亦伤亡殆尽，匪乘势抢渡，占据箐口。（二）我八团吴营，尚在下流相持中。等语。特闻。

（此件引自《共匪西窜记》）

---

① 易，指易少全，任国民党军第二十五军教导师第二旅旅长。
② 万，指万式炯。

薛岳关于进出贵阳致吴奇伟、周浑元电

（一九三五年一月四日）

密：

甲、匪主力经开州①、息烽、修文间地区西窜，一部渡过乌江北岸，现余庆、瓮安一带已无股匪。

乙、本路军以进出贵阳保有中心城市为战略上基地，以利尔后向四川进剿之目的，特修正东酉施参电部署如下：

第七纵队遵前电要旨，微日由黄丝、炉山间地区前进，虞日到达贵阳，即于五日内构筑据点所要碉楼三十六座，警备待命。

第八纵队按前电要旨，微日分由旧州、黄平、炉山间地区推进；虞日郭②师到达龙里；谢、萧③两师到达贵定；万④师到达平越、马场坪，即于五日内构筑各处据点所要碉楼共三十六座，警备待命。

总指挥部，微日由炉山进驻贵阳，齐日到达。

丙、各官兵对人民及友［军］须绝对和爱，以宣示中央德意。

上三项，希遵办具报。

（此件引自《第六路军赣南——湘南——黔西间地区追剿朱毛股匪各役战斗详报》，以支戌炉参电发出）

---

① 开州，今贵州省开阳县。
② 郭，指郭思演。
③ 谢、萧，指谢溥福、萧致平。
④ 万，指万耀煌。

国民政府文官处对石青阳等为红军长征入黔请求蒋中正派兵入川堵截的函电

（一九三四年十二月二十九日至一九三五年一月四日）

一、南京国民政府文官处给军事委员会的函

公函

（第十四号）

径启者，奉主席交下石青阳等艳电，为赣匪溃图西窜，已越湘、桂入黔境。黔省兵力单薄，势难抵御。赤匪西向则可占贵阳，北进则可由铜仁、遵义、赤水分道入川。请速调大军，取道夔、巫、施、南[①]入川防剿一案，奉谕："交军事委员会。"等因。除电复并查原电报已分陈，不另抄送外，相应函达。

查照。此致
军事委员会
中华民国二十四年一月四日

二、南京政府文官处复印石青阳等人的代电

南京。

四川旅京同乡会转石委员长青阳[②]等勋鉴：

执事等艳电，为赣匪西窜，请迅调大军，取道夔、巫、施、南入川防剿一

---

① 指夔门、巫峡、恩施、南川。

② 石青阳，（1897—1935）四川人，曾任川军师长、司令等职。从一九三二年起，任南京政府蒙藏委员会委员长。

案，已奉主席谕交军事委员会核办矣。特达查照。

国民政府文官长魏〇（怀）。支印

三、四川旅京同乡会石青阳等为中央红军入黔给南京国民政府的电报（一九三四年十二月二十九日）

南京。

中央政治会议、国民政府林主席、行政院汪院长、军事委员会溪口、杭州探送蒋委员长钧鉴：

借用□□密。自江西共匪溃围西窜，青阳等逆料其必侵入川黔，以图与肖、贺、徐诸股匪联合。迭经呈请中央，迅派大军入川截击，以期歼灭。乃为时未久，匪众数万人，已越湘、桂入黔境。首陷黎平。近接刘总司令湘来电：镇远亦于敬日失守。并闻匪军已进占施秉，黄平。黔省兵力单薄，势难抵御。赤匪西向，则可占领贵阳，北进则可由铜仁、遵义、赤水，分道入川。情势之危，迫于眉睫。不惟川省人民，陷于水深火热、亟盼中央拯救，即川军各将领亦甚希中央军按照原定计划，提早由夔门入川，负大江南岸防剿之责，俾川军得专力进攻北岸之匪。用再合词，呼请俯顺川省军民之请，即抽调大军，取道夔、巫、施、南入川。水陆益进，以赴事机。川江现有轮船约二十艘，每艘每次约可装运四五百人。可供临时军运之用。迫切陈词，伏冀鉴纳。

石青阳、吕超、曾扩情（下面名单略）叩。艳印

（此件引自中国第二历史档案馆编《国民党军追堵红军长征档案史料选编》）

薛岳请求在贵阳整备致蒋介石电

（一九三五年一月五日）

股匪窜集黔北，即就桐梓、遵义地区暂事喘息，抑或转窜川南，尚须待证。谨就管见所及，窃为嗣后进剿策划，有待川、滇、黔军协力之需求，尤以重庆、桐梓、遵义、贵阳交通之掌握，与本路军所依托贵阳策源地之整备实力为急务；否则大军再事涉远，后方联络线日益伸展，恐功亏一篑，遗无穷忧虑。兹拟于本路军到贵阳附近后，以吴①纵队配置修文、息烽、大渡口间，筑碉警备；周②纵队配置贵定、龙里、贵阳、清镇，筑碉警备，并以一部进至黔西附近地区、以保持进出西北方面之便利，再观匪行动，以妥定进剿机宜。是否之处，谨电察核，示遵为祷。

（此件引自《第六路军赣南——湘南——黔西间地区追剿朱毛股匪各役战斗详报》，以微戌马机电发出）

---

① 吴，指吴奇伟。
② 周，指周浑元。

何键关于第一第二兵团追堵
中央红军致刘建绪薛岳等的命令

（一九三五年一月六日）

刘总指挥建绪、第四路李司令云杰、第五路李司令韫珩、第一路陶司令广、第二兵团薛总指挥岳、第二路吴司令奇伟、第三路周司令浑元、第六路李司令觉、李保安处长觉、陈师长光中：

命令：

（一）据报，匪大部窜瓮安、余庆，刻正在孙家渡附近抢渡乌江，其一部窜抵石阡，似有循萧匪故道流窜之模样。目下桂军已进抵都匀[①]；我第二兵团已过旧州，尾匪追剿中。

（二）我追剿军以秉承委座所示方针，完成追剿任务之目的，拟以第一兵团大部转移于铜仁、松桃、江口地区堵剿，并以第一兵团之一部维持后方交通联络线，第二兵团仍沿贵阳大道，尾匪追剿。

（三）第一兵团除第一路陶、章[②]两师已开赴沅陵会剿贺、萧股匪外，着以第四路李云杰所部，由芷江经麻阳，或经龙溪口、亚鱼场进驻铜仁、江口、松桃一带，担任督修该地区内之碉堡线，并详侦匪情，相机堵剿；第五路李韫珩所部，位置于镇远、玉屏、晃县、芷江一带，维护后方交通，择要督修该地区内之碉堡，并与第二兵团切取联络；第一路之陈光中师即由镇远进驻思县[③]附近，右与第四路、左与第五路密切联系，相机向石阡方面之匪搜剿。

---

① 都匀，今贵州省都匀市。
② 陶、章，指陶广、章亮基。
③ 思县，今贵州省岑巩县。

（四）第二兵团着仍沿贵阳大道，协同黔、桂友军，尾匪主力追剿，并堵其北窜或东窜。

（五）本部即日移驻常德督剿，尔后随战况进展，向沅陵推进。

上五项，特电遵照。

总司令何键。鱼申邵参机

（此件引自《剿匪军追剿总司令部廿四年元月东日起至二月宥日止剿匪工作军事报告》。中国人民解放军历史资料丛书《红军长征·参考资料》）

王家烈关于中央红军向遵义进军的通报

（一九三五年一月七日）

（一）匪大部渡过乌江，支日分陷湄潭、团溪，向遵义压迫。其在乌江南岸一部约三千人，经中坪、龙旺河西窜，微午逼近开阳。

（二）本军除加令黔北各部队务固守遵义外，已令我第一、第三、第九各团于微日由省沿扎佐、息烽倍道开乌江北岸老君关、刀靶水，以策应遵义，掩护乌江渡口，并保持省、遵①交通。

（三）我魏副师长金荣②部及杜肇华旅，微晚已到洗马河，鱼日到羊场，阳午可抵开阳。我李旅成章先头第二团，微晚已到开阳。除饬令李旅将开阳之匪扫清，即北上巩固茶山渡口，并派一部移进息烽，掩护友军出遵③追剿便利。

（四）中央军吴④司令鱼日到贵阳。

（此件引自《共匪西窜记》）

---

① 省、遵，指贵州省省会贵阳及遵义。

② 魏金荣，任国民党军第二十五军三师副师长。

③ 遵，指贵州省遵义县。

④ 吴，指吴奇伟。

侯之担关于退守娄山关电

（一九三五年一月六日）

匪渡乌江后，担[1]部不得已退至湄潭老岩一带，死守待援。匪节节进攻，担部以孤军固守遵义。至鱼晚终以众寡不敌，担乃率部背进娄山关之线。现匪主力尚在遵、湄[2]等处。谨闻。

军除一部于茶山关、大渡口、黄沙渡各地控制渡河口外，其主力（九个团）为便于尔后进站之目的，自佳日起转移于黔西方面。谨闻。

（此件引自《共匪西窜记》）

---

① 担，指侯之担。

② 遵、湄，指贵州省遵义（今为市）、湄潭两县。

薛岳关于进出乌江北岸地区
截剿中央红军致吴奇伟周浑元电

（一九三五年一月八日）

甲、匪情及友军情况如齐晨〔辰〕贵机电所示。

乙、本路军为便于尔后进出乌江北岸地区截剿之目的，策定部署如下：

一、吴①纵队佳日起，以韩、欧②两师循狗场、清镇之线，限灰日前到清镇、镇西卫各地筑碉警备，并派出一部进至鸭池讯〔河〕及其北岸筑碉，征集渡河材料，确实保持渡河点之安全，并与黔西黔军取联络。梁唐③两师仍在贵阳及其附近警备。纵队部应进至清镇。

二、周④纵队谢、萧⑤两师佳日起循龙里、贵阳之线，于真日前到达扎佐、修文各地筑碉警备，并派出一部进至六广、黄沙渡各地筑碉，征集渡河材料，确实保持渡河点之安全，并与黔西黄沙渡黔军取联络。纵队部及郭⑥师灰日起循谢、肖两师后进至贵阳北郊警备。万⑦师灰日起以主力控置贵定，以一部进至龙里警备。

丙、贵定、龙里、贵阳、清镇、镇西卫、黔西间及贵阳、扎佐、息烽、大渡口间之通信，利用国有电报线，架设电话。但团以下不许利用。扎佐、修文

---

① 吴，指吴奇伟。
② 韩、欧，指韩汉英、欧震。
③ 梁、唐，指梁华盛、唐云山。
④ 周，指周浑元。
⑤ 谢、萧，指谢溥福、萧致平。
⑥ 郭，指郭思演。
⑦ 万，指万耀煌。

间电话，由周纵队派队架设。修文、黄沙渡间由本部另商贵州省政府架设之。

丁、各部队病兵，除万师在贵定外，余均在贵阳近郊收容诊察。

戊、余在贵阳城。特达。

（此件引自《第六路军赣南——湘南——黔西间地区追剿朱毛股匪各役战斗详报》，以齐午贵机电发出）

侯之担关于中央红军突破乌江占领
遵义经过致林森汪精卫蒋介石等电

（一九三五年一月十日）

特急。

南京中央党部、国民政府主席林、行政院长汪、军事委员长蒋、各部长、北平何部长、汉口张副司令、何主任、宝庆何主席、南宁李总司令、柳州白副司令、广州陈总司令、巴县刘督办、云南龙主席、贵阳王主席、犹总指挥①钧鉴：

共匪朱、毛西窜，自上月中旬由湘入黔，此剿彼窜，狼奔豕突，直趋乌江。担②奉命总领后备军，率教导师全部沿乌江三百余里扼防，构筑堰固截工事③，严阵以待。匪于一日抵江来犯，担部沉着应战，防制该匪于南岸，俾追剿各部易于成功，该匪竟猛攻三昼夜，片刻未断，各渡均以机炮集中轰击，强渡数十次，均经击退，毙匪、溺匪约三四千名，浮溺满江。冬午，匪忽增加至二三万之众，拼命强渡。担仰体钧座埋头苦干之训诲，督各部死力抵抗，务祈追剿各军一致奋击。无如众寡不敌，我林④旅守老渡口、岩门之一五团，被该匪机炮灭净。匪于冬日午后五时，突过乌江，不得已收集各部退守湄潭龙岩一带，死守待援，以图反攻。该匪渡江后，节节进攻，连日激战肉搏，担部虽伤亡过重，仍以孤

---

① 收电人，指国民党中央党部、林森、汪精卫、蒋介石、各位部长、军政部长何应钦、豫鄂皖三省"剿匪"副总司令张学良、国民党军驻鄂绥靖主任公署主任何成浚、何键、李宗仁、白崇禧、陈济棠、刘湘、云南省主席龙云、王家烈、犹国才等人。汉口，今湖北省武汉市一部分，位于长江北岸，汉水以东。巴县，今四川省重庆市。

② 担，指侯之担。

③ 原文如此。

④ 林，指林秀生。

军固守遵义。至虞晚，匪以大部攻城，卒以寡不敌众，弹尽援绝，不得不暂率所部背进于娄山关及长岗山之线待援。现匪之主力在遵、湄[①]等处。担部正整顿补充中。查共匪为全国公敌，此间军民等早已具杀敌决心，山河可残，壮志不磨。谨电告明，伏乞睿察，并请中央早颁围剿明令，期于一致进行，以达早日歼灭之效。

二十五军副军长兼剿匪后备总指挥侯之担叩。灰印

（此件引自中国人民解放军历史资料丛书《红军长征·参考资料》）

---

① 遵、湄，指贵州省遵义（今为市）、湄潭两县。

侯之担关于娄山关战况电

（一九三五年一月十日）

职部退守娄山关，伪杨师①跟追到观音阁与我对峙，以一部攻我板桥。佳晨匪数千并机炮向我正面猛攻，冲锋数次，匪未得逞。复以大部由茅坝前乘〔来〕围我右翼，不支退马鞍山。而友军廖②部决守酒店垭，不及增援，不得已撤至官殿、花秋坝之线。共匪大部将马鞍山抄断，接城而进，激战至午，突围而出，向我跟进，被我袁田坝伏兵出击，毙匪二三百，乃退至祖师观，已令林旅长秀生、侯副师长汉佑，死守新站、官店、花秋坝至长千山之线，决与廖部共商反攻，收复桐梓。

（此件引自中国人民解放军历史资料丛书《红军长征·参考资料》）

---

① 杨师，应为中央红军一军团第二师第四团。
② 廖，指廖泽。

贺国光关于扣押侯之担电

（一九三五年一月十八日）

近侯之担迭失要隘，竟敢潜来渝城[①]，已将其先行看管，听候核办。该部善后事宜，已由刘总司令湘负责处理，以俟复电到渝，再行奉闻。

（此件引自《第六路军赣南——湘南——黔西间地区追剿朱毛股匪各役战斗详报》，以巧未行参战电发出。贺国光，任国民政府军事委员会委员长行营参谋团主任）

---

① 渝城，即今重庆市。

国民党"剿匪军追剿总司令部"
关于追堵红军长征军事报告书

（一九三五年一月至二月）

朱毛股匪，由赣东南方面经湘、桂境窜入黔中，经我追剿军节节痛剿，受创极巨，贺、肖两匪，窜扰湘西，亦被我军迭次击溃。所有剿办经过情形，业经呈报至二十三年底止在案。兹将二十四年元月东日至二月宥日，剿匪经过概况，继续汇报如下。

一、作战命令

元月歌酉电令：

陶司令广、李司令觉、郭司令汝栋、陈师长渠珍：

（一）贺、肖股匪，刻仍肆扰慈、庸、桑、永各县中。

（二）我军以不使该匪流窜湘西，声援朱毛，宜急会合有军，分由沅、澧两水流城，将其合围聚歼于慈、桃、桑、永间地区之目的，决定进剿方略如次：（1）第六路李司令觉所部，除以刘区司令运乾部固守常城外，余经桃源、太平桥、李公港，先行肃清桃源境内散匪后，进驻龙眼池附近，与友军切取联络，候命向大庸进剿。（2）第一路陶司令广所部，应以一部进驻四都坪，大部位置于王村、永顺之线，联络陈师，候命向大庸进剿。（3）陈师长渠珍，除以一部构筑麻阳、保靖线之碉堡外，余应推进于永顺、龙家寨之线，堵剿由大庸西窜之匪。（4）郭司令所部及罗旅长进剿任务、路线，应候徐总司令部署命令，沿澧水流域，分经石门、慈利、江垭、溪口向大庸进剿。（5）上四项，除电告徐总司令，请以津澧部队及郭、罗两部沿澧水流域西进，以原在鄂西部队南下进驻桑植，与我军齐向大庸会剿，并商定总攻日期外，特电遵照。

总司令何键。歌酉邵参机

元月鱼申电令：

刘总指挥建绪、第四路李司令云杰、第五路李司令韫珩、第一路陶司令广、第二兵团薛总指挥岳、第二路吴司令奇伟、第三路周司令浑元、第六路李司令觉、李保安处长觉、陈师长光中：

命令：（一）据报匪大部窜瓮安、余庆，刻正在孙家渡附近，抢渡乌江。其一部窜抵石阡，似有循肖匪故道流窜之模样。目下桂军已进抵都匀。我第二兵团已过旧州，尾匪追剿中。（二）我追剿军以秉承委座所示方针，完成追剿任务之目的，拟以第一兵团大部转移于铜仁、松桃、江口地区堵剿。并以第一兵团之一部，维持后方交通联络线。第二兵团仍沿贵阳大道，尾匪追剿。（三）第一兵团除第一路陶、章两师，已开赴沅陵会剿贺、肖股匪外，着以第四路李云杰所部，由芷江经麻阳，或经龙溪口、亚鱼场，进驻铜仁、江口、松桃一带，担任督修该地区内之碉堡线，并详侦匪情，相机堵剿。第五路李韫珩所部，位置于镇远、玉屏、晃县、芷江一带，维护后方交通，择要督修该地区内之碉堡，并与第二兵团切取联络。第一路之陈光中师，即由镇远驻思县附近，右与第四路，左与第五路，密切联系，相机向石阡方面之匪搜剿。（四）第二兵团着仍沿贵阳大道，协同黔、桂友军，尾匪主力追剿，并堵其北窜或东窜。（五）本部即日移驻常德督剿。尔后随战况进展，向沅陵推进。上五项，特电遵照。

总司令何键。鱼申邵参机

元月佳申颁布之基于委座歌卯电令部署，策定本追剿军继续追剿计划如下：

第一，追剿方针

（一）本追剿军为贯彻中央肃清匪患至计，完成追剿任务之目的，拟以第二兵团协同黔、粤、桂友军，务期蹑匪穷追，将窜匪歼灭于乌江西北地区，以第一兵团主力，进出于铜、松、思、石、酉、秀沿乌江东岸地区，先行督筑坚固之碉堡线，封锁匪之东窜，并以一部维持镇远大道之后方联络交通线，应机策应第二兵团。

为肃清后方，先行消灭流窜湘西之贺、肖股匪，应由第一兵团另编一部，经由白河（酉水）沅水两流域，协同徐总司令原驻澧水流城及鄂西方面友军，协同围剿该股匪于湘、鄂边区而消灭之。

第二，指导要领

（二）窜匪如渡过乌江，北窜湄潭、遵义，有暂停喘息之企图，我追剿军之第二兵团，应亟与黔、粤、桂友军，协定追剿路线，蹑匪穷追。第一兵团应迅速转移于乌江东岸地区，与第二兵团呼吸相应，期将该匪于川江南岸地区而消灭之。

（三）如窜匪有北窜綦江或赤水之企图，我第二兵团应迅速进出湄潭、遵义与黔、粤、桂友军紧密协同，觅匪蹑追。兼督修所在地区内之碉堡线，与第一兵团呼吸相应。

（四）如贺、肖股匪，企图与窜匪联合，西窜乌江，我第一兵团务期先将该股匪消灭于川、鄂、湘边区，以便与第二兵团协力追剿。

我第二兵团，仍与黔、粤、桂友军，继续尾蹑窜匪追剿。

第三，兵力部署

（五）追剿军之编组：

追剿总司令何键

追剿第一兵团总指挥　刘建绪

　　直辖补充总队

　　第一路追剿司令　陶广

　　第六十二师（缺李旅）　陶广（兼）

　　第十六师　章亮基

　　第三十四师　陈渠珍

追剿第四路追剿司令　李云杰

　　第二十三师　李云杰

　　第十五师　王东原

第五路追剿司令　李韫珩

　　第五十三师　李韫珩

　　第六十三师（缺陈旅）　　陈光中

第六路追剿司令　李觉

　　第十九师（缺三团）

　　第六十三师之陈旅

　　保安团队

追剿第二兵团总指挥　薛岳

第二路追剿司令　吴奇伟

　　第九十师　欧震

第九十二师　梁华盛

第九十三师　唐云山

第五十九师　韩汉英

第三路追剿司令　周浑元

第五师 谢溥福

第十三师　万耀煌

第九十六师　肖致平

第九十九师　郭思演

（六）第一兵团之部署：

第一路所部，着集结于白河流域。即以一部经四都坪，以主力经永顺、王村，联合下游友军，向大庸围剿贺、肖股匪。并另以一部迅速构成永、保、龙、桑之碉堡封锁线，相机推进于秀山、酉阳，右与徐军，左与第四路，切取联络，务先完成所任地区之碉堡线。

第四路所部，着即由现在地，经芷江、麻阳或龙溪口先向铜仁、江口、松桃地区前进，步步督筑所要之碉堡线，逐渐推进于乌江沿岸，构成坚固之守势地带，右与第一路切取联络，左与第五路觅剿石阡方面之匪，先行肃清乌江以东匪患为要。

第五路所部，着以第五十三师，迅即跟随第二兵团前进，维持镇远大道之后方联络交通线。以第六十三师，暂位置于思县附近，联合第四路所部，搜匪石阡方面之匪。务于短时间内，肃清乌江以东地区为要。

（七）第二兵团之部署。

所部第二、第三两路，为本追剿军之主力。着该总指挥适应追剿情况，就近与黔、粤、桂友军，蹑匪穷追，右与乌江东岸地区之第一兵团呼吸相应。

关于与黔、粤、桂友军作战地境线，曾经李总司令、白副总司令阳申电征同意，拟以自榕江经炉山至绥阳之线，为作战境界线。该线以东，归何总司令所部，以西归黔、粤、桂军。俾后方交通，及前方作战，得以有条不紊，切实联络，不致发生变更及空隙。等语。但该方所拟定之地境线，于事实是否适宜？应由薛总指挥妥为协定。以能应情况之变化与后方之交通为要。

第四，追剿实施

其一　乌江方面

（八）着以第二兵团全部及第一兵团之一部，节节尾匪穷追追剿，务使匪无喘息余暇，并阻断贺、肖股匪之联系。其第一兵团主力，应于乌江东岸地区，逐渐构成坚固之守势地带。

（九）本穷迫追剿及稳扎稳打之原则，一面跟匪所至，节节予以痛剿，逐渐消灭窜匪实力；一面于黔、川、湘边区，构成有力工事，以孤窜匪及、贺、肖声势，各个击灭之。

其二　白河方面（酉水方面）

（十）着第一兵团之第一、第六两路，迅即分由沅水、白河两流域，向大庸股匪围剿。务与澧水流域之徐总司令部妥为协定，迅向大庸同时并举。并请徐总司令以原驻鄂西部队，进出桑植截剿为要。

（十一）对于永、保、龙、桑，应责成第一路陶司令所部之新三十四师，限日构成坚固之碉堡线，封锁匪之退窜，阻断匪之联络为要。

（十二）白河流域匪患肃清后，即以该方面兵力推进至堡、永、秀、酉，右与徐总司令进黔、彭部队，左与第四路切取联络，围剿乌江以西地区窜匪。务于川江南岸地区而歼灭之。

第五，交通运输卫生

计划另定之。

元月删午电令：

刘总指挥建绪、陶司令广、李司令云杰、李司令韫珩、李司令觉、薛总指挥岳、吴司令奇伟、周司令浑元：

命令：（一）朱毛残部，自渡过乌江窜陷湄潭、遵义后，似有在该地区暂停喘息，继续北窜之企图。贺、肖股匪，自常、桃附近，被我军击退后，刻仍盘踞永庸一带，盛力宣传赤化中。（二）本追剿军为贯彻中央肃清匪患之至计，完成追剿任务之目的，秉承委座歌卯部署电令，及基于本部佳申颁布继续追剿计划，决定部署于下：（甲）第一兵团：（1）第一路以新三十四师，迅速构成永、保、龙、桑之碉堡封锁线，先行肃清大庸之匪，应梯次配署于第四路之右后方。右与进向黔、彭之徐部联络，并相机策应第四路，截剿乌江以西地区之窜匪。其第十六，第六十二师、着以一部经四都圩，主力经永顺、王村，联合沅澧下游左军，向大庸之匪围剿。（2）第六路着由龙潭河、李公港之线西进，与澧水流域之徐总司令所部，妥为协定，向大庸方面之匪围剿。（3）第四路着以一师进向秀山、龙谭、酉阳，一师位置铜仁、松桃，逐渐推进于乌江沿岸，构成坚固之守势地区。右与第一路联络，左与第五路协力，先行肃清乌江以东之匪，相机度过乌江西岸地区，觅匪截击。（4）第五路除以第五十三师，随第二兵团前进，维持镇远大道之后方联络线外，第六十三师即向江口附近，协同第四路先行肃清乌江以东之匪，相机渡过乌江西岸地区，向湄潭方面之匪。

（乙）第二兵团：（5）第三路着由息烽经镇南关渡河，与第二路协同向遵义、绥阳之线，蹑匪穷追。（6）第二路着由镇西街，经滥泥沟渡河，协同第三路，并联络各友军侧击由遵义北窜之匪。（7）关于该兵团追剿路线及兵力使用，得由薛总指挥适应情况，酌量变更，就近与粤、桂、黔友军，协定一切，并应与乌江东岸地区之第一兵团呼吸相应。（8）本部暂在常德。正准备驻沅陵督剿。（三）各部每到一处，应即督修所在地之碉堡工事，匪情及我军行动位置，应逐日电告。上三项，仰即遵照。

总司令何键。删常参机

元月巧午电令：

刘总指挥建绪：

奉委座删未参京电升：据甫澄真午电节称：现因陈万仞师，调移池津，酉、彭防务空虚。请速令郭、罗、李师，克日出动接防酉、秀，并令滇军兼程到毕节增援，用达歼灭该匪于黔北之目的。等语。希志舟兄即饬所部，兼程开赴毕节堵剿。芸樵兄转催沅、白流域部队，迅速进至酉、秀。等因。特电知照。希查删午电部署，饬第四路迅以一师向酉、秀推进为要。

总司令何键。巧午常参机

元月马戌电令：

刘总指挥建绪、薛总指挥岳：

命令：（甲）我军以秉承委座皓申围剿计划，继续蹑匪穷追，将其压迫于川江南岸地区而聚歼之目的。决定部署如下：（一）第一兵团，除第一、第四、第六各路，仍照本部删午部署电令实施外，第五路李韫珩部，着以五三师由镇远、石阡，进驻思南，六十三师由江口进驻印江，协同向德江、凤泉、湄潭方面，觅匪截剿。但应右与第四路，左与第二兵团切取联络。（二）第二兵团徐酌派一部，维持镇远大道之后方交通外，仍应继续向绥阳、桐梓、仁怀之线，蹑匪穷追。关于该兵团各路追剿路线及兵力部署，得由薛总指挥酌量规定。就近与黔、粤、桂友军协定。并与第一兵团呼吸相应。（乙）各部受领本命令后，应遵照委座皓申电令，如限达到。每到一处，应即构筑据点工事。匪情及我军行动位置，应随时电告。上二项，仰即遵照为要。

总司令何键。马戌常参机

元月漾申电令：

刘总指挥建绪、陶司令广、李司令觉：

兹与徐总司令商定，协剿贺、肖计划如下：

（一）匪情及友军情况

贺、肖股匪，刻仍出没于岩口、大康、四都坪间，往来肆扰，似有伺隙西窜之企图。我徐总司令所部，现以五八师、暂四旅编为第三纵队，二十六师、三十四旅编为第四纵队，由石门、慈利沿澧水向庸、永进剿。其第一、第二两纵队，除各以一部使用于石门东北地区，随同西进，藉厚湘西兵力外，余正准备入川协剿中。

（二）方针

我军为迅速肃清该匪，以策追剿部队之后方安全，得一意入川穷追朱毛起见，应一面驱逐岩口、断架山及四都坪附近之匪，一面择要构筑据点工事，逐步将该匪包围于大庸附近而歼灭之。

（三）兵力部署

（1）徐部之第三纵队应由澧县、石门通津铺，进驻江垭附近，肃清当面之匪，准备向大庸进剿。

（2）其第四纵队郭司令所部，应由慈利岩泊渡肃清溪口、岩口附近之匪，准备向大庸进剿。

（3）第六路李司令所部，除以一部进驻龙潭水、曾家河、观音寺之线，构筑碉堡，以策左侧背之安全外，主力应即由龙潭河进向大浒附近，联络郭师，肃清断架山一带之匪，准备向大庸进剿。

（4）第一路陶司令所部，应即以一部先行肃清四都坪附近之匪十六师主力，应即进松柏场附近，于施家溶、羊峰城、榔溪河、三脚岩、飞砂坡之线，构筑据点工事。新三十四师，应即推进永顺、龙家寨之线，准备齐向大庸进剿。

（5）各部队到达指定地点后，一面肃清当面之匪，严密警戒，一面即构筑坚固工事，为一切攻击准备，并统限于三十日前准备完毕。

（6）第六路与徐部第四纵队之作战地境，以景隆桥、洪家园、断架山、天门山、四都坪、石田溪、薄西坪、大坝之线划分之。线上各点，属第六路。但大庸为两方共同目标。上三项，除关友军各路任务，已由徐总司令皓午电令发表外，特电遵照。附注意：①据徐总司令马未电：略谓进剿日期敌部定在二月歌日。因后方部队调集需时，为求并进协剿，以免漏网计，贵各部于三十日准备完毕后，所有进剿时日，可否展［暂］缓，以便协同。等语。似应照办，但各部队如能相机先行收复大庸亦可。②我第六路李司令觉，仍应与郭司令汝栋，妥为商定，期能先行协同收复大庸为善。因进剿日期过于迟缓，恐匪情发生变化。

总司令何键。漾申常参

附：整理新三十四师，及昭苏湘西人民疾苦电令：

查湘西上游各县，素称瘠苦，近年部队复杂，捐税繁苛，匪盗横行，民不堪命。本主席兼总司令，于剿匪安民整军三者，务求并进。上以副中央及委座之寄托，下以昭苏湘西民众之痛苦。除剿匪军事部署。已另令饬遵外，托兹特颁布如下之命令：（一）新三十四师全部，已令开驻永、保、龙、桑之线，协剿贺、肖股匪，并负责构筑碉堡封锁线，着限于元月俭日以前到达。（二）着陈师长渠珍，于二月十日以前，将新三十四师，按本部颁发师编制表，整编一师。完竣具报，听候点验，直接发饷。其编余枪枝，一律缴销，不得再以任何名义私擅扩大。（三）该师所有造枪弹各机关，着立时停止，并将机械缴销。（四）该师所提收各县团枪，着该师长负责归还。（五）湘西上游各县之非法关卡捐税，着由省委出巡办公处，会同陶司令、勒令一律撤销。嗣后不准任何人以任何名义，私擅设立或拟派。（六）湘西农村银行票币，着由陈师长渠珍兑现收销。（七）着陶司令即派兵填驻乾城、凤凰，便与松、铜、酉、秀联络。其余陈师原防各县，除永、保、龙、桑外，均由陶司令负责分防。（八）保安第三区团队编制，及其整训方案，着由全省保安处规定实施。上八项，仰即分别遵照为要。

何键。号戌常

二、部队调遣情形

本部所辖部队，为第一、第二两兵团。第一兵团总指挥刘建绪，辖第一、第四、第五各路。第一路追剿司令陶广，辖第十六师（师长章亮基），第六十二师（师长陶广兼，缺李国钧旅），新编第三十四师（师长陈渠珍）。第四路追剿司令李云杰，辖第十五师（师长王东原），第二十三师（师长李云杰兼）。第五路追剿司令李韫珩，辖第五十三师（师长李韫珩兼），第六十三师（师长陈光中）。第二兵团总指挥薛岳，辖第二、第三两路。第二路追剿司令吴奇伟，辖第九十师（师长欧震），第九十二师（师长梁华盛），第九十三师（师长唐云山），第五十九师（师长韩汉英）。第三路追剿司令周浑元，辖第五师（师长谢溥福），第十三师（师长万耀煌），第九十六师（师长肖致平），第九十九师（师长郭思演）。第六路追剿司令李觉，辖第十九师（师长李觉兼；缺三团），第六十三师之陈子贤旅及湖南保安各团。第七路追剿司令郭汝栋，辖第二十六师（师长郭汝栋兼），及独立第三十四旅（旅长罗启疆）。第六、第七两路，归本部直接指挥。除第一、第六、第七，三路部队进剿贺、肖外，其余各路，专向朱毛股匪追剿。兹将部队调遣情形。分述如下：

（一）第一兵团

该兵团追剿朱毛主匪，至湘、黔边之会同、靖县、通道、远口、锦屏、黎平一带，适贺、肖两匪由川、黔边境，窜入湘西。本部于二十三年十二月养日，令第一路之第十六、第六十二两师，由会同、通道经洪江、黔阳开赴沅陵方面，协剿贺、肖。元月东日，到达沅陵一带。元月鱼日，本部令第四路之第十五、第二十三两师，由会同远口经芷江、麻阳，向铜仁、松桃推进，堵剿主匪与贺、肖联合，并先行肃清乌江以东之散匪。均于元月文寒等日，到达铜、松一带。令第五路之第五十三师，位置于镇远、玉屏、晃县、芷江一带，维护后方交通。令第六十三师，由黎平、锦屏、剑河之线，经三穗、镇远进驻思县附近，相机向石阡方面推进。均于元月中旬，先后到达指定位置。元月删日，本部令新编三十四师，构筑永顺、保靖、龙山、桑植之碉堡线，先行肃清大庸之匪。梯次配置于第四路之右后方，相机策应第四路，截剿乌江以西地区之窜匪。令第十五师向秀山、酉阳推进，并构筑据点碉堡线。令第二十三师，暂位置于铜仁、松桃。第十五师于元月有感等日，到达酉、秀地区。旋奉委座皓申电令；至少须派三个师，西渡乌江，协同第二兵团任追剿。等因。其时贺、肖两匪，尚未歼灭。我陈渠珍师正从事改编。陶广、章亮基两师，一面任堵剿之任务，一面监督陈师之改编，及湘西杂部之滋扰。李云杰师，为防贺、肖西窜与朱毛联合，扼守桃、铜，最为重要。王东原师，远驻酉、秀地区，筑碉防堵。李觉所部，分驻桃源、太平桥、李公港一带，准备待命，协同徐总司令所部，进剿贺、肖。郭、罗两部，奉徐总司令之命，亦已开往澧水流域慈利、溪口之线。通盘筹划，兵力实感不敷支配。只能勉抽在镇远一带之第五十三师，在石阡附近之第六十三师，两师兵力。且湘西黔东北及川南方面山路险峻，交通梗塞。地方天灾连年，收成歉薄，粮食缺乏异常。运输价目不资。各部士兵，多有食薯吃粥者。加之黔、川境内，一切钞票，不肯使用。给养困难达于极点。本部力事督促，设法排除种种困难。并激励士气，务期达成追剿之任务。乃于元月马日，令第五十三师，由镇远进驻思南。第六十三师，由石阡经江口进驻印江，协同德江、风泉、湄潭方面，觅匪截剿。嗣以第二兵团薛岳所部，改归第二路军龙总司令指挥。且朱毛西窜愈远。第五十三、第六十三两师，暂在乌江以东之地区堵剿。对于贺、肖之围剿，因徐部集中未毕，本军在湘西方面兵力单薄，拟将酉、秀十五师，松桃二十三师，抽调回湘协剿，以厚兵力。而以五三、六三两师，填防酉、秀及黔东。经奉委座二月齐未电核准在案。故先后开拔在途。旋以五三师仍须使用于镇远之线。朱、毛亦回窜黔北，有联合贺肖之企图。奉委座漾戌电令，十五、二十三两师，回驻酉、秀防堵。等因。本部当转饬遵照。现该两师星夜赶赴酉、秀布防中。

（二）第二兵团

该兵团追剿朱、毛主匪，自元月经镇远、施秉、黄平、贵定、贵阳、开阳、息峰、修文，以达乌江以北遵义、仁怀、古蔺、叙永之线。薛总指挥岳，旋奉令改任剿匪军第二路前敌总指挥，督部继续进剿。

（三）第二十六师及独立第三十四旅

该两部到达常德、桃源方面，进剿贺肖。本部奉委座武昌总部元月齐辰电令，改归徐总司令源泉指挥，随同徐部入川。等因。当转饬遵照。郭师及罗旅奉命，相继于元月佳日，至同月马日，分由常德、漆家河、黄石等处，开驻慈利、岩泊渡、热水坑、羊毛滩一带待命。旋又奉委座元月文未电令：郭、罗两部，着暂归徐总司令源泉指挥，俾得迅速打通湘、鄂、川路线，其主力安全入川之用。俟徐部到达黔江彭水后，该两部仍归何总司令指挥。等因。刻郭纵队司令汝栋，率所部二十六师及罗旅，现在慈利至溪口之线准备沿澧水向大庸前进，先行协剿贺、肖两匪。

三、碉堡建筑情形

本部前奉令，对于主匪西窜，选定碉堡四线于湘西新宁、城步、绥宁、通道、靖县、黔、阳、芷江方面。陆续据各部报告：在该四线上，所筑碉堡数目，业经本部汇呈至二十三年十二月底止在案。关于永、保、龙、桑方面，亦令新编三十四师，扼要筑碉，防堵匪东西窜扰。嗣以该师改编，据报正在着手兴筑中。兹将靖县、通道、绥宁、新宁各县，继续构筑完成之碉堡，汇列于下：

靖县　东自牙寨，西至太平界，砖排碉四座，土班碉十座，共计十四座。

通道　城廓附近砖碉三座。

绥宁　小水土木碉四座，中团土木碉一座。下乡土碉一座，共计六座。

新宁　摩河岭砖排碉三座。狮蹲阁、校场坪砖排碉各一座。东河岸、南河岸砖排碉各一座。对河岭上土排碉三座。飞仙桥砖连碉一座，土排碉四座。龙潭桥土连碉一座。高桥土连碉一座，土排碉二座。石狮子土连碉土排碉各一座。窑上砖排碉、砖班碉各一座。肖家湾砖排砖〔碉〕一座。烟竹冲土排碉二座。深坳岭土排碉一座。安心观砖连碉一座，砖排碉二座。石门司砖连碉一座，砖排碉一座。赤竹铺砖排碉一座。漆树桥土排碉两座。李家湾土排碉一座。金家坌土排碉一座。潘家坳土排碉二座。共计四十六座。

四、剿匪战役经过

（甲）黔东南方面追剿朱毛经过

查朱毛股匪，自去年底，被我军吴奇伟部在镇远附近击溃后，窜向施乘、黄平一带。经薛总指挥督部跟追，迭在文德关、镇雄关、施秉、黄平，旧州、余庆、瓮安等处痛剿。共毙匪数千，俘匪千余。残部昼夜奔逃，喘息未遑。沿途散失，不不万余。因我乌江北岸，黔军防广兵单，致被匪主力偷渡，窜向湄潭、团溪一带，一部越清水江窜向紫江、息烽。我薛总指挥得报后，为迅速歼灭逃窜乌江南岸紫江、息烽之匪，及便利尔后进出于遵义、桐梓、重庆、泸州之线追剿计，令第二路吴奇伟部，虞日到达贵阳、息烽之线，第三路周浑元部，到达龙星、马场坪之线，协同友军进剿。虞灰等日，匪窜陷遵义、桐梓。我周路之谢、肖两师，已达息烽、札佐、修文之线。吴路之韩、欧两师，已达黔西、清镇之线。其余在贵阳附近。因远道长征，时值严冬，稍事补充，即向遵、桐方面追剿窜匪。斯时我刘总指挥建绪，率补充团，已抵天柱，继向玉屏、铜仁推进督剿。所部除陶、章两师，移开沅陵一带，协剿贺、肖外，陈光中师已到镇远。李韫珩师由会同西进，维护镇远大道之后方交通。李云杰、王东原两师，均经麻阳开赴铜仁、江口及松桃、秀山、酉阳地区堵剿。薛总指挥拟以吴路一部，循黔西、新场之线，联络黔军，向鸭溪、白腊坎方面截剿，并威胁老君关、刀靶水方面，以便周路之进出乌江北岸。以周路一部，循刀靶水、螺丝堰向遵义方面蹑剿。主力向乌江北岸跟进。并以郭师在贵阳附近，欧师在清镇、镇西街一带筑碉。自篠日起，吴路韩师、周路谢师，分由黔西、新场及刀靶水、螺丝堰各地，协同黔军犹、何等部，向遵义方面攻剿。皓日，克复遵城。惟匪主力，先已向赤水方面窜走，皓号等日，匪之先头，已到赤水附近。我薛总指挥当令吴司令派出第一追剿队，周司令派出第二追剿队，均于有日，分向仁怀、茅台。并请犹军长国才，派出第三、第四两追剿队，同日分由遵义、桐梓，向赤水、习水，急进追剿。斯时我第一兵团王东原师，到达秀山、龙潭筑碉。仍向酉阳推进。李云杰师，已到松、铜之线堵截。陈光中师赵旅，追到印江。王旅追到苗旺缠一带。第二兵团之第一、第二追剿队，俭日占领仁怀后，据俘匪供称：匪左侧卫宥日前经仁怀、茅台向古蔺急窜。主力宥日前循温水、东皇殿、二郎庙、土城，向叙永、古宋、兴文方向急窜。薛总指挥得报后，令第一、第二两追剿队，于陷日经茅台继向古蔺急进。第三、四两追剿队，于世日经土城向叙永追剿，以期占领叙永、古蔺之线，协同川军合围聚歼。旋委座以匪窜川、黔、滇边境，但非追剿军一部兵力所能剿办，乃令滇省龙主席云为剿匪军第二路军总司令，薛岳为该路军前敌总指挥，督部继续进剿。本部于二月奉委座巧电：令何键为剿匪军第一路军总司令，刘建绪为第一路军前敌总指挥。陶广、李云杰、李韫珩、李觉，为第一至第四纵队司令官。原追剿军战斗序列着一律撤销。等因。遵于二月宥日，分别在常德、桃源、沅陵、麻阳、镇远就职。追剿军战斗序列同时撤销。由本部另定部署。对朱、毛、贺、肖诸匪分别剿办。

以上追剿经过要图如附图第一。（图略）

（此件引自中国第二历史档案馆编《中华民国史档案资料汇编》，第五辑，第一编，军事四）

国民党军第九十三师甘丽初部湘黔边境追堵长征红军军事报告书

一九三五年二月军事报告书

（一）作战命令

（甲）薛总指挥①漾酉贵参电令如左：

1. 回窜之匪约五千人，已到达马蚁沟、临池庙、东皇殿一带地区，土城已无匪踪。

2. 周纵队之万师②，梗日到二郎滩，速向马蚁沟、东皇殿截击，谢、肖两师③照原令速向土城、东皇殿衔尾追剿。

3. 孙纵队之安、龚、鲁三旅④，经镇龙山速向土城、东皇殿围追。

4. 王纵队之何、李各部⑤，梗日到葫市，速向马蚁沟、临池庙、东皇殿截击，至在桐梓之六团、遵义三团即绥阳蒋部，应于敬日速向松坎截击。

5. 吴纵队⑥之唐师，敬日向遵义推进，韩师敬日向刀靶水推进，为预备队。希各部努力急进，务在桐綦线以西地区歼灭回窜之匪为要——完。

（乙）吴纵队司令官，二月二十八日午前十时三十分攻击前进，命令如下：

---

① 指遵义会议后国民政府军事委员会委员长重庆行营参谋团指挥的"追剿"军第二路军前线总指挥薛岳。

② 周纵队之万师，指"追剿"军第二路军第二纵队周浑元所指挥的第十三师万耀煌部。

③ 谢、肖两师，指第二纵队第五师谢薄福部以及第九十六师肖致平部。

④ 指第二路军第三纵队司令孙渡（滇军）所辖的第二旅安恩溥部、第五旅鲁道源部以及第七旅龚顺壁部。

⑤ 指第二路军第四纵队司令王家烈所部第一师何知重等部。

⑥ 指第二路军第一纵队司令吴奇伟所辖第九十三师唐云山部（中央军）。

1. 匪情如贵官所知。

2. 本军决向遵义之匪攻击前进之目的，着五十九师（附九三师之一团）即经桃溪寺、红花岗向遵义攻击前进。

3. 王纵队俟五十九师攻击进展时，应协同向遵义攻击前进。

4. 九十三师（缺一团）仍掌握现刻领有地区，尔后为总预备队。

5. 战斗地境现地指示。

6. 通讯联络，以忠庄铺为基点，使用电话为主，徒步传达补助之。

7. 余位置于忠庄铺——完。

（二）军队调遣

本师二十三日奉到总指挥电令后，即于二十四日由贵阳出发，向遵义推进，至二十七日午后九时到达忠庄铺（遵义南十里）附近，与匪对峙。

（三）查匪情

朱、毛股匪自经古蔺向西北逃窜，到达金沙江附近，因被我滇、川各军堵剿计不得逞后，经土城回窜黔北，二十五攻陷桐梓，二十七日攻陷遵义。

（四）剿匪经过

本师自二十七日进占忠庄铺后，二十八日即遵照吴纵队司令官命令，以第五五八团归五九师韩师长指挥，余仍掌握忠庄铺附近，现刻领有地区。是日午后二时，我五九师正向红花岗（遵义城西南约五里）攻击之际，匪大部即向右移动，向二五军之八、九两团阵地冲击甚烈，当即派五五五团之一营跑步应援，讵未经到达而阵地已委匪手，同时并有匪大部进出公路附近（即忠庄铺附近）。是时本师各部已成包围形式，且因分割所占地区，纵长凡七里，预备队全无，乃严饬所部在原阵地死守。斯时匪仍以雄厚之兵力豕突冲犯，愈迫愈近，虽受重围之下，我官兵精神仍不稍逊，保持原有阵地，毙匪枕籍。午后四时，奉命于黄昏后撤至榄板凳（遵义南四十里），相机处理。黄昏后，即遵令逐步撤退，殊我部未到达而匪之伪一军团之四、五两团已尾追至榄板凳，即以特务营为拖护队，我各部始脱匪之羁绊，分向大渡口及茶山关（乌江河渡口）渡过乌江扼守。是役，毙匪甚多，我军亦伤亡官兵五百余名。

一九三五年三月军事报告书

（一）作战命令——无

（二）军队调遣

本师自忠庄铺奉令撤返乌江南岸之养龙站后，即在该处担任茶山关至两河口之江防碉楼守备，并以一部构筑刀靶水至鸭溪场之线据点式碉楼。十二日第五五八团附属第一纵队部归吴纵队司令官直接指挥担任围剿。三十日本师（缺五五八团）除留一营担任乌江、茶山关至两河口江防外，余即夜开赴息烽。

（三）查匪情

朱、毛股匪自上月二十八日攻陷遵、桐后，即在该处大肆抢掠。本月六日复经鸭溪向长干山西窜，二十三日窜抵镇龙山、古蔺一带地区，二十五日回窜仁怀以北附近，二十六日窜抵鸭溪、枫香坝以北附近，二十九日到狗场，三十日陆续偷渡乌江，三十一日窜集牛场、息烽西南一带地区。

（四）剿匪战斗经过——无

师　长　甘丽初

副师长　邓春华

中华民国二十四年六月

（此件引自中国第二历史档案馆编《中华民国史档案资料汇编》，第五辑，第一编，军事四。原件标题为"陆军第九十三师剿匪工作军事报告书"。文中按每一月份的标题为编者加的，其各段标题为原有的未改动）

桂军第七军追剿朱毛红军经过

⊙李祖垣

（一）共匪倾巢西窜及本军班师

共匪盘踞江西，前后七年，残民以逞，赤焰滔天。国军几次进剿，都未克奏肤功。乃自前年五次围剿，一面实行碉堡政策，一面又加以严密的经济封锁，共匪处于四面楚歌之中，无所施其伎俩，遂有溃围西窜之计划，以期打通国际路线，仰求苏俄直接接济。故于去秋八月，首派伪第六军团肖克一股，突围西窜，以作开路先锋，因被我军蹑踪追剿，由湘而黔，沿途遭遇大小凡十余战，率将该匪主力歼灭于黔之乌江南岸。正拟乘此良机，将盘据黔东多年未决之贺龙一股聚而歼之，而赣匪朱、毛十余万众，于此时亦开始突围倾巢西犯。时我军进抵贵州石阡，因吾省北陲适当冲要，为固边计，故不得已，星夜班师，未能以竟全功，深为遗憾。始于十一月十日全部回抵桂林，时匪众已由赣边窜至湖南宜章、良田之线，声势浩大，湖南各属为之震动。

（二）本集团军防堵部署

自肖匪突围西窜后，我省军事当局，根据各方情报，即已判断［系］赣匪整个溃围之先声，故于沿湘、桂边境朝东、龙虎、雷口、永安、清水各要隘，征调民团二万余人，积极赶筑工事，以资防守。迨本军到达桂林，即奉命令要旨如下："西窜之匪，本月七日，到达宜章、良田之线，大都在汝城、城口之西，似有继向我省移动模样。南路粤军跟踪尾追，以一部转移于小北江；西路军一部在遂川、桂东、汝城之线，蹑匪追击，其一部开赴资、郴、桂阳，一部在衡、永沿湘水布防；北路军薛、周两部真日可到莲花，向永州前进。本集团军以阻止匪军西窜之目的，于湘、桂边境之连山地带，自桂岭起经罗岭界、龙虎、永安、清水、黄沙河既设工事之线布防，以主力集结于桂林，相机截剿。右〔左〕翼军（十五军大部、桂林区民团五个联队及七军之独立团、七一团）以一部布防于雷口、永安，高平〔木〕、清水四关，主力集结于文市、兴安附近；右翼军（第四十五师及平乐区特后队三个联队）以主力在龙虎关占领阵地；右侧支队（平乐区干训队及特后队三个联队）置于富、贺、钟以掩护我军右侧背，并堵击向该方面窜扰之匪军；预备队（第七军缺七一、独立两团）集结于桂林附近待命。"奉令后，即令独立团克日开赴兴安，七一团仍驻咸水，归夏军长指挥。

（三）我军出发前线并在龙虎关附近防御部署

十一月十八日在桂林军次复奉命令要旨如下："共匪继续西窜，先头进至土桥坪、嘉禾石凉亭之线，一部向桂阳前进。第七军（欠七一团独立团）配属炮兵一营，于明日进至观音阁待命。"我军奉令后即于二十日出发，沿途地形险要，道路泞滑，廿二日始到栗木、观音阁一带，军长率少数员兵，赶至龙虎关侦察阵地，廿三日奉到总部命令大旨如下："匪一部于廿一日进据道州寿佛圩，大部尚在蓝桥、四眼桥间，湘军四师及薛部四师集结永州、黄沙河、东安一带；周浑元部四师及湘军王、李两师，分向桂阳、宁远、蓝山地区追击中。第七军改为右翼军布防于卑鸡坳、龙虎关、白沙界之线，构筑防御阵地，即进入防守；左翼军任务如前，但以四十五师进驻朝东，桂岭一带布防。"我军奉令后即令十九师师长周祖晃为第一线防御司令，指挥该师（欠五五团）平〔乐〕区特后队第三第五两联队为第一线守备队，即日进入阵地，同时派兵一部进出于永、朝警戒。第二十四师位置于秧家待命。军部及直属部队五五团位置于栗木。连日军长率各师、团、营长以及参谋、副官等侦察阵地，逾山越岭，备极辛劳。其时朔风凛冽，砭人肌骨，而壕内各官兵，均能坚忍耐寒，恪守职务。二十五日军部及直属部队移驻狮子桥，盖以此地适于指挥故也。

（四）龙虎关战斗经过

共匪连日向我卑鸡坳、朝东等处猛力进攻，互有伤亡，均被我军沉着应战，匪不得逞，支〔又〕向永明、道州逃窜。我军以一部蹑追，旋将永明、江华之匪驱逐而占领之。斯时，匪约三千攻难走伙，亦被我独立团杨营击退，匪转向永安关逐猛力突击。该地系我四十四师及民团联队防守，因民团初经训练，战斗力较弱，加以众寡悬殊，援兵未至，遂退守东山瑶区，及苏江、泡江之线，匪遂侵入兴、全、灌境。幸我左翼军及右翼军覃师在兴安属之文市①南方苏江、新圩、伏〔光〕华铺之线，协同一致，向匪猛攻，节节截击，及将匪伪第三、第五、第八军团击溃，兴、全、灌各属转危为安，不致地方重罹惨祸，此不幸中之大幸。匪主力纷向〔经〕咸水、油榨〔评〕、梅溪口，向湖南城步、绥宁逃窜。旋以城步、梅溪口有中央军及湘军数万人堵塞，复折向龙胜、三江边境分窜。幸我军团防堵严密，追剿迅速，故匪仓惶奔走，不敢久所逗留。

（五）追击部署

十一月二十九日奉命令要旨："左翼军改为第一追击纵队，进至全、灌〔兴〕马路后，依新军队区分协同各友军向梅〔石〕溪口、车田方面，跟踪追剿；右翼军改为第二追击纵队、由义宁、龙胜、古宜方面，沿桂、黔边境追击，协同友军期歼该匪于湘、桂边境；柳州区及警卫团，概归第二纵队司令指挥。"我军奉令后，即于廿九日集中栗木，所有龙虎关一带阵地，由黄联队长瑞华指挥所部及第五联队接防。十一月〔十二月〕三日十九师抵义宁，军部在桂林侯廿四师跟进，亦于四日开抵义宁，五日，十九师到官衙，军部抵宛田，廿四师到义宁。六日，十九师进龙胜。此为本军追击部署概略。

（六）十九师马蹄街之战斗经过

本军既先后达到义宁、龙胜，据报，匪有一部经由白面到河口架桥，似有渡马蹄街模样，十九师即派五十六团到马罗、泗水之线向河口警戒；余在龙胜宿营。翌日晨派五十五团协同五十六团向寨纳塘攻击前进。与匪伪第三军团遭遇，匪向我军猛攻数次，卒被我军击溃，我军蹑匪尾追。是役毙匪团长一员，并在其身上检出该军团第四师之命令一件，系令该师继续西窜，开辟道路，向龙胜大道前进。九日，派覃师长率七十一、七十二两团，进据飘〔瓢〕里、向广南、石村相机截剿，令七十团进至寨纳塘，策应周师，并令周师长率所部将江底方面之匪解决后，继向马蹄街、芙蓉猛追，追至马蹄街北端之杉木坳，匪据险顽抗，与我军激战四小时，斩获甚众，匪分两路逃窜：其一向芙蓉、长安营，其一向平头寨、广南、平邓逃窜。总计寨纳、河口、马蹄诸役，共毙匪官、

---

① 文市，系灌阳县辖，不属兴安。

兵六七百人，俘虏千余人，缴获枪枝六百余支，自动步枪十一支。我军阵亡连附一员，士兵二十余名，负伤士兵约一百名。

（七）二十四〔师〕石村、独境、包田之战斗经过

据飞机报告，匪之一部已抵长安营，其主力由马蹄向广南、平邓逃溃。我十五军大部本日可抵江底，王师可到公平圩，并奉命令：我军第二追击纵队，应即移转于古宜以北地区堵剿，当即令十九师七十团转由龙胜在廿四师后跟进。十日，军部直属各部队及七十团开抵思陇宿营。廿四师本晨进至石村，与匪伪三军团相遇，覃师长即令七十二团攻击，该团约战卅分钟，即将河口占领，毙匪数百，俘获数十，匪不支，大部向包田溃窜。并有匪众约五千人冲至独境，亦经七十团七十一团次第击破，并继续搜剿前进。夜，据报匪之主力，均在麻隆塘、双江口一带集结，其警戒部队约七百人，占领长安堡附近，向我射击。覃师长即令前卫攻击前进，匪大都被我缴械（约三百余）。时以天色已晚，路途莫辩，而附近居民，逃避一空，各处情况未明，未便穷追，即在长安堡一带宿营。是役生擒千二百余人，夺步枪四百二十余支，重机关枪四挺，我军伤亡仅十余人。

（八）驱逐共匪出境继续向黔追剿

十日奉副总司令白电令，大旨如下："已派第一追击纵队黄师长镇国率兵两团向平邓追剿，余部集结马蹄街河口待命，王师到龙胜后归第二纵队司令廖军长指挥。"又据尹指挥官电称："本日四时率警卫团到达林溪待命。并据探报：本日长安堡到匪约万余人。"十一日，命王赞斌师，以一团进至瓢里策应，廿四师仍跟踪追剿。十二日，军部及十九师抵林溪，即令警卫团及民团一联队进至横岭截剿。匪因迭被痛击，遂不敢再近桂边而折入湘境。十三日，匪之主力已过通道，其左侧卫经双江口、牙屯堡继续西窜，当令十九师全部，经古宜、福禄、梅寨、丙妹，向榕江前进，与黔军联络防堵；并令警卫团开赴梅寨，与周师联络；二十四师全部追到黔境牙屯堡而止，沿途斩获不少，惜未获其重要份子耳。

（九）结语

自赣匪窜入桂境，与我军先后战于苏江、新圩、石塘圩、麻子渡、伏〔光〕

华铺、寨纳河口、马蹄、石村、长安堡、梨子坳等处。除十五军及民团毙匪俘获不计外，统计本军毙匪官兵不下三千人，俘匪约千五百，获枪约二千支，其他辎重无算。而我忠勇奋斗之官兵，伤亡亦达百五十余员名，匪因我军追剿迅奋，布防严整，故日夜奔驰，迄未少息，所谓弩弓之鸟，望月而飞，实有此种情景。共匪既被驱出桂境，本军因黔省军民一致函请出师赴黔，协同清剿；本省当局鉴于黔、桂境相接，俨如唇齿之相依，即令本军不分畛域，为黔民解除痛苦，乃于十二月杪令十九师先向都匀推进，军部与二十四师及独立团，由古宜向榕江前进。于一月上旬，本军先后到达都匀防堵，共匪因黔南有备，即向黔北远窜，由镇远、余庆窜过乌江北岸，遂陷桐、遵、湄、绥各县。适中央军各部亦由湖南追剿入黔，由镇远西入贵阳。本军形格势禁，即率令停止于都匀。现本军驻扎于此，军民相安，地方甚为安谧，并志之。

（独立团归十五军指挥，故该团剿匪经过此篇从略）。

（此件引自国民党军桂军第七军司令部编《七军年刊》）

桂军第七军第二十四师一年来工作概述

（前略）

剿朱、毛时期

我师于十一月十二日旋抵桂林。休息约一星期，略事整顿补充。当时，共匪朱、毛，已逼近龙虎、永安关之线，我师于二十日奉命开赴龙虎关附近之秧家圩待命。十一月廿七日，奉命开赴灌阳为左翼军之总预备队，位置于马渡桥。此时，共匪大部已过蒋家岭，其先头至麻子渡、界首一带。我第一纵队（王赞斌师）于卅日由正面向新圩之匪攻击，匪溃败，死伤数百，新圩遂为我军所占领。我师于是日推进至新圩之立安村，以七十二团第一营向通文市大道之平田村搜索，遇共匪掩护部队约一团，双方激战半小时，将匪冲为两段，匪一部向麻子渡溃窜，一部仍向文市大道回窜。十二月一日，麻子渡之匪被我左翼军迎腰猛攻，死伤颇众，星夜经洛江、西延、龙胜以北地区，向湘、黔边境逃窜。十二月二日，我师奉命经义宁、龙胜截击，于十一日抵石村，知共匪左侧卫（彭德怀部）尚在河口、独境、包田一带，即令七十二团向河口攻击，战约卅分钟，双方略有死伤。因已黄昏，乃在原地警戒彻夜。十二日，以七十一团向河口、包田攻击前进，以七十团向独境攻击前进，皆占领之。共匪一部向平邓，一部向地林、宝俊、长安堡溃窜，是役俘获甚多。十三日向宝俊追击。十四日追抵长安堡，将匪之掩护部队（约四百余人）包围缴械。十五日，复派七十团第一营向通平邓大道之梨子坳搜索，遇散匪四百余，被该营击溃，缴械二百余，俘匪五百余名，均解送后方安置。彭匪率其残部向黔之黎平县逃窜。因奉命回古宜集中待命，遂中止追击。

二、副官处

（二）剿共时期

去年七月，共匪肖克率匪万余企图窜黔，道经本省兴、全各县，本师奉令追剿，历时二月有余。所经桂、湘、黔毗连边境，该地均属瑶山，对于伕运、军糈及交通等，均感困难，常于数十里或百里外，筹积粮秣，追送前方。幸本处同人不避艰险，极力设法，始告无缺。追入黔后，地方民众因惧共匪劫杀，逃避一空，所有粮食复为共匪劫掠、焚烧尽净，行军尤感困难，同人此际惟有益加奋勉，得不偾事，深觉欣幸。当本师奉命出发时，尚属初秋，天气甚热，全师官兵俱系轻装就道。秋后追剿至黔，气候渐寒，需用毡服甚急，本处留守后方人员，乃将大宗毡服解运、追送，限期到达，未尝迟误。九月，歼灭肖匪主力于黔之大广，所有伤病员兵，及俘获各项，为数甚众，解缴运送尤感困难。盖黔境山路崎岖，民伕缺乏故也。惟处内职员俱能黾勉从公，尚不至贻误戎机。十一月初，班师抵桂林，补充整理，为时未久，而盘据江西老巢之共匪首领朱、毛等，复率匪众十余万倾巢而出，本师奉命开赴前方堵截，每战均有俘获。此际本处对于办理负伤员兵及所有俘获各项之解缴转运，概〔暨〕筹积粮秣、补充弹药等事宜尤为纷繁。追朱、毛匪众被我击溃，逃窜入黔后，师次三江县整理待命。在此期间，即督率兵、伕协助地方完成该县公共体育场、构筑县防御工事，嗣复奉令追剿入黔，暂住都匀待命，除整理补充伕役外，暇即协助地方办理公益事项。此本处剿共期间工作之大概情形也。

三、经理处

本处在剿共期间，最感困难之处，为动员我军实之补充不易，其主要原因约有三点：一、为共匪之行踪飘忽；二、为交通之不便；三、为长伕之缺乏。

本师武器弹药，及各项附属用具，自上年换发以来，现均一色新式步枪，机件精良，射击准确；至轻重机枪及各附属用具，亦配备完全。本处今年以来，对于上项武器弹药，仍派专员负责管理，领发数目详为登记，并遵照保管方法，时加考查，如有损坏缺乏，即饬送所修理，或呈请补充。至此次剿办共匪，消耗弹药尤为严密审核，方行呈请注销，以杜流弊，而重军实。所获枪枝，悉数解缴。至剿匪消耗子弹及夺获枪枝，尚未据各团详报，数目暂付阙如。

本军各部士兵被服，均按期向军部转请总部发给。查本军夏季军服、帽、绊等项，上年所领，已满期限，均从新换发。雨帽一项，因已发钢盔，遵令转给区团应用。至军毡、棉衣，尚在保管期间，均未请领。

四、军医院

九月间，本军奉命追剿肖匪，由桂经湘，尾追入黔，历时月余，始将匪军主力击敉。旋奉命班师回桂，截击朱、毛、彭各匪于兴安、灌阳、全州之间，复堵截于龙胜、古宜一带，转战数月，计先后诸战役共负伤官、兵五十八员名，其中伤亡官、兵十四员名。所有负伤员、兵，均由本院收容，派兵运送后方疗养。但本军由柳出发时，天气仍酷热，行军甚苦。追入黔后，秋风渐起，而士兵均属轻装，加以黔省山高雾重，霁光鲜见，地方郁湿。瘴疠盛行，故士兵之患病者日见增加，尤以麻拉利亚最多，而赤痢及胃肠病、感冒等次之。行军以来，沿途均由本院派员收容，各部落伍病兵，计共达六百七十四人，乃集中于镇远从事治疗。及本军临时医院到达镇远，即将未愈者转送收容，惟此行于健康上已蒙重大损失，在卫生上当有以注意于将来也。

（此件引自国民党军桂军第七军司令部编《七军年刊》）

桂军第七军十九师五十五团一年来工作概述

截剿朱、毛之役

一、行军状况

自十一月十九日出发于桂林，而熊村，而栗木，复由栗木而桂林。再由桂林而义宁、龙胜，而至于贵州榕江，需〔历〕时二十日，计程亦千余里，以道路言，桂省境内因乡路四通，尚无梗塞之虞，步兵运动既便，炮兵亦易追随。入黔以后，道路概属崎岖，桥梁复无修整，徒涉尚难，跋涉驮载，自不待言。惟本团士兵行军颇有历练，故沿途落伍终归罕有，行军军纪亦尚严整，洵此次行军之幸也。

二、宿营状况

此次出发之宿营，以舍营为什九，惟入黔以后，因道路之崎岖，村庄之稀少，故露宿者有之，村落露营亦有之，但除作战之外，尚无撤〔彻〕夜焉。……又为兵力之集结起见。无论何种宿营，部队均须近接。故有时虽茅舍数椽，亦作全团住宿；虽斗室之内，亦有人马以同居，拥挤在所不顾，此乃出发以来之宿营概况也。

三、战斗经过

此次截剿朱、毛，计在河口与敌接触一次。兹将其战斗经过详述于后：

龙胜河口之役

十二月八日，我团宿营于寨纳。九日拂晓即向河口之敌攻击前进。以第一营为前卫，沿河右岸经八滩向河口严密搜索；以第二营为右侧卫，由沂潭经王坪、三门会合于何口。是日上午九时行抵八滩附近，尖兵即与敌警戒部队接触，经前兵驱逐后，前卫仍继续搜索前进。及抵河口南端时，即发现数百之敌在河口小河两岸占领阵地。此时。我前卫即行展开，并向占领阵地之敌攻击前进，以使我本队进出容易。至上午十时。我前卫即将河口之敌击溃，并将其后继部队遮断，不能通过河口浮桥，敌之主力即纷向鸟仔坳、马蹄方向退却。我前卫除向败退之敌尾击外，并派一连向东河口之残敌及后继部队截击。此时并令担任右侧卫之第二营迅由三门向河口前进，以夹击东河口之敌，务使完全消灭。及敌主力退至鸟仔坳时，又令一部占领阵地，以谋掩护其主力安然退出马蹄，故我复令第三营步兵一连、机关枪一连为右第一线，展开于河口西北端高地，与左第一线（第一营）确取连〔联〕络，以协同左第一线营夺取鸟仔坳，并对马蹄方向监视，以使尔后作战容易。其余第三营（缺两连）及步兵炮连，为预备队，位置于河口南端凹地。攻击约三十分后，即将鸟仔坳占领。此时，我第二营亦到达河口，在东河口之敌亦经完全解决。及第一线营占领鸟仔坳后，即奉令停止追击，即在原地警戒。查是役俘虏之敌人官、兵，不下三百余人，伤亡亦约数十，缴获枪支亦将二百左右，其余弹药无数。我受伤士兵仅有二名，亦云幸矣。

（此件引自国民党军桂军第七军司令部编《七军年刊》）

桂系空军参加桂北两次剿共记

　　共匪萧克西窜，被我军追剿，纷向湘、黔边境溃散，复受我军与湘、黔军之包围，将其主力消灭后，江西共匪朱、毛，全部号称十万，于同年十月间又复倾巢突出重围，经赣西入湘南，企图沿萧匪之旧路，越黔入川。我军闻讯，为保障本省建设，为消弭共祸，即积极准备堵截。十一月初，匪军尚远在湘境，飞机第一队即奉命出发，由队长宁明阶率领飞机十架，二日飞抵桂林，仍归行营指挥。旬日间与陆军方面商决较前次更为详密之联络协定，并作充分之练习及地形之熟认。此外，诸凡器材之整备、机场之布置、工作之筹划，无不尽其周密。且大帮匪股之来，正为我空军第一次所不能餍望之大示威力的绝好机会。此种关〔观〕念之存在，足使工作兴趣与效率增强，敌对之精神因而旺盛。虽匪号称十万，十倍于前而有余，而我同志御敌之精神，则百倍有之。复值我第一期同学学业告成，入队工作，增此一批生力军，更足坚我阵容，必胜之念诚无时或息也。

　　十一月中旬，共匪入湘境，愈逼愈近，情势日见紧张。我军亦忙于备战，飞机不时被派往湘、桂边境视察，惟匪部之主力仍在我机航线半径之外。我驻防边境如龙虎关、桂岭等处之部队，见我飞机来，都能辩认，于队号之标示，敏捷而迅速，并时与我侦察机通讯联络，其确实程度，较前迟疑错乱之景象，有极大之进步。此皆由于前次之经验，及有相当熟练而得来。时间仅差两月，前后若此不同，我等深觉满意。

　　十一月下旬，共匪分两路侵入桂境。以伪第一、第九军团约二万余众，袭击我富、贺境及龙虎关之线，其余匪之第三、五、七各军团，则由蒋家岭、文市之线而来，其势汹汹。幸赖我军将士用命，兵力虽仅十五团，除留守后方外，加入堵截阵线者，不过十团左右，及民团十余联队之助战，各线均能予共匪以极大打击，其以少胜多，以一当百之精神，益增我空军同志以协战之兴奋。二十五日，第七军在龙虎关予来袭之匪以迎头痛击之役，我空军曾奋勇参战，轰击匪军之增援部队，以促其前方败溃。同时，侵入永安关、文市之匪，被我四十四师之堵剿，溃败于石塘圩、古岭头及新圩等处，我乘其收容不遑之际，实施酷烈之黎明轰炸，耗弹尽〔近〕百，匪徒伤亡甚众。廿九日晨，我侦察机在界首发现浮桥数处，此桥均似昨夜始完全者，其南岸道旁，有数十散匪正欲渡河，见我机飞来，即借伪装帽隐蔽，我等自高下瞩，几不能识辨，降低一视，乃赫然敌人在也，即以机关枪扫射。匪知被我识破，四散奔逛，恐慌万状。我机知尚有大帮共匪渡河未成，乃飞回报告。复命轰炸机数架，前往破坏浮桥，以断匪之逃路。各机于数分钟内，投弹多命中，悉予炸毁无遗。是夜，共匪复搜集船只，乘夜恢复，偷渡者数万人。次晨，我机见之，予以再度轰炸，其将渡、未渡之匪众，奔驰道途，欲强渡已不可及，反给我机以攻击目标，纷向田间逃跑，其能涉渡者甚少，是日午后三时，复奉行营命令，谓有匪六团今晚夜宿石塘圩，着即派机轰炸。当即由宁队长亲自率领飞机九架出发，黄昏时候到达该处，出敌意料实施猛烈之袭击，匪军四散逃命，其紊乱情况如鸟惊巢，如蜂被扰，其加于敌人损失之大，更不可胜言，实为我空军空前所未有、富有历史价值之第一次伟大攻击威力之表现也。后据匪过地区视察人员之谈话，谓此次轰炸，有一最痛快之事值得报告者，即有共匪数十人立于一米粉摊前争食，以奔窜尽日之故，力竭肚饥，机来亦不顾，一弹正中其中，数十人死于一窟。仅此一事，当时匪军遭受之创伤，全般概可想见。是次之轰炸，同志无不快意，几忘夜之将临，致在归途中日已西沉，抵桂林时，万家灯火矣。幸我空军同志技术优良，机场虽无夜间灯光设备，仍能于一、二火把照耀之下，安全着陆。

十二月一日，共匪虽大部已过界首，仍尚有不少匪众络绎于麻子渡与界首途中。我军由后追击，匪军败状极为狼狈，我机复从低空以机枪扫射，益使其慌乱。以此，匪死于枪弹下者有之，不堪急走跌倒尘埃者有之，其完全不能动弹坐而待毙者更属不少。我军见有机协战，攻击精神异常充溢，使匪徒其得涉渡者不过数十人而已。是次，陆、空一致行动，曾收获协战之最大效果，夺获枪械无数，匪徒除死、散外，俘虏以千计。此种良好印象，将永远镌于吾人脑中，使吾人对未来陆、空协战之成功，作更大之期望。

共匪经我军数度之猛烈攻击，损失极大，纷向龙胜、西延、车田崇山中逃窜。我空军因地形、天候之限制，活动已不若前，惟仍不时派机侦察，监视匪之去路。

廖军长复率部跟踪追击，使匪部溃散于湘、黔边境，是役，朱、毛虽号称十余万，仅赖少数军队与民团堵截及我空军之参战，使匪抱头鼠窜，不敢回顾，造成我军"七千俘虏"之光荣历史。此种战胜之事实，促使中外人士对我陆、空军及民团之奋斗精神，得更进一步之认识。

以上所述，萧克、朱、毛先后西窜，我军两次堵剿，均能获得异常胜利，我省所用以应付之兵力，不过军队十五团，民团十五个联队，及飞机一队而已。两次兵力始终相同，而朱、毛号称十万，敌人愈多，而我所收获战胜之效果且益大，此种伟大之功绩，固由于指挥统帅之卓越，军队、民团之用命，而我空军所附与战胜之因素，实亦不可忽略。

（此件引自国民党军桂系《广西航空学校校刊》，1937年6月版）

附　录

附录一：汉字代月、日、时电码表

地支代月			
1月：子	2月：丑	3月：寅	4月：卯
5月：辰	6月：巳	7月：午	8月：未
9月：申	10月：酉	11月：戌	12月：亥
韵目代日			
1日：东、先、董、送、屋	2日：冬、萧、肿、宋、沃	3日：江、肴、讲、绛、觉	4日：支、豪、纸、寘、质
5日：微、歌、尾、末、物	6日：鱼、麻、语、御、月	7日：虞、阳、麌、遇、曷	8日：齐、庚、荠、霁、黠
9日：佳、青、蟹、泰、屑	10日：灰、蒸、贿、卦、药	11日：真、尤、轸、队、陌	12日：文、侵、吻、震、锡
13日：元、覃、阮、问、职	14日：寒、盐、旱、愿、缉	15日：删、咸、潸、翰、合	16日：铣、谏、叶
17日：筱、豏、洽	18日：巧、啸	19日：皓、效	20日：哿、号
21日：马、箇	22日：养、祃	23日：梗、漾	24日：迥、敬
25日：有、径	26日：寝、宥	27日：感、沁	28日：俭、勘
29日：豏、艳	30日：陷	31日：世、引	

附录二：地支代表时刻表

地支代时			
子时：23 时—次日 1 时	丑时：1 时—3 时	寅时：3 时—5 时	卯时：5 时—7 时
辰时：7 时—9 时	巳时：9 时—11 时	午时：11 时—13 时	未时：13 时—15 时
申时：15 时—17 时	酉时：17 时—19 时	戌时：19 时—21 时	亥时：21 时—23 时

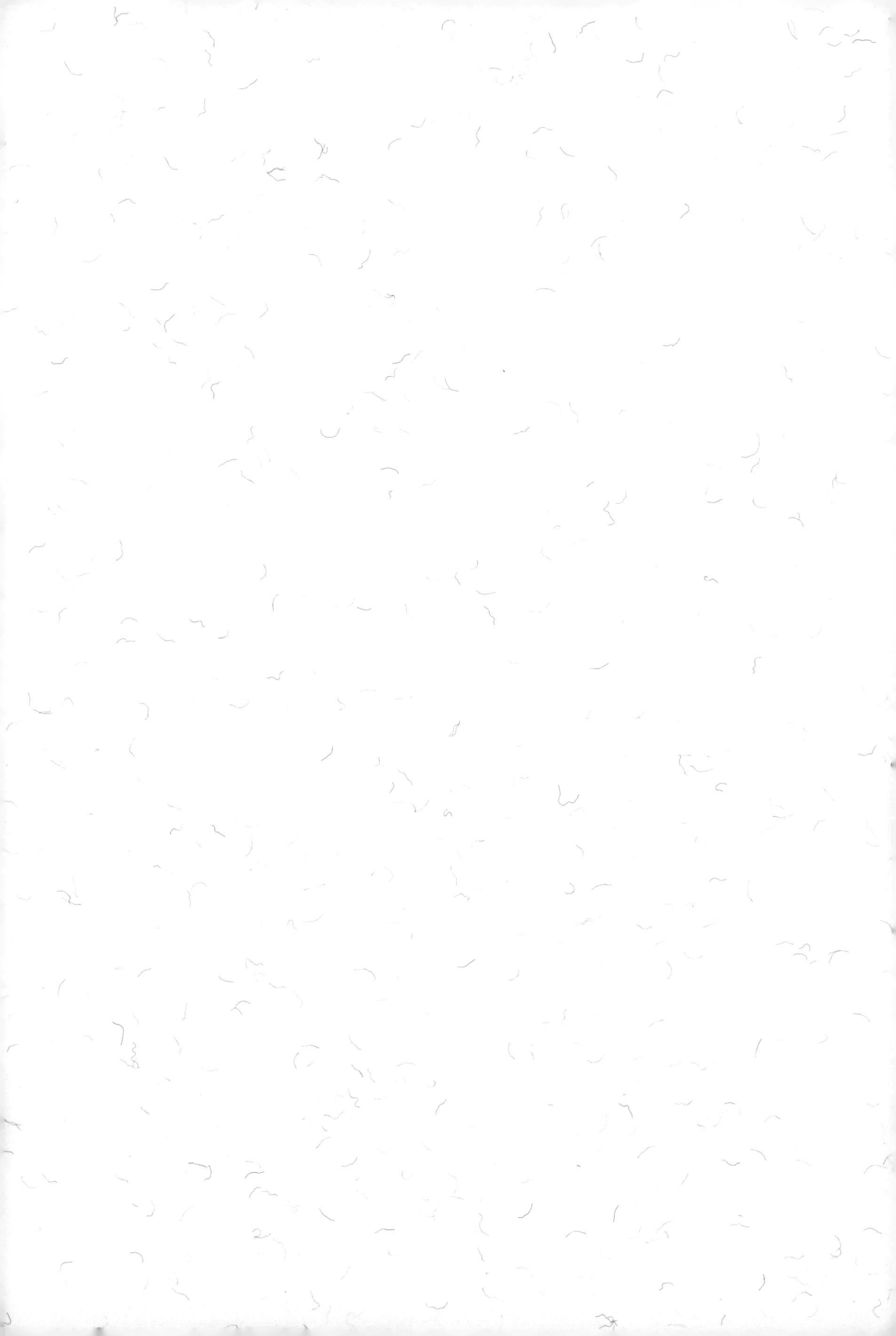